亚欧中心跨区域发展体制机制研究

Mechanisms of Transregional
Development in Central Eurasia:Analysis and Prognostications
Li Xing, Alexei D.Voskressenski

李 兴 （俄）阿·沃斯克列先斯基 编著

九州出版社
JIUZHOUPRESS

图书在版编目（CIP）数据

亚欧中心跨区域发展体制机制研究／李兴，
（俄罗斯）沃斯克列先斯基编著．－－北京：九州出版社，
2016.2

    ISBN 978－7－5108－4226－9

    Ⅰ.①亚… Ⅱ.①李…②沃… Ⅲ.①政治体制—研
究—亚洲、欧洲 Ⅳ.①D730.21②D750.21

    中国版本图书馆 CIP 数据核字（2016）第 035249 号

亚欧中心跨区域发展体制机制研究

作　　者	李　兴　　（俄罗斯）沃斯克列先斯基　编著
出版发行	九州出版社
地　　址	北京市西城区阜外大街甲 35 号（100037）
发行电话	（010）68992190/3/5/6
网　　址	www.jiuzhoupress.com
电子信箱	jiuzhou@jiuzhoupress.com
印　　刷	北京天正元印务有限公司
开　　本	710 毫米×1000 毫米　16 开
印　　张	33
字　　数	601 千字
版　　次	2016 年 2 月第 1 版
印　　次	2016 年 2 月第 1 次印刷
书　　号	ISBN 978－7－5108－4226－9
定　　价	98.00 元

编辑委员会

内容提要

亚欧中心地带,即俄罗斯中亚东欧及高加索—中东,西方学术界称之为"欧亚",由于其地理位置和战略价值,一直以来在亚欧大陆和全球格局、国际关系中具有举足轻重的地位。冷战结束以来,由于该地带众多民族国家的新近独立,各种矛盾错综复杂,此起彼伏,似成国际政治中的"黑洞"和"势力真空",大国争夺和小国博弈,政治"碎片化"、全球化和地区一体化,使该地带成为地位独特、影响上升的国际经济政治重要区域。本书以"亚欧"称谓取代"欧亚"。

本书是国际合作项目的最终成果,集中了包括中俄美优秀学者在内的科研团队,运用了第一手的资料,积多年研究之功力,厚积而薄发。全书分别从上海合作组织、金砖国家、欧亚经济联盟、丝绸之路经济带等视域入手,深入剖析了亚欧中心地带冷战后新出现的国际组织、国际机制、国际构想,及其来龙去脉、发展与困难,详尽考察了亚欧中心地带跨地区和一体化发展的前因后果,成败得失,以及经验教训,透彻探讨其对亚欧大陆和全球国际关系、区域经济的复杂影响及可能前景。历史观照现实,理论联系实际,学理与对策兼顾,经济与政治并重,既有个案研究,也有比较分析,既有学术之厚重凝练,又有文笔之生动鲜活。本书既深入浅出,通俗易懂,又百花齐放,雅俗共赏,既高屋建瓴,力透纸背,又老少咸宜,开卷有益,适用于对亚欧区域研究、中俄美大国关系、国际经济政治事务、当代中国外交和"一带一路"研究感兴趣的所有人士及教学科研机关、中央和地方职能机构。

目 录
CONTENTS

Mechanisms of Transregional Development in Central Eurasia: Analysis and Prognostications

Li Xing, Alexei D. Voskressenski

Механизмы трансрегионального развития Центральной Евразии:

Исследования и Прогнозы

Ли Син, А. Д. Воскресенский

Часть V. Размышления и прогнозы

前　言

国际地区与亚欧空间地区化进程：
从理论到实践

一、历史的楔子：世界体系的嬗变

历史地看，我们所说的"东方"从 17 世纪末到 19 世纪末实际上是殖民地，属于世界体系的边缘地带。当时，不论从经济上看，还是从政治上看，欧洲都是世界体系的领导者。作为西方帝国主义新秀的美国迎头赶上，它在 19 世纪末成为世界经济的领导者之一。经济实力转化为政治影响力，20 世纪初美国又开始在世界政治舞台崭露头角。20 世纪上半叶，在强大经济实力的推动下，美国逐步从世界政治体系的边缘向中心靠拢。直到第二次世界大战结束，美国最终确立了自己在世界经济、政治、军事中的领导地位，并以这种姿态进入美苏争霸的两级世界格局。可以说，整个 20 世纪世界政治舞台的中心仍然是欧洲。整个东方世界，包括亚洲，从 18 世纪末到 20 世纪末一直处于世界政治的边缘地带，形象地说是处于"第二梯队"。然而，东方国家在这个历史阶段也并非一成不变。这些国家从一开始的殖民地现代化发展模式逐步向农业—市场经济发展模式转型，并在政治上形成威权政治模式。在此背景下，19 世纪末到 20 世纪初，这些国家与地区开始了大规模以反殖民反帝国主义为基调的民族解放运动，也称"亚洲的觉醒"。这一历史节点为接下去的去殖民化与政治现代化奠定基础。

19 世纪末 20 世纪初的欧洲国际关系体系与 19 世纪前历史上的各种国际关系体系（中国领导下的远东体系、伊斯兰政教体系、希腊城邦体系、罗马帝国体系、中世纪国家间关系体系等）有着本质的不同。现代欧洲国际关系体系是建立在威斯特伐利亚体系基础上的，以国家间主权平等为原则。在现代欧洲国际关系体系中俄罗斯居于何种地位？在俄罗斯不仅是皇族，还是权贵阶层，都与欧洲其他国家有着紧密的血缘与文化联系。通过彼得大帝改革与常年在欧洲征伐，俄罗斯最终在欧洲国际关系体系中获得一席之地。在19世纪后半叶,俄罗斯不仅在内政,而且在外交上都趋于保守,成为维护旧制度的"欧洲宪兵"。需要指出的是,俄罗斯内政外交上的全面保守并没把帝国一下子推向穷途末路,而正是与欧洲国家皇族及精英阶层的亲缘关系维系着帝国的运作。然而,由于帝国的倾覆,资产阶级白军在内战中的失利,俄罗斯与欧洲国家传统的亲缘联系也最终崩裂,取而代之的是富有民族主义色彩的苏联精英。在斯大林及其他苏联领导人的统治下,苏联形成了与世界潮流相反的意识形态,奉行封闭的计划经济,建立起了所谓苏联式"发达社会主义",同时还向其他国家推销自己的发展模式,其中包括中国。这种发展模式的后果要么是经不起时间的考验而最终导致国家的解体,如苏联,要么另寻他路,找适合自己的发展道路,如中国的改革。

当今世界体系主要形成于20世纪。在此之前,世界体系由欧洲体系和非欧洲体系构成。两者相比之下,欧洲体系更具有吸引力。因为欧洲体系与其余地区体系相比更具有普世性和开放性。除此之外,欧洲体系的吸引力还体现在提供经济可持续发展的模式。19世纪初期,欧洲逐渐开始形成由平等国家组成的"国际社会"观念。到20世纪中期,在此基础上又孕育出了"公民参政"思想,也就是说主张建立具有开放社会与政治参与的民主国家。与此同时,欧洲国家还注重现代化发展,推崇技术创新,试图通过新技术来改变世界科技发展模式。与欧洲体系相比,非欧洲体系具有以下特点:它们或是霸权体系,或是帝国体系,如中国治下的远东体系、伊斯兰国家体系等。非欧洲体系通常有一个中心,拥有体系中的最高权力,其他国家则是体系中的边缘成员。值得注意的是,在非欧洲国际体系中有自己的"游戏规则",那就是不平等性。哪怕是独立国家,只要在非欧洲体系内,也得遵循不平等的"游戏规则",因为它们与体系中心国家总是存在一个或者两个的等级差距。如果在非欧洲体系内国家间用条约或协议的方式来协调国家间关系,那么体系内国家间关系仍旧是不平等的,因为非欧洲体系从本质上讲就是一个等级森严的国际体系,并没有真正意义上的平等性可言,国家间签订的文件往往也是"姻亲协议"、"宗主国协议"或是"兄弟协议"等。到19世纪末为止,非欧洲体系的发展往往是周期性的,即"崛起—稳定—固化—衰落—危机—解体"。以奥斯曼帝国和中国清王朝为代表的农业经济—威权帝国也没有摆脱这个发展周期,早在19世纪初期,由于技术发展的落后,两大帝国的发展也陷入停滞。

正因为如此,欧洲体系自然也是当今国际体系的雏形。除了"国际社会"观念与"公民参政"思想，欧洲体系中的国际法思想也是不能忽视的重要因素。通过国际法，可以以法律形式构建国家与民族观念，规范主权国家间关系。可见，这一切都在欧洲体系中出现，而没能在非欧洲体系中出现（中华体系、伊斯兰体系、非洲体系、拉美体系）。其原因就是欧洲体系除了自身经济优势外是整个世界体系发展的核心动力。在欧洲体系的基础上形成了我们今天所看到的世界体系。从发展过程来看，欧洲体系以其开放的特点不断吸收其他国家，甚至吸收以前是非欧洲体系成员的东方国家。由于这些东方国家自身竞争力低下，因此在成为欧洲体系成员的初期不得不成为殖民地或半殖民地。加入欧洲体系后，落后的东方国家自觉或不自觉地接受了欧洲体系中的国家间互动方式及原则。在欧洲体系中的边缘地位迫使东方国家以欧洲体系中的"游戏规则"，推动现代化发展，奉行"追赶式"的外交政策。在此过程中，许多东方国家的现代化发展思想都来源于西方。这些思想要么完全没有在西方国家得以实现（如马克思列宁主义），要么在某些非西方政治社会环境中进行尝试过（如苏联）。可是到 20 世纪后半期，开放的欧洲体系也面临体系内外集权国家的冲击。在与左派、右派集权势力斗争过程中，出现了要维护欧洲体系的意愿。面对新形势，欧洲体系提出通过推动公民选举，建立强大的公民权，并把国家军事权置于公民权之下，受公民权节制。

第二次世界大战后，处于去殖民化的亚洲国家有两条欧洲式的现代化道路可供选择：一条是极权制下的计划经济模式，也就是苏联模式。这种模式仍然无法逃脱"稳定—固化—体系危机—政治动荡—解体"这个历史周期；另一条是市场经济模式，也就是美国和西欧模式。这种模式的基础是政治经济自由竞争。第二次世界大战之中，苏联与美国西欧同在反纳粹主义、反法西斯阵营，是纯粹的军事联盟。随着战争的结束，这种军事联盟关系也随即瓦解，形成了以美苏争霸为基调的两极体系。虽说美苏两国各自领导着一个国际体系，但从本质上讲，以美国为首的西方阵营和以苏联为首的东方阵营都属于欧洲体系范畴，只是前者以开放为原则，后者则更为封闭。

值得注意是，虽然美苏两大体系都是欧洲体系的范畴，但是两个体系的中心均不在欧洲，一个在美国，另一个在苏联。两个体系的内在原则也有所不同，前者是去集权化的，后者是集权化的。因此，虽然看起来是一个整体的国际体系（欧洲体系转化而来），实际上则分成了两大次体系。在军事上达到势均力敌的时候，两大体系的主导国都把目光转向刚刚摆脱殖民统治的边缘地带国家,认为争取到这些国家或可增加自身的实力,或可弱化对手实力。因此,争取"第三世界"国家一时间成为美苏争霸的新战场。

在美苏扩大争夺"第三世界"国家的同时,亚非国家提出"不结盟"运动,试图在美苏两极中间探寻出"第三条道路"。究其原因,"第三世界"国家并不愿意加入美苏两大阵营中的任何一个阵营,并不想在资本主义阵营—社会主义阵营、西方阵营—东方阵营之间选边站。其中具有代表性的例子就是中国。中国选择了一条非苏联化的社会主义发展道路。尽管西方世界为了反制这些新的发展趋势,形成反威权的工业化与后工业化发展模式,然而在历史上隶属于西方世界体系的东方国家还是进入了独立政治现代化发展的新阶段,并一直持续到今天。

不得不承认,旧的经济发展模式事实上在 20 世纪末已经寿终正寝。非西方国家虽然接受了西方的市场经济模式,但是仍然在发展中保持着自身特点,并制定了适合自己发展的现代化战略。依托具有自身特色的现代化战略,非西方国家奋起直追,开启"追赶式"发展模式,在某些方面已经超过了世界体系的西方主导国,而在一些方面也可以与西方后工业国家较劲。换句话说,发展模式间的激烈竞争构成了当代国际关系的大环境。尽管当今世界趋于全球化,甚至开始趋同,然而世界发展的不均衡现象依旧存在。发展的不均衡导致当今全球化的世界又分为中心和边缘两大阶层。在这样的国际关系格局中,发展的不均衡最终演化成地位的不平等,强国剥削弱国的例子举不胜举。而长期以来,弱国也没能找到相应的途径去改变这种被动局面。然而,在今天全球化发展的发达阶段,今天不均衡、不平等的国际关系体系的缺点与弱点逐渐显现出来。因此,改进现存体系、制定文明间互动方式成为了今天亟须解决的重要问题之一。

二、理论的提出:国际地区与跨地区主义

迄今为止,由威斯特伐利亚体系构建的欧洲体系原则仍然是国际关系的基础,原因在于欧洲体系本身所具有的普世性,以及欧洲国家在科学技术方面的先进性。在世界的另一端——东亚在儒家文化的影响下有着独特的国际关系体系。东亚体系虽在解决本地区问题上显得游刃有余,但东亚体系并没对地区外世界产生重要影响。今天,当欧洲—大西洋地区外的国家的社会经济发展有声有色,威斯特伐利亚体系在欧洲面临危机之时,建立新国际关系体系的时机已经成熟。在我们看来,除了民族国家外,国际地区也

是新国际关系体系的主体。而地区间的互动关系可以被称作是"跨地区主义"。跨地区主义具体指的是，若干个地区间的合作，地区机制的互动，以及不同地区的国家通过跨地区进行合作。在后冷战时期，面对全球治理效率的下降，跨地区关系在全球治理中的作用日益显现。

在跨地区互动中较为典型的例子就是金砖国家集团。金砖国家集团的形成反映了当代国际关系发展的两大趋势：一是在国际事务中涌现出了新的行为体；二是现有的国际体系正处于危机之中，而新的国际体系又尚未形成。金砖国家集团属于政治集团，其特点在于通过成员国的异质性构建起了它们之间的平等关系。事实上而言，金砖国家的差异性要远远大于相似性，因此它们之间虽在各个领域均有互动，但程度均不深。金砖国家的共同利益在于正确理解对方，避免造成主观偏见，以及建立适应当今形势的新型伙伴关系。

欧亚空间中毗邻地区、地区与跨地区合作形式多种多样。尽管苏联解体后"去一体化"趋势盛行，国际组织运行效率低下，而在欧亚空间内仍旧建立起了若干个区域性国际组织。其中就有独立国家联合体、集体安全条约组织、中亚合作组织、欧亚经济共同体等或多或少保持运作的组织。中亚合作组织从2002年至2005年运行了三年，成员国有哈萨克斯坦、吉尔吉斯斯坦、塔吉克斯坦、乌兹别克斯坦和俄罗斯。2005年，中亚合作组织并入欧亚经济共同体，成员国除了以上五国还有白俄罗斯。乌兹别克斯坦于2008年宣布退出欧亚经济共同体。2010年，俄白哈三国正式启动关税同盟，2012年又启动统一经济空间，2015年成立欧亚经济联盟，2015年上半年亚美尼亚和吉尔吉斯斯坦相继正式入盟，在未来塔吉克斯坦也不排除加入，这为其他前苏联国家加入区域一体化进程提供了范式。

在欧亚空间内，上海合作组织也是不得不讨论的议题。1992年初，中国分别与中亚国家建立正式外交关系。上世纪90年代末，相关国家在讨论划界问题的同时，也开始商议军事互信、毗邻地区裁军等安全问题，"上海五国"机制呼之而出。"上海五国"的最大特点在于通过机制化建设来实现预防性外交，这与东盟地区论坛的非机制化运作有所不同。2001年与中国没有边界的乌兹别克斯坦加入"上海五国"，并在"上海五国"基础上成立上海合作组织（上合组织）。上合组织的观察员有阿富汗、印度、伊朗、蒙古和巴基斯坦；对话伙伴国家有白俄罗斯、土耳其及斯里兰卡。上合组织的中心任务是加强成员国间对话，优先解决共同面临的地区安全问题，而非军事同盟。俄罗斯对上合组织的政策立场主要是基于以下三点：第一，上合组织被看作是有助于建立世界集体领导权的平台；第二，根据2013年版的《俄罗斯对外政策构想》，上合组织需成为俄罗斯在亚太地区的"地区机制伙伴关系网络"中的重要环节；第三，上合组织与联合国、独联体、集安组织一道将在维护阿富汗稳定上发挥重要作用。

讨论欧亚问题是绕不开俄罗斯的。俄罗斯横贯欧亚大陆北部，是一个文明在欧洲，地理在亚洲，经济在欧洲，资源在亚洲的欧亚国家，主宰欧亚大陆中心地带三百余年。在苏联解体后的俄罗斯中，俄罗斯族几百年来首次以绝对多数超过其他民族，并愈发把俄罗斯看作是自己的国家。同样，俄罗斯人也第一次感觉到自己是一个堪弱的民族，在当今激烈的国际竞争中缺乏保障。剧变之后，新独立的俄罗斯继承了苏联与沙俄帝国的传统。那么俄罗斯从历史上汲取了什么？摒弃了什么？创新了什么？如果不厘清这些问题，那么欧亚国家将很难制定出一套可持续的长期发展战略，尤其是俄罗斯。具体而言，俄罗斯必须要明确自身的政治定位，并且要努力让国际社会、周边国家正确看待俄罗斯的过去、今天及未来。

在我们看来，俄罗斯本身就是一种文明，与欧洲文明、小亚细亚文明、波斯文明、中亚文明、中华文明、日本文明、北美文明相接壤，又与中东文明、巴尔干文明有着千丝万缕的联系。因此，俄罗斯似乎是一个独立的文明，但又与周围文明相交相融。然而，这样的地缘环境却给俄罗斯带来了认同的彷徨，俄罗斯的发展方向在哪里？发展方向与欧亚地区一体化进程之间有什么样的关系？在欧亚一体化进程中中国发挥着什么样的作用？中国与俄罗斯将如何处理对欧洲、印度的关系？欧亚联盟、上合组织、金砖国家集团是一种临时的、应景性的举措，还是将会为国际体系转型，解决全球新问题提供有生力量？新兴国家间是否会因为差异性而产生冲突？新兴国家所组成的多边机制能否为成员国提供长期的可持续发展战略？新兴国家集团能为世界提供哪些公共产品？

在讨论以上现实问题之前，我们必须要弄清跨毗邻区域关系、跨地区关系的理论内涵。毋庸置疑，跨地区关系已经成为近十几年来国际关系发展的新内容。"地区"概念在地理学中早已存在。"地区"通常被界定为具有相似地理、气候特点的，并具有地域界线的统一区域。"地区"除了地理定义，还可以根据人类活动来定义，如历史、生产、文化、经济、政治等。因此，"地区"定义的内涵是复杂多样的。如在经济学中，地区是一个经济概念，指的是某一国家中的一个地理区域中有着有别于其他区域的经济活动特点,并且与国内其他区域,甚至与国外有着经济联系,相应学科就有"经济地理学";在行政管理中,地区则是一个社会系统。也就是说,地区中还包含社会、民族、宗教、人口组成、社会基础设施、社会文化特点、国际社会等。这类地区的边界往往不是自然地理边界,而是以人类活动的范围来划界。除了自然形成的地区,其他类型的地区均出现在内部政治、经济、社会关系发展到有别于周边地区的时候。地区不单是整体中的一部分,而是类似地理空间的集合,或者是某个地区向未开发地区拓展后而形成的空间。从这里我们得出的结论是,地区不仅是一种状态,而是空间不断组合的过程,这一过程涵盖经济、社会、文化及政治等各个方面。

在历史的经纬中,地区化并不是一成不变的。地区的变化并不是一国政府能决定的事情,而是当条件成熟情况下水到渠成的结果。我们要提出的"国际地区"概念就是这个结果。"国际地区"是社会经济关系越过国家边界的藩篱,实现跨地区交流而出现的结果,或者是地区与地区间交流的结果。一部分学者认为,国际地区的出现可以有效避免全球化所带来的危机与挑战,甚至是替代全球化的选择。另一部分学者则认为,国际地区化是从国际体系向全球体系迈进过程中的必经之路。辩证地看,没有紧密和稳定的跨地区联系,全球化将无从谈起,而全球化的出现又促进了地区间的互动,孕育"国际地区"这一国际关系新现象的出现。在今天的社会科学中,"国际地区"与"国内地区"这两个基本地区概念的界定还是一个值得商榷的问题。"国内地区"主要以社会或经济为基础,受国内行政与法律管辖的地区。而"国际地区"作为当代国际关系新现象主要有三组因素促成。首先是经济、政治、文化及其他关系国际化的结果。所谓国际化就是指国家间的跨境联系。跨境联系密度直接关系到国际化的水平。除了贸易、人文联系外,跨境联系的内涵更是包括国家间司法、技术标准协调,如国家间的油气管道和铁路。跨国油气管道或铁路并不是简单地从一个国家通向另一个国家,而是需要国家间相关技术标准的协调,或者建立一套新标准,或者双方协商制定出共同的标准。换言之,在以前跨境联系多指经贸联系,以跨国公司形式在境外设立分支机构,便于海外业务的开展,那么今天的跨境联系已经拓展到了技术合作、服务、教育、司法等多个领域,其协调机构也已经不是传统上的国家或政府部门,而是非政府组织以及专业性较强的跨国公司。其次,全球化因素也不可忽视。在现实中,大国与小国对全球化的理解不尽相同。大国则把全球化看作是扩大自身影响力与国家利益的途径,而小国只能以"搭便车"形式参与全球化,尽可能利用全球化所带来的机遇。全球化带来的不均质状态并不利于中小国家的发展。因此,国际地区化在这样的背景下孕育而生。通过地区化整合中小国家力量,限制大国影响力与利益扩张的趋势,进而达到维护本国利益的目标。最后一组因素是地区空间本身的特点。假如若干国家共处同一个地区空间,那么它们之间就具有开展跨境合作的必要条件。

除了技术、司法等领域对接,国际地区中自然离不开相关法律框架内的政治协调。政治性是国际地区的又一重要属性。对国际地区而言,政治应该存在在任何形式社会关系之中,从利益集团到国家或国际机制。国际地区内的政治协调不仅要推动地区政治进程,在建立地区机制过程中发挥作用,而且还要在地区构建的萌芽时期开始介入。国际地区的政治空间,或称地区政治空间,和国内政治空间以及国际政治整体是有区别的。与其他政治空间一样,国际地区政治空间的构建可以是"自下而上"的,也可以是"自上而下"的。也就是说,国际地区政治空间可以是在整合各类关系的基础上自发形成,也可以是国家间基于某种基础通过谈判协商而成。重要的是,国际地区互动应该具有共同的使命,其目标是通过地区互动实现经济的快速发展。

讨论至此,我们可以总结出几点构成地区与国际地区的规律。第一,在实践中具体活动空间是构成国内与国际地区的基本因素;第二,当某一区域产生互动空间时地区才会出现;第三,互动空间的出现引发了国内空间与外部空间相互协调的问题。如果说国内空间由国内法律与机构进行协调管理,那么在跨国空间领域则需要全新的治理方式与原则。基于以上规律,"国际地区"可以被定义为稳定的跨国经济、政治、社会等关系的地区综合体,是地区中各领域间关系、国家间关系以及与国际或全球多边机制的中间环节。

三、理论的检验:国际地区中的跨地区多边机制

下面我们将以欧盟、独联体、东盟、亚欧峰会、金砖国家集团为实例,进一步说明国际地区与跨国机制的构建与运行。从地理上看,西欧是欧亚大陆的一部分。从欧共体到欧盟,欧洲一体化是当今最为成功的区域一体化。在欧盟的形成过程中,成员国一方面寻求整合,另一方面争取最大限度维护

自己主权以及政治、经济、社会自由。欧盟则在两者之间相互平衡,寻求最大公约数。随着经济全球化和国际政治全球化的兴起,欧盟逐渐被看作是一个地区。在全球范围内,欧盟无疑是一个国际地区,是全球化世界的一部分。在欧亚大陆,欧洲地区主义首先是针对欧洲,具有地理指向性。因此,我们可以得出全球化世界与国际地区(欧盟地区)之间的关系,即国际地区以及地区间的相互联系构成了全球化的世界,反过来在全球化世界里每个地区又保持着与众不同的特点,来明确自身定位。

与欧盟相比,独联体则不同。独联体本身就诞生在全球化进程浪潮中。尽管苏联一度谋求加入西方主导的全球化进程,但由于意识形态与西方向左,最终未能实现。苏联解体后,新独立国家都欲求在全球化世界里谋求一席之地,然而依靠传统社会经济联系而建立起来的独联体一定程度上阻碍了这一目标的实现。尽管在独联体内已经有集体安全条约组织、俄白国家联盟、欧亚经济联盟等,独联体地区政治空间已经建立起来,但是由于成员国国内政治进程仍然具有很强的不确定性,因此独联体作为一个国际地区至今尚未形成。独联体或许可以通过与上合组织、东盟合作成为国际地区,或许通过俄罗斯与欧盟四大空间的建立成为类似于欧盟的国际地区。

与欧盟不同的是,东盟与北美自由贸易区没有把一体化定为自己努力的目标,但它们也可以被看作是国际地区。因为东盟与北美自由贸易区框架内都形成了政治空间,比如共同制定政治与经济互动议题、存在政治进程的主体、建立起了组织机制等。总的来说,东盟和北美自由贸易区也是全球化世界中的一部分。

亚欧峰会是欧亚地区跨地区合作构想的外交实践。从形式上看,亚欧峰会通过跨地区对话,未来将联合欧洲、东亚和北美三大地区,逐步实现真正意义上的全球化。事实上,实现欧洲与亚洲的跨地区一体化构想早在上世纪70年代就出现了。那时,欧洲经济共同体与东盟建立起了对话机制。1996年3月,在欧盟与东盟部长级协商之后,在曼谷举行首届亚欧领导人峰会。此后,峰会被机制化,每两年举行一次,分别于1998年在伦敦、2000年在首尔、2002年在哥本哈根、2004年在河内、2006年在赫尔辛基、2008年在北京、2010年在布鲁塞尔、2012年在万象、2014年在米兰举行会议。上世纪90年代末在讨论如何将峰会机制化时,峰会对新成员国提出了以下要求:(1)在地理上或在欧洲,或在亚洲;(2)与峰会成员国有着紧密的政治经济联系;(3)加入后能为峰会发展做出实质性贡献;(4)在递交申请之前,要获得所在地区其他国家的同意。俄罗斯加入亚欧峰会的历程也是备经波折，原因就是俄罗斯以欧洲国家（国家政治经济重心在欧洲）还是以亚洲国家（大部分领土在亚洲）加入。直到2010年布鲁塞尔峰会上，俄罗斯才与澳大利亚、新西兰一起以单列国家身份加入亚欧峰会。

直到今日，亚欧峰会包含了欧洲委员会、东盟秘书处以及五十一个国家，其中除了欧盟与东盟成员国，还包括三个东盟伙伴国——中国、日本、韩国，以及澳大利亚、孟加拉国、印度、哈萨克斯坦、挪威、巴基斯坦、俄罗斯、蒙古、新西兰、瑞士等。亚欧峰会所涉及议题广泛，包括政治经济合作、地区安全、文化交流、教育合作等。除了国家层面上的互动，亚欧峰会还为企业间合作提供平台。如由成员国共同出资建立的亚欧基金会，为跨地区大项目、人文交流提供资金支持。

除了以上跨地区机制，在欧亚地区还存在由新兴大国组成的三边机制——中俄印对话机制。21世纪初又出现金砖国家集团——中、俄、印、巴（西）。2009年，金砖国家在俄罗斯叶卡捷琳堡举行首次领导人会晤，并启动了金砖国家领导人定期会晤机制。2010年，南非又加入金砖国家集团。可以说，金砖国家集团是中、俄、印、巴、南等新兴大国开展多边外交的重要平台。

遗憾的是，不管是中俄印机制，还是金砖国家集团，直到今天还缺乏明确的合作内容，以及未来发展的具体目标。尽管如此，中俄印对话机制和金砖国家集团都提出了自己的国际观，即都反对建立单极世界，主张增强新兴大国在国际事务中的话语权。这为协调成员国间立场，深化具体领域合作提供了有利的政治条件。加强中俄印三国在政治、经济、军事、文化等领域的协作将为金砖国家注入新的内涵，撼动西方世界在国际关系中的垄断地位。但需要特别指出的是，中俄印机制和金砖国家集团无意也没有能力完全改变今天西方主导下的国际关系格局。

在学术界，关于金砖国家集团有着两种截然不同的观点。一种观点认为，金砖国家集团是依照国家经济发展表现而人为组合起来的国家集团，是国际经济研究对象，主要用来分析当代国际关系走势。从这个角度看，金砖国家集团并不存在协调成员国政策的基础。另一种观点则认为，金砖国家集团将有可能成为全球治理的新模式。是人为组成的研究对象也好，是全球治理新模式也罢，金砖国家集团已经客观存在，并且在经济、金融、政治、非传统安全等领域的合作逐步加深，机制化建设也在有条不紊地推进。金砖国家集团将走向何方？这一问题是国内外学界讨论的重点。我们看来，金砖国家集团的前途取决于以下要素：(1)成员国是否有共同利益来支撑金砖国家机制？(2)金砖国家集团能否在 G20、国际货币基金组织等多边经济金融机制中发挥建设性作用？(3)金砖国家集团内部能否建立起一套高效的运行与决策机制？(4)金砖国家集团在未来全球治理体系中如何定位自己？

与上文提到的欧盟、东盟、亚欧峰会不同的是，金砖国家集团起初并没把自己定性为国际地区，而是一种新型的跨地区联系。类似的是，跨大西洋共同体同样也把自己定性为跨地区联系。通过比较，我们得出，金砖国家集团首先在高层政治对话上实现突破，然后向经济、金融、国际政治领域渗透。而跨大西洋共同体目前被政治与军事同盟关系(北约)所束缚，经济领域或许是未来同盟关系的新增长点(TTIP)。

中国是海陆复合的亚欧国家，陆地和海岸线都很漫长，也是正在崛起的亚欧地区性和全球性力量。向西发展是中国的国策。在构建欧亚地区新的经济政治格局进程中，中俄发挥着举足轻重的作用。中俄在冷战结束后，21世纪初在"上海精神"的基础上共创了上海合作组织，这是欧亚区域性政府间国际组织，如今已经拥有正式成员国、观察中国以及对话伙伴关系国，地跨亚欧，人口占世界的一半以上，地盘和影响急剧扩大。2013年3月，新任中国国家主席习近平首访俄罗斯。9月，在哈萨克斯坦纳扎尔巴耶夫大学发表演讲，提出了"丝绸之路经济带"的战略构想，力图把经济发达的东亚至欧洲联系起来，大致沿着古代丝绸之路，建立世界上最有历史底蕴、空间距离最长、最有潜力和包容性的亚欧经济合作平台，为达此目的，中国创设了丝路基金，特别是亚洲基础设施投资银行(简称亚投行)，中俄印三个亚欧金砖国家成为前三大股东。这既可以说是中国追求亚欧、东西、内外平衡，应对经济全球化和亚欧地区一体化的重大举措，也可以理解为中国和平发展、合作共赢的一种尝试。

综上所述，我们可以得出，由各类跨境与跨地区关系构成的国际地区是国际关系中的新现象。国际地区的出现将重构民族国家的内涵。这不意味着，民族国家及其主权将会消亡。而意味着，民族国家与所在地区之间的关系将会发生本质变化。换言之，如果说历史上民族国家的文化、政策可以直接影响地区空间的内涵，那么在未来国际地区反过来可以影响国家的行为。其结果是世界将会依照各个地区特点而转为地区化，而非整体化。

四、对历史与理论的回应:本课题简介

欧亚大陆在国际政治中占据重心地位。大国兴衰,体系更替,文明交锋,文化交融无不与欧亚大陆紧密相关。

关于"欧亚"所包括的范围,尽管国际学术界并没有完全达成一致,但大体涵盖欧亚大陆中心地带则是确定的,主要包括中亚—里海地区,俄罗斯—高加索—东欧,中东—西亚等地。尽管亚洲面积比欧洲大,人口比欧洲多,但历史上由于欧洲长期以来处于力量优势,故一向是"欧亚"称谓。由于新世纪以来亚洲与欧洲力量对比此消彼长,国际经济政治中心正在向亚太地区转移,本书从"欧亚"改为"亚欧"称谓,这也是本书的一个小小的创新。毋庸置疑,欧亚大陆在国际政治中占据重心地位。近代以来,大国兴衰,体系更替,文明交锋,文化交融无不与欧亚大陆紧密相关。冷战时期,美苏争霸,争夺的焦点主要集中在欧亚周边地区(如朝鲜、越南、中欧、南亚等),偶尔"渗透"到亚欧大陆的中心地带(阿富汗),或"外溢"到欧亚大陆之外(如美洲的古巴、非洲的安哥拉)。以苏东剧变为起点,亚欧中心地带又经历了北约、欧盟东扩、"颜色革命"、"阿拉伯之春"等多轮变局,以及科索沃、吉尔吉斯斯坦、阿富汗、格鲁吉亚、叙利亚、乌克兰、伊拉克、伊朗等多国危机。在这一"动荡的弧形带",既有表面上的宗教、文明的碰撞,也有国家安全利益的矛盾,更有大国势力范围、战略利益的冲突,还有各方实际经济利益(如油气)的争夺。

苏联解体、冷战结束以后,欧亚博弈中的棋手有增无减。美国是全球唯一的超级大国,其利益和影响遍及全球,特别是亚欧。俄罗斯是地跨欧亚、曾经的超级大国,也被一些人视为"缩水"的超级大国,在亚欧中心地带余威尚存。欧盟是全球一体化程度最高的国际组织和地区,以"软实力"见长,拥有独立的欧亚战略。中国是正在崛起的地区和全球性力量,在构建欧亚地区新政治格局进程中发挥着举足轻重的作用。亚欧中心地带博弈的对象是东欧、中亚、中东等。以苏东剧变为起点,亚欧中心地带了又经历了"颜色革命"、"阿拉伯之春"等两轮变局。尽管美国是全球唯一的超级大国,但随着国际政治的"扁平化"和国际关系的多极化,中国和俄罗斯作为各自独立的国际经济、政治一极力量很快崛起,它们都是联合国常任理事国、核武器大国,在全球化的条件下成为亚欧区域最重要的新兴经济体——金砖国家、G20创始成员国,都拥有悠久的历史和灿烂的文化,辽阔的幅员和众多的人

口。无论是沙皇俄国还是红色苏联,都在欧亚舞台上纵横捭阖,叱咤风云。当今俄罗斯地跨欧亚、曾经的超级大国,也被一些人视为"缩水"的超级大国,在亚欧中心地带余威尚存。从独联体到独联体集体安全条约组织,从俄白联盟到欧亚经济共同体,从关税同盟到欧亚经济共同体、欧亚经济联盟,向东发展,体现了从历史到现实中,俄罗斯为欧亚一体化所做出的长期而艰苦的努力。普京在竞选第三任俄罗斯总统期间,提出了建立欧亚经济联盟的思想,包括俄罗斯、哈萨克斯坦、白俄罗斯,优先吸收独联体国家,实现一个更高层次的经济一体化。这既是选举需要,更是俄外交特别是独联体外交的重大发展。2015 年 1 月 1 日欧亚经济联盟正式启动。后来亚美尼亚、吉尔吉斯斯坦正式加入。普京既是这一构想的制定者,也是身体力行者。他不仅是俄罗斯政坛,也是世界政坛上的一位老练的、有魅力的政治家,与中国几任领导人,特别是习近平亲密互动,包括在国际和欧亚地区事务进行战略协作,互相参加对方第二次世界大战胜利 70 周年庆典,形成了独具风景的"中俄外交组合"。

当然,也有一些曾经出现,后来基本停止活动的小型一体化国际组织,比如古阿姆、中亚联盟,等等,还有作为苏联分家机制的独联体,独多联少,分多合少,虚多实少。限于篇幅,这些就不在本书的重点考察之列。本书聚焦亚欧中心,故东盟(东南亚国家联盟)、欧盟(欧洲联盟)、阿盟(阿拉伯国家联盟)、南共体(南亚经济共同体)以及 TTP、TTIP 这些欧亚大陆周边的国际组织和国际机制也不是本书重点关注的范围。

何谓体制? 何谓机制? 我们认为,所谓体制,概指组织、机构、制度,所谓机制,就是指具体运作、应对流程、践行过程,行为规则,等等。以国际体制论,有正式、非正式,政府间与非政府间之分。以国际机制说,有双边、多边之别。

中俄在冷战结束后共创了上海合作组织,这是欧亚区域性政府间国际组织,如今已经拥有正式成员国、观察员国以及对话伙伴关系国,地跨亚欧,人口占世界的一半以上,地盘和影响急剧扩大。2013 年习近平执政以来,提出和践行"一带一路",力图把经济发达的东亚和欧洲联系起来,大致沿着古代丝绸之路,建立最有包容性和发展潜力的亚欧经济合作平台。

作为亚欧区域最重要的两个国家行为体,中国与俄罗斯是对手还是伙伴?"丝绸之路经济带"与欧亚经济联盟是何关系? 与美国"新丝绸之路"又有何不同? 两国的亚欧战略有什么新的变化? 中俄对上海合作组织的战略构想有何异同？中国学者对欧亚联盟及其前景是如何看的？而俄罗斯学者对"丝绸之路经济带"又是如何评价的？乌克兰危机、克里米亚事件、叙利亚内战对欧亚经济联盟和丝绸之路经济带建设有何影响？在叙利亚问题上，中俄为何多次联手否决联合国决议？俄军为何空袭叙利亚？中国在乌克兰、叙利亚等问题上持何立场？作为当今世界唯一的超级大国，美国始终是中俄关系中的一个重要因素，中俄美三角关系的演变有何特点？美欧对欧亚联盟和"一带一路"是何态度？能源和跨界水资源也是中俄关系，特别是中—俄—中亚三边关系的一个因素，如何寻求中俄及中亚共同利益的最大公约数，减少、防止矛盾和冲突升级？如何做到互补共生，互利共赢，包容共荣，实现各自的欧亚地区战略和国家整体战略？中俄两架巨型飞机以亚欧大陆为平台同时起飞、翱翔，而又避免迎头相撞，各得其所？

　　中国丝路经济带与美国"新丝绸之路计划"尽管名称相似，并且大致可以归属于外交范畴，在中亚交叉，以发展经济、提高民生为手段，因而存在合作的空间。但两者历史背景、包涵区域、具体内容，以及重点、特点、性质、地位、前景都很不相同。对于中国来说，着眼在亚欧，重点在中亚，不仅内外联通，源于内部发展的需要，而且是国家大战略，强调合作、共赢。对于美国来说，重心在阿富汗，不存在内外联通问题，只是一个连接中亚和南亚的区域的外交策略，是源于其中亚地缘战略的需要，是美国全球霸权战略的一个次要组成部分，具有相当的排他性、封闭性。丝路经济带的空间范围和包容性也都大于"新丝绸之路"，更为容易得到本国国内和周边国家的支持，因而或更有前景。

　　在亚欧中心地带和亚欧大陆，中俄关系的发展对这些多边机制，如上合、金砖、欧亚经济联盟、丝绸之路经济带，等等，有什么作用？反过来，这些多边机制安排，对中俄关系有何影响？像乌克兰危机、叙利亚内战这样的突发事件对亚欧跨地区发展有何影响？这些都是本书所感兴趣的。

　　"丝绸之路经济带"与欧亚联盟，都是欧亚跨地区发展的方式；以发展经济、提高民生、内外联通、互联互通为特点和主要内容；都包括亚欧中心地带——中亚和俄罗斯；都有历史和现实基础，具有陆权思维；分别是中俄的国家战略；有利于促进亚欧合作和南南合作；都受到了交通基础设施不便、三股恶势力的掣肘；都受到了乌克兰危机的负面影响；美国不支持；任重而道远。

　　同时，由于两者性质、目标、推动者不同，其手段、范围、影响、参与者、受益者也不同。两者既有风险和挑战,也确实存在着资源、吸引力、影响力等方面的竞争,但同时并存不悖、互动互补、形成建设性的伙伴关系,相得益彰,合作可以大于竞争,机遇可以大于挑战。从宏观的国际战略目标,到具体的地区战略协作,是两者有望并能够成功合作的基础。

如果说中俄全面战略协作伙伴关系或"准同盟"关系是高级政治,那么中俄人文交流合作则是中俄战略协作关系的基础。与中俄不断发展、提升的政治、战略关系相适应,中俄之间的人文交流合作近年来也在不断发展,大步前进。

本课题研究团队由北京师范大学和莫斯科国际关系学院(MGIMO University)共同组成。中方团队由教育部国别与区域研究培育基地—北京师范大学俄罗斯研究中心学术委员会主任,北京师范大学亚欧研究中心主任李兴教授牵头。李兴教授博士毕业于中国社会科学院研究生院,并曾在北京大学从事博士后研究,曾先后公派留学和进修于圣彼得堡大学、基辅大学国际关系学院、莫斯科国际关系学院,现任北京师范大学学位委员会政治学分会主席,政府管理学院教授,博士生导师。俄方团队由莫斯科国际关系学院政治学系(School of Political Affairs, MGIMO University)主任阿·沃斯克列先斯基(中文名:华可胜)教授领导。他是苏联科学院远东研究所副博士,俄罗斯科学院和英国曼彻斯特大学的双料博士,也曾来中国北京、上海求学。作为上个世纪60后学者,两人还有一个相似的地方,就是学习和工作单位多有变化,所学涉及不止一个专业。在有人看起来似乎正年富力强,其实已到了知天命而随缘的岁数,不过紧迫感和危机感还时常交织,我们最终仍然有志于学术和国际问题研究。自2012年以来,双方围绕亚欧地区研究多次举办学术交流活动,如2012年10月在莫斯科举办"金砖国家研究"国际研讨会;2013年阿·沃斯克列先斯基教授受邀在北京师范大学讲授"国际综合区域学"课程。"国际综合区域学"是近年来俄罗斯国际关系学中的新兴子学科,是对世界政治学和国际政治经济学的有益补充。多年来,沃斯克列先斯基教授主要从事非西方国际关系理论研究和中国—东亚研究,在其研究范畴中引入国际关系新行为体—"国际地区"概念。地区化、地区主义、地区次体系是"国际综合区域学"的核心概念。此外,双方团队还在北京师范大学主办的《俄罗斯文艺》(CSSCI)、莫斯科国际关系学院主办的《国际进程》、《比较政治研究》等知名、核心学术期刊上发表阶段性学术成果。2014年暑期李兴教授受中国国家留学基金委的委派,赴莫斯科国际关系学院、俄罗斯高等经济大学进行为期一个月的高级访问,进一步加深了双方的合作。随着研究的深入,俄罗斯科学院美国加拿大研究院、中国现代国际关系研究院、上海国际问题研究院、美国哥伦比亚大学哈里曼研究所等重量级学术单位相继加盟,大大提高了科研团队的专业水准与国际化层次。北京师范大学是中国最古老、最著名的综合性、研究型重点大学之一,非常重视对俄罗斯和亚欧区域问题的研究,特别是"一带一路"成为中国的国家战略以来。北师大拥有中国教育部地区与国别研究基地——俄罗斯研究中心和一支高水平的俄罗斯—国际关系研究队伍。这本专著就是亚欧研究方面中俄国际合作的最新成果,吸收了中俄两国国内一些知名学者、专家的代表性作品。从中国方面来讲,本书也是国家社会科学基金项目("丝绸之路经济带"与欧亚联盟关系研究,项目编号:14BGJ039)和北京市哲学社会科学基金项目(《"丝绸之路经济带"与"中国梦"关系研究》,项目编号:13KDB039),"中央高校基本科研业务费专项资金资助"(supported by"the Fundamental Research Funds for the Central Universities"),以及教育部北京师范大学俄罗斯研究中心、莫斯科国际关系学院的研究成果之一。本书的出版得到了莫斯科国际关系学院、马克西莫夫基金会(Maksimov Foundation)、教育部北京师范大学俄罗斯研究中心、亚欧研究中心、科技部清华大学水沙国家重点实验室等单位的基金资助,在此一并致谢。

最后,但不是最不重要的,需要说明的是,本书只是北京师范大学与莫斯科国际关系学院学术合作的一个阶段性成果,也是目前正在走向加强的中俄人文交流合作成果之一。本书既不是开始,更不是结束。但愿我们的学术交流和国际合作仍将持续并发扬光大。

由于系国际合作项目,涉及单位多,协调难度大,时间仓促,水平有限,研究对象又处在不断的实践、发展过程中,缺点甚至错误定然难免,欢迎学界同仁批评指正。

阿·沃斯克列先斯基

李 兴

2016 年 1 月

莫斯科、北京

第一篇

01

上海合作组织：前世与今生

上海合作组织（简称"上合"）是冷战结束以后，在亚欧中心地带出现的政府间、地区性国际组织，由中国、俄罗斯两个大国，中亚四个小国为正式成员，外加若干观察员国、对话伙伴关系国，国际影响越来越大。

第一章

上海合作组织的历史演进

上海合作组织（简称"上合组织"）2001 年 6 月 15 日在上海正式成立，由六个正式成员国（中国、俄罗斯、哈萨克斯坦、乌兹别克斯坦、塔吉克斯坦、吉尔吉斯斯坦）、五个观察员国（蒙古、印度、巴基斯坦、伊朗、阿富汗）和三个伙伴对话国（白俄罗斯、斯里兰卡、土耳其）共同组成。2015 年上合组织正式启动扩员，印度与巴基斯坦即将成为新成员国。上合组织是冷战后新成立的集安全、经济、政治、人文功能于一体的、由欧亚中心地区的转型国家和发展中国家组成，也是世界上唯一一个由不同文明国家组成的地区性国际组织。该组织中没有西方发达国家参加。就其成员国的人口、面积来说，上合组织是世界上最大的地区性国际组织。①

在"互信、互利、平等、协商、尊重多样文明、谋求共同发展"为基本内容的"上海精神"引领下，以对外奉行不结盟、不针对其他国家和地区及开放为原则，上合组织塑造了"世代友好，永不为敌"的新型国家间关系和新型区域合作模式，为国际社会提供了不同于冷战的新安全观、新合作观、新外交观，丰富了国际关系理论与实践。安全与经济是上合组织的两大基石，中国与俄罗斯是上合组织的两大支柱，本章将就"两大基石"、"两大支柱"等四方面，讨论上合组织发展的历史进程。

一、上海合作组织的成立

领土边界问题涉及国家主权，关系到国家民族的生死存亡，若处理稍有不当，轻则引起外交纠纷，重则爆发军事冲突。因此，领土边界问题和边境军事安全问题往往是发展与周边国家关系时需要高度重视的问题。上合组织的前身是由中国、俄罗斯、哈萨克斯坦、塔吉克斯坦、吉尔吉斯斯坦组成的"上海五国"定期会晤机制，初衷在于通过多边平等协商妥善解决边界问题，加强边境军事安全信任。

1991 年苏联解体，原中苏西段约 3000 公里边界变为中国与俄罗斯、哈萨克斯

---

① 李兴：《论上海合作组织的发展前途——基于中俄战略构想比较分析的视角》，载《东北亚论坛》2009 年第 1 期。

坦、吉尔吉斯斯坦、塔吉克斯坦四国的边界。在这样的情况下,中国为一方,俄、哈、吉、塔组成联合代表团为另一方延续中苏边界谈判,并于1994年中俄签署了《中俄国界西段协定》。之后,中吉、中塔也相继签订边界协定。1996年4月26日,中、俄、哈、吉、塔五国元首齐聚上海,签订《关于在边境地区加强军事领域信任的协定》。时任中国国家主席江泽民指出,该协议的签署是"我们决心成为好邻居、好朋友、好伙伴这一共同愿望的生动体现"。①"上海五国"定期会晤机制正式建立。1997年4月24日,五国领导人在莫斯科举行会晤,并签署《关于在边境地区相互裁减军事力量的协定》。根据协定,对五国边界100公里纵深内的作战部队与武器装备进行裁减,每年组织相互视察活动,监督和核查边境地区信任措施落实情况。1998年7月3日,五国领导人第三次会晤在阿拉木图举行,会晤重点讨论了促进地区安全与稳定,加强五国间经济合作问题。此外,这次会晤的特点是由前两次以中国为一方,俄、哈、吉、塔为另一方的双边会晤转变为五国间的多边会晤。1999年8月24日,"上海五国"首脑在吉尔吉斯斯坦首都比什凯克举行第四次会晤。会晤后五国领导发表联合声明,坚决反对民族分裂主义和宗教极端主义,共同打击国际恐怖主义、毒品走私及跨国犯罪行为。2000年7月5日,五国首脑在塔吉克斯坦首都杜尚别举行第五次会晤。本次会晤开在新世纪之初,具有承前启后的重要历史意义。首先,五国领导人高度重视地区安全问题,在《杜尚别宣言》中首次把民族分裂主义、国际恐怖主义和宗教极端主义并列为三股恶势力,指出"三恶"对地区安全稳定与发展构成主要威胁,决心予以联合打击。在具体措施上,五国首脑决定大大深化维护地区安全的合作力度,联合举行反恐怖和暴力活动演习。其次,乌兹别克斯坦以观察员身份参加会晤,致使"上海五国"机制首次扩员。在会晤中,五国领导人一致提出将"上海五国"机制发展为"多边合作的地区结构"的意见。这为上海合作组织的成立提供了条件。

2001年6月15日,中国、俄罗斯、哈萨克斯坦、吉尔吉斯斯坦、塔吉克斯坦、乌兹别克斯坦六国元首在上海举行成员国元首理事会第一次会议。会中,元首们签署了《上海合作组织成立宣言》,标志着上海合作组织正式诞生。在次年6月通过的《上海合作组织宪章》中确立了组织框架内的主要机构:

国家元首会议:国家元首会议是组织最高机构。该会议确定组织活动的优先领域和基本方向,决定其内部结构和运作、与其他国家及国际组织相互协作的原则问题,同时研究最迫切的国际问题。

---

① 1996年中俄哈吉塔签署《关于在边境地区加强军事领域信任的协定》:http://www.beelink.com/20020426/1093484.shtml

政府首脑（总理）会议：政府首脑（总理）会议通过组织预算，研究并决定组织框架内发展各具体领域，特别是经济领域相互协作的主要问题。

外交部长会议：外交部长会议讨论组织当前活动问题，筹备国家元首会议和在组织框架内就国际问题进行磋商。必要时，外交部长会议可以本组织名义发表声明。

各部门领导人会议：根据国家元首会议和国家政府首脑（总理）会议的决定，成员国各部门领导人定期召开会议，研究本组织框架内发展相关领域相互协作的具体问题。

国家协调员理事会：国家协调员理事会是本组织日常活动的协调和管理机构。理事会为国家元首会议、政府首脑（总理）会议和外交部长会议作必要准备。国家协调员由各成员国根据各自国内规定和程序任命。

组织秘书处设在北京，在乌兹别克斯坦首都塔什干设立地区反恐机构。

上合组织成立以来，国内外关于它的发展前途问题众说纷纭，褒贬不一。部分西方政客学者极力"唱衰"上合组织，鼓吹威胁论，虚张声势。事实证明，经过十五年的发展，上合组织秉承"加强各成员国之间的相互信任与睦邻友好；鼓励各成员国在政治、经贸、科技、文化、教育、能源、交通、环保及其他领域的有效合作；共同致力于维护和保障地区的和平、安全与稳定；建立民主、公正、合理的国际政治经济新秩序"的宗旨，不断打开地区合作新局面，"好邻居、好朋友、好伙伴"的理念已深入人心，对维护地区稳定与发展做出了卓越贡献，推动了区域经济发展，促进了成员国社会民生进步，成为推进国际关系多极化、民主化的重要力量。2015年乌法峰会上，成员国通过了《上合组织至2025年发展战略》，为未来十年的发展谋篇布局。

二、上海合作组织的安全功能

上合组织坚持"互信、互利、平等、协作"的新安全观，贯彻"以合作促安全，以发展谋安全"的指导思想，摒弃冷战思维，政治安全互信不断加强，联合应对安全威胁，维护地区和平与稳定，开创了国家间安全合作新模式。

苏联解体以来，中亚地区出现前所未有的权力真空。由于文化宗教关系错综复杂，自然资源分布不均，区域社会经济发展不平衡，再加外部势力渗透，导致中亚地区不确定因素骤然增多，安全形势十分严峻。如"东突"、"乌伊运"、基地组织、车臣武装分子、"伊斯兰圣战联盟"等恐怖组织多次在中亚及其周边国家与地区制造恐怖袭击，严重威胁地区稳定与安全，扰乱国家社会正常生活。此外，以毒品交易为典型的跨国有组织犯罪也日益猖獗。根据联合国毒品与犯罪问题办公室统计,每年,来自阿富汗的全部海洛因中的1/4是通过中亚地区输送的。2010年,中亚地区的相关部门截获的毒品却不到全部数量的3%。① 更有数据表明,俄罗斯大约有90%的海洛因由贩毒集团从阿富汗经塔吉克斯坦和乌兹别克斯坦运入,而欧洲国家大多数海洛因由毒贩从阿富汗经俄罗斯运送。② 恐怖暴力活动、毒品交易等非传统安全威胁具有跨国性、多样性及社会影响大等特点,各个国家单枪匹马难以应付。这就需要在上合组织多边协作的框架内,成员国同心同德,群策群力,整合资源,联合应对。

　　首先,完善法律基础,安全合作有法可依。在反恐领域,2001年通过了《打击恐怖主义、分裂主义和极端主义上海公约》。该公约在1999年《杜尚别宣言》的基础上,将恐怖主义、分裂主义、极端主义等"三股恶势力"分别作了明确定义,为地区反恐合作指明方向。2009年通过的《上海合作组织反恐怖主义公约》,进一步明确了相关法律概念、责任和义务,是《打击恐怖主义、分裂主义和极端主义上海公约》的升级版。此外,上合组织还相继通过了《上海合作组织成员国关于地区反恐怖机构的协定》(2002年);《上海合作组织成员国合作打击恐怖主义、分裂主义和极端主义构想》(2005年);《上海合作组织成员国合作打击恐怖主义、分裂主义和极端主义2007—2009年合作纲要》(2006年);《上海合作组织成员国合作打击恐怖主义、分裂主义和极端主义2010—2012年合作纲要》(2009年);《上海合作组织成员国合作打击恐怖主义、分裂主义和极端主义2013—2015年合作纲要》(2012年);《上合组织成员国打击恐怖主义、分裂主义和极端主义2016—2018年合作纲要》、《上合组织成员国边防合作协定》(2015)等。在反毒方面,上合组织通过《上海合作组织成员国关于合作打击非法贩运麻醉药品、精神药物及其前体的协定》(2004年);《上海合作组织和阿富汗伊斯兰共和国打击恐怖主义、毒品走私和有组织犯罪行动计划》(2009年)等。2010年在塔什干上合组织峰会上,时任俄罗斯总统梅德韦杰夫建议制定通过2011—2016年的上合组织反毒战略,为构筑"反毒带"提供具体支持。③ 在其他安全领域,上合组织也给予了高度重视。如2006年成员国元首签署了《上海合作组织成员国元首关于国际信息安全的声明》;2009年签署了《上海合作组织地区防治传染病联合声明》等。这些文件的签署为上合组织安全合作奠定了坚实的法律基础。

其次，推进机制建设，切实加强制度保障。为提高打击"三股势力"，防范毒品泛滥，处理应急情况的协调能力，上合组织基本建成了多层次，多领域，纵横结合的安全保障机制。紧急救灾部长会议，国防部长会议，执法安全部门领导人会议，总检察长会议，边防部门领导人会议每年定期举行，交流议题不断丰富，部门间协作默契显著提高。除了完善内部机制，上合组织还积极与外部伙伴开展安全对话。2010 年时任上合组织秘书长伊马纳利耶夫与联合国秘书长潘基文发表联合声明。声明中指出，根据《联合国宪章》第八章，在涉及国际和平与安全的问题上在不同的级别开展合作。这包括防止和消除冲突；与恐怖主义做斗争；防止大规模毁灭性武器及其运载工具的扩散；打击跨国犯罪，包括打击非法贩运毒品和非法军火贸易；处理环境退化问题；减少灾害风险和防备与应对紧急情况；促进可持续经济、社会、人道主义和文化发展等领域。① 2011 年 6 月，上合组织秘书处与联合国毒品和犯罪问题办公室签署备忘录，表示将在打击跨国有组织犯罪领域加强合作。② 2012 年 6 月，成员国签署了《上合组织关于应对威胁本地区和平、安全与稳定事态的政治外交措施及机制条例》。

再次，举行联合军演，有效震慑不法势力。自 2002 年以来，在上合组织框架内举行双边或多边联合反恐及军事演习多达十余次，成效显著，其中"和平使命"系列军演更是我们所耳熟能详的。据统计，自 2004 年至 2011 年，上合组织有效防止了五百多起恐怖活动发生。③ 联合军演是双边与多边军事安全合作的最高形式，这大大提高了成员国间军事安全信任和反恐防恐能力，促进了地区和谐与稳定，彰显了上合组织是一个团结、高效、负责的国际组织。

三、上海合作组织的经济功能

区域经济合作一直是上合组织成员国间协作的重点领域。上合组织地区自然资源丰富，消费市场广阔，科教基础雄厚，且成员国间经济互补性强，为加强经贸合作提供有利条件。"目前，上合组织成员国都处在经济转型或结构改革的关键时期。共同繁荣就是通过多边经济合作，实现互利共赢，最大限度地实现成员国的发展利益。"④十余年来，上合组织成员国在区域经济合作领域付出了巨大努

---

① 上合组织秘书同联合国秘书合作的联合声明：http://news. cntv. cn/china/20120525/106824. shtml
② 上合组织与联合国将合作打击跨国有组织犯罪：http://news. xinhuanet. com/world/2011－06/14/c_121535737. htm
③ Назарбаев Н. ，Десять лет будущего // Российская газета，03 июля 2011 г.
④ 孙壮志：《上合组织将有更强动力》，载《人民日报海外版》2012 年 6 月 7 日。

力,成果颇丰。主要表现在以下方面：

区域经济合作的法律基础不断夯实。2001 年上合组织六国总理共同签署了首个区域经济合作文件——《上海合作组织成员国政府间关于区域经济合作的基本目标和方向及启动贸易和投资便利化进程的备忘录》。2003 年,六国总理签署了《上海合作组织成员国多边经贸合作纲要》。纲要明确制定了上合组织框架内未来区域经济合作"三步走"规划:(1)短期内将积极推动贸易投资便利化进程;(2)中期内(2010 年前)任务是共同努力制订稳定的、可预见和透明的规则和程序,展开大规模多边经贸合作;(3)长期内(2020 年前)致力于在互利基础上最大效益地利用区域资源,为贸易投资创造有利条件,以逐步实现货物、资本、服务和技术的自由流动。① 2009 年为应对全球金融风波,共度危机,上合组织成员国批准了《上海合作组织成员国关于加强多边经济合作、应对全球金融危机、保障经济持续发展的共同倡议》。2012 年上合组织元首齐聚北京,签署了《上海合作组织中期发展战略规划》等文件。2015 年成员国元首通过了《上合组织至 2025 年发展战略》,上合组织经济合作进入新时期。

区域经济合作机制不断完善。成立以来,在上合组织框架内基本建立起了以政府机制和非政府民间机制为主体的"双层次"机制,扩大了成员国间经济对话平台,丰富了经济合作内容。政府机制由政府首脑(总理)会议、经贸部长会议、科技部长会议、农业部长会议、财长和央行行长会议组成。经贸部长会议下设高官委员会和七个专业领域工作组,工作组涉及海关、质检、电子商务、投资促进、发展过境潜力、能源、现代信息、电信等领域。上合组织银行联合体(2005 年成立)和上合组织实业家委员会(2006 年成立)共同构成非政府民间机制。目前,上合组织正在筹划成立"上海合作组织银行"。

四、中国与上海合作组织

改革开放三十余年来,我国发生了翻天覆地的变化,经济社会飞速发展,人民生活水平显著提高,综合国力不断增强。1978 年,我国 GDP 只有 1482 亿美元,居世界第十位。2011 年,我国 GDP 达 7.3 万亿美元,居世界第二位,仅次于美国,创造了世界发展史上前所未有的长时间、高增长纪录。中国政治形势总体安定团结,是全球最好的消费品市场之一,是世界很多国家的第一大贸易伙伴。此外,我国秉承"以人为本",以"民主法治、公平正义、诚信友爱、充满活力、安定有序、人与

---

① 《上海合作组织成员国多边经贸合作纲要》:http://www.dss.gov.cn/Article_Print.asp? ArticleID = 183457

自然和谐相处"的和谐社会观为指导,在社会民生建设方面不断取得新胜利,充分体现了中国特色社会主义的优越性和中国马克思主义的理论价值。一时间,"中国模式"、"中国道路"、"中国奇迹"、"北京共识"等说法不胫而走。当然,中国还面临诸多问题。"中国人口多,底子薄,城乡和地区发展不均衡,产业结构不合理,生产力不发达状况没有根本改变,无论如何都还是人口大国、经济小国,一个名副其实的发展中国家。我们遇到的经济、社会问题可以说是世界上最大、最难解的课题,没有任何骄傲自大的本钱。"①

从国际维度来看,在 21 世纪的今天,世界处于大发展、大变革、大调整时期,和平与发展是时代主题,合作与共赢是时代潮流,但经济全球化深入发展、世界多极化不可逆转、中西方文化激烈碰撞等现实因素给中国带来了机遇和挑战。

上合组织是迄今唯一在中国境内成立、以中国城市命名、总部设在中国境内的区域性国际组织。② 因此,上合组织自开始就被烙上了深深的"中国印"。中国政界学界对上合组织大多也是情有独钟,信心饱满。上合组织的成立标志着中国外交开始脱离传统的低姿态,开始走向积极主动、领导并塑造更有作为的阶段,③是反映我国新国力、新定位的里程碑。

欲正确把握我国与上合组织的关系,我们还得从我国对上合组织的认知和实践两个角度去理解。从我国对上合组织的认知来看,自 2001 年以来,关于上合组织的著作文章卷帙浩繁,各类观点目不暇接。归结起来,我们可以看出,中国偏重从理想和价值体系的角度来认知上合组织。④ 中国把上合组织看作是全新的国际关系实践,在这个意义上,它是试图摆脱由西方主导的原有国际关系的理念和模式,创造出一种新的价值体系和国际关系模式。具体而言,中国认为上合组织是后冷战时代新理念的体现,是地区组织的新模式,是新型国家关系的典范,是新国际关系的样板。⑤ 但是,我们也不能陷入"上合组织是中国的组织,或是中国主导的组织"这样的认知误区,更不能夸大上合组织作用,把它看作是全能项目。当然,上合组织是我国实现国家利益的重要途径,但它更是"大小国共同倡导、安全先行、互利协作"的多边合作机制。上合组织成员国利益相互交织渗透,一损俱损,一荣俱荣,损害别人利益就是损害自己利益,为了别人利益也是为了自身的利益,须知"皮之不存,毛将安附焉"。

---

① 戴秉国:《坚持走和平发展道路》,载《新华文摘》2011 年第 7 期。
② 上海合作组织概况:http://news. xinhuanet. com/ziliao/2002 – 06/01/content_418824. htm
③ 孙凌云:《国际视野中的"上海合作组织"》,载《国际观察》2006 年第 2 期。
④ 赵华胜:《上海合作组织:评析和展望》,时事出版社 2012 年版,第 103 页。
⑤ 赵华胜:《上海合作组织:评析和展望》,时事出版社 2012 年版,第 103 – 104 页。

在对上合组织的战略实践上,中国以尊重国家主权、领土完整及不干涉内政为前提,积极介入中亚事务,缓解危机、引导事态向和平稳定方向发展。有学者把这一政策称之为"建设性介入"。① 具体来说,中国的上合组织战略主要体现在以下几个方面:

第一,奉行"亲诚惠容"的周边外交。中亚国家小且多,国弱且贫,多是中国的邻国。中亚具有重要的战略地位和能源资源,地处欧亚中心,东西交汇,宗教、民族复杂,是所谓文明"断裂带"和"破碎区",也是大国争夺与博弈地带。国际恐怖主义、宗教分离主义和极端民族主义三股恶势力以此为大本营,使该地处于动荡的弧形带上。中亚国家政治生态脆弱,地缘格局极具复杂性。通过上合组织,中国实行"安邻"、"睦邻"的周边外交和多边外交,稳定和发展西部地区,得到俄罗斯、中亚地区的国际支持。

第二,主张安全与经济两条腿并行。以发展求互信,以合作求安全,是上合组织新的安全模式。在上合组织成立之初,安全功能显得很突出。随着反恐战争取得初步胜利,上合组织经济与安全功能并重,经济因素地位上升。中亚地区在经济、能源、基础设施、农牧业、交通等领域存在着广阔的合作空间。随着中国开发大西北,建立经济特区,推进建设丝绸之路经济带,建立上合组织自由贸易区、开发银行也提上了日程,维护西北边疆地区的稳定和繁荣尤显重要。

第三,坚持把上合组织定位为地区性国际组织,不结盟,不针对第三方,不过分扩大。上合组织是地区性的政府间国际组织,非军事同盟,不针对第三方或第三国,是中国多边主义、睦邻主义和地区主义外交理念的有机结合,结伴而不结盟,不以反美画线,不是要建立反美联盟。上合组织也不是全球性的国际组织,不是为了与美国为首的北约分庭抗礼,但客观上会对北约和美日同盟起到一定的牵制和制约作用。上合组织不宜过分扩大,更不宜吸收美国或明显反美的国家参加。

五、俄罗斯与上海合作组织

中亚地区是俄罗斯"柔软的下腹部",具体而言,该地区的安全稳定与否直接关系到俄罗斯整个欧亚战略态势和国家安全。2001 年"9.11"事件以来,美国北约集团借反恐之名,堂而皇之进驻中亚,积极干预中亚国家内政,操纵"颜色革命",试图将中亚打造成美国治下的典范,进一步挤压俄罗斯战略空间,促使其无为化、无能化。如今美国战略重心东移,却仍在中亚暗度陈仓,推行"新丝绸之路

---

① 赵华胜:《上海合作组织:评析和展望》,时事出版社 2012 年版,第 127 页。

计划"，新一轮中亚战略博弈迫在眉睫。此外，中亚地区恐怖主义、分离主义和极端主义这"三股恶势力"作威作福并有北移之势，毒品交易依然猖獗等非传统安全威胁处处牵动俄罗斯的神经。面对如此情形，俄罗斯高度重视中亚，把它纳入"特殊利益地区"。与中亚国家关系在俄眼中更是"内政中的外交，外交中的内政"。

俄罗斯是上合组织的创始成员国，也是积极推动者。俄罗斯的外交传统是先欧后亚，先西后东，上合组织是对这一传统的某种偏离和修正，出现了"东倾西向"的趋势，恰恰这是俄罗斯务实外交的一大亮点。十余年来，俄罗斯不断提出建设性意见，且其中很多被组织和其他成员国积极采纳。俄罗斯一直对上合组织持积极态度。普京上台后签署的第一个对外政策总统令中明确指出："需积极参与不同的多边外交机制，如金砖国家集团、20 国集团、8 国集团、上海合作组织。"[1]在上合组织北京峰会召开前夕，普京在《人民日报》上撰文称："上合组织获得了崇高的威信，它在国际舞台上的话语权日益提升。"[2]因此，在俄罗斯对外战略中上合组织有举足轻重的地位，是俄奉行的"多边网络型外交"中的重要环节。

在具体战略安排中，俄罗斯对上合组织政策主要体现在以下方面：第一，主导中亚，建立稳固的后方，提升国际影响力。中亚地区具有重要的战略地位，与俄罗斯具有传统而密切的地理、历史、经济、文化联系，打断骨头连着筋。但冷战结束以来，中亚地区出现了"疏俄罗斯"与"亲俄罗斯"的分化。俄罗斯欲通过上合组织主导中亚，发展、补充和延伸独联体政策特别是中亚政策，为独联体集体安全条约组织加装一个双保险，提高俄罗斯国际地位和国际影响。

借中国之力反恐、平衡美国势力的扩张。西方特别是美国在东欧和独联体对俄罗斯的战略空间的挤压，使俄罗斯感到形势的紧迫和环境的严峻。而且在摩尔多瓦—德涅斯特河沿岸问题、格鲁吉亚与阿布哈兹及南奥塞梯的主权问题、阿塞拜疆与亚美尼亚的纳戈尔诺—卡拉巴赫（纳卡）地区问题等前苏联空间中潜在不稳定因素背后都能找到美国北约的身影，导致俄美建立战略互信举步维艰。在俄罗斯看来，中国和美国是中亚地区的两个主要的外来竞争者。美国是一个外来的、消极的因素。中国是最大的邻居，而邻居是无法选择的。两害相权取其轻。俄罗斯想借中国之力反恐，平衡美国势力在中亚的扩张。再者，中国处在"大陆亚洲"和"海洋亚洲"之间地位，是俄罗斯发展与东盟、亚太经合组织等亚太多边机制关系的跳板，也是俄罗斯振兴远东经济战略中值得信赖的伙伴。

---

[1]　Указ о мерах по реализации внешнеполитического курса Российской Федерации. http://www.kremlin.ru/events/president/news/15256

[2]　普京，俄罗斯与中国：合作新天地：http://world.people.com.cn/GB/157578/18069393.html

构筑东南部地区稳定的弧形,安全优先。普京总统曾经指出,对俄罗斯的安全威胁来自俄罗斯西、南、东三个方向,俄罗斯可依靠上合组织解决其东部安全问题,依靠独联体集体安全条约组织解决其南部的安全问题,以构筑俄罗斯东南部地区"稳定的弧形",为国内经济建设,推行全面现代化创造良好的外部环境。俄罗斯主张,上合组织在未来阿富汗问题解决中应发挥更加积极的作用,以确保中亚国家不出现"阿富汗化"。

六、小结与思考:上合组织是"亚洲北约"吗?

美国哥伦比亚大学国际问题专家库利认为,西方对上合组织主要存在三种认识:(1)上合组织是中俄两国在中亚地区对抗西方及美国所组成的联盟;(2)上合组织是该地区反民主的集权国家俱乐部;(3)上合组织通过区域经济一体化为本地区谋利益、谋发展。① 事实上,前两种观点在西方占主流,因为在他们眼中,上合组织主要是由中国和俄罗斯发起组成的,它是中俄战略协作的产物,这一事实本身对西方就别有意味。② 总体而言,西方认为,上合组织是反美反西方而建立的"亚洲北约",即使不是这样,上合组织也不会成为西方的朋友。③

自 2001 年成立以来,上合组织框架内多边合作扎实推进,成员国间战略互信不断提高,已经成为构筑后冷战时期世界政治新秩序、推进国际关系民主化的新兴建设性力量。不管从理论上,还是从实践上看,上合组织不是也不会成为西方眼中的"亚洲北约"。

首先,上合组织是不具有冷战特征的新型地区性国际组织。传统冷战思维认为,上合组织由中俄两个地缘政治大国共同参与,很容易让人联想到它是一个与西方与美国抗衡的国家集团。但事实并非如此,上合组织之所以是冷战后新型地区性国际组织,它新就新在充分彰显出了全球化时代下所应具备的新安全观和新外交观。人类生活在地球村上,大家同在一条船上,别人的安全也是自己的安全,不能对别人的安全完全无动于衷(包括三股恶势力、毒品泛滥、自然灾害等非传统安全),否则就是为自己制造不安全。因此,上合组织所倡导的互信、互利、平等、协作的新安全观符合时代潮流,符合地区发展利益,符合成员国人民的福祉。在全球化时代,利益交融,求同存异、合作是主流,双赢、共赢是目标。摒弃冷战思维

---

① Cooley A., The Rise of the SCO as a New Regional Organization: Western Perspectives. http://carnegie.ru/events/? fa = 3225

② 赵华胜:《上海合作组织:评析和展望》,时事出版社 2012 年版,第 194 页。

③ 赵华胜:《上海合作组织:评析和展望》,时事出版社 2012 年版,第 192 - 193 页。

和集团意识在上合组织中得到充分体现。上合组织成员国坚持"和平、开放、共赢"为核心的新外交观,成功解决了伤筋动骨的边界和边境安全问题,在非传统安全和区域经济合作领域不断取得新成就,成为现代国际关系实践中多边协作的典范。

其次,上合组织以维护地区稳定、实现共同发展、构建和谐地区为己任,绝非政治军事联盟。上合组织以维护地区安全和稳定为合作重点,不断丰富和扩展合作领域及方式。从边境安全,到打击三股势力、遏制跨国有组织犯罪等;从传统安全领域,到非传统安全领域,上合组织成员国齐心协力、众志成城,有效应对各种危机与威胁。区域经济合作是上合组织另一主攻方向,内需是上合组织成立与发展的根本动力。上合组织没有成为类似于北约那样的政治军事同盟的基础和愿望。上合组织没有敌对国,传统的军事安全对它不构成严重威胁,它没有结成军事同盟以抵御外来威胁的需求。①

再次,上合组织是国际及地区和平的促进者,不是麻烦制造者。上世纪90年代以来,国际局势并未因冷战结束,两极格局瓦解而变得和谐稳定。从"沙漠风暴",到科索沃战争;从阿富汗战争,到伊拉克战争,俄格冲突;从"颜色革命",到阿拉伯之春,在诸多地区冲突背后都能找到美国北约的身影。美国北约信奉"历史已终结,西方自由民主主义的价值观战胜了一切"神话,大肆扩张,谋求全球霸权。上合组织则不同。在风云变幻的国际形势下,上合组织秉持"上海精神",坚持以"求和平、谋合作、促发展"为指导,积极参与国际事务,国际影响力不断提升,成为维护欧亚中心地区和平稳定的中坚力量。另外值得我们关注的是,上合组织颠覆在西方红极一时的"文明冲突论",解决了文明间对话的"大麻烦",实现中华文明、俄罗斯文明、伊斯兰文明这三大文明的联合协作。

战略利益决定战略构想。战略构想的相同或相近,体现了其共同或相似的利益。战略构想的不同,是由其不同利益或利益分歧决定的。上合组织是否有前途,是否有生命力,从根本上说取决于中俄两国的战略构想是否一致或大体吻合。上合组织是中俄关系的合理延伸,中俄两国对上合组织的态度和意图至关重要。中俄两国对上合组织都比较重视,都有自己的战略构想。如在强化领土完整、促进地区发展、抵制西方影响和霸权行径、打击三股恶势力等方面,中俄两国并驾齐驱,携手共进。美国高调"重返亚洲"也可能从客观上促进中俄进一步抱团,加强上合组织内部团结。上合组织是对中俄共同主张的世界多极化、国际关系民主化的一个支撑和实践,有利于提高中俄的国家威信和国际影响力。但在现实国家利

---

① 赵华胜:《上海合作组织:评析和展望》,时事出版社2012年版,第245页。

益面前,中俄两国对上合组织的战略构想并不完全相同。中俄同时在发展,国家利益同时向中亚伸张,难免出现主导权之争或国家利益的直接碰撞。相比俄罗斯,中国是后来者,俄罗斯也视中国为威胁,认为中方从上合组织得到的好处比俄罗斯多。中方的战略重点是为"和平发展"创造有利的周边环境,重视安全、经济两方面共同发展。俄罗斯更重视上合组织推动世界多极化和压制美国在中亚地区影响方面的作用,主张安全优先,地缘政治考虑得更重。①

上合组织秘书长梅津采夫说,2015 年上合组织通过了《上合组织至 2025 年发展战略》,"标志着上合组织正式结束初创期,迈入新合作阶段"。我们须知,上合组织较其他国际组织而言还是一个年轻的国际组织,尚处于青春期,发展后劲很大,前途光明,但成长道路艰涩难耐。要在下一个十年继续保持健康稳定的发展势头,上合组织可以从以下方面入手:第一,建设一个高度互信的团结组织;第二,建设一个真诚互助的可靠组织;第三,建设一个共同发展的务实组织;第四,建设一个互鉴共进的开放组织。② 我们深知,和谐上合组织、和谐中亚不仅仅取决于各成员国共同或相似利益的简单的拼凑,机械的相加,而取决于在上合组织机制下的精神合作、良性互动和善意竞争,取决于以上合组织为平台,加强在核心利益上的沟通与配合,提高战略互信水平。③ 我国作为上合组织创始成员国,将坚信"合作从邻开始",秉承"上海精神",继续奉行"与邻为友,与邻为善"的睦邻友邻周边外交政策,高瞻远瞩,深谋远虑,进一步促进上合组织健康成长,大力推动各个方面务实合作不断前进,实现本地区和平发展、开放发展、共同发展、和谐发展。

---

① 李兴:《中俄上合组织战略构想比较分析》,载《新视野》2009 年第 1 期。
② 程国平:《上海合作组织事业永无止境》,载《人民日报》2012 年 6 月 6 日。
③ 李兴:《中俄上合组织战略构想比较分析》,载《新视野》2009 年第 1 期。

第二章

上海合作组织为何不足以支撑中国西北周边安全战略

目前,国内关于中国安全问题及安全战略的研究呈现增长势头,出现了一些研究成果。这些成果关注的视角和侧重不尽相同,基本都与当前中国国家安全需求密切相关。对中国有着重要战略意义的西北周边受到较多的关注,但从安全战略视角展开的相关研究还不多见。

近来关于中国"战略西进"的话题开始出现在大家的视野之中,这是西北周边战略地位提升的直接反映。重视归重视,采取何种战略、如何行事却需研究斟酌。西北周边安全不仅对中国外部环境有重要的影响,而且与中国内部问题有着直接的联系。中国新疆地区深入亚欧大陆中心腹地,地缘上属于麦金德所称"心脏地带"的一部分,它与周边存在着天然的密切联系,不可避免地受着周边局势的影响。中国的西北地区辽阔的疆域,无论从地缘战略方面还是从资源方面,都是国家可持续发展和维护国家安全稳定的重要战略依托。西北周边安全不仅事关中国外部环境,而且直接影响中国西北地区的稳定与发展。随着国际及国内形势的发展变化,国内对西北和西北周边的关注度不断提高,相应的安全战略也就成为客观需要。关于中国西北与西北周边关系的论著已经不胜枚举,其中关注点不尽相同。

自2001年上海合作组织(简称"上合组织")成立以来,有关上合组织的研究与日俱增,尤其是近几年,相关著述大量涌现。梳理上合组织的发展历程,分析上合组织在地区安全和经济事务中的功能和作用,研究上合组织面临的任务和挑战,探讨上合组织的发展前景,形成了研究上海合作组织的主要思路。在已有的众多研究中,对上合组织的成就给予了肯定。基本观点是,上合组织在一系列区域和国际事务中发挥了巨大的影响力,虽然还不可能像北约、欧盟那样具备老练成熟的内部功能和机制,但上合组织推进区域合作进程依然存在着巨大潜能。当前,专门研究上合组织与中国西北安全关系研究成果并不多见,相关研究多是部分提及这一问题,对上合组织与中国西北周边安全战略之间的关系问题更是少有涉及。在重视上合组织对推动中国西北周边安全中发挥重要作用的同时,容易造成一种印象,即通过上合组织便足以应对西北周边安全局势,推动上合组织发展中国西北周边安全战略。如何看待上合组织与中国西北周边安全战略,成为当前中国地缘政治和区域战略问题研究中的现实问题。

一、中国西北周边安全形势

当下中国西北周边的安全形势是形成中国西北周边安全战略的现实基础。中国周边西北安全环境由多行为体构成,其中从地缘视角看,主要指俄罗斯和中亚。总体形势看,中国西北周边安全形势相对平稳。苏联解体以来,中国与西北邻国的关系不断发展,历史遗留的领土和边界问题已经得到解决,各领域合作不断深入并取得了重要成就,这为中国西北周边安全局势奠定了一个重要的基础。但随着全球化和区域化的共同发展以及国际局势的不断演进,中国西北周边又出现了很多新情况,呈现出新形势。

（一）中俄关系

当前世界多极化格局中,中国和俄罗斯无疑占据着重要的地位。无论是从国际格局来看,还是从各自需要出发,维持和加强中俄两国间良好关系都十分重要。俄罗斯是中国周边最大的邻国,是中国国家安全的重要外部因素。近年来,两国的边界问题已获得解决,在政治、经济、安全等各领域展开全面的合作并取得了丰硕成果,双边各层次往来不断扩展且具有广阔的合作前景,双方合作抵御分裂主义和恐怖主义等跨国危害对维护国家安全和区域稳定意义重大。在中俄两国战略协作伙伴关系不断深化的同时,两国关系中也存在一定的问题和消极因素。一方面,中国的发展和迅速崛起,综合实力及国际影响力的不断提升;另一方面,俄罗斯也迎来了战略机遇期。21世纪头十年,经济复苏、军力恢复、国际地位和影响上升,俄罗斯重振昔日辉煌的信心和愿望也不断地加强。两国实力地位的发展变化导致了两国关系出现新的变化。虽然两国关系中需要双方协同应对、共同努力、共同受益的叠加性利益仍占主导,但其在两国关系中的比重相对下降;取长补短、互惠互利的互补性利益方面也开始出现分歧,比如,能源合作领域,一直谈不拢,天然气合作在2014年才有突破;而你得我失、你多我少的竞争性利益却开始显现,比如,俄罗斯将中亚视为其特殊利益范围,而与中亚关系越来越密切的中国,难免会被俄罗斯视为竞争者。

中俄两国关系成果显著、发展势头良好,但我们不能忽视其中的问题。尤其是需要全面地了解双方对相互关系的认知和定位,正视存在的问题,客观把握双方对各种问题的关注点和看法,这样才更有利于在增进理解和互信的基础上,克服各种消极因素,将两国关系不断推向新阶段。中俄关系是中国最重要的双边关系之一,对中国周边安全具有重大地缘战略意义。俄罗斯对中国安全的影响不仅仅反映在俄中双边关系上,而且还可能通过多边关系进一步产生更广泛和深远的影响,这就是所谓的"倍增器"效应。① 虽然俄罗斯与中国西北的共同边界并不长,但通过这种倍增器效应,俄罗斯成为影响中国西北周边安全的重要因素。

(二)中国与中亚关系

中亚处于亚欧大陆的"心脏"地带,是世界上潜力巨大的能源供应地,是各种主要国际力量争相汇聚的地方,是国际恐怖主义和跨国犯罪最活跃的地区之一。在中亚地区,各种因素错综复杂,各种问题相互交织,各种力量纠结牵制,未来形势具有较多不稳定性。中亚地区与中国西北直接相连,地缘政治关系密切,同时,在民族、宗教、文化等方面有着深厚的历史渊源和密切的现实联系,这些造就了双方安全领域中密不可分的关系。中亚地区作为中国周边一块相对独立的战略板块,是中国西北安全战略的重要组成部分。自中亚国家独立以来,中国坚持睦邻友好的外交政策,与中亚邻国就历史遗留的边界问题进行和平谈判,经过各方的努力使之得到妥善解决,为中国与中亚关系发展奠定了良好基础。在此基础上,中国与中亚国家通过双边和多边机制,不断深化各领域合作,并逐步建立起睦邻友好的战略伙伴关系。

当前,随着中国在政治、经济、安全等领域与中亚国家的合作不断取得成就和持续深入发展,中国与中亚国家的关系处于上升状态,中亚各国普遍重视中国对其国家安全的影响,无论是经济领域,还是地缘政治和区域安全领域,中国正逐渐成为中亚国家的重要伙伴,但它们也认为还存在着来自中国的区域安全挑战。② 一种观点认为中国是中亚间接的不确定性威胁。在中亚国家看来,全球性"玩家"竞争的加剧为区域国家打开了"机会窗口",在它们矛盾夹缝中"玩一把"的诱惑力在增强。但此时必须意识到,诱惑可能变成惩罚。尤其对俄罗斯来说,这是现实的,它不仅对中亚地区各种反俄行动很敏感,而更重要的是,它具有对该地区形势施加或好或坏影响的实际能力。③ 也就是说,中国与中亚关系的发展为中亚国家提供了机会,但中亚国家面对这些机会的时候,要考虑会不会因为接受了中国的"诱惑"而受到俄罗斯的"惩罚"。鉴于此,中国被中亚国家视为其安全的一种不确定因素。另一种认为中国与中亚国家关系问题领域中存在着不同层次的威

---

① 陆俊元:《中国地缘安全》,时事出版社 2011 年版,第 195 页。

② Сыроежкин К. Л. , Центральная Азия Сегодня: Вызовы и Угрозы, Алматы: КИСИ при Президенте РК, 2011. С. 291.

③ Сыроежкин К. Л. , Центральная Азия Сегодня: Вызовы и Угрозы, Алматы: КИСИ при Президенте РК, 2011. С. 291.

胁和挑战。面对中国自身问题与中亚区域安全的客观联系,中亚国家一方面对中国持理解的态度,另一方面则会考虑到这些问题对其与中国的双边关系及区域安全造成不良影响的潜在可能。尽管中亚各国对这些安全问题的影响能力是有限的。在对一些问题的应对上,每一个中亚国家都具有自己独立决定的能力;对另一些问题,就需要与区域内邻国及俄罗斯合作;还有一些问题,则要作为联合国和其他一些国际组织的成员,考虑所有参与者的意见来解决。① 这一地区的局势十分复杂而微妙,存在着多方面的问题,对中国西北周边的安全局势构成直接影响,值得关注和研究。

(三)中国西北周边的安全问题

中国西北周边安全主要存在四个方面的问题:

第一,地区内部纷争,区域不稳定因素众多。苏联时期遗留下的多处领土边界争议,虽然有关中亚国家努力进行协商,但是总体进展缓慢,解决不易。其中,吉尔吉斯斯坦与乌兹别克斯坦两国之间边境冲突就时有发生。刚进入 2013 年,就发生了乌兹别克斯坦在吉飞地的居民袭击吉尔吉斯斯坦边防军人事件。为防止事态升级,虽然双方政府举行谈判后,一部分村民获得释放,但该地区的所有边境口岸都被关闭,给两国关系造成不良影响。中亚地区民族众多,部族结构错综复杂,地区发展不平衡,加上历史遗留问题的影响,部分中亚国家内部民族关系紧张,给内外势力发挥影响提供了机会,成为引发当地局势不稳的重大隐患。中亚国家间存在安全上的关联性,一国的混乱很容易波及邻国,尤其是带有民族、部族冲突性质的骚乱,更容易蔓延至邻国。2005 年吉尔吉斯斯坦发生"颜色革命"之后不久,乌兹别克斯坦靠近两国边界的安集延爆发骚乱,使乌兹别克斯坦一度陷入紧张局势。2010 年 6 月吉尔吉斯斯坦发生大规模骚乱,除政治原因外,另一个重要原因是吉南部吉尔吉斯族和乌兹别克族之间的矛盾,两族青年的斗殴事件迅速发展成了大规模的种族暴力冲突,致使数十万人沦为难民,其中多数是乌兹别克族。这些难民涌向吉乌边境地区,希望能到乌兹别克斯坦躲避混乱,这给邻国造成了很大压力,其中乌兹别克斯坦在无力接受更多难民的情况下不得不暂时关闭两国间的边界。另外,塔乌、吉乌、吉哈、乌土间的水资源争端愈演愈烈,对国家关系造成严重冲击。而乌兹别克斯坦与哈萨克斯坦关于中亚领导地位的争夺也

---

① Сыроежкин К. Л. , Центральная Азия Сегодня: Вызовы и Угрозы, Алматы: КИСИ при Президенте РК, 2011. С. 292.

成为影响地区局势一个的因素。①

第二，外部势力扩张，使地区局势更为复杂。在当今的地缘政治格局中，作为亚欧大陆的中心地带，中亚已成为世界大国的必争之地。苏联解体后，新的中亚国家成为国际舞台上的独立行为主体，但各方面力量都很虚弱，甚至无力维护自身的安全运转，而不得不借助于外力的帮助，这为西方势力进入中亚提供了机会。由于该地区的地缘战略位置显要，能源资源丰富，外部力量纷纷加快了挺进中亚的步伐。俄罗斯将中亚视为自己的特殊利益范围，在中亚地区努力扩大自身影响力，巩固主导地位，是俄罗斯中亚政策必然选择。苏联解体以来，美国对中亚重视程度不断提升。"9·11"事件的出现和中亚能源开发在国际能源格局中地位的凸显，美国对中亚地区的政策与美国的全球战略安排的联系日益紧密，中亚不仅成为美国反恐战争的前沿基地，而且日益成为美国与俄罗斯和中国进行外交博弈的主要地区。② 美国从政治、经济、军事各方面推进与中亚关系，力图将中亚变为其控制欧亚大陆的地缘战略支点，进而向北挤压俄罗斯战略空间，向东遏制中国的崛起，向南、向西震慑伊斯兰世界。为了达成其战略目的，他们以扩展民主为旗号，曾一度在中亚地区策动"颜色革命"，努力在中亚国家培植亲西方政权。"9·11"事件引发的反恐战争给美国军事力量直接进入中亚提供了契机，经过之后的经营，美国势力在中亚扎下了脚跟，对俄罗斯在中亚的影响力形成了冲击。虽然反恐战争之初美军进驻中亚得到了包括俄罗斯在内的相关国家认可，但美国的军事存在对俄罗斯构成的压力不言而喻，尤其是颜色革命之后，俄美围绕美国在中亚的军事基地问题展开角力。另外，欧盟作为重要的国际力量中心之一，也有较为明确的中亚政策，通过2007年提出的"新伙伴关系战略"，欧盟也将中亚地区视为自己对外关系的重要战略空间。③ 土耳其、伊朗、印度、日本、韩国等也都对中亚地区抱有浓厚的兴趣。2014年美军逐步撤出阿富汗后，面对阿富汗可能出现的"安全真空"，上合组织、中俄要不要介入，以何种形式介入，这是一个值得未雨绸缪的问题。

第三，"三股势力"和跨国犯罪影响严重。在中国、俄罗斯、中亚国家等国多年

---

① Лаумулин М. ，Толипов Ф. ，Узбекистан и Казахстан. Борьба за лидерство？// Индекс Безопасности，№1，Весна 2010.

② 郑羽：《中俄美在中亚：合作与竞争（1991—2007）》，社会科学文献出版社2007年版，第118－119页。

③ Тимошенко А. Г. ，Политика Европейского Союза в Центральной Азии：от《открытия региона》к стратегии нового партнерства（1992－2008гг.），Томск：Томский государственный университет，2009. С. 405－406.

来的协同努力下,国家层面的中亚安全形势基本稳定,但非国家和跨国家层面的安全形势仍然严峻。尤其是民族极端主义、国际恐怖主义和民族分裂主义"三股"势力、跨国犯罪等问题严重,对中亚地区及中国周边安全构成现实威胁。一方面是"三股势力"和跨国犯罪的影响范围超越了以往,具有跨国界、跨地域的国际化趋势;另一方面是,在中国西北周边,阿富汗、塔吉克斯坦、吉尔吉斯斯坦、乌兹别克斯坦、哈萨克斯坦、俄罗斯都是"三股势力"困扰的重灾区,其中,极端势力活跃的费尔干纳盆地与中国相距不远,瓦罕走廊、克什米尔则直接与中国新疆接壤。领土相接,两边生活着语言相通、风俗相近、宗教一致、族源相同的跨国民族,这都使"三股势力"威胁中国的能力大大增强。"东突"恐怖势力正是利用这种"天然联系",不断潜入新疆从事恐怖活动。2013 年 4 月,新疆喀什市巴楚县发生了暴力恐怖分子残忍杀害多名执法人员的事件,说明中国西北边境地区反恐形势还相当严峻。

第四,多重机制环绕,有合作更有竞争。中亚国家非常重视多边机制的建设,通过建立稳固的国际合作机制来最大限度地保护本国利益,利用多边机制中相互制衡的力量,确立国家关系和力量结构,减弱在双边关系中处于绝对弱势的处境。[①] 除上海合作组织之外,当前涉足这一地区的重要多边机制还有联合国、独联体、欧亚经济联盟、独联体集体安全条约组织、欧安组织、北约"和平伙伴关系计划"、伊斯兰会议组织等。由于各组织的主导者和参与者不尽相同,各组织的机制和诉求也各有差异,虽然中亚地区的组织机制众多,并在区域事务中不同程度地发挥着自己的作用,却很难实现有效的区域整合。而且功能相近的组织之间,进行必要合作的同时,更存在着相互竞争。在经济领域,上合组织与欧亚经济联盟之间,在安全领域,独联体集体安全条约组织、北约"和平伙伴关系计划"、欧安组织与上合组织之间,都存在着一定程度的竞争,而上合组织的影响力多处于弱势。

二、上海合作组织的战略效应

上合组织是由中国、俄罗斯、哈萨克斯坦、塔吉克斯坦、吉尔吉斯斯坦组成的"上海五国"定期会晤机制发展而来,成员还包括乌兹别克斯坦。"上海五国"机制的初衷在于通过多边平等协商妥善解决边界问题,加强边境军事安全信任,最初是以中国为一方,俄、哈、吉、塔为另一方,虽有五国却实为两方,是在 1998 年后

---

① 郑羽:《中俄美在中亚:合作与竞争(1991～2007)》,社会科学文献出版社 2007 年版,第285 页。

才转变成了五国各为一方的多边机制。① 上合组织是冷战后在亚欧中心地带成立的、比较有活力也比较成功的政府间地区性国际组织，安全与经济是上合组织的两个车轮，并开创了大、小、强、弱、新、老不同国家平等共处、和平相处、共抗时艰、战略协作的范例，形成了相同、相近的战略利益、战略共识和战略构想，发展了战略互信，避免了战略误读和战略碰撞，产生了 1 + N 大于 N + 1 的战略效应，头靠头，背靠背，互为安全后方和战略支撑。

（一）上合组织成立以来取得了积极成果

第一，在区域安全领域，上合组织发挥了重要作用。苏联解体之后，在内外因素的共同作用下，中亚地区不确定因素骤然增多，安全形势十分严峻。众多恐怖组织栖身中亚，并在中亚及其周边国家与地区制造恐怖活动；以毒品交易为代表的有组织跨国犯罪日益猖獗，这些都严重威胁着地区稳定与安全。恐怖暴力活动、毒品交易等非传统安全威胁具有跨国性、多样性及社会影响大等特点，各个国家各自为战难以应付。这就需要通过多边机制整合资源，联合应对。上合组织坚持"互信、互利、平等、协作"的新安全观，贯彻"以合作促安全，以发展谋安全"的指导思想，摒弃冷战思维，政治安全互信不断加强，联合应对安全威胁，维护地区和平与稳定，开创了国家间安全合作新模式。

第二，上合组织制定了一系列的相关法律协定，为区域反恐和打击犯罪奠定了法律基础。1999—2012 年，上合组织先后在反恐、反毒以及安全问题方面签署了 12 项条约与协定（见表 1）。这些文件的签署为上合组织安全合作奠定了坚实的法律基础，对区域反恐合作和保障共同安全提供了重要的法律依据和指导。

表 1　1999—2012 年上合组织制定的相关法律协定

签署年份	法律协定名称
1999	《杜尚别宣言》
2001	《打击恐怖主义、分裂主义和极端主义上海公约》
2002	《上海合作组织成员国关于地区反恐怖机构的协定》
2004	《上海合作组织成员国关于合作打击非法贩运麻醉药品、精神药物及其前体的协定》
2005	《上海合作组织成员国合作打击恐怖主义、分裂主义和极端主义构想》

---

① 1998 年 7 月 3 日，五国领导人第三次会晤在阿拉木图举行，会晤重点讨论了促进地区安全与稳定、加强五国间经济合作问题。与以往不同，这次会晤不再是以中国为一方，俄、哈、吉、塔为另一方的双边会晤，而是五国间的多边会晤。

续表

签署年份	法律协定名称
2006	《上海合作组织成员国合作打击恐怖主义、分裂主义和极端主义2007—2009年合作纲要》
2006	《上海合作组织成员国元首关于国际信息安全的声明》
2009	《上海合作组织反恐怖主义公约》
2009	《上海合作组织成员国合作打击恐怖主义、分裂主义和极端主义2010—2012年合作纲要》
2009	《上海合作组织和阿富汗伊斯兰共和国打击恐怖主义、毒品走私和有组织犯罪行动计划》
2009	《上海合作组织地区防治传染病联合声明》
2012	《上海合作组织成员国合作打击恐怖主义、分裂主义和极端主义2013—2015年合作纲要》

资料来源:笔者自制

第三,在已有的法律基础上推进机制建设,加强相关制度保障。为提高应急协调能力,打击"三股势力"、防范毒品泛滥,上合组织基本建成了多层次、多领域、纵横结合的安全保障机制。每年定期举行紧急救灾部长会议、国防部长会议、执法安全部门领导人会议、总检察长会议、边防部门领导人会议,交流议题不断丰富,部门间协作默契程度显著提高。在不断完善内部机制的同时,上合组织还积极与其他国际组织开展安全对话。比如,与联合国在防止和消除冲突;与恐怖主义做斗争;防止大规模毁灭性武器及其运载工具的扩散;打击跨国犯罪,包括打击非法贩运毒品和非法军火贸易;处理环境退化问题;减少灾害风险和防备与应对紧急情况;促进可持续经济、社会、人道主义和文化发展等领域开展合作。

第四,在组织框架内实施联合军演,彰显应对实际问题的行动能力。自2002年以来,在上合组织框架内举行包括"和平使命"系列军演在内的10余次双边或多边联合反恐及军事演习,大大提高了成员国间军事安全信任和反恐防恐能力。据统计,自2004年至2011年,上合组织防止了500多起恐怖活动发生,[①]为地区的安全与稳定做出了重要贡献。

第五,上合组织在区域经济领域为成员国协作搭建了有效平台,以经济利益

---

① Назарбаев Н. , Десять лет будущего // Российская газета, 03 июля 2011 г.

换取安全和政治利益。上合组织成员国地区自然资源丰富,消费市场广阔,科教基础雄厚,且成员国间经济互补性强,这些都为加强区域经贸合作提供有利条件。而以合作求安全,以发展求互信也是上海精神的一个重要方面。

(二)上合组织的局限

上合组织取得了积极成果,具有发展前景,但也带有明显的局限性。

第一,缺乏有效的执行机制和资源。典型的例子,2010年面对吉尔吉斯斯坦骚乱,上合组织只是发表了声明表达对事件的关切和希望,但并未提出解决问题的政策和主张,更没有任何具体行动计划和方案加以实施。一定程度上,这可能要归因于上合组织还比较年轻,作为新成立的国际组织,相关机制还不够健全,随着组织建设的不断完善,配套的组织机制和资源需求可以得到满足。机制和资源需求要想得到满足,需要成员国的共同努力和协作。而现实中,各成员国并不是在所有问题上都能达成一致。

第二,成员国之间诉求和意愿存在着广泛的差异。作为上合组织的两个主导国,中俄之间就存在着明显的差异。俄罗斯"先入为主",将中亚视为自己的特殊势力范围,主观上具有排他性。俄在中亚的重要任务在于防止其他外来力量在中亚扩大影响力,维护和巩固俄罗斯的主导地位,虽然也有反恐、打击犯罪、经贸往来和能源合作等方面的需要,但与前者相比还是处于次要地位。中国是后来者,视中亚为平等的合作伙伴,与中亚国家打交道的时候不具有主观排他性,但客观上无法避免与其他进入中亚的力量竞争。中国在中亚的诉求包括政治、经济、能源、打击三股势力等多个方面,其中经济和能源方面较为突出。

第三,成员国对上合组织的依赖度差别。从整体形势看,中国对上合组织的依赖度要强于俄罗斯和中亚国家。即使是在需要共同应对的安全、反恐等领域,中国可以依靠的机制只有上合组织,而俄罗斯除了上合组织之外,还有集体安全条约组织,而且集体安全条约组织的行动能力比上合组织还要强。中国解决"东突"问题对上合组织的依赖程度要高于俄罗斯解决车臣问题对上合组织的借重程度,故有"中国的上合"、"俄罗斯的独联体"之说;经济方面中国还是只有上合组织,而俄罗斯还有欧亚经济联盟,所以中国和俄罗斯对上合组织的依赖程度有明显差别。作为上合组织的组成部分,中亚的地位和立场具有特殊性,既是平台,又是参与者,是被拉拢的对象,又有比较强的自主选择性。中亚国家并不是整齐划一,实力地位差别比较明显,各自的诉求也有所不同,对上合组织的依赖程度也不尽相同。尤其是,各种力量齐集于中亚,众多机制多重环绕,中亚各国拥有广阔的选择空间和回旋余地,上海合作组织只是众多选项中的一个。尤其是,上海组织没有"牙齿",或"牙齿"不够硬,甚至有"空心化"、"无能化"的危机和危险,而中亚恰恰又是三股恶势力的滥觞之地，在非传统安全方面是一块难啃的"硬骨头"。总体来看，上合组织存在着结构性的局限，这种局限能否被打破主要不是取决于时间，而是取决于成员国的态度、立场和意愿。上合组织作为多边机制平台，各成员国都有自己的立场和诉求，有些是一致的或可妥协的，有些则是分歧和矛盾的。中国与俄罗斯这两个主要成员国之间的相向而行和战略协作以及中亚国家对中国、俄罗斯持什么样的态度都直接影响上合组织能力和潜力的发挥。

（三）中国关于上合的战略构想

战略是一种总体规划与宏观把握，其特点具有宏观性即全局性、长期性和稳定性，不可变化多端，但又不可一成不变，因而还具有调整性，要立足于当下、着眼于未来，具有前瞻性。战略自身的特点决定了中国西北周边安全战略必须从全局出发，立足于当下，着眼于未来，依据现实形成具有长期性、稳定性和前瞻性的指导思想和行动路线，并可随着形势的发展变化对其进行适当调整。基于中国西北周边安全形势的不断发展变化，中国西北周边安全战略成为当下值得探讨的问题。

在对上合组织的战略实践上，中国以尊重国家主权、领土完整及不干涉内政为前提，以上合组织为平台，积极参与地区事务，缓解危机、引导事态向和平稳定方向发展。具体来说，中国的上合组织战略主要体现在几个方面：

第一，奉行"安邻"、"睦邻"的周边外交。上合组织成员国除乌兹别克斯坦外，都与中国直接接壤，维护和加深睦邻友好关系自然成为上合组织的重要职能之一，这曾是促使上合组织前身"上海五国"机制形成的重要因素。在与中国接壤的上合组织成员国中，中亚国家三国基本上处于国弱且贫的状态，各方面实力都与中国不在同一层次。中亚占据着重要的地缘战略地位并拥有丰富的能源资源，地处亚欧中心，东西交汇，宗教、民族复杂，是所谓文明"断裂带"和"破碎区"，也是大国争夺与博弈地带。国际恐怖主义、宗教分离主义和极端民族主义三股恶势力以此为大本营，地区局势动荡。中亚国家政治生态脆弱，地缘格局极具复杂性。其与中国的关系如何，直接关系到这些国家的外部环境状况。虽然它们都曾与中国存在边界问题，但在解决问题的过程中，中国并没有采取以强欺弱的手段，而是本着"安邻"、"睦邻"的态度，以平等协商方式使问题得到了妥善解决。中国的举措为上合组织成员国间建立"睦邻友好"的良好氛围奠定了基础。通过上合组织，中国实行"安邻"、"睦邻"的周边外交和多边外交政策，得到了俄罗斯、中亚国家的支持。

第二，主张安全与经济两条腿并行。以发展求互信，以合作求安全，是上合组织新的安全模式。在上合组织成立之初，安全功能地位较为突出，这与上合组织前身的发展有历史性的关系。随着反恐斗争逐步取得成效，以及成员国间经济合作需求的增强，经济因素在上合组织机制中地位有所上升，开始形成上合组织内经济与安全功能并重的局面。上合组织成员间在经济、能源、基础设施、农牧业、交通等领域存在着广阔的合作空间。随着相互合作的不断深入和发展，重建欧亚大陆桥和古丝绸之路，建立上合组织自由贸易区、开发银行等也都提上了议事日程。

第三，坚持把上合组织定位为地区性国际组织，不结盟，不针对第三方，不过分扩大。上合组织是地区性的政府间国际组织，非军事同盟，不针对第三方或第三国，是中国多边主义、睦邻主义和地区主义外交理念的有机结合，结伴而不结盟，不以反美划线，不是要建立反美联盟。上合组织也不是全球性的国际组织，不是为了与美国为首的北约分庭抗礼，但客观上会对北约和美日同盟起到一定的牵制和制约作用。上合组织不宜过分扩大，更不宜吸收美国或明显持反美立场的国家参加。

中国把上合组织看作是全新的国际关系实践，在这个意义上，它是试图摆脱由西方主导的原有国际关系理念和模式，创造出一种新的价值体系和国际关系模式。具体而言，中国认为上合组织是后冷战时代新理念的体现，是地区组织的新模式，是新型国家关系的典范，是新国际关系的样板。[①] 当然，上合组织是中国实现国家利益的重要途径，也是中国协调与西北周边国家关系的重要平台，更是"大小国共同倡导、安全先行、互利协作"的多边合作机制。但是，中国也不能陷入"上合组织是中国的组织，或是中国主导的组织"这样的认知误区，更不能夸大上合组织作用，把它看作是全能项目。上合组织与中俄关系相互作用和影响，上合组织无法完全涵盖中俄关系，无法解决中俄关系中存在的一些结构性问题。中俄两国关系是中国西北周边安全环境中一个极重要的因素，无论上海合作组织发展进程如何，中国西北周边安全环境问题始终客观存在，而且比较复杂。

三、中国西北周边安全战略

中国周边总体安全形势是："北松南紧"、"东急西重"。上合组织正好起到了"北松西重"的战略枢纽作用。近年来，中国西北周边地区在国际政治舞台上的地位和价值不断提升，对中国的影响也越来越广泛和深刻。这是中国周边大战略的格局和总体安全形势所决定的。

第一，中国西北周边安全的一个重要方面就是领土安全和主权安全。上合组

---

① 赵华胜:《上海合作组织:评析和展望》,时事出版社 2012 年版,第 103—104 页。

织成立之时,中国与西北周边国家边界问题尚未完全解决,在上合组织框架之内应该使之得到解决、巩固和加强。尤其是在美国重返亚太、中国东南沿海安全形势严峻的大背景下,上合组织的这个重要性就更为凸显。

第二,与俄罗斯的战略关系。俄罗斯既是联合国常任理事国、核大国、中国最大邻国,又是上合组织的创始成员国和主导国家之一,中俄关系具有极大的特殊性和战略性。习近平主席2013年3月首访俄罗斯,指出中俄两国互为最重要、最主要的战略协作伙伴。中俄关系在中国总体外交格局中是最重要的双边关系之一,对中国周边安全具有重大地缘战略意义,在中国西北周边安全语境中更是占据着独一无二的地位。比起其他地区,中俄在中亚地区的安全合作是最积极的,也是最成功的。

第三,关涉经济安全。随着中国与中亚、俄罗斯经济联系紧密,合作扩大,中国在中亚地区的投资逐日增加,能否维持良好发展势头,保护好发展成果,对中国经济有着重要意义。随着中国总体实力的不断加强,中国在经济领域对周边国家影响和拉动效应越加明显。但中国在经济方面为周边国家做贡献的同时,却没有收获相对应的认可和赞赏。一方面,西北周边国家在"搭便车"的同时,却不念中国的好,即使是在获得共赢的情况下也看不到中国为它们着想的迹象,而是认为中国的一切活动都是为了谋取自身的利益;另一方面,担心中国借经济快速发展对外进行扩张,俄罗斯担心中国挑战其在中亚的利益安全,而中亚国家则担心成为中国的经济附庸,这正是"中国威胁论"仍有市场的重要原因之一。

第四,关涉能源安全。中国在寻求能源多元化、保障能源安全的过程中,西北周边方面是一个重要的支撑,俄罗斯和中亚里海地区是重要的合作对象。但这两者在与中国能源合作方面并不十分顺利,尤其是在国际能源竞争越来越激烈的背景下,既要看到中国与俄罗斯和中亚能源互补优势,也要看到其中的问题。

第五,应对不测或突发事件。在政治和地区安全方面,"东突"、中亚"三股势力"对中国的渗透和侵扰,对中国政治和地区安全构成严重威胁。西北周边涉及中国传统安全和非传统安全的各个层次和领域,涉及多边和双边关系。美国重返东亚、美军撤出阿富汗、伊朗核危机的走向以及中亚、俄罗斯与北约、欧安会的关系,等等,都会影响到中国西北周边的安全形势。

不过,中国西北周边安全的内涵以及需求内容丰富,微妙且复杂,远大于上合组织所能够提供的,它所面临的问题也不是仅靠多边机制就能解决的。

面对这一地区复杂的形势,针对这一地区的各种问题,考虑到众多的影响因素,结合中国当前的现实处境和实际需要,中国西北周边安全战略应考虑以下几个方面:

（一）坚持和平发展，睦邻友好，有所作为

基于与西北周边地区多年来积累的良好关系氛围，坚持和平发展，构建和谐社会和和谐世界，不是作为一个空洞的政治口号，也不是一种临时的外交策略和手段，而是作为一种新的、长期的外交理念，作为一种新的人类价值观和国际政治模式。与人为善，以邻为伴，安邻，富邻，推进地区主义，加强睦邻友好。有所作为，发挥自身的应有的作用和影响，相互协作，求同存异，促进共同发展，以实实在在的合作推进相互信任和依赖，实现互利共赢、共同繁荣。实现西北周边的友好和繁荣，可使我有一个良好的"小周边"环境，为中国营造有利外部环境的同时，也可为国内西部发展创造良好条件。

（二）推进双边关系发展

首先是加强和深化中俄战略协作，在国际政治舞台上，俄罗斯是我主要战略伙伴，在中国西北周边，俄罗斯更是重要的影响因素。无论从两国关系自身来讲，还是从对周边地区影响来讲，中俄两国，合则两利，分则两伤，因此，要着力加强中俄友好，继续加深合作，关注问题寻求解决，巩固来之不易的两国战略协作关系。当然，中俄之间也会有利益分歧，风物长宜放眼量，要着眼于长远、全局的战略利益，不能因小失大。其次，加强与中亚各国的战略协作伙伴关系，巩固和加深安全合作、增强政治互信、推进经济合作，实现互惠互利，尤其要经营好中哈、中乌战略伙伴关系，中土能源战略伙伴关系。中亚各国作为国际社会上独立行为体，它们有自己的利益诉求和活动空间，有与其他国家和组织展开正常交流合作的权利和强烈意愿。尽管当下众多国际力量在中亚展开激烈竞争，但中亚国家并不是被动的被争夺对象，而是有着相当的回旋空间和选择能力。这在乌兹别克斯坦近年来的外交活动中体现得尤为明显。中亚各国之间并非整齐划一，所以应从实际情况出发，合理有效地推进与各国家的双边关系发展。

（三）重视多边机制进程

中国西北周边存在的很多问题，单凭一国之力无法解决，必须依靠多边机制。在中国西北周边地区多边机制不止一个，而中国作为主要成员参加的只有一个上合组织。这一地区的多边机制发挥着重要作用。其中独联体、独联体集体安全条约组织、欧亚经济联盟等多边机制都从不同领域不同程度上影响着中国西北周边地区。多边机制不应该是大国掌控小国、任意推行自己意志的机器，而应该是各成员国共同营建和维护的、应对共同问题、寻求共同出路、发展共同利益的机制。基于区域形势需要，上合组织在地区事务中的影响力还有待于进一步提高，上合组织在机制和功能建设方面还有很大的发掘空间。

（四）突出重点，兼顾周边

中国西北周边安全战略的重点在于中亚，在这一地区聚集了影响中国西北周边安全的各方面因素。中亚国家与中国关系日益加深，但中国不是它们唯一的交往对象。中亚不是某一国的中亚，它不仅包括五个独立的主权国家，而且是一个全球化的市场和平台，理论上讲只要当事国愿意，世界各国都有平等的机会与中亚国家展开必要的交往。所以，眼下各主要国家在中亚的力量存在是正常的。在正视这一客观情况的前提下，应该关注这些力量在中亚可能造成的影响，尤其是可能对中国的影响。必须要关注中亚周边，将可能的问题做到心中有数，地缘上比如阿富汗问题、伊朗问题等，国际格局上比如俄罗斯、美国、欧盟、印度、日本等各种力量的战略动向，考虑联动效应，与其他相关联的地区、组织及国家保持必要的沟通和联系，避免顾此失彼。

四、小结

从上合组织的成立和发展历程来看，它与中国西北周边安全战略的需要相适应。上合组织是中国实现国家利益的重要途径，也是中国协调与西北周边国家关系的重要平台和合作机制。上合组织的成立和发展一定程度上适应了中国西北周边安全战略需求，可以作为中国西北周边安全战略的一个支撑平台，但作为中国西北周边安全战略不能仅靠上合组织来支撑。这是由中国西北周边安全战略的需要与上海合作组织的状况所决定的。

上合组织是由中国、俄罗斯、哈萨克斯坦、吉尔吉斯斯坦、乌兹别克斯坦和塔吉克斯坦组成的多边机制平台。其发展和运行是受到成员国共同协作来完成，上合组织不是某一国推行自己意志的机器，中国和俄罗斯在组织内虽可算是主导，却也无力搞一言堂。因此，中国西北周边安全战略的很多内容可以通过上合组织机制或在上合组织框架内来践行，但却不一定都能行得通。而能否推行的关键不在于中国态度，而在于其他成员国的态度，切忌把上合组织搞成"上海竞争组织"。

虽然在很多领域问题上，上合组织成员国形成了一致意见，保持相似立场，促使上合组织不断发展并取得丰硕成果，但事实上，上合组织成员国间很难总是保持一致。比如面对迅速崛起的中国，其他成员国或多或少会有所猜忌和防范。中国与中亚国家关系的不断拉近首先就引来了俄罗斯的不满。即使是在上合组织框架下，也难以打消俄罗斯将中国视为竞争者的心态。中亚国家则把中国同其他外来力量一并视为争夺者，"中国在中亚不仅与西方，而且与俄罗斯展开了竞争。中国出现在中亚这个作为俄罗斯传统影响范围的地方，显得十分的突兀和敏感。可以预测，中短期内中国和俄罗斯在相互竞争或联合应对西方的同时，将为中亚及里海地区的地缘战略空间和重要战略矿产而斗争"。① 尽管都认为中国与俄罗斯在中亚存在竞争,但中亚国家和俄罗斯的态度却也不一致。俄罗斯视中国的竞争会影响自己在中亚的主导地位,而中亚则将中国作为一支可借助的力量,要利用中国为自己的社会经济发展服务。上合组织成员国之间尤其是中俄之间既有积极的安全合作,也有消极的安全合作。在中亚地区前者占主导地位,互利共赢,后者一方可能得利较多,而他方得利相对较少,可以争取,但需要补偿,需要置换,需要安全战略协调。

上合组织的过去值得称赞,现在值得努力,前景值得期待。要充分肯定和重视上合组织在维护区域安全、促进区域合作中的积极作用和重要意义。2013年3月,习近平主席首访俄罗斯,体现了对俄罗斯和上合组织的重视。但同时也要认识到上合组织作为多边机制所具有的特点,不能成为国家区域安全战略的独立支撑。中国在与周边国家打交道时,需要各国共同协作才能解决的问题,就在多边机制下进行合作,在双边条件下更有利于解决的问题,就拿到双边机制下来解决。为了更好地构建中国西北周边安全环境,应该以更高、更广的视野观察中国西北周边安全局势,以更开阔的战略思维来思考应对策略。

---

① Сыроежкин К. Л. , Центральная Азия Сегодня: Вызовы и Угрозы, Алматы: КИСИ при Президенте РК, 2011. С. 291.

第三章

从"非敌非友"到"潜在伙伴"

——试论美国与上合组织关系之演变

上海合作组织(简称上合组织)是世界唯一的以亚欧大陆为腹地、无西方发达国家参加的政府间国际组织。而美国系冷战后世界唯一超级大国,当代国际体系的守成大国;美国与上合组织在基本属性、发展定位与国际影响力等方面千差万别,在兴起背景、发展环境及治理理念等方面亦无相似之处。从理论角度讲,上合组织是亚欧区域性合作组织,以促进亚欧地区和平、稳定与繁荣为根本宗旨;美国虽非上合组织的成员国、观察员国甚或对话伙伴国,但作为世界第一超级大国,其战略触角遍布全球,不可能置身于具有重要地缘价值的欧亚大陆之外。可以说,美国的"超级大国情结"将其与上合组织紧紧地连在了一起,迥异的"成长背景"与共同的"欧亚抱负"注定二者"渊源"不浅。在这个意义上,美国与上合组织关系的形成既具有一定的偶然性,也具有相当的必然性。

在国际实践中,上合组织成立至今不过十年有余,其与美国关系却"一波三折",起伏不定。作为亚欧大陆的两支重要地缘政治力量,美国与上合组织关系演变的内在逻辑为何?二者相互接近的趋势能否持续?双边关系的曲折发展昭示着怎样的国际政治现实?对于这些问题,既有研究,尤其是国内研究,没有给出令人信服的答案。有鉴于此,本文将在系统回顾美国与上合组织关系历程的基础上,分析影响二者关系的主要因素,进而归纳问题,展望前景。

一、美国与上合组织关系的"一波三折"

美国与上合组织的关系经历了一个从各自为政,到剑拔弩张,再到有限合作的过程,具体而言,可分为三个阶段:

第一阶段,自2001年6月"上海五国"机制建立至2005年7月上合组织阿斯塔纳峰会召开之前,为美国与上合组织各自为政的认知期。在此阶段,美国缺乏对上合组织的基本定位,对其持以轻视态度;而上合组织部分成员国虽与美国合作,但上合组织作为整体而言,对美国审慎规避。

早期的布什政府对上合组织并没有明确的定性和定位。从1996年"上海五

国"机制建立至 2004 年的整整八年的时间里,美国官方从未公开发表过任何关于
上合组织的正式政策性文件,部长级以上的官员也从未在重要场合公开对上合组
织发表过任何言论,政府也未曾采取过任何接触或者针对性的举动,美国国会发
布的关于中亚形势的历份报告中,对上合组织大多也是一笔带过。总体而言,美
国不承认上合组织的地区代表身份,不看好其发展前景。在对外关系中,美国经
常直接与其成员国进行双边合作,或倚重北约、欧盟以及欧安组织等其他地区机
制,而无意借助上合组织平台。时任主管美国南亚事务的助理国务卿帮办费根鲍
姆曾坦言,"我们不能完全理解上合组织在做什么"。① 其实,美国国内对于"上合
组织的性质为何"、"其成员国能否合作"以及"其合作对美国会意味着什么"等问
题一直存在着巨大争论。

　　美国学界认为,无论未来发展潜力如何,上合组织尚未成形,它的地理边界和
成员国范围也未最后确定,它只是为诸多双边和多边问题提供了一个讨论的场
所,在组织内解决一些问题。此一时期,美国对上合组织的基本战略是静观,基本
心态是漠视,概括起来就是既不对抗也不合作,既非敌人也非朋友。所谓不对抗,
就是不与上合组织形成对立性关系。所谓不合作,是指不把上合组织看作是政治
上对美友善的组织。美国部分政策研究者指出,"这个组织不是特别吸引我们的
组织"。② 当然,美国并没有完全否定上合组织,也承认上合组织做了有益的工作,
希望其在地区安全与发展方面发挥积极作用。需要指出的是,不作为政治伙伴并
不意味着美国不与上合组织进行任何领域的合作,美国仍希望在某些领域与上合
组织保持有限的协调与沟通,尤其是在反恐等非传统安全领域和阿富汗问题上。

　　上合组织在成立初期也多对美国持审慎规避的态度。上合组织与美国的最
初接触始于阿富汗问题。2002 年,上合组织起草了一份关于阿富汗问题的立场文
件,该文件同意美国将塔利班列为"恐怖组织"之类,认为推翻塔利班、建立新政府
有助于阿富汗的独立。③ 这意味着,上合组织在阿富汗问题上与美国以间接方式
达成了基本默契。当然这种最低限度的共识并不表示上合组织认同美国的阿富
汗战略。在 2002 年底的《元首宣言》中,上合组织明确指出,"打击恐怖主义应在

---

①　Feigenbaum E. A. , Deputy Assistant Secretary for South and Central Asian Affairs, The Shang-
　　hai Cooperation Organization and the Future of Central Asia, The Nixon Center, Washington,
　　DC, September 6,2007. http://www. state. gov/sca/rls/rm/2007/91858. htm.

②　Boueher R. , Assistant Secretary for South and Central Asia, The Year Ahead in South and Cen-
　　tral Asia, Foreign Press Center Briefing, Washington, April 23,2008. http://www. state. gov/
　　sca/p/rls/2008/104042. htm.

③　Zhao Huasheng, The Shanghai Cooperation Organization and the Afghanistan Issue, China Inter-
　　national Studies,4 (2009).

国际法准则和原则基础上进行，不能有倾向性，不能搞'双重标准'"。① 为此，必须"在联合国框架内制定反恐原则，以免产生双重解释，并被用作干涉他国内政和侵犯别国主权的借口"。② 显然，上合组织更倾向于在联合国框架下解决阿富汗问题，对于美国悍然发动战争的做法是不认同的。但鉴于成立之初机制建设尚不成熟，上合组织并未明确表现出这种差异，而是采取了审慎暗示、规避冲突的做法。

第二阶段，自 2005 年 7 月上合组织阿斯塔纳峰会至 2009 年 3 月上合组织阿富汗特别会议召开，为美国与上合组织矛盾冲突较为集中的磨合期。阿塔纳斯峰会是双边关系急转直下的转折点，会前，双方保持着一种"互不侵犯"的和平态势；而会后，二者潜在矛盾浮现，关系一度趋于"剑拔弩张"的紧张状态。

2005 年 7 月 5 日，上合组织第五次首脑会晤在哈萨克斯坦首都阿斯塔纳举行。该峰会上发表的《元首宣言》指出，"鉴于阿富汗反恐的大规模军事行动已经告一段落，上海合作组织成员国认为，反恐联盟有关各方有必要确定临时使用上海合作组织成员国上述基础设施及在这些国家驻军的最后期限"。③ 其中，暗示了要求美国从中亚撤军之意。与此同时，乌兹别克斯坦、吉尔吉斯斯坦也相继决定撤销美国对其军事基地的使用权，敦令其从境内撤军。美国此间婉言提出的观察员国资格申请也遭拒绝。时任俄罗斯总统助理普里霍季科指出："还有几个国家也想得到上合组织观察员的地位，其中包括美国，但成员国认为这样并不适宜。"④

上合组织在峰会期间的一系列举动对美国构成了强烈刺激，使得美国各界不得不重新审视这个组织。时任美国副国务卿鲍切公开发表评论，称上合组织不应当成为"排外的或由其较大成员主宰的工具"。⑤ 美国学者斯塔克尔·贝克(Starker Bake)指出，上合组织不大像一种合作安排，而更像华沙条约组织的重现，毫无疑问，上合组织正在被精心地打造成应对美国的地缘政治砝码。而《基督教科学箴言报》的文章甚至质疑中俄两国有意建立"东方北约"，⑥以同美国为首的西方北约相抗衡。

---

① 《2002 年上海合作组织成员国元首宣言》:http://www. sectsco. org.

② 《2002 年上海合作组织成员国元首宣言》:http://www. sectsco. org.

③ 《2005 年上海合作组织成员国元首宣言》:http://www. sectsco. org.

④ Blank S. , The Central Asian Dimension of Russo – Chinese Exercises, Central Asia – Caucaus Analyst, Sept. 21,2005. http://www. cacianalyst. org/view_article. php? articled =3662

⑤ Boueher R. ,"LT S Policy on Multilateral Organizations in Central Asia,"Statement before the 13th Helsinki Commission, Sept. 26, 2006, available at http://www . usembassy. kz/documents/boueher – – statement 2006. html

⑥ Horta L. , The Shanghai Cooperation Organization (SCO)：An Asian NATO? // Asia Pacific Perspectives, June 2008,Volume VIII, No. 1.

当然，除了言辞上的极力反驳外，美国也进行了重大政策调整，对上合组织在战略上防范遏制，在策略上分化制衡，企图逐个击破，从内部瓦解之。美国在军事上，通过北约的"和平伙伴计划"加紧对中亚地区渗透，提供大量军事援助，培植"亲美派"；在外交上，有选择地加强与部分上合组织成员国、观察员国的关系；在战略上，相继出台了"大中东计划"和"大中亚计划"，在中亚和中东地区树立民主样板，排挤中、俄在该地区的影响，进而将上合组织"边缘化"。另外，美国也利用其主导的国际组织和盟国体系来制衡上合组织的影响。

总之，在这一时期，随着自身机制的完善以及地区形势的动荡起伏，上合组织自我意识已经觉醒，开始试图以其特有的方式在欧亚大舞台上"亮相"。而美国，由于上合组织的某些行为触碰了自身欧亚利益，尤其是中亚利益的底线，而对其心生敌意。因此，美国与上合组织的关系曾一度呈剑拔弩张之势。但由于双方的彼此克制与战略调整，两者的关系并未恶化到无法逆转的地步。

第三阶段，2009年3月上合组织阿富汗问题特别会议召开至今，为美国与上合组织进行有限合作的协调期。2009年3月27日，上合组织阿富汗问题特别国际会议在莫斯科召开。此次会议规模空前，参会方甚多。美国负责南亚和中亚事务的助理国务卿帮办帕特里克·穆恩出席了会议，这是美国官方代表第一次正式出席上合组织的会议。美国向来对上合组织抱有戒心，而此番却派高级代表与会。同时美国与联合国建立了巴、阿问题联络小组，其中涵盖了上合组织的全体成员国。这标志着美国与上合组织关系的彻底转变，由敌视冲突转为务实竞争、相互依存和有限合作。

西方学者指出，美国加强与上合组织的合作可通过两种方式实现，一是与上合组织直接合作，二是通过驻阿"国际安全援助部队"或北约来与上合组织间接合作。通过直接合作，美国将在上合组织的活动享有更大的发言权并将对组织的发展轨迹发挥潜在影响；通过驻阿富汗"国际安全援助部队"或北约来与上合组织间接合作，可使美国在免于单边行动之嫌的同时，还能插手上合组织的地区性架构。从积极的方面讲，与上合组织的合作将使美国得以在一个欧亚区域的内源性组织中处理自身的战略问题与安全关切。这种合作将为美国提供文化和观念方面的合法性，是国际安全援助部队和北约所无法替代的。[①] 阿富汗特别会议后，美国政界频频释放合作与协商的积极信号，其对上合组织政策更趋务实。2010年，希拉里国务卿在一次关于亚洲地区问题的讲话中指出，"我们看到了一些崭新的国际

① Reeves J., US Cooperation with the Shanghai Cooperation Organization: Challenges and Opportunities // Small Wars Journals, January 16, 2011, Vol.7(1).

组织,包括东盟地区论坛,'东盟＋3'机制以及上合组织,我们希望更加积极地参与到这些国际组织当中来"。① 次年,美国负责南亚与中亚事务的助理国务卿罗伯特·布莱克（Robert Blake）在会见上合组织官员时也表示,希望"与上合组织整体以及其各个成员国共同面对地区性挑战"。②

对于上合组织而言,与美国在某些亚欧重大问题上的合作能够增强其行动能力,进而提升其在地区的影响力,促使其成为行而有效的欧亚国际组织。如果处理得当,美国与上合组织有望在地区安全与发展方面,特别是在阿富汗问题上,取得一些实质性进展。

与此同时,值得注意的是,美国与上合组织间的合作对于双方而言同样也意味着一种挑战。从美国角度看,与上合组织的合作可能会增强其合法性,从而引发战略对手的恐惧。此外,美国还可能通过保持与上合组织成员国和北约的双边关系来避免强化上合组织的机制化进程和地区影响力。与此同时,上合组织将阿富汗局势的不稳定视作对地区安全的重大挑战,而美国在阿富汗的军事存在同时会使上合组织对美国心存疑虑,使其不得不考虑与美国在阿富汗问题合作的原则和底线问题。对于上合组织成员国而言,美国的合作意愿同时也代表了其谋求自身地区影响力的战略意图。但可以肯定的是,随着彼此实力消长及相互依赖程度的深化,美国与上合组织交互影响,交织碰撞,最终走出了相互猜忌与敌视的阴影,迈上了务实博弈、沟通并存的快车道。

回顾美国与上合组织关系发展十余年的短暂历程,我们不难发现,这是一个交互式的复杂进程,具有与众不同之处:

其一,主体的非对称性。美国目前仍为世界上唯一的超级大国,其亚欧战略系统而强势;而作为一个区域合作组织,上合组织的决策常常是组织内部各种利益交汇碰撞的结果抑或成员国家相互妥协的产物。无论从静态基本属性的角度考量,还是从动态决策进程的角度分析,美国与上合组织之间均呈现出极大的非对称特质。正如我国著名亚欧问题专家赵华胜所言,"从政治角度说,美国与上合组织之间存在着无形的鸿沟"。③

① Clinton, Hillary Rodham, Remarks on Regional Architecture in Asia: Principles and Priorities, Hawaii, Department of State, 12 January 2010, http://www. state. gov/secretary/rm/2010/01/135090. htm.

② Embassy of the United States, Beijing, China, Assistant Secretary Robert O. Blake's Media Roundtable in China, 18 March 2011, http://beijing. usembassy - china. org. cn/032111media. html.

③ 赵华胜:《美国与上海合作组织:从布什到奥巴马》,载《国际问题研究》2010 年第 2 期。

其二,进程的突变性。美国与上合组织的关系经历了从陌生到冲突,再由冲突回归理性的曲折进程,这一进程呈现出鲜明的突变性、非线性特征。2005年阿斯塔纳峰会是美国与上合组织关系由"各自为政"转向"短兵相接"的分水岭。同样,2009年阿富汗问题特别会议是双方关系由"短兵相接"转向"务实竞争"的重要转折点。在短短数年内,双边关系完成了两次结构性的转向。

其三,方式的间接性。从演变的三阶段来看,美国与上合组织的关系起伏不定,一波三折。但无论是平静、冲突抑或是缓和,每一阶段的互动都几乎没有正面的纠葛或合作,其互动的行为及措辞都具有鲜明的间接性。即便是在矛盾冲突最为集中的阿斯塔纳峰会期间,上合组织对美国的撤军要求也表达得较为隐晦。①

二、美国亚欧战略的调整及其对上合组织政策

上合组织成立仅仅三个月后,美国就遭到了"9.11"恐怖主义袭击,而这一事件恰恰成为美国欧亚地缘战略史中的一个重大转折点,可以说,美国亚欧地缘战略的调整与重构构成了其对上合组织政策起源的宏观背景,也是考察其与上合组织关系的最重要变量之一。"9.11"事件后,作为世界唯一超级大国、国际体系的守成大国,美国从自身战略利益出发,重新审视亚欧大陆的地缘地位并推行积极的欧亚政策,以铲除来自于国际恐怖主义的"非对称性"威胁,以更为强力的手段来维护美国在亚欧大陆的首要地位与霸权利益。

美国的亚欧政策从根本上是由美国国家安全战略整体布局所决定的。在国际恐怖主义被界定为美国首要安全威胁的情况下,打击恐怖主义成为美国的首要战略任务;于是,美国在短时间内迅速完成了对其亚欧战略的结构性调整:在新世纪之初并没有践行著名地缘战略专家布热津斯基设计的欧亚"大棋局",以"离岸平衡手"身份制衡亚欧大陆上具有举足轻重地位的"地缘战略棋手"和"地缘政治支轴国家",从而用最少的代价最大限度地维持美国亚欧霸权;而是与国际社会普遍希望的深刻反思其霸权政策和傲慢的超级大国心态相反,在新保守主义理念的指导下,开始以更具进攻性的政治、军事手段来经营欧亚大陆。

小布什上台伊始,奉行单边主义,推出"先发制人"战略。"9·11"事件后不久,美国即对基地组织和塔利班政权发动了"外科手术"式的军事打击,挑起阿富

① 《国家安全战略报告(2002)》、《国家安全战略报告(2006)》、《国家安全战略报告(2010)》,来源:参考资料,http://www. cetin. net. cn/cetin2 / servletcetin/ action/ HtmlDocumentAction? – baseid = 1&docno = 15819;http://www. cetin. net. cn/cetin2/servlet/cetin/action/ HtmlDocumentAction? – baseid = 1&docno = 266892;http://www. cetin. net. cn/cetin2/ servlet/cetin/action/ HtmlDocumentAction? baseid = 1&docno = 423398.

汗战争;2002 年初,美国国防部出台《核态势报告》,将中、俄等七个国家列入美国可能进行核打击的行列(其中六个为欧亚国家),随后又将朝鲜、伊朗和伊拉克等国定性为"邪恶轴心"国家;2003 年,美国以拥有大规模杀伤性武器为由,在未经联合国授权的情况下发动了伊拉克战争,力图推翻萨达姆政权,"改造"伊拉克。在陷入反恐战争泥潭的情况下,小布什政府后期大幅调整了其欧亚政策,从"反恐"优先转为"推进民主"优先。2004 年的八国首脑会议上,美国正式推出"大中东倡议",旨在向中东地区巴基斯坦、阿富汗、伊朗等二十七国输出美式民主,通过民主改造的方式消除来自中东地区的恐怖主义威胁,为建立一个美国治下的世界新秩序开辟道路。① 2005 年夏,布什政府又采纳了美国欧亚问题专家弗雷德里克·斯塔尔提出的"大中亚计划"设想,②企图首先将阿富汗打造成自由、民主、繁荣的模板,并由此带动"大中亚"地区的民主化。此外,美国还间接声援中亚地区的"颜色革命",使得中亚政坛人人自危、草木皆兵。

在民主化战略效果欠佳之际,奥巴马就任美国总统,开始推行不同于小布什政府的"巧实力外交",强调"伙伴关系"与"国际合作"。2009 年 3 月 27 日,"阿富汗—巴基斯坦"新战略出台,一方面,在计划撤军的同时,致力于增强阿富汗军警等安全力量,以实现有利于自身的国内秩序;另一方面,大搞"金元外交",企图通过非军事的援助手段帮助建立巩固的阿富汗、巴基斯坦政权,消除恐怖主义威胁;并且,计划与联合国共同筹建"阿富汗和巴基斯坦联络小组",以加强同国际社会在阿富汗问题上的沟通。2011 年 7 月,美国推出"以阿富汗为中心,将中亚与南亚连接起来"的"新丝绸之路"战略,该战略主要致力于建立阿富汗与中亚、南亚等地区的交通联系与贸易网络,其实质仍是以软硬两手来经营亚欧大陆。"新丝绸之路"战略是美国对 2014 年后亚欧战略的主要规划和重新部署,也是对美国前任历届政府亚欧政策的继承与发展。该战略试图赋予阿富汗以链接欧洲、中东、南亚和东南亚的枢纽地位,以进一步巩固和扩大美国在阿富汗取得的战果,同时推动实现美国亚欧政策从军事向社会、经济的转型。

美国亚欧战略的调整与重构为解读美国与上合组织关系演变逻辑提供了重要指南。"9·11"事件为美国介入亚欧大陆打开方便之门,同时也规定了其与上合组织关系以"反恐"为主要内容。在国际反恐的大背景下,美国与中、俄的关系虽有所缓和,但在新保守主义思想的指导下,美国对新生的上合组织本质上存有

---

① Wright R., Kessler G., Bush Aims for "Greater Middle East" Plan: Democracy Initiative To Be Aired at G – 8 Talks // Washington Post,February 9,2004.

② Starr F., A Partnership for Central Asia // Foreign Affairs, July – August, 2005.

轻意和不信任感,因此基本采取了静观其变的态度。小布什在其第二任期内减少了军事行动,但"民主化"战略本质上仍是改造性的,这在某种程度上使得上合组织及其成员国对美国心生反感,进而导致要求美国撤军、拒绝其成为观察员国等强烈反应。而奥巴马上台后,推行"变革外交",提倡国际对话与合作,虽然"霸权"色彩依然浓厚,但整体而言,多边主义占据主导,外交政策低调而务实,这部分构成了其与上合组织关系转向缓和的原因。

三、上合组织的发展壮大及其对美政策

上合组织是在"上海五国"互信机制基础之上形成的,其初衷是解决历史遗留的边界问题。综合实力薄弱、整合程度低以及长远战略缺乏是上合组织成立之初所不得不面临的现实问题。这些状况使得美国学界认为,无论未来发展潜力如何,上合组织尚未成形,最终边界也尚未确定,它只是个限于某固定领域的临时安排,至多为诸多双边、多边问题提供一个讨论平台,并适时在体制内解决一些问题。

然而,上合组织并未如美国最初料想的那样,就此止步,而是突破了边界问题的局限,顺利地实现了合作领域的拓展和功能的扩溢。上合组织成立当天,六国元首就签署了《打击恐怖主义、分裂主义和极端主义上海公约》,这表明六国就恐怖主义问题的认识达成了一定共识。此后,上合组织连续发布联合声明与合作构想,多次进行反恐联合军事演习,安全合作成果显著。与此同时,上合组织对经济合作的关注也与日俱增。2002年5月起,上合组织正式启动经贸部长会晤机制和贸易投资便利化谈判,2003年,上合组织启动了一个包含能源、交通等领域120余项工程的多边经济贸易项目,[①]2006年,上合组织商业理事会成立,其经济合作逐渐走向机制化。2010年4月5日,上合组织与联合国签署了《合作联合声明》,将与联合国在多领域开展合作,标志着上合组织正向领域均衡、功能健全的成熟方向迈进。目前,上合组织元首理事会、政府首脑会议、成员国外长理事会以及议长、安全会议秘书和其他各部长会议等高层会晤机制基本确立;秘书处、地区反恐机构、实业家委员会、银联体和上合组织论坛等组织机构日臻成熟;《长期睦邻友好合作条约》《反恐公约》《多边经贸合作纲要》等上百份具有法律效应的文件

---

① Norling N. , Swanstrom N. , The Shanghai Cooperation Organization, Trade, and the Roles of I-ran, India, and Pakistan // Central Asian Survey , September 2007.

已初步奠定了组织行动的法律基础。①

上合组织的发展不仅体现为自身功能的扩溢,更体现为地缘扩展与地区影响力的提升。上合组织是开放性的区域组织,一个重要表现便是积极拓展国际空间。自 2004 年起,上合组织相继吸收蒙古、巴基斯坦、伊朗、印度和阿富汗为观察员国;同时给予白俄罗斯、斯里兰卡和土耳其以对话伙伴国身份,观察员和对话伙伴国两制度的确立标志着上合组织的地缘范围向南亚、西亚扩展,向真正意义上的欧亚组织又迈进了一步。2014 年 9 月,上合组织成员国元首理事会第十四次会议批准了吸纳新成员的法律文件。此外,上合组织还积极参与国际合作,在欧亚地区的重要性日益彰显。近年来,上合组织通过其下设的反恐机构及联络小组等有效参与欧亚事务,并尝试与联合国、独联体、欧亚经济共同体、集体安全条约组织等全球、地区性架构建立关系,其倡议下成立的“上海合作组织—阿富汗联络小组”在阿富汗问题上发挥了不可替代的协调作用。②

此外,上合组织的成就还体现在理念认同等精神层面。众所周知,亚欧大陆自近代以来就成为列强角逐的“竞技场”,深受战乱与不安之困扰。在此背景下,美国担心以亚欧大陆为地缘腹地的上合组织将成为一个与之抗衡的国家集团,即其所谓的“东方北约”和“反美俱乐部”。然而,十余年的发展证明,上合组织虽缘起于军事互信机制,但却完全超越了传统地缘政治,没有向军事政治集团方向转化。自成立以来,上合组织一贯奉行“互信、互利、平等、协商、尊重多样文明、谋求共同发展”的“上海精神”,在亚欧大陆成为“新安全观”、“新地缘政治”的典范。

此外,中国与俄罗斯的契合与碰撞是上合组织得以迅速发展的关键所在,同时也构成上合组织与美国关系演变的重大诱因之一。一方面,中俄两国已结成全方位战略协作伙伴关系,存在着许多共同利益,均秉持合作安全观,均希望借助于上合组织的平台打击“三股势力”,提高地区影响力,构建地区新秩序,促进世界多极化。而另一方面,中俄两国在巨大共同利益之下的些许差异,如中国的上合组织政策的最终目标是打造“和谐周边”,为国家的和平发展营造良好的周边环境;而俄罗斯则更重视借上合组织强化自身在亚欧大陆的存在,以平衡美国甚至中国的影响,其地缘政治考虑更重。总体而言,在上合组织的框架下,中、俄两国的战略关系可以概括为“以和为主,和而不同”。2013 年 3 月,中国国家主席习近平在访俄期间与俄签署了《关于合作共赢、深化全面战略协作伙伴关系的联合声明》,

---

① 李进峰:《总报告:新十年　新前景》,载李进峰、吴宏伟、李伟主编:《上海合作组织发展报告(2013)》,社会科学文献出版社 2013 年 9 月第 1 版,第 1 – 13 页。
② 赵华胜:《上海合作组织与阿富汗问题》,载《国际问题研究》2009 年第 4 期。

声明指出,中、俄两国"主张进一步发展上海合作组织……赋予上海合作组织地区反恐怖机构打击毒品贩运等新职能,并在此基础上成立上海合作组织应对新威胁新挑战的综合中心;加强经济合作,特别是交通、能源、通讯、农业等流域合作,积极推动建立有效融资保障机制"。① 这意味着,中、俄两国都十分愿意、充分重视借助上合组织的广阔平台来巩固和加强双边全面战略协作伙伴关系。

上合组织的发展壮大为解读其与美国间关系演变逻辑提供另一重要线索。上合组织的机制完善、地缘扩展以及"非零和"治理理念增强了其行动能力和感召力,使其能够公开发表政策见解,维护自身地区利益,但从客观上也牵动了美国欧亚利益的"神经",引发了美国的重视,进而导致美国态度的大幅波动。此外,中俄因素亦是影响美国对上合态度的关键所在。在上合组织成立之初,美国对其不屑一顾,很重要一个原因就是认为其两个核心成员国中国与俄罗斯之间互信微薄;而阿斯塔纳峰会期间中亚的撤军请求也被美国理解为"俄、中两个大国胁迫中亚小国做出的决定"。② 全方位战略合作伙伴关系下中俄关系的亲疏或成为影响美国对上合组织政策的重要考量。

四、中美俄的欧亚博弈与"美国—上合组织"关系

自近代以来,欧亚大陆一直是大国博弈的"竞技场",冷战期间,美苏两大阵营在欧亚大陆的"边缘地带"展开了激烈的争夺;冷战结束后,欧亚大陆核心区出现了"真空地带",中美俄三边的地缘政治竞争仍然激烈,这种错综复杂的战略关系极大影响了美国与上合组织关系态势。

首先,在地缘政治方面,俄美在欧亚大陆的博弈激烈异常。美国并非地缘意义上的欧亚国家,然而,作为世界唯一超级大国,其利益与势力已辐射到整个欧亚大陆,作用与影响力不容小觑。冷战后,美国在欧亚大陆实行"东西挤压,中间突

---

① 《中华人民共和国和俄罗斯联邦关于合作共赢、深化全面战略协作伙伴关系的联合声明》:http://news. xinhuanet. com/2013－03/23/c_124494026. htm
② 参谋长联席会议主席理查德·B·梅尔斯在外交新闻中心的介绍:http://www. uspolicy. be/ra－/ra022304. asp

破"的战略,颇具"进攻性色彩",①尤其对于中、俄两国而言。相比之下,俄罗斯冷战后实力较为削弱,其地缘战略基本上承袭了普京总统提出的"稳定的弧形战略",这一战略是俄战略收缩的产物,也是其谋求与自身实力相适应的国际地位的体现。并且,面对美国咄咄逼人的地缘攻势,俄罗斯自知已无力单独应对,因此希望依托上合组织的平台和中亚地区的传统纽带,借助于中国的力量,一同抗衡美国。然而,中国一贯奉行独立自主的和平外交战略,主张在"上海精神"的指导下开展各领域的合作,反对将上合组织"政治军事集团化"。因此,在俄美激烈的地缘战略角力中,中国基本上属于后来者和旁观者,是双方借助的对象。事实上,作为一支重要的和平发展力量,中国正在对欧亚地区的发展做出重要贡献。2013年,中国国家主席习近平提出了共建"一带一路"倡议,此倡议借用古代"丝绸之路"的历史符号,依靠中国与相关地区国家的既有双边与多边机制,以和平发展理念为基石,积极发展和巩固与沿线国家的经济联系与互联互通,旨在与地区国家共同打造互信、融合与包容的利益共同体、命运共同体和责任共同体。上合组织秘书长德米特里·梅津采夫表示,"一带一路"战略有着广阔的视野和深远的影响,它将推动上合组织成员国之间的经贸合作日益紧密,并将在组织框架内创造更多利益契合点和合作增长点。②

其次,国际反恐是中美俄三边密切互动的又一领域。恐怖主义是全人类所共同面临的非传统安全威胁。中国新疆的"东突"和俄罗斯的"车臣"均属恐怖主义之列。中、俄两国在反恐领域上与美国具有共同利益,为此,"9·11"事件后,中、俄基本上对美国的反恐持支持态度并积极配合美国的国际反恐行动。但美国与中、俄在国际反恐领域的分歧依然存在。美国的反恐单边色彩浓厚,无意借助于欧亚已存在的多边安全机制;企图同中亚各国直接进行双边合作,伺机对中亚进行"民主改造"。中、俄两国认为,恐怖主义源于贫富差距和巨大的不平等,单纯依

---

① 在欧亚大陆西部,美国试图通过维持与西欧的盟友关系和重新定义北约,来渗入到苏联的传统势力范围,对俄罗斯进行"战略挤压";在欧亚大陆东部,美国试图通过与日、韩等国的军事关系和同盟体系,扮演"离岸平衡手"的角色,以遏制中国,维持自身优势地位;在欧亚大陆南部,美国尝试通过扮演"巴以冲突"的调停人,打击、改造伊拉克,与澳、新等国进行军事合作等方式维护自身的霸权。在欧亚大陆中部,美国通过驻军、合作反恐、"民主化"战略以及能源合作等"武器"全力填补苏联时期遗留下来的"权力真空",力图彻底扭转俄罗斯支配中亚事务的局面,并最终使中亚融入美国主导的国际体系之中。参见:李兴:《论冷战后美俄关系中的欧亚地缘因素》,载《国际政治研究》2005 年第 3 期;王鸣野:《美国的欧亚战略与中间地带》,载《新疆社会科学》2003 年第 4 期。

② 《上合组织迈入新的发展机遇期——访上海合作组织秘书长梅津采夫》,载《人民日报》2015 年 7 月 8 日。

靠"以暴制暴"的反恐战争是远远不够的，发展才是彻底根除恐怖主义的唯一有效途径。况且，美国在欧亚大陆的行为大有打压俄罗斯战略空间之嫌，这触犯了俄罗斯的战略底线，是俄所不能容忍的。作为全面战略协作伙伴，中、俄两国已经在诸多双边和多边框架内展开切实而富有成效的合作。中、俄双方曾多次发表反恐联合声明，签订打击"三股势力"协定，举行联合演习，建立反恐磋商和交流机制，还倡议成立以上合组织或其他欧亚组织为依托的反恐特别机构，以推动联合反恐行动的规范化。

最后，能源也是中美俄欧亚博弈的一大重点领域。伴随着世界能源价格的上涨、中东地区的动荡，控制里海地区的能源成为美国能源战略的重要组成部分。为此，美国提出了里海石油经巴基斯坦抵达印度洋的"南线方案"，建成了绕道中、俄的巴杰石油管道。据悉，美国不惜代价发动阿富汗战争的一个重要目的就是修建一条南通阿富汗、巴基斯坦，输往阿拉伯海的石油管道。俄罗斯则利用自身得天独厚的资源优势，在里海地区大搞"能源外交"，提出了里海石油经黑海北岸抵达俄罗斯的"北线方案"，以同美国抗衡。更为重要的是，俄罗斯还向伊朗等欧亚国家提出建立更为紧密的"能源俱乐部"、"天然气欧佩克"的建议，以期获得更大的政治、经济利益。中国亦为能源消费大国，奉行能源多元化战略，亦十分重视通过上合组织与中亚国家加强能源合作，成效显著。在能源领域，总体而言，中、俄合作是大于中、美竞争的。俄罗斯能源出口结构过于单一，85%依赖欧盟市场，在能源方面需要"把东方视为一个战略方向"；况且中、俄在限制美国影响、维护地区安全方面存在共同利益。尽管向来视中亚为自身传统势力范围的俄罗斯也担心中国与中亚自由贸易区的建设将淡化"欧亚经济共同体"的存在，从而动摇自身在中亚的地位；但其更不愿看到的后果是，中亚国家将经济合作的中心转向美国的"大中亚计划"。①

总之，冷战后，和平与发展成为的时代主题，大国主导国际事务的能力相对下降，中美俄战略三角消失，然而，中美俄三边的竞争却并没有因此减退，而是以一种崭新的方式面世。特别是近年来，随着中东局势和伊朗核问题的再度紧张，中美俄的欧亚战略博弈大有日趋激烈之势。中、俄是上合组织的核心成员国，美国与中、俄既相互借重，又相互竞争的复杂博弈，为其与上合组织间关系的展开增添了复杂性。

---

① 高飞：《中亚博弈：冷战后的中美俄关系》，载《外交评论》2010年第2期。

五、问题与前景

美国与上合组织关系与美国的欧亚战略调整、上合组织的整合程度以及中美俄博弈的区域环境密切相关,然而,从整体来看,双边关系本质上仍深受多重困境制约:

其一,战略困境。自"9·11"事件以来,美国外交一直饱受"安全与民主何者为先"问题的困扰。小布什政府初期崇尚军事实力,但军事胜利无助于消除恐怖主义安全威胁;小布什第二任期转而固守"民主和平论",但推翻专制政府亦无法抵消恐怖主义的不满与怨恨。如今,随着反恐战争的结束以及美国承诺从阿富汗逐步撤军,奥巴马政府已经开始了其欧亚战略的根本转向。与此同时,欧亚地区的各种力量面临重新洗牌,上合组织正处于"向何处去"的十字路口处。美国与上合组织关系在短短十余年内关系"一波三折",某种程度上体现了双方在各自战略转型期的"非适应性"。

其二,外交困境。美国虽为世界一超,具有较为丰富的国际组织外交经验,但其海外利益也多半是通过直接参与国际组织的方式实现的;可以说,美国的域外国家身份给其上合组织外交带来前所未有的挑战,美国对上合组织态度的大起大落反映了其在处理域外国际组织方面的不成熟,真实地反映了世界大变革时代和美国霸权相对衰落时期美国国际组织外交的拓展与转型。同样,上合组织的对美态度也面临内部整合问题。目前,上合组织内部对美国的态度可分为三派:一是中、俄等核心成员国,他们与美国务实竞争、有限合作;二是大部分中亚国家,他们是美国极力拉拢的对象,虽曾与美国多有龃龉,但对美态度较为温和,期待与美合作;三是伊朗等观察员国,这些国家对美国持较为敌对的态度。上合组织与美国关系的起伏是其内部整合的外部表现,是其成长过程中的"烦恼"。

其三,合法性困境。合法性的获得意味着,可以较小的成本换取较大程度的认同与稳定性。然而,在对上合组织政策方面,美国如今面临着严重的"合法性困境":与上合组织合作,将为美国参与欧亚事务打开方便之门,有助于增强美国的地区合法性;但与上合组织合作的前提是承认其存在的正当性,这将降低自身在欧亚大陆的霸权地位,从另一个角度降低自身的地区合法性。为此,美国学者指出,与上合组织合作的最大缺陷就是会在本质上增强一个反西方的国际组织。[①]因此,对于美国与上合组织而言,能否跳出合法性此消彼长、零和得失的怪圈是对双边关系的一个重大考验。

---

① Reeves J. , US Cooperation with the Shanghai Cooperation Organization: Challenges and Opportunities // Small Wars Journal, January 16, 2011, Vol. 7(1).

其四,认同困境。美国是深受基督教传统影响的国度,鼓吹"天定命运"与"救世精神"。在对外政策目标上,美国主张保持自身在全球事务中的绝对优势,虽然近年来奥巴马政府外交出现回归多边主义的迹象,但只是策略不同,追求绝对优势的本质仍未改变。上合组织诞生于冷战后的新地缘政治背景下,其基本理念为"互信、互利、平等、协商、尊重多样文明、谋求共同发展"的"上海精神",求同存异、共谋发展是其运行的基本理念和要义。美国与上合组织关系最终能否进入良性循环,很大程度上取决于美国究竟是以寻求"绝对利益"还是"相对利益"的心态来处理同上合组织的关系,取决于上合组织能否明确地阐明自身治理理念,有针对性地排除美国的疑虑。

其五,现实困境。阿富汗问题是美国与上合组织关系当下所面临的最为直接、最为突出的现实考验。目前,"基地组织"头目本·拉登虽已被击毙,但塔利班残余尚未肃清,阿富汗的国内秩序依然混乱。奥巴马总统于 2009 年推出"阿富汗—巴基斯坦"新战略,并计划于 2014 年年底前完成向阿富汗移交防务的任务。美国的新战略能否奏效尚待考察,但可以肯定的是,目前,阿富汗对此反响并不积极。阿富汗原本就对美国缺乏信任感,加之,今年年初,北约驻阿部队接连爆出的"虐待塔利班士兵尸体、焚烧古兰经以及美军士兵屠杀阿富汗平民"等暴行,使美、阿与塔利班和解进程一度陷入僵局。阿富汗已被上合组织吸纳为观察员国,如何利用自身的机制框架,妥善应对 2014 年后的阿富汗变局,不仅与美国的欧亚战略紧密相关,同样也考验着上合组织的战略智慧。

尽管如此,矛盾与冲突已成为过去,随着美国与上合组织交往的日渐频繁,合作协调的总体方向日益成为人们的共识。在国际相互依赖度日增的大趋势下,我们有理由对美国与上合组织的关系持以谨慎的乐观态度:

首先,美国与上合组织在欧亚大陆存在利益交汇区。美国学者撰文指出,目前,美国在欧亚大陆存在三大挑战:一是阿富汗问题,二是中俄因素,三是伊朗核问题。为了应对这些挑战,美国需要与上合组织这样一个内源性的欧亚组织合作。通过与上合组织合作,美国将参与阿富汗的和平进程,保持其在中亚的影响力,在核问题上与伊朗保持协商,这些利益是美国通过任何其他途径都无法获得的。虽然存在此消彼长的"合法性困境",但美国的地区合法性也完全可以通过加强与其他盟友(如欧盟、北约等)的战略伙伴关系等其他方式来获得。① 对于上合组织而言,美国在欧亚大陆的霸权存在虽然与其宗旨背道而驰,但在阿富汗与伊

---

① Reeves J., US Cooperation with the Shanghai Cooperation Organization: Challenges and Opportunities // Small Wars Journal, January 16, 2011, Vol. 7(1).

朗核问题上与美国存在着若干共同利益。可见,尽管存在着结构性差异,利益交汇区仍然存在,美国与上合组织进一步的深入合作是可能的。

其次,美国与上合组织进行合作具备可行途径。一些西方的专家学者指出,在阿富汗问题上,美国有望与上合组织达成合作,这一合作可通过两种方式实现:一是直接合作,二是通过驻阿"国际安全援助部队"或与北约间接合作。通过直接的双边合作,美国将在上合组织的活动范围享有更大的发言权并将对组织的发展轨迹发挥潜在影响;通过驻阿富汗"国际安全援助部队"或北约来与上合组织间接合作可使美国免除单边行动之嫌,还可插手上合组织的地区性架构。上述两种方案虽然是出于对美国战略需要的实用主义考虑,但不难看出,美国与上合组织还是具备进一步协调的空间的。

最后,美国与上合组织均意识到了沟通协作的重要性,并在积极学习相处并存之道。在多极化、多样化成为不可逆转的历史潮流,集团对抗已成为过去时的国际新背景下,美国日益认识到妥善处理与上合组织关系的重要性。2011 年 3 月,美国主管南亚与中亚安全事务助理在访问中国时指出,"除一些重要的双边关系外,我们还应注意与相关的地区性组织关系的重要性。我们寻求在上合组织框架下与中国合作,增强在反毒品、反恐方面的合作"。[①] 上合组织作为一个新兴的政府间国际组织,基本以内部事务与安全合作为要,外交经验匮乏,在应对超级大国美国之时更显乏力;可以说,上合组织亦在不断学习欧盟治理的成功经验,积极学习对外交往之道。美国与上合组织很可能迎来共赢的合作前景。

当今时代是一个"后后冷战时代",是一个经济全球化与政治多极化盛行的时代,也是一个不同文明猛烈地交织碰撞的时代。在这样的一个时代中,跨国相互依存达到前所未有的规模,各式国际组织、跨国集团蓬勃兴起,各类非对称的国际行为主体间的互动碰撞日益成为国际关系的主要现象。美国与上合组织之间的关系不仅是这两个国际行为主体间的互动,而是以此为代表的两类国际行为主体——传统守成大国与新兴国际组织间互动的一个缩影。传统守成大国与新兴国际组织之间的互动是一个立体的进程,这种互动既包括行动上的接触,也包括心理方面的暗自较量,是多领域、多维度、多层次、多矢量的。这种互动一般很难遵循"有限理性"的逻辑,很难用传统的"伙伴"、"对手"等定性词汇来概括。对于这样的互动,学界尚缺乏相应的探索,因此,本文只是对于传统守成大国与新兴国际组织间复杂关系探究的一个小小的努力。

---

① Kucera J., Is the U. S. Warming to the Shanghai Cooperation Organization? March 21, 2011. http://www.eurasianet.org/node/63115.

第四章

现代地缘政治中的印度、上海合作组织和金砖国家

一、背景：世界格局转型中的中俄印

21 世纪第一个十年，世界格局的特点是形成了一些重新整合的联合体，这种现象的产生可以看作是对两极和单极世界的制衡。这种趋势可以使任何一个国家有可能同时积极参与几个双边或多边的团体或机构。不同体制和大小、不同自然、经济、人文、军事力量的国家都表现出参加新兴组织的兴趣，它们包括发展中国家、发达国家、强国、邻国，以及来自不同大洲的国家（比如：印度、巴西、南非，或金砖国家：巴西、俄罗斯、印度、中国和南非）。

印度加入像联合国、不结盟运动这样的大型国际组织，也是区域合作机构上海合作组织、南亚区域合作联盟（SAARC）的观察员国和成员国，同时积极发展与金砖国家组织框架内的国家，如俄—印—中、印—巴西—南非的合作。

毫无疑问，可以把印度列入发展速度最快的发展中国家名单。在中、长期发展纲要中印度将接近大国地位，与之相应的是其可观的人口（超过 12 亿的人口使其仅次于中国，位列世界第二）、自然、经济、政治和军事潜力。它在正在形成世界、区域政治、军事和战略力量的平衡中发挥着重要作用，并成为事实上的核大国。正如印度战略问题专家拉查·莫罕所指出，"印度走上世界舞台是作为西方版图以外的第一个民主国家，有广袤的国土、强大的经济、灿烂的文化、以多元种族和多元宗教信仰为特色的民众"。[①] 印度的人口数量超过欧盟的两倍，而它的很多邦，从规模上相当于欧洲大的或较大的国家。拥有超过十亿人口的印度却是世界上最"年轻"的国家：它 70% 的居民都不到三十岁。

每年国内生产总值的高速增长（2006—2007 年为 9.6%，前景规划为 7%—8%）使印度成为领先的经济大国之一，并进入世界经济发展最快的前十强之列；

---

① 　Мохан Р. ，Индия и политическое равновесие // Россия в глобальной политике，2006，№46

它以制造业和电子工业产品的出口证明了自己的领先地位,一些大型超级运算电脑以及电脑软件等产品进入世界上很多国家,包括发达工业国家。根据预测,在2012—2013年现代信息技术产品出口总量的平均增长速度为10.2%;在下一个财政年度将增长到12%—14%;总量将在840—870亿美元之间。截至本年度末信息技术产业将创造18.8万个新增就业岗位,而这一经济领域工作人员的平均数量将在三百万人左右。印度的制药业生产全世界成药的四分之一。印度军事工业的强化是建立在加快经济进程和在完善武器装备方面使用现代信息技术。

印度的领导层意识到,要确立领先的世界大国地位只有采取特殊的手段与贫困做斗争(它的贫困人口曾占总人口的四分之一),提高全民文化水平,最大程度使民众参与进生产和消费的环节中,解决社会问题等。提高中产阶层的作用也许会是重要因素,它的数量今天已经超过三亿。加强以民主为基础的国内政治的稳定,瓦解分离主义和极端主义,确立以被认为是世界上最完善的宪法之一的印度宪法为根基的联邦制原则。

根据地缘政治立场分析,印度的政治学家传统上以印度为核心向周边区域辐射划三个战略链圈。第一个链圈涵盖与印度直接接壤的邻国;在这个区域印度的战略是致力于在南亚国家关系中强化印度的主导地位和阻止区域外势力的渗透。第二个链圈是在亚洲和印度洋地区稍远的邻国。在这里印度力争均衡其他国家的影响,不允许损害其自身利益。第三链圈为整个世界舞台,印度争取坐稳大国地位,在保障国际和平和安全方面起到决定性作用。[①] 我们尝试观察印度对外政策的优选顺序,它们可以确定其在世界和地区的地缘政治立场。

为确立印度在南亚地区的领导地位,首先应该确保区域的稳定性,而这个稳定性直接取决于印度与第一战略链圈内国家的关系性质,其次是保障与其直接接壤的南亚邻国的安全。

要想达成这些目的很复杂,1947年在南亚次大陆划分为印度和巴基斯坦;1971年又由巴基斯坦分离出孟加拉共和国。这些事件引发了持续不断的印巴冲突,使两国的主要宗教——印度教和伊斯兰教的矛盾更加尖锐。

印巴对抗的主要原因是双方对解决查莫和克什米尔问题立场的不一致,他们都声称对其拥有主权,印度认为其是印度的非宗教区,巴方认为其是巴基斯坦的穆斯林区。克什米尔问题已经引发了四场战争(或说"三个半"):1947—1948年,1965年,1971和1999年。这个地区两个主要国家的持续紧张状态,相互间的猜疑

---

① Мохан Р. , Индия и политическое равновесие // Россия в глобальной политике, 2006, №46

和互不信任使人感到南亚次大陆处于爆发新的军事冲突的边缘。克什米尔问题也让印度对中国有所不满。

印度认为克什米尔问题原则上已经解决，并指责巴基斯坦非法占领印度克什米尔邦的部分领土。德里方面坚决反对任何外部势力参与调解克什米尔问题，认为有必要由克什米尔人民通过法律决定自己的命运，同时也反对克什米尔独立。

巴基斯坦与印度在克什米尔独立问题上立场一致，巴方不再坚持根据联合国决议案由国际监督举行全面公投，并着手拟定调解问题的选择方案。由于阿富汗局势动荡和多年流血冲突使得地区局势进一步复杂。1998年印巴双方进行的核试验给本来就不平静的双边关系又火上浇油。

所谓克什米尔问题的"外部因素"是指"冷战"时期美、苏在此地区的利益冲突，当然今天的冲突已经是地区层级的，主要牵扯到印、巴、中三方的利益。当然美国、俄罗斯、中国都声明支持双方在1972年签署的西姆拉协议基础上解决双边冲突。印巴双方领导人都赞同继续由于区域武装冲突而中断的缓慢的印巴谈判进程，谈判可以加强双方互信，恢复经贸关系，加强克什米尔停火线两侧居民的往来。

中国在印度的外交政策中占据优先地位。从纯粹地缘政治角度看中国与印度的三层同心圆间都有相互关系。中国与印度直接接壤；它又处于第二个链圈内，广义的亚洲邻国，并处于印度洋地区；中国是世界大国，是保障全球和平与安全的关键力量之一。印度和中国是传统的竞争对手，尽管也是天然的战略伙伴，他们的关系至今还在受一些悬而未决问题的困扰。印度能否无保留地信任中国这个问题还没有提到议事日程上来，而得到问题的答案对于印度来说是谈判的本质和目的。

两个亚洲大国的地缘政治竞争体现在旷日持久的边界争端上，这种紧张度在几十年间摇摆于从签署一些重要文件到边界沿线的直接武力冲突。长期的谈判并不轻松，在1993年和1996年签署了边境信任程度协议；在新千年伊始，双方终于就不基于法律和历史先例来调解领土问题达成协议，并尽量遵循对政治的领悟。目前两国政府，甚至是双方舆论都清楚地意识到，只能在相互可接受的妥协基础上解决边境问题。可以预计，在近期会讲到保持边境现状，被双方都接受的关于实际控制线的信任协议则是保持现状的必要条件。

西藏问题一直是中印关系中的敏感点，达赖喇嘛和几千名西藏流亡分子至今还居住在印度。新德里方面始终支持西藏是中国领土不可分割的一部分，把达赖喇嘛看作是藏人的宗教领袖，只允许其从事与之相符的活动。中方对这一表态持怀疑态度，认为印度与"西藏分离分子"有些瓜葛。

　　对中印战略关系前景产生影响的首先是巴基斯坦因素。中巴在军事技术和政治领域的合作比起与中国悬而未决的边界问题更让印度头痛。因此，从印度角度来看，要想使中印关系实现正常化，只有终止中巴之间的军事、政治合作。中国领导层首先使印方确信，中巴合作绝不是针对印度，"印度因素"被排除在中巴关系之外，中国发展同印度和巴基斯坦的关系是平行的，相互独立的。

　　两个大的地缘政治竞争者积极而有成效地发展政治和经贸关系，这种局势有些不可思议。双方官方互访，双边贸易总额超过六百亿美元，2011年海关统计接近七百三十九亿美元，最近几年这一数字可能达到一千亿美元。事实上中国已经超过欧盟成为印度最主要的贸易伙伴。

　　由于边境紧张度趋向缓和，在直接战略利益范畴内，印度获得了保卫领土的信心，并由此使印度能够自如地积极参与世界舞台的事物，在第二、第三战略链框架上（如，在印度洋、亚太地区、东盟国家间和中亚地区）强化自己的政治、经济立场。准备应对快速反应的印度海军力量在这些进程中起到了积极作用。在印度的优先外交政策中走出第二链圈，这就必然会使它遇到与中、俄、美这些世界大国的相互关系，与这些国家关系的性质在很大程度上确立了其在全球范围的地缘政治立场。

　　在近十年间，美国成为中巴地缘政治的盟友，而印度与这两个国家又有着复杂的关系。美国在克什米尔问题上支持巴基斯坦的立场，而把印度的核试验计划看作是对地区的直接威胁。印度力争保护其领土完整以及保障自己在核选择上的权利。与此同时，印度也宣称自己是美国的天然盟友。但美国严厉谴责印度进行核试验并对其制裁。

　　顺利实现经济改革，国家经济总量显著提升，印度在世界舞台上的成功使华盛顿认为有必要重新制定与德里的关系。美国支持1999年在卡尔吉拉印巴武装冲突中印度的立场。布什总统取消了1998年印度核试验后对其实施的制裁，拓宽了在高科技领域合作的可能性，在政治上支持印度的反恐主张，在克什米尔问题上不再毫无保留地支持巴基斯坦。印度支持布什的国际问题政策，支持美军在阿富汗的军事行动，保障美国通过马拉克斯海峡进行补给，甚至支持国际原子能机构的反伊朗决议案。不容置疑，印度对改善与美国的关系非常有兴趣，主要是为稳固自己在全球事务中的地位，加强在与大国之间关系上的影响，当然首先是与中国，因为要考虑到"中国因素"过去和现在一直都在其外交立场上起着核心作用。华盛顿关心的是要防止北京和德里之间的关系过于紧密。美国和印度形成了共同利益圈：打击恐怖主义和伊斯兰激进主义，认可民主价值观，保障海上航线安全，积极发展经贸关系。目前两国贸易总量已达到一千亿美元，到2020年前预计将达到五千亿美元。

2005—2006 年美印《核议定书》的签署是两国关系发展的重要阶段,此协议开启了两国在和平利用原子能领域的合作之路。双方都做了实质性让步:美国对核武不扩散问题的强硬立场做了一些调整;印度同意把自己的核计划分清楚和平利用和军事利用,并承担核不扩散责任。可以得到这样的印象,美国签署这个议定书意指与印度建立真正的同盟关系的可能,希望在处理诸多全球问题上得到印度的支持,美国想通过这种方式表示理解印度在现代政治中逐渐增长的作用。

印度与俄罗斯/苏联的关系被认为有长期性的因素。在"冷战"时期印度是苏联的最亲密盟友。苏印关系状况,两国经济合作的发展,特别重要的是,印度经济的独立、在国际舞台上国家的立场,这些在很大程度上都得益于苏联(之后是俄罗斯)的支持。

近六十年来形成的苏/俄印关系体现在两国在双边、宗教和全球关系等基本问题上所持立场的相同性和近似性,这种关系由第一阶段的战略联盟演化成后对抗时期(后冷战时期)的特别优先战略伙伴关系。

一开始苏联就在南亚地区做了利于印度这一边的"历史选择",之后自始至终都支持这个政治盟友,加大力度探寻调解印巴冲突之道和寻找在南亚的共同立场。

在解决宗教和全球性国际关系问题,强调世俗化、民主和多元化原则,保持国家领土完整等问题上,俄印保持相同立场。双方在建立多极化世界的问题,打击国际恐怖主义,评估伊朗及周边地区局势,近东地区局势等问题上的合作有重大意义。

俄印确认准备在防止大规模杀伤性武器扩散问题上合作,尽管在解决这一问题的具体方面还存在立场分歧。俄罗斯支持印度成为联合国安理会常任理事国,支持发展俄、印、中三方合作,也包括在"上合组织"和"金砖国家"框架内的合作关系。俄印关系从未因对抗和冲突受影响,双方从未互相威胁并尽量不伤害对方的利益。虽然俄罗斯对 1998 年印度进行的核试验表示关切,但并未参与国际社会对印巴的制裁。

从 20 世纪 60 年代中期直至苏联解体,苏联是印度武器和军事技术的主要供给国。所以到 20 世纪 90 年代中期,印度陆军装备的 70% ,空军力量的 80% ,海军的 85% 都是苏/俄制。苏联解体使双方军事技术合作受到明显打击。1991 年后俄罗斯极大缩减了对印度军事技术和武器装备的供应。因此 1994 年 12 月签署了《至 2000 年之前双方军事和科技长期合作计划》,但此计划的执行经常被延期。目前印度在俄罗斯的订货总额已超过二百亿美元。按照俄罗斯的设计在印度生产苏－30战斗机,从2007年开始,双方共同研制开发未来第五代多功能战斗机。2010年3月双方签署了创立合作企业的协议,为俄、印空军生产造价为六亿美元的中型运输机。经过长时间谈判最终达成有关向印度空军提供最先进战斗机的总值和供货期的协议。目前印度是仅次于中国的俄罗斯武器进口国。

俄印的军事合作并不局限于买卖关系,还期待在军事技术上共同研制开发,展开在制造、售后服务以及人员培训等方面的合作。这是已形成高度互信的国家间合作的特殊层面。2012年8月俄印签署框架协议,将创立合作企业为印度军方生产现代化装备,并在俄罗斯军事航空技术知识产权许可期限内拓宽合作项目。

2003年签署议定书俄罗斯协助印度在塔米纳土邦建库丹库兰核电站。2013年将完成总装机容量两百瓦特的两个机组设备安装;并签署协议再补充建设四个电机组,建设安装将由印度承包商完成,俄罗斯提供核电站的设计方案和必要的设备,并执行监督。还计划在西部的蓬卡林建核电站。未来将在印度的三个区域建十六个核电机组,其中六个将在2012—2017年间建成。遗憾的是,最近一段时间对在印度发展如此庞大的核电计划是否能够实现产生了疑虑:福岛发生核事故后,反核运动者、预计建核电站附近村庄的居民举行了反核示威游行,他们反对在印度建核电站。俄罗斯专家被迫停止了工作,仅可能投建一、二号机组。印度政府不得不考虑这些反核电言论,虽然传媒机构透露的信息有时带有煽动性。无论怎样,印度并未打算放弃建核电站的计划。

印度是世界第五大能源消费市场。根据政府提供的能源状况报告,2025年之前印度的能源需求将每年增长6%,对原油需求的缺口在未来几年将会大幅上升。这种状况使得俄印两国在燃料能源领域拥有很大的合作空间,按传统的合作模式,俄罗斯的技术帮助印度在本土建立工业并实现了现代化。双方签订合同合作开发和改建在孟加拉湾西部、阿萨姆邦的油田,并讨论合作开发白令海峡石油资源计划。印度最大的石油公司"ONGC－Videsh"与俄罗斯石油—萨哈林分公司、萨哈林海上石油天然气—大陆架公司的协议书是印度公司最大型的海外投资计划,也是俄罗斯最大一笔向外国公司出售股权的协议。"萨哈林-1"是俄罗斯在远东地区最大的一个石油天然气开采方案。此方案预计将在萨哈林岛大陆架三处开采石油。

信息技术领域将是俄印合作和投资的重要方向:2000年夏天双方已达成协议,印度向俄罗斯提供使用超级计算机ПАРАМ－10000(同类产品只有美国和日本拥有)。这一协议已经得到落实,目前超级计算机已经成功地在俄罗斯使用。

经贸关系是俄印事务性合作的领域,它由于苏联解体而受到影响,现在开始走出危机状态。在苏印贸易量中苏联的份额大约占70%,贸易总量在苏联解体时达到 55 亿美元。目前是 110 亿美元,到 2015 年预计增加到 200 亿美元,只有在货品流转总量中提高科技集约型产品的份额才有可能达到。目前的双边贸易货品构成不能反映两国的制造业和科技发展水平。俄印国民经济中的最重要领域,也就是集中体现最新科技研发和高工艺水准的支柱产业,在交流中是被严格限制的。在实际贸易中极度缺少的是俄方现代高科技领域的产品。高科技含量的机械制造产品的份额不足 8% 。

俄印关系具有独特的性质,从以下方面可以看出:合作规模,高层级互信和互相理解,双方准备分享在不同领域的最新成果,从最现代宇宙空间军事技术和现代信息技术领域的成果到文化、文明价值观的交流。双方合作的基本领域包括:能源、制药、信息技术、钢铁、煤化工、宇宙空间、宝石加工、农业和国防领域等。

在多边合作组织框架内印度愿意加强与俄罗斯的关系,特别是在打击来自巴基斯坦的恐怖威胁上能得到俄罗斯的支持对于印度来说具有重大意义。印度致力于在制定有效的反恐战略方面与俄罗斯合作,协同特别行动、情报搜集等。双方有可能增加俄印贸易总量,甚至在投资、科技发展等领域展开合作。在克服全球经济危机、全球范围内实现控制气候变化等问题上俄印的立场是相同的。俄印预防恐怖威胁的工作小组定期召开会议。双方共同防范毒品走私等。在俄印中三方外长会谈进程中讨论阿富汗局势、拓宽在上合组织范畴内的合作、中东局势、朝鲜半岛局势、伊朗核计划、叙利亚局势的恶化等。

印度专家卡马尔·米特拉·锲诺伊确认,现阶段印度的外交政策是由积极参加大型国际组织转向创建联盟及参加少数国家的合作组织,包括南亚区域外的、与印度接壤的,传统上位于其重要利益范围内的国家。印度、巴西和南非的合作,积极发展与美国的关系,印美之间 123 个协议的签署,包括在战略领域的合作,都可能被认为是印度争取走出区域框架、得到承认其世界大国地位的见证。[①]

印度外交新趋势体现在其参与上合组织框架下的地区合作、俄印中三边关系、争取拥有新地位的金砖国家机制。

二、新地缘政治条件下的印度与上合组织

2005 年上海合作组织的形成后,给予印度、伊朗和巴基斯坦观察员国地位,使得这个组织转换成最大的安全与经济合作的地缘政治机构,它联合了世界上最多

---

① Chenoy K. M. Chenoy A. M. , India's Foreign Policy Shifts and the Calculus of Power // Economic and Political Weekly,01. 09. 2007.

居民的国家,涵盖了欧亚地缘政治空间的主要地区,总人口量在三十亿左右。[①] 印度使上合组织增加了反恐、对"单极世界"和"颜色革命"持不同看法等议题,它支持上合组织成员国之间加强经济联系。

印度从自身的能源需求考虑,愿意与中亚国家发展科技与经贸合作。上合组织聚集了世界上最大的几个能源生产国,如俄罗斯、哈萨克斯坦,还有最大的能源需求国,如印度、中国。已有提议举行上合组织成员国能源部长定期会议,落实铺设从伊朗经巴基斯坦到印度、从土库曼斯坦经阿富汗、巴基斯坦到印度的天然气输送管道设计方案。特别希望可以打通由北向南的交通走廊,以保证既短又有效率地通往俄罗斯和中亚的贸易通道。

在上合组织框架内实施经济合作方案,如,从伊朗、乌兹别克斯坦、土库曼斯坦输出的石油天然气管道经过印度和巴基斯坦(2005 年 6 月印度石油部长签署了铺设连接伊斯兰堡和杰格兰的天然气管道),可能成为印巴合作发展和关系正常化的因素之一。

印度资深外交家博哈德拉库马尔肯定上合组织,特别是对印度的意义。他认为,印度和上合组织成员国之间在打击恐怖主义、宗教极端主义和政治分离主义上的立场是一致的。加入上合组织巩固了印度的"向东看"这一政治方向。对于印度来说最重要的是上合组织提供了更广阔的经济合作空间:发展基础设施,能源、交通领域的合作,在不远的将来还可能创建共同市场。

前印度驻俄罗斯大使康瓦尔·西巴尔 2007 年 6 月 8 日在接受俄新社采访时说,印度有兴趣发展与上合组织的合作。他强调印度与中亚各国在历史、文化和文明相互关联的重要性,以及印度周边区域的相似性,他说,印度看到很多加入这个能够促进经济发展、繁荣和区域稳定的组织的好处和优势。这个地区越稳定和繁荣,就意味着有更多与印度合作的可能性。西巴尔指出了一些合作领域,如能源和交通、信息技术、制药,还有打击宗教极端主义、毒品的非法流通和恐怖主义。

2007 年 9 月全印度广播公司发表评论,认为印度对上合组织的兴趣在现阶段是"弱化与印美核议定书的关系"。[②] 一些印度分析专家指出,参加上合组织会议的并不是总理辛格,而是石油与天然气部长穆尔里·杰欧拉,[③]这证明了印度对上

① Шаумян Т. Л. , Индия и Шанхайская организация сотрудничества // Шанхайская организация сотрудничества: взаимодействие во имя развития, М. , 2006, С. 164 – 194.

② Nadeem N. , Moving Towards Multipolariti in World Affairs // People's Democracy, 09. 2007, No. 3.

③ Dikshit Sandeep D. , India not Keen on Political, Military Ties with SCO // The Hindu, 11. 08. 2007.

合组织兴趣的局限性，以及上合组织的哪些活动领域是印度的优先选择。① 2009年 6 月总理辛格首次参加了叶卡捷琳堡峰会，自此，局势发生改变。外交部长梅农在与记者见面时强调，印度对在世界金融危机之际举行的本次峰会给予高度评价，并认可 2008 年上合组织关于其观察员国印度、伊朗、蒙古和巴基斯坦的领导人参加上合组织所有议程的必要性。

2010 年在塔什干峰会上解除上合组织暂停接受新成员的决议后，印度着手研究加入该组织的条件，印度外交部发言人 2010 年 11 月 13 日发表声明认为印度完全符合加入条件。2010 年 12 月 21 日在德里的新闻发布会上当时的俄联邦总统梅德韦杰夫强调，俄罗斯支持印度加入上合组织，并准备促成这一进程。

还需要注意一个状况。2007 年 8 月 17 日在俄罗斯乌拉尔地区举行了大规模军事演习，一些分析家认为上合组织在强调抗衡美国和北约在该地区渗透。除上合组织成员国国家元首，蒙古、伊朗和阿富汗的总统，巴基斯坦的外交部长和印度的石油与天然气部长也出席了这次活动。

给人们的印象是，上合组织加强了军事色彩。其实早在 2004 年在上合组织框架下就设立了一个地区反恐机构，用于交换情报、共同培训反恐分队。2006 年国防部长合作制度化，设立了上合组织成员国国防部长委员会。2007 年初，俄罗斯方面提供了关于成员国之间在军事领域建立更紧密联系的协议方案。② 印度则倾向于在组织内将军事、战略、政治议题分开，它更注重经贸和政治合作。

为强调亚洲领先大国地位，拓宽与伊朗、中东、和东南亚国家的联系，印度在中、长期远景规划中将发展与中亚、上合组织成员国和观察员国之间的关系。印度地区作用的强化符合俄罗斯的利益，因为可以成为在该地区制衡中国和美国的因素。按分析家的观点，美、俄、中在中亚的利益相左，这也使得印度在这一地区更趋活跃。

印度认为严格遵守核不扩散原则是上合组织成员国的重要定位，但它并未签署核武不扩散条约，与巴基斯坦已成为事实上的核大国，因此可能会对它们是否完全具备加入上合组织的条件产生疑问。

三、俄—印—中合作前景

俄印中三国关系建立在近十年来业已形成的双边关系，当然他们并不总是友

---

① Юсупов Р. , Страны БРИК защитят конкуренцию сообща // Казанские ведомости, 2007. №19.

② Radyuhin V. , Setting up SCO as a Counter to NATO // The Hindu, 21. 08. 2007.

好与合作,时而也有对抗的局面。目前已经开始尝试厘清和发展政治、经济、科技和人文领域的合作,这种合作可能会扩展所有三个国家都参加。

2001 年 9 月开展了三方科研项目"21 世纪的俄印中",发起人和组织者是俄罗斯科学院远东研究所、印度中国研究院和中国国际问题研究所三个国家科研机构的政治学专家参加。这些非官方的研讨实际上是在框架下的"第三条路",即在政治学学者层面,它实际上把谈判进程引入"第二条路",即三国官方人员参与,而由此则可以通往"第一条路",即可预见的三方首脑会谈。

三方进入"第二条路"的谈判进程是 2003—2004 年纽约联合国大会过程中由三国外长会谈开始的。2004 年 10 月在阿拉木图举行的"亚洲互动与建立信任措施"外长会议中三国外长举行了会议。2005 年 2 月在符拉迪沃斯托克举行了第四次非正式会谈和三国外交机构领导人的会谈(不在任何国际会议框架下的)。根据符拉迪沃斯托克会议精神首次发布了联合公报,强调了对 21 世纪世界发展基本问题所持立场的一致性;部长们支持国际关系民主化,建立公正的国际秩序,并在此基础上遵守国际法律规范,平等和互相尊重,合作和继续向多极化发展。部长们声明俄印中愿意相互合作面对新挑战,建立三国司法机关协作机制,打击毒品走私和其他跨境犯罪现象。他们讨论了三国在经济、交通、农业、能源和高科技领域的合作前景。

印中关系已经成为比较敏感的一环,最近几年有了实质性的突破,这是开启重要合作的基础。

2006 年 7 月 17 日在圣彼得堡 G8 峰会的进程中,举行了三国首脑的首次会晤,这次会晤是由之前三国的外事部门、知名政要、经济学家的一系列会谈作为铺垫而得以实现。2007 年 1 月 25 日普京对印度进行正式访问,并签署联合声明,其第二十七条款指出,"双方愿意在俄印中三方架构下拓展合作"。

俄印中三国外长会晤将定期、轮流在三个国家举行。2007 年 2 月在新德里外长们强调三国关系应加强相互理解和信任,准备继续在高级别政治层面探讨共同感兴趣的问题,促进三个国家在发展领域、维护和平、地区和世界范围的安全与稳定等问题上取得成就。指出了三方具有在能源、基础设施建设、卫生、高科技、信息技术和生物学等领域互利的经济合作潜力。中俄外长指出,他们各自的国家都认为印度在国际政治中有很重要作用,理解和支持印度努力想在联合国起到更大作用的意愿,外长们同意,尽快促成打击核恐怖活动国际公约生效,接受印度向联合国提交的打击国际恐怖主义公约,进一步确立打击恐怖主义的国际法律基础。三方在中东、伊朗、阿富汗局势,以及类似的国际问题上达成一致或近似的立场。

2007 年 10 月 24 日在哈尔滨的会议中首次提出建立三方外交机构司局或处

层级上的协商机制,以加强三方在地区和国际问题、以及执行外交部长会议上已达成协议的协调与合作。对印度提出 2008 年 3 月 27—29 日在德里举行由国家公务员和学者参加的地缘政治与战略趋势研讨会的提议给予正面评价。

2010 年 11 月 15 日在武汉召开的三国外长会谈十周年会议的新闻发布会上,外长们肯定了合作是外交的重要组成部分,俄罗斯外长认为三个国家在许多国际、区域问题上持相同或相似的立场。印度外交部官员克里什娜也指出共同完成这些项目的重要性,如班卡罗拉与斯科尔科沃俄罗斯创新中心的合作。必须深化在能源、抵御自然灾害、卫生防疫、医疗和农业等领域的合作。①

尽管在很多地区和全球关系问题上三方持一致或相近的立场,但也阐明了在对待直接触及美国和巴基斯坦利益的问题上还存在分歧。印度知名政治学学者、记者西德哈尔特·瓦拉达拉让在《星都》报撰文指出,武汉会谈三方绕过了潜在的"两头象":美国和巴基斯坦。② 中国和印度的代表尽量避免提及恐怖主义和被认为是"美国、巴基斯坦朋友"的政治集团。中国外长不使用恐怖主义这个字,因为这有可能被理解为是反巴基斯坦的,提及"在逃恐怖分子"也被认为是不能接受(尽管美国总统提出的在巴基斯坦领土上的恐怖分子逃犯)。印度对 2010 年俄罗斯和中国签署的亚太地区安全宣言也很警觉,因为这一宣言可能被认为是反美和反日的,而德里正积极发展同这两个国家的关系。

在讨论阿富汗问题时存在美国因素。三国外长对阿富汗的复杂局势表达了严重关切,并表示必须加强阿富汗自身的武装力量。俄罗斯提议开始就阿富汗局势展开三方谈判,但中国反对这一提议,担心可能会使美国和巴基斯坦产生负面理解。③ 尽管如此,联合公报中还是包含了这样条款:有必要发展阿富汗自身力量,以保障国家安全,保护自己的主权和独立。

三国外长认可伊朗和平利用原子能的权利,认为对话和谈判是解决伊朗核问题的唯一办法。

总之,可以认为,考虑自己国家特有利益的同时,印度在区域问题上的立场尽量顾及美国利益(指"核议定书"),同时也稳固了自己在面对中国时的立场。

俄印中积极参与上合组织的活动,给三方合作提供国际法律基础。正是在上

①　Varadarajan S. , Russia, India, China won't Cross U. S. on AfPak // The Hindu, November 16, 2010.

②　Varadarajan S. , India Takes 'Anti – U. S. Edge' off Trilateral with Russia, China // The Hindu, 16. 11. 2010.

③　Varadarajan S. , Russia, India, China won't cross U. S. on AfPak // The Hindu, November 16, 2010.

合组织框架内才有可能合力反对恐怖主义和毒品犯罪,保证能源安全,进行联合军演。此外,巴基斯坦不排除让本国军队参与联合反恐演练,像俄印中这样在双方,或在未来三方基础上进行。

四、印度与金砖国家:合作前景

高盛曾发布第 99 号全球经济报告"'畅想金砖':通往 2050 年之路——最近 40 年将领跑世界经济的大国",金砖是巴西、俄罗斯、印度、中国四个国家开头字母的缩写(英:BRIC,俄:БРИК),2003 年开始出现在国际交往词汇中。2011 年在中国首次举行金砖国家峰会,宣布金砖国家集团成立,南非加入后(更名:БРИКС)该组织成为跨大陆的全球合作集团。

2005 年高盛公布新的分析报告指出,几年来证明,提出这一概念和这五国本身都是正确的,金砖国家在考虑到所有五个国家的利益后,做出最佳经济决策,其结果是五个国家在比早前预期的、更快的速度发展。到 2041 年,中国将成为世界最发达经济国家,而印度在 2035 年将占据世界第三位。①

在第一份报告中预期,经过十年,金砖国家经济总量将占世界经济总值的 10%,而已经确认的是 2007 年,他们的总量已占世界总量的 15%。

金砖国家占据世界 40% 的人口,25.9% 的领土,世界 GDP 的 40%,代表了世界经济的 15%,拥有全世界近 40% 的金融储备金。根据印度分析师的观点,这些国家(可能除俄罗斯外)受世界金融危机的影响较小,将成为世界经济发展的重要推动力,并有能力克服金融危机。

而与此同时,也有分析家指出,如此不同的国家,根据其经济发展水平、速度未必能够建立什么集团,甚或机构。最初并没有提出要建立金砖国家这一集团架构,也没有任何政经互动的指定格式。这几个国家逐步发展直到像目前这样建立互惠关系,由此才有合作的想法。金砖国家间并未有利益的绝对吻合,他们有不同的价值观基础,他们是不同文明的载体:伊比利亚美洲,斯拉夫东正教,印度教,佛教,儒家传统,而正是这些因素可以在全球条件下保持各个国家的完整性。

由于世界金融危机,金砖国家相互关系中经济和金融占有特殊位置,在多级、经贸均衡发展和保护地球资源的原则下共同探索、选择发展模式。印度与其他金砖国家一样,强调世界金融体系、金融制度应民主化,并把这一进程看作是建立多极世界的一部分。印度认为有必要加强各金砖国家间的双边合作,就重要国际问

---

① How Solid are the BRICs? // Goldman Sachs Economic Research. Global Economic Paper, Issue 2005, N – 134.

题协商出"集体意见"。

能源安全是世界问题,这也为金砖国家达成共识提供一个平台,俄罗斯是最大的能源出产国,中国和印度是最大的能源需求国;巴西正加大力度研制可替代能源,它可以与印度合作,因为在印度已经展开了这方面的研制,并广泛使用太阳能和生物能源。

保障经济合作是印度在金砖国家框架内的重要任务之一。与金砖国家伙伴的相互合作使印度能够与朋友分享自己的经验,并借鉴其他国家的经验,况且,作为发展中国家他们都面临着共同的挑战,而全球化性质的挑战对这几个金砖国家在很大程度上是以相似的方式表现出来的。印度不仅参与有关战胜金融危机后果的研讨会,还就粮食安全、稳定发展农业、预防传染病、国际援助、能源和全球气候变暖等问题积极与其他成员国交换意见。2013年2月9日俄罗斯公布了加入金砖国家集团的主旨,俄罗斯支持金砖国家作为超越旧的被分裂的东西方或南北方的新型世界体系。

粮食、能源安全和反恐是印度在金砖国家框架内的优先议题。金砖国家领导人都支持印度和巴西在联合国安理会取得常任理事国地位的努力,并在这个有影响的组织的活动中起到更重要作用。没有俄罗斯、中国的支持很难达成这一目的。提出加入联合国安理会常任理事国的国家有印度、巴西、德国、日本等,中国对改变日本地位有一定的疑义(考虑到中日关系的历史遗留问题),而印度也是中国传统地缘政治的对手,且两国有尚未解决的领土问题。正如在加入金砖国家主旨报告中指出的,俄罗斯支持联合国安理会改革,以提高它的代表性,但不能损害它工作的高效率和保证现有常任理事国的特权,包括否决权。

无论是否在金砖国家框架内,印度、巴西和南非都处于特殊的三方伙伴关系。他们在世贸组织多轮谈判进程中,就自由贸易问题反对西方,特别是2003年在坎昆会谈时。巴西和印度之间发展冶金、石油开采、航空和汽车制造合作,在军事技术领域实现共同研发。2012年8月巴西公司(EMBRAER)向印度转交了其订购的三架远程雷达定位预警机和监控机EMB-145的第一架,它的速度可以提升至830公里/小时,并能够完成飞行距离3000公里。同时,如果两国不拟定在商品和服务市场的长期战略合作规划,则不能排除未来会加剧两国在乙醇市场、制造业和软件出口、冶金、军事技术等领域的竞争。印度和南非的关系也日趋活跃。2012年5月印度总统普拉纳布·慕克吉访问南非。双方谈判达成协议,到2014

年将贸易流转量由 100.64 亿美元增加到 150 亿美元。①

2012 年 8 月 16 日南非国家石油公司（PetroSA）和印度油气开发公司（Cairn India Group）签署协议共同开发南非东海岸奥朗热瓦雅河谷的石油和天然气。双方都认可这一协议的重要性，并有意愿未来继续发展这一领域的合作。印方评价该合作是迈出印度次大陆的第一步。

2012 年 9 月 12 日印度国家商业银行（Bank of India）正式在约翰内斯堡开设分部，按银行官员的话说，是为展开事务性合作，特别是服务于中小企业，拓宽两个新兴经济大国之间的关系。

金砖五国已经展开紧密的合作，并成为带有各自观点和历史遗留问题的国际社会合作的范例。五个不同的国家联合成一个团体并不意味着他们互相之间的合作实践中就没有分歧、异议，甚至冲突。所以并不奇怪，在一些国际问题上他们并不存在一致的立场。

尽管金砖国家集团可以被视为是印度和中国交流的舞台，但也未必能认为这两个互相竞争的世界大国能在短期，甚至中期内可以调解双方已存在的争议问题。

印度和中国在很大程度上被世界发展速度放缓拖累，而巴西受的影响较小。俄罗斯和巴西通过出售能源和其他相关产品赚取了大量资金，他们希望能源价格继续上升，而印度和中国是这些商品的主要需求国，当然希望能源价格下降。这种状况限制了金砖国家达成令所有国家都能接受的石油和天然气价格的可能性。在对美国关系上也存在分歧。俄罗斯激烈地批评美国的外交和经济政策，在一定程度上已经融入美洲经济的巴西和中国在对美态度上更谨慎。印美关系近年来非常积极，因此印度并不打算加入任何反美同盟。对于替换作为国际储备货币的美元这一问题也存在分歧。俄罗斯主张创建一个新的国际货币。中国未必同意这一主张，因为它的金融很大程度上是与美元挂钩的。巴西政府总体上支持弱化美元作为储备金政策，它没有提出具体的建议，只是支持俄罗斯和中国。印度对这一问题基本不表态，因为制定共同立场是有困难的。

同时，印度在核武器不扩散、地区冲突调解等方面也持保留意见。众所周知，印度在独立之初就宣布禁止核武器，没有签署核不扩散条约，认为它是不平等和无效的。这样印度在 1998 年 5 月进行的核试验没有损坏它的任何一个国际责任，因为它既没有签署核武不扩散条约，也没签署全面禁止核试验公约。当时的

---

① Bank of India Branch in South Africa Set to Boost BRICS Development. http://English. cri. cn/ 6826/2012/09/13/2561s722119. htm

印度总理瓦杰帕伊声称，印度的核武器是在国家遭受核武威胁时用于自卫的。

关于地区冲突问题，印度原则上主张在没有第三方势力参与和干涉下双边解决问题，并且不主张把争议问题提交到国际会议论坛上讨论。这样可以肯定，巴基斯坦想要将克什米尔问题提交联合国和其他国际组织企图只能加剧印巴之间的紧张局势。

2009 年 6 月在叶卡捷琳堡金砖国家外长一系列会谈后举行了金砖国家首脑的首次会谈。6 月 16 日的共同声明中包括了十六项政治议题，并号召进行世界金融体系改革。强烈要求在国际金融机构中增加他们的作用，制定多元化货币体系，提出帮助陷入金融危机的发展中国家。在文件中并未包括反美元条款，因为金砖国家的大部分黄金货币储备投资于美联储的债券。

2010 年印度总理辛格访问巴西时，希望两国更紧密合作，以保证能源和粮食安全，同时建议，密切关注在投资、科研、加工业和基础设施发展方面的合作可能。辛格指出，借鉴组织内不同国家的经验可以促进拓展经济发展领域的界限。

2011 年 3 月底在中国三亚的高峰会谈中，辛格号召尽最大可能开发金砖国家所具备的潜力，并再一次强调他们的合作不针对任何其他国家。

2012 年 3 月 29 日印度总理在德里金砖国家第四次首脑会谈中指出，所有金砖国家都受到这些因素的影响：全球经济衰退、粮食能源价格上涨、周边环境恶化、西亚政局动荡、恐怖主义和极端主义活动加剧，这也就是未来几年在持续发展路上必须克服的障碍。印度总理强调：必须解决就业问题；保障能源、粮食、水资源的供给，促进稳定持续的经济增长；探索金砖国家经济互补的可能性，拓宽各事务领域的合作。辛格再次重申建议创立金砖国家银行，发展"南南合作"；强调必须改革联合国安理会；交流现代科技和各自国家的城市化经验；采取措施提高人均收入。他还指出了调解西亚和阿富汗局势的必要性。上述观点载入峰会通过的行动纲领和德里宣言中。

关于进一步发展金砖国家的经贸合作，虽然有意愿，但目前还不能成为伙伴关系，因为 21 世纪的全面合作伙伴关系是指在高科技领域的合作。在金砖国家中最接近这一目标的是中国和巴西，他们已经在宇宙开发、航空和汽车制造业领域展开了广泛合作，目前正利用巴西的乙醇等进行开发新能源，以及在生物科技、制药和和平利用原子能等领域进行合作。印度和巴西之间也展开了冶金、石油开采、航空和汽车制造等领域的合作，并共同研发军事科技。

关于金砖国家首脑会谈的意义，印度一位外事部门领导指出了印度对这一集团感兴趣的三个因素：一、金砖国家领导就全球金融和经济形势问题定期交换意见有重要意义。二、在"第二条路"上进行的准备活动有重大意义，在学术层面的研讨可以拓宽领导人会面的议事内容并展开更宽广的经济合作。最后,印度部长肯定金砖国家领导人对重要政治问题的广泛一致性。[①]

无论怎样,未来金砖国家对国际金融和政治体制的影响将加强,他们的经济在世界经济总量中将占有重要分量,其结果是这些国家的政治影响也将得到强化。2009 年 9 月 4 日伦敦二十国集团财政部长会议前夕举行的金砖国家财长会谈可以证明这一点。他们共同决定投资八百亿美元购买国际货币基金组织债券。中国计划投资五百亿,俄罗斯、印度和巴西各投一百亿。专家们认为金砖国家给出信号,它是重要的联盟。他们有意愿购买国际货币基金组织的债券不是为了储备多样化,而是为了在世界市场中更有分量。

2012 年在墨西哥城举行的金砖国家财长会谈中,印度建议创立“南南”发展银行或金砖国家银行以支持发展中国家,以此提高金砖国家在世界经济发展中的作用,并对发展中国家提供补充支持。在筹备南非金砖国家第五次例行峰会时,《俄罗斯在金砖国家中:战略目标和达成的方式》发表在 2013 年 3 月 11 日的“生意人”报上。文章认为有必要创立金砖国家常设秘书处,可以先是网上虚拟的,然后是实体的;设立发展银行(法定股本五百亿美元,总部设在莫斯科),金砖国家国际结算银行(使用国际货币支付)和专门针对危机的基金(两千四百亿美元)。总之,俄罗斯认为有必要加强金砖国家的政治分量。

如果单独看印度加入国际组织(上合组织、俄印中三国峰会、金砖国家)的经验,可以发现在这些组织、集团中,印度与俄罗斯、中国有紧密合作,三方合作的这些因素未来将影响到印度在全球和区域问题上的立场。

今天的印度是自给自足的区域大国,很快将成为全球大国,它保持自己的独立,有能力独立解决问题,为保障本国利益已准备好与不同地区发展多样化关系,以发展经贸、军事技术合作为开始,最终会按协议提供核原料。印度将继续展示自己特色的政治,不会不顾本国利益而屈从于任何外部压力。

---

① SCO and BRIC both Crucial, Says India // The Hindu, 13. 06. 2009.

第五章

中—俄—中亚关系中的跨界河流因素分析

据不完全统计，目前全球共有 263 条跨界河流，其中由 3 个或 3 个以上国家共享的就有 155 条。目前由于全球气候变暖和环境污染，以水资源为核心引起的国际冲突日趋频繁，水资源特别是跨界水资源的激烈争夺现已成为影响地区和平和国家关系的一个重要诱因。

近几年来，中国的周边国家安全形势不容乐观，特别是美国"重返亚太战略"的实施，对中国东部海上安全造成严重威胁，因此中国西部地区的稳定显得尤为重要。2013 年，中国国家主席习近平在哈萨克斯坦纳扎尔巴耶夫大学演讲时提出建设"新丝绸之路经济带"的宏伟设想，突出了俄罗斯和中亚地区在中国外交战略中的地位。中国、俄罗斯与中亚五国互为邻国，相互之间都存在着跨界河流争端问题，问题的处理将会影响相关地区的社会经济发展及区域稳定。

一、中—俄—中亚跨界河流概况

中国新疆以及中亚地区存在诸多跨界河流，其中最主要的是额尔齐斯河、伊犁河以及注入咸海的阿姆河与锡尔河。其中，额尔齐斯河也与俄罗斯关系密切，在俄罗斯境内被称为鄂毕河，是中国境内唯一一条注入北冰洋的外流河。

（一）流域地理环境特征

中国新疆与中亚地区地处亚欧大陆的腹部，距离海洋较远，属于温带大陆性气候。受东南部高山的影响，印度洋与太平洋的暖湿气流被阻挡，内陆地区雨水少，蒸发量大，年降水量通常不到 300 毫米，充足的日照和干燥空气导致蒸发量大，阿姆河三角洲水面的年蒸发量达到 1798 毫米，比当地的降水量高 21 倍。而在山区，降水量能达到 1000 毫米。中亚地区处于中纬度地区，植被多为草原和荒漠，昼夜温差大，许多地方温差可达 20℃—30℃。在地形地貌上，荒漠、半荒漠和草原占据了从里海到天山山地之间的广大地区，沙漠面积占地区面积的 1/4 以上。流域内几乎所有河流都没有通向大洋的出口，河水在被引用灌溉后，有的消失在荒漠中，有的注入内陆湖。中亚整体地势东南高、西北低，河流流向是西北方向,河流的主要水源是高山冰雪融水,汛期在春夏两季。受地形和气候影响,该流域主要发展灌溉农业,其中棉花的生产具有重要的世界意义。除此之外,中亚的矿藏含量也十分丰富,特别是石油、天然气以及煤、铁、铜等。

鄂毕河(额尔齐斯河俄罗斯段)处于俄罗斯的西伯利亚地区,气候为温带大陆性气候,由于纬度高,气温低,蒸发量小,降水集中在夏季。地势南高北低,河流流向向北。鄂毕河位于西风带的迎风坡,降水较多,由于冻土层分布广泛,水分不易下渗,河流水量较大,空气湿度大。西伯利亚地区被称为俄罗斯的资源宝库,它将促进俄罗斯的强大。西伯利亚地区土地资源丰富,拥有肥沃的黑钙土和褐钙土,西伯利亚森林覆盖此地,林业资源丰富,同时该区的能源资源和矿产资源储量丰富,其中石油、天然气和煤炭的储量极大,铁、铜、铝、锡的储量也尤为丰富。

(二)主要的跨界河流概况

1. 额尔齐斯河与伊犁河

额尔齐斯河是中国境内唯一一条注入北冰洋的外流河,流经中国、蒙古、哈萨克斯坦、俄罗斯四国。河流总长 4248 千米,总流域 164.3 万平方公里,其中上游(中国境内)河长 633 千米,面积 4.53 万平方公里;中游(哈萨克斯坦境内)河长 1637 千米,面积 49.87 万平方公里;下游(俄罗斯境内)河长 1978 千米,面积 109.90 万平方公里。河流发源于新疆阿尔泰山南坡,向西北流,在哈萨克斯坦注入斋桑湖,出湖后继续西北流向穿行于哈萨克斯坦东北部,进入俄罗斯后,过鄂木斯克转向东北,于塔拉附近又转向西北,于托博尔斯克转向北流,在汉特曼西斯克附近汇入鄂毕河,为鄂毕河的最大支流。额尔齐斯河是新疆水资源最为丰富的两条大河之一,也是哈萨克斯坦北部水量最丰富、水能最富集、航运条件最好的河流。额尔齐斯河各支流地处山区,属融雪型河流,水量补给以季节性融雪和降水为主,地下水次之。

伊犁河是一条流经新疆和哈萨克斯坦的跨界河流,是新疆境内流量最大的河流。河流发源于哈萨克斯坦境内的天山汗腾格里主峰北坡,向东流入中国,转而在东经82°向北流与喀什河汇合后始称伊犁河,再向西流 150 千米汇入霍尔果斯河又进入哈萨克斯坦境内,继续西流最终注入巴尔喀什湖。河流全长 1236 千米,流域面积 15.1 万平方公里,其中中国境内河长 442 千米,流域面积 5.6 万平方公里。伊犁河雅马渡站以上为上游(在中国境内),雅马渡至哈萨克斯坦的伊犁村(卡普恰盖)为中游,伊犁村至巴尔喀什湖为下游。伊犁河的水流补给主要来自冰雪融水、季节性降水和地下水。在新疆境内,由于河流位于山地的迎风坡,降水多,水量大,河流落差也大,蕴藏丰富的水能。

2. 阿姆河与锡尔河

阿姆河是中亚地区水量最大的内流河,发源于阿富汗境内帕米尔高原的瓦赫基尔河,向西汇入帕米尔河后,称为瓦汉河(阿富汗与塔吉克斯坦的界河),继续西流被称为喷赤河,再向西北流入土库曼斯坦境内,来自塔吉克斯坦的瓦赫什河并入后,始称阿姆河,经过阿富汗、土库曼斯坦与乌兹别克斯坦,最终注入咸海。如果以瓦赫基尔河为起点,河流全长2540千米,如果是以喷赤河与瓦赫什河的交汇点为起点,则河流长度为1415千米。河流上游山地由于处于迎风坡,降水多,而相对的下游平原区降水较少,通常不到200毫米。阿姆河的河流补给主要是冰雪融水和地下水,雨水对河流的补给作用不大。河流的汛期很长,一般为6个月,3月春汛开始,持续到6月;7月夏季汛期开始,一直持续到10月。阿姆河的泥沙含量很高,越到下游,泥沙含量越大,往往都沉积在河谷中。

锡尔河是中亚长度最长的河流,全长3019千米,流域面积78.26万平方公里,流经吉尔吉斯斯坦、乌兹别克斯坦、塔吉克斯坦和哈萨克斯坦。河流发源于天山的纳伦河(右源)和卡拉达里亚河(左源),从纳伦河出发,河流由东向西流,在纳曼干东约20千米处汇入卡拉达里亚河,河流被称为锡尔河。河流源头到费尔干纳盆地(位于乌兹别克斯坦、塔吉克斯坦、吉尔吉斯斯坦交界处)是河流的上游,从盆地到恰尔达拉水库(哈萨克斯坦)是中游,水库到咸海则为河流的下游。雪水补给是河水的主要的来源,少数为冰川和雨水补给。流域地势东南高(山地)西北低(平原),河流由东南向西北流。河流越到下游,水量越小,由于蒸发和灌溉用水,到哈萨克斯坦境内,锡尔河未接纳任何一条支流。

二、中—俄—中亚跨界河流利用中存在的问题

(一)额尔齐斯河与伊犁河流域

1. 水质污染

早在苏联时期,额尔齐斯河的水质就遭到污染。在1946—1969年间,苏联在今哈萨克斯坦北部地区进行了地上和地下核试验。其中,由于地下核试验放射物不易于消散,相比地上核试验危害更大,这强烈干扰了当地的水文地质情况:一方面,影响到当地大气降水量;另一方面受到放射污染的水源和地质元素不断的循环,使得很多冰川(河流源头)受到污染,并且地下核试验的污染循环路径很难监测到。除此之外,二战时期,苏联生产了大量的军事武器,它们当时被转移到额尔齐斯河上游的列宁诺戈尔斯克、乌斯季卡缅诺戈尔斯克和塞米巴拉金斯克市,给当地环境带来了巨大的压力。[1]

现在河流最主要的化学污染源则来自当地的工业废水,它的危害比放射性元素的危害更大。沿岸的塞米巴拉金斯克和乌斯季卡缅诺戈尔斯克从 20 世纪 50 年代开始就发展重工业,但是技术落后,产生了大量的有毒工业废物,仅乌斯季卡缅诺戈尔斯克就往额尔齐斯河中排放了约 3000 万吨有毒废物。下游俄罗斯流域的水污染也很大程度上来自于哈萨克斯坦沿岸的重工业工厂:乌斯季卡缅诺戈尔斯克镇的铅锌厂和钛厂,列宁诺戈尔斯克的金属厂,东哈萨克斯坦化工厂,AKSUS 钛合金工厂以及热电发电厂。

伊犁河是哈萨克斯坦境内污染最严重的跨界河流,随着经济的发展,生活污水、工业废水以及农田矿化水的排量不断增多。每年约有 7.7 亿立米方受到农药、化肥和重金属污染的废水注入巴尔喀什湖。光伊犁哈萨克自治州的 4 个制糖厂、5 个亚麻厂、6 个皮革厂和 4 个毛纺厂在内的工商企业,每年的工业废水排放量达 3500 万吨,而生活污水年排放量竟达到 8000 万吨,[2]并且也存在大量未经达标处理的污水直接排入河中的现象。伊犁河流域有着丰富的矿产资源,但是由于开采技术较为落后单一,附近的溪流受到污染。在新疆境内,伊犁河流域附近大小景点 200 多个,由于垃圾和污水处理等基础设施建设不完善,直接导致河水的人为污染。同时河谷湿地萎缩严重,80 年代末时还有 300 多万亩而进入 90 年代,湿地面积仅存 93 万亩,大多被开垦成了农田,或开沟挖渠变成荒碱滩。

2. 水量利用、分配不合理

哈萨克斯坦境内 48% 的地表水来自跨界河流,其中光来自中国的流量就占到了 42.6%,在伊犁河和额尔齐斯河方面,70% 的水量集中在中国一方,并且中国处于河流的上游,中国对跨界河流的利用对哈萨克斯坦来说至关重要。从 2000 年到 2010 年,哈萨克斯坦 GDP 年均增长 8%,经济的高速发展也加大了对水资源的需求量。而在中国,为了解决北疆地区油田勘探开发和沿线农业综合开发的水源问题,促进相关工业的发展,维护社会稳定,中国政府在"九五"期间制定并实施了"引额(额尔齐斯河)济克(克拉玛依)"工程,基本解决了克拉玛依市的缺水问题。并且,中国新疆的人口数也不断上涨,对水的需求也相应增加。从水利部近几年统计数据来看,新疆的水利投资和建设都有大幅度增长,农田灌溉面积逐年增加,

① Hrkal Z. , Gadalia A. , Rigaudiere P. , Will the River Irtysh Survive the Year 2030? Impact of Long - term Unsuitable Land use and Water Management of the Upper Stretch of the River Catchment (North Kazakhstan) // Enviromental Geology, July 2006, Vol. 50, Issue 5.

② 周晓玲:《联合国助哈保护伊犁河—巴尔喀什湖流域》,载《科技与经济》2004 年第 3 期。

到 2007 年建成大中小水库达到 492 个。在伊犁河,中国建造了 13 个水库和 59 个水电站,使得流入哈萨克斯坦的水量减少,巴尔喀什湖(水量 70%—80% 来自伊利河)的水位下降。

二战前,额尔齐斯河在俄罗斯境内的流量约每秒 500 立方米,但在二战后一系列大型水库在河流上游建成。到 1960 年,最大的 Bachtama 大坝投入使用,蓄水量能达到额尔齐斯河年径流量的两倍。影响额尔齐斯河水量的另一个威胁是卡拉干达运河的开凿,该工程于 1962 年开工到 1974 年结束,该运河从额尔齐斯河调水,每秒 15 立方米,有效缓解了哈萨克斯坦中部的缺水状况。

3. 生态环境的破坏

在伊犁河流域,由于林地和草地不断被农耕和城市占用,使得湿地面积萎缩;家畜业的快速发展造成草原的退化、植被的锐减、土地的荒漠化;矿产的开采污染了附近的溪流,严重地影响到人们的饮水源头;河流的污染导致生物多样性减少,水鸟不在,渔民的非法捕捞使得珍惜鱼种面临灭顶之灾。伊犁河 75%—80% 的水量最终流入巴尔喀什湖,近几年由于沿岸国家对河流的开发利用,注入湖中的水量减少,湖面下降,湖水含盐量上升,国际社会越来越担心卡尔喀什湖重蹈咸海的悲剧。额尔齐斯河流域的生态环境问题也不容小觑。四季超载放牧形势严峻,草场退化、沙化问题严重,河谷林的破坏加重了形势恶化;流域内灌溉技术落后,导致土地次生盐碱化;非法捕捞和渔业水域的污染,导致渔业资源下降;流域内淡水湖例如古伦古湖面积的减少对周围气候产生影响,影响了大气的循环,气候干旱。

(二)阿姆河与锡尔河流域

1. 河流的污染

从 20 世纪 50 年开始,苏联为了发展中亚农业毫无计划地滥用锡尔河和阿姆河的河水,农药和化肥的大量使用也使得土壤和河水受到污染。据统计,阿姆河的污水现已占其总流量的 35%,乌兹别克斯坦和塔吉克斯坦境内排向河流、湖泊和水库的污水也占到其流量的 40% 以上。[①] 土库曼斯坦的土壤含盐量高,每年都需要进行洗田,洗田需要大量的淡水资源,而土壤中的化肥、农药以及盐成分对水资源进行二次污染,再度排放到河水中。

2. 跨界水资源的分配不均

阿姆河与锡尔河的上下游国家水量分配极不平均,上游国家水量丰富,而下游国家水量极度缺乏。在锡尔河流域,上游吉尔吉斯斯坦占到水量的 75.2%,下游的乌兹别克斯坦是 15.2%,哈萨克斯坦 6.9%,塔吉克斯坦 2.7%。在阿姆河流

---

① 张渝:《中亚地区水资源问题》,载《中亚信息》2005 年第 10 期。

域,74%的流量集中在塔吉克斯坦,8.5%在乌兹别克斯坦,剩余的13.9%在境外的阿富汗和伊朗。

哈萨克斯坦和乌兹别克斯坦是锡尔河流域农业比较发达的国家。在哈萨克斯坦,农业占国民经济的比重是6%,而乌兹别克斯坦却达到了22%。在锡尔河流域,费尔干纳村占乌兹别克斯坦国土面积8.7%(39000平方米/447000平方米),沿岸生活着50%的国家人口;而在哈萨克斯坦,20%的国家人口生活在锡尔河流域,所占国土面积12.6%(344600平方米/2724900平方米)。[①] 据相关专家推测,到2020年,乌兹别克斯坦人口有望比1991年增加60%,但是哈萨克斯坦在农业发展方面却没有面临人口压力,因为在接下来的10年中,哈萨克斯坦将会减少约16%的农业人口。以上种种使得乌兹别克斯坦在水资源分配利用方面要比哈萨克斯坦敏感。目前,主要的农业区也是人口聚集、民族政治不稳定的地区,主要集中在乌兹别克斯坦的费尔干纳村庄和哈萨克斯坦南部的锡尔河流域。当初发展经济的举措导致现在该地区出现很多社会、经济以及环境问题。

3. 生态环境的破坏——咸海的干涸

阿姆河与锡尔河流域另一重要的生态危机是咸海的干涸。有专家预测,咸海到2020年或将完全消失,这一悲剧完全是人为原因造成的。上世界50年代开始,苏联为了发展两河沿岸经济,实施"白金计划",希望棉花能成为苏联的重要出口产品,阿姆河与锡尔河流域是传统棉花种植区,需水量大,为了灌溉,苏联政府将部分阿姆河与锡尔河改道,据估算当时大约每年有20—60立方千米的水被分流至咸海附近的沙漠地区,使得河水注入量越来越少。加之技术不过关,很多水利设施漏水严重,造成河水的大量浪费,现在乌兹别克斯坦只有12%的设施是防漏水的。除此之外,有些苏联专家的理念也不正确,他们认为反正咸海的水也是被蒸发掉,不如用来灌溉利用,在这一观念的影响下,棉花种植面积不断扩大。从1960年开始,咸海周围的农田从450万公顷扩大到了近700万公顷,每年都会有平均60多立方千米的水被引到陆地,这导致咸海的海平面以平均每年20厘米的速度下降,从1970年至1980年,下降的速度激增至每年50—60厘米,1980年,水位的下降速度暴增至每年80—90厘米。[②] 1987年,咸海分成南北两部分;到了2003年,南咸海分成了东西两部分;而到了2014年1月,咸海已经完全干涸,咸海

---

① Bernauer T., Siegfried T. Climate change and International Water Conflict in Central Asia // Journal of Peace Research, 2012, No. 1.

② 曲浩然:《咸海的临终遗书——和世界第四大湖说再见》,载《环球人文地理》2014年第23期。

不复存在。

咸海的干涸不仅带来严重的环境问题，而且间接影响到人类健康。干涸后的咸海积存下大量盐尘，湖底形成裸露的沙漠，肆起的沙尘暴裹挟盐尘散步到中亚地区，使得生态环境恶化，土壤盐碱化严重，土地无法耕种。据咸海基金会官网的数据显示，咸海每年将产生近5000吨盐尘。人体吸入含有盐尘的空气，各种疾病随之而来——癌症、肾病、慢性支气管炎的发病率提高。

(三)跨界河流争端对国家关系的影响

中国是额尔齐斯河与伊犁河的发源国，由于地理位置的优势，近年来随着经济的增长，用水量的增加，中国政府对跨界河流境内流域进行了开发，引起了周边国家的担忧。一些国家和媒体相互配合，制造"中国水威胁论"，认为中国正在利用所掌握的水资源制衡周边国家。中国处于一些跨界河流的上游，工业的发展和过度用水将会造成水污染和生态危机。甚至有些非政府组织也参与进来，呼吁干涉中国的用水行为。而且，近年来越来越多的中国公民迁入到俄罗斯与哈萨克斯坦，当地居民认为中国公民在与他们争夺工作机会和生存资源，在国内已有"中国人口威胁论"，再加上河流的污染，极易与历史问题相结合，产生对中国的仇视。早在2006年，俄罗斯就开始出现有关"到2015年中国本身及其南亚和东南亚的周边国家将急剧增加对水的需求，中国是这一地区的水源国，跨境水资源将成为中国未来手中的一件有效工具，中国将利用它来制约亚洲"的言论。[①]"美国之音"也曾指出，中国在新疆额尔齐斯河的过度用水，将会给下游的哈萨克斯坦和俄罗斯带来负面影响，可能会导致生态灾难。

在跨界河流问题上，哈萨克斯坦不信任中国，对中国的想法也极为负面。中国处于河流上游，并建立了多座大坝，哈方认为这无异于中国扼住哈方的脖颈，对其"水敲诈"：中国控制了哈萨克斯坦的供水，中国以"自认为的合适数量"向哈方供水，中国把水作为中哈合作间的一项筹码。除此之外，哈萨克斯坦认为现在中国新疆汉族居民人数不断增多，并且汉族居民擅长传统农耕，农业需水量大，还喜欢用除草剂，这使得河水受到污染。而且，在问题谈判中，中国一直坚持双边谈判，反对中—俄—哈三边谈判；除此之外，俄罗斯在调节中哈跨界河流问题谈判中也建议双边谈判，态度偏向中国，这种举措更增加了哈萨克斯坦对中国的不信任。

中亚五国由于地理环境因素，属于贫水国，而在21世纪，淡水资源也已成为稀缺资源。水资源和能源资源日益成为影响伊斯兰极端主义的不稳定性因素。在中亚，上下游国家经常为水资源发生争端，水资源安全已经成为促进合作和诱

---

① 李志斐：《跨国界河流问题与中国周边关系》，载《学术探索》2011第1期。

发冲突的双刃剑。苏联解体后,吉尔吉斯斯坦国内能源需求量增加但难以应付与国际接轨的能源价格,于是增加托克托古尔水库的放水量增加水电,这影响到了锡尔河下游乌兹别克斯坦的径流量。1998 年,两国达成协议,乌方向吉方提供天然气,吉方要在春夏季增加放水量。2000 年,乌兹别克斯坦停止向吉尔吉斯斯坦供应天然气,而吉方为了缓解用电需求,增加了托克托古尔水库的放水量,造成乌方大面积棉田被淹。乌兹别克斯坦作为回应,在两国边境增加了军事部署,并进行了针对夺取托克托古尔水库的军事演习。吉方声称,水库一旦被炸毁,费尔干纳州将被淹没。[①] 虽然结果两国保持了理性,没有让事态进一步恶化,但是这次事件增加了两国间的裂痕。乌兹别克斯坦在中亚水资源争端中冲突比较多,它与邻国塔吉克斯坦也有很深的用水矛盾,以至于水资源冲突影响到两国正常的外交关系。在阿姆河流域,乌兹别克斯坦处于下游,塔吉克斯坦在上游,塔方的用水直接制约乌方的发展。2010 年,乌方为了表达对塔方的不满,单方面停止了两国间的铁路运输,随后两国边境发生泥石流冲毁了在乌境内的连接两国的铁路,但是乌兹别克斯坦没有采取任何措施。塔吉克斯坦提出由塔方出资修复被冲毁铁路,但是条件是要恢复两国的铁路运输,但被乌拒绝,使得塔方的经济民生急需物资严重积压。塔吉克斯坦不得不向联合国和欧安组织寻求帮助。可见,中亚地区的用水问题已经严重影响到中亚地区的国家安全和国家间关系。

三、中—俄—中亚国家在跨界河流争端上进行的合作

应对非传统安全问题,需要的不仅仅是本国内部各种力量的努力,而且是需要集合多个国家甚至全球力量进行合作,合作的方式也不再是单纯的军事干涉,而是需要各方通过对话协商,在不用武力的情况下解决问题。[②]

（一）俄哈两国的合作

鉴于哈俄两国有大量跨界河流,1992 年 8 月 27 日两国在奥伦堡签订了《哈萨克斯坦共和国和俄罗斯联邦关于共同使用和保护跨境水利工程的国家间协定》,并在此基础上组建了哈俄联合工作委员会,共同制定跨界河流水利工程的使用维护方案,确定水量的分配额度。在所有运输方式中,水运是最廉价的,价格比公路运输便宜70% ,比铁路运输便宜 25%—30%;并且货运量也是最大,一艘 1700 吨的货船所装货物需要 43 节 40 吨的车厢或 68 个 25 吨的集装箱运输。为充分利用

---

① Битва за воду в Центральной Азии. http://www. fundeh. org/publications/articles/48/
② 余潇枫、潘一禾、王江丽、王逸舟:《非传统安全概论》,浙江人民出版社 2006 年版,第 278 页。

水运这一廉价和便捷的运输资源，哈俄拟联合采取措施开发额尔齐斯河航运，主要是：清除淤泥，使航道进一步适合航运条件；共同投资对现有的货运码头进行改造，扩大换装能力；在双方认为合适的地方建设新的码头；探讨成立联合航运公司的可能性等。①

早在苏联时期，俄哈两国在额尔齐斯河流域就已经有过合作。苏联为了缓解哈萨克斯坦的用水紧张，在哈萨克斯坦中部的一些河流上修建了水库，并且为了方便向哈调水，在哈境内修建了额尔齐斯—卡拉干达运河。苏联政府自 1962 年开始修建该运河，于 1974 年结束，运河长 458 公里，横跨巴甫洛达尔和卡拉干达两个州，可灌溉 5 万多公顷农田，有效缓解了哈萨克斯坦工业和农业用水紧张。

（二）中俄两国的合作

中俄两国在跨国界河流上的合作主要针对的是中俄两国间的界河，其中以黑龙江流域的水质污染和监测为重点。额尔齐斯河处于我国上游，由于气候和地形的影响，开发难度较大，基本处于待开发状态。

我国与俄罗斯在额尔齐斯河流域的合作主要涉及的是相关文件的签署。1994 年 5 月，中俄签订了《中华人民共和国政府和俄罗斯联邦政府环境保护合作协定》；2006 年 11 月，两国签署了《中华人民共和国政府和俄罗斯联邦政府关于中俄国境管理制度的协定》；2007 年 3 月，两国元首发表的《联合声明》中指出，中俄两国已经成立了在总理定期会晤机制下的环境保护合作分委会及相关工作组，并顺利启动了跨界河流水体水质联合监测工作组。② 但这些条约只是涉及一些原则性的规定，并不包括具体的处理方式。

2008 年 1 月 29 日，中俄签署《中华人民共和国政府和俄罗斯联邦政府关于合理利用和保护跨界水的协定》，该协定适用于跨界水系（指任何位于或穿越中华人民共和国和俄罗斯联邦国界的河流、湖泊、溪流、沼泽）的利用和保护，并且详细规定了两国在跨境水资源利用方面的具体合作内容，涉及多个方面，主要包括：利用和保护跨界水进行技术交流，推动跨界水利用和新技术的应用；对跨界水进行监测；制定统一的跨界水水质标准；采取联合水源保护措施；共同开展科学研究合作等等。③

---

① 哈萨克斯坦和俄罗斯拟联合开发额尔齐斯河航运：http://www. mofcom. gov. cn/aarticle/i/jyjl/m/201206/20120608180919. html

② 中俄国境河流航行联合委员会成立 60 周年座谈会在京召开：http://news. hexun. com/2011 – 05 – 23/129881334. html

③ 彭坤：《上海合作组织框架下水资源利用合作法律机制研究》，新疆大学博士学位论文，2012 年。

（三）中哈两国的合作

1998 年，两国成立了跨界河流联合工作组，并于 2000 年在阿拉木图举行了第一次谈判。从 2003 年到 2011 年，两国共进行了 8 次会议：2003 年主要是商讨工作组的工作内容；2004 年两国签署备忘录，如果跨界河流流域发生自然灾害，要相互通知；2005 年两国交换了水文和水化学计量数据，包括河水中水的 10 种成分报告，最后对两国的观测结果进行对比分析；2006 年，两国讨论了在合作工程中的技术问题；2009 年，哈萨克斯坦向中国提出了有关额尔齐斯河和伊犁河的河水分配项目，并获得通过。

2001 年，中哈两国签署了《中华人民共和国政府和哈萨克斯坦共和国政府关于共同利用和保护跨界河流的合作协定》，第五条规定了双方具体的合作内容：商定水量与水质观测站点的位置；研究统一的观测、分析与评价方法；分析和整编双方商定的观测站点的水文观测资料；研究共同防止或减轻由于洪水、冰凌和其他自然灾害影响的可行性；研究跨界河流水量、水质的未来变化趋势；必要时，在利用和保护跨界河流领域进行共同研究和交流经验。[①]

2006 年 12 月，两国签署《中华人民共和国水利部和哈萨克斯坦共和国农业部关于开展跨界河流科研合作的协议》。协议对中哈两国合作的内容进行了描述：开展水文测验技术和标准的交流；开展水文分析和水资源量评估方法的交流；研究统一的水质评价方法，开展水质实验室质量控制合作；开展水量和水质变化趋势研究；开展水生态演变机理研究；其他经双方商定的相关研究。[②]

2015 年，中哈两国将研究和协调跨界河流水资源分配的协议草案，并且早在 2011 年中国就已经完成了跨界河流水量分配的技术工作。[③]

额尔齐斯河作为我国境内唯一一条流入北冰洋的外流河，具有十分重要的生物科研价值，它是我国鱼类资源唯一来源于欧洲水系的资源库，河中有 30 多种特有的名贵冷水鱼。由于沿岸国人口增长和经济发展，造成过渡捕捞和水体污染，使得水中鱼类资源不断减少。为了保护沿岸国家的利益，促进渔类资源的可持续发展，2000 年，我国成立了"额尔齐斯河流域特种鱼类救护中心"，与哈萨克斯坦渔业专家联手，增殖放流，两国成立"梭鲈原种引进及养殖技术试验"国际合作项

---

① 中华人民共和国政府和哈萨克斯坦共和国政府关于共同利用和保护跨界河流的合作协定：http://vip. chinalawinfo. com/newlaw2002/SLC/SLC. asp? Db = eag&Gid = 100669255

② 中华人民共和国水利部和哈萨克斯坦共和国农业部关于开展跨界河流科研合作的协议：http://vip. chinalawinfo. com/newlaw2002/SLC/SLC. asp? Db = eag&Gid = 100669434

③ Казахстан и Китай обсудят проблему трансграничных рек. http://kapital. kz/gosudarstvo/33737/kazahstan - i - kitaj - obsudyat - problemu - transgranichnyh - rek. html

目,从哈萨克斯坦引进原种,以中国的人工繁育技术为基础,研究梭鲈在不同的生长阶段对水环境的要求。在两国的合作下,特种鱼产量逐步增长,鱼类资源恢复的也比较快。

(四)中亚国家间的合作

水资源争夺在中亚国家非常激烈,水是冲突的驱动程序,但它也可以是和平的驱动程序。尽管相互之间产生摩擦,但是各国还是从大局出发为解决纠纷做出适当让步,中亚国家在跨界河流问题上的合作也越来越成熟。

1992 年,中亚五国签订《阿拉木图协议》,目标是规定各国的用水限额和用水规则,建立水资源管理机制。1993 年,成立了水资源跨国协调委员会。为了改善咸海流域的环境、治理咸海地区的污染、提高咸海水资源管理水平和制定该区域整体规划项目,1994 年,中亚五国成立了咸海计划,相应的设立了咸海基金(筹集资金)、任命委员会(制定、实施计划政策)、可持续发展委员会(改善咸海区域的经济、社会和环境状况)来推动计划的施行。其中,咸海基金除了有筹集资金的职责外,它还担负着咸海水资源的使用、分配和保护职责;每年,成员国需要向咸海基金缴纳各国 1% 的 GDP 资金。1995 年,在联合国的倡议下,签署了《咸海宣言》。

各国除了在咸海领域进行多边合作,也从各自国家利益出发,相互之间进行双边合作。2000 年,哈萨克斯坦与吉尔吉斯斯坦签订了《关于共同开发利用楚河和塔拉斯河水资源的协议》,其中规定水利设施的运行和维护费用要按照两国用水量进行分摊。塔吉克斯坦与吉尔吉斯斯坦在一个新的输电项目上进行合作。从 1995 年开始乌兹别克斯坦与吉尔吉斯斯坦每年都签订《关于纳雷谢尔达林水电站的用水协议》,规定在夏季吉尔吉斯斯坦须向乌兹别克斯坦放水以供其进行农田灌溉;而在冬季,乌兹别克斯坦须向吉尔吉斯斯坦提供天然气和煤以弥补其电力不足。

四、解决中—俄—中亚国家跨界河流争端存在的难题

(一)国际法的缺陷

在一条跨界河流中,往往存在先开发国和后使用国,先开发国往往以"先占主义"理论对后开发国家对河流的利用加以指责。先开发国绝大多数处于河流下游,由于地势平坦,农业、工业发展相比上游国较为发达。后开发国家虽然在地势方面不利于河流的开发,但是它始终处于可以控制下游国家水量的有利位置。上游国合理、适量地开发利用河流是无可非议的,但是如果上游国出于自身国家利益考虑,过量使用河水,污染河流,这将对下游国的正常需求造成强烈的冲击。考

虑到既得利益受到影响,下游国经常对上游国开发河流行为进行指责。"先占主义"来自于美国的水权理论,是在水资源缺乏的美国西部确立的,许可权利所有者对水资源进行有益利用。① 美国曾经用这一理论反对加拿大对河流的开发。哈萨克斯坦也对中国近年来对额尔齐斯河和伊犁河的开发利用表示担忧。

"主权原则"概念的不明确性也不利于问题争端的解决。在国际法中,主权概念包含对内享有最高权威,对外享有最高的独立自主权。一国对流域内的河流进行开发利用是一国主权范围内的事,是不受别国干预的。但是跨界河流由于其河水的流动性和循环性,使得国际法对跨界河流的主权范围很难进行界定,甚至它的所有权也难以进行衡量。河流的使用不应损害别国的主权,上游国对土地的开发和经济的发展必然对下游国造成影响,但这又很难在国际法上进行量化界定。而且,国际法要求公平正义原则,但这在河流水量方面无法进行操作实施。在中亚,国家的产水量和用水量明显相背。

国际法要求"条约必须遵守原则"。中国没有签署《国际水道非航行使用法公约》和《跨界水道和国际湖泊保护与利用公约》,因此,在发生污染和威胁到其他国家跨界河流利用问题时,国际社会就不能用相关法律对中国的用水行为进行制裁。这也是许多邻国对中国跨界河流利用行为表示担忧的原因之一。

(二)邻避心理的影响

在国际关系中,维护国家权力和利益是每个国家永恒追求的目标,虽然有些协议或谈判有利于问题的解决或冲突的缓解,但是很多时候,国家从"保护主义"出发,选择不作为以最大程度地维护本国利益。中国在处理与哈萨克斯坦跨界河流问题时,就受到邻避心理的影响,特别是针对在河流水量分配问题上,中国考虑到经济发展和日常生活对水资源的依赖,中国一直保持的是消极态度,不愿与哈萨克斯坦进行谈判。而哈萨克斯坦在经济上对中国依赖度很高,最终也不得不与中国妥协。中国也是考虑到自己的国家利益没有加入到《国际水道非航行使用法公约》和《国际跨境水资源使用条约》,中国一旦加入这些条约,中国的用水行为就会受到限制,而且还得为下游国做出一定补偿,并受到国际社会的监督,相应的,中国西部的经济发展会受到影响。

在河流利用方面,虽然每个国家都意识到生态环境的可持续发展很重要,但是面对有关国家不负责任的用水行为,许多国家的行为也会变得自私。上游国家的拦蓄调节行为,使得下游国家不得不修建更多的水坝来应对用水紧张问题。在锡尔河流域,光从各级支流中引出的灌渠就有 700 多条,1974 年开始锡尔河就成

① 郝少英:《论国际河流后开发国家的权利与义务》,载《河北法学》2012 年第 7 期。

为一条不是常年流水的河。

(三)大国势力的介入

由于中亚地区地缘政治的重要性,加之拥有丰富的油气资源,这一区域一直是大国势力争夺的重点。当中亚国家间发生跨界水资源争端时,它们有时会寻求西方大国的援助,希望在节水环保方面与大国达成合作关系来缓解水资源冲突,而这恰恰成为西方国家干预中亚地区事务的借口,目的是扩张其在中亚地区的战略空间,并不能解决中亚国家的跨界河流争端。

1997年,日本桥本内阁提出"丝绸之路外交"构想,加强与中亚国家的联系。由于日本与中亚五国地理位置距离较远,宗教文化差异也比较悬殊,所以日本的"丝绸之路外交"进展缓慢。但是,日本与中亚五国已在2004年建立了"中亚五国+日本"机制,日本向中亚国家提供援助,帮助中亚国家在铁路、公路、电力等方面的基础设施建设,这为日本在中亚赢得了良好的口碑。与此同时,2011年,美国提出了"新丝绸之路计划",也对中亚国家的基础设施建设进行援助。俄罗斯参与了对塔罗贡电站和吉卡姆巴拉金斯克电站的投资;欧盟对中亚的水资源与社会经济发展给予极大关注,并制定了详细的发展报告。①

西方大国势力的介入,在一定程度上并不能助于争端的解决,反而间接挑起事端,例如哈萨克斯坦与乌兹别克斯坦在中亚地区领导权的争夺。中亚国家只是西方大国在该区域的一枚战略棋子,把跨界河流争端作为一个切入点,激化中亚国家间的矛盾,提高军事冲突的可能性,降低民族凝聚力,以实现其在中亚的政治架构。如果中国处理与哈萨克斯坦水资源问题不当,会使美日欧等国乘虚而入,利用中国与邻国水资源的矛盾来插足中亚事务,拓宽它们在中亚地区的战略空间,影响中国在中亚地区的外交和国际形象。

五、解决中—俄—中亚国家间跨界河流争端的平台

(一)上海合作组织

解决中—俄—中亚国家关系中跨界河流争端的问题,需要借助一个各国都接受的合作平台来协调各国的利益诉求。成立于2001年的上海合作组织,中国、俄罗斯、哈萨克斯坦、吉尔吉斯斯坦与塔吉克斯坦都是其成员国,该组织自成立以来合作范围不断扩大,由安全领域向经济领域延伸。跨界水资源的合作既是经济领域的重要内容,也属于非传统安全的重要一部分,在跨界水资源利用开发制度不

---

① 焦一强、刘一凡:《中亚水资源问题:症结、影响与前景》,载《新疆社会科学》2013年第1期。

完善的前提下,依靠上海合作组织这个平台作为问题解决的保证是极为必要的。

中、俄、中亚国家拥有相似的地理环境和气候条件,国土相连,但是政治制度不同、文化背景不同、经济发展程度也不同,导致各国在跨界河流问题上的利益诉求也不同。上海合作组织强调"互信、互利、平等、协商、尊重多样文明、谋求共同发展"的合作理念,对各国在跨界河流问题上的合作起到了重要的指导意义,有利于实现跨界河流利用、开发的可持续发展。2001 年 9 月,在成员国总理会议上,六国商讨了水资源合理利用问题,并在 2002 年 6 月的圣彼得堡峰会上,各国签署《上海合作组织宪章》,使组织在环保合作上进入一个新的阶段,宪章指出当前目标是专门设计资源合理分配利用的方案,把计划付诸实践,还要求各成员国对区域内的紧急环境事件形成预防机制,以及国家间应当互相协助来解决事件导致的不利影响。① 2003 年 9 月,在北京召开的总理会议上,批准了《上海合作组织成员国多边经贸合作纲要》,提出各成员国应注意通过合作来保护区域内的生态平衡,并把水利合作放在重要位置,同时注重相关人员的培训工作,加强在预防和援助方面的合作。2004 年通过的《塔什干宣言》则明确了各成员国在气候环境合作方面的实施细则,提出要改善环境合作途径,使科研机构着手研究水资源利用的方法,以拓宽各方环境合作的领域,增强各国环境合作的积极性。2005 年 10 月,莫斯科总理会议通过了 2003 年的《上海合作组织成员国多边经贸合作纲要》,在咸海生态情况监控、环境紧急状态的通报、部门人员能力培训和完善预测系统等方面制定了多项明确措施。② 在会议中,乌兹别克斯坦总理建议对本区域内外的环境问题进行全面的评估,以便于在相关领域进行合作;为促进跨界水资源的利用,哈萨克斯坦总理建议建立水能源财团,而塔吉克斯坦总理建议成立水能源系统。在 2007 年,《比什凯克宣言》建议六国加强信息的互通,重视紧急事件的预防与合作,降低危险程度。2009 年,六国通过《叶卡捷琳堡宣言》提倡用清洁型新能源代替传统能源,重视由人为原因所造成的环境灾害,鼓励各种保护环境的方式。虽然目前上海合作组织还没有形成成熟的跨界河流争端问题的解决机制,但是各国所达成的共识和协定越来越具体,越来越具有针对性,有助于问题的解决。

(二)新丝绸之路经济带

"新丝绸之路经济带"讲求开放包容、共商共建、互利共赢的核心理念,兼顾各方利益,协商制定区域内的发展战略和协定,体现各方诉求,共建政治沟通、道路连通、贸易畅通、货币流通和民心相通的"五通"建设。它以中国为发端,俄罗斯为

---

① 余建华:《上海合作组织非传统安全研究》,上海社会科学院出版社 2009 年版,第 32 页。
② 余建华:《上海合作组织非传统安全研究》,上海社会科学院出版社 2009 年版,第 322 页。

中枢,中亚为核心区,在这三者中间有很多跨界河流、水系,不仅涉及河道、水道相通,地理、生活相连、人心相通,而且,跨国界河流的分配、利用和开发涉及每个流域国的国家权益,国家间采取的行动和措施会影响到国家间的关系、周边安全环境和地区的稳定和平,从而影响到丝绸之路经济带的建设。经济建设和生态文明建设同步进行,是中共"十八大"提出的经济建设根本方针,也是中国对外经济合作的指导原则,[①]生态环境的可持续发展是共建"新丝绸之路经济带"的自然基础。咸海生态危机已经影响到全球的气候变化,并且盐碱沙尘对周围国家的环境和人们的生活产生不可逆的影响。我们可以将咸海的环境治理作为"新丝绸之路经济带"在环境建设方面的一个切入点,增进中国、俄罗斯与中亚国家的信任与合作。

　　咸海的治理在很大程度上需要中亚农业的现代化。中国的生态示范农场经验可以应用于中亚国家。具体实施办法是,在一片耕地上建立风电站和太阳能电站,将洁净能源用于打井、灌溉和耕作,把生态农业基地发展为农工综合体,同时开办农产品加工厂、"膜下滴灌技术"设备生产线等。[②] 2003 年 4 月,新疆天业公司与中国国家节水灌溉工程技术研究中心在塔吉克斯坦 633 公顷的耕地上进行为期近三年的棉花种植"膜下滴灌技术"示范实验,与当地常规灌溉和种植方式相比节水 60%,并与乌兹别克斯坦、哈萨克斯坦、巴基斯坦和蒙古国签订了合作协议。[③] 这一方面促进了中亚节水农业的发展,另一方面也促进了我国节水灌溉企业成功走向国际市场;既充实了"新丝绸之路经济带"的建设内容,也为中国带来了巨大的商机。滴灌技术是一个大型出口项目,每年能增加 25 亿美元的出口额,除此之外还需要配套的打井和风力设施的建设,可以促进我国相关产业的发展。而且,设备的运输也利于促进沿途国家交通基础设施的建设。总之,中国参与咸海治理可以一举两得。

六、小结

　　跨界河流的分配、利用和开发涉及每个流域国的国家权益,国家间采取的行动和措施会影响到国家间的关系、周边安全环境和地区的稳定和平。中国在处理与周边国家跨界河流问题时可以借助于上海合作组织这个多边合作平台,发扬丝

---

①　徐海燕:《咸海治理:丝绸之路经济带建设的契入点?》,载《国际问题研究》2014 年第 4 期。
②　徐海燕:《咸海治理:丝绸之路经济带建设的契入点?》,载《国际问题研究》2014 年第 4 期。
③　石河子天业国际国际合作项目通过验收:http://bt. xinhuanet. com/2005 – 12/29/content_5927152. htm

路精神——合作共赢、和谐互利、包容式发展,本着建设丝绸之路经济带的胸怀和战略眼光,处理好中国与俄罗斯、中亚、印度、巴基斯坦等丝绸之路经济带沿途国家的跨界河流、水源问题,妥善解决中国与这些国家在跨国河流上的争端。中国政府必须高度重视,高瞻远瞩,风物长宜放眼量,不可为蝇头小利而斤斤计较,小肚鸡肠。在处理这些问题的时候,中国政府必须坚持"好邻居、好伙伴"和"睦邻、安邻、富邻"的外交原则和"亲诚惠客"的精神,通过和平友好、平等协商、互利互让共赢共荣的方式,与周边国家共同构建合作与协商机制,体现中国是一个负责任、有担当、讲诚信的大国。目前,中国与周边国家在跨界水源和漂流问题上总体关系发展良好,特别是西北方向。中国可以利用跨国河流的问题来增进与中亚国家、俄罗斯在经济、政治、安全领域的合作,包括非传统安全的合作,从而有利于推动丝绸之路经济带的建设。

第六章

与上合成员交叉的集体安全条约组织:安全功能及其前景

2013 年 9 月中国主席习近平在哈萨克斯坦纳扎尔巴耶夫大学发表了重要演讲,表示为了使欧亚各国经济联系更加紧密、相互合作更加深入、发展空间更加广阔,可以用创新的合作模式,共同建设"丝绸之路经济带"。他指出,可以从加强政策沟通、道路联通、贸易畅通、货币流通、民心相通这五个方面先做起来,逐步形成区域大合作。

"丝绸之路经济带"的概念一经提出,便引起了广泛的关注,相关的学术探讨也随之升温,学术论文如雨后春笋般大量涌现。2014 年 7 月 11 日,在中国知网上以"丝绸之路经济带"为关键词搜索文献,找到了 8346 条结果,以此关键词搜索期刊,找到了 2527 条结果。相信随着时间的推移,这一数字还会快速地增长。大量的学术成果聚焦在"丝绸之路经济带"议题之上,关注方向涉及丝绸之路经济带的含义和意义、领域和范围、建设的方法和途径、面临的挑战和问题、提出的构想及对策等等。在如此广泛而热烈的探讨之中,视角多元,观点丰富,即使就同一问题也会出现多种不同的论述,尽显百家争鸣的姿态。争鸣的同时,也有一些共识,比如:中亚是丝绸之路经济带的重要核心区域,建设丝绸之路经济带面临着多种多样的问题,其中包括安全问题。

要实现丝绸之路经济带的构想,直接面临怎样看待中亚的问题。中亚是一个聚集了多方关注、吸引着多方力量的战略地区,是一个极具空间和潜力的国际合作平台,是丝绸之路经济带建设的重要区域。中亚地区有五个独立的国家,理论上讲,该地区是开放的,别国都有与这些国家进行平等交往的权利和自由。近年来已有不少国际力量针对中亚提出了自己的战略,如日本版的"丝绸之路外交"、美国"新丝绸之路"计划、韩国的"欧亚计划",它们习惯性地将中亚国家及其他地区性国家视为被动的客体,争相拉拢、设法控制,试图将其纳入自己的利益体系格局之内,而忽视这些地区的独立和主体性。在丝绸之路经济带的蓝图下,中亚是重要的核心区域,地区内的各国作为独立自主的国家,都有权利在自主、自愿的基础上发挥自己的优势,为实现自身的繁荣发展和区域内的互利共赢而平等地参与其中。

一、丝绸之路经济带建设视域下的中亚安全环境

丝绸之路经济带是以经济为核心的发展构想,建设丝绸之路经济带的根本任务是促进区域内的经济发展。在丝绸之路经济带建设的过程中,与经济发展密切相关、对经济发展进程有重要影响的问题远不止一个。地区环境的安全和稳定算得上影响丝绸之路经济带建设的首要因素。中亚作为丝绸之路经济带建设的重要区域,该地区的安全和稳定成为无法回避的问题。

当前,在中亚地区安全形势面临多重挑战,不稳定因素有增无减,成为丝绸之路经济带建设过程中必须面对的问题。其一,国家间矛盾分歧难以消除。苏联解体之后,原成员国之间多遗留有领土边界争议,在中亚也不例外,虽然有关国家努力进行协商,但是总体进展缓慢,解决不易。中亚地区民族众多,部族结构错综复杂,地区经济形势多样且发展水平不均,加上历史遗留问题的影响,部分中亚国家内部民族关系紧张,给内外势力发挥影响提供了机会,成为引发当地局势不稳的重大隐患。与此同时,新的安全难题也不断出现,比如,塔乌、吉乌、吉哈、乌土间的水资源争端愈演愈烈,对国家关系造成严重冲击。其二,外部介入使地区局势更为复杂。苏联解体后,新独立的中亚国家虽然成为国际社会的独立行为体,但各方面维护自身安全和发展的力量都比较弱,对外界的帮助有明显的依赖,这为西方势力进入中亚提供了机会。随着该地区的地缘战略价值和能源潜力的提升,对地区外部力量的吸引力也有增强,导致各方力量在中亚地区的竞争呈愈演愈烈之势。曾经与中亚有过特殊关系的俄罗斯,当下仍将中亚视为自己的特殊利益范围,不遗余力地试图保持和扩大在中亚的影响力和主导权,几乎把其他所有进入中亚的外部力量视为竞争者。而苏联解体才与中亚正式搭上关系的美国,则愈加看重中亚的价值,通过经济援助、政治扶持及"颜色革命"等各种手段,力图将中亚变为可用来挤压俄罗斯战略空间、遏制中国崛起、震慑伊斯兰世界的地缘战略支点,以获取美国掌控欧亚大陆的地利之势。为了达成各自的战略意图,俄美之间围绕中亚的明争暗斗从未停止。这在很大程度上给该地区的政治稳定和安全构成消极影响。其三,"三股势力"和跨国犯罪形势严峻。近年来,宗教极端主义、国际恐怖主义和民族分裂主义"三股"势力、跨国犯罪问题等愈演愈烈,对中亚地区安全构成现实威胁。塔吉克斯坦、吉尔吉斯斯坦、乌兹别克斯坦、哈萨克斯坦本身就深受"三股势力"困扰,再加上"三股势力"和跨国犯罪不断增强的跨国界、跨地域趋势,使中亚的安全形势面临着更多挑战。其四,阿富汗安全威胁的外溢造成不良影响。美国以反恐名义武力进入阿富汗十年以来,恐怖主义势力并未得到根

除。在阿富汗局势没有出现好转趋势的情况下,美国决定在2014年从阿富汗撤出军队。虽然联合军队在阿富汗没能收拾好残局,但他们的撤离很可能使阿富汗的局势出现恶化。由于地缘、民族和文化等各方面的联系,受阿富汗局势恶化影响最直接、最明显的可能就是中亚地区和国家。

如此状况的中亚安全形势,无疑会对丝绸之路经济带建设造成不利影响。为了给丝绸之路经济带建设创造安全的环境和营造良好的氛围,有必要寻求应对地区安全问题和克服不安全、不稳定因素的方法和途径。结合上述内容我们知道,中亚的安全问题不是单一因素造成的,也非一国之力所能解决,这给多边机制在中亚安全领域提供了发展的空间。当前在中亚地区安全领域的多边机制不止一个,目前以独联体集体安全条约组织(简称"集安组织")较为典型。

独联体集体安全条约组织是在独联体《集体安全条约》机制基础上逐渐发展而成,当前正式的成员国包括俄罗斯、哈萨克斯坦、白俄罗斯、塔吉克斯坦、亚美尼亚和吉尔吉斯斯坦,阿富汗和塞尔维亚是其观察员国。1992年5月15日《集体安全条约》签订,当时的缔约国有俄罗斯、哈萨克斯坦、乌兹别克斯坦、塔吉克斯坦、亚美尼亚和吉尔吉斯斯坦。之后,1993年9月24日阿塞拜疆加入条约;1993年12月9日格鲁吉亚加入条约;1993年12月31日白俄罗斯加入条约。[①] 1999年《集体安全条约》续约之际,乌兹别克斯坦、格鲁吉亚和阿塞拜疆退出了缔约国行列。2002年10月其余六国签订《独联体集体安全条约组织章程》及相关法律文件确定成立集体安全条约组织。乌兹别克斯坦于2006年6月,表示重新恢复集体安全条约组织的正式成员国地位,却又在2012年6月提出了退出集体安全条约组织。虽然集体安全条约组织的发展历程并非一帆风顺,经历过减员波折,但其发展的进程并没有被打断。

二、集安组织自身的持续发展

从《集体安全条约》算起,集安组织的整个发展历程已经走过了二十多年。在此期间,集安组织自身的体制机制不断完善。当前集安组织仍处于发展过程之中,其自身的发展已经开始趋向成熟的阶段。这可以从以下两个方面得到体现。

(一)集安组织的法律基础日渐完善

自1992年5月成立至2013年底,集安组织(及其前身)共签订各类法律文件238个。从时间分布来看,前期明显少于后期。集体安全条约第一个有效期之内,没有签署太多的文件,而且主要集中在1995年,之后陷入低迷状态。在集体安

---

① Сайт ОДКБ. Основополагающие документы. http://www.dkb.gov.ru/f/azc.htm.

条约续签之后,组织活动重新进入活跃期,尤其是 2000 年出现爆炸式增长。集安组织正式成立后,法律文件签署进入高水平阶段。

集安组织集体安全委员会签订的文件统计表①

时间	签订文件个数	地点
1992 年 5 月、7 月	2	塔什干、莫斯科
1993 年 12 月	6(其中 3 个入约文件)	阿什哈巴德 (三国入约文件除外)
1994 年	0	
1995 年 2 月、5 月、11 月	7	阿拉木图、明斯克、莫斯科
1996 年 5 月	1	莫斯科
1997 年 3 月	1	莫斯科
1998 年 3 月	2	莫斯科
1999 年 2 月	3	莫斯科
2000 年 5 月、6 月、10 月	14	明斯克、莫斯科、比什凯克
2001 年 5 月、9 月	7	埃里温、埃里温
2002 年 5 月、10 月	11	莫斯科、基什尼奥夫
2003 年 4 月	13	杜尚别
2004 年 6 月	10	阿斯塔纳
2005 年 6 月	13	莫斯科
2006 年 6 月	13	明斯克
2007 年 10 月	23	杜尚别
2008 年 9 月	13	莫斯科
2009 年 2 月、6 月	16	莫斯科、莫斯科
2010 年 10 月	33	莫斯科
2011 年 12 月	24	莫斯科
2012 年 12 月	18	莫斯科
2013 年 9 月	8	索契

---

① 根据集安组织官方网站资料整理所得,资料来源: Нормативные правовые документы, подписанные в рамках ОДКБ. http://www. odkb – csto. org/documents/detail. php? ELE-MENT_ID = 133.

从内容看,集安组织前期形成的法律文件为数不多,基本以规章制度性的内容为主,极少涉及集体安全保障机制和行动措施的内容。在 1995 年出台的文件开始出现建设实际机制的内容。2002 年的文件内容既有对以前的总结,也有对未来的展望。2003 年到 2004 年关于组织机制建设和机构功能方面的规定性文件较多。2005 年之后,仍有很多建设性内容的文件出现,涉及集体安全体系建设、军事合作、反恐、反毒品等领域,并且开始出现大量对以前协定和文件的修改和补充性文件,关于阿富汗问题的文件也开始出现。这表明,随着局势的不断发展,集安组织也在对以往的规则内容进行调整,在加强组织自身建设同时,开始对周边事务给予关注。

2010 年到 2012 年间,除工作报告、预算和结算报告成为例行组织文件外,与保障信息安全及保障体系、培训安全人员及其设施建设、应对紧急状态等内容相关的文件开始增多。2013 年共签署八个文件,其中有六个是组织基本运作的例行性程序文件,两个是关于组织对国际局势和问题所做出的反应。[①] 虽然文件的数量较之前有明显减少,却表明集安组织法律基础已更趋稳定,不需要像以前那样大量增加和修订自身的条条框框,而且该组织的工作注意力已经开始从自身建设向外部事务转移。

(二)集安组织体制机制不断健全

集安组织活动能力的提升离不开体制机制的支撑,经过多年的发展,集安组织已经形成了一个相对健全的组织框架,并根据职能需要成立了相应的机构部门。当前,集安组织的主要机构包括:集体安全理事会及常务理事会、议会大会、秘书长、秘书处、联合司令部、外交部长理事会、国防部长理事会、安全会议秘书委员会。秘书处和联合司令部是常设工作机构。辅助机构有:国家间军事经济合作委员会、反毒品走私专门机构领导协调委员会、打击非法移民专门机构领导协调委员会、紧急状况协调委员会、信息安全工作组、阿富汗工作组、集安组织研究所、军事委员会,以及集安组织研究所和其他公共组织等下设机构。

集体安全理事会是集体安全条约组织的最高机关,由组织成员国国家元首组

---

① 八个文件分别是:集安组织集体安全理事会"关于向塔吉克斯坦共和国加强塔阿边境提供援助"的决定、"关于集安组织成员国'关于叙利亚和相关局势'"的决定、"关于集安组织集体安全理事会大会公报"的决定、"关于集安组织秘书长每年年度报告"的决定、"关于集安组织 2014 年预算和统一集安组织常设工作机构雇员的工资制定程序"的决定、"关于2012 年集安组织预算执行情况报告"的决定、"关于集安组织集体安全理事会荣誉证书授予"的决定、"关于 2014 年集安组织集体安全理事会大会举行时间和地点"的决定。资料来源: Нормативные правовые документы, подписанные в рамках ОДКБ. http://www. odkb – csto. org/documents/detail. php? ELEMENT_ID = 133.

成,负责集体安全条约组织战略目标和活动原则的制定,通过组织为实现战略目标和任务而制定的相关决定。集体安全理事会休会期间由常务理事会行使职权,各成员国在实施组织决议时的协调问题,由组织常务理事会负责。常务理事会由各成员国按照其国内程序任命的全权代表组成,并按照理事会规定行事。外交部长理事会是咨询和执行机构之一,由各成员国外交部长组成,主要负责协调各成员国之间在外交政策领域的合作。国防部长理事会是咨询和执行机构之一,由各成员国国防部长组成,主要负责协调各成员国之间在军事政策、军队建设和军事技术合作领域的合作。安全会议秘书委员会是咨询和执行机构之一,主要负责协调成员国之间在国家安全领域的合作。集体安全条约组织秘书处是集体安全条约组织的常设工作机构,负责为集体安全条约组织的活动提供组织、信息、分析咨询等保障工作。集体安全条约组织秘书长是集体安全条约组织最高行政职位,负责秘书处的领导工作。集体安全条约组织联合司令部,为集体安全条约组织的常设工作机构,负责准备集体安全条约组织军事方面的建议和决定实施工作。2012年12月成立的军事委员会,隶属于国防部长理事会,负责研究集体安全条约组织集体安全体系武装力量和手段的规划和使用问题并向国防部长理事会提出建议。集安组织研究所是集安组织的研究机构,其活动目标是研究集体安全条约组织在当今世界中的作用和地位,其主要工作方向包括:在集安组织成员国、其他国家和国际组织对集安组织的活动进行宣传和推广;对独联体地区军事政治一体化、安全保障一体化等问题进行研究;建立集安组织各成员国学术、政治和社会组织机构的联系体系;运用公共信息资源为集安组织的活动提供信息支持。

虽然集体安全条约组织重视和优先以政治手段解决该组织面临的挑战,但在应对挑战和威胁方面具备武力基础是集体安全条约组织的重要特点。近年来,集安组织在军事力量的建设方面也取得了实质性的进展。目前,集体安全条约组织的军事组成部分包括:集体快速反应部队、维持和平部队和三个区域集体安全部队(中亚地区集体快速部署部队,东欧地区的俄罗斯—白俄罗斯区域集团部队,高加索地区的俄罗斯—亚美尼亚联合部队),以及俄罗斯和白俄罗斯之间成立的联合防空体系、俄罗斯—亚美尼亚共同建立的区域防空体系。集安组织框架下的组织体制机构日渐丰富和完善,各部门运转自如,军事力量建设不断取得进展,这些是该组织能在地区安全和国际事务中日渐活跃,进而发挥作用和影响的基础保障。

三、集安组织的活动趋向活跃

随着自身体制机制建设的发展,集安组织的活动能力也有所加强。近年来,集安组织在发展军事合作、应对集安组织成员国安全面临的挑战和威胁、打击非法毒品交易和非法移民、消除极端和恐怖行为、协调成员国合作、增进同其他国际组织联系等方面都开展了广泛活动,对区域安全产生了积极影响。尤其进入 2013 年以来,集安组织各方面活动更表明,集安组织在维护本地区安全方面的活动能力有所提升。

（一）军事和安全合作

2013 年集安组织框架内的军事安全合作取得了一些新进展。根据集安组织框架内军事技术合作优惠协议,成员国可以以优惠价格采购武器和军事装备。这为集安组织成员国加快军事建设步伐提供了有利条件。在优惠的条件下采购急剧增加,以俄罗斯、白俄罗斯和哈萨克斯坦最为积极。[1] 组织框架内的军工一体化有所推进,俄罗斯和亚美尼亚则在集安组织框架下组建联合军工企业,建立武器、装甲设备和飞机设备维修的联合企业中心。[2]集安组织无偿为成员国军事安全部门培养人才,仅在俄罗斯的军事院校和普通高校里就有近千人接受培训。[3]

集安组织在防空体系建设也有新进展。正如集安组织秘书长博尔久扎所言,组织内在防空领域的合作具有重大意义。2005 年 6 月 23 日,集安组织集体安全理事会做出了"关于发展和完善集体安全条约组织成员国防空的决定",集安组织框架内防空领域的合作逐步加强。当前仍是以双边基础上为主,已成立的有俄白、俄亚防控体系。俄罗斯与哈萨克斯坦"关于成立俄哈区域防空体系的协定"也已于 2013 年 1 月 30 日在阿斯塔纳签订。[4] 未来吉尔吉斯斯坦和塔吉克斯坦也将可能加入集安组织防空体系。[5]

2013 年 2 月 1 日,在阿斯塔纳、埃里温、基辅和明斯克的连线视频新闻发布会上,亚美尼亚提出成立"集安组织研究院"的倡议。其实,2009 年注册成立的集安组织研究所已经作为集安组织的研究性机构存在。而亚美尼亚提出建立集安组

---

① Льготные условия закупок вооружений в рамках ОДКБ работают – Бордюжа // РИА Новости. http://ria. ru/defense_safety/20130201/920811841. html#ixzz2odnCwxDT.

② Россия и Армения создают совместные предприятия ВПК – Бордюжа //РИА Новости. http://ria. ru/defense_safety/20130201/920828769. html#ixzz2odp3R5e9.

③ 19 декабря в Секретариате ОДКБ состоялся 《 круглый стол 》 на тему 《 Взаимодействие власти и общества в целях противодействия внешнему вмешательству и 》 цветным революциям?, http://www. odkb – csto. org/presscenter/detail. php? ELEMENT_ID = 3132.

④ На ратификацию в Госдуму внесено Соглашение между Россией и Казахстаном о создании Единой региональной системы противовоздушной обороны. http://www. kremlin. ru/acts/19582.

⑤ Кырнызстан войдет в объединенную систему ПВО ОДКБ в Центральной Азии. http://www. odkb – csto. org/presscenter/detail. php? ELEMENT_ID = 3132

织研究院,则是希望在集安组织研究所的基础上增加资源投入,进一步提升集安组织信息保障机构的工作能力和效率。

（二）反毒

2013 年 8—9 月,集安组织反毒部门进行的"雷霆－2013"联合演习取得重大实际效果。演习第一阶段是 8 月 27 日至 9 月 6 日,期间集安组织的行动取得重大实际成果,查获了约 50 千克鸦片、40 千克大麻和 4 千克海洛因,还发现了一个藏有枪支和手榴弹的武器库。9 月 15—20 日为演习第二阶段,期间制定了集安组织集体快速反应部队部门之间的务实协作,以遏制毒品犯罪集团的活动、封锁向集安组织国家供应毒品的通道。[1]

2013 年 10 月初,集安组织成员国进行的"通道—高加索"反毒联合行动共缴获超过 12 吨毒品。[2] 参加此次行动的有集安组织六国的代表,以及伊朗和阿富汗两个观察员国代表,还有来自国际刑警组织和欧亚集团的代表,调动了 50000 多人。国际刑警组织、阿富汗、阿塞拜疆、伊朗、中国、美国、芬兰、蒙古、波罗的海国家和其他有关国家专属部门也都在积极与"通道"反毒行动进行对接。[3]

2013 年 11 月 28 日,集安组织成员国在明斯克召开反毒主管部门代表协调委员会第十四次会议。会上对反毒主管部门协调委员会 2013 年的工作进行了总结,通过了集安组织成员国 2014—2020 年反毒战略方案,并决定由各成员国主管部门建立"集安组织反毒行动中心"工作组,整合该组织内反毒力量,协调各成员国反毒部门行动。[4]

（三）军事演习和联合行动

为提高组织内武装力量及职能部门之间的行动经验和能力,近年来集安组织不断进行各种军事演习和联合行动,比如"协作"系列演习、"牢不可破的兄弟"系列演习、"钻"系列演习等。除了上面提到的联合反毒行动之外,2013 年集安组织还有四次军事演习,分别是:2013 年 5 月 31 日—6 月 1 日,来自哈萨克斯坦、吉尔吉斯斯坦和俄罗斯三国的紧急情况部,以及塔吉克斯坦救援中心、塔吉克斯坦政

①　Антинаркотические учения "Гром－2013" получили высокую оценку. http://www. vb. kg/doc/244319_antinarkoticheskie_ycheniia_grom_2013_polychili_vysokyu_ocenky. html.

②　Более 12 т наркотиков изъяли силы ОДКБ в ходе операции "Канал－Кавказ". http://ria. ru/world/20131004/967828374. html.

③　"Канал" перекрывает наркотрафик. http://www. rg. ru/2013/10/04/dannie－site. html.

④　28 ноября на заседании КСОПН в Минске принято решение о создании рабочей группы "Центр антинаркотических операций" ОДКБ. http://www. odkb－csto. org/ksopn/detail. php? ELEMENT_ID = 3103.

府紧急情况和民防委员会的救援部队在哈萨克斯坦举行的"震荡之城——阿斯塔纳"联合演习;2013 年 7 月 4—12 日,集安组织集体快速反应部队所属的六国内务机构特别部队在俄罗斯举行的"钴-2013"军事演习;2013 年 9 月 19—25 日,集安组织快速反应部队在白俄罗斯进行了"协作-2013"军事演习;2013 年 10 月 7—11 日,各成员国维和部队在俄罗斯进行"牢不可破的兄弟-2013"演习。

集安组织的"牢不可破的兄弟-2014"和"协作-2014"也已经分别于 2014 年 7—8 月在吉尔吉斯斯坦和 2014 年 8 月在哈萨克斯坦举行完毕。

(四)与其他国际组织加强互动和合作

近年来,集安组织积极开展与其他国际组织的互动与合作。以 2013 年为例,集安组织与联合国、欧安组织等国际组织开展互动,增进交流合作。2013 年 1 月 21—25 日间以副秘书长瓦列里·谢梅里科夫为首的集安组织代表团在纽约联合国总部进行访问。期间代表团与联合国相关部门领导人进行了会晤,并就两组织在维和领域的合作问题,与阿富汗局势、应对恐怖主义和极端主义有关的热点问题,以及两组织在向遭受武装冲突、自然和人文灾难的国家居民提供人道援助方面的合作问题等进行了讨论。2013 年 6 月 17—20 日,集安组织代表团赴维也纳访问欧安组织总部。访问期间代表团参加了欧安组织主持的"安全日",讨论该组织在保障欧洲大西洋和欧亚安全中的作用,19—20 日,欧安组织安全领域问题审查例年会议。在论坛上提交了集体安全条约组织对国际形势评价,对欧安组织建立"安全共同体"的努力表示支持。集安组织秘书长还向欧安组织秘书长建议发展两个组织之间的合作,包括在阿富汗问题上。双方就打击"阿富汗-2014"因素中毒品和恐怖主义的合作问题进行具体计划。① 2013 年 11 月 7 日,集安组织秘书长与欧安组织秘书长在莫斯科举行了会晤,会上讨论了 2014 在国际安全援助部队即将撤离背景下的阿富汗问题以及在为中亚国家和阿富汗相应部门培养专业人才方面进行合作的可能。② 2013 年 11 月 28 日,集安组织成员国关于欧安组织人道主义方面改革途径发表了联合声明,指出为提高集安组织成员国与欧安组织在人道主义领域的合作,以及之后行动的优先方向。在 2013 年 12 月 5—6 日的欧

---

① Делегация Секретариата ОДКБ посетила в штаб – квартиру ОБСЕ в Вене. http://www. odkb – csto. org/international_org/detail. php? ELEMENT_ID = 2229&SECTION_ID = 128.

② В Киеве 《 на полях министерской встречи ОБСЕ 》 министры иностранных дел государств – членов ОДКБ с участием Генерального секретаря ОДКБ Николая Бордюжи обсудили взаимодействие с Организацией по безопасности и сотрудничеству в Европе. http://www. odkb – csto. org/news/detail. php? ELEMENT_ID = 3112&SECTION_ID = 91.

安组织外长会议上集安组织秘书长博尔久扎作了书面报告,指出两组织在保障集体安全及打击跨国威胁和挑战领域面临相似的任务,在很多方面合作空间,当前合作的状态和前景令人鼓舞,体现了双方的相互利益和相互信任。[①]

通过与其他国际组织的交流与合作,集安组织进一步完善自身建设,提高组织的行动能力和工作效率。随着各项活动的展开,集安组织不仅增强了组织本身及成员国维护安全的能力,而且提升了自身在国际安全领域的影响力,并在区域安全事务中发挥了实质性的作用。

(五)集安组织积极应对阿富汗问题外溢带来的安全威胁

国际安全部队从阿富汗撤离的日子不断迫近,阿富汗问题更加受到关注。集安组织成员国元首们把应对阿富汗问题及其对中亚地区安全的影响视为首要任务。[②] 哈萨克斯坦外长伊德里索夫称,哈萨克斯坦很严肃地对待2014年末国际部队撤走之后可能来自阿富汗的威胁,这一威胁将不仅对毗邻的各国显得迫切,比如塔吉克斯坦,而且对哈萨克斯坦和俄罗斯也是一样。[③] 对于美国和北约从阿富汗撤离,该组织在积极地做准备,采取各项措施,包括增强集安组织的军事能力、巩固集安组织与阿富汗边境、为阿富汗培训人才、与其他国际组织合作。[④]

其实,集安组织针对阿富汗问题的准备早已开始。根据集体安全理事会2005年6月23日的决定,组建了隶属于集安组织外长理事会的阿富汗工作组。在2005年11月,集安组织安全理事会就制定了《实施集安组织成员国在阿富汗重建问题及其完善工作上的行动协调措施计划》,2011年12月制定了《关于集安组织应对来自阿富汗境内的安全威胁的行动计划》,2012年12月做出《关于对阿富汗局势发展的中期预测(2015年前)和应对来自该国威胁的措施》的决定,2013年6月又对2011年的行动计划进行了补充修订。随着形势的发展,集安组织针对阿富汗问题的各项计划和措施也在不断地调整和实施。

为控制来自阿富汗方向的威胁,2013年里集安组织展开了多方面的工作。如

---

① Генеральный секретарь ОДКБ сделал письменный вклад на СМИД ОБСЕ в Киеве, http://odkb – csto. org/international_org/detail. php? ELEMENT_ID = 3114.

② Рабочая группа по Афганистану при СМИД ОДКБ дала оценку сегодняшней ситуации в ИРА. http://www. odkb – csto. org/news/detail. php? ELEMENT_ID = 3124&SECTION_ID = 91.

③ Страны ОДКБ должны заняться решением проблемы Афганистана – глава МИД Казахстана // CA – NEWS – KZ. http://www. odkb – csto. org/news/detail. php? ELEMENT _ID = 3091&SECTION_ID = 92.

④ " ОДКБ готовится к обострению в Афганистане" // Русская служба БиБиСи. http://www. odkb – csto. org/news/detail. php? ELEMENT_ID = 3080&SECTION_ID = 92.

前所述,集安组织在同欧安组织、联合国等国际组织的互动与合作中,阿富汗问题都是一个重要议题。不仅如此,在集安组织框架内围绕阿富汗问题更是做了大量工作。2013 年 9 月,集安组织集体安全理事会在索契召开,决定"向塔吉克斯坦共和国加强塔阿边境提供援助",计划分两个阶段实施:第一阶段主要是向塔吉克边防军提供现代化的武器装备和特殊设备;第二阶段主要是制定国际专门方案以营建 1300 公里长的塔阿边界,即集安组织的南部边界。① 2013 年 12 月,集安组织外长理事会下属的阿富汗工作组召开会议,议程涉及阿富汗局势及其发展前景、"集安组织应对来自阿富汗境内挑战与威胁的行动计划"的实施情况、通过集安组织成员国领土和领空向国际安全援助部队中转物资等问题。阿富汗工作组成员支持对阿富汗局势的评估,并做出应对来自阿富汗挑战与威胁的决定,相关工作已经开始实施。欧安组织代表也参加了小组工作,他们对阿富汗局势给出自己的评价,并对集安组织与欧安组织在应对来自阿富汗威胁时必须联合行动的看法表示赞同。② 2013 年 12 月,集安组织秘书长博尔久扎和塔吉克斯坦总统拉赫蒙在杜尚别进行了会晤,强调必须加快集安组织成员国对塔吉克边防和其他协同机构提供物资设备援助的进程。

(六)集安组织积极维护成员国的政治稳定

集体安全条约组织的重要功能就是维护成员国的安全。当前国际上很多国家政局动荡,国家政权非正常更替的事件屡屡发生。外部干涉和颜色革命成为集体安全条约组织成员国国家安全和政治稳定的严重威胁。尤其随着部分中亚国家领导人换届的日期临近,预防外来干涉和颜色革命成为集安组织维护成员国政治稳定过程中的重要任务。

在十年前独联体地区发生颜色革命之后,集安组织就开始关注成员国发生政治危机和紧急状况的可能性及可采取的应变策略。2007 年,集体安全理事会决定建立"集安组织成员国紧急状态协调委员会"。2010 年吉尔吉斯斯坦事件之后,为建立危机应对体系,集安组织成员国采取了一系列组织和法律措施。2010 年 12 月,集体安全理事会通过"关于集安组织危急情况应对程序条例"、"关于对集

① Президент Таджикистана Эмомали Рахмон и Генеральный секретарь ОДКБ в Душанбе обсудили вопрос оказания военно‐технической помощи Пограничным войскам для усиления охраны таджикско‐афганской границы. http://www.odkb‐csto.org/news/detail.php? ELEMENT_ID＝3146&SECTION_ID＝91.

② Рабочая группа по Афганистану при СМИД ОДКБ дала оценку сегодняшней ситуации в ИРА. http://www.odkb‐csto.org/news/detail.php? ELEMENT_ID＝3124&SECTION_ID＝91.

安组织成员国紧急状态协调委员会规章的修订"、"关于集安组织成员国'建立紧急状态集体应对体系'工作计划"等相关决定,2011年通过"关于集安组织成员国紧急状态应对程序条例",2012年12月通过"关于集安组织成员国紧急状态集体应对体系的基本发展方向的决定"、"关于高等职业教育机构为集安组织成员国培养国防和应对紧急状态的专业人才的决定"。

2013年11月在莫斯科,集安组织成员国以"防止和解决集安组织成员国危机的联合措施"为题进行了模拟演练。模拟演练假定在集安组织的一个成员国——"里海共和国"出现危机,对该国领土完整和主权构成了威胁。为应对这一情况,集安组织各成员国制定了消除危机和保障其国内稳定所必需的方案和措施。

2013年12月19日,集安组织秘书处举行题为"政府和社会合作应对外来干涉和'颜色革命'"圆桌会议。会上不仅研究颜色革命及其与外部支持和干预的关系,还讨论集安组织应该做出的一些应对方法。参会专家认为,"颜色革命"的危险性已进入集安组织各成员国非传统挑战、威胁和危机的第一序列。会议上对"颜色革命"的性质、特征及增加集安组织国家爆发"颜色革命"可能性的因素作了探讨。在对外部干涉和"颜色革命"的认识基础上,集安组织考虑各成员国的具体情况,设置了九个需要努力的方向,以应对可能发生的外部干涉和"颜色革命"。

总体来看,集安组织不仅注重自身建设的发展,而且重视与其他国际组织的合作与互动;不仅对已有的地区安全问题采取措施,而且对地区安全中潜在的威胁采取相应对策。集安组织的各项活动体现出其在地区安全领域的活跃程度的提升。集安组织针对阿富汗和紧急状态等问题所提出的应对措施,具有主动性、前瞻性和长效性的特点。主动性表现在,不是消极地等事情发生之后穷于应付,而是针对将要发生和可能发生的事情积极地采取措施,进行预防和准备。前瞻性表现在,不是只顾眼前不思长远,而是根据影响事情发展的各层面因素,对可能出现的情况做出预判,并提出相应的对策和建议。长效性表现在,虽然是应对措施,但并不是头痛医头脚痛医脚,而是对事情的原因、现象和影响进行深入分析,从消除具体问题着手,从建设体制机制着眼,努力寻求治标治本的长效之路。尽管这些举措能否达到预期的效果还有待进一步观察,但可以肯定的是,这些举措必定会产生一定的影响。

四、集安组织在中亚安全中的地位和局限

(一)集安组织在中亚安全中的地位暂无替代

如前面所讲,作为一个国际行为体,集体安全条约组织的体制机制建设日益完善,在地区安全领域的积极性和活跃程度也不断提升,行动能力和关注范围都有所扩展。随着活动能力的增强，集体安全条约组织在中亚地区安全中的地位和作用也得以加强。目前来看，还没有哪一个国际组织能够在中亚安全中拥有像集安组织的地位，包括上合组织在内。

上海合作组织是集安组织之外，在中亚地区安全中发挥重要作用的国际机制。两个组织之间存在着众多的天然联系，它们在形成背景、成员、地域、功能等方面都有相似和重合。从形成背景来看，都是在苏联解体之后，围绕着解决苏联遗留问题逐渐形成和发展起来的多边机制；从成员国来讲，上海合作组织成员国有中国、乌兹别克斯坦、俄罗斯、哈萨克斯坦、吉尔吉斯斯坦、塔吉克斯坦。集安组织成员国有俄罗斯、哈萨克斯坦、吉尔吉斯斯坦、塔吉克斯坦、白俄罗斯、亚美尼亚。上海合作组织六个成员国中有四个国家同时还是集安组织的成员国。从地缘空间来讲，中亚是两个组织共同的主要活动区域；从功能方面讲，反恐、打击"三股势力"、维护地区安全是两个组织都要面临的重要任务。

与此同时，上海合作组织与集安组织也存在着诸多差异，其中不乏两个组织各自处于领先的领域和方面。从发展形势来看，集安组织在空间扩展和辐射范围方面不及上海合作组织，在机制建设和行动能力方面却处于领先。从空间和辐射范围的情况来看，虽然两个组织现在都是六个成员国，但集安组织经历过减员，而上海合作组织则保持稳定。而且当前，集安组织现在的观察员国只有阿富汗和塞尔维亚；而上海合作组织不仅有印度、伊朗、蒙古、巴基斯坦、阿富汗作为观察员国，还有白俄罗斯、土耳其和斯里兰卡作为对话伙伴国，而且印度、巴基斯坦有可能被吸收成为上海合作组织的正式成员国。从自身力量建设和行动效能方面看，集安组织现在确实处于领先。最直白的表现比如：集安组织的集体快速反应部队已经可以展开行动，而上海合作组织却没有类似的行动力量存在；集安组织不仅举行演习、实施联合行动，还向成员国提供军事装备和资源，而上合组织的行动却达不到这个层面。上海合作组织对区域安全问题十分重视，分别于2002年、2005年、2006年、2009年和2012年相继通过多个打击"三股势力"的纲领性文件，为区域反恐合作提供了重要法律依据和指导，并在上合组织框架内先后举行了包括"和平使命"系列军演在内的十余次双边或多边联合反恐及军事演习，促进了成员国间军事安全信任和反恐防恐能力的提升。上合组织在促进中亚地区安全方面做出了很多工作，并取得了相应的成果，但与集安组织相比，上合组织在中亚安全中的活动能力和实际效应还显偏弱，仍有很大发展空间。

(二)集安组织在维护中亚安全进程中的局限

首先，集安组织成员国只包括中亚三个国家，对维护整个中亚的安全来说，集安组织当前的活动存在着明显的局限性。近年来集体安全条约组织在发展过程中注重应对多领域的安全问题和威胁,在打击恐怖主义、宗教极端主义、跨国犯罪、毒品走私等维护非传统安全的具体行动方面日渐积极,也收到了一定成效,但其活动范围主要是在成员国区域之内。它的一系列措施和举动在对其成员国产生直接作用的同时,也会对其他中亚国家和周边国家产生影响。如果说集安组织对其成员国的安全产生的是积极影响,那么它对其他中亚国家和周边国家产生影响则未必如此。比如,如果阿富汗因素外溢(包括武装恐怖分子、国际犯罪、贩运毒品),中亚邻国首当其冲。集安组织为保护成员国安全而采取了一系列措施加强防范。在此情况下,同为阿富汗邻国却不是集安组织成员国的乌兹别克斯坦和土库曼斯坦所面临的安全压力则很可能增大。再比如,中亚国家之间多有矛盾,尤其是吉尔吉斯斯坦和乌兹别克斯坦之间甚至经常发生冲突,这些矛盾和冲突都给中亚地区安全构成不良影响,而集安组织却缺乏解决这些问题的能力和手段。

其次,集安组织内部各成员国的利益诉求及其在该组织中地位和作用的差异,导致集安组织在维护中亚安全中的行动能力和效率受到局限。从成员国利益诉求来看,共同的安全任务是集体安全条约组织得以运行的前提。面对新的安全威胁,俄罗斯与集体安全条约组织其他成员国有着一些共同的安全需求,主要体现在打击恐怖主义、宗教极端主义、跨国犯罪、毒品走私等非传统安全领域。维护本国安全和地区的稳定也算是俄罗斯与其他成员国的一致诉求。在集体安全条约组织的框架下,它们这种共同的安全需要和诉求能够得到一定程度的满足。但俄罗斯有意于通过集安组织在维护地区安全中所发挥的作用,来巩固自己在该地区的特殊影响力和地位,这与其他成员国对独立自主和主权的坚定信念之间存在着严重差异。所以在对集安组织的诉求方面,其他成员国并不与俄罗斯完全一致。从各成员国在集安组织中的地位和作用来看,俄罗斯在该组织发展进程中占据着主导地位,并积极推进该组织的发展,因为在一定程度上俄罗斯是将其视为扩展地区影响力的途径。在集安组织有可能沦为俄罗斯工具的情况下,以捍卫国家独立和主权为目标的国家难免会对该组织的发展心存疑虑,它们在集安组织的发展进程中并非与俄罗斯保持一样的步伐,有时也会产生一定程度的消极情绪甚至离心倾向。

五、集安组织与丝绸之路经济带建设的关系

集安组织是地区性安全组织,丝绸之路经济带是经济发展构想,看上去两者之间并没有直接关联。但只要考虑到地缘因素,集安组织和丝绸之路经济带在中亚地区跨领域相交集,这是两者发生必然联系的客观基础。集安组织与丝绸之路经济带建设之间之所以能在中亚产生交集并发生关系,是中亚地区和国家的需要

所决定的。对于中亚国家来说,维护安全稳定和促进经济发展都是核心目标和任务。当前情况下,面对目标和任务,中亚国家则显得力不从心。无论是在维护安全稳定方面,还是在促进经济发展方面,中亚国家都不同程度地需要凭借多边力量和外力帮助。在安全领域,集安组织在中亚已成为发挥重要作用的角色;在经济领域,丝绸之路经济带建设则是能够产生重要影响的因素。同为在中亚地区进程中的重要因素,都能够影响中亚地区局势和发展,成为集安组织与丝绸之路经济带建设之间形成关系的基础。集安组织与丝绸之路经济带建设之间呈现什么样的关系,可以从以下几个方面思考。

(一)集安组织与丝绸之路经济带建设可以相互借重、相辅相成

从国际格局来看,集安组织在中亚安全稳定进程中发挥积极作用,有助于丝绸之路经济带建设。经济与安全具有相关性。集安组织能为"丝带"建设保驾护航,提供安全环境。鉴于中亚的安全形势,维护中亚地区的安全稳定对"丝绸之路经济带建设"有着重要的意义。目前,中亚国家维护本地区安全的能力相对有限,包括大多数国际力量在中亚地区安全中的作用也并不十分明显。上合组织作为中国与中亚国家的重要合作平台,虽然在地区安全上发挥着重要的作用,但其行动能力还相对较弱,尤其是与集安组织相比,还有很多需要改进和提高之处。集体安全条约组织经过二十年的发展,其自身建设日趋丰富和完善,行动能力和关注范围都有所扩展,对中亚的地区安全有着重要的影响。集体安全条约组织在中亚地区的影响不仅限于三个成员国哈、吉、塔,还会波及整个中亚及周边。集体安全条约组织成员国并不仅限于俄罗斯和中亚三国,以及另外的两个成员国——白俄罗斯和亚美尼亚。它们是集体安全条约组织的影响范围,也将是"丝绸之路经济带"未来发展的参与者和受益者。集安组织客观上对于北约、欧盟的东扩也起到了一定的制衡作用。所以集体安全条约组织对"丝绸之路经济带"建设的影响也不止于中亚地区。集安组织为地区安全提供支持,可以帮助"丝绸之路经济带"建设构筑安全稳定的环境,从而对"丝绸之路经济带"建设产生积极影响。

丝绸之路经济带建设的推进,也将有利于集安组织的发展。当今世界,众多的安全问题背后,都有着经济因素的影子。国家和地区安全的维护和巩固需要有经济发展作为基础。一方面,地区经济的封闭落后和发展不均可能为"三股势力"和国际犯罪提供温床,也可能成为地区和国家政局动荡的诱因和外部势力干涉的抓手;另一方面,一个经济状况不景气的国家,处理安全问题和应对安全威胁的能力也会大打折扣。集安组织的中亚成员国很大程度上受到这方面问题的困扰,成为影响集安组织发展的因素。虽然集安组织取得了重大发展,在地区安全中的作用和影响都有所提高,但客观上仍存在着问题和局限。为有效应对所面临的问

题,集安组织还有进一步发展的必要和空间。丝绸之路经济带建设的顺利开展,可以为集安组织的发展营建良好的条件和氛围。一方面也有利于促进地区经济繁荣,消除一些因贫困和发展失衡所造成的安全威胁来源,从而减轻集安组织面临的安全压力;另一方面有利于集安组织成员国的经济和社会发展,提高成员国和集安组织整体应对安全问题的能力。

第二个视角,欧亚地缘政治。集安组织的活动有利于在欧亚中心地带形成安全、稳定的环境。中俄与中亚国家形成背靠背、头靠头、相互支撑、相互倚重的关系,形成利益共同体、命运共同体、责任共同体,互联互通,互利互惠,多赢共生,出现了对经济发展和民生福利的自身需要,当然有利于推动丝绸之路经济带建设。

第三个视角,中俄关系。中俄关系是欧亚中心区域主要国际组织和国际机制的核心和关键。上海合作组织,丝绸之路经济带,丝路基金,上合开发银行,欧亚经济联盟,金砖合作体制能不能顺利发展,能不能成功开展,关键在于中俄关系。由于历史和现实种种原因,俄对中亚影响很大。

如果独联体集安组织成功,就有利于欧亚联盟、独联体成功,就是俄罗斯的成功。中俄是全面战略协作伙伴关系,中俄在此互为战略支撑,俄的发展因而也有利于中国的发展。俄方消除对丝带的疑虑,不反对,不设置障碍,不拆台,并积极配合、协调,与中方接轨、对接,就能极大地推进丝绸之路经济带的建设。

第四个视角,中国周边外交,特别是西北陆地周边外交。中国梦的实现,要依靠中国外交。而中国外交首要在于周边外交。丝绸之路经济带是中国周边外交特别是西北陆地周边外交中的核心内容和优先方向。而独联体集安组织恰恰与中国西北周边紧密相关,是中国周边外交能否成功的重要因素之一。上合开发银行、丝路基金、亚洲基础设施投资银行、金砖开发银行,等等,都是中国围绕丝绸之路经济带建设而采取的一系列组合拳措施或配套措施,大量的投资、工程、基础设施、建设项目,都迫切需要安全方面的保护。借助集安组织的力量,有利于助推中国周边外交、亚欧外交、经济外交的成功。

(二)集安组织和丝绸之路经济带建设并非配套工程

集安组织和丝绸之路经济带建设分别在中亚的安全和经济领域发挥重要影响,共同为中亚地区的稳定与发展做贡献,但两者并非配套工程。这不仅是因为集安组织在维护中亚安全中存在一定局限性,无法完全满足丝绸之路经济带建设对地区安全稳定的需要。更是因为集安组织自身的发展特性与丝绸之路经济带的构想不相契合,不能作不必要的指望。

集安组织带有军事联盟的性质,其基本职责是为其成员国服务,而集安组织的成员国并不能包括地区内所有国家。集体安全条约中明确规定了该组织成员国共同应对外来侵略的责任和义务,在军事安全方面形成联盟。作为该组织的成员国,必定需要遵守组织的章程和行动原则,导致自己的独立自主权受到一定程度上的限制。乌兹别克斯坦在 2012 年 6 月宣告退出集安组织,很大程度上就是出于此种考虑。集安组织框架内各成员国的角色和地位并不一致,成员国对该组织的诉求和态度也不尽相同。在集安组织的发展历程及现实情况中,俄罗斯都处于主导地位,而其他成员国不同程度地处于从属地位。俄罗斯把独联体看作是自己保障传统安全的重要部分和依托,努力保持在区域内的特殊影响力和地位,主导集安组织的发展是俄罗斯推进独联体地区一体化的方法和途径之一。虽然俄罗斯做不到完全掌控集安组织方向和行为,但利用集安组织维护好区域内的安全局势,可为俄罗斯更大的地缘安全和政治构想提供支撑。在此情况下,集安组织便有沦为俄罗斯控制其他成员国的工具之嫌。相比之下,在集安组织框架内的其他成员国,在对集安组织的诉求方面,也与俄罗斯存在着差别。出于国家安全现实和自身能力的情况,中亚的哈吉塔三国需要借助集安组织来满足本国的安全需要。而与此同时,它们也担心安全方面对集安组织的过度依赖会使本国的独立和主权受损。既需要借助集安组织发展带来安全保障,又要防止过度依赖而受俄罗斯控制,这种状况使得其他成员国在集安组织的发展过程中并非完全跟着俄罗斯的节奏,有时也会存在一定程度的消极情绪甚至离心倾向。集安组织的这些性质和内部状况表明,它自身的发展存在着天然的瓶颈。

对于丝绸之路经济带建设来说,不仅仅是中亚需要安全稳定,周边地区也需要,不仅集安组织的成员国需要,集安组织的非成员国也需要。目前,集安组织的能够为丝绸之路经济带建设提供安全方面的支持,值得肯定。但也必须认清它作用范围有限、发展前景存在瓶颈的事实。而相对于集安组织自身的局限和瓶颈来说,丝绸之路经济带构想所容纳的范围和前景则要开阔得多。所以在当下和可见的未来,集安组织的作用和能力无法做到与丝绸之路经济带建设的安全需要相匹配。

六、总结与思考

探讨丝绸之路经济带建设问题,明确对"丝绸之路经济带"概念的认识尤为重要。"丝绸之路经济带"概念是结合历史经验和顺应现实需求的情况下提出的。古代存在和发展的丝绸之路,为促进欧亚大陆经济贸易发展和文化交流做出了巨大贡献,成为区域内国家认可的文明典范。当代,随着全球化和经济一体化趋势的发展,跨国的合作更加密切和频繁,需要一个能够顺应时代发展的合作模式。丝绸之路经济带就是这样的国际区域合作模式。丝绸之路经济带建设不是某一家强推的地区经济一体化进程,而是倡议各国共同建立政策沟通、道路联通、贸易畅通、货币流通、民心相通合作区域的构想。当前"丝绸之路经济带"构想,应该是作为中国促进欧亚经济合作模式的创新和努力,而不是朝着地缘政治框架的方向去设计。否则"丝绸之路经济带"就会与其他一些国家提出的各种计划沦为一类,进而则可能导致中国错失在欧亚经济合作领域开创理论和现实新天地的机遇。

丝绸之路经济带的建设和实现不是区域内某一主体的单独任务,而是需要相关各方共同参与、群策群力,最终达到共同受益的目的。只有这样,才更有利于调动各方力量在丝绸之路经济带建设的过程当中发挥积极作用。"丝绸之路经济带"这一构想是由中国首先提出,但并不是要由中国独自来建设。因为仅当前来说,它已涉及中亚国家和其他在中亚有影响力的所有国际行为体,未来将会涉及更多的国家和国际行为体。这样一个规模宏大、内容复杂的"跨国工程",没有哪一个国家行为体能够独立承担。丝绸之路经济带建设不是为满足某一个国家的战略需要,也不会单独为某一个国家的利益服务,所以也不应将其视为某一个或某几个国家的专属任务。"丝绸之路经济带"的建设,是需要欧亚地区众多国际行为体和国际力量共同参与、共同努力,进而实现共同获益的开放的进程。

丝绸之路经济带是以经济为核心的发展构想,建设丝绸之路经济带的根本任务是促进区域内的经济发展。而在丝绸之路经济带建设的过程中,与经济发展相关、对经济发展进程有重要影响的问题广泛而复杂。影响丝绸之路经济带建设的因素,不仅包括区域整体经济形势和各个国家的经济情况,而且包括地区的政治形势和国际关系问题,还包括地区的安全和稳定等问题。丝绸之路经济带建设,是需要群策群力的系统工程。在促进双边合作的基础上,善于借助多边机制创造良好的环境和氛围,对丝绸之路经济带建设有重要的推动意义。当前在中亚和相关地区活动的众多国际组织和国际机制中,不乏可为丝绸之路经济带建设提供便利和支持力量者。发展了十多年的上海合作组织,在促进区域合作方面有着自己的优势和潜力;亚信会议作为由中亚国家发起的国际机制,正在得到越来越多国家的关注和认可,影响力不断提升,借助亚信会议的影响不仅可以促进丝绸之路经济带在中亚的建设,还有利于丝绸之路经济带进一步的拓展,使更多的国家和地区参与进来;"金砖国家"机制的影响力也在扩展,作为其成员国的中、俄、印,不仅是古代丝绸之路的重要组成部分,而且在当今欧亚地区发展中占据着重要的地位和作用。另外,欧安组织、独联体,以及俄罗斯积极推进的欧亚经济联盟,都在中亚地区发展中产生着重要的影响。尽管区域内多边机制众多,但目前却没哪一个现有的机制能从范围和功能上与丝绸之路经济带构想完全相匹配,所以,集安组织可以利用,也可以合作,但不能完全指望。认识和统筹各方的能力和影响,尽可能地使之为丝绸之路经济带建设产生积极效应，就成为一个特别值得关注的问题。丝绸之路经济带建设是以经济为核心，涉及众多问题和地区主体，所以在推进丝绸之路经济带建设的进程中需要考虑各方的利益和关切，尽量促使地区内各主体和力量为之提供正能量。

当前，正视集体安全条约组织在中亚地区安全中的地位和作用，有利于维护中亚及中国周边安全；处理好与集体安全条约组织的关系，有助于"丝绸之路经济带"建设进程。中国发展与集体安全条约组织关系，有着客观的基础和条件。地缘上它与中国紧密相邻，它的成员国基本都与中国有着密切的互动关系。在打击"三股恶势力"、维护中亚及其周边地区的安全与稳定方面，中国和集体安全条约组织之间存在着共同的利益，有很大的合作必要和空间。与此同时也应看到，集安组织并不是丝绸之路经济带的配套工程，不能将太多的安全希望寄托在它的身上。一方面，集体安全条约组织各成员国是为了共同的安全利益在一个共同框架内合作互动，与此同时，它们的利益和诉求也客观存在着各种差异；另一方面，集安组织虽非完全成为俄罗斯控制该地区的工具，但俄罗斯在集安组织中占据主导地位，考虑集安组织问题的时候不可忽视俄罗斯因素的特殊影响。通过对集体安全条约组织与丝绸之路经济带建设之间关系的考察，可以看到，在思考和讨论如何规划和建设"丝绸之路经济带"的时候，要考虑周边众多机制的影响，尽量调动和促使它们发挥积极效能，减少不利因素，以实现为"丝绸之路经济带"建设创造有利氛围和条件的目的。

第七章

网状伙伴外交机制:概念辨析及中俄关系

2014 年 5 月 20 日,中俄两国元首在上海共同签署了《中俄关于全面战略协作伙伴关系新阶段的联合声明》,强调继续深化两国的全面战略协作伙伴关系,提高务实合作水平,促进建立公正、和谐、安全的世界格局。声明中还提出了"网状伙伴外交"的概念,支持在国际事务中建立伙伴合作的灵活机制。[①]

网状伙伴外交是一个全新的概念。从其内涵来看,它来源于俄罗斯提出的"网状外交"理念,结合了中国一直倡导的"伙伴外交"实践,是两国外交战略的延伸;它主要涉及二十国集团、金砖国家、上合组织、中俄印等机制,可以看作是这些机制运作的逻辑之一;中俄作为概念的联合倡导者,两国合作是以上机制发展的关键力量。因此,从内涵到相关多边机制的运作和发展,网状伙伴外交本身也形成一种机制,是一种把双边伙伴合作与多边国际机制囊括在内的机制。

本文从网状伙伴外交机制的概念出发,分析其提出的原因、内在机理及其特点,结合中俄坚持的不结盟,梳理其对中俄关系的影响,最终提出中国对网状伙伴外交机制的应对之策。

一、网状伙伴外交机制:概念及其提出

俄罗斯公布的 2008 年版《对外政策构想》中正式提出了网状外交,2013 年版《对外政策构想》继承了这一重要内容,并提出俄罗斯将加强与各国在二十国集团、金砖国家、八国集团、上合组织、俄印中(RIC)等机制中的协作。[②] 这些机制与网状伙伴外交涉及的相关多边机制大多是重合的,说明这一概念与俄罗斯有很深的渊源。中国自 20 世纪 90 年代以来一直进行伙伴关系的构建,截止到 2014 年

[①] 《中俄关于全面战略协作伙伴关系新阶段的联合声明》:http://news. xinhuanet. com/2014 −05/20/c_1110779577_3. htm

[②] Концепция внешней политики Российской Федерации(2013). http://www. mid. ru/brp_ 4. nsf/newsline/6D84DDEDEDBF7DA644257B160051BF7F

底,已经同 72 个国家、地区或区域组织建立了不同形式、不同程度的伙伴关系。[①]
这与网状伙伴外交建立伙伴合作的要求逻辑一致。因此,网状伙伴外交是网状外
交与伙伴外交的结合。但从其内容和实践来看,它主要体现了俄罗斯的意图。

(一)网状伙伴外交机制的概念

与网状伙伴外交(network partnership diplomacy)相关的有两个概念,一个是网
状外交(network diplomacy)。美国学者梅慈尔(Jamie Metzl)认为,网状外交是指
借助政府、政府间国际组织、非政府组织(NGOs)、跨国企业、民间社会团体(civil
society groups)甚至是个人来共同进行美国的外交和情报工作,编织成一个相互关
联的个体网状集(sets of interconnected individuals),使得庞大的和不同的团体
(large and disparate groups)能够比以前更好地组织和影响事件。[②] 而比利时学者
格斯托尔(Sieglinde Gstohl)认为,基于越来越多和新型的行为体参与、越来越多和
新颖的沟通渠道以及越来越多的问题需要协商,需要整合成一个连贯的外交政
策,这将造成 21 世纪的外交是网状外交。[③] 2006 年 12 月,俄罗斯外长拉夫罗夫提
出俄罗斯比以往任何时候都需要网状外交,它是参与多边机制的灵活形式。[④] 俄
罗斯 2008 年版和 2013 年版《对外政策构想》都接纳了此概念。它强调以不结盟
方式解决国际问题,是加强安全和金融经济稳定的因素。[⑤] 邱震海认为,网状外交
“是指在新的国际格局下,各大国之间的外交活动不再是过去冷战时代的非敌即
友模式,而是呈现纵横捭阖、亦敌亦友的新格局”。[⑥] 由以上可以看出,与西方和中
国学者对网状外交的学理性探索不同,俄罗斯重视网状外交的实践功能,并一直
坚持;而且,三者强调的重点也不同,西方重点分析行为体的多元化,俄罗斯意在
强调多边机制,中国看重大国外交。

另一个是伙伴外交(partnership diplomacy)。冷战后,中国提出并实施伙伴外

① 王毅:《盘点 2014:中国外交丰收之年》,载《国际问题研究》2015 年第 1 期。
② Metzl J. , Network Diplomacy // Georgetown Journal of International Affairs, 2001,Vol. 2, No.
　 1.
③ Gstohl S. , Diplomacy in the 21st Century is Network Diplomacy // Crossroads Foreign Policy
　 Journal, April 1, 2012.
④ Министр иностранных дел России Сергей Лавров. “Сетевая дипломатия” сейчас
　 востребована как никогда“ // Известия, 28 декабря 2006.
⑤ Концепция внешней политики Российской Федерации (2008). http://www. kremlin. ru/
　 acts/news/785; Концепция внешней политики Российской Федерации (2013). http://
　 www. mid. ru/brp_4. nsf/newsline/6D84DDEDEDBF7DA644257B160051BF7F; Неймарк М. ,
　 Свет и тени “мягкой силы”: Чего ожидать от внешней политики России //
　 Независимая газета, 08 Апреля 2013.
⑥ 邱震海:《“网状外交”重组大国关系》,载《国际先驱导报》2007 年 1 月 8 日。

交战略,致力于与各国际行为体建立各种形式的伙伴关系。2014 年 11 月的中央外事工作会议更是强调要形成遍布全球的伙伴关系网络。伙伴外交主要是指行为体间建立伙伴关系的行为,结伴而不结盟。中国希望建立的是一种平等合作的双边关系。① 它出现在一个日益加深的相互依存②的时代,是中国外交战略最佳选择,核心是重对话、讲合作、结伙伴,重视全方位、多层次地与世界各国积极而广泛地发展良性互动的双边友好合作关系,③其实质是双边的协调合作,④建构“非传统同盟关系”。⑤ 而构建伙伴关系网、结伴而不结盟,是“不结盟、不对抗、不针对第三方”政策的新发展,⑥是中国伙伴外交的升级版。2004 年,时任美国国务卿的科林·鲍威尔(Colin L. Powell)发表文章称:伙伴关系是美国本届政府的战略口号。伙伴关系并不是仗势欺人,而是与他们一起合作。⑦ 2009 年 5 月,奥巴马在提名洪博培(Jon Huntsman)担任驻华大使时称,他自信将开创中美伙伴关系的新时代。⑧ 作为俄罗斯外交政策指导的重要文件,2013 年版《对外政策构想》指出要发展与各种国际行为体的双边、多边互利平等的伙伴关系。⑨ 从以上的梳理中可以看出,伙伴外交重在实践,是冷战后各国特别是中国重要的外交战略;在主要大国的外交实践中,中俄都强调伙伴关系的不结盟原则,但是美国却认为伙伴关系要承认结盟的重要作用。⑩

可以说,网状外交是俄罗斯一直倡导并实践的外交理念,强调对多边机制的

---

① Hagt E. , Debating China's Future(cont.) // China Security, Summer 2008,Vol. 4, No. 3.

② 陈志敏:《伙伴战略:世纪之交中国的现实理想主义外交战略》,载《太平洋学报》1999 年第 3 期。

③ 金正昆:《伙伴战略:中国外交的理性选择》,载《教学与研究》2000 年第 7 期。

④ 金正昆认为,“伙伴”外交战略的本质是协商与合作。笔者认为,本质具有从属性,实质具有指向性,而国家是能动的行为体,伙伴外交的内涵会随着国家意志发生变化,因此用实质更贴切;而协商在政治领域是指统一强制性权威下的对话,国际社会目前还没有统一的权威,更谈不上强制性权威,因此从主权平等的基本原则出发,用协调更符合国家间关系的平等原则。参见:金正昆:《中国“伙伴”外交战略初探》,载王缉思主编:《中国学者看世界:大国战略卷》,新世界出版社 2007 年版,第 183 – 185 页。

⑤ 蔡东杰:《当代中国外交政策》,五南图书出版公司 2011 年版,第 259 – 261 页。

⑥ 孙茹:《构建伙伴关系网:中国不结盟政策的升级版》,载《世界知识》2015 年第 6 期。

⑦ Powell C. , A Strategy of Partnerships // Foreign Affairs, Jan. – Feb. , 2004,Vol. 83, No. 1.

⑧ Remarks by the President in Nomination of Governor Jon Huntsman as Ambassador to the People's Republic of China, The White House, May 16, 2009. https://www. whitehouse. gov/the – press – office/remarks – president – nominating – governor – jon – huntsman – ambassador – peoples – republic – chin

⑨ Концепция внешней политики Российской Федерации (2013). http://www. mid. ru/brp_ 4. nsf/newsline/6D84DDEDEDBF7DA644257B160051BF7F

⑩ Powell C. , A Strategy of Partnerships // Foreign Affairs, Jan. – Feb. , 2004,Vol. 83, No. 1.

参与;伙伴外交是中国一直坚持并执行的外交战略,重视双边伙伴合作。2014 年的《中俄联合声明》中写道:"网状伙伴外交旨在在国际事务中建立伙伴合作的灵活机制","二十国集团、金砖国家、上海合作组织、中俄印等机制已成为类似灵活机制的高效范例"。① 因此,网状伙伴外交不仅涉及各种相关多边机制,而且要求建立伙伴合作。它可以看作是网状外交与伙伴外交的结合。它目前的意义是通过中俄伙伴合作推动相关多边机制的发展,相关多边机制的发展进而又促进中俄双边合作的深化,更深层和长远的意义是推动建立新的世界政经秩序。② 从其包含的内容、多边机制及其影响来看,网状伙伴外交更多是一种实践的规则和理念,具有机制的特征。③ 因此,可以称之为网状伙伴外交机制。

综上,我们可以认为,网状伙伴外交机制是指双边伙伴合作与多边机制发展相结合的一种灵活机制,目前主要指中俄伙伴合作与相关多边机制的发展,其中蕴含着中俄在多边机制内的伙伴合作和相互借重。

(二)网状伙伴外交机制的提出

从网状伙伴外交机制的概念可以看出,它是网状外交与伙伴外交的结合,侧重于外交实践,尤其是多边机制内的伙伴合作实践,其外延重在多边机制,而这正是俄罗斯强调的以灵活的多边外交机制代替传统的军事政治联盟。④ 而且,在俄语版 2014 年《中俄联合声明》中,相关内容提到:主张发展网状外交的多边努力,建立伙伴合作的灵活机制。⑤ "网状伙伴外交"并没有作为一个整体概念被提及。因此,网状伙伴外交机制主要是俄罗斯意图的体现,是网状外交的延伸。本文在此以网状伙伴外交机制的高效范例之一——金砖国家作为例子,对俄罗斯提出此

---

① 《中俄关于全面战略协作伙伴关系新阶段的联合声明》:http://news. xinhuanet. com/2014 – 05/20/c_1110779577_3. htm

② 《中 俄 合 力 促 建 新 政 经 秩 序 》: http://news. takungpao. com/paper/q/2014/0529/2503937. html

③ 王杰等人认为,在运用于政治范畴时,机制至少具有以下三个特点:一是追求政治结果,二是通过主动、人为的设计、运作实现目标,三是具有不同效力范围的规则。通过对网状伙伴外交含义的分析,它符合以上三点,所以网状伙伴外交也可以称其为网状伙伴外交机制。参见:王杰主编:《国际机制论》,新华出版社 2002 年版,第 3 页。

④ Концепция внешней политики Российской Федерации (2013). http://www. mid. ru/brp_4. nsf/newsline/6D84DDEDEDBF7DA644257B160051BF7F

⑤ 在俄罗斯公布的 2014 年《中俄联合声明》中并没有出现"网状伙伴外交"。参见:Совместное заявление Российской Федерации и Китайской Народной Республики о новом этапе отношений всеобъемлющего партнерства и? стратегического взаимодействия, Президент России, 20 мая 2014. http://www. kremlin. ru/supplement/1642

概念的意图进行分析。

2011年4月,俄罗斯外长拉夫罗夫在俄外交部开设的"金砖国家"网页上发表致辞,提出金砖国家是网状外交的重要组成部分。[①] 2013年2月,俄罗斯发布《参与金砖国家机制构想》(Концепция участия Российской Федерации в объединении БРИКС),认为俄罗斯需要金砖国家这样非正式性的全球治理和网状外交机制。[②] 美国学者罗伯茨(Cynthia Roberts)认为,金砖国家外交展示了俄罗斯作为创新网络中成员的角色,[③]是俄罗斯最成功的国际倡议之一。[④] 这些都说明金砖国家是俄罗斯网状外交的重要组成部分。

对俄罗斯来说,其压倒一切的外交目标是重建俄罗斯的全球大国地位。[⑤] 俄罗斯金砖国家研究委员会执行主席托洛拉亚(Георгий Толорая)认为,金砖国家有利于俄罗斯提高其地位和实现现代化。[⑥] 而金砖国家外交聪明地利用了中国的力量提升了四国特别是俄罗斯的全球地位。[⑦] 因此,金砖国家成为俄罗斯提高或重建其大国地位的重要机制。在俄罗斯实力相对下降的情况下,金砖国家外交是其"智慧外交"(wisdom diplomacy,мудрая дипломатия)的体现,[⑧]并通过金砖国家的新兴大国协调来实现自己的目标,避免了与西方的直接冲突。这种协调实质上是"欧洲协调再现"(concert of Europe redux),[⑨]即通过如同19世纪英国、奥地利、俄国、普鲁士、法国的大国协调一样来发挥作用。在基辛格(Henry Kissinger)

① 俄罗斯外长拉夫罗夫在俄外交部"金砖国家"网页发表致辞: http://www. fmprc. gov. cn/ce/cein/chn/ssygd/bric/t814902. htm

② Концепция участия Российской Федерации в объединении БРИКС // Право и инвестиции. №. 1 - 2(51). Июнь 2013.

③ Roberts C. , Building the New World Order BRIC by BRIC // The European Financial Review, Feb. - Mar. , 2011.

④ Roberts C. , Russia's BRICs Diplomacy: Rising Outsider with Dreams of an Insider // Polity, Vol. 42, January 2010, No. 1.

⑤ Lo B. , Russia, China and the United States: From Strategic Triangularism to the Postmodern Triangle // Proliferation Papers, Winter 2010, No. 32.

⑥ Толорая Г. , BRICS: ФАНТОМ ИЛИ ПУТЬ В БУДУЩЕЕ? //VIP - Premier, 9 - 10, 2011.

⑦ Roberts C. , Building the New World Order BRIC by BRIC // The European Financial Review, Feb. - Mar. , 2011.

⑧ 俄罗斯前外长伊万诺夫2011年提出了"智慧外交"。肖辉忠认为,金砖国家是俄罗斯智慧外交的体现。参见: Иванов И. , Какая дипломатия нужна России в XXI веке? // Россия в глобальной политике. №. 6. Ноябрь/Декабрь. 2011;肖辉忠:《试析俄罗斯金砖国家外交中的几个问题》,载《俄罗斯研究》2012年第4期。

⑨ 肖辉忠:《试析俄罗斯金砖国家外交中的几个问题》,载《俄罗斯研究》2012年第4期。

看来,欧洲协调重点突出了均势(balance of power)原则,①但是经过实际的运行和发展,它形成了一系列规则和规范,核心在于错综复杂的双边关系基础上实现多边共识和一致行动。② 金砖国家以新兴大国协调为核心的机制③与欧洲协调存在许多相似之处。而且,俄罗斯也是一直坚持以多极均势机制作为手段来处理国际关系。④ 这样不仅提高了俄罗斯的大国地位,而且通过集体的力量维护了俄罗斯的利益和加大了俄罗斯的发言权。

　　金砖国家是俄罗斯网状外交的重要组成部分,其他还包括二十国集团、上合组织和中俄印机制。通过这样的设计,俄罗斯希望构建一个以不结盟的双边伙伴合作为内涵、以多边大国协调为主要手段的网状外交格局。这个格局的原点是俄

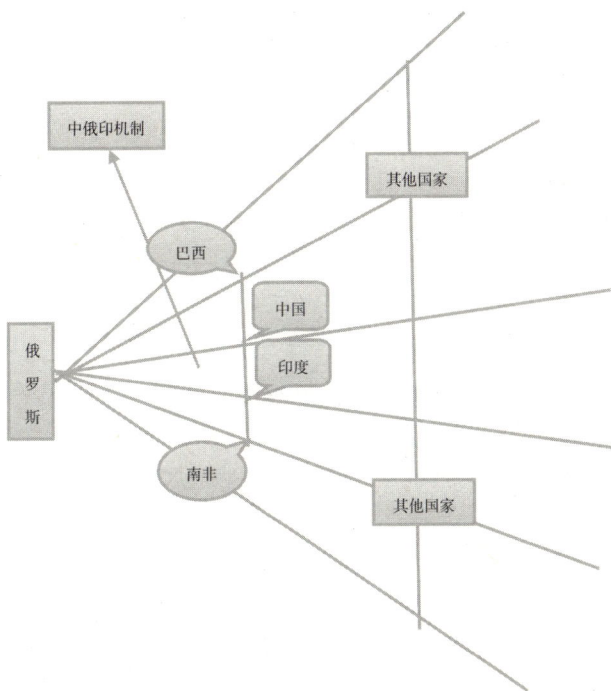

图1 俄罗斯的网状外交格局

---

① Kissinger H. , Diplomacy, New York, 1994, pp. 78 – 102.

② 王磊:《大国协调与集体安全的差异及其当代融合——来自欧洲协调与国际联盟的历史经验》,载《太平洋学报》2012 年第 9 期。

③ 成志杰、王宛:《金砖国家治理型国际机制:内涵及中国的作为》,载《国际关系研究》2014年第 4 期。

④ MacFarlane S. , The 'R' in BRICs: Is Russia an Emerging Power? // International Affairs, Jan. 2006, Vol. 82, No. 1.

罗斯,节点是其他国家,构成的不同区域形成不同的多边机制。并以这些多边机制为支点,扩大其影响力和影响范围。这就如同俄罗斯撒出去的网,形成与俄罗斯套娃一样的一层套一层的平面网状外交格局(见图1)。

如图1所示,俄罗斯、印度、中国三角构成中俄印机制,俄罗斯、巴西、印度、中国、南非的较大三角构成金砖国家,以此类推,以中俄印机制为中心,与不同国家的结合形成不同的机制。这样的设计在俄罗斯的外交实践中也得到了印证。在一些俄罗斯学者看来,中俄印机制是金砖国家的前身。[①] 因此,在图1中,中俄印机制相对来说居于中心地位,形成金砖国家、上合组织、二十国集团中一个多边机制的积极力量中心。[②] 与此相类似,俄罗斯在其主导的独联体范围内建立的俄白哈关税同盟、欧亚经济联盟、集体安全条约组织等也构成一种地区范围内的网状外交格局,如图2:

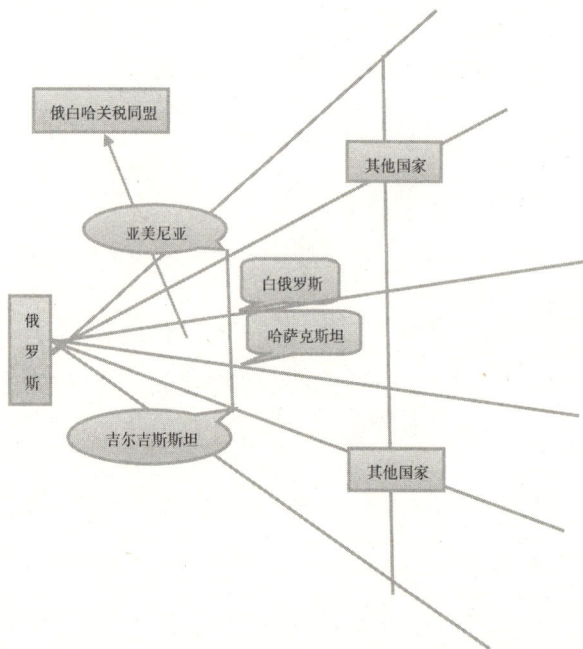

图2　俄罗斯在独联体内的网状外交格局

---

① [俄]谢·弗·乌亚纳耶夫:《俄中两国在金砖五国与俄—印—中合作机制中的相互协作》,载王奇主编:《中俄战略伙伴对话:现状、问题、建议》,中央编译出版社2014年版,第129页;Давыдов В. М., Мосейкин Ю. Н., БРИК: предпосылки сближения и перспективы взаимодействия. М.: Институт Латинской Америки РАН. 2010.

② 印度虽然目前还不是上海合作组织的正式成员国,但是已经提交申请。上合组织目前不存在组织扩大的任何法律障碍。参见:梅津采夫:目前不存在任何妨碍上合组织扩大的法律:http://sputniknews.cn/economics/20150324/1014198294.html

在网状外交格局中,俄罗斯最需要借助的是中国。中国将成为金砖国家的主角,①上合组织本质上是中国的项目,②二十国集团延续有效性的关键力量是中国。③ 这些都说明中国在这些机制中无可替代的地位,所以俄罗斯欲借助中国提高其国际地位并维护其国家利益。但是,中俄关系却存在"二律背反"(antinomy)情结:既借重又怀疑,既合作又防范。④ 这种情结是中俄关系在双边层面存在的一个现实,而网状伙伴外交机制——这种存在于多边层面的灵活机制可以作为处理中俄关系的一种超越,促进中俄在国际层面建立伙伴合作。

二、网状伙伴外交机制:内在机理与特点

通过梳理网状伙伴外交机制的概念和俄罗斯的意图,我们可以提炼出它的几个关键词,如不结盟、伙伴合作、多边灵活机制及其发展、大国协调等,这些体现了当前网状伙伴外交机制的内在机理和特点。

(一)网状伙伴外交机制的内在机理

网状伙伴外交机制的前提是不结盟。结盟主要基于传统军事安全。但是在冷战结束以后,军事领域以外的非传统安全凸显。因此,结盟不再那么重要,也不利于应对现代具有跨界性质的挑战与威胁。⑤ 而且相对于结盟,不结盟更能保证国家的独立自主地位。中国自20世纪80年代以后就一直坚持不结盟原则;对于一直坚持外交实用主义的俄罗斯,⑥为了维护其国家利益,虽然在结盟与不结盟之间摇摆,但是面对新的国际形势,认为那种纪律严明的固定阵营已经不存在,目前

---

① Китай в мировой и региональной политике. История и современность. Вып. XVI: ежегодное издание / отв. Редактор - составитель Сафронова Е. И.. М.: ИДВ РАН, 2011. С. 24.

② Kuchins A., Russia and China:The Ambivalent Embrace // Current History, Oct. 2007,Vol. 106, No. 702.

③ G20 的出路在哪里? 中国是延续其有效性的关键力量:http://intl. ce. cn/specials/zxxx/ 201409/07/t20140907_3495407. shtml

④ "二律背反"简单的理解就是双方既存在相互联系又存在相互排斥,又译作二律背驰、相互冲突或自相矛盾。吴大辉教授认为,俄罗斯对中国崛起存在二律背反的复杂心态。对此,笔者认为,中国对俄罗斯也存在类似的心态,其共之处是:既借重又怀疑,既合作又防范。参见:吴大辉:《防范中的合作——俄罗斯关于中国和平崛起的心理图解》,载《俄罗斯中亚东欧研究》2005 年第 5 期。

⑤ Концепция внешей политики Российской Федерации (2013). http://www. mid. ru/brp_ 4. nsf/newsline/6D84DDEDEDBF7DA644257B160051BF7F

⑥ 有学者认为,实用主义是俄罗斯外交永恒不变的准则。参见:杨洁、李传勋:《俄罗斯民族性格基质及其表征》,载《俄罗斯东欧中亚研究》2014 年第 5 期。

的主要选择是基于不结盟的网状外交。①

网状伙伴外交机制的关键是中俄伙伴合作。作为世界上具有重要政治、经济、军事影响力的国家,中俄伙伴合作具有非常重要的意义,不仅有可能具有改变国际力量格局的动能,而且会促进世界多样化发展,②是将来一定时期内国际格局变革与发展的决定性力量。但是面对以美国为首的西方主导的国际格局,中俄伙伴合作既存在问题,也相对力量有限,需要借重多边机制来弥合分歧、增强力量和提高发言权。其中,中国可以在网状伙伴外交机制支点机制中发挥经济优势;俄罗斯具有丰富的外交经验,可以发挥其大国协调的政治优势。

网状伙伴外交机制的目标是促进支点机制的发展。正如 2014 年《中俄联合声明》所表述的,中俄伙伴合作推动或促进网状伙伴外交机制支点机制的发展和相关规定的落实。在中俄看来,二十国集团、金砖国家、上合组织和中俄印机制已经成为它们在全球和地区发挥影响力,推动国际关系民主化和世界多极化的重要机制。因此,以上的支点机制也成为新兴阵营争取权益运动的领导核心——中俄建立多元化国际架构的推动平台,初步形成了影响国际事务及提升话语权的架构。③ 在这个过程中,中俄的作用需要以支点机制的发展和完善为前提。

网状伙伴外交机制的主要手段是大国协调。大国是影响国际社会发展的重要力量,同样是影响国际机制发展的关键力量。④ 网状伙伴外交机制强调以中俄伙伴合作为关键的机制发展,而这恰恰是中俄倡导的以 1814 年维也纳会议为模型的大国非正式聚会的协调外交的表现。⑤ 其中,中俄伙伴合作即是典型的大国协调,以此为基础逐步扩大大国协调的范围和内容,从地区到全球,从经济到政治,从西方大国主导到西方大国与新兴大国协调等。而且,俄罗斯一直倡导建立中俄印战略三角,相信在印度正式加入上合组织后,中俄印机制将成为网状伙伴外交机制支点机制的中心。

(二)网状伙伴外交机制的特点

基于网状伙伴外交机制的内在机理,它具有如下特点:合作性、多边性、协调性、灵活性和战略性,即强调伙伴合作、多边平台、大国协调、灵活多样和战略

---

① Концепция внешей политики Российской Федерации (2008). http://www. kremlin. ru/acts/news/785

② 冯绍雷:《面向亚太地区未来的中俄关系》,载《俄罗斯研究》2013 年第 2 期。

③ 中俄合力促建新政经秩序:http://news. takungpao. com/paper/q/2014/0529/2503937. html

④ 有学者认为,国际机制多由霸权国主导建立或主要大国协调建立。参见:王杰主编:《国际机制论》,新华出版社 2002 年版,第 220 页。

⑤ Grant C., Russia, China and Global Governance // Centre for European Reform, February 2012, pp. 9 - 10.

互补。

1. 合作性。目前网状伙伴外交机制的关键是中俄合作，而中俄合作的关键是政治合作。有学者认为，中俄从各自利益出发的竞争与合作成为两国关系的常态。① 美国学者甚至认为，中俄关系的核心是"战略竞争"。② 但无论是竞争还是合作，中俄关系都不是冲突对立，而是协调合作，最终的目的是合作。同时，中俄关系中的"二律背反"情结使得双边机制对于有效处理两国关系存在一定的局限性，需要多边机制平台更好地协调两国关系。中俄间互补关系是客观事实，因此无论是双边还是多边，都是围绕着合作展开的。

2. 多边性。网状伙伴外交机制的支点机制都是重要的多边平台，中俄都是其中重要的角色。邱震海认为，"在新时代错综复杂的战略格局下，各国为了防止一国独大和确保自身国家利益的最大化，势必加强多边往来"。③ 无论在全球还是在亚太地区，中国面临着越来越多的来自于美国的竞争，为防止美国霸权的干扰和维护自身利益，中国正在逐步推进多边机制合作，尤其是与新兴大国的合作。而俄罗斯热衷于从大国对话的视角构划多边外交网络，④提高其大国地位，即以和平的方式实现其大国抱负和国际体系的转型，降低俄罗斯的风险和代价。多边机制平台建设成为中俄共同的诉求，促进了网状伙伴外交机制支点机制的发展。

3. 协调性。大国协调主要基于四个变量：主权国家、国际地位、实力均衡、互有所求。以中俄为例，以上四个变量的内容是明显的：中俄都是国际社会平等的主权国家行为体，都是大国，都有各自的实力优势，中国需要俄罗斯的能源和武器，俄罗斯需要中国的设备和投资。但是多边机制内的中俄协调是在双边协调基础上的变量增多，还主要包括：国际诉求和战略竞争。中俄的国际诉求主要体现在改变美国占主导地位的世界秩序，⑤推动多极化。战略竞争主要体现在对上合

---

① 唐朱昌：《"利益碰撞"是中俄竞争与合作的常态》，载《社会观察》2012 年第 9 期。
② 美学者：中俄友谊背后仍是战略竞争关系：http://www.crntt.com/doc/1024/8/5/1/102485182.html？coluid＝7&kindid＝0&docid＝102485182&mdate＝0328170124
③ 邱震海：《"网状外交"重组大国关系》，《国际先驱导报》2007 年 1 月 8 日。
④ 邢广程：《俄罗斯亚太战略和政策的新变化》，载《国际问题研究》2012 年第 5 期。
⑤ 史蒂芬·科特金（Stephen Kotkin）称之为中俄"唯一的共同点"。参见：美学者：中俄友谊背后仍是战略竞争关系：http://www.crntt.com/doc/1024/8/5/1/102485182.html？coluid＝7&kindid＝0&docid＝102485182&mdate＝0328170124

组织以及中亚的争夺。① 中俄基于双边的互有所求和多边的共同国际诉求已经是一种相互依存的关系,利益的碰撞不可避免,互动协调也不可避免。

4. 灵活性。网状伙伴外交机制的支点机制是各种原则、规范、规则和决策程序的集合,规范和约束成员国的行为。但是这些规范和约束都是软性的,并不具有实质性的法律约束力,这为成员国积极性和能动性的发挥提供了空间。同时,网状伙伴外交机制也是开放的,欢迎其他参与方的共同治理,②并可以促进各组织机制之间相互协作。③ 中俄作为具有实力和重要影响力的大国,可以在多边机制内纵横捭阖,这将会塑造中俄更加灵活、更加高效的合作机制,提高两国参与国际事务的能力。④

5. 战略性。战略是指前瞻性的考虑和规划,也用来强调关系的特殊状态。⑤中俄关系已经提升至全面战略协作伙伴关系,这说明中俄关系是面向未来的,也是特殊的。虽然现阶段的中俄关系存在一些具体问题,但不能只盯住眼前利益而忘记长远。两国非常重视与彼此的关系,对对方发展道路的尊重和由单极世界走向多极世界的共识是两国产生共鸣的重要基础,而且它们都是在发展的过程中。⑥最重要的是中俄之间存在战略互补,主要体现在边界与周边安全、经济与能源互补、联合反霸和国际格局变革以及国际关系民主化等。⑦

---

① 俄罗斯主流看法认为上合组织是中国的项目,而中亚是俄罗斯传统的影响范围,因此伴随着中国在中亚影响力的增强,中俄之间在中亚已经展开竞争,最明显的是中俄在中亚和上合组织内进行的经济能源合作融资问题。笔者认为,这种竞争在一定时期内将是长期的战略竞争。参见:Kuchins A. , Russia and China: The Ambivalent Embrace//current History, Oet. 2007, Vol. 106, No. 702. Kotkin S. , The Unbalanced Triangle: What Chinese – Russian Relations Mean for the United States//Foreign Affairs, 2009, Vol. 88, No. 5;刘乾:《中俄竞争:拖累上合多边能源合作》,载《能源》2013 年第 10 期。

② 中俄联合声明将中俄关系提升至"新阶段":http://www. chinanews. com/gn/2014/05 – 21/6197641. shtml

③ 中俄就全球重大安全问题"联合发声":http://news. xinhuanet. com/world/2014 – 05/20/c_126525869. htm

④ 中俄联合声明将中俄关系提升至"新阶段":http://www. chinanews. com/gn/2014/05 – 21/6197641. shtml

⑤ Lo B. , Russia, China and the United States: From Strategic Triangularism to the Postmodern Triangle // Proliferation Papers, Winter 2010, No. 32.

⑥ Kuchins A. , Russia and China: The Ambivalent Embrace // Current History, Oct. 2007, Vol. 106, No. 702.

⑦ 倪世雄:《发展长期健康稳定的新型大国关系》,载《当代世界与社会主义》2013 年第 3 期。

三、网状伙伴外交机制：不结盟与中俄关系

对中俄双边的全面战略协作伙伴关系和多边的网状伙伴外交机制支点机制的强调是否意味着中俄要结盟？通过分析，中俄不存在结盟的可能性，而提出网状伙伴外交机制概念更重要的是对两国双边关系的超越。

（一）中俄的不结盟

首先，中俄都强调不结盟。中国自 20 世纪 80 年代以来一直坚持不结盟原则，"由此拓展了自己的外交空间，增强了自身的外交地位，增加了中国在国际社会的发言权"。① 这为中国以经济建设为中心创造了良好的国际环境。2014 年 4 月，普京在与普通民众进行直播连线时强调，中俄关系已经处于前所未有的高水平，但是俄罗斯不会考虑与中国建立军事政治联盟，因为结盟的观念已经过时了。② 2001 年 7 月，中俄签署两国关系发展的纲领性文件《中俄睦邻友好合作条约》，确认两国的友好关系是建立在不结盟基础上的新型国家关系。③ 事实上，俄罗斯提出的网状外交和中俄联合提出的网状伙伴外交就是对军事政治联盟的否定，不具有军事结盟的实质。④

其次，中俄都是世界范围内举足轻重的重要力量。从国际地位来看，中国和俄罗斯是联合国安理会常任理事国，是二十国集团和金砖国家的成员国，都是世界公认的大国。从实力对比看，中国是世界第一大外汇储备国，俄罗斯是世界第一大能源出口国；中国经济实力全球第二，俄罗斯军事实力全球第二。从文化影响力来看，中国是东亚儒家文化的代表，俄罗斯是东正教大家庭的领袖。这样的地位、实力和影响力决定了中俄都不甘心居于人下，在世界范围内扮演重要的角色是其共同的追求。

再次，中俄目前实力发展的不对称性和文化思维的差异性影响到两国建立真正的联盟。经过三十多年的高速发展，中国已经成为世界第二经济大国，在可预期的时间范围内，仍将可能继续保持较快的发展速度。而俄罗斯的经济发展则高度依赖能源，患上受油价变动影响的资源依赖型经济的"俄罗斯病"。⑤ 2008 年的

---

① 宫力：《中国不结盟、全方位和平外交的确立与实施》，载《新远见》2012 年第 9 期。
② Прямая линия с Владимиром Путиным, 17 апреля 2014, http://www.kremlin.ru/events/president/news/20796
③ 《中华人民共和国和俄罗斯联邦睦邻友好合作条约》：http://www.npc.gov.cn/wxzl/gong-bao/2001 - 12/06/content_5280849.htm
④ 罗峰：《结盟：同舟共济抑或同床异梦》，载《世界知识》2012 年第 21 期。
⑤ 久保庭真彰：《俄罗斯经济的转折点与"俄罗斯病"》，载《俄罗斯研究》2012 年第 1 期。

油价暴跌造成俄罗斯经济增长逆转,经济发展长期处于低迷的状态。实力差距的拉大进而产生一种心理差距,对两国关系产生一定的负面影响。对俄罗斯来说,中国的成功将是所有结果中最坏的,因为这会在安全(担心远东地区的未来)、地缘政治(中国主导中亚)和心理(适应不习惯的自卑地位)上对其产生影响。而中国一旦成为国际事务中的独立大国,中俄关系将变得无关紧要。① 而且,中国行事不偏不倚,崇尚中庸,俄罗斯则"缺乏中庸,好走极端"。② 同时,"从根源上说,俄罗斯文化具有深刻的人文精神",这种精神是与西方文化相兼容的。而"中国传统文化中的人文主义",强调的是人的义务,而不是个人的价值,③中国文化是与西方文化不兼容的。"外交理念的产生和发展,既是国家利益的现实需要,也是文化传统潜移默化的直接结果。"④这对两国关系发展具有重要的影响。

第四,缺乏实质性的共同利益是中俄不结盟的根本原因。虽然美国在东亚通过美日、美韩军事同盟挤压中国,在欧洲通过北约挤压俄罗斯,中俄都面临严峻的战略生存空间威胁,但是中俄并没有因为美国的威胁而真正结合。相反,中国不把俄罗斯看作是针对美国的战略平衡力,⑤而中国对俄罗斯来说是制衡美国的工具。⑥ 伴随着中国经济实力的增强,经贸能力的不平等使得俄罗斯担心成为中俄经济关系中的"初级伙伴"或自然资源的附庸。而且,中国坚持不称霸原则,致力于维护世界和平与发展,俄罗斯的最主要目标是维护其大国地位,提倡国际关系民主化。但是伴随着中国快速发展的优势(upper hand),俄罗斯担心可能会成为未来多极世界(multipolar world)中中国的附庸⑦或沦为美国和(或)中国的初级伙伴。⑧

第五,历史争端和地缘竞争制约了两国结盟。英国学者波波·罗曾经提出中

---

① Burakov D. , The Strategic Triangle in the 21st Century: Implications for Sino – Russian Relations // Journal of China and International Relations, 2013, Vol. 1, No. 1.

② 周力:《俄罗斯文化的基本精神与外交》,载《俄罗斯研究》2010 年第 4 期。

③ 关海庭、刘莹:《中俄传统政治文化与社会转型比较研究》,载《北京大学学报(哲学社会科学版)》2013 年第 2 期。

④ 周力:《俄罗斯文化的基本精神与外交》,载《俄罗斯研究》2010 年第 4 期。

⑤ Kotkin S. , The Unbalanced Triangle: What Chinese – Russian Relations Mean for the United States // Foreign Affairs, 2009, Vol. 88, No. 5.

⑥ Lo B. , Russia, China and the United States: From Strategic Triangularism to the Postmodern Triangle // Proliferation Papers, Winter 2010, No. 32.

⑦ Kotkin S. , The Unbalanced Triangle: What Chinese – Russian Relations Mean for the United States // Foreign Affairs, 2009, Vol. 88, No. 5.

⑧ Lo B. , Russia, China and the United States: From Strategic Triangularism to the Postmodern Triangle // Proliferation Papers, Winter 2010, No. 32.

俄关系是"方便轴心"（axis of convenience），这种关系受到根源于历史屈辱（historical grievances）、地缘政治竞争（geopolitical competition）和结构性因素（structural factors）的"有说服力的不信任"（persuasive mistrust）的困扰。① 在两国关系史中，俄罗斯（包括苏联时期）大部分时间处于对中国的优势地位，清朝时期割走的中国领土是列强中最多的，因此中俄关系中一直有很强的历史情结。现实中，中国的崛起已经对中亚和俄罗斯远东产生重要的影响。有印度学者指出，即使是边界不动，中国的边疆也是扩张的。这对于把中亚看作是自己势力范围的俄罗斯来说，不仅要经受来自这个势力范围内的压力，而且会不断感受到在一个要求与西方分离的地方尽力与中国处理好关系。②

（二）网状伙伴外交机制是处理中俄关系的有效机制

网状伙伴外交机制是中俄的重要创新，不仅有利于处理好两国关系，而且有利于双方在国际社会发挥影响力。

1. 有助于缓解中俄战略竞争与博弈的困境。中俄关系中存在的"二律背反"情结，实质是双方对彼此的不信任。而且作为主权国家，边界成为两国交流的天然障碍，这就如同被关在牢笼里的两个"囚犯"一样，需要对对方的行为进行预判。依据博弈的分类，中俄博弈是非合作博弈和不完全信息博弈，③即都是追求各自利益最大化和双方合作行动不具有强制力、存在对对方的不信任与信息不对称。这样两国很容易陷入"囚徒困境"。在原有的双边机制下，解决困境的途径只有双方的重复博弈，不断地讨价还价。而多边机制具有制度化、约束性的特点，使得成员国克制、甚至放弃某些领域内的利益考量，有助于减少摩擦和冲突，有助于国家间关系的互动。④

2. 有助于加强和深化中俄伙伴合作。由于历史的顾虑，中国的崛起及实力发展对俄罗斯造成一种压迫感，担心中国强大后对俄罗斯的清算。现实中，中俄关系存在"不对称性"，主要体现在两国在上合组织内的角色和能源与武器贸易上。中国已经"渗入"到俄罗斯的影响范围——中亚，并将可能长期存在；而且中俄的

---

① Kotkin S. , The Unbalanced Triangle: What Chinese – Russian Relations Mean for the United States // Foreign Affairs, 2009, Vol. 88, No. 5.

② Kerr D. , Central Asian and Russian Perspectives on China's Strategic Emergence // International Affairs, 2010, Vol. 86, No. 1.

③ ［美］阿维纳什·迪克西特、苏珊·斯克丝、戴维·赖利著，蒲东健、姚东旻等译：《策略博弈》，中国人民大学出版社2012年版，第18－21页。

④ 王明进：《中国对多边外交的认识及参与》，载《教学与研究》2004年第5期。

能源与武器贸易变得越来越不平衡。① 现实中的"不对称性"也体现了中俄优势的不同。中国的优势是发展性的,为世界经济发展提供动力;俄罗斯的优势是保障性的,为世界经济发展提供原料。而这些优势在相关多边机制内都是绝对的优势,中俄可以在平等的基础上交叉发挥各自的优势,这样会使俄罗斯从中俄不对称关系中释放出来,减少顾虑,深化两国在各个领域的合作。

3. 有助于推动各种新兴机制的发展。网状伙伴外交机制的支点机制都有各自的功能和定位:二十国集团主要关注全球经济治理,金砖国家致力于提高新兴国家和发展中国家话语权,上合组织是中俄在中亚地区的协调机制,中俄印机制是三国就共同关心的全球及地区问题加强协调与合作。中国通过积极参与多边外交推动建立国际政治经济新秩序,②俄罗斯则将其看作是其发挥软实力和开展"智慧外交"、维持大国地位的重要工具。中俄协调与合作是这些机制发展的关键力量。

4. 有利于改变全球或地区的力量格局。中俄各自的实力和地位已经决定了它们在全球和地区的影响力,中俄合作带来的影响力更不可小觑,对国际格局转变具有重要的影响。2008 年的金融危机对西方集团造成巨大冲击,"削弱了西方对世界的领导能力和优势心理"。俄罗斯对此的判断之一是:全球金融危机加快了国际力量的分化与重组。③ 作为致力于国际关系民主化的中俄来说,这是一个契机。一方面,中俄可以继续发展经济,提高各自实力;另一方面,中俄可以进行联合或联合其他新兴大国共同参与到这个变局中来,推动形成一个多中心的国际体系,④建立新的世界政治经济秩序。

四、网状伙伴外交机制:中国的对策

网状伙伴外交机制的提出,不仅有利于深化中俄合作,而且有利于促进支点机制的发展。但是,也要看到它主要是俄罗斯意图的体现。中国作为网状伙伴外交的联合倡导者是否促进其实施? 这首先需要对中国内政外交设计和中俄印关系进行分析。

---

① Kotkin S. , The Unbalanced Triangle: What Chinese – Russian Relations Mean for the United States // Foreign Affairs, 2009, Vol. 88, No. 5.
② 王明进:《中国对多边外交的认识及参与》,载《教学与研究》2004 年第 5 期。
③ 毕洪业:《后危机时代的国际体系转型:俄罗斯的主张与应对》,载《国际论坛》2014 年第 2 期。
④ 黄登学:《新版〈俄罗斯联邦对外政策构想〉述评——兼论普京新任期俄罗斯外交走势》,载《俄罗斯研究》2014 年第 1 期。

(一)中国的内政外交设计与中俄印关系

发展仍然是中国的第一要务。中国虽然已经是全球第二大经济体,但是人均收入却处于中等水平。对于处于这一阶段的国家来说,最主要的是避免陷入"中等收入陷阱"。为此,中国提出转方式、调结构,并全面推动深化改革和依法治国,从更深层次为经济和社会可持续发展提供动力。而且,中国经济仍具有较大的发展潜力,继续坚持以经济建设为中心,坚持发展这一解决一切问题的关键和总钥匙。①

与此同时,中国需要做到内外结合,实现国内国际的同步发展。目前,中国国内积聚了大量优质的过剩产能和资本,需要通过内外结合的途径实现产能和资本的输出。为此,中国提出了"一带一路"战略,在广大的亚欧非地理空间内促进实现经济要素有序自由流动、资源高效配置和市场深度融合。② 中国还积极推动成立亚洲基础设施投资银行(AIIB)、金砖国家开发银行和丝路基金等,为亚洲和发展中国家的基础设施建设提供资金保障。

伙伴关系是中国外交的核心支撑。③ 伴随着新兴国家和发展中国家的崛起,国际格局正在发生深刻的变化,多极世界成为未来世界最为可能的形态。④ 但是目前国际社会仍然是以美国为首的西方主导的局面,这集中表现在国际金融领域。虽然广大发展中国家一直要求实现国际关系民主化,但是西方国家不尊重他国主权、干涉他国内政、制造国际事端的做法为国际社会所诟病,而且各个国际机制中发展中国家的代表性和发言权严重不足。作为国际社会的一员,中国推动建立以合作共赢为核心的新型国际关系,基于不结盟原则形成遍布全球的伙伴关系网络,积极倡导国际关系民主化,提高发展中国家的代表性和话语权,并联合俄印等主要力量进行国际金融体系和全球金融治理改革的实践。其中,中国外交的核心是积极发展与各行为体的伙伴关系,目前已经建立的72对伙伴关系基本覆盖了世界上主要国家和重要地区,⑤包括与俄罗斯建立的全面战略协作伙伴关系,与印度建立的面向和平与繁荣的战略合作伙伴关系。

在网状伙伴外交机制中,中俄印机制具有重要的意义。目前中俄关系最为热

---

① 王毅:发展是解决一切问题的总钥匙:http://www.fmprc.gov.cn/mfa_chn/zyxw_602251/t1228819.shtml
② 授权发布:推动共建丝绸之路经济带和21世纪海上丝绸之路的愿景与行动:http://news.xinhuanet.com/2015-03/28/c_1114793986.htm
③ 门洪华、刘笑阳:《中国伙伴关系战略评估与展望》,载《世界经济与政治》2015年第2期。
④ 陈志敏:《多极世界的治理模式》,载《世界经济与政治》2013年第10期。
⑤ 王毅:《盘点2014:中国外交丰收之年》,载《国际问题研究》2015年第1期。

络,"中印关系是薄弱环节",①但在印度正式加入上合组织以后,将可能会形成网状伙伴外交机制支点机制中的中俄印战略三角,而这正是俄罗斯的战略目标。②同时也要看到,中俄印关系和机制存在一些关键的矛盾和问题。中俄目前缺乏形成两国深度相互依赖的务实合作领域,虽有一些努力,但是反反复复,对深化两国关系形成制约;而且在双边层面,两国因历史与现实问题、实力发展的不平衡以及民族性格的不兼容导致"二律背反"情结,双方在许多领域存在分歧和矛盾。中印关系发展的症结在领土争端,从根本上造成两国的相互猜疑和互不信任;虽然中印具有相近的战略诉求,重发展,谋崛起,③看重国际影响力,但在能源来源、地区合作、多边机制中的主导权等领域存在广泛的竞争。俄印在防务、经贸等领域龃龉不断,对两国关系造成重大影响和挑战。而且,中俄印各自以美国为中心的外交政策阻碍了三国合作。④ 在中俄印机制层面,缺乏类似二十国集团、金砖国家和上合组织一样的高层引领机制,不利于从更高层面协调一致和保障执行。因此,虽然网状伙伴外交机制可以避免双边矛盾的激化,但是设想建立伙伴合作的灵活机制,无论在双边层面还是在多边层面都缺少有效的支撑,导致大多数的合作都集中于国际共识层面,而且多以倡议为主。

(二)中国与网状伙伴外交机制

对中国来说,内政以发展为第一要务,外交以建立伙伴关系为核心,多边外交重在发挥集体的力量,提高中国和发展中国家的话语权和代表性。而且,多边机制多成为中国坚持经济发展和发展伙伴关系的自然延伸,在中国外交中并不具有优先性。网状伙伴外交主要为俄罗斯的创意,意图通过中俄伙伴合作推动支点机制的发展。但是面对中俄伙伴关系基础上继续塑造中俄印机制甚至更多国家协调的努力,势必增加合作和协调的难度,各种关系复杂化。因此,对于网状伙伴外交机制,中国应从自我外交设计和国内国际实际出发,发挥其与我一致的方面,坚持相关机制内的各国协调一致,推动各种倡议的落实,真正实现世界多极化。

第一,通过网状伙伴外交机制推动建立覆盖范围更广的全球伙伴关系网络

相对于美国霸权倡导的结盟原则,中国坚持在不结盟原则基础上建立不同形式、不同程度的伙伴关系。它结伴而不结盟,是国家间关系平等性、和平性和包容

① 李兴:《加强中俄印金砖国家团结是推动"一带一路"建设的重中之重》,载《中共贵州省委党校学报》2015年第3期。
② 李兴:《中俄上合组织战略构想比较分析》,载《新视野》2009年第1期。
③ 李莉:《中印关系走向成熟及其原因探析》,载《现代国际关系》2013年第3期。
④ Pant H., Feasibility of the Russia – China – India 'Strategic Triangle': Assessment of Theoretical and Empirical Issues // International Studies, 2006, Vol. 46, No. 1.

性的体现。① 虽然目前中国已经与主要国家和重要地区建立伙伴关系，但是建立覆盖范围更广的全球伙伴关系网络才是中国的目标。而且随着国家间相互依存度的加强，各种关系和利益相互交织，形成"你中有我、我中有你"的网状结构。②中国需要通过国家间网络的水平路径、而非权力金字塔的垂直通道，和平追求全球大国地位。③ 网状伙伴外交机制中的相关机制，既有地区性机制，也有全球性机制，有利于中国在地区和全球层面发挥影响力，对没有与中国建立伙伴关系的国家和地区也会有重要的影响，加快中国构建遍布全球的伙伴关系网络。

第二，通过网状伙伴外交机制促进支点机制的发展

网状伙伴外交机制中的支点机制发展具有重要的意义。通过二十国集团，新兴国家和发展中国家可以推动国际金融体系改革；金砖国家是提高新兴国家和发展中国家话语权和代表性的重要机制；在上合组织内成立开发银行，是从根本上解决中亚地区安全问题的举措之一；而且在印度加入上合组织后，与中俄和中印国家元首/政府首脑定期互访机制以及中俄印外长会晤机制结合，推动建立中俄印机制层面的领导人会晤机制，从更高层次推动三国的合作。④ 这对于中国提出的"一带一路"战略具有积极的意义。

第三，坚持支点机制中的各国特别是大国协调一致

"国家协调特别是大国协调一直是解决国际问题的主要途径"。⑤ 网状伙伴外交机制支点机制中既有典型的大国协调，如二十国集团、金砖国家和中俄印机制，也有大国协调与国家合作的结合，如上合组织。这样的设计，无论在全球层面还是地区层面，都是推动问题解决的重要力量。最重要的是，国家协调基础上的大国协调给予了各成员国平等身份，有利于提高各国参与的积极性，一定程度上是中国倡导的新型国际关系和新型大国关系的实践。而且，在这样的集体环境中有利于中国避免被负面的关注，⑥通过集体的力量推动国际关系民主化和世界多

---

① 王毅：《盘点 2014：中国外交丰收之年》，载《国际问题研究》2015 年第 1 期。

② 李葆珍：《江泽民"和而不同"外交思想探析》，载《郑州大学学报（哲学社会科学版）》2008年第 1 期。

③ 庞珣：《"金砖国家"组织：中国大国外交的"结网巧战略"》，清华－卡内基全球政策中心2014 年 5 月 30 日：http://carnegietsinghua.org/2014/05/30/.

④ 李兴、成志杰：《中俄印——亚欧金砖国家是推动丝绸之路经济带建设的关键力量》，载《人文杂志》2015 年第 1 期。

⑤ 成志杰、王宛：《金砖国家治理型国际机制：内涵及中国的作为》，载《国际关系研究》2014年第 4 期。

⑥ Michael Glosny 认为，中国在金砖国家机制内避免了被负面关注。同样，中国在二十国集团、上合组织、中俄印等机制内避免了被过多关注。参见 Glosny M., China and the BRICs: A Real (but Limited) Partnership in a Unipolar World // Polity, Jan. 2010, Vol. 42, No. 1.

极化。其中,支点机制中大国协调最为关键的是中国要坚持对俄罗斯大国地位的尊重。

第四,中俄伙伴关系要有更多新超越

俄罗斯受地缘环境的影响,较多从地缘政治的角度来考虑与他国的关系,特别是在中亚和远东地区。俄罗斯一直担心中国影响力的扩大,对其权力和威望造成挑战。在这些地区,中俄之间存在"零和游戏"(zero - sum game)的可能。而且,中俄在中长期内都不会建立真正的战略伙伴关系。① 中俄在推动网状伙伴外交机制支点机制发展的过程中建立伙伴合作,实质上是对中俄关系的超越,在国际层面追求更多的共识和一致性,②通过中俄伙伴合作推动符合国际社会普遍愿望的各种诉求的实现。虽然印度的加入会是一个变数,但是通过网状伙伴外交机制,会提高中俄印机制的层次和中俄印伙伴合作的水平。

五、小结

中俄联合提出的网状伙伴外交具有深刻的内涵。它结合了俄罗斯的网状外交和中国的伙伴外交,重点突出对多边机制的参与,并强调建立伙伴合作关系。它虽然强调不结盟,但是也可以看作是一种"柔性联盟外交"(дипломатия гибких альянсов),③实质性的约束力不强。概念体现了俄罗斯的外交创新意识,更深层次的是俄罗斯在实力有限和能力不足的情况下,如何在有效维护其周边安全的基础上保证其大国地位。④ 网状伙伴外交机制不仅提高了俄罗斯的大国地位,而且

---

① Yeung C. , Bjelakovic N. , The Sino - Russian Strategic Partnership: Views from Beijing and Moscow // Journal of Slavic Military Studies, 2010, Vol. 23, No. 2.

② 拉夫罗夫认为,中俄在国际舞台上的合作基于一致观点和更加民主与公平的世界体系的必要性。参见:俄中在国际舞台上的合作基于一致观点和公平世界体系的必要性:http://sputniknews. cn/russia_china_relations/20150227/1013967272. html

③ Соколов В. Н. , Сетевая дипломатия, политика памяти и научно - техническое сотрудничество: новые тренды регионостроительства Восточной Азии // Известия Восточного института. № . 2. 2011.

④ 这是普京的核心外交逻辑。郑羽研究员认为,从大国地位和周边安全两个基本战略追求出发,普京政府的首要外交目标是确保独联体这个"战略利益区"。也就是说,周边安全是其首要。英国学者波波·罗认为,俄罗斯压倒一切的是重建其全球大国地位。因此,俄罗斯不会放弃对大国地位的追求。这些也可以在 2013 年版《俄罗斯联邦对外政策构想》中看到。参见郑羽:《当代俄美关系运行的特点、规律和理念》,载《俄罗斯中亚东欧研究》2006 年第 4 期;Lo B. , Russia, China and the United States: From Strategic Triangularism to the Postmodern Triangle // Proliferation Papers, Winter 2010, No. 32; Концепция внешней политики Российской Федерации (2013), http://www. mid. ru/brp _ 4. nsf/newsline/6D84DDEDEDBF7DA644257B160051BF7F

保证其影响力的发挥。

同时,网状伙伴外交机制可以看作是中俄互有所需基础上处理两国关系的超越。它强调不结盟,建立伙伴合作和促进支点机制的发展,反过来又深化了中俄两国关系。但是加强和深化中俄合作,并不意味着两国结盟。因为两国关系中的地缘、经济、历史、文化的混合因素造成了两国严重的内在矛盾。① 中国对此要有自己的认识,充分发挥网状伙伴外交机制的优势,构建中国外交的新格局;同时,通过网状伙伴外交机制处理好两国关系,为中国发展和国际诉求提供战略保障。

---

① Kuchins A. , Russia and China: The Ambivalent Embrace // Current History, Oct. 2007, Vol. 106, No. 702.

02

第二篇

金砖国家：理论与实践

中国、俄罗斯和印度，不仅都是金砖国家，新兴经济体，并且都是亚欧大陆国家，处在亚欧大陆的中东部，山水相连，也是海陆复合国家。它们的相互关系不仅对于亚欧大陆，而且对于全球政治影响甚大。

第八章

国际社会的历史演变及其对金砖国家国际体系形成的影响

　　若对东方进行整体描述,则大致从 17 世纪末到 19 世纪末这里都处于被殖民的世界边缘地带。当时世界体系的主导者是欧洲(经济与政治两方面)和美国(19世纪末开始经济上居主导地位,而 20 世纪初开始不仅经济,政治上也逐渐开始占据主导地位)。从 19 世纪末起,美国经济领导力不断提升,其世界政治的参与力也由弱变强,至 20 世纪上半叶中旬,美国在世界上的政治领导地位愈发突出(伍德罗·威尔逊与他的国际联盟)。由于美国领土并未受到二战的破坏,日益强大的美国经济实力与政治影响最终促使美国成为霸权国家。在整个 20 世纪,欧洲一直都处于世界政治的中心。而 18 世纪末到 20 世纪末,东方在世界发展进程中一直扮演着配角,但形成并实施于东方的"殖民主义"现代化模式开始逐渐转变成农业市场经济模式和威权政治模式。到 19 世纪末 20 世纪初,在这一世界大区域中开始了一系列重要运动,这些运动使得"亚洲觉醒时代"真正来临,并为东方进入"非殖民化与政治现代化"的下一阶段奠定了基础。

　　19 世纪前的国际关系体系(如中国清朝、伊斯兰、希腊、罗马、中世纪欧洲)的构成与 19 世纪末 20 世纪初开始形成的现代欧洲国家关系体系并不相同。这一新体系形成的统一原则是建立在不断发展的欧洲规则(对法律地位平等的国际社会成员国开放的体系)的基础上,并在威斯特伐利亚条约(威斯特伐利亚条约确认了国家主权的平等,但直至 19 世纪末等级制度才完全被废除)签订后开始形成。在这个体系里,俄罗斯(其皇室及绝大一部分贵族与欧洲有着亲属关系与文化渊源)经历了欧洲战场上的血战与彼得的现代化后,成为具有平等主权的该体系中的一员。然而到了 19 世纪末,俄罗斯在对外对内政策上开始扮演愈来愈保守的"欧洲宪兵"角色。对俄罗斯来说,地理上与欧洲的毗邻弥补了俄罗斯对内对外政策的保守,实际上,几乎所有欧洲国家都与俄罗斯皇室及俄罗斯大部分政治精英有着血缘关系。然而随着沙皇一家悲剧性的死亡与白军在国内战争中的失败,亲属关系随之中断。而斯大林及其后的苏联时期,强制性的精英"民族化",和全世界相对立的意识形态,苏联式的强制性封闭,最终导致经济和意识形态上"闭关锁国"的"发达社会主义"苏联模式的形成,但这一模式的高效性及竞争力最终没有经受住时间的考验。

20 世纪初,现代世界体系逐渐形成。此前存在的那些非欧体系实际上是互不相关的区域性体系,这些区域性体系的结构不同于欧洲体系,它们或者是霸权体系,或者是帝国体系(如中国清朝体系、伊斯兰体系)。这种区域性体系的中心是存在一个最高统治者,代表最高权力中心,而其他都被视作边缘区,边缘区里可以有一些地区性自治组织,或者事实上的独立国家。然而即使是独立国家在这些以非欧标准建立的非西方区域性体系中(如中国清朝体系、伊斯兰体系)大体上也是不平等的,也就是说,这些独立国家比核心国家发展得要略慢,或者即便事实上不慢,但至少这些国家自己是这样认为的。

最为有趣且重要的一点是,即使按照和约来协调这些非欧区域体系中各成员之间的关系,它们依然不会"平等"——这就是等级制度,即使是与"边缘"国家签署协议(所谓的"联姻和约","父道主义协议"或者"兄弟协定")也是如此。这种体系以"上升—稳定—停滞—下降—危机或瓦解"这样的循环演变并交织着发展直到 19 世纪末。这种体系发展的巅峰时期是"东方式"的政治与经济循环的农业市场专制帝国模式(如奥斯曼帝国和中国清朝)。19 世纪初,这一模式开始由盛转衰,首要原因就是技术和生产的落后。

尽管现在人们或多或少对世界及其历史演变过程、全球统一政策与世界统一体系有一定认知,但 19 世纪前,这些现代意义上的观念都不存在,存在的只是为数不多的几个并不相关,只部分相交叉的区域性文明世界体系(如欧洲体系、伊斯兰体系、中国清朝体系等)。它们之中最通用、最开放、最有价值的要属欧洲体系,其普遍性的特点对国际社会中的各成员组织具有极大的吸引力。[①] 此外,欧洲体系的吸引力还在于它是在快速发展的经济模式的基础上建立起来的,而现代生活方式也是以此模式为基础而建立的。19 世纪初,在欧洲传统中"平等国家组成的国际社会"这一观念开始形成,到了 20 世纪中期,这一观念又得到了进一步扩充。人们认为,国际社会中的平等国家都将或快或慢地建立起一种体制,该体制下人民能够公平、完全地参与国家的治理(社会政治领域对民众开放的民主国家)。此外,人们还提出了现代意义上的现代化观念,这种现代化的基础是有意识地大规

---

① Watson A. , The Evolution of International Society. London & New York, Routledge, 1992.

模利用科技创新成果,将可改变全球技术格局的科学发现走上商业化运作道路。①

这些观念也形成了现代人类的社会面貌。20世纪初出现的现代世界体系原型是以欧洲模式为基础创建的,这一原型促使了"现代国际法"观念的形成。现代国际法在法律上确认了主权国家间的关系,推动国家与民族观念的形成。这些观念正是在欧洲,而非其他(如中国清朝、伊斯兰、非洲、拉丁美洲)传统模式基础上发展起来的。因此,它们同经济因素一样,对于整个世界体系(包括边缘区)来说具有极其重要的地位。与此同时也就形成了国际社会与世界体系现代意义上的理解。整体来说,这种欧洲式的体系是开放式的,一些边缘国家,可以逐渐加入进来,比如亚非国家。这些竞争力不是很强的亚非国家早些时候或者曾加入过其他非欧洲等级体系,或者曾作为殖民地或半殖民地国家加入过欧洲体系。这些国家接受国家间相互交往的准则(欧洲体系构架的基础),加入欧洲体系,并效仿欧洲体系进行本国的现代化建设。这个现代化是依赖式的、追赶式的,这些国家的对外政策也是服从现代化建设的目标的。许多东方国家由于与西方存在差异,且这些东方国家自身比较贫穷,没有西方国家的优势,因此,被提上日程的可供选择的现代化道路是在西方国家首先制定出的,但在那里并没有被普遍采用(如马克思列宁主义及其他理论)的现代化道路,以及依据非西方的苏联动员型发展经验建立的适用于其他地域社会政治现实的现代化道路。

欧洲国际体系核心的开放性特点以及对极权国家的抉择显然在20世纪下半叶引发了对国际体系内部成员国开放政治社会体系的可能性,而后又是必要性的思考。正是在左右两翼的极权选择的争论中生出了需用军事力量(如果需要的话)来维护这一体系的思想,而该军事力量的使用在开放的政治社会体系中需由人民选择的国家政权来掌控,国家武装组织需要绝对服从该政权。

二战后,脱离了殖民统治开始现代化进程的亚洲面临着从世界上兴盛的两种欧洲现代化发展模式中择一的问题。一种是建立在"动员—稳定/停滞—系统危机/政治冰冻—政治解冻"循环交替基础上的高度集权的计划模式(如苏联模式);另一种是以自我组织与经济政治竞争为基础的民主市场模式(如美国与西欧模式)。二战时期,为对抗国家社会主义(纳粹)的侵略由参战国组成的同盟国联盟主要是个军事性联盟,二战结束后,该联盟解散,这在事实上促成了两极体系的形

---

① Pomeranz K. The Great Divergence. China, Europe and the Making of the Modern World Economy. Princeton & Oxford, 2000;Норт Д., Уоллис Д., Вайнгаст Б. Насилие и социальные порядки. Концептуальные рамки для интерпретации письменной истории человечества. М., 2011.

成。然而,尽管在两极性基础上建立起的两种国际社会的内部构架准则不同,但整体上来说二者均属欧洲体系,只不过一种建立在对外开放的原则基础上,而另一种则建立在封闭的、防御的、贯穿意识形态的保护性的原则基础上。

这样就形成了欧洲体系的两种变体,这两种变体各自的中心却是欧洲以外的苏联与美国,而且两种变体构架的内部准则(即集权化与分权化)截然不同。形式上存在统一的国际社会和统一的国际体系,但实际上它们却被划分成两个完全对立的大区域子体系。在军事上大致取得平衡后,边缘国家的非殖民化成了时代的关键所在,因为它会加强或削弱("多米诺骨牌"效应)两极中的某一极。因此,苏联和美国两个超级大国共同鼓励非殖民化进程的发展。

这时爆发了不结盟运动,也就是"第三条路"的方案被提了出来。那些不希望融入任何一极的国家纷纷开始选择这条道路。它们因某些原因不满足于被两极国家所掌控,也不愿因此被世界分级排序及对构建严格的资本主义或共产主义(当时的术语是西方或东方)的现代化进行选择。这种趋势的表现之一是中国选择了适合自己的,非苏联式的社会主义发展模式。这时形成的发展模式还有现代反霸权主义工业与后工业发展模式,东方进入了一直延续到今天的政治现代化阶段。处于这一阶段的某些非西方国家(包括东方国家)创建了开放的社会政治体系,这使得它们能够避免体系危机,并在经济上赶上西方国家,同时还保存自己的民族文化特点。而另一些非西方国家暂时还无法走出"动员—稳定—停滞—危机"这一历史循环。

两极体系瓦解后,世界政治格局出现两种基本趋势——领袖格局和多中心格局。但同时还出现了积极模仿旧体制的浪潮。这种趋势是在严格的等级性与传统性的原则上,传承19世纪下半叶前还存在的古老的非欧区域模式,这些模式未曾被国际法在法律上认同。这种影子中心有的是自然形成的,有的是有目的地创建的,包括使用强制手段效仿两极体系瓦解后,形成于过渡阶段的世界格局模式,因为效仿的模式本是存在于旧时的自然社会秩序中的,所以其无法适应全球化所带来的剧变。

旧的经济结构模式实际上在20世纪末完全消失。因此其他一些虽采用市场经济竞争基本模式,却在其中融入本国特点的非西方国家制定了自己独特的现代化方案,并在某些领域开始赶上世界体系中的领先国家(即"追赶式"发展模式)。有一些非西方国家创建了开放式的区域性体系后,向其中注入本国的文化元素与特色(如日本、韩国、巴西、新加坡),甚至尝试推翻西方后工业发展的模式。出现了一些威权政治统治的国家或地区,它们经济上有部分的自由性,但同时因不同原因与情况,社会政治领域的自主性受到限制或控制(如中国台湾、韩国、新加坡)。这种模式在具体的历史阶段显示了自己的优越性,但有些国家却绕过这种模式朝前发展。即使在起步阶段或者在有如苏联新经济政策时期或柯西金经济改革时期的某个阶段间,这种模式都会很快引起中国和少数威权主义亚洲国家(如越南)的经济飞跃。但西方国家同样也怀疑这种模式是否会成功,因为非西方国家发展的下一阶段究竟如何,这是一个不可避免的问题。这一问题今天对所有国家,尤其是那些世界体系中经济与政治正在崛起的国家来说,都具有很大的现实意义。

其他没能够形成哪怕是民族性的现代化模式的国家,发展开始滞后。这就推动了世界体系运行的新准则产生。这些准则应在经济结构转变后产生,因为只有过渡到新结构才有可能根据自己国家的利益重新制定世界体系的规则,而不用考虑所有国家,尤其是落后国家的利益。此外,部分发展成绩不好的参与国及其政治精英们希望摧毁现存体系,或者遵循旧体系结构准则。既没有加入新格局,也没有加入现有政治经济结构("成绩不好"的发展模式)的那些国家,这种愿望尤为强烈。在旧结构终结、新技术经济结构形成的阶段,政治经济空间分布新模式开始出现。这些模式虽然受到各种好评,但暂时还没有最终确立。在向新政治经济秩序和新科技结构演变的过渡时期,世界好像电脑一般"死机"了。正在进行一体化的西方出现了混乱,原因主要是二十年来的不断扩张及过速发展带来的超负荷,过度自由的民主模式下的西方精英们没有能力在极短时间内,用"熔化锅"或多元文化主义思想来"消化"受他国文化和政治观念与价值观教育的来自边缘地带的移民,以及解决世界财政平衡失调的问题。在东方,不具竞争力的绝对极权模式(如 2011 年的北非事件)开始消失。东方被分成几个不相关联的部分:经济与社会政治发展困难的非洲;因内部矛盾四分五裂,难以进行一体化,整体上又故步自封①的以基本一致的宗教信仰(宗教信仰主义)为联结基础的近东国家;军事安全为首要问题的东北亚地区,该地区为"中心领导体制",其周围是几个拥有其自身区域制度与一体化进程方案的地区性大国;遵循协议准则大力推行一体化的以东南亚国家联盟为中心的东南亚地区。

拉丁美洲国家整体上采取了现代政治经济体制与发展模式,但其政治文化特征在很大程度上由其经济上的高度两极分化决定。这种两极分化阻碍了政治稳定发展的进程,并令左派政党的运动更为凸显。但与此同时,这种两极分化也并没有给类似巴西这类国家的发展势态与民主政治体系模式的形成带来影响。

东亚地区一体化趋势总体上在不断增强,而这一地区本身正在逐步变为世界

---

① Ближний Восток, арабское пробуждение и Россия: что – дальше? М. , 2012.

地缘政治与地缘经济活动的中心。同时，这一地区政治经济空间区域配置及全球治理新布局的新型模式的诸多样式已经固定并开始成形，虽然暂时还没有最终成型，但是俄罗斯与中国已经对参与新模式的形成表现出了浓厚的兴趣。这一地区目前还是处于一分为二的状态：一部分地区安全性问题居首位，安全状况的激化成为政治经济一体化的调控器，对未来的冲突有着残酷而现实的预见；另一部分地区正在发展经济一体化与高端技术合作。比如，在东北亚安全问题仍然重于经济发展问题。那里形成了以美国及一些强国（如中国、俄罗斯、日本、韩国）为首的多中心体系，这些国家之间基本还存在着实际的竞争（如军事平衡与潜在的军事冲突）。在东北亚，每一个居领导地位的地区强国都推行本地区的制度方案，这些方案在许多标准上互相矛盾；东北亚存在拥有核武器的"问题国家"朝鲜，东北亚一体化经济模式的发展已基本停滞，或者说发展得不好，因为现代社会从未有过政治模式互相矛盾、互相对立，而经济却协同发展的国家。

　　在东南亚已经形成以东南亚国家联盟为中心的合作模式。因为缺少优势明显的核心，东南亚的模式在经济上是相互依存与彼此互补的，它们走以经济发展为目标的道路，也就是说经济一体化的趋势占优，经济关系、多边经济合作、创新经济模式占据主导地位，出现了增长三角、自由经济区域、东南亚国家联盟与中日韩自由贸易区、自由贸易协议等发展产物。这种模式显示了参与国的经济可稳定发展，甚至在世界金融危机时期参与国的经济也可以保持增长，而政治的特性并不意味着阻碍理顺各类折中的文明和宗教信仰的特殊性，没有妥协合作式的协同发展就无从谈起。同时可以发现，区域开始扩张，尤其是经济危机时期扩张的潜力更为显著。东盟国家与中国、日本、韩国、澳大利亚、印度的贸易协定见证了积极扩张与创建大区域的全过程，但同时，美中两国间显现了两极对峙僵硬格局新一轮周期循环的可能性，这可令整个大区域，乃至整个世界"陷入"对峙的局面中。

　　对俄中而言，最重要的战略任务是不要被卷入地缘政治格局中，这会"冻结"两国对内政策与经济发展，与具备更高创新技术水平的国家相对立，以及切断与世界主要的开放式的社会经济一体化模式的联系，而世界区域政治经济空间相互依赖与关联的新性质就是在这种模式的基础上形成的。这种情况下，无论是俄罗斯，还是中国都将失去投入到经济、社会和技术革新发展的区域和全球资源的使用机会，并被迫加大用来对抗居优势的军事联盟以维护军事均势以及在意识形态上保障新的闭关锁国的所需开支。陈旧的现实主义的国际秩序模式中的军事均势将我们国家的经济发展抛到一边并阻碍俄罗斯"维护"人民这一任务及俄中两国现代化的实现。也就是说，俄中两国长期的共同任务是尽量减少相互关联的欧洲与东亚地区政治经济与社会文化空间之间的差距，这里强调的是建设性的渐进的"共同性"，而非"对立性"或"特殊性"。此外，还应当拓宽俄中两国统一的、互联的政治、经济和安全协定空间。要做到这一点，必须最大限度地把俄中两国吸纳到这一正在形成的跨国空间中来。而俄罗斯国内政治任务则是发展基础设施建设和发展国家和社会政治秩序的高效性和开放性，这可在最大程度上促进俄罗斯与欧洲—大西洋及太平洋地区的相互联系，而又不附有现代俄罗斯政治文化中常见的保守的传统的特征。

　　国际区域学作为一门学科研究的是如何治理统一的，同时又是有差别的世界区域空间（全球政治空间与时间的社会工程）的手段和方法。国际区域学专家和国际政治问题专家面临的就是如何在理论上和实践上完成这个政治经济任务。然而这一任务要求培养与过去相比对世界进程更为了解的政治精英。这些新专家除应在外国进修一些必要的课程外，还应拥有多国共同承认的文凭或国际公认的高等学府的毕业证书。原则上，他们应具有一所大学的学士学位，另一所大学的硕士或博士学位，最好在另一个培养体系的学校（可以是上海合作组织框架内的大学，也可以是金砖国家的大学）用外语研修联合办学课程。所有成功国家的经验显示，只有在实践中领会比较分析方法的特点，并在他国的文化历史与社会经济的生活方式中通过居住、学习及专业活动将其融会贯通的专家，才真正具备竞争力。在当今发展模式的国际竞争日趋激烈的情况下，这些专家能够针对问题提出切实有效的解决办法，这不仅单靠他们具有在国际先进水平的大学所学到的知识，还凭借他们自身在多元文化和谐共存的现实中的实践经验。现实中，他们的竞争力也证实了他们的个人智力潜能与专业素质。从欧洲开始，处于上升趋势的国家都采用了这种具有真正竞争力的精英的培养模式。美国、日本、一些新工业国家、韩国和当今的中国与中亚国家也纷纷采用这种培养模式。当今环境下俄罗斯与世界的联系，俄罗斯对世界的"融入度"，俄罗斯参与建立"互联空间"的可能性只能通过大量的上述培养模式培养出来的专业人才来保障，也就是需要通过与"垄断国际化"相对立的"责任国际化"进程，而非通过"精英民族化"来实现。"精英民族化"最终会导致最积极的文化水平最高的区域的精英和（或）内部外部移民的退化。金砖国家联盟的创建及成员国的协同发展——这是实现成员国共同目标的一个重要的新阶段，同时，也是让新一代人能够在一个更加公平更加美好的世界里生活的契机。

第九章

"金砖国家"对话机制及其在多极世界形成中的作用

　　"金砖国家"的历史不长,目前正在试图在国际关系中寻求一席之地。国际格局的深刻变化促成了金砖国家的出现,但发展前景在很大程度上取决于自身性质。了解"金砖国家"的性质和确定其使命是摆在金砖各国专家和政治家们面前的重要任务。

　　显然,与另一对话机制——七国集团不同,金砖各国不仅代表了不同的社会经济模式,还代表了形态各异的文明。文明正是历史发展的基本行为主体,因为文明比其他社会行为主体存在时间更长,对世界历史进程的影响也更深远。在历史上文明也是衡量认同性的最高尺度。几千年间文明具有地区性特征,大部分单独发展,为人类历史做出了各自的贡献。全球化促使文明相互联系并赋予新的功能,使之变为国际关系中的重要行为主体。过去在隔绝状态掩盖下的文明发展不均衡如今成为相互关系的基础,使得一些文明被列入世界中心,世界上具有重大意义的一切历史均集中于此,而另一些则成为边缘,只能被动接受世界中心转接的脉冲。在这种关系配置下,发展不均衡就满足了强大的文明控制和剥削弱小的文明的自然欲望,成为不平等的根据。长久以来,由于缺乏必要的手段和形式边缘文明的抗议一直未能得到令人满意的回应,但他们的努力逐渐使形势发生了变化。在全球化的发达阶段,文明之间关系协调机制的缺陷和不足暴露出来。弥补机制缺陷和制定跨文明相互关系原则成为当代的中心任务之一。

　　时至今日,欧洲国家间的关系原则仍旧是国际关系的基础。它们凭借西方的物质技术优势渗透到世界其他地区,然而同一文明内部关系模式难免有局限性,而且,这也并非唯一可行的模式。在地球的另一端——儒家文化影响下的东亚存在过另一种国际关系体系。这种体系圆满解决了它所面临的类似问题,不过它只是作为地区性历史遗产,尚未跨越地区界限。今天,在欧洲大西洋之外的一些社会经济模式证实了自身的效力,现行的威斯特伐利亚体系甚至在欧洲也遭遇严重危机的时候,建立国际关系新体系的前提条件业已成熟。新体系的基础将是更复杂、更系统的主体——文明。金砖国家的成立无疑是制定国际秩序新原则的重要一步,反映了新行为主体在国际事务中的作用逐渐增强和国际关系体系出现危机两个趋向。

文明间的关系和国家间的关系区别何在? 首先在于参与者的社会经济、历史和文化认同性的高低。与包括国家在内的其他社会行为主体相比,文明在地区、世界和历史面前负有更高程度的责任。正是文明保证了人类历史的连续性,为人类发展划出空间并指明基本方向。跨文明关系应考虑到文明的这一独特地位。鉴于此,除关乎全人类生存的特殊情况外,主权的任何部分都不可让渡也不可转让给另一文明,因为文明的历史责任远大于国家特有的政治责任。历史地位和政治地位并存要求很高程度的自由和独立,但同时也要求最高程度的责任。

现行国际关系体系的典型特征是履行国际义务使主权自愿受到各种形式的限制,这些限制在国际公约框架下得到强化并规定了平等的或者说相应的责任。在最初形成于欧洲的国际关系体系——威斯特伐利亚体系中主权受限为的是一个崇高目的——保证欧洲文明的完整与安全。但在当今世界中也存在几种在主权不可分割名义下的责任限制形式。例如,对全球安全负责的联合国安理会常任理事国席位和关乎全球经济运行的七国集团成员国宏观经济主体地位。七国集团成员资格保证其位列"幸运的十亿"(Golden Billion 理论指发达国家的国民在资源数量有限的条件下生活水平却很高),所以七国集团还处于国际政治中心地位。该中心地位以在纵向一体化等级世界中维持原状和保证行为主体最高级别的名义确定国际政治议程。二十国集团的成立承认了发展中国家和新兴市场在世界平稳发展中的地位,同时为新力量中心和能与七国集团相抗衡的力量的出现提供了前提条件,然而现有若干国际管理结构的并存状态以及国际关系统一标准和准则的缺失是世界稳定和国家互信的严重隐患。

七国集团的特点是各国具有共同的属性和价值体系——自由经济和民主。在相同价值范围内起决定作用的是实体规模,所以加入七国集团的是西方最大的几个经济体。七国集团的共同性不仅容许而且要求存在领导国。美国,作为军事、经济和政治领域的超级大国有理由以领导者自居,因为这是达到共同目的最好、最有效的方式。共同性还要求七国在世界其他力量面前团结一致。将一直在国际政治中扮演七国集团主要反对者角色的后共产主义俄罗斯吸纳进七国集团就是这一团结力量的结果。但即便这一较复杂的模式也难以解决全球范围内出现的问题。因此,俄罗斯成为抉择新对话机制的倡导者并非偶然,因为凭借本国二十世纪的历史经验(并非出于对政治等级的偏爱),俄罗斯相信原则上可以存在另一种国际秩序。

主权不可让渡而各方责任尚未明确或者原则上无法明确,在这种情况下对话机制应运而生。从传统国际关系体系的角度分析，这一机制是国际关系尚不成熟的表现。然而新的行为主体和类似性质的联合体仍在不断出现，它们在国际上的作用不断增强，这反映了当前国际体系的并行状态以及建构自由形式的需求。自由形式要求硬性主权与文明个体的责任相联系，要求同属一个文明的各国承担共同责任。

全球危机导致欧洲大西洋面临丧失经济优势和领导地位的威胁，这为其他趋势打开了前景。昔日世界中心的衰落必然导致国际格局重新排列和国际秩序发生变化。金砖国家的成立推动了其他趋势的发展，使全球主动权向曾经的世界边缘转移。同时这也加剧了西方专家和政治家对强大的新兴经济体将取代西方地位的顾虑。

以美国为首的"北方"发达国家面临的任务是维护他们当前的特权地位、减少损失以及最大程度地降低消耗。对他们的挑战就是中国的发展。中国取代美国在世界经济中的地位之后有可能围绕自身组织一个类似的结构，在世界范围内建立另一个等级空间。鉴于此，"北方"国家认为金砖国家只是形成以中国为首的新世界中心、提升中国地位以及确立中国的国际秩序的工具，而没有自主发展的意义。另一种观点认为由于经济秩序内部存在尚未解决的矛盾，所以联合体的前景并不乐观。"金砖国家"的其中一个目的可以表明事实并非如此。金砖国家合作机制有能力承担责任，不仅可以进行政治抉择，还具有历史主动性。

一、金砖国家不会成为七国集团性质的组织，也不会建立单极世界或恢复两极世界。

第一，重复以美国为核心联合其他成员国形式的七国集团对话机制是不可能的，因为金砖国家之间的差异非常大，各国间的经济联系远不如他们与欧盟和美国的经济联系紧密，在资源和市场方面，金砖各国间存在众多竞争领域。金砖国家内部的差异远比七国集团内部的差异大得多。

第二，尽管各经济体规模很大，发展势头强劲，而且这也是金砖国家的首要标志，但各国的社会经济性质却并不相同。作为多极世界的基础，金砖国家的多样性使其加入标准不再是实体规模，而是质量和认同性高低，因此可以接纳南非成为成员国。当然，金砖国家也拥有共同的价值准则，只不过性质不同，确切说是历史层面的价值准则，比如选择发展道路的自由、历史传统的自主性和文化多样性。这些准则在1955年万隆亚非会议上被首次提出绝非偶然。量化指标（经济力量，军事力量）和单一衡量标准并不适用于对以上准则的评定和描述。金砖国家作为行为主体的高层对话机制为全世界发展中国家和发达国家提供了一种可资借鉴的模式。

第三,金砖国家的性质不仅取决于成员组成,同时还要求建立联合体的另一种内部结构。金砖国家不存在也不可能存在领导国。金砖国家中有能力竞争领导权的除工业大国——中国外还有俄罗斯。虽然失去了超级大国和社会历史规划强力代表的双重地位,俄罗斯在建立金砖国家过程中仍握有主动权。它连接了新旧两个世界,它的加入提高了金砖国家在国际政治中的主体性和重要性。没有俄罗斯,金砖国家也许仍旧是一个"南方"发展中国家的地区性联合体,而非全球范围的组织。正是俄罗斯的加入才使金砖国家走向国际舞台。另外,每个成员国都是一个大地缘政治区的利益代表并在其中发挥领导作用。

第四,当多样性成为衡量发展的量化指标,先前的领导权概念会过时或者至少将获得另一层含义——个体精神规划的吸引力。现今的中国同20世纪初的俄罗斯一样尚未达到发达国家水平,但这不影响中国做出历史抉择。选择不同于西方的另一种世界模式的权利从俄罗斯传递到中国说明了金砖国家根本上并非等级式的。这体现了历史发展的逻辑——自身性质决定了历史主动性不会出现在发展的高级阶段,而是出现在较初级阶段,并且随后的一系列卓有成效的发展会将主动性推向顶峰。印度和巴西在经济发展、国际劳动配额特别是IT领域的历史主动性具有很大潜力。印度、巴西和南非的民主建设规划和社会政治结构同样具有独立自主的重大历史意义。

第五,金砖国家确定了世界总体趋势——世界政治经济中心从欧洲大西洋向其他地区转移,但并非趋势垄断。世界其他国家和地区与金砖国家关系密切。必须清楚的是,成为主导经济强国的任务不是由金砖国家的性质决定的,而是缘于世界以往的发展。因为只有占据了主导经济地位,才能为各自主动性的发挥创造条件和空间。与在经济增长方面相比,金砖国家在摆脱经济优势地位的循环和提出新的人文发展观方面面临更大的历史责任。金砖国家的成立不会消除世界的南北分化,新发展观应考虑到"南方"国家的利益。

第六,同旧极的关系。金砖国家不会成为西方国家的新对手。经济上各国相互联系,科技领域的依赖关系则更加密切。金砖国家只是西方格局之外的另一种世界格局,西方国家在其中也会各得其所。七国集团试图以自己的形式和面貌构建世界,从而出现了我们所熟知的带有强烈西方色彩的全球化雏形。金砖国家力求维持当今世界多样性,单一化与金砖国家性质不符。

第七,金砖国家的性质反映了当今世界的新特征,并不会重复西方国家的老路。在两极世界中只能徘徊于两大阵营之间,而单极世界只允许一种趋向存在,这也确立了全球化最初阶段的意义。因此,无论是两极格局还是单极格局,都无法为独立发展和创新提供空间。金砖国家的社会经济和政治模式不单单是各个力量中心或经济影响力中心,还是不同的历史发展规划。各项规划的力量不是通过现时对比来衡量,而是通过考察未来应对时代挑战的能力衡量。世界联合之后在全球化影响下的多极世界格局中首次为历史性创造提供了共同空间。只有在这一多样性空间里才能够产生出五大观念,确切地说是符合金砖国家性质的五大发展动向或维度。

二、金砖国家可以倡议构建新型世界

金砖国家应沿着以上特性中的哪个方向发展?任何一种新规划若不能完成先前所规定的任务(包括减贫、抵抗饥饿、提供医疗保障),那么它就不会有成功的机会。因此,首先,发展的一个主要方向是农业、粮食生产、生物技术和公共医疗领域的革新;其次,工业经济,尤其是能源生产与应用领域的革新,不仅因为这反映了金砖各国经济增长的需求,更重要的是我们不能重复西方国家的老路,否则,地球将无法承受人类造成的负担,环保问题与此项任务密切相关;再次,建立更加公正稳固的新金融体系以确保经济稳定发展。这些是上一阶段遗留下来但需要完成的任务。如果参照金砖国家峰会的纲领性文件,我们会发现上述任务正以新的方式完成。

世界正面临新问题,金砖国家可以就问题的解决提出倡议。信息时代提升了知识和人类资本在世界发展中的地位。所以,第四点,必须提高初级教育和高等教育、自然与人文教育的质量并制定新标准。

第五点,在全球经济增长困难的背景下经济公平以及相应的分配问题将成为未来十年世界的基本趋势。金砖国家可以在货币金融、资源供应、贸易、政治关系、人文联系等各个活动领域重新定义公平。文明间的交往首先是人文交往、民族间的关系和民间外交。从文化利益视角解决国际关系问题需要在文明间建立新道德。明确道德原则是金砖各国最重要的实际任务。各国既应在国家层面,又应在社会组织和个人层面完成这项任务。

预测金砖国家21世纪第二个十年的发展前景时,作为参与国的俄罗斯倾向做乐观估计,但也不排除悲观论调。在未来十年间金砖国家将会面临哪些威胁?主要威胁之一就是制度化和扩大化两个发展方向的选择问题。金砖国家作为各个文明的联合体有必要维护对话机制。这一机制可以保证内部发展最大程度的主体性和认同性以及在国际舞台上协调各方行动和利益的多样性。

要完成这个任务金砖国家必须从多边经济对话机制转型为国际政治和文明联合体。金砖国家的发展历程就是这一转变的有力证明。

21世纪初的经济增长和各国显著扩大的经济规模使金砖国家有理由在国际舞台上公开提出自己的要求,但在一段时期内各国心理界限和对承担建立国际新结构责任的准备不足阻碍了要求的实现,而且,由金砖四国参与的国际新结构的建立也只是地区层面的规划。新合作机制的基础最初是力量被削弱的俄罗斯和正在崛起但仍不强大的中国之间的合作。印度的加入和中印俄三边合作机制的形成以及后来印度、巴西、南非三国对话论坛的创建成为建立新联合体的第一步。两种合作机制的基础是比世界范围更小的地区性共同利益。

2008 年的金融危机从根本上改变了世界局势。公认的经济领袖和旧有的国际金融制度暴露了体系缺陷。他们对世界发展的认识危机加深了两极格局遗留下来的世界秩序的危机。经济规模,增长动力和克服世界危机的成就促使"金砖四国"重新为自己定位并重新认识自身在改变不公平经济秩序问题上的权利。成为世界经济火车头这一发展前景给金砖各国将自身经济潜力转换为政治筹码提供了可能。

2011 年前,金砖四国是四个大国的联合,四国均位于世界十二大经济体之列。不符合这一经济指标的南非的加入表明金砖国家联合体逐渐走上了国际政治方向的发展道路,合作基础不再仅仅是共同的经济利益,而是另外一些不明显但意义重大的共同问题。南非的加入初步建立了非西方世界的文明图景并从实践意义上表明金砖国家正在从经济联合体转变为具有全球地缘政治影响的跨文明层面的联合体。因此,或许到了我们讨论金砖国家扩大化问题以及制定具有全球问题意识的新议程问题的时候了。

第十章

金砖国家长期战略：俄方观点

一、金砖国家与当今世界

与一些怀疑主义者的预期相反，金砖国家组织作为一个国家间联合体，目前正蓄势待发，成为国际事务中日益重要的因素。金砖国家组织成功的秘诀何在？它能否持续发展，发展的方向是什么？对于其分属世界各大洲的成员国而言，合作的动力何在？该组织只是国际生活中的昙花一现，还是一种全新的、富有活力的国际组织形式，能够为解决全球问题提供新的思路？它是否会受到其成员国之间不同"文明"的冲突和多样性的破坏？它能否制定出自我发展的长期战略？它又能为世界其他地区的发展提供何种方案？

目前金砖国家内部具有较强的向心力，鉴于其成员国的一致利益，各国的共识远大于分歧。促使其成员国合作的因素包括：各国在世界政治和经济格局中的"分量"相当，科技发展水平相仿；在世界格局、全球问题及其解决途径等方面，各成员国的理念具有广泛而典型的代表性；各成员国政府均在其国内经济领域扮演着重要角色；各成员国均致力于改变现存的国际秩序，维护国际法的权威。对制定全球社会生活规范而言，金砖国家这一形式可以说是首个跨文明的解决方案。

正因为如此，在已经启动的"世界重组"大潮中，该组织正处于潮头的位置。无须讳言，在二战结果基础上建立起来的那些全球管理机制（其中也包括联合国）已经日渐式微。美国，尤其是欧元区已经成为各类危机的中心，"大西洋主义"的权威正遭到亚太地区新兴力量日益严峻的挑战，"东方化"取代"西方化"的说法早已不绝于耳。然而，恰恰是这一趋势的前景尚不明朗，因为它遭到了太多因素的阻挠，其中既有"东方"各国自身落后的科技和社会发展水平，也有"西方"国家的蓄意抵制。

然而，国际关系的多极化时代无疑已经来临，尽管美国以及其他惯于统治世界的力量企图中断这一趋势（叙利亚局势就是一个鲜活的例子）。立足于金融资本和市场万能的全球经济模式已成明日黄花。耶鲁大学历史学家保罗·肯尼迪断言,目前我们正在跨越或已经跨越一个"历史分水岭",一旦跨过它,我们将会把后冷战时代"唯一超级大国"的单极世界远远地抛在身后。肯尼迪认为,其中的原因主要有四条:美元的逐步衰落(以前有 85% 的世界储备,而目前已经不足60%),"欧洲计划的破产",亚洲的复兴(五百年来西方霸权的终结),以及联合国的无能为力。

近年来普遍认为,对多极世界中"力量极"的看法正在发生转变——它不仅仅指某个国家,还可以是一个国家集团。那么,金砖国家组织是否有能力、有意愿充当人类"东方化"的领头羊呢? 它又如何看待"东方化"的前景呢?

金砖各国均是世界经济的增长极,同时也是新的地缘政治影响力中心。如今它们结成联盟,为的是革新全球管理机制。在 G20 这一类似于"世界政府"的框架下,这些国家持团结一致的立场,已然形成同盟关系。假以时日,除了目前的经济和生态议题,金砖国家必将会把国际安全和稳定问题纳入议事日程。

然而,目前的金砖国家组织还只是一个基于政治意志的精英方案,因为这个"非正式俱乐部"各成员国的主要技术和投资来源,甚至销售市场都是西方国家,金砖各国(中国除外)之间的经济联系微乎其微。各国在政治体制、经济模式和文明属性等方面差异巨大,并且,即使面临这样的情况,俄罗斯在这些方面仍然更类似于西方,而非它的金砖伙伴国。

金砖国家组织内部有一种诉求,即促成各成员国合作的主要因素是经济,尽管这些国家都不富裕,且面临大量的内部问题。金砖国家人均 GDP 仅为发达国家的数分之一(2010 年美国的人均 GDP 为 43000 美元,俄罗斯为 12000 美元,巴西为 11000 美元,南非为 5000 美元,中国为 4500 美元,印度为 3300 美元)。五国GDP 总量接近全球的 15%,而美国占 25%。据可靠预测,这一比例到 2015 年将持平,到 2040—2050 年,金砖国家的 GDP 将超越七国集团。

制约金砖国家组织发展的客观因素包括:该组织结构松散(这是一个尚欠发达、问题频仍的国家组成的综合体,且各国政治体制、经济模式和文明属性迥异),各成员国之间的政治、经济矛盾突出(一些国家是原料生产国,而另一些国家则是消费国),并且,各国都优先考虑自身的经济发展,而非全球稳定,各国也都更为重视自己与西方的联系,而非成员国之间的相互联系。

与此同时,对 21 世纪初 42 项主要经济和技术指标的研究仍然表明,金砖国家之间的共性大于差异。以 2007 年创新环节的平均指数为例:俄罗斯得分 6.88(在共 10 项考察指标中,美国得分 9.47),巴西 6.19,中国 5.44,印度 4.15。

金砖各国具有共同的全球利益和契合点,首先表现为,各国均极力寻求变革国际经济金融格局。由于金砖国家协调一致的立场,在 2009 年 9 月举行的匹兹堡"20国集团"峰会上,通过了将国际货币基金组织的投票权配额、世界银行的投票权配额转移给新兴和发展中经济体的决议。中国、俄罗斯、巴西和印度四国已跻身国际货币基金组织十大股东行列。

金砖各国寻求现代化的创新模式,寻求依靠高技术行业的进步保障可持续发展的途径。金砖国家组织这一形式为其五个成员国提供了优势互补的机会。俄罗斯在能源、飞机制造、和平开发宇宙、卫生、农业等领域均占有优势。

在西方主导的全球经济中,金砖国家的相对优势包括:不断增长的消费市场,丰富的,且素质持续提升的劳动力资源,大规模的资本积累(外汇储备达全球的70%)。

在国际关系史上,在不结盟运动时期,曾有过"第三世界"发展中国家合作的先例,不结盟运动提出了"南南合作"的构想,其方向是各个发展中国家互助发展,技术共享。

冷战结束后,不结盟运动实际上已经陷入困境,其成员国对富国、强国的依赖性显露无遗。然而,由于两大阵营对抗结束之后建立的单极世界体系招致了不少反对,不结盟运动国家希望选择另外一条发展道路的想法再次获得了新的动力。

金砖国家组织是否应该占据不结盟运动实质衰落之后闲置的政治堡垒? 是否可以认为,金砖国家组织是对西方在后两极化世界中的挑战? 要知道,有关国际关系"三极化"新格局的话题已经浮上台面,而亚洲将在这一格局中发挥重要作用。

有必要梳理金砖国家这一国际组织的渊源。金砖国家组织的前身实际上就是俄中战略"轴心",随后演变为俄印中三国。中俄两国迄今仍然是金砖国家组织的主要推手。印度目前在金砖国家组织中采取了相当保守的立场,其原因之一便是与中国的矛盾,尽管当前的情况有所改观,例如,德里提出了设立金砖国家开发银行的倡议。巴西和南非目前尚居于从属地位,更多的是将金砖国家组织视为支持本国经济金融政策的工具。有人将金砖国家组织视为一个"南方"国家集团,其目标是对抗"北方"。但金砖国家却只能通过加强合作、而非与西方抗衡的方式来谋求发展。俄罗斯的任务就是:寻求普遍共识,提出当代问题,以及强化金砖国家的组织机构。

二、金砖国家——全球经济新战略的孵化器

金砖国家协调一致的长期战略方向是什么呢? 也许,透过联合国机制被整个国际社会正式认可的可持续发展理念,能够成为改革的"指路明星"。可持续发展的理念可为社会生活带来革命性的变化。就其实质而言,这一理念堪称人类历史

的新篇章,其重要性不亚于社会发展形态的提法,因为它涉及生产、消费、社会关系以及生活方式等众多领域内的新规律。

新版《俄罗斯联邦对外政策构想》指出:"日益重要的问题是保障可持续发展,保障民众的精神及智力发展,增进民众福祉,提高以人为本的投资水平。"然而,转向新的发展模式并不符合西方文明的内核,因为西方文明立足于毫无节制的生产增长和对消费的人为刺激,由此形成了一种非自然的、完全违背人的现实需求的消费模式,其中很多需求不过是市场营销人士的杜撰。一些产品被人为地设置(通过时尚、广告,技术手段等)"生命周期",从而尽快促使消费者购买新品。不可再生资源被加速加工为工业废料,污染了地球并将很快使其变得不再宜居。而可再生资源也已经很难名副其实——水、空气、植物饱受现代生活方式之害,以至于濒临(部分地区已经造成)短缺。

当前经济学的典型特征是一味追求增长速度,追求数据指标,而非生活质量,盛行数字崇拜(增长数据、GDP、生产指标、外汇储备等),这些都限制了我们的眼界,妨碍了我们认识并分析人类面临的关键挑战。发展,这并非简单的加减法。2011 年 4 月,俄罗斯联邦外交部长拉夫罗夫就曾指出,全球金融危机表明,依靠自由资本主义无法走上可持续发展的道路。

显然,在发展中国家复制西方经济模式的可持续发展绝无可能:每个中国或印度家庭拥有两部轿车,住一栋大房子,家里按美国方式塞满了电器,如此下去,我们的地球将不堪重负。若仅仅将西方模式移植到世界上的落后地区,便无法克服穷国与富国、贫穷地区与富裕地区之间的鸿沟。更何况,这一模式在发达国家尚且难以为继。过度的消费至上主义、对资源的野蛮开发,将会使人类陷入万劫不复的绝境。

迄今为止,针对可持续发展问题,各种国际组织和国际论坛制定的那些方法不仅未能实行,而且其本身就带有与生俱来的缺陷,这首先是由于这些方法受制于西方国家的私利。仅就那份(相当温和地限制二氧化碳排放的)《京都议定书》而言,占全球排放总量41%的各主要排放国(其中包括美国)均未签字。在国际话语中,关于可持续发展问题,业已形成一整套概念和一些基本理论前提,而这套理论实质上强化了发达国家的特权地位,固化了技术差距,同时也使别国无法达到与发达国家持平的生活标准。

作为一个由不同国家和不同文明组成的新的共同体,金砖国家的历史使命不是在现有体系的框架下与西方对抗,而是提供一种新的、符合可持续发展要求的模式。这一新的理念应当克服旧模式中的现有矛盾,保障按照可持续发展的标准,在各阶层、各地域之间公平分配物质财富。也就是说,要关注生态和人口领域的短板,要有序地解决各项社会任务,要防止经济问题导致的各种冲突。

这可能吗?类似的想法早就引发了热议,但往往最终"销声匿迹"或遭到西方学术精英们的贬损,由于可以理解的原因,他们并不热衷于探讨此类问题。那么,是否应该在金砖国家的框架下奠定一个探讨此类问题的基础呢?可以由金砖国家一百多名智囊(最有才智的人士)为核心,亦即某种独特的"智者俱乐部",来探讨——这并非大言不惭——人类的未来。

金砖国家要想完成"拯救人类"的使命,就必须要有统一的见解和坚强的政治意志。不要指望现存的全球管理体系会主动缴械,新的理念也不会处处都赢得鲜花和掌声,尤其是在西方的各大都市以及各大跨国公司的总部里。

三、俄罗斯在金砖国家组织形成及发展过程中的作用与任务

从历史、文化和文明角度而言,俄罗斯更多地属于欧洲,而非亚洲,从地缘政治来看,它也更倾向于是一个"北方"国家,而非"南方"同家。正因为如此,长期以来,俄罗斯联邦缺乏追求对外政策切实多元化的意愿,不愿将全球"东方"和"南方"的发展中国家视为自己的特惠伙伴国。直到与西方关系恶化时期,在这个问题上才出现了一些新的迹象,例如,普里马科夫就曾提出过"战略三角"(俄印中)的构想,在此基础上,后来又增加了与巴西的"战略伙伴"关系。

2000 年 6 月,通过了《俄罗斯对外政策构想》其中指出,俄罗斯联邦将"致力于构建国际关系的多极化体系,使其能够切实反映当今世界的多样性及其利益的多元化"。文件还申明了国际法和"国际关系民主化"的优先特性。

2008 年版的《俄罗斯对外政策构想》强调了充分发挥"几大新的全球增长中心"的经济潜力,"从而更平均地分配发展资源"的重要性。2008 年版《构想》进一步发展了以下思路,即"传统的大型政治军事联盟已经无法应对形形色色的、以跨国跨境为基本特征的当代挑战和威胁",并提出应代之以"网状外交"和灵活的多边外交。文件做出了一个全新的论断,即"当今的全球竞争演变成了一场前所未有的、不同文明之间的竞争,这首先是在民主和市场经济的普世原则之下不同价值取向和发展模式之间的竞争"。

该文件确认,"历史意义上的西方将失去它垄断全球化进程的特权",但"其'遏制'俄罗斯的政治和心理目标的惯性尚存"。文件表示,"单边行动的战略将破坏国际局势的稳定,挑起紧张局势和军备竞赛,加深国与国之间的矛盾,激化民族和宗教仇恨,危害别国安全,导致不同文明之间的紧张关系进一步升级"。俄罗斯一如既往的官方立场仍然是在国际政治中维护联合国和国际法的中心地位。

随着金砖国家功能的强化,这一形式逐渐受到俄罗斯政治精英们的青睐。早

在 2006 年,普京总统就发表过在"四国集团"的模式上进一步加强联系的想法。梅德韦杰夫总统任期内,这一"新兴大国俱乐部"获得了最高层面的认可:各国首脑和政府总理之间的年度会晤开始启动。普京在 2012 年总统大选前夕发表的一篇文章中指出,俄罗斯将继续"优先对待与金砖伙伴国之间的协作关系,这一创建于 2006 年的独特机构,最直观地表明了单极世界向更公正的世界机制的转换"。这一论断在根据今年 2 月 9 日俄联邦总统令通过的《俄罗斯联邦加入金砖国家联合体的构想》中得到了确认。该文件强调指出,金砖国家联合体已经成为"新世纪以来意义最重大的地缘政治事件之一",文件同时承认,"该联合体在短期内已经成为世界政治的重要因素"。①

2013 年 2 月颁布的《俄罗斯对外政策构想》中,确认了金砖国家在俄罗斯外交优先体系中新的重要地位。该文件指出:"国际关系目前正处于转折期,其实质就是多中心国际体系的形成……全球实力和发展潜力正在分化,并向东方,首先是向亚太地区转移……"在这样的情形下,——据《构想》总结——就形成了"全球性管控体系的持续分解,而各种区域性管理体系得以强化,它们已经与联合国一道,成为反映世界多样性的多中心世界模式的基石。各个新的经济增长中心和政治影响力中心,更加频繁、更加自信地担负起处理本地区事务的责任。呈网状分布的各区域性机构和组织、各种贸易公约和其他经济条约,及作用不断增强的区域性外汇储备等等,都是巩固安全、维护金融稳定的重要因素……"这一切都与金砖国家的活动密切相关:"俄罗斯高度重视世界发展的长期可控性,这就需要能广泛代表不同地域、不同文明的世界各主要国家,在充分尊重联合国的中心地位和协调作用的基础上,进行集体领导。为此,俄罗斯将在'20 国集团'、'金砖五国'、'八国集团'、'上合组织'、'俄印中三角'等框架下,同时也借助于其他国际机构和对话平台,进一步发展与世界各国的协作关系。"②

通过加金砖国家组织,俄罗斯希望:

· 构建一个更加公正、稳定和高效的国际金融货币体系;

· 在相互尊重主权和领土完整、互不干涉内政的基础上保障和平与安全;

· 强化自己对外政策多元化;

· 发展与各金砖伙伴国的双边关系;

---

① Толорая Г., БРИКС: попытка согласования долгосрочной стратегии. http://russiancouncil. ru/inner/? id_4 = 1506&active_id_11 = 38#top

② Концепция внешней политики Российской Федерации (2013). http://www. mid. ru/brp_4. nsf/newsline/6D84DDEDEDBF7DA644257B160051BF7F

·扩大自己在"软实力"领域的影响力。

金砖国家这一国际协作机制的确可以被视为全球关系的新模式,它将破除那些划分东方和西方、北方和南方的陈旧藩篱。金砖国家可逐渐演变为一个"处理广泛的全球经济和政治问题的多边战略合作机构"。

通过加入金砖国家,俄罗斯将有机会在全球治理体系中占据相应的地位,并利用这一因素实现自己的现代化。金砖国家组织让俄罗斯有机会在 21 世纪做出另外一种地缘政治选择(有别于 20 世纪末的下行趋势)。俄罗斯可以发挥"北方"和"南方"之间的"桥梁"作用,扮演双方中间人的角色:既避免与西方关系的恶化,又加强自己与金砖国家的协作。

俄罗斯当前的政策及任务:

·在 G20 框架下加强金砖国家之间的协作;

·共同制定并协调方针政策,改革全球经济金融体系;

·针对联合国和其他国际组织(尤其是国际货币基金组织)内的重大问题协调立场;

·加强金砖国家组织内部的联系,尤其是科技领域的联系;

·在对外经济活动中赋予金砖伙伴国优先权;

·提议将四大洲的各个区域性一体化协作机构(金砖各国在其中发挥主导作用的机构)联结起来,组建一张区域性国际组织网;

·提议金砖国家机制制度化(设立秘书处,建立国家间协作及专家互动网络)。

四、前景展望

金砖国家的中长期前景如何呢?

最近三四年,金砖国家的主要方针是:尽可能地完善其现有成员国之间的协作机制,进一步巩固该组织在国际舞台上的地位。

金砖各国的远期目标想必应该是:将该组织从一个非正式的对话论坛、一个针对小范围问题协调立场的工具,逐步转变为一个针对世界政治、经济关键问题进行战略协作和定期互动的完备机制。

当然,也要切忌揠苗助长,避免人为扩充组织规模、强行推进制度化进程,因为金砖国家这一国际组织的规模大小和制度化水平既取决于其现有成员国的国家利益,也关系到该组织能否夯实基础,确保自身顺畅运行。金砖国家组织的创新特性就在于"融合差异",当然它在实际运行过程中也持续贯彻了这一特性,因此它有能力改变那些在国际生活中一味强调国家间分歧和冲突的传统思维,促进国际关系和谐化。

当前面临的一个迫切任务就是：要在金砖国家组织内部形成一套完整的政治层面的非正式机制，以进一步协调该组织各方面行动，保障其工作的延续性不受主席国轮替的影响。有必要倡议各方展开对话，讨论金砖国家未来制度化的路径、节奏及具体方式，包括是否可以先设立一个虚拟秘书处，随后再将其落实到位的问题。要发展金砖国家组织的对外联系，尤其要建立与各主要国际组织和区域性组织、各大"新兴经济体"和发展中国家的对话关系，同时，针对一些基本的对外协作领域，要分清轻重缓急，有序推进各领域的对外协作。

现阶段，金砖国家的努力方向是促进国际金融货币体系的公正、稳定和高效，为克服全球金融危机、发展各成员国的经济、完善其金融体系创造有利条件。

在国际金融货币体系改革领域，当前的任务是建立一个更具代表性、更稳定和更可预测的全球外汇储备体系，以及按照"20国集团"和国际货币基金组织框架下达成的协议，推动国际货币基金组织如期完成现阶段的改革。设立金砖国家开发银行的倡议非常重要，这一机构可以充当一个独特的分析中心（类似于各种投资银行），针对各成员国经济发展的关键问题提出建议，从而可以判断，在哪些领域对其提供支持最为有利。显然，这项举措会带来实实在在的资金注入，这些投资将为解决各成员国的共同问题、促进各国经济一体化发挥重要作用。

随着金砖国家组织内部合作的深化，其政治协作也在加强。金砖各国一个显著的共同特征就是，它们都力求建立一个多中心、多文明、兼顾国际交往各方利益的国际体系。各成员国都把金砖国家组织视为建立这一国际体系的重要工具，并坚决表明，要在相互尊重主权和领土完整、互不干涉内政的原则基础上，持续推进国际和平与安全。金砖国家要想完成自己的任务，关键是要发展各成员国之间的战略伙伴关系，从而更好地利用其成员国的互补优势，充分发挥各领域的合作潜力。

在对外政策领域，金砖成员国迫切需要在联合国框架内开展积极协作，共同促使联合国适应当今的国际现实。此外，要促成各方，就战略稳定、国际和地区安全、不扩散大规模杀伤性武器、调解地区冲突、维持地区稳定等问题进行对话和协调立场。

目前，金砖国家组织内部的合作涉及近二十个方面，涵盖几乎所有的经济和社会发展领域。

在经贸领域，要创造更为有利的条件，推动金砖成员国之间的双边及多边贸易往来和投资合作，实现出口商品构成的现代化和多元化，增加高附加值商品的出口比重。要在各种国际组织的框架下发展相互合作，合力扩大在国际贸易中的共同利益。就远期目标而言,要争取建立一批金砖国家框架下的自由贸易区和贸易联盟,以及与金砖国家组织合作伙伴之间的自由贸易区和贸易联盟,努力促成在各金砖成员国周边构建一些区域性一体化组织。目前,成立金砖各成员国的国家工商理事会以及共同的金砖国家工商理事会的工作已经启动。

需要在金砖各国建立一些独立的评级机构,以客观评估各国公司和银行的市场地位。未来可以考虑设计一份金砖国家投资合作路线图,并探讨签订关于鼓励和保护投资的多边协议的问题。

随着金砖国家组织的确立,其参与国获得了在自然资源利用、矿产资源开发、工业、科学技术与创新(其中包括核能和宇宙开发)等领域发展相互合作的机会。鉴于此,各成员国还可以考虑,针对某些专门问题的合作制定一些共同的长期规划,例如,在维护信息安全方面的合作就具有广阔的前景。

生态合作是金砖国家的一个重要课题,有必要在绿色科技领域内促进经验交流,就气候变化、"绿色增长"等问题加强协作,共同致力于维护金砖各国的粮食安全以及世界粮食安全。各成员国在医疗卫生、应对突发状况等领域的合作同样大有可为。

由于金砖各国代表了不同的文明形态,因此急需扩大在文化、教育、体育等领域的交流,加强各成员国年轻人之间、地区之间以及非政府组织之间的交流和接触。金砖国家之间的合作有助于促进国际人文交往,使其立足于协调一致的、有利于提升人的精神需求和弘扬"正面"文化的信息政策。可以考虑制定《金砖国家伦理法典》,强调以尊重世界各国和各国人民文化、宗教、国家体制为基础的跨文明协作价值观。

在实践层面,可以集中精力解决法律和组织问题,从而以此为基础在整个文化领域、在金砖国家峰会及其他重大事件期间举办的各项具体文化活动中进行多边合作。前景尤为广阔的是教育领域合作,包括扩大高校之间的学术交流,推动教师互访和学生互换。金砖各国有必要激励在各大高校、各种国别文化中心以及其他社会机构中学习相互之间的语言。在体育和旅游领域的合作也具有正面意义,可以举办各类联合体育赛事(例如金砖国家运动会)。

为了扩大金砖国家组织在大众中的影响,可采取一些创新措施,例如推动各国民间研究所之间的合作,采取各种措施加强各成员国青年组织之间的联系,包括举办"青年领袖论坛"等。将来,若能将各成员国打造成一个公共信息空间,则会是一件意义重大的事情。另外,推动各传统宗教的接触,促进各种跨信仰的社会组织、宗教团体以及宗教学校的发展也同样不无裨益。

第十一章

金砖国家在全球治理中的作用

2001 年在分析世界经济形势之时,高盛公司(Goldman Sachs)的专家吉姆·奥尼尔(Jim O'neill)取巴西、俄罗斯、印度和中国的英文首字母,称其为金砖四国(BRIC)。[①] 这些国家被分在一组,因其经济发展和经济增长模式具有某些共同点。在高盛公司的报告中,四国被定性为"大型增长型市场经济",在当时它们应展示(实际上也的确如此)比七国集团更高的经济增长指标(见表1)。然而仅凭多少有着共同经济发展轨迹这一事实并不一定能说明,上述国家可以形成一个在国际舞台上统一行动的团体。

表1　七国集团和金砖四国的国民生产总值增长值(1999—2002)

国别	国民生产总值增长值(%)			
	1999	2000	2001	2002
美国	4.1	4.1	1.0	-0.2
欧元区	2.6	3.4	1.6	0.6
英国	2.1	2.9	2.2	1.4
加拿大	5.1	4.4	1.3	0.8
日本	0.8	1.5	-0.7	-0.9
中国	7.4	8.0	7.2	6.8
印度	6.4	5.2	4.2	5.0
巴西	0.8	4.2	1.4	2.0
俄罗斯	5.4	8.3	5.5	4.0

资料来源:Building Better Global Economic BRICs/ Global Economics, Paper No. 66, 30th November 2001, P. 6

[①]　O'Neill J., Building Better Global Economic BRICs // Global Economics, Paper 30th November 2001, No. 66.

从政治观点看,俄罗斯、中国、印度和巴西的合作轨迹有些与众不同。联合新的经济增长中心和潜在的政治影响力这一想法成为俄罗斯、印度和中国三方会谈的基础。巴西后来加入四方会谈从 2000 年末开始举行。2009 年金砖四国的第一次峰会在叶卡捷琳堡(俄罗斯)举行。之后在其他会员国多次举办峰会。2010 年南非加入金砖团体,第二年就完全参与了该团体的各项活动。

于是在"金砖"一词出现十年之后,俄罗斯、巴西、印度和中国将此理念落实为多方合作的国际经验。金砖国家机制已经启动一年一次的峰会、多层协商(包括次要的专家层面)的工作机制,开始讨论进一步制度化的可能性。基于这些变化,一些分析家得出结论:"当俄罗斯作为球队一员在新型的国际关系网中出现,并提出改革国际机构的合理要求时,金砖国家的外交可作为范例。"[1]

使用了吉姆·奥尼尔的新术语后,我们发现,金砖国家在过去十年从"增长型经济"转变为"增长型市场"。[2] 金砖国家在经济发展方面的某些转变的量化值见表 2。如图表显示,2012 年金砖国家的国民生产总值即将超过美国(19.1%)和欧盟(19.5%)。

表 2　金砖各国主要经济数据

国民生产总值,当前利率(十亿美元)	2009	2010	2011	2012
巴西	1600.841	2090.314	2421.637	2576.244
俄罗斯	1222.330	1456.079	1894.473	2197.710
印度	1268.878	1537.966	1704.063	1858.969
中国	4990.528	5878.257	6515.861	7209.418
南非	283.977	357.259	382.124	402.493

人均国民生产总值,当前利率(美元)

---

[1]　Roberts C. , Building the New World Order BRIC by BRIC // The European Financial Review, February – March 2011.

[2]　Goldman's O'Neil, Time to Move Beyond BRICs Market Pulse. http://www.marketwatch.com/story/goldmans – oneill – time – to – move – beyond – brics – 2011 – 11 – 21

续表

	2009	2010	2011	2012
巴西	8360.327	10816.487	12422.942	13108.904
俄罗斯	8614.026	10473.490	13542.891	15764.533
印度	1058.226	1264.839	1382.402	1488.031
中国	3738.952	4382.136	4833.292	5321.148
南非	5757.843	7157.801	7584.990	7873.962

资料来源:International Monetary Fund World Economic Outlook Database, April 2011.

目前,金砖国家峰会上确定的主要合作领域包括金融和经济合作、银行业务、国际安全——尤其是应对新威胁和挑战(毒品走私和恐怖主义)。各国团结一体,其目标是希望促进世界金融机构的进一步变革,首先是国际货币基金组织的变革。金砖各国还面对经济现代化加剧的挑战,但毋庸置疑的是,金砖各国在机构未来的发展方面立场一致。

在俄罗斯看来,金砖国家应逐渐成为新的政治影响中心。如此一来,金砖国家可成为一个论坛,讨论各种问题,包括地区、跨地区和全球范围内的相互影响。合作伙伴中国视金砖国家为一种途径,可以统一国际全球治理组织和机构的立场,并在此基础上巩固与他们的关系。巴西期待金砖国家能成为一个平台,讨论贸易和经济问题、金砖国家发展的首要问题、涉及地域方面(地区经济发展不平衡、中央—地方的关系等)的问题。

至于对金砖国家未来的研究,立场可大致归为两类——"乐观"与"悲观"。对金砖国家未来的发展持积极态度的,其依据主要基于前文的内容。悲观的看法源自如下事实:即金砖国家仍将把战术放在首位,而非战略目标。[1] 金砖各国之间的关系也并非亲密无间。例如,中印在边境问题上存在矛盾,俄巴在农业领域也有隔阂,诸如此类,不一而足。

在全球范围内,金砖国家在不久的将来能有多大效力,很大程度上取决于他们在20国集团及其他机构的框架内统一行动的可能性,能否建立有效的机制解决全球和地区问题。这种情况下,金砖国家的主要问题就是能否在全球治理体系中确定自己的地位。

已有一系列的研究文献试图全方位解读全球治理体系的功能。目前研究最

---

[1] Мартынов Б. , БРИКС – заря новой эры или business as usual? // Индекс безопасности, 2011. №3 (98).

透彻的是以下一些理念:(1)全球治理体系的理念与国家结构类似,只是它的作用范围是全球;(2)通过国际机构系统(联合国、国际货币基金组织、世界银行、七国集团、20国集团)实现全球治理;(3)全球治理的理念基于单极模式(例如,国际体系中最具影响力国家稳固的经济和军事实力);(4)全球治理中多中心体系的理念,其基础是国际机构和区域性集团的结合。

在研究跨地区关系和不同区域组织的制度关系问题时存在一些与最后提到的理念相类似的看法,彼此之间互相呼应。[①] 一些研究者认为存在区际合作和跨区域合作(inter‐regionalism, trans‐regionalism),他们的出发点是:前者是具体领域较为单一模式的合作(主要是贸易),而后者包括不同地区组织和其成员间更广泛的合作。

一些专家认为跨区域合作是迈向全球政治中心一体化的一步。然而,在这种模式中,中心不是大国或地区巨头,而是地区体。跨地区集团可以建立长期有效的平台来讨论不同问题,直至其被拿到全球层面讨论。[②] 在这个意义上,它们可以比各种全球性的利益集团更有效。因为这些团体的成员已达成必须合作的共识,力图提出进一步发展自己组织的计划,商定解决办法。

考虑到上述理念,金砖国家可以被看成是一个跨区域合作的原型,具备参与全球治理的高潜力。金砖国家在全球治理体系中可能发挥的作用取决于各国的特点。他们全都是所在地区的大国和超级大国,寻求构建地区政治和经济空间,承担地区发展的责任。从构建国际关系体系的角度看,所有金砖国家都是大国。因此,他们更积极地参与全球治理并不会被认为是一种挑衅。这些国家不太可能会给出一种极端的非此即彼的模式,他们更愿意在国际体系中占据一个较为公平的位置。

基于上述考虑,金砖国家参与全球治理有两种设想。

第一种设想意味着,金砖国家将继续保持积极的经济增长速度,但仍然无法与西方国家相提并论,于是成为超级半边缘大国中的一员。他们的政治协调仅限于基础性协商,因此金砖团体的国家首先要解决战术问题。

第二种设想意味着金砖国家以战略发展为本,这使得金砖国家以非对抗方式

---

① Gilsen J. , Asia Meets Europe: Interregionalism and the Asia‐Europe Meeting, London, Cheltenham: Edward Elgar, 2002.

② Reiterer M. , Asia‐Europe Meeting (ASEM): Fostering the Multipolar World Order through Inter‐regional cooperation // Asia Europe Journal. 2009. No. 7.

团结到现有的全球治理体系中,以此确保在全球层面实现国家利益。[1] 在这种情况下,他们在各自领域的合作将有助于其经济增长和发展现代化。目前第一种设想更具可能性,第二种设想带给金砖国家及其地区更多的战略利益。

---

[1]　Voskressenski A. , The Three Structural Stages of Russo – Chinese Cooperation after the Collapse of the USSR and Prospects for the Emergence of a Fourth Stage // Eurasian Review, November 2012, Vol. 5.

第十二章

金砖国家政治和外交分析

金砖国家(BRICS)是由巴西、俄罗斯、印度、中国和南非五国组成的国际机制,是世界范围内最具有潜力的新兴市场国家的集合。经历几年的发展,金砖国家已经形成由"领导人会晤、安全事务高级代表会议、外长会晤、专业部长会晤、协调人会议、常驻多边机构使节不定期沟通以及各领域务实合作在内的多层次合作机制"。① 2013 年,金砖国家第五次领导人峰会决定建立金砖国家开发银行、筹备建立金砖国家外汇储备库,并成立工商理事会,这不仅标志着金砖国家的合作由宏观走向务实,而且也标志着金砖国家组织化程度的提升。

作为一支新兴的力量,金砖国家在国际上的影响力和作用日益提升。是什么因素促使金砖国家走到一起? 又是什么因素使金砖国家受到国际社会越来越多的重视? 本章从政治和外交的角度做一分析,希望对研究金砖国家能够起到一定的启发作用。

"金砖国家"作为一个词语提出,有其偶然性,实质上却有其必然性。1998 年俄罗斯总理普里马科夫在访问印度时公开表示"全世界有许多问题要取决于印度、中国和俄罗斯的态度",②他大力主张中俄印同盟关系。这大概就是金砖国家思想最初的雏形。2001 年,高盛公司的吉姆·奥尼尔首次提出"金砖四国"的概念,预测当时的巴西、俄罗斯、印度和中国将在 2050 年成为全球新的六大经济体中的成员(还包括美国和日本)。"金砖四国"概念的提出,证明了以上四国经济实力的提升。同时,它们面对着复杂的国际环境,在越来越多的一致诉求的情况下,金砖国家走到一起成为必然。

"金砖国家"是一个开放的概念,动态的、多元的。"'金砖国家'并不排他,而且兼容双边会谈和多边会谈,重视对话和沟通,致力于形成共同的立场和解决分

---

① 中华人民共和国外交部. 金砖国家: http://www.fmprc.gov.cn/mfa_chn/gjhdq_603914/gjhdqzz_609676/jzgj_609846/

② 胡波:《中俄印共同摸索非西方道路》,载《环球时报》2013 年 11 月 11 日。

歧，但又具有足够的灵活性而不至于对成员国形成过多的约束。"①它的成立并不意味着其他新兴市场国家不能再加入，2011年南非的加入就是个很好的例子，相信金砖国家将会成为新兴市场国家合作的一个很好的组织机制。同时，金砖国家的合作机制是不断提升的，不限于目前的领导人会晤、安全事务高级代表会议等机制，它将向更深层次的务实合作发展，提升组织化程度；而且，它将作为一个整体加强与外部的交流与合作，形成多层次、宽领域的合作机制。

金砖国家引领新兴市场国家的潮流，塑造了一种新的机制文化，可以称之为"金砖文化"。这种文化不同于欧美塑造的布雷顿森林体系文化，是一种积极向上、敢为人先的文化。这种文化基于它们的发展活力，改变国际机制内发展中国家受压制、死气沉沉的局面。同时，它又是一种务实合作的文化，只有各国的合力才能抵御外来的压制，并在国际社会发出声音。虽然各国宗教、文化不一样，各国又分处美洲、欧洲、亚洲和非洲，但是这种活力和合作是远远超过地缘政治和地缘经济的，②必定会给国际社会注入一股新的力量。

金砖国家之所以能够走到一起，主要在于五国有许多的共同点、面对同样的问题。在此基础上，五国走到一起，并在世界范围内发出自己的声音，维护自己的利益。这在固有国际体制和国际机制面前，金砖国家是属于新兴的，甚至是"异类"的。正是由于五国的"抱团取暖"，使金砖国家成为国际社会的一支重要力量。

金砖五国都是新兴市场国家，经济发展迅速，都已经成为地区经济中重要的角色，并在世界范围内可以跟部分发达国家在经济上一较高下。正是因为它们的高速发展，引起了西方的恐慌，并在世界范围内对它们进行打压。鉴于经济的不成熟和单个力量的薄弱，以及不同于西方的文化影响，五国走到一起，不断强化合作机制，并对外统一诉求，要求国际体制和国际格局做出改变，维护和体现新兴市场国家的利益。

金砖国家的共性之一是五国在国际格局中的地位和处境相似。从发展阶段来说，五国都属于发展中国家，而且在经历多年的发展后，都成为国际社会中的新兴市场国家，经济实力和地位得到提升，成为地区发展中的重要角色。从发展水平来说，五国已经是"第一世界中的第三世界，第三世界中的第一世界"。③ 但它们的发展大多体现在经济方面，在综合实力的较量中仍与发达国家相去甚远。金

---

①　王玉华、赵平：《"金砖国家"合作机制的特点、问题及我国的对策》，载《当代经济管理》2011年第11期。

②　杨洁勉：《新型大国关系：理论、战略和政策构建》，载《国际问题研究》2013年第3期。

③　李兴：《国际秩序新变局与中国对策的思考》，载《现代国际关系》2009年第11期。

砖国家不是 G8,无法对当今重要的国际体制和机制指手划脚,更多是五国合作维护自己利益,并与发达国家在世界范围内进行较量的机制。可以这么形容金砖国家,它们前脚已经踏进第一世界,后脚仍在第三世界,身子卡在第二世界。它们的实力和地位都是第三世界国家无法企及的,但是又与第一世界在实力上存在巨大差距,系"第三世界中的第一世界","第一世界中的第三世界",各有自己的梦想。三国自认为是大国,是西方世界的"他类",具有明显的"金砖经济"特色。

金砖国家的共性之二是要求政治多极化、多元化,提升影响力和发言权。伴随着实力的提升,国家必定会维护自身已经取得成就,并追求与自身实力相应的国际地位,其中的核心是维护自己的国家利益。但国家利益又是分层次的,"生存利益(安全利益)是最根本的核心利益,其次是经济、发展利益,最后是国家威望,即一个国家控制和影响他国的能力"。[1] 这在金砖国家中表现得非常明显。但是现有的国际政治经济机制,仍是以美国为首的西方主导下的机制。美国一强独大,西方在联合国和国际经济组织中占主导地位。特别是国际经济体制,是由发达国家主导的国际组织组成的,发展中国家在其中的份额和影响力微乎其微。对新兴的市场国家来说,这是不相称的,因此金砖国家普遍表示要求政治多极化,改变美国独霸地位,改变西方在国际机制中的主导地位,充分体现新兴力量的崛起,提升在国际社会的影响力和发言权,对国际秩序的认识相通、主张相近,具有"金砖外交"特色。

金砖国家的共性之三是主张以谈判和外交手段解决国际争端,反对武力干涉内政和解决争端。表现最明显的是中印联合倡导的"和平共处五项原则"和处理叙利亚问题。"和平共处五项原则"是 20 世纪 50 年代由中国提出的处理国家间关系的基本原则,后经中印、中缅共同倡导成为规范国际关系的重要准则。"和平共处五项原则"要求"互相尊重主权和领土完整、互不侵犯、互不干涉内政",这不仅是对地位相同的国家,而且对霸权国家和弱小国家同样适用。21 世纪初期,美国等西方国家打着"民主化"的旗帜,在中东北非进行了一场"颜色革命",使得突尼斯、埃及和利比亚的政权发生变化。西方国家同样想在叙利亚如法炮制。2013年 8 月,美国宣称要对叙动武,法英发出声音表示支持。但是西方的举动并没有获得国际社会的支持,反对声音一浪高过一浪,要求放弃武力干涉,以谈判和外交手段解决问题。对此,作为联合国安理会常任理事国的中俄坚决反对,巴西、印度和南非也不赞成西方的做法。经过各方的较量,特别是俄罗斯的重要作用,最终迫使美国放弃了武力攻打叙利亚的想法。

---

① 李兴、刘军等:《俄美博弈的国内政治分析》,时事出版社 2011 年版,第 14 页。

金砖国家的共性之四是要求国际关系民主化,反对霸权,反对不公平的国际政治和国际经济秩序。如前所述,随着新兴市场国家的崛起,它们必定要求与其实力相称的国际地位,但是在美国独霸的情况下很难做到,于是要求国际关系民主化、反对霸权成为五国经常提起的口号,具体表现则是在全球范围内反对不公平的国际政治和国际经济秩序,要求做出改革,充分体现新兴市场国家的实力崛起。目前全球范围内最重要的国际金融机制主要有国际货币基金组织和世界银行。其中前者主要受美国控制,而且美国享有一票否决权。对此,金砖国家已经多次提出改革要求并推动份额改革决定落实,制定反映各国经济总量在世界经济中权重的新份额公式,以使后者的治理和决策机制体现世界经济多极化的趋势。①同时,推动国际货币体系改革,改变美元一元独大的地位。国际关系民主化更像是一个宏观的考量,如果要取得效果,除了自身实力的强大和组织合力,就要在以上的基础上改变国际社会不公平、不民主的机制和规则,甚至是使国际组织发生变化。只有这样,才能从根本上向着国际关系民主化的方向发展。金砖国家也在向着这方面努力。对西方又恨又爱,与西方有矛盾,恨西方,又离不开西方,优先发展与西方的关系,斗争的底气不足,合作的实力、资本不够。亮点在东方,出彩在东方,着眼点在西方。它们发展探索阶段及使命相似,都有可能为世界提供非西方的道路选择,具有"金砖道路"特色。

金砖国家的共性之五是不想与美国发生直接冲突。金砖国家在崛起后,不仅仅要维护主权和安全利益,而且要维护经济和发展利益。美国作为当今唯一的超级大国,不仅在军事方面,而且在经济和科技方面具有无可比拟的优势。冷战后,虽然包括金砖国家在内的绝大多数国家和组织都反对美国的霸权,但是却很少有国家敢于跟美国直接对抗,除了像伊拉克萨达姆政权、利比亚卡扎菲政权外。即使作为美国盟友的欧盟,因其在一体化和货币方面的表现,成为美国打击的目标,加重了欧债危机。"每当欧盟出台重大举措时,美国评级机构总要跳出来捣乱,削弱欧盟救助措施的效果。"②作为后起的新兴经济体,金砖国家没有一家敢于单独跟美国发生对抗或冲突,因为美国拥有绝对的优势和能力使其取得的成果毁于一旦。因此对金砖国家来说,除了自身要学会在全球范围内与美国进行斗智斗勇外,"抱团取暖"是非常明智的选择。外交上具原则性,正义感,但实用性,多元性。与西方有矛盾,但又弱于西方,不愿得罪西方,与西方有千丝万缕的联系,重视发展与西方特别是美国的关系,更不愿直接发生冲突。

---

① 汪巍:《金砖国家多边经济合作的新趋势》,载《亚太经济》2012 年第 2 期。
② 梅兆荣:《欧债危机的复杂性与欧盟前景》,载《德国研究》2012 年第 1 期。

金砖国家的共性之六是五国都是地区的中心,是地区治理中的重要角色。金砖国家是当今世界大洲中的发展中国家的代表,在地区发展中发挥了重要的作用。巴西是拉美地区经济发展的领头羊,经济实力居首;俄罗斯雄踞东欧和北亚,是地区中的核心力量;印度是世界人口第二大国,二十多年经济的高速发展为其军事和科技的崛起提供了保证,其实力不容小觑;中国经济实力全球第二,保守的估计,它将在本世纪前五十年内成为全球第一大经济体;南非是非洲最有影响力的国家之一,它的加入使金砖国家更具有代表性。金砖国家是地区中的中心力量,是地区治理中的重要角色。由地区到全球,它们也可以称得上是世界多极中的"极"、列强中的"强"。"金砖之父"吉姆·奥尼尔先生甚至预测,到2050年,全球六大经济体中,金砖国家占四个,凸显出"金砖治理"的特色。

金砖国家的共性之七是权力相对集中,有些国家采取的是中央集权,有的是威权政体。近现代工业革命的兴起,在世界范围内掀起了工业化的浪潮。作为后起的工业化进程中的国家,相对于英美等先期工业化国家,金砖国家如果想在较短时间内取得经济的进步发展,需要采取权力集中的方式,将资源和要素优先安排到优势产业或能够产生较大效益的行业,这样的政治体制安排与英美发展工业化时期的权力分散形成鲜明的对比。也就是说,"政治体制的类型与工业化的时机大致相关"。[①] 金砖国家中,巴西、俄罗斯和南非的政治体制是总统制共和制,总统在国家政治生活和经济安排中具有强大的权力和影响力;印度的政治体制虽是议会制共和制,但是执政的国大党在印度具有强大的影响力和民众基础,因此有利于其集中力量发展经济;中国的政治体制是执政党领导下的人民代表大会制度,权力集中,同样有利于集中力量办大事。近年来,有人形象地称中俄为威权政体,政府具有较大的权威,缺乏民主;而巴西、印度和南非虽是所谓的民主国家,但经济发展中的权力集中。

金砖国家的共性之八是发展阶段相同,处于向高收入国家转型的阶段。按照世界银行2010年的标准:人均国民收入低于995美元为低收入国家,在996至3945美元之间为中等偏下收入国家,在3946至12195美元之间为中等偏上收入国家,高于12196美元为高收入国家。以这个标准来看,目前巴西、俄罗斯已经进入了高收入国家行列,中国和南非处于中等偏上,印度则处于中等偏下。因此,金砖国家中多数国家仍处在中等收入国家的行列,避免陷入"中等收入陷阱"是它们必须要注意的。处在"中等收入陷阱"阶段的国家,大多表现出阶层、贫富分化,收

---

① [美]杰克·斯奈德著,于铁军等译:《帝国的迷思:国内政治与对外扩张》,北京大学出版社2007年版,第59页。

入不均,基尼系数大,腐败、权钱"寻租"严重,社会矛盾多发。处于转型发展时期,有"中等收入陷阱",反腐败任务、压力很大,面临挑战。如果处理不好,将会导致经济和社会发展的停滞或倒退。"在中等收入阶段,有些国家和地区长期滞留在下中等收入阶段,有些国家和地区则较快走出下中等收入阶段,但却在上中等收入阶段徘徊不前。"①作为金砖国家中的巴西,是曾经经历三十多年"中等收入陷阱"的国家,它的经验和做法可以在金砖国家内共享,避免其他国家重蹈覆辙,尽快步入高收入国家的行列。俄罗斯也有过类似的遭遇,但是相对时间较短。

金砖国家的共性之九是共同的机制追求,提升组织化程度。在今年3月份的第五次金砖国家领导人峰会上决定建立金砖国家开发银行、筹备建立金砖国家外汇储备库,并成立工商理事会。9月份二十国集团领导人峰会前的金砖国家领导人非正式会晤,更是强调要加快建成金砖国家开发银行,并早日建立金砖国家应急储备安排。这说明金砖国家对组织化的诉求越来越高,而且也说明"金砖国家的机制性合作和理念性整合已经有了长足的进步"。② 同时我们也要认识到,目前的金砖国家仍处在机制化的初期,没有设立秘书处和专门的办事机构,缺乏有效的机制运行机构和手段。但是从目前交流和进行的程度来看,金砖国家的多层次交流和合作却是在不断地深化,不仅倡导内部要加强务实合作,而且对外要加强交流,发出一致的声音。今年11月在法国巴黎召开的"首届联合国教科文组织—金砖国家教育部长会议",即是落实金砖国家第三次领导人峰会成果,建立"金砖国家—联合国教科文组织工作组"。

金砖国家的共性之十是与G8比较有许多共同点和不同点。共同点主要有:(1)都是特定国家群体的磋商机制,而且是多层次的。G8是已完成工业化国家组成的机制,金砖国家则是处于工业化过程中的新兴市场国家组成的机制。G8的内部机制包括:首脑会议、部长级会议、领导人私人助理会议、各种小组③以及其他形式的相关机制;金砖国家则是包括领导人会晤、安全事务高级代表会议、外长会晤、专业部长会晤、协调人会议、常驻多边机构使节不定期沟通以及各领域务实合作在内的多层次合作机制。(2)都是由工业化国家组成的机制,成员中都包括俄罗斯。两个群体的目标都是工业化,追求发达的工业化。俄罗斯是两者中共同的成员。(3)都不是严密的国际组织,主要形式是各层面的会晤与磋商。因两个机

---

① 郑秉文:《"中等收入陷阱"与中国发展道路——基于国际经验教训的视角》,载《中国人口科学》2011年第1期。

② 杨洁勉:《新型大国关系:理论、战略和政策构建》,载《国际问题研究》2013年第3期。

③ 陈晓进:《八国集团30周年发展回顾》,载《世界经济与政治》2005年第12期。

制都没有秘书处或常设的办事机构,故它们还都不是严格意义上的国际组织,主要的形式是各个层面的会晤与磋商。

不同点主要有:(1)发展阶段不同。G8 成员已经处于工业化的发达阶段,而金砖国家则是处于工业化的过程中。(2)追求的利益不同。G8 维护的是西方主导的国际体系和国际机制;金砖国家则认为这些体系和机制是不公平的,没有体现它们实力的进步,没有体现它们的利益和诉求。(3)发展趋向不同。G8 的作用和影响力呈下降的趋势。20 世纪 90 年代开始,G8 的全球治理能力已经开始下降。2009 年,G20 的领导人宣布 G20 将代替 G8 成为国际经济合作与协调的首要全球性论坛,G8 将主要关注国际安全、外交等问题。而金砖国家的作用和影响力则在不断地提升,与西方进行较量,维护它们的利益,而且在机制组织化程度上已经迈出关键一步,即将成立金砖国家开发银行。

金砖国家还有一个特点,就是能源的互补性。作为当今全球范围内最有活力的经济体,金砖国家对能源的需求不言而喻。从现有金砖国家内部来说,印度、中国和南非是能源进口国,而巴西和俄罗斯则是能源出口国,因此在金砖国家内部就存在能源的互补性,主要体现在能源供求、能源安全、新能源开发与能源技术发展以及全球能源治理秩序上。这种互补性不仅体现在双边层面,而且要加强多边层面的合作,建立金砖国家能源合作机制。"事实上,早在 2010 年,俄罗斯即提出过建立金砖国家间能源合作机制。"[①]如同建立金砖国家开发银行一样,金砖国家应推动建立能源合作机制,改变现有国际能源格局。

"金砖"一词虽然具有偶然性,似乎碰巧,但很现实,非巧合,有某种关联性、科学性、必然性。正是因为以上的共性,使金砖国家走到一起,并使之成为当今重要的国际机制之一。除了经济领域,反恐、交通、能源、信息安全、航天航空、全球和地区安全、地缘政治等方面还存在很大的合作空间。金砖国家肯定不属于第一世界,也不是典型的第三世界,而是出身于第三世界,但在第三世界中表现突出、发展得比较快、综合实力和国际影响力比较强,属于"第二世界俱乐部",也可以说是具有某些基础的联盟。这些共性使我们明确,金砖国家无论是从内部的发展,还是面对外部的环境,都应该加强团结合作。更加重要的是,在此基础上,金砖国家应该以国际金融体系改革、基础设施建设、能源合作等为突破口加强务实合作,实现金砖国家的实体化、组织化。巴西、南非、印度有合作,中俄印也在发展上合机制。在气候方面形成过不稳定的联盟(即中、印、巴、南"基础四国")。当然,金砖国家之间还存在这样那样的问题,比如,中俄印航空、核武器、核潜艇等方面在接

---

① 张春宇:《建立金砖国家能源合作机制大势所趋》,载《中国石油报》2013 年 4 月 2 日。

近,似乎在很多方面存在相互竞争关系。另外,谁是领袖? 动力何在? 中国有经济实力,而无国际经验;俄罗斯有军事实力和能源,经济力量不够。印度有文化和民主环境,但综合国力不够。其他是地区性领导,难以当此大任。但我们相信,经过各国的共同努力,金砖机制会逐渐形成,金砖国家会有更美好的明天。

第十三章

金砖国家的合作潜力与文化文明因素

　　某些国家积极加入金砖国家机制看起来有些奇怪,首先是印度。印美交好是明显的事实,和唯一超级大国的关系成为印度外交的指针。两国之间曾发表过"战略对话"声明,但专家指出建立华盛顿—堪培拉—东京—德里四角关系(或称"最大民主国家联盟")具有可能性。在这个框架下进行了"马拉巴尔"联合海军演习。美印在拉达克和米佐拉姆(毗邻中国边境)的军事演习引起特别的关注。美印在政治军事领域的合作又有了新的动力:在军事合作领域建立了协调委员会,并且美国向印度提供最新的军事装备,合资企业工人团体在与恐怖主义的斗争中进行定期会晤,两国就阿富汗问题进行共同磋商。2006 年双方就核动力技术问题签署了 123 协议。美国外交政策方针的调整对于印度方面是非常有利的。华盛顿在印巴冲突问题上不再支持巴基斯坦,其外交更趋向于亲印度的立场。

　　对于印美关系来说,南亚国家经济的成就以及他们与美国接触的增多无疑具有重要意义。最近二十年来印美贸易额几乎一直在增长(除 2008—2010 年各国都缩减对外贸易额的时期)。2008 年以前美国一直是印度的主要商业伙伴。只是在 2010—2011 年度中国才跃居印度出口的第一位。

　　印度被认为是外国直接投资的主要潜在对象之一。2004 年它在吸引境外资本额度上已经是第三位(次于中国和美国),而 2005 年在科尔尼投资信任指数中居第二位(2010 年它的状况稍逊于美国,但 2012 年又重新回复到第二位)。前五年印度的直接外来投资额急剧增长(从 2004 年的 70 亿美元增加到 2008 年的 420亿),但 2009 年又跌回到 356 亿美元,2010 年跌到 246 亿美元(2011 年增长到 316亿)。中国吸引境外资本主要在加工业,其商品用于出口,而印度更倾向于购买用于取代进口系统所需要的技术。

　　美国(毛里求斯对于印度的作用就像塞浦路斯对于俄罗斯)是印度经济的主要投资者(占直接投资总数的 20%—25%)。但 21 世纪前五年美国的份额跌到14.4%,之后的五年跌到 7.3%(毛里求斯的相关数字是 38.8% 和 49.6%)。

　　但是美国作为高端技术的主要供给者和印度软件的主要使用者的地位一直

得到保持。20世纪80年代南亚国家就对引进高端技术表现出极大的兴趣。应该特别强调印度在信息领域的飞跃。2010—2011年度软件和配套服务总值几乎达到900亿美元。印度确定了出口软件之路,软件出口额达到590亿美元。2011—2012金融年度的相应数字是1010亿和687亿美元。2011年度软件占印度总出口额的20%,而占国内生产总值的6.4%。印度软件和配套服务的67%正是销往美国和英国。

与此相反,印中关系则存在诸多问题。对发展印中关系的不良影响因素体现在如下几个方面:

(1)巴基斯坦问题。印度对于中国在"后两极时期"所采取的逐渐平衡印巴关系的方针持积极态度。1999年6月巴基斯坦总理纳瓦兹·谢里夫取消了对中国的访问,其原因在于北京方面在始于卡尔吉尔(克什米尔地区)的大规模冲突中公开拒绝支持巴基斯坦。但印度首先认为中国是巴基斯坦的盟友,中巴在核导弹项目的合作自然会引起印度方面的不满。

(2)邻国关系。印度和中国大体上都对对方在"他国地区"进行军事—政治合作感到不满。中国已成为孟加拉国的主要军火供应商。中国在印度洋地区建设军事基础设施引起印度国内的极度担忧,尤其是中国加强同缅甸的军事合作,借此建立直通孟加拉湾的通路和在沿海地区使用电子监控站。中国同样也对印度发展同东南亚地区国家的军事—政治合作的尝试表示不满。印度同日本的军事—政治合作同样使中国忧虑。

(3)战争问题。中印两国在很大程度上都顾虑对方的军事力量(首先指核导弹能力)将用于对抗自己。当然,印度不能不忌惮于中国在西藏的核弹布局(在现有的条件下,印度专家认为,这些核弹可能专门瞄准南方,数量50—60枚[1]),核武器的完善和中国的军事建设。

同样,中国国内极度反对印度于1998年5月(首次是在1974年)进行的核试验。中国新华社发表的声明中立刻称印度为"南亚霸权主义者"。[2] 中国政府宣布,这一实验使整个地区受到了极其严重的威胁,敦促印度签署不扩散核武器和全面禁止核试验条约,并停止自己的核项目建设,暂停建设弹道导弹的计划。中国有理由认为,在现今条件下,建立弹道导弹的项目[3]有可能专门瞄准中国(印度

---

[1] Kondapalli S., India - China Relations:Time to Consolidate? // Institute of Peace and Conflict Studies. http://www.ipcs.org/ipcs/issueIndex2.jsp? action = showView&kValue

[2] Cherian J., Worldwide Condemnation // Frontline. May 23 - June 05,Vol. 15, No. 11, 1998.

[3] Joshi M., The Big Chill // India Today, 24.08.1998.

于 2012 年成功试射烈火 – 5 弹道导弹,其最远射程达到 5000 千米)。

(4)边境问题。早在 1991 年和 1993 年中印高层会晤时双方就达成了一系列措施来保证边界局势的稳定,避免军事冲突和削减边境军事力量。双方虽然就领土问题开始了对话,但是和谈进展得十分缓慢。就中部和东部边界划分双方分歧不大(尽管这里存在几种划定实际控制线的方案),都是可以解决的问题。2005年,中国正式承认了锡金是印度的一个邦(1975 年印度将这段喜马拉雅山地区作为其保护区域并入自己的国家),而印度首次在签署的文件中称西藏为"西藏自治区"。① 而西部地区的局势要严峻得多,印度反对中国对阿克赛钦地区的控制。

(5)美印合作。美国当局否认美印关系的发展目的在于限制中国,然而,毫无疑问,这就是美方的意图。美国南亚问题权威专家沙菲尔指出,"尽管中印关系更加密切成为亚洲和平与稳定的因素……中国的崛起决定了美国必然扩张其自身在东亚传统力量中的支撑网"。② 美国的军事演习更具公开性。2006 年 2 月,美国国防部在公开发表的《四年防务评估报告》中宣布将印度变成"事实上的"同盟者,以完成包围中国的进程。中国外交部宣布,《四年防务评估报告》是对事实的"严重歪曲"。③

美国的对外政策在很多方面预先决定了与亚洲两个强国对于双边关系的立场。中国政府不能不顾虑可能出现的"反华同盟",这将中断中国经济积极增长的进程,并阻止其实现在东亚和东南亚的对外目标。印度领导人在复杂的形势中善于随机应变,运用 20 世纪 60 年代的经验(当时印度是亚洲同时接受苏联和美国经济援助最多的国家),并从 20 世纪 70 年代的经验中吸取教训——当时向超级大国之一(苏联)一边倒对印度的国际地位产生了不利影响。

(6)思想文化和科学技术领域的联系薄弱。

目前中印两国在这些领域的联系还是很少,只是在人文科学领域成就尚可,但这也仅限于不定期的学术会议和个别学者的学术访问。不仅如此,印度的汉学家和中国的印度学家人数也极其有限。

应当指出,大多数对中印关系产生不利影响的因素都由两国间的竞争所引起。中国,尤其是印度,在长期计划中视对方为亚洲地区,甚至可能是世界范围内的战略对手。很大一部分印度精英人士认为,在较长时期内,两个亚洲强国可能

---

① Mitra P. , LeFevre F. , India & China: Rivals or Partners? // South Asia Monitor, Centre of Strategic and International Studies, 05. 03. 2005, No . 80.

② President Bush trip to India // Press Briefing. Centre of Strategic and International Studies, 24. 02. 2006.

③ Cherian J. , The China Factor // Frontline. Feb. 24 – Mar. 10, 2006, Vol. 23, No . 4.

会进入直接对抗状态。在这样的背景下,近期这两个原则上对立的国家之间的合作不会很多。

　　一方面渴望在金砖国家的框架内拓展合作,另一方面在同中国极其紧张的关系背景下,把寻求发展同美国的关系作为外交方针,印度立场的矛盾性可从以下几个方面来解释。

　　首先需要指出,中印两国关系在经济领域呈现极其良好的发展态势。不久之前就有专家谈到过两国的经济竞争。印度企业家对印度市场上日渐增多的中国廉价商品感到不安(中国的劳动生产力水平要高得多,且基础建设也发展完善得多)。① 在很多印度权威经济学家看来,随着中国加入世界贸易组织,印度的情况会变得更糟。② 还应该指出,亚洲这两大强国在世界贸易舞台上一直处于竞争状态。然而现在随着印度企业家对世界经济竞争环境的适应,情况发生了巨大改变。两国间贸易额增长速度急剧加快。1999—2000 财政年度贸易额是约 20 亿美元,③2006—2007 财政年度是 258 亿美元,2010—2011 财政年度为 631 亿美元,而到了 2011—2012 财政年度已经达到了 756 亿美元(占印度贸易额总量的9.5%)。④ 中国已成为印度的主要进出口国,双方建立了一些合资企业,并且开始考虑如何将印度在研发程序方面的潜力与中国生产的仪器和设备相结合。印度政府甚至还打算利用中国作为同东南亚国家在信息技术领域扩大合作的立足点。

　　第二,存在着影响印美关系的消极内在因素。印度主要反对党——印度人民党如世界上大多数右翼民族组织一样,开始对美国采取更多的批判态度。印度左派的反美情绪是正常的。当权的印度国民大会党清楚地意识到,华盛顿方没有把任何一个国家作为权利平等的伙伴看待,而在印度方面,这种权利不平等的伙伴关系是不能容忍的。

　　第三,也是最重要的一点,印美双边关系改善的过程中会伴随着滋长(目前为止还是潜在的)两国在全球范围内的潜在冲突的可能性,这同地缘政治和地理经济问题上的大量分歧有关。

　　印度由于政治、经济和文化方面的原因否定了北方霸权主义。对于印度而言,独立的外交方针一直是首要目标,妥协是无论如何不会被列入其计划之中的。作为两个大国的中国和印度之间在进行竞争,虽然存在着这些基本矛盾,但他们

---

①　Bhaumik T. K. , Facing the Chinese Competition // Economic Times, 01. 11. 2000.

②　Aiyar V. Sh. , Saran R. , Chinese Goods // India Today, 11. 12. 2000.

③　Malik A. , Trade Against Terror // India Today, 09. 10. 2000.

④　印度贸易工业部贸易司官方网站:http://commerce. nic. in/eidb/iecnt. asp

在对待全球问题上仍然立场一致,这并不是偶然现象。通过对印度、中国和其他国家在联合国大会上对一系列国际政治问题投票一致率情况的分析,可以看到,有几年印度进入了与中国投票结果分歧最少的三个国家行列之中。实际上,在全球可持续发展和战略稳定问题上,亚洲国家的立场是基本一致的,而在国家安全问题上只有俄罗斯,而不是印度经常同中国投票一致。

建立俄罗斯—中国—印度三国同盟的想法首先是俄罗斯国务总理普里马科夫于 1998 年 12 月对印度进行的正式访问中公开提出的。① 印度和中国的快速发展使得中印逐步变为独立的权力中心。普里马科夫的提议证明,俄罗斯开始转向亚洲,但是为了使俄罗斯对外政策在这个方向上发展顺利,就要求权力的转换。发达国家当时不希望同俄罗斯建立良好的伙伴关系,实际上他们也是在迫使俄罗斯改变对外政策路线,并首先在"南方"大国中寻找新的合作伙伴。2000 年,俄罗斯宣布了与印度的"战略伙伴关系",2001 年,宣布了与中国的"战略伙伴关系"。

印度领导人以及中国领导人都十分谨慎地对普里马科夫的提议做出回应。但是在 1999 年 3 月北约侵略南斯拉夫之后,印度的国务总理瓦杰帕伊呼吁重新讨论这个提议。中国媒体也提出了类似的建议。21 世纪初,中国领导人开始公开发表声明,指出以最严肃的方式深入探讨金砖三国概念的必要性。在 2003 年美国入侵伊拉克之后,三边关系取得了新的发展。

从 2002 年起三国外交部长开始会面。起初他们仅在纽约联合国大会框架之下进行,但是 2005 年 6 月中、俄、印三国外长在符拉迪沃斯托克市举行三边会晤,这是三国外长的首次独立会晤。2006 年 7 月在圣彼得堡举行的八国峰会框架下,俄罗斯、中国和印度三国领导人进行了的第一次会晤。从 2005 年起,三国领导人进行双边会谈时开始强调巩固三边关系的重要性。因此,2006 年 11 月 21 日,中国国家主席胡锦涛在对印度进行正式访问过程中签署的《共同宣言》中指出,"双方都肯定地评价印度、中国、俄罗斯三方对话的机制,并认为在这个框架下的交流与合作应该继续深化下去"。② 同样,2007 年 1 月,普京在对印度正式访问时的一份《联合声明》中指出:"三边关系有助于印度、俄罗斯和中国互利互惠的经济合作与发展,并可以加强在应对新的威胁和挑战,特别是同恐怖主义的斗争中的国际

---

① 顺便说一下,关于这一点,当在欧洲实现社会主义革命的希望破灭之后,列宁和斯大林就曾提到过。
② 印度共和国和中华人民共和国发表的联合声明:http://meaindia. nic. in/declarestatement/2006/11/21jd01. htm

合作;为巩固亚洲及世界范围内的和平与稳定做出贡献。"①

伊斯兰极端主义和激进主义的滋长拉近了三国之间的距离。"穆斯林弧"从非洲西北部蔓延至亚洲东南部。印度(一亿五千万穆斯林居民)、俄罗斯(高加索和伏尔加—乌拉尔地区的穆斯林居民)和中国(新疆的穆斯林居民)将把相同的问题和任务结合起来。现在对于欧亚大陆最大的国家(首先是俄罗斯和印度)来说,首要的共同任务是同伊斯兰国家建立联系。中国也担心来自伊斯兰世界方面的威胁。中印一直坚决支持俄罗斯在车臣问题上的态度,并给予"第二次车臣战役"以积极的评价,这绝非偶然。

1991 年 12 月,时任中华人民共和国国务院总理李鹏同印度领导人进行会谈(即 1960 年以后中国总理对印度的首次访问)的过程中,已经明确指出三国可联手,共同抵制单极世界格局。双方表示,愿意在全球国际关系体系中,在防止出现一国霸权的目标之下,加强联系。对于中国和印度来说,外交的独立性一直是首要原则。甚至是印度右翼党派也开始支持双边关系的全面正常化。例如,在1998—2004 年间执政的"印度人民党"做出的决定中是很显而易见的,"印度人民党"之前一直批评中国政治。

2006 年 9 月,俄罗斯、中国、印度和巴西的外交部长进行了第一次共同会晤,2008 年 7 月四国领导人首次会面(继日本的八方会谈之后),2009 年 6 月在叶卡·捷琳堡举行了全规模的金砖四国峰会。2011 年 4 月在中国举行的第三次四国峰会上,正式吸收南非加入金砖国家,2012 年 3 月,南非参加了在新德里举行的金砖五国会议。

在印度,所有金砖五国合作伙伴都被认为是当前的或是潜在的世界权力中心。他们也可以被称为区域性大国,现在这样的国家已经不多了。这类国家中有印度、中国、澳大利亚、巴西,在一定程度上也包括墨西哥、南非和尼日利亚。应该特别强调,金砖五国正试图抵制经济全球化对发展中国家产生的负面影响。在这个计划中,金砖五国可能是其成员国在巩固自己在世界经济体系中的地位和实现其具体计划方面的重要伙伴。金砖国家机制可能对"贯穿"所有成员国的双边关系方针都是有益的。但是应该特别指出,实现俄罗斯—中国—印度三边机制中的经济关系可以改善欧亚大陆的邻国间关系。鉴于中方十分担心印度进入由美国提出的"合围中国"计划,因此,应该由中国根据俄罗斯—印度—中国三边机制中的经济合作潜力提出方案,开启俄罗斯、中国和印度在金砖五国框架下的合作。

---

① 俄联邦国家总统普京访问印度达成的联合声明,2007 年 1 月 25 日印度外交部网站:ht-tp://meaindia. nic. in/

　　文化—文明因素十分重要。一方面金砖五国彼此之间各不相同。它们属于不同的文明。社会的发展是在文明的基础上实现的,文明的领域十分广泛,从作为西方社会基础的个人主义(个人利益优先),到传统的东方社会所特有的集体主义(集体利益大于个人利益)。中国,就像其他东亚国家一样,近似于明确的集体主义倾向的道路是其主要特点。印度和俄罗斯文明的特点是一种中间道路——粗放式发展,但是远非纯粹的集体主义或个人主义倾向。因此如果说印度的道路已相当明确的话,那么俄罗斯的特点就是曲折式发展,尤其是在 20 世纪:十月革命后尝试走集体主义道路,而苏联解体后则是个人主义道路。

　　从另一方面来看,很多因素增强了金砖五国的凝聚力。分析中国和印度觊觎世界领袖地位的文化因素时,应当考虑到,这两个国家较之北方发达国家并不存在文明缺陷综合征。如今印度既非处于英国统治时期,也非作为当时世界最贫困国家之一的独立初期;中国同样既非处于领土遭到分割的半殖民地时期,也非处在依附于苏联的时期。印度和中国作为最伟大的世界文明古国(同古埃及和某些其他国家一起)体现了四千年的人类发展,这在亚洲国家从未被遗忘。不应忘记,北方霸权建立不足三百年,亚洲无法理解对世界及其历史的欧洲中心论观点。印度人将北方发达国家的强制政策视作暂时现象,中国人更是如此认为(中国人对时间的理解与欧洲有着本质上的差别,而印度人对其的理解与欧洲在某种程度上有所差别)。

　　从本质上说,很多南方国家也是相似的情况,包括巴西和南非。经济发展上取得的成就同一系列政治事件(朝鲜、越南、阿富汗及其他国家的战争)一样,改变了亚非人民对欧洲文明的看法。在经济方面,他们显示了在外国市场的竞争力、维持更高增长速度和人均收入方面的能力。从军事政治角度看,欧洲文明的优势远非无可置疑,最好的情况不过是欧美力量得以成功保全脸面。在技术领域,印度不但表现出掌握引进的高端技术的才能,同时也显示出自行发展科学研究的能力,中印独立制造核武器——这是明显的例子。在此条件下,从前对欧洲的逆来顺受与敬仰崇拜已消失不见。更要强调的是,亚洲大国经济的快速发展是相对于欧洲文明拥有一定综合优势的基础。

　　俄罗斯文明从文化学角度看还是更接近于西方文明,但也有着独具的特色和与西方的差别。最初阶段由东斯拉夫人构建的罗斯国家隶属于欧洲文明的一部分,实际上与南方发展中国家是相隔离的。事实上,在古代俄国文学中没有来自东方影响的情节,这并非偶然。鞑靼蒙古的入侵,与罗斯对立的罗马天主教不宣而战对俄国进行十字军东征导致最终的分裂,并出现了敌对国家波兰—立陶宛的联合,这导致莫斯科与西方分离。三个世纪中俄罗斯与西方完全中断一切联系。

在俄罗斯大地上形成了自己独特的文明,它既有别于西方,也有别于东方。同南方和东方关系的积极发展促成了罗斯向欧亚强国的转变。18 世纪初,彼得大帝强制实行的现代化和西方化推进了俄罗斯帝国向其他欧洲强国形式上的转变。但这种尝试导致在俄罗斯产生了两种不同的,甚至彼此矛盾的文化——即上层社会和下层人民的文化,这后来起到了负面作用。这种文化的断层和不加批判的西方化所引发的现象之一即是使自己向不可避免的西方标准看齐。这种态度是导致马克思主义在上个世纪初胜利的因素之一(马克思主义是西方现象,这点不可忘却),而在世纪末,导致建立以极端个人主义为基础,崇拜物质和强力(在俄罗斯背景上这两种观念都被推向极端)的"野蛮资本主义"。

关于中国和印度在文化上可能跃居领袖地位的缘由,人种因素不可忽视,引起最多注意的首先是印度(一方面对抗白种人,另一方面对抗黄种人、黑种人和褐色人种)。白种人对文明和文化的霸权控制势必会引起他人强烈的报复倾向,而如今第一种可能性已经开始显现。共同的历史和在历史发展与国际劳动分配中的不平等地位所决定的一致使命使南方发展中国家团结起来,这种情况起了主要作用。这导致南方发展中国家中的其他区域性大国(巴西、南非、印度尼西亚等)从地缘政治和心理学角度更倾向于同中印,而不是同西方合作。从前的世界劳动和经济分配模式阻碍着类似联盟的建立,但随着南方发展中领袖国家的经济增长,类似的障碍将会逐渐被清除。

按这个标准,俄罗斯原则上比其他北方发达国家看上去会更好一些。俄罗斯从根本上不同于任何其他帝国——从罗马帝国到不列颠帝国。在俄罗斯没有过剥削阶层,而俄罗斯人也并不比非斯拉夫民族拥有更多的权力。俄罗斯边境不存在抢劫现象且经常享有补贴,地方的杰出人物属于整个俄罗斯。倘若说有一些区别,那便是宗教上的特殊性。苏联时期始终帮助南方发展中国家对抗西方国家(何种原因是另外一回事)。这决定了如所有社会调查所显示的那样,南方地区与俄罗斯和俄罗斯人民的关系甚为友好。

中国、印度与俄罗斯社会文化——文明的独特性使得这几个大国强化了各自的立场,他们的哲学流派自古以来赋予人及其道德思想的和谐完善和发展以重要意义。印度和中国社会总体上说从未像其他东方文明那样存在过度的侵略性和排他性(显然该情况并未考虑到一直存在的关于中方将挑起世界战争的警示)。在一定的历史阶段,中国具有闭关自守的倾向,并对周边世界持蔑视态度,但经历了 20 世纪的诸多教训,如今文化的这个方面并未产生严重影响。同样,印度在殖民地时期有着强烈的自我优越感,视他国皆为"蛮夷"。现在印度人民和中国人民都愿意面对各种世界经验做出必要的调整。

全面发展文化子系统,首先是教育领域(大量吸引中印学生赴俄留学,加强高校和科学领域的联系)的合作至关重要。赴美留学的中印学生数量仍占据前列。以前曾有过上万名中印学生在苏联接受教育,而如今他们实际上并未在俄国的教育方面发挥作用。

同样应当大力推广文化宣传活动,包括在中国和印度(包括私人企业)进行关乎俄罗斯经济利益的游说活动。西方大众信息的电子媒体因为自己对待俄罗斯的不友善态度感到吃惊,例如他们指出,俄罗斯政治实际上没有任何正面的东西。类似的态度也存在于西方刊物中。所有信息传到印度、中国乃至整个亚洲,造成这些国家与俄罗斯关系交恶。如果地方媒体进行关乎我们国家利益的游说活动,阻止俄罗斯企业签订对苏联在这些亚洲国家所建的企业进行改造的价值数百万的合同,事情会更加棘手。

因此以下几点必须考虑:

——扩大《俄罗斯新闻通讯社》在中国和印度的活动范围,把工作重心放在创造和宣传一个正面的俄罗斯形象,而不是伪客观的,一个备受批判的俄罗斯形象(其他国家正在积极促成这样一个俄罗斯形象)上;在中国和印度媒体经常发布有关俄国的资料;

——扩大《俄罗斯之声》广播在亚洲大国的覆盖面;

——向中国和印度提供有关俄罗斯正面的真实的图片和影像资料,限制负面信息;

——有目的地推进单边世界威胁论的思想并共同努力阻止这种进程;

——促进可为政府提出建议并经常活跃于媒体(引导社会思潮)的专家学者(能对接纳建议产生影响)之间的合作。可采取的措施有:圆桌会议、专题讨论、代表会议、合作出版、杂志辩论等;

——在双边或多边的基础上定期举行以外交或军事政治问题为主题的专家会议;

——必须在各层次上强调三个国家具有某种相似性。尽管我们的文明有着很大不同,我们却有一个共同之处:内在所固有的与发达国家唯利是图的唯物主义相对立的精神特征。为了促进相互了解,建议亚洲伙伴在邻国定期举行大规模的文化节;

中俄印政治、经济、军事、文化领域的紧密联系为金砖五国的活动增添了新的内容。金砖国家无意破坏国际政治经济关系,而是要巩固本国在世界格局中的地位。

第十四章

中俄印是推动丝绸之路经济带建设的关键力量

大国一直是影响国际关系发展的重要力量。大国关系对世界发展和国际格局产生重要的影响。中俄印作为欧亚地区的大国,金砖国家,在亚欧地区具有重要的影响力。作为新兴大国的代表,它们有实现发展的共同诉求。作为沿线国家,中俄印金砖国家是推动丝绸之路经济带建设的关键力量,中俄印关系是推动丝绸之路经济带建设的核心关系。

一、中俄印——金砖国家:实力强,优势互补,影响大,具备领军能力

从大国影响力来看,中俄印三国对地区发展的影响力显而易见。作为新兴大国,三国都具有各自的优势,而这些优势对于经济发展来说恰好是互补的。三国关系在丝绸之路经济带建设中都是核心关系。

从经济发展的角度来看,发挥三国的各自优势对于丝绸之路经济带建设具有重大的作用。这其中重点是发挥俄罗斯的能源保障作用、中国的资本先导作用和印度的科技支撑作用,也就是发挥俄罗斯的能源优势、中国的资本优势和印度的科技优势。

三国中,俄罗斯具有明显的能源优势。无论是能源储备还是能源出口,俄罗斯都在世界中具有重要的地位。俄罗斯是世界第二大石油生产国,仅次于沙特阿拉伯,探明储量占世界 12%—13%。俄罗斯是世界上天然气资源最丰富、产量最多的国家,占世界探明储量的 1/3 强,也是世界上天然气管道最长、出口量最多的国家。煤蕴藏量居世界第二位,铝蕴藏量居世界第二位,铁蕴藏量居世界第一位,铀蕴藏量居世界第七位;俄罗斯是世界上第二电力生产大国,水电与核电并重,核电发展较快。与此相反,中国和印度却是典型的能源消费大国,能源需求缺口大。中国目前已经是全球第一大能源消费国,印度对海外能源依存度高达 70%。在两国经济将维持较快长期发展速度的情况下,能源安全成为重中之重。因此,两国都提出了能源来源多元化战略,避免单一对中东石油的依赖和两国的能源竞争。中印与俄罗斯有巨大的能源合作空间。伴随着乌克兰局势导致俄罗斯与西方关

系的恶化,西方对俄实行经济制裁,俄罗斯也将越来越倚重东方,中国和印度是其重要的目标。因此,俄罗斯利用自己的优势深化与中印的关系,不仅可以深化三国之间的合作,而且可以有效减轻来自西方的压力。三国之间的能源合作将不仅仅是俄罗斯对中印的能源输出,中印可以利用自己的经济优势进行投资,支持俄罗斯的能源基础设施建设和能源开发。在能源领域,俄罗斯相对于中印处于上游,可以为三国和丝绸之路经济带建设提供能源保障。

　　印度具有明显的科技优势,被誉为"世界办公室"。按照世界银行对软件出口国家能力的调查评估,印度软件出口的规模、质量和成本等综合指数名列世界第一位,并成为世界上仅次于美国的软件出口大国。印度的软件技术具有对中俄的优势,而这也是相关科技发展的重要基础。印度虽然在军事和空间技术方面与中俄存在一些差距,但是不能忽视印度为保持经济的较快发展对它们的支持力度。印度软件技术的优势也为这些科技的发展提供了良好的条件。现在,俄罗斯存在基础设施落后、科技设备陈旧等的问题,为提高经济质量而进行的创新发展战略需要软件技术的支撑;中国也在努力推动新能源、信息技术产业等战略性新兴产业的发展,但在软件技术方面与印度还有一定的差距。因此,中俄印应该加强科技方面的合作,互补不足,共同发展,塑造中俄印的核心技术优势。

　　中国具有明显的资本优势,这主要得益于中国长期坚持的出口导向战略。经过三十多年的积累,中国目前拥有世界第一的外汇储备,达4万亿美元。这个优势同样是国内巨大生产能力和长期维持较低工资的结果,单位资本是其重要的表现形式。资本具有追逐利润的天性。拥有巨大资本的中国在逐步崛起的过程中也同样表现出资本的扩张。鉴于对美元独霸地位的不满,中国努力加强与相关国家的本币互换和本币结算,逐步扩大人民币的适用范围。货币流通是丝绸之路经济带建设的重要内容之一,可以在经常项下和资本项下实现本币兑换和结算。互联互通是其基本内容,中国可以通过发挥资金和技术优势支持沿线国家和地区的互联互通建设。① 通过加强基础设施建设,为丝绸之路经济带建设提供良好的条件。相对来说,俄罗斯和印度缺乏资金。印度一直依赖世界银行获得贷款,但是可获得资金越来越少。② 资本外流已成为俄罗斯的常态。在目前乌克兰危机久拖不决的情况下,资本外流呈现加剧的趋势。因此,中国可以通过加强与俄印的经贸关系、金融合作等途径进行资金支持,为俄印经济发展提供保证。为此,中国与

---

① 王海运:《建设"丝绸之路经济带"促进地区各国共同发展》,载《俄罗斯学刊》2014年第1期。

② 朱杰进:《金砖国家合作机制转型》,载《国际观察》2014年第3期。

印度联合提出了建设孟中印缅经济走廊，中俄签署了《中俄东线天然气合作项目备忘录》和《中俄东线供气购销合同》，合同价值超过 4000 亿美元。两国还提出了建立中俄蒙经济走廊的规划。上合开发银行、金砖开发银行相继宣布成立，中国与俄印之间的经济、金融联系呈现加强的趋势。

除此之外，俄罗斯还具有军事优势，为丝绸之路经济带建设提供安全保证；印度还具有人力资源优势，为丝绸之路经济带建设提供人才保证；中国还具有制造业优势，为丝绸之路经济带建设提供商品保证。

二、中俄印各种合作机制：有利益需求，有发展动力，有战略前途

除了中俄战略协作伙伴关系，中印战略伙伴关系、上海合作组织、金砖国家等双边和多边机制外，还应加强中俄印三边合作，建立多层次、宽领域的合作机制。

1. "莫斯科—新德里—北京战略大三角"

1998 年 12 月，时任俄罗斯总理的普里马科夫在正式访问印度时谈到希望建立"莫斯科—新德里—北京战略大三角"。这一提法是普里马科夫 1996 年任外长时设想的中俄印战略合作的继续。

在外交领域，俄罗斯是一个具有创新意识的国家，其能源外交、智慧外交、网络外交等广为人知，中俄印战略关系也是首先由俄罗斯提出来的。这源于俄罗斯的历史传统、对大国地位的追求和对世界形势的把握。首先，俄罗斯具有扩张的历史传统。但是在扩张的过程中，面对比自己具有优势的国家和民族，俄罗斯人既顽强又有策略，这样不仅达到了目的，而且维持了本身的实力，避免了损失。而现实的扩张一方面源于历史的惯性，另一方面则更多是对安全的担忧，通过不断扩张领土加强战略纵深来保障自身的安全。在苏联解体后，俄企图在其周围建立"稳定的弧形"。[①] 自立国以来，俄罗斯孜孜以求的是平等的大国地位。[②] 在目前实力有限和能力不足的情况下，俄罗斯继续发挥历史中纵横捭阖的外交传统，通过聪明、智慧的外交政策弥补实力的不足。[③] 第三，俄罗斯对世界形势一直有自己的判断。2013 年版的《俄罗斯联邦对外政策构想》中提到，国际关系转型的实质在于形成一个多中心的国际体系；世界发展的重心在向东方转移；在解决国际问题时，结盟的方式正在被以多边灵活机制有效解决共同任务的网络外交所替代；

---

① 李兴：《论冷战后美俄关系中的欧亚地缘因素》，载《国际政治研究》2005 年第 3 期。

② 波波·罗：《俄罗斯、中国和美国——从战略三角到后现代三角》，载《俄罗斯研究》2014 年第 1 期。

③ 肖辉忠：《试析俄罗斯金砖国家外交中的几个问题》，载《俄罗斯研究》2012 年第 4 期。

俄罗斯应该奉行全方位外交方针,积极发展与世界主要国家及集团的关系等等。①俄罗斯不断调整外交政策,以适应变化中的国际社会,维护自身地位。因此,俄罗斯提出中俄印战略三角关系也是情理之中的。

在提出中俄印战略三角关系设想后,俄罗斯率先推动的是三国学者的对话与交流。2001年9月,来自中国国际问题研究所、俄罗斯科学院远东研究所、印度中国问题研究所的学者在莫斯科举行了第一次三方学术会议。目前该会议已经成功举办了十三届,成为中俄印三国间重要的二轨机制。该机制每年轮流在三个国家举行一次,分别由以上三个研究所轮流承办。在此基础上,中俄印外长会晤开始并机制化。2002年举行了首次三国外长会晤;2009年的第九次外长会晤签署了联合公报,对全球及地区重大问题进行讨论和协调。在其他领域,如救灾,三国建立了中俄印专家救灾三边会议,目前已成功举办了五届。

在进入新世纪后,中俄印三边关系趋暖。这主要基于三国对国家利益的战略需求。对中国来说,维护好与俄罗斯的关系有利于维护中国西部的安全,与印度的关系则有助于维护西南边陲的安全。对俄罗斯来说,与中印进行战略合作可以支撑其大国地位,并在与美欧的竞争中保持优势。对印度来说,崛起后对全球和地区诉求的增加只依靠自己的力量是不行的。各自的设想透露出中俄印三国对战略三角关系的不同立场:中国审慎,俄罗斯积极,印度支持。中俄印战略合作的重心在于全球及地区问题的协调与合作,三国间的合作机制处于较低层次,大多以民间为主。总的来说,作为新兴大国的代表,中俄印崛起后面临的是西方设定的国际秩序,三国的诉求在这种秩序中无法得到满足,于是三国联合与西方竞争的色彩较浓。

2. 中俄印三边合作机制

目前中俄印合作机制的主要体现是中俄印外长会晤机制,可以将其看作是核心机制,辅之以各层面、各领域的具体对话与交流机制,具体包括中俄印三方学术会议、专家救灾三边会议、三国企业家会议、三国外交部地区司司长磋商、三国农业合作论坛、三国官员和专家地缘战略趋势研讨会、三国医药卫生专家会议等,内容涉及智库、工商界、农业、减灾救灾、医药卫生等领域的合作。这些合作机制以三国政府为主导,民间机制积极跟进,处于比较活跃的状态。当然,中俄印合作机制仍有很大的提升空间。

金砖国家机制是目前将中俄印三国囊括在内的主要多边机制之一。它目前的主要机制包括:领导人峰会、安全事务高级代表会议、外长会晤、专业部长会晤、

---

① 黄登学:《新版〈俄罗斯联邦对外政策构想〉述评——兼论普京新任期俄罗斯外交走势》,载《俄罗斯研究》2014年第1期。

协调人会议、常驻多边机构使节不定期沟通以及工商理事会、智库理事会等专业领域务实合作在内的多层次合作机制。2014 年 7 月，金砖国家开发银行正式成立，它是"金砖国家合作进程中的一件大事"，[①]是金砖国家机制"实心化"的开端。[②] 以成员国为参与对象，金砖国家机制下还包括中俄印机制以及印度、巴西和南非对话论坛。目前后者构建了以首脑会议为核心，包括商业联合委员会、防务合作对话、三边委员会（由三国外长组成）、三国信托基金等机制在内的多种机制，促进了三国在能源、军事、贸易、入常等方面的合作。与之相比，中俄印合作机制层次较低，在相关方面的合作大多局限于双边层面，三国之间的有效合作乏力。

其实，可以通过以下两种途径深化三国间的合作机制：一个途径是通过已有的多边机制进行合作，主要包括：联合国、G20、金砖国家和上海合作组织，中心工作是加强三国在这些机制内的协调。中俄已经是联合国安理会常任理事国，在世界范围内对国际政治具有重要的影响力。而印度目前不是，但已多次担任安理会非常任理事国。伴随着实力的增强，印度表现出积极参与国际事务的信心，推动联合国安理会改革，欲成为常任理事国。对此，中俄印在强调联合国在维护国际和平与安全、保障社会和经济稳定发展方面的中心作用外，俄罗斯支持印度成为安理会常任理事国。G20 是世界经济合作的主要论坛，中俄印是其中重要的成员。在 G20 机制内存在西方大国与新兴经济体的竞争，核心是推动国际金融机构改革，特别是国际货币基金组织份额和治理结构改革。对此，中俄印作为新兴经济体大国的代表，表现出一致的诉求和立场。伴随着金砖国家开发银行的成立，金砖国家机制越来越成为维护新兴大国及发展中国家发展诉求的重要机制。中俄印作为发展中国家，同样有着对发展的渴望，各自面对的问题需要一个多边机制来共同面对和解决，金砖国家机制无疑是最合适的机制。上海合作组织是中俄联合维护中亚地区安全的重要机制，印度目前是观察员国。上海合作组织应该成为中俄印维护地区安全和发展的重要平台。俄罗斯表达了要扩大上合组织的立场。俄罗斯外交部长拉夫罗夫称，上海合作组织峰会将要通过的决议，可允许在俄罗斯任主席国期间开始扩大该组织的进程。[③] 中国对此也表示赞同。2014 年 9 月杜尚别上合首脑峰会决定吸收印度成为上合组织正式成员国。无论是联合国、G20，还是金砖国家和上海合作组织，在这些机制内，都有较为成熟的各层次、各领

---

① 朱杰进：《金砖银行制度设计的智慧》，载《上海证券报》2014 年 7 月 24 日。

② 梅新育：《金融合作：金砖国家走向"实心化"的开端》，载《时事报告》2013 年第 5 期。

③ 翟潞曼：《俄外长：上合组织将在俄任主席国期间开启扩大进程》，环球网：http://world. huanqiu. com/exclusive/2014 - 09/5133264. html

域的机制,相对于中俄印合作机制要成熟和完善。中俄印不仅要利用好这些机制,加强在这些机制内的各层次和领域的合作,而且应该积极吸收和借鉴这些机制的成熟经验,为中俄印合作机制的完善提供参考。

第二个途径是提高三国合作的层次和深化合作的领域。目前的中俄印合作机制是以外长会晤为核心,辅之以各层面、各领域的具体对话与交流机制。对于三国合作来说,核心的是国家层面的推动,因此有必要推动建立领导人会晤机制。一是可以在现有的多边机制内,如联合国、G20、金砖国家和上海合作组织内进行三国领导人会晤;二是可以在中俄印外长会晤的基础上推动定期的单一的领导人会晤机制。中俄印领导人会晤机制的建立将会在更高层次推动三国合作的进行,并有利于在更宽领域推动三国的有效合作。同时,应重点深化三国合作的领域,最核心的是经济和金融领域的合作。经济领域的合作不仅表现在三国优势的互补性,而且表现在国际层面合作的深化。俄罗斯的能源优势、印度的科技优势和中国的资金优势将会有效推动三国的经济发展。这些优势的发挥不仅表现在三国层面,对地区、对全球都具有重要的影响力。首先,中俄印共同关注的中亚地区与三国相邻,夹在三国之间,经济发展滞后、矛盾聚集。如果没有有效的手段和措施消除矛盾、提升当地人民的生活水平,中亚地区将永远是三国不安定的来源之一。因此,优先发展中亚地区,推动当地的经济发展,将会一定程度上消解矛盾,有利于三国和中亚的和平稳定。俄罗斯外长拉夫罗夫指出,在上合组织框架内"正欲采取更广泛采用本国货币进行结算的措施"。这是加强中亚地区三国经济合作的重要举措之一。其次,在新兴国家崛起后对国际金融秩序表达了不满,意欲进行改革,但是这些却受制于西方国家的阻挠。因此,新兴国家只有通过联合进行自我保护和自我发展,不仅要求改革国际金融秩序,而且保证新兴国家和发展中国家的发展。这显著体现在金砖国家开发银行的成立和正在推动建立的亚洲基础设施投资银行、丝路基金。经济领域的合作不仅将会加深三国的关系,而且有利于三国提高在国际上的影响力。

三、中俄印金砖国家:独立自主性强,外来因素起不了决定性作用

中俄印三国文化集东西、欧亚文化,互动、交流、交融、取长补短,相互影响。正是由于文化的平等性、多样性、包容性,三国在外交战略中都提倡国际关系多极化、民主化、多边主义,反对霸权主义和单边主义,主张自主发展,走独立自主的外交路线,都致力于成为世界独立的一极,反对西方强行把自己的意志强加于人,反对武力或武力干涉别国内政。

正是文化发展的独特性、特殊性,复杂性,三国主张不同的发展道路,生活丰

富多彩,发展的模式和道路也是丰富多彩。国际关系中不是简单的非此即彼,非黑即白,而是可以既此也彼,亦黑亦白。可以合作、调整、妥协,互利共赢,多元共生,和而不同,对话而非对抗。

正是因为文化具有代表性和平等性,三国挖掘自己的文化、民族、历史资源,批判所谓的"西方中心论"、"西方优越论",不同于盎格鲁—萨克森基督教文明(基督教、自由民主、市场经济、西方文化),成为不同于西方文化的东方文化的代表国家。外来因素,特别是西方集团包括美国、欧洲、日本因素能够起到一定的作用,但起不到决定性的作用。决定性的因素还是来自亚欧大陆内部,特别是中俄印金砖国家本身及其内在利益。

中印在历史遭遇、文明悠久、人口众多、几乎同时崛起、发展很快等方面类似,不同的是,中国历史上曾经是殖民地半殖民地,而印度是百分之百的殖民地。它们之间虽有区别,一个搞资本主义,一个搞社会主义,但更有共同性。它们对国家主权、国家安全、国家独立非常敏感,它们受过别人欺侮因而不愿再欺侮别人,和平共处五项基本原则是中印的共同发明和贡献,不结盟是它们坚持的国策,比较温和是其外交的一个特点。圣雄甘地说过,印度与中国是同舟共济、患难与共的同路人。中国总理李克强说,中印关系有些小问题,但几朵云彩挡不住彩虹。

中俄印金砖国家与 G7 相比更有不同点。1. 发展阶段不同。G7 成员已经处于工业化的发达阶段,而金砖国家则是处于工业化的过程中。2. 追求的利益不同。G7 维护的是西方主导的国际体系和国际机制;金砖国家则认为这些体系和机制是不公平的,没有体现它们实力的进步,没有体现它们的利益和诉求。3. 发展趋向不同。G7 的作用和影响力呈下降的趋势。20 世纪 90 年代开始,G7 的全球治理能力已经开始下降。2009 年,G20 的领导人宣布 G20 将代替 G7 成为国际经济合作与协调的首要全球性论坛,G7 主要关注国际安全、外交等问题。而金砖国家的作用和影响力则在不断地提升,与西方进行较量,维护它们的利益,而且在机制组织化程度上已经迈出关键一步,正在成立金砖国家开发银行。金砖国家在世界银行和 IMF 中的投票权比重都有不用程度的提高。(见附图)

发展中国家、金砖国家、美国在世界银行和 IMF 的投票权比重(%)

	世界银行			IMF		
	改革前	改革后	变化	改革前	改革后	变化
发展中国家	44.06	47.19	+ 3.13	42.1	44.7	+ 2.6
金砖国家	11.22	13.10	+ 1.88	11.013	14.139	+ 3.126
巴西	2.07	2.24	+ 0.17	1.714	2.218	+ 0.504

续表

	世界银行			IMF		
	改革前	改革后	变化	改革前	改革后	变化
俄罗斯	2.77	2.77	0	2.386	2.587	+0.201
印度	2.77	2.91	+0.14	2.337	2.629	+0.292
中国	2.77	4.42	+1.65	3.806	6.071	+2.265
南非	0.84	0.76	−0.08	0.770	0.634	−0.136
美国	15.85	15.85	0	16.727	16.479	−0.248

数据来源:世界银行和 IMF 官方网站

作为金砖国家,中俄印有共同的机制追求,提升组织化程度。在2013年3月的第五次金砖国家领导人峰会上决定建立金砖国家开发银行,筹备建立金砖国家外汇储备库,并成立工商理事会。金砖国家开发银行初始资金1000亿美元,先期500亿美元由金砖五国平均出资。银行总部设在中国上海,首任行长由印度人担任,首任理事会主席由俄罗斯人担任。三国的角色至关重要。2014年11月二十国集团领导人峰会期间金砖国家领导人非正式会晤,再次强调要加快建成金砖国家开发银行,早日建立金砖国家应急储备安排,并公开批评美国拖延 IMF 改革,要求提高新兴经济体的代表性和发言权。从目前交流和进行的程度来看,金砖国家的多层次交流和合作在不断地深化,不仅倡导内部要加强务实合作,而且对外要加强交流,发出一致的声音。

在习近平执政后,中国一改过去东快西慢、海强陆弱的地缘发展格局,提出"丝绸之路经济带"并设丝路基金,以实现东西平衡、海陆并重的全方位、无敌国外交。印度一方面"向东看",另一方面关注"相望的邻居"——中亚,实行平衡的大国外交。俄罗斯致力于欧亚联盟建设,[①]在乌克兰危机后,俄外交从过去的"面向西方"迅速"转向东方"。随着世界经济政治重心向亚太地区转移,向东看成为中俄印等金砖国家共同特点。

中俄印都是具有独立自主外交传统的大国。中俄是联合国常任理事国,不会唯谁的马首是瞻。印度也不会充当美国的马前卒。中国和印度不顾美国和西方的压力,在乌克兰危机和克里米亚问题上,没有追随美国,没有对俄进行制裁。普京2014年3月18日在克里姆林宫发表演说时表示:"我们向理解俄在克里米亚举措的所有人表示感谢。感谢中国人民,他们的领导人一直从历史和政治全局角度审视乌克兰和克里米亚的局势。我们高度评价印度的克制与客观态度。"印度

---

① 李兴:《欧亚联盟:普京外交新战略》,载《新视野》2013年第5期。

是承认俄收回克里米亚的第一个大国。中国不参加并且反对西方对俄经济制裁,认为制裁解决不了问题,在实际行动中加强了与俄的经济、能源合作。中俄战略协作伙伴关系有了新的重大发展。俄印之间具有传统的友好关系。印度也支持由中国主导设立的亚洲基础设施投资银行。

四、小结

丝绸之路经济带沿线作为欧亚大陆经济发展的"真空地带",具有巨大的发展空间。但是在这一地区存在宗教、民族、领土等的争端,大国利益在此交汇,三股恶势力时而猖獗。作为地缘接近丝绸之路经济带的三个地区大国,中俄印在地区层面不仅有竞争的一面,更有合作的一面。无论在欧亚大陆还是在丝绸之路经济带沿线,三国的联合将会决定它们的发展方向。更重要的是,三国应该发挥各自的优势,为丝绸之路经济带建设提供保证。这些优势将会以资本为先导,以能源为保障,以科技为支撑,它们是经济发展的核心因素。同时,俄罗斯可以提供安全保障,印度可以提供人才保障,中国可以提供商品保障。中俄印可以建立常态化的高官会和工作组机制,举行定期或不定期的对话、交流,保证三国联系的畅通。同时,深化三国民间合作机制,加强三国民间文化、经济等多方面的交流,为三国合作奠定良好的民间基础。它们共同构筑中俄印三国在丝绸之路经济带建设中的核心作用。

2014年11月,在北京举行的加强互联互通伙伴关系对话会上,中国国家主席习近平发表了题为"联通引领发展,伙伴聚焦合作"的重要讲话。习近平提出了中国设立丝路基金和亚洲基础设施投资银行,推进"一带一路"的发展。他提出了五点建议。第一,以亚洲国家为重点方向,率先实现亚洲互联互通。"一带一路"源于亚洲、依托亚洲、造福亚洲。中国愿通过互联互通为亚洲邻国提供更多公共产品,欢迎大家搭乘中国发展的列车。第二,以经济走廊为依托,建立亚洲互联互通的基本框架。"一带一路"兼顾各国需求,统筹陆海两大方向,涵盖面宽,包容性强,辐射作用大。第三,以交通基础设施为突破,实现亚洲互联互通的早期收获,优先部署中国同邻国的铁路、公路项目。第四,以建设融资平台为抓手,打破亚洲互联互通的瓶颈。习近平提出中国将出资400亿美元成立丝路基金。丝路基金是开放的,欢迎亚洲域内外的投资者积极参与。第五,以人文交流为纽带,夯实亚洲互联互通的社会根基。未来五年,中国将为周边国家提供两万个互联互通领域培训名额。这说明,"一带一路"已经成为中国最主要的中长期发展战略。

作为金砖国家,俄罗斯和印度从地理上讲不仅是亚(欧)洲国家,与中国同属于亚欧大陆,而且分别是中国北方和南方最重要的邻国。中国与这两个陆上最大邻国之间经济的互补互利是客观存在的,但互联互通并不通畅。显然,俄罗斯和印度是丝绸之路经济带建设工作的重点和关键。

中俄印作为海陆复合的亚欧大国,地理上相连,分别濒临太平洋—印度洋—北冰洋;是上合、金砖、亚信、G20 的共同成员国,三国都处在丝绸之路经济带上,也是丝绸之路经济带框架和东盟"10＋8 机制"(东亚峰会)的共同成员国。而作为丝绸之路经济带的核心和枢纽地段的中亚,正处于中俄印三强之间,三方与中亚的关系都很密切:俄罗斯与中亚的历史和军事联系由来已久,中国与中亚的经济、贸易联系日渐呈强,印度与中亚的历史、文化联系源远流长。这种影响能溢出并波及中东、东欧,里海—高加索地区,远涉欧洲,即整个亚欧大陆的中心和边缘地带。

中国是丝绸之路经济带的起点,"丝带"构想的先驱者和推动者,俄罗斯处于丝绸之路经济带的咽喉位置。印度是丝绸之路经济带和海上丝绸之路的交汇点。印俄中金砖三国实力强,影响大,有动力,有需求,具备带头能力,其共同利益,或相似、相近利益多,容易达成共识,相互关系看好。而且,三国都具有独立自主的外交传统,不会充当任何外来势力的马前卒,外来因素起不到决定性作用。三者互联互通互补,发挥海陆复合国家的优势,适应了当今世界经济技术发展的大趋势,即随着高铁等技术的突破,海权权重下降,陆权权重上升,海陆从原来的失衡走向陆海平衡,东西从原来的失重走向并重,南北从原来的偏向走向兼顾,是中俄印金砖三国共同的内在的需求,战略的指向。推动丝绸之路经济带建设,既符合中俄印三国各自的利益,也是中俄印三国的共同利益。这就决定了中俄印成为推动丝绸之路经济带的关键因素和主导力量,而不会囿于本身相互之间的分歧、矛盾甚至冲突。我们认为,大国之间有分歧、有矛盾、有问题是正常的,也是不可避免的,但要看主要矛盾,战略层面。几朵云彩终究挡不住彩虹。因此,可以说,中国、俄罗斯、印度三个亚欧金砖国家是推动丝绸之路经济带建设的关键力量和火车头,三者之间的关系是推动丝绸之路经济带的核心关系。

第十五章

金砖合作机制是推动"一带一路"建设的强大助力

　　"一带一路"战略是新时期中国内外结合、共谋发展的伟大倡议。它的提出,不仅有利于实现亚欧非大陆内陆和沿海地区的发展,而且有利于探索国际合作和世界治理的新模式。随着互联互通对话会的召开、丝路基金的运作、《愿景与行动》的发布以及亚投行的筹建,"一带一路"建设步入初期运作阶段。作为新兴大国代表的金砖国家合作机制,不仅在战略理念上与"一带一路"存在契合之处,"上海精神"是其基础,而且在实践运作中推动了"一带一路"战略的实施。随着机制建设的深入,金砖国家合作机制将成为"一带一路"战略实施的正能量和强大助力。

一、金砖国家合作机制与"一带一路"战略理念的契合

　　金砖国家合作机制与"一带一路"战略存在理念的契合。"一带一路"战略以"丝路精神"作为精神支柱,坚持"共商、共建、共享"原则,以"五通"建设作为合作重点;金砖国家合作机制坚持"开放、包容、合作、共赢"的"金砖精神",遵循"开放透明、团结互助、深化合作、共谋发展"原则,构建更紧密伙伴关系,提高机制化程度。实质上,两者具有一致的战略理念:以主权平等作为根本原则,以共同发展为目标,构建以合作共赢为核心的新型国际关系,致力于推动建立更加公正合理的国际政治经济新秩序,打造利益共同体和命运共同体。金砖和"一带一路"没有主导国,只有共同参与方。

　　(一)"一带一路"战略

　　"一带一路"建设需要发扬"和平合作、开放包容、互学互鉴、互利共赢"的"丝路精神"。经历千百年孕育的"丝路精神"是"一带一路"建设的精神支柱。首先,"丝路精神"的基础是政治互信。主权平等是当代国际关系的根本性原则。"一带一路"横跨亚欧非地区,是跨越主权国家的经济合作纽带。但这并不意味着要干涉他国的主权,而是平等基础上的和平合作,培养信任感。其次,"丝路精神"是以

经济为中心,追求互利共赢,实现共同、平衡、和谐、协调发展。① "一带一路"将深化亚欧非地区的经济融合,形成面向全球的高标准自由贸易区网络。这是"一带一路"战略的核心目标。第三,"丝路精神"是文化包容的重要体现。"一带一路"沿线地区文化多元,民族、宗教矛盾频发。倡导"开放包容、互学互鉴"的精神,化解各种矛盾和争端,为"一带一路"建设创造良好的环境。

"一带一路"坚持"共商、共建、共享"的原则。"一带一路"虽然由中国提出,但是它是沿线各国共同的事业。因此,在"一带一路"实施的过程中,要坚持共同协商、共同建设、共同分享。其中,共商即指共同协商,与各方充分沟通交流,充分尊重各国的意愿,促进沿线国家发展战略的对接。"一带一路"战略基于亚欧非地区普遍追求发展的愿望,是人心所向、众望所归。通过共商,不仅调动了各方的积极性,而且培养了政治互信。共建即指共同建设,发挥大家的力量,群策群力,共同将确定的各类项目做好、做实。这是"一带一路"建设的关键一步。在共建的过程中,需要遵循"开放合作、和谐包容、市场运作、互利共赢"的具体原则,欢迎更广范围的地区和内容合作,不因文化、民族、宗教和制度差异而放弃,发挥市场的决定性作用和各类主体的积极性,实现各方共同发展和繁荣。共享即指共同分享,尊重各方的参与和努力,使各方成为收益的共同获益者。"一带一路"需要沿线各国共同把蛋糕做大,使沿线国家成为最大的获益者。②

"一带一路"重在进行"政策沟通、设施联通、贸易畅通、资金融通、民心相通",即"五通"建设。(1)沿线国家间的政策沟通是"一带一路"建设的重要保障。主权国家是国际社会的主要行为体,其主导者是各国的政府机构。通过各国政府间的沟通交流,协商利益,协调措施,培养政治互信,实现各国战略的对接。(2)基础设施互联互通是"一带一路"建设的优先领域。正如习近平主席所说,"如果将'一带一路'比喻为亚洲腾飞的两只翅膀,那么互联互通就是两只翅膀的血脉经络"。③ 只有血脉经络畅通,才能保证"一带一路"的顺利进行。(3)经贸合作是"一带一路"建设的重点内容。通过政策沟通和设施联通,为沿线国家的经贸合作搭建良好的营商环境,促进交通、投资、贸易和人员交流的便利化,共同建设自贸

---

① 李兴:《丝绸之路经济带:支撑"中国梦"的战略,还是策略?》,载《东北亚论坛》2015年第2期。

② 《坚持互学互鉴 实现互利共赢——外交部部长助理刘建超在北京外国语大学丝绸之路研究院成立大会暨新年论坛上的致辞》:http://www.fmprc.gov.cn/mfa_chn/wjbxw_602253/t1227497.shtml

③ 习近平:《联通引领发展 伙伴聚焦合作——在"加强互联互通伙伴关系"东道主伙伴对话会上的讲话》,载《人民日报》2014年11月9日。

区,提高地区的经济发展水平和实现经济繁荣。(4)金融是"一带一路"建设的重要支撑。与设施联通相配套,金融作为现代经济的核心,需要发挥其开发性金融的主导作用。① 其中,亚投行、金砖银行、丝路基金是重要的参与主体,并积极发挥相关多边机制中金融合作机制的作用,借助这些途径促进人民币的国际化。(5)民间交流是"一带一路"建设的社会根基。与政府间机制的正式繁琐和议题集中相比,民间交流往往形式灵活、话题丰富,为沿线国家和地区的文化、宗教和哲学交流提供了结合点。这也正是古代丝绸之路功能的延续。②

"一带一路"建设不仅会促进亚欧非地区的发展,而且有利于探索国际合作和全球治理的新模式。因为交通和环境的影响,古代丝绸之路更多表现为商品贸易和一定程度的人文交流,对人类文明进步的贡献是有限的。在当代,随着交通、通信等基础设施的改善,人类活动的范围和力度已经远超古代,因此产生的影响力也将更加深远。而且,与古代商人作为丝绸之路的主体不同,国家成为"一带一路"建设的主角,这意味着合作的内容和范围都大大扩展。亚欧非地区的国家大都是发展中国家,因此"一带一路"成为南南合作的新举措;这一地区内还包括东北亚、东南亚、南亚、西亚、中亚、北非、东欧、中欧、西欧等次区域,因此它也是区域合作的新倡议。"一带一路"虽然是中国的倡议,而且中国将发挥非常重要的作用,但这并不意味着中国要主导"一带一路"建设,而是要加强与各国和地区的协调、沟通,形式灵活,循序渐进,创新南南合作和区域合作的模式。共同协商、共同建设、共同分享的理念意味着共同治理,③这不同于西方的国际治理,发挥了各种力量的作用,探索全球治理的新模式。

(二)金砖国家合作机制

金砖国家成员国坚持"开放、包容、合作、共赢"的"金砖精神",这是对成员国的要求。开放是指成员国彼此之间的开放。一方面这样有利于发挥各国的比较优势,另一方面有利于优势互补,形成机制内的"优势群"。经济是促成机制合作的主要因素。④ 通过彼此之间的开放,加强相互经济合作,共促发展和繁荣。包容是指对彼此社会制度、文化和发展模式的包容。不同于 G7 机制成员国的文化一致性,金砖机制成员国之间存在社会制度、文化和发展模式的差异。倡导包容互鉴,弥合分歧矛盾,是机制一直倡导的国际关系民主化的实践。合作是指要深化

---

① 蒋志刚:《"一带一路"建设中的金融支持主导作用》,载《国际经济合作》2014 年第 9 期。

② Sadik K. , Suleyman K. , Bridging Civilizations from Asia to Europe: The Silk Road // Chinese Business Review, December 2014, Vol. 13, No. 12.

③ 李兴:《论全球治理与中国外交新思维》,载《毛泽东邓小平理论研究》2006 年第 1 期。

④ [俄]托洛拉亚:《金砖国家长期战略:俄方观点》,载《俄罗斯文艺》2014 年第 1 期。

成员国之间的合作。金砖机制合作的内容广泛,不仅包括机制合作,还包括领域合作。目前的任务是加强机制合作,深化务实合作,从机制建设和伙伴关系角度促进机制完善和各国发展。共赢是指互相照顾彼此的利益关切,做到互利共赢。作为新兴大国,各国都有在国际社会表现自己和发出声音的欲望。① 而在金砖机制内,需要各国做到良性互动、照顾彼此想法,只有这样才能做到互利共赢。

金砖国家合作机制遵循"开放透明、团结互助、深化合作、共谋发展"的原则,这是对机制建设的要求。开放透明是指金砖国家的诉求和想法是公开的。面对西方主导下的国际秩序,发展中国家特别是金砖国家一致希望进行改革,突出表现在要求世界银行进行投票权改革、国际货币基金组织进行份额改革。团结互助是指在面对问题时,成员国之间互相帮助、互相支持。虽然金砖国家在合作中也存在着问题,但是当面对西方时,这些问题将让位于合作。至少他们彼此之间会互相鼓励,以区别它们与西方利益的不同。② 深化合作是指在互相帮助的基础上提高务实合作水平。除了对国际金融机构改革和国际问题的关注,金砖国家需要深化在各领域的务实合作,发展更紧密、更全面、更牢固的伙伴关系。这样不仅有利于给各国带来实实在在的好处,而且有利于深化金砖国家的机制建设。共谋发展是指通过协调共同合作促进各国经济发展和世界经济增长。金砖国家成员国仍属于发展中国家,经济发展、提高实力是其第一位的目标。彼此之间的务实合作和机制建设的突破,其中心都围绕经济发展展开。

金砖国家合作机制的基本定位是"内谋发展、外促改革"。③ 确切地说,金砖国家对内要合作发展、提高实力,增强对全球的影响力;同时,对外要积极发声、渐进变革,实现更具代表性和更公平的全球治理,即发展和改革是金砖国家合作的重点。这符合作为由新兴大国组成的机制的定位。大国是影响国际关系发展的重要力量,大国关系是影响世界发展和国际格局的重要因素。④ 大国影响力的基础是实力。但是,近年来金砖国家的经济增长放缓,"金砖褪色论"甚嚣尘上。而且,因为美国国会的阻挠,国际货币基金组织份额改革方案一直没有得到落实。对此,金砖国家一方面倡导建立更紧密经济伙伴关系,实现贸易一体化、金融大流通和陆海空大联通,另一方面成立金砖国家开发银行和应急储备安排,成为促进金砖国家经济发展、金融安全的重要机制,一定程度上也挑战了世界银行和国际

---

① 关雪凌、张猛:《成立金砖国家开发银行正当其时》,载《中国金融》2012 年第 18 期。
② BRICS Offers New Model for Cooperation. http://www. globaltimes. cn/content/770908. shtml
③ 朱杰进:《金砖国家合作机制的转型》,载《国际观察》2014 年第 3 期。
④ 李兴、成志杰:《中俄印——亚欧金砖国家是推动丝绸之路经济带建设的关键力量》,载《人文杂志》2015 年第 1 期。

货币基金组织的地位。①

　　金砖国家合作机制不仅有利于新兴大国的合作与发展，而且有利于完善全球治理。金砖国家合作机制的诞生更多始于对全球治理的关注，同全球金融危机、G20 启动峰会并成为国际经济合作首要论坛的进程相一致。② 但在金砖国家合作机制发展的过程中，它不仅提高了机制化程度，而且促进了南南合作、新兴经济体和发展中国家的发展。与此同时，成员国经济增长放缓以及西方对国际金融机构改革的阻扰，金砖国家有望深化经济合作，并探讨达成金砖国家合作协议。对金砖国家合作机制来说，它最关注的仍是全球治理，"致力于推动世界经济增长、完善全球经济治理、推动国际关系民主化，成为国际关系中的重要力量和国际体系的积极建设者"。③ 金砖国家开发银行虽然是全球发展领域的多边和区域性金融机构的补充，并为金砖国家和发展中国家的基础设施和可持续发展筹措资金，但是它也提高了金砖国家在国际金融事务中的话语权。金砖国家成为提高新兴经济体和发展中国家的发言权和代表性，实现国际关系民主化，改变西方垄断主导的国际政治经济秩序的重要机制。

　　通过以上的梳理可以发现，金砖国家合作机制与"一带一路"战略都是以合作为核心的设计，目标是实现共赢，这符合中国提出的构建以合作共赢为核心的新型国际关系的要求。国际合作的前提是对主权的尊重。对发展中国家来说，目前最重要的是经济发展。通过"一带一路"战略和金砖国家合作机制的实践，不仅将实现相关国家和地区的共同发展，而且有实力和能力构建更加公正合理的新秩序。因此，金砖国家合作机制与"一带一路"战略在理念是一致的，其共同基础可以说是"上海精神"。

二、金砖合作机制是推动"一带一路"和构建国际新秩序的重要力量

　　金砖国家作为新兴大国的机制，其影响力不仅体现在理念设计上，而且体现在国际社会的实践中，是推动国际社会发展和国际秩序变革的重要力量。通过对国际社会一些事件的梳理可以发现，金砖国家"抱团取暖"、互相支持、共同发声的欲望变得越来越强烈，成为支持俄罗斯面对西方和中国"一带一路"建设的坚强

---

① Desai R. , Vreeland J. , What the New Bank of BRICS is All About // The Washington Post, 07 – 17 – 2014.

② 金砖国家领导人第六次会晤福塔莱萨宣言：http://news. xinhuanet. com/world/2014 – 07/17/c_126762039. htm

③ 习近平：《新起点　新愿景　新动力——在金砖国家领导人第六次会晤上的讲话》，载《人民日报》2014 年 7 月 17 日。

后盾。

（一）乌克兰危机

发端于2013年底的乌克兰危机已经演变为一场持久的冲突与对抗。2013年11月，乌克兰前总统亚努科维奇决定放弃与欧盟签署联系国协定，希望加强与俄罗斯的经贸联系，由此引发乌国内政治危机。2014年2月，乌克兰议会罢免亚努科维奇的总统职务；3月，克里米亚加入俄罗斯；4月，乌克兰东部地区爆发武装冲突；5月，乌克兰选出新总统；8月，乌克兰东部冲突相关各方开始接触，并于2015年2月签署明斯克停火协议；2015年6月，乌克兰东部地区再次爆发激烈冲突。

乌克兰危机因乌克兰严重的国内矛盾和外界复杂的国际矛盾将可能长期化。现实情况下，乌克兰问题的解决取决于起决定性作用的两对矛盾：乌克兰国内东部与西部的矛盾，国际上俄罗斯与欧美的矛盾。[①] 俄罗斯与欧美在乌克兰问题上的矛盾在一定程度上导致国际社会的分化。2014年3月，联合国召开大会审议乌克兰问题，并就乌克兰等国起草的一份题为"乌克兰的领土完整"的决议草案进行投票表决。根据现场表决结果，美国等100个国家投了赞成票，俄罗斯等11个国家投了反对票，巴西、印度、中国、南非等58个国家弃权。透过表决结果可以看出，乌克兰危机把当今世界主要政治力量都卷入进来，分成明显和不明显的两个阵营：一个是明显的、以美国为首的西方阵营；一个是不明显的，同情、配合和支持俄罗斯的国际力量。[②] 其中，金砖国家其他成员国虽然没有投反对票，但在原则上给予了俄罗斯一定的支持。[③]

（二）G20布里斯班峰会

2014年11月的G20布里斯班峰会因为乌克兰危机而导致的矛盾成为关注的焦点。先有美、英、德、加等国领导人的声讨和批评，后有普京总统提前离开峰会回国。而这可以看作是俄罗斯与西方对抗的继续。因为乌克兰危机的影响，导致俄罗斯与西方的关系持续恶化。除日本以外的G7领导人都没有出席2014年2月的索契冬奥会；普京总统没有出席2014年3月的海牙核峰会，期间G7峰会宣布暂停俄罗斯的G8成员国资格。针对俄罗斯参加G20布里斯班峰会的问题也是几经波折。澳大利亚官员曾表示可能禁止俄罗斯参加峰会，但是最终普京总统如期参会。金砖国家对此明确表示支持俄罗斯参加峰会。2014年3月24日，金砖

---

① 李兴、耿捷：《乌克兰危机：原因、影响和启示》，载《唯实》2015年第2期。

② 李兴、耿捷：《乌克兰危机：原因、影响和启示》，载《唯实》2015年第2期。

③ 冯绍雷：《从乌克兰危机看俄罗斯与金砖国家相互关系的前景》，载《国际观察》2014年第3期。

国家外长在海牙会晤后发表声明,称 G20 属于所有成员国,没有一个成员国可单方面决定其性质和特征。① 这份声明说明美国及其盟友将俄罗斯排挤出 G20 的企图不会得到金砖国家的支持,它更像是一份期望没有一个国家、集团或价值观会占主导的多极世界的宣言书。②

(三)亚投行筹建

中国倡导筹建的亚投行成为国际社会关注的焦点。2013 年 10 月,习近平主席在访问印尼时倡议筹建亚投行;2014 年 10 月,首批 21 个意向创始成员国在北京签署《筹建亚投行备忘录》;2015 年 4 月,最终确定亚投行的意向创始成员国为 57 个;6 月,在北京举行《亚投行章程》签署仪式,争取 2015 年底正式成立亚投行。意向创始成员国中包括美日加以外的主要西方国家,以及巴西、印度、俄罗斯和南非等域内外的金砖国家。其中,中国、印度、俄罗斯成为亚投行的前三大股东。对于亚投行的成立,美日在较长时间内持反对态度,在大部分国家申请加入后,又表现得犹豫不决。尽管加强基础设施建设并不会影响欧美主导的世界银行的作用,但是美国反对亚投行的立场变得更难揣测。因为包括亚投行和金砖国家开发银行在内的多边援助机制有利于全球发展,有利于满足环境和社会保障领域对基础设施投资的需求。③ 这符合亚投行成立的初衷。同时,亚投行为"一带一路"沿线国家的基础设施建设提供资金支持,是"一带一路"建设的重要保障。这也从侧面证明了金砖国家对亚投行和"一带一路"战略的支持。

(四)俄罗斯卫国战争胜利 70 周年阅兵式

2015 年 5 月 9 日,俄罗斯举行纪念卫国战争胜利 70 周年阅兵式。此前,俄罗斯向多国领导人发出邀请函,希望他们出席阅兵式。最终参加的有包括中国、印度、南非金砖国家领导人在内的二十多个国家和国际组织的领导人,其中印度和中国都派出军队阅兵方队参加阅兵式,接受检阅。习近平作为贵宾出席。多数西方国家领导人(G7)没有出席。第二天,德国总理默克尔出访俄罗斯,向无名烈士墓敬献了花圈。除此之外,2015 年 7 月,金砖国家领导人会晤在俄罗斯召开;9 月,中国举行抗日战争胜利 70 年周年阅兵式,俄罗斯总统普京作为贵宾出席。

---

① "BRICS Ministers Meet on the Sidelines of the Nuclear Security Summit in the Hague". http://www. brics. utoronto. ca/docs/140324 – hague. html

② Mylchreest P. , How The BRICs (Thanks To Russia) Just Kicked The G – 7 Out Of The G – 20. http://www. zerohedge. com/news/2014 – 03 – 26/how – brics – just – kicked – out – g – 7 – out – g – 20

③ Stiglitz J. , Why America Doesn't Welcome China's New Infrastructure Bank. http://www. huffingtonpost. com/joseph – e – stiglitz/america – china – investment – bank _ b _ 7055222. html

透过以上事件可以看出,在乌克兰危机爆发后,作为分别由西方大国和新兴大国组成的两大集团,明显地形成了一种"竞合博弈"格局,成为当今国际关系的"主要矛盾"或"主线"。①　其中,俄罗斯与西方的矛盾最为明显。虽然在西方的步步紧逼下俄罗斯已经无法退让,但是俄罗斯并不想断绝与西方的关系,而是保持外交接触,斗而不破。②　G7与俄罗斯对立,而金砖国家倾向于俄罗斯。这实质上反映了西方主导的霸权秩序与金砖国家倡导的多极秩序的对立。金砖国家倡导更加公正合理的国际政治经济新秩序,推动国际关系民主化,渐进变革现有国际秩序。对此,以美国为首的西方进行阻挠或干扰。但是金砖国家坚持合作,互相支持,反对西方对俄罗斯的打压,支持中国倡导筹建亚投行,并在自身机制内成立金砖国家开发银行,推动发展中国家的基础设施建设和可持续发展。这些都有利于中国提出的"一带一路"建设,深层次上将改变西方主导的国际秩序。因此,金砖国家合作机制是推动"一带一路"战略和构建国际新秩序的重要力量。

三、金砖国家合作机制建设有利于"一带一路"战略的实施

经过几年的发展,金砖国家合作机制建设进入快车道,2014年7月的福塔莱萨领导人会晤宣言是这一成果的集中体现。在这次宣言中,金砖国家明确成立金砖国家开发银行和应急储备安排,建设更紧密的经济伙伴关系,推动实现一体化大市场、金融大流通、基础设施互联互通以及人文大交流,制定"金砖国家更紧密经济伙伴关系框架"及"金砖国家经济合作战略",将成员国之间的经济合作提升至高质量的新水平。③　这些都说明,金砖国家合作机制建设的重点在经济领域。金砖国家合作机制建设特别是金砖国家经济合作机制建设将有利于"一带一路"战略的实施。

首先,金砖国家合作机制为"一带一路"战略实施机制建设提供了帮助。

"一带一路"战略仍处于构想阶段,是一种务实灵活的经济合作安排,④目前没有统一的机制框架和制度安排,不利于各国间的政策沟通。而在"一带一路"战略实施的过程中,随着合作的深入和加强,一定的机制框架或制度安排将是必要的。中国作为"一带一路"战略的倡议国,未来可能面对的最大挑战是如何处理缺

---

① 陈向阳:《国际格局:"新一超多强"阶段来临》,载《时事报告》2014年第1期。

② 孙壮志:《俄罗斯外交真要转向吗》,载《世界知识》2014年第10期。

③ 金砖国家领导人第六次会晤福塔莱萨宣言:http://news. xinhuanet. com/world/2014 - 07/17/c_126762039. htm

④ 李兴、张晗:《"丝绸之路经济带"框架与东盟"10 + 8"机制比较研究》,载《新视野》2015年第2期。

乏主导国与推进制度建设之间的平衡关系。① 因此,在 2015 年发布的《推动共建丝绸之路经济带和 21 世纪海上丝绸之路的愿景与行动》中,"一带一路"建设多借助现有的双多边和区域次区域合作机制,倡议建立"一带一路"国际高峰论坛。② 一定程度上,这些可以看作是"一带一路"机制安排的初步框架。

金砖国家合作机制是以政府间合作为主的机制,其核心是领导人会晤的对话机制。这种对话机制虽然是非正式的,但是作为汇聚各国最高意愿的高层引领机制,是比较灵活的,它对于金砖国家合作机制的发展起了关键作用,有利于各国的政策沟通。借鉴金砖国家领导人会晤机制的经验,"一带一路"战略可以考虑设立"一带一路"沿线国家和国际组织的高层会晤或会议机制,如同中方倡议设立的"一带一路"国际高峰论坛。在机制发展的初期,可以是民间的或政府间低层次的会晤或会议,或者将已有的亚欧会议机制发展成为亚欧非会议机制。其中,作为推动"一带一路"建设的关键力量——中俄印已经建立了以外长会晤机制为核心的机制,随着中印高层会晤的日益机制化,中俄印可以建立领导人会晤机制。③ 而且,分别作为金砖国家合作机制和"一带一路"战略实施的重要国际金融合作组织,金砖国家开发银行与亚投行之间可以彼此借鉴,共同提升管理水平和参与基础设施建设的能力。

其次,金砖国家基础设施建设领域的陆海空大联通有利于"一带一路"的设施联通。

基础设施互联互通是"一带一路"建设的优先领域。"一带一路"地跨广大的亚欧非地区,在"东亚经济圈"和"欧洲经济圈"的中间是亚欧中心地带。这一地带的国家普遍经济发展较为落后,交通、通信、电力等基础设施缺乏。如果能够改善这些国家和地区的基础设施,将会对它们的经济发展产生重要的影响。亚投行作为促进"一带一路"基础设施建设的重要金融机构,主要发挥的是中国的作用。因此,"一带一路"可以看作是中国利用自己的经济形势和发展模式的吸引力,开展能源、交通、基础设施、文化交流等的全方位合作,进行战略投资。④ 同时,"一带一路"也是中国金融优势和基建能力的发挥。

---

① 李建民:《"丝绸之路经济带"合作模式研究》,载《中国党政干部论坛》2014 年第 5 期。
② 推动共建丝绸之路经济带和 21 世纪海上丝绸之路的愿景与行动: http://news. xinhuanet. com/2015 – 03/28/c_1114793986. htm
③ 李兴、成志杰:《中俄印——亚欧金砖国家是推动丝绸之路经济带建设的关键力量》,载《人文杂志》2015 年第 1 期。
④ 李兴等:《亚欧中心地带:俄美欧博弈与中国战略研究》,北京师范大学出版社 2013 年版,第 16 页。

由新兴经济体组成的金砖国家合作机制同样需要加强基础设施建设。金砖国家地理距离相隔遥远,进行基础设施建设领域的陆海空大联通有利于加强联系和人员往来,是促进金砖国家经济发展的重要举措。金砖国家间的基础设施建设同样有利于"一带一路"的基础设施建设。第一,金砖国家间特别是中俄印之间的基础设施建设可以看作是"一带一路"基础设施建设的一部分,可以实现项目之间的对接;第二,金砖国家间特别是与巴西、南非的大联通可以看作是"一带一路"的延伸,将可能塑造一个全球性的互联互通大网络;第三,金砖国家间特别是中俄能源合作是"一带一路"基础设施建设的重要标志性工程。目前,中俄已经签署了4000多亿美元、为期30年的东线天然气购销合同,正在按计划推进天然气管道建设;中俄西线天然气项目谈判也已经启动,并已经签署框架协议。

第三,金砖国家投资贸易一体化大市场是"一带一路"自贸区建设的主干。

投资贸易合作是"一带一路"建设的重点内容。"一带一路"正处于建设的初期阶段,最多的要求是投资贸易便利化。因为"一带一路"沿线国家和地区制度、政策和标准的不同,对投资贸易便利化形成较大的阻碍。因此,需要加强"一带一路"沿线国家和地区的海关合作,促进信息互换、监管互认、执法互助。同时,拓宽贸易投资领域,优化贸易投资结构,促进产业分工和协同发展。在这些基础上,中国可以同沿线国家和地区共同商建自贸区,也鼓励和促进沿线国家和地区间的自贸区建设,最终形成"一带一路"自贸区或自贸区网络。

金砖国家间总体上存在贸易互补,[1]有利于建立一体化大市场。二战后特别是冷战后,国际贸易形成围绕以西方为核心的格局。在新兴经济体崛起后,又分别形成围绕以它们为核心的地区性贸易格局。为此,金砖国家成员国也都提出各自的自贸区战略,力图实现经济增长和提高国际地位。在金砖国家合作机制建立后,面对各国所拥有的优势不同、彼此之间的合作水平低的现实,金砖国家具有建立自由贸易区的可能性。最直观的,金砖国家的资源禀赋差异决定了贸易发展潜力大;产业结构的不同造就经济结构的互补性,也导致高度互补的贸易结构。[2] 其中,中国作为金砖国家联结全球分工体系的枢纽,[3]可以发挥关键作用。金砖国家

① 武敬云:《"金砖国家"的贸易互补性和竞争性分析》,载《国际商务——对外经济贸易大学学报》2012 年第 2 期。

② 欧阳峣、张亚斌、易先忠:《中国与金砖国家外贸的"共享式"增长》,载《中国社会科学》2012 年第 10 期。

③ 马莉莉:《金砖国家合作机制发展基础与选择》,载《国际问题研究》2012 年第 6 期。

可以先建立贸易便利化委员会及政府间协调机构,推进海关和国内政策领域的协调。① 这些同样是促进"一带一路"自贸区建设的重要因素和借鉴。金砖国家间的贸易合作特别是中俄印贸易合作甚至是"一带一路"贸易畅通的主干。

第四,成立金砖国家开发银行和应急储备安排为"一带一路"建设提供资金融通和金融安全保障,与亚投行、丝路基金形成互补关系。

资金是"一带一路"建设的重要支撑。作为推动"一带一路"建设的资金支持,已有的或正在筹建的金融机制发挥了重要的作用,如亚投行、金砖国家开发银行、丝路基金、上合银联体、中国—东盟银联体、中国—欧亚经济合作基金等,以及中国与相关国家进行的双边本币互换等。同时,中国鼓励 PPP 融资模式,发挥民间资本的作用。亚投行作为亚洲基础设施建设领域金融合作的新机构,其成立是"一带一路"建设最重要的国际金融保障,金砖国家成员国作为意向创始成员国都已经加入。丝路基金是中国成立的、直接支持"一带一路"建设的金融机构。

金砖国家谋求在货币金融方面构建多层次大流通。其中,中国已经与巴西、俄罗斯签署双边本币互换协议;成立金砖国家应急储备安排,作为多边本币互换的重要机制发挥作用,保障金砖国家的金融安全;成立金砖国家开发银行,为金砖国家及发展中国家的基础设施建设和可持续发展项目提供融资支持;金砖国家共同努力推动 IMF 份额改革和世界银行投票权改革,提高发展中国家的代表性和发言权。金砖国家开发银行和应急储备安排在一定程度上对现有国际金融体系形成了挑战。作为主要由新兴经济体组成的金砖国家合作机制,它们的金融合作对"一带一路"建设提供了保障。金砖国家作为意向创始成员国加入亚投行,印度成为仅次于中国的第二大股东,俄罗斯主导的欧亚经济联盟与丝绸之路经济带实现对接。亚投行作为地区性银行主要针对亚洲基础设施进行投资,金砖国家开发银行虽然是金砖国家的合作平台,但是作为地跨亚欧非美四大洲的金融机构,其资金同样可以用于亚洲甚至是"一带一路"的基础设施建设,②与亚投行、丝路基金等形成各有侧重的互补共建关系。

第五,金砖国家间的人文大交流是"一带一路"文明互鉴的典范。

人文交流有利于打造"一带一路"建设的社会根基。"一带一路"地跨亚欧非大陆,在这广袤的地区,自然地理、风土人情、社会制度、宗教文化等存在差异,这

---

① 沈铭辉:《金砖国家合作机制探索——基于贸易便利化的合作前景》,载《太平洋学报》2011 年第 10 期。

② 王红茹:《金砖银行总部落户上海,首任行长出自印度》,载《中国经济周刊》2015 年第 20 期。

造成各种矛盾和冲突不断,对相关国家和地区的经济发展造成极大的制约。扩大"一带一路"沿线国家和地区的人文交流,通过文化交流、学术往来、人才交流合作、媒体合作、青年和妇女交往、志愿者服务等,夯实"一带一路"建设的社会根基,不仅有利于减少各种冲突和矛盾,而且有利于亚欧中心地带的经济发展。

金砖国家在人文领域推动了各国人民的大交流。与"一带一路"沿线国家和地区一样,金砖国家间也存在宗教、文化、民族、制度等的差异。但这些并没有成为阻碍金砖国家合作的障碍。一方面,金砖国家相近的发展水平,以及所处的类似的国际层级地位,使它们在面对西方时较为容易达成一致;[1]另一方面,金砖国家合作机制建设的深入,使各层级机制包括民间交流机制成为夯实合作的重要基础,其中包括智库理事会、工商理事会、大学校长论坛、友好城市暨地方政府论坛、智库论坛、工商论坛等各种民间交流合作机制。金砖国家合作机制的机制化建设将会继续深入,点对点,面对面,形成全方位、多层次、宽领域的机制,这些对于处于建设初期"一带一路"来说具有重要的借鉴作用。

四、小结

外交部长王毅在2014年"两会"答记者问时表示,"一带一路"的主线是经济合作和人文交流,目的是合作共赢,打造利益共同体。[2] 虽然金砖国家主要是由新兴大国组成的国际机制,但是经济合作和人文交流同样是这一机制合作的主要内容。金砖国家合作机制建设的深入是这些合作的深化,也是促进这些合作提升的重要机制保障,实质上促进了金砖国家的利益共同体建设。这些都说明金砖国家宗旨和精神与"一带一路"存在许多契合之处。"一带一路"也可视为"金砖理念"在亚欧大陆的实践。金砖合作机制、基础设施建设助力于"一带一路"推进。在战略理念上,金砖国家合作机制同样与"一带一路"战略存在契合之处。"丝路精神"和"金砖精神"殊途同归,相得益彰。反过来,"一带一路"建设的成功也对金砖国家合作起正面的、促进的作用。

金砖和上合、"一带一路"在亚欧大陆的兼容浴合,体现为"2 + 1 + 2"模式、"1 + 1"模式以及"3 + 2 模式"。所谓"2 + 1 + 2"模式即中俄(上合) + 印度 + 南非 + 巴西;所谓"1 + 1"即中俄印三边 + 印(度)巴(西)南(非)三边;所谓"3 + 2"即中

---

① 冯绍雷:《从乌克兰危机看俄罗斯与金砖国家相互关系的前景》,载《国际观察》2014 年第3 期。

② 王毅就中国的外交政策和对外关系答记者问:http://news. xinhuanet. com/politics/2014 - 03/08/c_119669879_8. htm

俄印＋巴西、南非。中俄印是丝路经济带建设的关键,形成亚欧大陆上"一带一路"建设的"三驾马车"。其中中俄又是核心,形成"双引擎",巴西、南非分别是美洲和非洲的代表,是外围,在侧翼起支撑和配合作用,形成"大合唱"。中国作为"一带一路"的倡议国,将会发挥主动性作用而不是主导性作用。① 在金砖国家机制内,中国并没有野心去主导,也没有目的去提高地位,搞势力范围。② 中国倡导的平等相待、合作共赢的理念和实践,成为"一带一路"和金砖国家合作机制发展的共识和保证。2005 年 5 月,中俄两国元首达成《关于丝绸之路经济带与欧亚经济联盟对接合作的联合声明》。2015 年 7 月在俄罗斯乌法上合、金砖"合金"双峰会期间,达成了一些重要的协议,提出俄罗斯为丝绸之路经济带建设的重要枢纽,上合为丝绸之路经济带与欧亚经济联盟对接的重要平台。并启动了印度成为上合正式成员国的程序。哈萨克斯坦总统纳扎尔巴耶夫认为:"上合组织与欧亚经济联盟的横向结合,与金砖国家的纵向结合,将为经贸发展提供巨大动力,并将为本地区未来进一步联合提供可能。"在国际政治的运行中,金砖国家间求同存异,突出合作,互相支持,共同发展,在理念上、举措上、机制上,与"一带一路"建设相向而行,扬长避短,趋利避害,成为"一带一路"建设的强大助力。

---

① 张蕴岭:《如何认识"一带一路"的大战略设计》,载《世界知识》2015 年第 2 期。

② BRICS Offers New Model for Cooperation. http://www.globaltimes.cn/content/770908.shtml

03

第三篇

┃欧亚经济联盟:神话与现实┃

　　欧亚经济联盟(简称为欧亚联盟)是俄罗斯为创始成员国和主导国,哈萨克斯坦、白俄罗斯为创始成员国,吉尔吉斯斯坦、亚美尼亚为正式成员国,2015年元旦正式启动的区域性国际组织,位于亚欧大陆的中心地带。欧亚联盟从某种程度上体现了俄罗斯的欧亚战略。

第十六章

"欧亚主义的诱惑":从民间思潮到国家战略

自 18 世纪初彼得大帝(Петр Великий)大改革开始,俄国即以其独特的国家形态和发展道路而引人关注,或为之惊诧,或啧啧称奇。1861 年农奴制废除标志着俄国走上了自上而下的政府主导的现代化道路,而俄国经济现代化几经波折,不断变化着指导原则,尝试着不同的理论指向。十月革命之前,俄国虽然处于西方世界经济体系边缘,但走的一直是西方式的经济发展道路。十月革命后建立起了苏维埃社会主义共和国,在一段时期内尝试共产主义公有制的经济发展模式。1991 年,苏联解体,在经历短暂的向西方一边倒经济政策后,总结以往经济发展模式的利弊,走上了"市场经济 + 主权民主 + 政府主导"的经济发展新道路。自2000 年普京正式执政至今,俄罗斯经济已经曙光再现,新欧亚主义的国家发展战略思想发挥了极其重要的作用。新欧亚主义(Неоевразийство)是当代俄罗斯的热点问题,它直接关联俄罗斯文化和社会思潮,直接影响俄罗斯外交,对此国内外学者都进行了大量的研究。但是,对新欧亚主义与俄罗斯经济转型的关系,对新欧亚主义与东北亚经济合作的影响的相关研究还较为罕见。

一、欧亚主义的起源

自然地理上的俄国横跨欧洲和亚洲,浸润于欧洲(西方)和亚洲(东方)两种文化的影响,造成了它在文化地理上和地缘政治上的独特景观,促成了位于欧洲和亚洲大陆核心位置的俄罗斯文化的多元性,形成了俄罗斯的东西方两大文化体系的汇合带(或称结合部)特征。这种特殊的地理环境、生活方式和精神特点对于俄罗斯文化传统发挥了重要的影响作用。俄国著名历史学家瓦·奥·克柳切夫斯基指出:俄罗斯国家的历史即是开拓土地和殖民的历史,从 16 世纪中期到 19世纪中期,"俄罗斯民族向整个东欧平原散布开来:从波罗的海到白海到黑海、高加索山脉、里海和乌拉尔河,甚至深入高加索,里海和乌拉尔以南、以东的地方。俄罗斯部族在政治上几乎全部联合在一个政权之下:小俄罗斯、白俄罗斯、诺沃罗西亚一个接一个地归并入大俄罗斯,组成了全俄罗斯帝国"①)成为一个地跨欧亚、幅员 2280 万平方公里(殖民地面积为 1740 万平方公里)的大帝国。

　　纵观 10 世纪以来俄国历史的发展历程,表现出较为明显的"钟摆现象",即从第一个统一的俄罗斯国家——基辅罗斯开始,直至 20 世纪初,俄国的历史发展犹如巨大的钟摆,摆动于"西方式"与"东方式"两条截然不同的发展道路之间。

　　公元 10 世纪,基辅罗斯大公弗拉基米尔以强制方式率众皈依东正教,拉开了俄国"西方化"的序幕,这一过程持续到蒙古鞑靼人入侵前的 13 世纪 40 年代;从 13 世纪 40 年代至 15 世纪 80 年代,俄国经历了长达两个多世纪的蒙古鞑靼人的统治,被迫走上了"东方化"的道路,尽管 1480 年终于摆脱了异族的统治,但是"东方化"进程以其惯性仍然延续了近两个世纪,直至 17 世纪末;从 18 世纪初至 19 世纪初,这是俄国历史上急速的"西方化"阶段,先有彼得一世急行军式的"欧化"改革,后有女皇伊丽莎白,特别是叶卡捷琳娜二世的"开明君主专制",在他们的统治下,俄国的"西方化"进程加速了;而从 19 世纪开始,俄国历史发展的"钟摆"似乎失去以往的规律性,迟疑并固执地摆动于"东方"与"西方"之间,它表现为亚历山大一世的"自由主义式"的统治和他所支持的斯佩兰斯基改革是西方式的,但他同样支持的阿拉克切耶夫的"军屯制"却是典型的东方式的。亚历山大二世的农奴制改革的目的在于解放农奴,赋予其人身自由权利,但不放心的沙皇政府又试图以"东方式"的农村村社将农民禁锢起来。自 19 世纪以来,特别是 19 世纪 60 年代以来,俄国资本主义艰难地迈开步伐,开始了经济现代化的进程,但是在政治上,专制制度仍然是一夫当关,沙皇亚历山大三世和尼古拉二世顽固地坚持"东方式"的超级集权统治。1917 年的十月革命使俄国走上一条现代化新路,然而就在苏联社会主义"凯歌行进"和巨大成就同时,我们似乎还可以发现"苏联模式"("斯大林模式")仍然苦斗于"文化传统"与"现代化"、"西方式"与"东方式"道路的吊诡悖论之中。

　　俄国发展模式的摇摆导致社会的分裂。18 世纪初,彼得一世大力推行欧化改革,试图以"野蛮"方式制服俄国的"野蛮"(马克思语)。② 其长远效应是推动俄国历史发展,其近期效应是促进了俄罗斯民族觉醒以及导致社会大分裂。准确地说,使俄罗斯社会分裂为相互对抗的"本土(почва)"俄罗斯和"文明(цивилизация)"俄罗斯两部分。对抗的结果就是在一个国家里,分化出了拥有完全不同的价值观和理想的两个社会。分裂性不可避免地将选择道路问题摆在国

　　①　[俄]克柳切夫斯基:《俄国史教程(第 1 卷)》,商务印书馆 1992 年版,第 28 页。.
　　②　《马克思恩格斯选集(第 2 卷)》,人民出版社 1995 年版,第 620 页。

家面前。如果选择"本土"化道路,就意味着采取伊凡四世时代启动的东方类型道路。如果选择"文明"化道路,就意识着拒绝基辅罗斯、诺夫哥罗德共和国和莫斯科公国的传统,接受欧洲传统。俄国几乎用了三百年来解决这个难题。

18世纪80年代,持本土派立场的俄国著名学者冯维津提出了著名的"东方与西方"和"俄国与西方"的命题,他的观点是"我们出生在西方死亡的时刻"。① 由此,引发俄国知识分子两个多世纪的深入思考。俄国知识阶层在19世纪30至50年代展开了有史以来第一次激烈的争论,争论的焦点即是俄罗斯是东方国家,还是西方国家,俄罗斯应该走西方式的道路,还是走东方式的道路? 即赫尔岑所称"俄国生活中的斯芬克斯之谜"。随着争论的不断深入,最终划分出西方派(Западничество)与斯拉夫派(Славянофильство)两大营垒。西方派主张俄国无法孤立于欧洲,固步于自己的传统,俄国必将走与西欧一样的发展道路。斯拉夫派则认为俄国的农村村社、东正教和专制制度是俄国独有的特性,俄国完全可以根据俄国的历史特点,走迥异于西欧的发展道路。

20世纪初以来,经历了三次革命洗礼的俄罗斯社会发生了翻天覆地的巨变。布尔什维克的执政、苏维埃政权的建立和反苏势力的溃败导致俄罗斯社会的再次分裂,形成了"苏维埃俄罗斯"(Советская Россия)和由移居国外的二百余万俄罗斯人组成的"侨民俄罗斯"(Эмигрантская Россия)。② 侨民知识分子仍然在思考着著名的"赫尔岑命题",民族的灾难和个人的悲剧使欧亚主义在废墟中显露出来。20年代初形成了"欧亚主义"(Евразийство)③思潮和"欧亚主义派"(Евразийцы)。欧亚主义者继承了斯拉夫主义思想,强调从俄罗斯文化传统和独特地理环境中寻找"赫尔岑命题"的答案,试图为俄国发展指出道路。

1921年在俄侨聚居的索菲亚出版了《走向东方》(Исход к Востоку)文集,标志着欧亚主义思潮的诞生。作者之一萨维茨基认为:"在从前在地理上划分为'欧洲'和'亚洲'两个大陆的旧大陆的土地上,它成为划分的第三个、中间的大陆——'欧亚',欧亚主义的名字由此而来。""俄罗斯就其历史地位和民族特征而言,它既不是纯亚洲式的,也不是纯欧洲式的。"④俄罗斯命中注定要充当沟通两块大陆和两种文化的不可或缺的桥梁的角色。他在一首诗中形象地表示:"我们不属于

---

① НовиковаЛ. И. , Славянофильство и современость. СПб. , 1994. С. 89 – 92.

② 关于俄国侨民人数、政治态度和社会团体的内容,参见:张建华等:《红色风暴之谜:破解从俄国到苏联的历史神话》,中国城市出版社2002年版,第249 – 269页。

③ "欧亚主义"(Евразийство)是欧洲(Европа)和亚洲(Азия)两个词的合成词。

④ Новикова Л. И. , Сиземская И. Н. , Россия между Европой и Азией Евразийский соблазн. Антология. М. , 1993. С. 100.

东方,也不属于西方,我们的生活方式和种族是特殊的。我们是完整的东西方,我们是其高峰的旅行者。"①作者之一阿列克谢耶夫是欧亚主义国家思想的主要表述者。他考察了自古以来俄罗斯人所追求的"真理国家"的五种模式:即东正教的君主制思想、独裁思想、哥萨克自由逃民的思想、非正统教派的国家思想、约瑟夫派的国家思想。他主张从俄罗斯古代村社体制和民间谚语等民族传统中寻找借鉴,建立重在保障公民精神发展的欧亚国家。② 苏俄红色领袖托洛茨基也曾就此发表看法,"俄国不仅在地理上而且在社会上和历史上都介于欧洲和亚洲之间。它既同欧罗巴西方有区别,也同亚细亚东方有区别"。③

欧亚主义者强烈反对欧化,认为横跨欧亚大陆的俄国(亦称"欧亚俄罗斯")是一个独特的欧亚世界,居住在这个世界的是非欧非亚的欧亚人,其文化也是非欧非亚的欧亚文化;俄罗斯不能盲目追随西方,而应寻找和坚持自己的道路。作家特鲁别茨科伊公爵强调珍视和重建俄罗斯文化,与全盘西化的俄国知识分子作坚决斗争,以对抗强势的罗马——日耳曼文化的侵略。

欧亚主义者非常关注俄国国内形势的变化,他们对新经济政策持谨慎的合作态度。在他们看来,无论是"社会主义"还是"共产主义"都是西方的舶来品,完全不适合俄国的国情,新经济政策的实施表明苏维埃政权已改弦更张,表明"共产主义意识形态无疑死了",④"欧亚主义要竭尽全力渗透这一新的体制,假借新政权之手建立自己的新国家"。⑤ 西方的道路走不通,俄国应该走自己的道路——欧亚主义道路。而且欧亚主义派与布尔什维克在一些思想上不谋而合,如强调思想意识在国家建设中的指导作用,主张联邦主义原则,主张不屈服西方的压力走自己的道路等。

到 20 年代末,欧亚派试图变理论为实践,建立欧亚党,但这个尝试没有成功。30 年代中叶,欧亚派逐渐发生分裂,这个阵营分化成两部分:一部分支持布尔什维克提出的国家建设方案,另一部分反对。1937 年,欧亚派作为一个完整、统一的学派已经不复存在了。但是欧亚主义思想并没有因欧亚派的消亡而消失,它不仅在俄侨中继续产生着影响,而且还渗透到了苏联国内,列夫·古米廖夫(1912—1992

---

① Челышев А. Г. , Шаховский Г. Д. , Культурное наследство Русской эмиграции 1917 – 1940. М. , 1994. Т. 1. С. 146.

② Новикова Л. И. , Сиземская И. Н. , Россия между Европой и Азией Евразийский соблазн. Антология. М. , 1993. С. 165 – 168.

③ [苏]托洛茨基:《托洛茨基自传——我的生平》,国际文化出版公司 1996 年版,第 255 页。

④ Савицкий П. Н. , Континент Евразия. М. , 1997. С. 15.

⑤ Алексеев Н. Н. , Русский народ и государство. М. , 2000. С. 177.

年）就是苏联国内最为著名的欧亚主义者之一,他表示："当别人称我欧亚人时,因为某些原因我不拒绝这个称呼。第一,这是强大历史潮流,如果我被吸引到这里,它将给我以荣誉。第二,我认真地研究了这个流派的著作。第三,我实际上同意欧亚主义者基本的历史方法论的结论。"他的结论是如果俄罗斯能够被拯救的话,那么只有通过欧亚主义的道路。①

二、俄罗斯经济转型与新欧亚主义的经济取向

俄罗斯是世界上国土面积最大的国家,它的西部与欧洲一体,东部和南部融入欧洲大陆板块。俄罗斯也是世界上自然资源最丰富的国家之一,资源总量约占世界总量的 30% ,天然气占 40% ,森林覆盖面积 11.13 亿公顷。资源的丰富程度是很多国家所不及的,但由于俄罗斯经济发展不平衡,很多资源都开发不了,特别是储藏在远东地区的资源。而丰富的油气、森林及其他矿物质资源使俄通过资源输出来参与亚欧合作具有巨大的潜力。

俄罗斯自然资源非常丰富,但是资金技术劳动力缺乏。俄罗斯的重工业基础较好,而轻工业薄弱。同时俄经济分布也不甚合理,轻工业主要在西部地区,基础工业集中在东部地区。俄罗斯东部地区是世界资源富饶的宝库之一,对国家经济形势有重要影响。苏联解体后,东部地区不仅失去了中央政治经济和财政的支持,而且实际上也中断了同中央政府的经济联系,这从整体上使国家经济形势不断恶化。

俄罗斯为了改变这种不健康的经济发展结构,自苏联解体以来,进行了多次改革。起初,盖尔达政府采用"休克疗法",企图激进的向市场经济过渡,走上西方式的发展道路,最后使俄罗斯经济一片混乱。之后,切尔诺梅尔金政府放弃了以前的以货币主义为核心的自由主义指导思想,转用凯恩斯的国家干预学说,但效果仍然不好,到 1998 年,竟爆发了空前严重的金融危机。直到普京上台,提出一系列经济战略调整措施,俄经济才有所改善。普京改变过去领导人一味追求快速从计划经济转变为西方式的市场经济的激进改革,采取了适应俄罗斯国情,保持国有经济主导地位的渐进式改革。普京正在走的就是平衡发展俄罗斯东西部,通过同时与西欧和东亚共同发展经济合作来保证俄罗斯作为欧亚大陆大国的独立地位的新欧亚主义发展道路。

俄罗斯现在已经结束了过去关起门来走计划经济道路的时代。俄罗斯的经

---

① Гумилев Л. , Меня называют евразийцем // Наш современик. М. ,1991(1); Гумилев Л. , Заметки последнего евразийца // Наше наследие. М. ,1991(3)

济要与世界接轨,当俄罗斯打开国门,看到西部欧盟经济的巨大成果和东亚经济的飞速增长时,意识到俄国要加强同东西方的合作,来保住俄罗斯的大国经济地位。

欧盟是目前欧洲乃至全球最有活力和最成功的经济联合体。从 20 世纪 90 年代起,欧盟从地缘政治和经济利益的现实出发,开始了雄心勃勃的向东扩展计划。2004 年,一个囊括 25 国,4 亿多人口的欧盟出现在世界舞台。欧盟一直是俄罗斯最重要的经贸伙伴和投资者,与欧盟的贸易额占俄罗斯外贸总额的 37% 以上。俄罗斯 70% 的外贸顺差来自欧盟国家,同时,欧盟还是俄罗斯主要的贷款者和投资者。面对日益扩展到自己家门口,而在欧洲发挥着越来越重要影响的欧盟,俄罗斯别无选择要继续加大同欧盟的经济合作。

俄罗斯在 20 世纪 90 年代初期,一直没有重视东亚地区,直到 90 年代后期,东亚地区才开始引起俄罗斯关注。如今,东亚地区已是世界经济发展的中心,汇聚着世界雄厚的金融资本,巨大的经济潜力远远超过了世界上其他地区。在东亚地区既有世界第二经济强国日本,也有亚洲四小龙之一的新兴工业国韩国,还有经济迅速发展的为整个亚太地区经济注入了新活力的中国。在此情况下,发达国家纷纷调整了其亚洲政策,积极融入到了东亚经济中来,而经济陷于艰难困境的俄罗斯当然不能甘心被排除在外。特别是,俄罗斯与东亚经济具有很强的互补性。俄罗斯自然资源非常丰富,但资金、技术、劳动力缺乏,日本韩国资金雄厚,技术先进,中国劳动力资源非常丰富,日韩资源十分缺乏,中国某些资源缺乏。俄罗斯的重工业基础较好,而轻工业薄弱;中国的轻工业发达,而重工业基础不如俄罗斯。俄罗斯与中国合作,有利于进入广大的亚洲市场。诸多因素有利于俄罗斯的经济发展,俄罗斯当然会加大与东亚的合作力度。

20 世纪 90 年代以来,随着苏联的解体以及叶利钦在俄国推行"休克疗法"的激进自由主义改革,旧的意识形态和价值观念迅速崩溃,社会经济状况急剧恶化,国际地位大幅度下降,俄罗斯的民族自尊心受到严重打击。在这种情况下,出现了一股回归欧亚主义的思潮,新欧亚主义出现。"新欧亚主义"的主要代表是亚历山大·盖尔耶维奇·杜金。新欧亚主义将古典欧亚主义思想与"第三条道路"理论,"保守的革命",欧洲的"新右翼"理论结合在一起,其中特别强调地缘政治学理论。杜金在《地缘政治学基础》一书中,将大陆文化与大西洋文化对立起来,强调"欧亚俄罗斯"的大陆性。将整部世界历史看作是这两种互不相容的文化之间的不断冲突。欧亚主义思想在新时期的蓬勃发展意味着欧亚主义实际上变成了21 世纪俄罗斯的民族思想。2002 年 5 月 30 日,欧亚党成立,提出了关于经济政策、对外政策、对国内政治局势的基本立场。新欧亚主义思想在俄罗斯社会生活各个方面的影响越来越大。

新欧亚主义对地缘政治中的经济因素给予了相当多的关注。俄罗斯新欧亚主义的主要方略是确立俄罗斯的欧亚大国地位。在新欧亚主义者和目前的俄罗斯领导人看来，没有俄罗斯的欧洲，就不能称其为欧洲，没有俄罗斯的亚洲，就不能称其为完整的亚洲。"欧亚党"不赞成走像欧洲那样的自由主义经济发展道路，也不赞成回到原苏联的计划经济老路。因此，提出了走"第三条道路"。具体的是为充分发展私营的中小企业创造良好的环境。对具有战略意义的经济部门、军事部门和自然资源部门，都不能交给私营去经营，而应该由国家来管理。充分利用本国资源优势，对西欧和东亚同时主动开展"经济外交"，走一条东西兼顾，欧亚平衡的经济发展道路。

欧亚主义者提出的发展经济的"新欧亚主义模式"——"欧亚主义的保护主义政策"或"大区域的自给自足政策"，就是一种能最大限度地将发展内部资源与根据不同情况向外部地缘经济区域开放欧亚"关税联盟"所有地区结合起来的经济模式。

除了经过痛苦洗礼后，得出的深刻结论外，从现实主义出发，俄罗斯也应该走欧亚主义道路。首先，俄欧合作方面，欧盟虽然在经济领域对俄提供帮助，但也是有条件的，有限的。欧盟对俄诸如反倾销调查及实施经济制裁等方面毫不手软，而且，"俄罗斯年轻的金融市场往往成为西方投机资金的炒作场所，投机商将资金大规模投入和抽逃，给俄罗斯经济稳定造成巨大威胁"。[①] 相反，东亚经济的蓬勃发展，特别是与俄经济的高度互补性，给俄罗斯带来巨大的诱惑力。放弃以前一味的"西化道路"，走独立的东西兼顾，欧亚平衡的新欧亚主义经济发展道路，此时成了俄罗斯的必然选择。

普京入主克里姆林宫之后，实施新欧亚主义的经济政策。对于主张"经济外交"的普京来说，欧洲的价值不可低估。普京指出："俄罗斯要积极地参与欧洲大陆的经济合作，其主要手段目前首先是加入欧洲联盟的进程。"俄罗斯希望通过加强同欧盟的合作，使俄罗斯在经济方面达到两个目的：一是最大限度地获得欧洲的资金，技术和市场，为经济复苏找到外部动力；二是借助欧洲的经验，实现制度改造，建立现代经济体制和运行规则，使俄罗斯的经济逐步地纳入欧洲市场和世界经济体系。基于上述目的，普京首先积极致力于开展双方的经贸合作，利用俄罗斯国内资源丰富的优势，与欧盟国家进行了以石油出口为主的频繁的多边贸易合作。1999 年 6 月，欧盟十五国在科隆制定了《欧盟与俄罗斯关系集体战略》，目

---

① 丁佩华：《俄罗斯与亚欧经贸合作：现状和前景》，载《俄罗斯研究》2001 年第 1 期。

标有两个：一是帮助俄罗斯实现稳定，民主和良性的市场经济环境，促进俄罗斯经济发展；二是与俄罗斯共同努力，维护欧洲大陆和世界的稳定、安全，实现俄罗斯与统一欧洲经济社会空间一体化。尽管俄罗斯与欧盟合作的侧重点有所不同：欧盟强调帮助俄罗斯实现符合"欧洲标准"的变革，俄罗斯则突出与欧盟的经济合作，但是欧盟与俄罗斯都决心强化合作态势，实现相互接近。2001年3月，欧盟斯德哥尔摩特别首脑会议首次邀请普京出席。这显示欧盟重视进一步发展与俄罗斯的战略伙伴关系。会议期间，欧盟领导人就加强与俄罗斯的经济合作达成了三个共识：一是通过扩大合作范围支持俄罗斯的经济改革；二是支持俄罗斯加入世界贸易组织；三是同意欧洲投资银行为俄罗斯的经济建设提供贷款援助。经济合作无疑是俄罗斯与欧盟关系中最重要的一点，也是迄今双方和合作最有成效的方面。但是加入欧盟并不是容易的事，至少俄罗斯在未来十年内不可能加入欧盟。

新欧亚主义对地缘政治中的经济因素给予高度关注。俄罗斯认为，既然一时难以融入欧洲经济一体化进程，那么近二十年来经济日益上升的东亚地区对俄罗斯自然有更大的吸引力。而且，俄罗斯与东亚国家在文化传统和经济发展水平上有更多同质性、互补性。东亚国家所特有的经济发展模式，增长机制和改革方略等也必然引起俄罗斯的兴趣和重视，期望借鉴。于是，目光东移，俄罗斯看准了亚太地区的卓越的经济成就和深远的发展前景，制定在东亚地区的战略目标就是要为俄罗斯，特别是西伯利亚和远东地区积极加入地区一体化进程创造条件，寻找来自东亚地区的对俄罗斯国内经济改革的支持，吸引东亚资金带动俄远东、西伯利亚地区经济的开发。为了加强同东亚地区国家的经济合作，俄罗斯积极开展同这些国家的经济外交，签订各种类型的经济合作协定，并采取有效措施予以促进。对于为了加强同东方国家经济合作而制定的西伯利亚纲要和远东贝加尔发展纲要，均由总统签署命令发布，中央在财力、物力上，在政策上，都给予了尽可能的支持。目前，俄罗斯与日本进行的合作项目包括开发俄罗斯储量丰富的雅库茨克天然气和萨哈林大陆架的油气资源，由日本提供技术设备开采俄森林资源，改造俄铁路交通线，改造俄远东大港瓦尼诺港，发展国际通信系统并建立纳霍特卡和符拉迪沃斯托克两个自由经济区。俄罗斯同中国签署了2001—2005年双边贸易协定、森林资源开采等在内的十多个合作文件，使双方在核能、石油、天然气、电力、森林开采、航空等领域的合作进一步加强，同时，俄罗斯同韩、朝、越、蒙也都进行了经济合作。

三、新欧亚主义对俄经济发展的影响

新欧亚主义理论中东西方并重的经济发展模式，虽然就其与欧亚合作进程上

看,尚处于起步阶段,但合作对于促进俄罗斯经济健康发展的前景已经显现。

首先,俄罗斯同欧亚的交流与合作,促进俄罗斯经济改革和市场化。俄罗斯是一个正在向市场经济过渡的国家,在欧亚合作过程中,将完成所有制结构、经济结构、金融结构等方面的改造,变得更加开放和富有吸引力。对西方自由市场经济制度的采纳和东方经济宏观调控方针的吸收,再加上俄自身的价值观及精神凝聚力,一个具有独特特色的经济制度的俄罗斯有可能成为现实。这较之苏联的计划经济和纯西方式的市场经济来说,无疑更符合俄罗斯当今现实。

其次,随着俄罗斯同欧亚经济合作的深化,以出口能源为主的俄罗斯将成为欧亚各国重要的能源供应商。俄罗斯将会拥有对外贸易的发言权、主动权甚至支配权,使得合作各方面向着建设性战略伙伴地位转化,而不是处于合作的边缘国家位置和片面的经济技术意义上的简单合作。俄罗斯将再次成为不容忽视的大国。这是新欧亚主义思想背后的"强国主义"目的。

最后,新欧亚主义对俄罗斯经济的影响,将进一步影响到俄罗斯的外交。"经济外交"是俄罗斯现阶段的外交政策。俄罗斯想通过能源供应关系建立起俄罗斯同其经济伙伴国家在关系国家生死的能源上不可分割关系。这对提高俄罗斯的大国地位,重新掌握外交主导权十分重要。

普京执政后,延续了欧亚主义的方针和路线。他强调,俄罗斯过去是,将来也还会是一个伟大的国家,它的地缘政治、经济和文化的不可分割性决定了这一点。他在 2000 年国情咨文中,把实用主义、经济效益和国家安全作为新政府的主要任务,认为国内目标高于国际目标。在内政方面,普京政府主张实行"可控制的市场经济",并根据苏联七十年经济建设和俄罗斯 90 年代经济转轨的经验教训,制定了"强国主义"(Державизм)的基本方针。根据这一基本方针,既没有继续叶利钦时期激进的经济改革计划,也没有回到原苏联时代的计划经济轨道,而是强调在不引发大的社会动荡的前提下逐步改革,强调遵循温和的自由市场经济原则,建立由国家调控的自由社会经济体系。在外交方面,普京把"东西方并重"外交进一步发展为各个层次的平衡外交。把俄定位为一个地区性的大国,集中力量关注自身周边地区的安全,不再追求与自身国力不相适应的、不切实际的大国地位,近期目标在于在俄罗斯周边建立一个巨大的"稳定的弧形(圆形)安全带"。2002 年 4月,普京又宣布俄罗斯的目标是融入欧洲主流经济。

俄罗斯的欧亚特征是一种现实,是一种地理和历史的存在,是俄罗斯国情。新欧亚主义的过人之处就在于它紧紧抓住了这一点,并以此作为思考俄罗斯问题的出发点。新欧亚主义揭穿了戈尔巴乔夫和叶利钦所建构的"西式"社会。俄罗斯著名东方学家米哈伊尔·列昂齐耶维奇·季塔连科认为:"……欧亚精神也许不仅会成为俄罗斯经过更新的意识形态,成为俄罗斯振兴的新的范式,而且在后工业社会,信息社会中赋予跨文明关系新的思想典范。"在新欧亚主义影响下的俄罗斯经济发展战略,会给世界,特别是俄在东亚重要的合作伙伴中国带来机遇和挑战。如何处理同俄国的经济合作,是我国政界、知识界精英目前急需考虑的重要课题。

俄罗斯民族是善于思考的民族,伴随着每一次社会剧变,知识界总会发生激烈的思想碰撞,面对国家的发展方向进行着痛苦的选择。是弘扬俄罗斯的民族精神,还是向西方急剧转向,这一问题长期以来一直苦恼着俄罗斯人。从 18 世纪初叶彼得一世的改革到 19 世纪 60 年代亚历山大二世改革,再到 20 世纪初期斯托雷平大臣的改革,最后到 20 世纪 80—90 年代戈尔巴乔夫—叶利钦改革,这四次改革是俄罗斯强迫自己西方化的四次痛苦尝试。这四次中除第一次取得一些成就外,其他三次都给俄罗斯带来了巨大的灾难,特别是第四次,使苏联解体,经济状况急剧恶化,人民生活水平每况愈下,政治局面动荡,民族分裂主义威胁着国家的生存。俄罗斯国际地位一落千丈,成了西方的经济附庸,西方国家信誓旦旦允诺的美援原来是一纸空文。这些残酷现实,深深刺痛俄罗斯人民的自尊心,重新引起了西欧派与其他思想文化派别之间的东西方文化之争。欧亚主义在新的历史条件获得了复兴和从未有过的社会关注,它从 20 世纪初的民间思潮变成了当代俄罗斯政府的国家发展战略,它对俄罗斯外交、安全和经济复兴产生了极其重要的影响。

正如,自称是"最后一个欧亚主义者"的列夫·古米廖夫在 1992 年去世前接受记者采访时所说过的,"我知道一点,并愿意悄悄地告诉您,俄罗斯如果想要得救的话,就必须成为欧亚大陆强国,事实上,只有欧亚主义能够救俄罗斯"。①

---

① Гумилев Л. , Ритмы Евразии :Эпохи и цивилизации. М. , 1993. C. 31.

第十七章

俄罗斯独联体政策的新变化

——以普京欧亚联盟为重点

独联体是苏联"文明离婚"的产物，又是前苏联国家（除波罗的海三国外）维系传统联系的平台。独联体的性质、地位和作用在现代国际关系实践中是独一无二的。俄罗斯作为苏联最大的加盟共和国，也是独联体最大的成员国，它对独联体的认识和政策的重要性不言而喻。苏联解体二十多年来，俄罗斯的独联体政策经历了一个演变和不断调整的过程。以普京第三次就任俄罗斯总统为标志，俄的独联体政策又出现了新的变化。

一、从叶利钦时期到普京前两任：从"甩包袱"到重新争夺独联体

上个世纪90年代叶利钦政府对独联体政策经过了从"甩包袱"到微调的过程。独联体成立之初，俄实行"一边倒"的亲西方政策，把独联体看成包袱，对其态度冷淡。而独联体一些国家也因边界、武器、军事基地、语言、俄侨民等问题，反俄、疏俄的民族主义情绪正盛。例如，土库曼斯坦正式禁止俄罗斯人从事管理岗位的工作，同时高等院校和中学向说土库曼斯坦语过渡，堵死了说俄语的青年受教育的通道。[①] 俄罗斯领导层则认为，俄的国家利益必须凌驾于俄的新邻国之上，以确定并推进俄罗斯国内政策和外交政策。他们希望在俄罗斯成立一个各国的协调机构，俄在其中有决定权，确保其能够控制所有成员国经济体系中的关键领域，并让俄在它们外资战略中的决定作用制度化。[②] 在具体实践中，俄与美国联手让乌克兰、哈萨克斯坦、白俄罗斯等独联体国家把苏联时期遗留下来的核武器运到俄罗斯，实现无核化，使俄成为唯一的核武器继承国。叶利钦经常采取威胁或恐吓的方式寻求其在中亚的战略目标。在以上各种因素交织下，俄罗斯对独联体

---

① Федулова Н. , Влияние России в странах СНГ // Мировая экономика и международные отношения, 2007 г. , №5.

② ［美］玛莎·布瑞尔·奥卡特著，李维建译：《中亚的第二次机会》，时事出版社2007年版，第59页。

重视度不高,与独联体国家关系也一直停滞不前。但俄罗斯唯西方马首是瞻的对外政策并未换来体面的发展。在国际上,俄国家利益屡屡受损,国际威望和国际地位急剧下降。在国内,经济"休克疗法"失败,西方对俄罗斯的援助大多口惠而实不至,雷声大雨点小。俄罗斯经济社会形势每况愈下,身陷重重危机,对西方的浪漫幻想破灭了。俄逐渐认识到,自己与美国、西方的战略矛盾是不可调和的,不能做美国、西方的"跟班",必须找回自我,重振大国雄风。在内外交困的背景下,俄意识到,完全甩开独联体是不可能的,独联体可作为俄罗斯复兴的后盾。1995年9月叶利钦总统签署了《俄联邦对独联体国家战略方针》,对独联体政策做出了微调。方针明确提出俄罗斯对独联体政策的主要目标是"将独联体建成在国际社会中享有应有地位的政治经济一体化的国家联合体",主要任务是"加快独联体国家一体化进程","增强俄在独联体国家关系中的主导作用","鼓励各国在共同利益和共同军事政治目标的基础上建立防御联盟"。① 叶利钦经常警告西方国家不得染指独联体,强调俄的安全边界包括所有的独联体国家。在俄与西方发生尖锐矛盾时,独联体被叶利钦利用为对付西方的工具,威胁说要在独联体范围内组建类似华沙条约的军事联盟对付北约东扩。但实际上在俄与独联体关系方面并无实质性内容。

俄进一步调整独联体政策发生在普京担任总统以后。随着俄政局稳定,经济随着石油价格上涨而得到快速发展,综合国力回升,军事力量逐步恢复。美国鼓动在独联体国家成立"民主选择共同体","古阿姆"集团,与俄罗斯为首的独联体分庭抗礼。特别是美国直接导演在独联体国家格鲁吉亚、乌克兰、吉尔吉斯斯坦发生的"颜色革命",制造不稳定的局势,并力图乘虚而入。北约东扩到前苏联加盟共和国和东欧十国,美国还要在东欧(波兰、捷克)建立导弹防御系统和部署雷达系统,使俄感到战略空间受到挤压,国家安全遭到直接威胁。独联体有可能被西方利用为围俄、制俄、弱俄的前沿阵地。普京加大了对独联体的工作力度。与叶利钦相比,普京更能平等地对待中亚国家的每一位领袖。在俄对外政策构想中把独联体放在俄外交最优先方向。俄积极推动经济、能源、军事一体化,采取严厉措施,防止颜色革命,对抗西方势力渗透。

但是,普京的第一个总统任期(2000—2004年),在政治上着重整顿内务,建立垂直权力体系,加强中央集权;在经济上掀起国有化浪潮,实现国家对战略经济部门的有力控制。在外交上,由于国家实力有限,外交资源相对匮乏,俄罗斯面临西方的进攻态势,只好无奈地坐看北约欧盟双东扩,战略空间急剧压缩,外部环境

---

① 朱成虎主编:《中美关系的发展变化及其趋势》,江苏人民出版社1998年版,第323页。

日趋恶化。当时普京已经重视与独联体国家发展关系,如2000年改组成立欧亚经济共同体,2002年成立独联体集体安全条约组织,但该阶段俄罗斯政治经济百废待兴,实力不济,以及这些新成立的机构尚处于幼年时期。普京难以彻底改变叶利钦以来形成的俄在独联体地区的被动局面。此外,由于颜色革命和地缘政治的发展,独联体事实上已经分裂成亲俄和反俄两大集团。这客观上也增加了普京独联体政策开展的难度。白俄罗斯、哈萨克斯坦、吉尔吉斯斯坦、塔吉克斯坦、亚美尼亚是欧亚经济共同体和独联体集体安全组织主要成员,与俄关系较为友好。"古阿姆"集团成员则亲美反俄。2008年8月格鲁吉亚与俄发生战争后,退出了独联体。乌克兰多次与俄发生能源战。土库曼斯坦奉行中立政策,从独联体正式成员国变成观察员国。

在普京执政的第二任期(2004—2008年),俄对独联体政策呈现"重新争夺"的态势。独联体都是苏联的成员国,俄罗斯的邻国。俄传统的独联体政策是把其视为一个整体,保持大家庭,把独联体视为俄外交的最优先方向,"独联体第一"。俄通过给独联体国家提供让步和经济补贴,特别是能源优惠的办法,保持在独联体的领导地位,从而维护俄罗斯国家利益,捍卫俄罗斯的大国地位。这一时期,俄罗斯在普京治下,国内政局稳定,经济发展势头良好,综合国力显著提升,步入新兴国家行列。但西方试图使俄罗斯"边缘化"、"无能化"的目标没有变,对独联体地区的和平演变从来没有停止过。2003年格鲁吉亚的"玫瑰革命",2004年乌克兰的"橙色革命",2005年吉尔吉斯斯坦的"郁金香革命",都导致了这些国家的政权更替,"去俄罗斯化"运动盛行。俄罗斯在独联体地区的政治、经济、文化影响力受到严重打击。在此形势下,普京积极应对,与西方展开了争夺独联体的"拉锯战",如2006年俄乌"斗气"事件。这一阶段俄罗斯国内形势虽有起色,外部环境仍然严峻,普京仍然难以在独联体地区有大的作为。

二、"梅普组合":对普京路线的继承与调整

2008年,梅德韦杰夫取代普京担任俄罗斯总统,普京改任总理,形成"梅普组合"。独联体是"梅普组合"外交工作的重点。俄罗斯成立专门的独联体署,负责对独联体国家的经济外交与人文合作。俄联邦安全会议和国务委员会联席会议集中讨论强化与独联体国家的合作问题。

(一)不再刻意追求独联体"统一"。

俄外交与国防政策委员会作为智库,在其研究报告中指出"原苏联作为共同分析的单位已是明日黄花。由历史遗产、经济联系和同一政治体制联合起来的国家集合体——独联体作为单独的完整的地区已在相当快的消失中⋯⋯随着各国

的自决,后苏联空间的集合体作为俄罗斯政治的整体目标正在消失。这并不意味着俄罗斯自愿撤离。鉴于确保俄罗斯国家安全的需要,俄罗斯从这一地区撤离是不可能的。此外,从经济利益的观点来看,俄罗斯存在于大多数后苏联国家是极为重要的。况且,俄罗斯同其他相关玩家的竞争还会激烈。俄罗斯同后苏联地区各国的文化联系尽管在削弱,但仍然是密切的"。① 与此同时,俄罗斯不再把原各加盟共和国视为无条件的优先工作对象,因为同它们的特殊关系需要经济上的补贴来维持。俄罗斯将把与前苏联地区国家的关系转变到传统的"胡萝卜加大棒"的国际关系模式上,进行分而治之。

2000 年普京版和 2008 年梅德韦杰夫版俄对外政策构想中,均把独联体地区放在优先地位,但具体内容却不同。在普京版中,重点强调俄与所有的独联体国家发展友好和战略伙伴关系,推动在独联体框架内各个领域的合作和一体化,而在梅版中,俄不再赋予独联体组织重新统一前苏联各加盟共和国的地位,只是把独联体作为政治对话的论坛和经济、人文、反恐合作的机制,指出俄应在市场经济的原则上与独联体国家开展经济合作。

梅版独联体政策不再以俄白联盟为第一要务,而以推动欧亚经济共同体和独联体集体安全条约组织为重点,多速度、多层次、多侧重发展独联体框架内的一体化进程。梅德韦杰夫在 2008 年的国情咨文中提出了俄罗斯"特殊利益区"的新概念。梅德韦杰夫强调,发展同独联体国家多边或双边的合作是俄罗斯对外政策的优先方面,并在他就任总统后首访哈萨克斯坦。

(二)政治划线,能源外交,区别对待。

控制中亚能源、价格以及独联体内的石油天然气管道,是俄罗斯主导独联体的重要手段。"在普京的领导下,莫斯科准备承认俄罗斯的资源是有限的这一事实,它必须在确定在何处以及如何施加俄罗斯的影响这两种选择中间做出困难的抉择。"② 俄向对俄友好的哈萨克斯坦纳扎尔巴耶夫政府、白俄罗斯卢卡申科政府等提供天然气价格优惠,而对对俄不友好的乌克兰尤先科政府、格鲁吉亚萨卡什维利政府则不提供优惠。

时过境迁,哈萨克斯坦、乌兹别克斯坦和土库曼斯坦拥有油气资源最为丰富的三国均奉行能源立国的发展战略,推动国际能源合作多元化。因此,俄罗斯在

---

① 俄外交与国防政策委员会著,万成才译:《未来十年俄罗斯的周围世界——梅普组合的全球战略》,新华出版社 2008 年版,第 141 页。

② [美]玛莎·布瑞尔·奥卡特著,李维建译:《中亚的第二次机会》,时事出版社 2007 年版,第 67 页。

中亚能源市场的垄断地位正在动摇。比如,2009 年国际金融危机背景下,欧洲天然气市场需求下降,俄罗斯最终决定降低对土库曼斯坦天然气的采购量,损害了土库曼斯坦的利益,引发了俄土关系波动。土库曼斯坦天然气一时间成为多方争抢的对象。向西的"纳布科"项目,向南的"土库曼斯坦—伊朗"天然气管道,向东的"中亚—中国"天然气管道成为土库曼斯坦国际能源合作的新重点。此事体现了俄土两国在国际能源市场中逐渐出现的竞争态势。

(三)文武相济,科索沃模式,局部反制,灵活务实。

2008 年在对格鲁吉亚军事打击并承认南奥塞梯和阿布哈兹独立后,俄积极调解纳卡冲突和德涅斯特河沿岸问题,避免冲突"解冻"。此外,俄还扩大在吉尔吉斯斯坦的坎特空军基地,取得在塔吉克斯坦的"艾尼"空军基地。另一方面,促使独联体集体安全条约组织成立中亚联合军事集群,并在集安组织防长会议上讨论了构建统一防空体系的问题。

俄加强了在高加索地区、独联体中亚地区的军事存在。俄仿照西方承认科索沃为独立国家的模式,承认南奥塞梯和阿布哈兹为独立国家,与之建立外交关系,建立大使馆,并签订共同保卫边界协议,计划在阿布哈兹的黑海沿岸建立一个海军基地。2009 年 2 月独联体集体安全组织峰会已经决定在中亚建立一支 1.5 万人编制的快速反应部队。2009 年 4 月,独联体集体安全条约组织秘书长博尔久扎说要增加俄在坎特基地的飞机数量,以进一步强化俄在该地区的军事存在,提高威慑力。2009 年 7 月,俄有意扩大在吉尔吉斯的军事基地,除坎特外,还打算在奥什市建立第二个军事基地,名为集体安全条约组织快速反应部队的基地,但部署的是俄国部队,主要是空军和空降部队。这是俄对美军获准保留玛纳斯基地的回应,其目的是试图把美军挤出中亚。

俄罗斯坚决反对格鲁吉亚和乌克兰加入北约。反对北约和欧盟染指独联体。2009 年 4 月,俄罗斯外长拉夫罗夫在俄外交与国防委员会会议上明白无误地警告西方,高加索危机表明,北约东扩是多么危险的一件事。"如果格鲁吉亚成为北约成员国,俄罗斯除了像去年 8 月那样被迫采取行动之外,别无选择。"2009 年 4 月摩尔多瓦发生了骚乱。俄向罗马尼亚和欧盟发出警告,要求确保摩尔多瓦主权不受损害。拉夫罗夫说:"我们希望欧盟和罗马尼亚采取措施,确保罗马尼亚旗帜和口号不要被当成损害摩尔多瓦主权的借口。"同年,欧盟布拉格峰会建立所谓"东部伙伴关系",吸收独联体六个国家(乌克兰、格鲁吉亚、摩尔多瓦、亚美尼亚、阿塞拜疆、白俄罗斯),俄罗斯表示反对。总理普京称"东部伙伴关系计划"是北约东扩的替代品。外长拉夫罗夫发表声明,反对在欧洲建立新的分界线。他指出,布拉格峰会代表了对梅德韦杰夫所说的俄"特殊利益区"的侵犯。

（四）利用独联体国家内政进行局部反制。

如乌克兰总统大选，亲俄派的亚努科维奇获得胜利，乌克兰立法决定不加入北约，延长租借俄黑海舰队基地期限。俄还支持格鲁吉亚反对派，促其做大，来削弱萨卡什维利的权力。2010 年 4 月，由于对吉尔吉斯斯坦时任总统巴基耶夫亲美政策不满，俄支持反对派推翻其统治，建立新的临时政府。普京指责巴基耶夫是"咎由自取"。梅德韦杰夫认为这"是人民感情的表现形式"。俄罗斯扩大和加强了在吉国的影响，学界有人称之为"俄色革命"。

（五）俄在金融危机中支持独联体国家。

俄罗斯虽然在 2008 年开始的国际金融危机中遭受重创，但还是慷慨支援其他独联体国家渡过困难期。在同年 12 月举行的独联体非正式会议上，俄与哈萨克斯坦、亚美尼亚、吉尔吉斯斯坦、塔吉克斯坦达成建立 100 亿美元共同基金的协议，并确定组建俄白哈关税同盟。2008 年俄斥资 1300 亿美元救市，并分别向吉尔吉斯斯坦（20 亿美元）、白俄罗斯（20 亿美元）、亚美尼亚（5 亿美元）和摩尔多瓦（5 亿美元）提供贷款。还有一些独联体国家也向俄借钱，初步金额不下于 45 亿美元。2009 年 7 月梅德韦杰夫访问塔吉克斯坦，并出席了俄援建的水电站竣工仪式。他强调这是今后几年维护两国关系的重要基础设施。

（六）利用上合，借助中国的力量遏制美国势力在独联体的扩张。

中俄两国都不喜欢美国在中亚的军事存在，同时俄对中国影响的扩大感到不安、警惕、戒备。中国影响的扩大与俄影响的总体下降是同时的，并且中俄两国在中亚能源等领域存在竞争。[①] 俄加强与上海合作组织的关系，借助上合组织的安全功能和中国之力抗衡美国，作为俄独联体政策延伸和补充。

三、普京新战略：欧亚联盟[②]

（一）欧亚联盟的提出及主要内容

2011 年 10 月 3 日，俄罗斯《消息报》刊登了俄罗斯总统候选人普京的文章："欧亚新的一体化计划：未来诞生于今天。"[③]文章提出了在前苏联地区建立欧亚联盟，把欧洲与充满生机和活力的亚太地区联系起来的设想。根据此文，新欧亚联盟不是要恢复苏联，也不是要搞欧亚帝国主义，而是要更深程度、更高层次地实

---

① Чарльз Э. З., Стратегия США в Центральной Азии и Шанхайская Организация Сотрудничества // Мировая экономика и международные отношения, 2005 г., №4.

② 李兴：《评普京欧亚联盟》，载《俄罗斯研究》2012 年第 6 期。

③ Путин В. В., Новый интеграционный проект для Евразии – будущее, которое рождается сегодня // Известия. 3 октября 2011 г.

现独联体地区的经济一体化。普京认为，欧亚联盟与独联体并不矛盾，而是相互补充。欧亚联盟是开放的，欢迎其他伙伴参与，优先欢迎独联体内的国家参加。目前欧亚联盟的核心是俄罗斯、白俄罗斯、哈萨克斯坦，另外吉尔吉斯斯坦、塔吉克斯坦也将参加。欧亚联盟成员国在宏观经济、竞争规则、农业、交通、关税、签证、移民政策，以及取消边境检查等方面将采取统一的政策。在普京欧亚联盟原先的设想中，还包括乌克兰，而且乌克兰占有很重的分量。这是由乌克兰的面积、人口、经济规模、技术水平、总体实力和战略地位所决定的。欧亚联盟将更有效益地使用各成员国总体的自然、经济和人力资源，是更深程度、更高层次的一体化，是拥有超国家机构的主权国家的联盟。它将被打造为世界经济和政治中强大的、独立的一极力量，从而摆脱欧亚中心地区在世界经济政治中的边缘地位，实现俄"欧亚强国"的梦想。这可以说既是普京的总统竞选纲领，也是普京当选总统后的国家大战略。

（二）欧亚联盟实施及其关键环节

（1）俄已经制定了欧亚联盟路线图，并成立了相应的组织机构。

在俄白联盟、俄白哈关税同盟的基础上，特别是在欧亚经济共同体的基础上，同时汲取独联体、上海合作组织、独联体集体安全组织甚至"古阿姆"一体化方面的经验教训，形成了推动新欧亚联盟的"三驾马车"——俄罗斯、白俄罗斯和哈萨克斯坦。其中，由于面积、人口、经济、技术、资源、人力、综合实力和国际影响力的明显优势，各国普遍承认俄罗斯是欧亚一体化的领袖角色。大体上，根据经济一体化程度的不同阶段，普京所制定的路线图为：欧亚经济共同体（2000 年成立）——关税同盟（2010 年启动）——统一经济空间（2012 年启动）——欧亚经济联盟（2015 年建成）。

其基本思路是：新欧亚联盟以俄罗斯为主导，以独联体为平台，以关税同盟为开端，以欧亚经济共同体为基础，以经济一体化为纽带，以经济、政治、人文为手段，以俄大国地位为依托，以俄罗斯为核心，以俄罗斯、哈萨克斯坦、白俄罗斯为主力，以吉尔吉斯斯坦、塔吉克斯坦为辅助，推动实行更深层次和更高水平的经济一体化，构建以俄罗斯为中心的独立而强大的世界一极和力量中心。

2011 年 11 月，俄白哈三国总统签署了《欧亚经济共同体一体化宣言》《欧亚经济委员会条约》《欧亚经济委员会章程》等一系列文件。欧亚经济委员会是一个超国家常设管理机构。内设"委员会理事会"和"委员会全体会议"。理事会由成员国各派一名副总理及两名官员组成，按"协商一致"原则，负责关税同盟和统一经济空间内的一体化进程。委员会全体会议则为执行机构。"欧亚经济委员会最高委员会"是统一经济空间的最高机构，由各成员国国家元首和政府首脑组成。

欧亚经济委员会执行最高委员会的决定。

（2）俄与拟议中的欧亚联盟国家高层和精英来往密切，努力推进建立联盟的进程。

普京多次谈到俄罗斯是"欧亚国家"、"欧亚大国"。2012 年 5 月 7 日，普京签署了其再次担任总统后的第一批命令，其中就包括《关于俄罗斯联邦对外方针的实施措施》。该文件明确写道："把发展独联体空间的多边合作和一体化进程，作为俄罗斯对外政策的关键方向，在俄罗斯、白俄罗斯和哈萨克斯坦关税联盟和统一经济空间范围内，加深欧亚一体化，并在 2015 年建立欧亚经济联盟。"

2012 年俄大选结束，政权平稳过渡后，俄高层随即对独联体重点伙伴国展开了密集访问。新总统普京上任后，拒绝去美国参加 G8 峰会，却把首次出访的国家定为独联体内的白俄罗斯。5 月 31 日至 6 月 1 日，两国总统在明斯克着重讨论了两国经济关系。俄罗斯决定向白俄罗斯提供第三批欧亚经济共同体反危机基金贷款，并启动关于提供第四批贷款的谈判。向白俄罗斯贷款的数额为 30 亿美元，其中大部分由俄罗斯提供。白俄罗斯获得贷款的条件是：在三年内拿出 75 亿美元来推动经济改革和大规模私有化。5 月 28 日梅德韦杰夫以新总理身份首访哈萨克斯坦，强调俄哈战略伙伴关系的重要性。6 月初总统普京在参加上海合作组织北京峰会前访问了乌兹别克斯坦。峰会结束后，普京在回国途中访问哈萨克斯坦。普京又于 9 月 19—20 日分别访问了哈萨克斯坦、吉尔吉斯斯坦两国。10 月 4—5 日普京访问了塔吉克斯坦。

哈萨克斯坦总统纳扎尔巴耶夫在年度国情咨文中，明确指出"我们主张继续推进欧亚一体化进程，共同应对 21 世纪的全球性挑战。我国已与俄罗斯、白俄罗斯成立统一经济空间，并积极筹建欧亚经济同盟。这些举措有助于维护地区稳定，提高本地区各国的竞争力。我们支持其他独联体国家加入欧亚一体化进程的意愿。"[①]白俄罗斯总统卢卡申科也说："统一经济空间——这是极大向前推进的联合。我们在这里不是竞争者，也不发生冲突，我们的经济是互补的。"[②]

（3）欧亚联盟中对乌克兰的设计和俄争取乌克兰的努力。

在普京关于欧亚联盟的设想中，乌克兰的地位是举足轻重的。基辅罗斯是东斯拉夫民族的摇篮。在俄罗斯的心目中，如果说莫斯科是心，圣彼得堡是头，基辅

---

① Послание Президента Республики Казахстана Н. А. Назарбаева народу Казахстана（27 января 2012 г.）

② Мансуров Т. А., На пути к Европейскому экономическому союзу // Россия и современный мир, 2012 г., No. 2.

就是腿。没有乌克兰,俄罗斯将不再是一个强盛的欧亚大国。无论从经济实力还是综合实力,乌克兰都是独联体中的老二。乌克兰的面积在欧洲也仅次于俄罗斯居第二位。2011 年 4 月访问乌克兰期间,普京积极呼吁乌克兰加入关税同盟。普京列举了加入关税同盟将给乌克兰带来的好处:国内生产总值每年将增长1.5%—2%,各经济部门将从中获得65—90 亿美元的收益,仅降低天然气价格一项每年就可节省 80 亿美元。

但是,乌克兰犹豫不决。乌是 WTO 成员,若加入关税同盟,乌需要将进口关税提高一倍以上。乌克兰准备加入欧盟而不加入欧亚联盟,普京在其文章中进行了"不点名批评"。普京认为,无论是当前的关税同盟还是将来的"欧亚联盟",都将成为欧盟的合作伙伴,是广义的"大欧洲"的组成部分,并将在未来成立欧洲统一经济体时发出更有影响力的声音。

2013 年 11 月始,由于亚努科维奇政府拒绝签署欧盟联系国协定,在西方的支持下,引发了乌克兰国内的政治危机。反对派全面夺取了政权。2014 年 3 月,克里米亚经过了全民公投,成为俄罗斯联邦的一部分。乌克兰总统大选后,实行欧洲一体化的方针,政府军与东部民间武装之间的战争久而未决。西方七国集团对俄实行经济制裁。

四、俄罗斯调整独联体政策的原因

独立以来,俄罗斯不断地调整独联体政策。普京三任总统,一任总理,俄的独联体政策深深地打上了普京个人的烙印。

(一)不放弃独联体

因为事关俄罗斯地缘经济、地缘政治安全、能源及其管道、外交和战略利益。[①]俄政界精英普遍认为独联体系俄大国复兴战略的基础,对外政策的重中之重。对于俄罗斯来说,独联体是外交中的内政,内政中的外交。

(二)独联体独而不联,虚多实少,全部一体化既不可能,也没有必要

首先,独联体盟中有盟,利益分化已是现实,西方势力已经渗透。从大的方面来说,独联体内部已经分化为集安组织和古阿姆两个分别对俄友好和敌对的集团。从国别来讲,格鲁吉亚在俄格战争以后已经退出,土库曼斯坦从正式成员国

---

① Малышева Д., Национальные интересы и национальная стратегия России в Центральной Азии // Новые тенденции во внешней политике России в Центральной Азии и на Кавказе / Отв. ред. Чуфрин Г. И., М.: ИМЭМО РАН, 2008 г. Москва, 2008 г.

变成观察员国。乌克兰、阿塞拜疆、摩尔多瓦一度提出退出独联体。其次，各国强化本国语言，民族主义日盛，俄力不从心，达不到团结和统一的目标。独联体全部一体化已无可能。①

（三）俄国力增强，局部反制，维护独联体

俄在"普京中兴"下国力有所恢复和上升，在北约东扩至俄战略底线的情况下，一改以前一直隐忍退让的态度，毅然选择了战争方式。2008 年 8 月对被视为西方的急先锋和"马前卒"的格鲁吉亚动用武力，杀一儆百，扭转了局势。在吉尔吉斯斯坦发动"颜色革命"，推翻亲西方政权，建立对俄友好的新政权，抵抗西方渗透和分化，保住独联体。其实，独联体国家比俄更需要独联体。这也是独联体作为一个地区国际组织始终没有解体、依然还存在的原因。

（四）适应经济市场化的要求，俄需要欧亚地区市场

欧亚联盟的设想并非空中楼阁。此前，俄罗斯一直在力推欧亚经济一体化进程。如独联体自由贸易区，以及欧亚经济共同体框架内的俄白哈关税同盟和统一经济空间。

欧亚经济共同体成立于 2000 年 10 月，前身是关税同盟。作为独联体经济一体化的"领头兵"，对独联体各成员国之间的经济发展起到了重要的推动作用。欧亚经济共同体各成员国在对外经济政策和关税政策等方面，进行了有效的协调，在贸易、生产、投资、交通、能源和金融等领域，推进了更深层次的一体化合作。在 2012 年 12 月举行的欧亚经济共同体峰会上，普京指出，欧亚经济共同体已经完成了自己的任务。为了深化一体化进程，是时候把欧亚经济共同体部分工作转移至欧亚经济委员会——这是一个自然的过程。在同时举行的欧亚经济委员会最高会议上，俄白哈三国领导人致力于在 2015 年前建立欧亚经济联盟，为此制定了 2013 年欧亚经济委员会财政预算及做出了撤销关税同盟委员会的决定。

（五）美欧陷入金融危机，中美博弈于东亚，俄致力于欧亚联盟建设

普京提出欧亚联盟的构想恰逢其时。21 世纪前十几年是俄罗斯本身及外部环境发生深刻变化的时期。梅普组合至普京重归以来（2008 年至今）外部世界的发展呈以下特点：首先，世界经济政治格局正在发生深刻变化。2008 年以来，全球经济经历了自 20 世纪 30 年代以来最严重的金融和经济危机，欧美等主要发达经济体增长动力不足，深陷流动性紧缺和通货紧缩困境。欧洲深受主权债务危机困扰。相反，作为金砖国家的俄罗斯，虽然在危机开始时遭受重创，但总体发展稳

---

① Малышева Д., Центральная Азия в фокусе региональной политики // Мировая экономика и международные отношения, 2007 г., №12.

定。以中俄印为代表的新兴国家的崛起,客观上推动了世界多极化和国际关系民主化进程。其次,俄罗斯周边环境改善,迎来了历史上不可多得的战略机遇期。俄格战争是俄罗斯在独联体地区态势转变的分水岭,俄罗斯从"被动应对"转为"主动承担"。俄格战争后,北约暂停了东扩步伐,放缓在东欧部署反导系统,俄美关系得以"重启"。美国奥巴马政府上台后提出"重返东亚",美国战略调整,重心东移,中美激烈博弈于亚太,客观上缓解了俄罗斯在欧亚地缘中心格局中的压力。

俄罗斯力图抓住这个战略机遇期,做出了"强化西方、进军东方、稳定南方、坐定北方"的外交战略部署。其中,南线外交被认为是维护俄罗斯国家稳定与安全的重中之重。俄罗斯在独联体地区变被动为主动,加强与独联体国家的联系,努力拉拢一些友好国家,重塑"向心力",重新整合。因此,俄罗斯提出建立欧亚联盟的构想恰逢其时。2011 年 11 月,俄罗斯、白俄罗斯、哈萨克斯坦三国总统在克里姆林宫共同签署了《欧亚经济委员会条约》。在普京的主持下,独联体八个国家还于 2011 年 10 月在圣彼得堡签署了《独联体自由贸易区协定》。2012 年 9 月,乌克兰议会继俄罗斯、白俄罗斯之后批准了该协定。亚美尼亚也批准了该协定。2012 年俄罗斯又成为 WTO 正式成员。这些都为欧亚联盟的建立奠定了一定的前期基础。

五、分析与思考

独联体独多联少,虚多实少,不是一个整体,也不是"苏联第二",但在俄外交战略排序中,独联体均居于首位,系俄外交中的内政,内政中的外交。俄对独联体的需要主要是战略上和心理上的,作为自己的安全缓冲地带和大国依托,直接的经济利益短期来看可能不大。俄的优势在于:地缘,传统的历史、经济、文化联系,能源合作,军事安全保障,人文优势;独联体内众多的地区性国际组织;不需要改变中亚国家的人权和民主状况。简单地说,俄罗斯对独联体国家有三样东西:一个是枪杆子,一个是石油天然气管子,再一个就是俄境外 2500 万俄罗斯人。

叶利钦时期俄罗斯混乱与衰弱,对独联体基本上持"放弃"立场。俄对独联体的全面调整始于普京时期,梅普时期得以继承和发展。普京的前两任期以及梅普组合时期,俄罗斯重新争夺独联体,但基本上还是被动地应对。普京第三任期前后俄提出欧亚联盟,则是对独联体主动地整合,积极有所作为。俄调整了对已经分化的独联体的政策,同时也维护了对俄友好的"独联体"。作为独联体的核心和龙头老大,从控制中亚能源管道、价格到整合新的欧亚联盟,有所担当和承担责任,以形成与美国、欧盟、中国平等的欧亚经济和政治中心。

独联体原本是"和平分家"、"文明离婚"机制,并非一体化机制,新的形势需要转型,面临挑战。限于国力,俄往往做出实用主义的选择,甩掉了一些包袱,免除了一些责任,有利于集中有限的资源,保留一些优势。俄渐渐认识到,保持完整的独联体的一体化,既不可能也没有必要。

俄要保持对独联体的政治安全主导,必须付出经济、能源和资源的代价。西强俄弱,是一个客观事实;俄罗斯与西方之间存在结构性矛盾,又面临着来自中国的竞争;独联体中小国家左右逢源,不轻易得罪任何一方;俄与独联体国家的关系不稳定。俄凭借提供资金和军事援助来恢复其凝聚力,但显得有些心有余而力不足。也许目的和手段、战略与策略、实力与雄心之间,存在着失衡。独联体发展取向多元化是必然趋势,但仍然会藕断丝连。

俄转向灵活务实,重视国家利益、经济利益、能源利益,不同于苏联时期的不计较得失。俄虽然在总体国际格局中处于劣势、守势和弱势,但仍然会努力保持在独联体的总体主导地位,争取局部攻势、强势和优势。虽然危机四伏,险象环生,但事实上至今仍然没有任何一个独联体国家成为北约、欧盟的正式成员国,说明俄在独联体地区基本上还是占了上风。

与新欧亚主义相关联的新欧亚联盟,是普京第三任期的国家大战略。从新欧亚主义到新欧亚联盟,说明俄不再不知所措、进退失据地"东张西望",而是老练自信、特立独行地"东倾西向"。

其实欧亚联盟的提法早已有之,不是普京的发明。但普京新近提出欧亚联盟,并在新的时代条件和背景下赋予了新的内容和含义。普京欧亚联盟思想中的"欧亚"概念是不明晰的,"欧亚"界线也是模糊的、不清楚的,具有某种伸缩性、包容性和灵活性。一般来说,"欧亚"概念有三个含义:第一,是指欧洲和亚洲;第二,指"后苏联空间";第三,是指"欧亚思想的基础"。很显然,普京的欧亚联盟至少目前是排除西欧和东亚的,不可能是第一种含义。其真正含义是第二种和第三种的结合,即以欧亚区域中心独特的地理、自然、文化、历史等为基础,发展欧亚独特的经济、政治道路,既不同于欧洲(大西洋主义),也不同于本土(如泛斯拉夫主义)。在这里,欧亚不是纯粹的地理概念,而是地缘政治概念。即使不是反西方的,也是独立于西方的。其实,俄罗斯、白俄罗斯、哈萨克斯坦,都在很多场合定位自己为"欧亚国家"。只有乌克兰比较矛盾,左右为难,其身份定位在"欧洲国家"和"欧亚国家"之间徘徊。

普京的"欧亚"其实是指欧亚区域(包括欧亚大陆中心和周边)的中心地带。主要包括独联体内的俄罗斯、中亚、东欧等地。也大体相当于麦金德所说的"世界岛"。麦金德的基本观点是:谁控制了世界岛,谁就控制了欧亚大陆;谁控制了欧亚大陆,谁就掌握了世界的命运。① 普京的雄心由此可见一斑。

欧亚联盟首先的目标,是实现经济联盟,将来可能发展为政治联盟。实现欧亚联盟的思想有历史传统、现实基础、实践需要。俄罗斯的努力已经取得了一定的成绩,并得到了哈萨克斯坦、白俄罗斯等一些独联体国家,以及蒙古、越南等一些非独联体国家的支持和认同。这是经济全球化的反映、地区一体化的表现,也是独联体地区经济政治符合逻辑的发展。正如普京在反驳希拉里对欧亚联盟的指责时所说的,"这是自然过程"。

欧亚联盟的出台不是没有道理的,其实现也不是没有可能的。首先,独联体国家经济潜能尚未完全挖掘,发展空间很大。独联体国家的自然资源丰富,其拥有量在世界总储量中的比重为:石油占20%,煤25%,天然气40%,水资源11%,森林25%,耕地13%;独联体国家的面积是世界的16.4%,人口为世界的4%。独联体内部有2.8亿人,但内部需求严重不足,内部市场未得到充分开发。发展的空间还很大。此外,很显然,只有抱团实行经济一体化,才能提高内外需之比例关系。欧盟是目前世界上一体化水平最高的地区,但也是上个世纪下半叶从法德煤钢联营这个"低级阶段"开始的。期间挫折不断,最终有所成绩,但至今仍处在欧债危机的煎熬之中。纳扎尔巴耶夫就说:"俄白哈是五年前决定成立关税同盟的,而欧盟的这一进程则持续了四十年。关税同盟运作一年多来,成员国之间的贸易额增长了40%,哈与俄贸易额增长了57%,这是以前从未有过的。"②如今,俄罗斯已经成为WTO的正式成员,以俄罗斯为核心,把欧亚联盟成员的发展结合起来并加以整合、互补,是可能的,也是可行的。

其次,欧亚联盟与其他地区一体化机制不同的是,它并不直接建立在各成员国基础上,而是一环套一环的模式。它以俄白联盟加哈萨克斯坦构成,因此已经具有一定的机制规模。我们看出,在没有乌克兰参与的情况下,哈萨克斯坦的地位和态度就显得至关重要了,它的欧亚一体化进程很大程度上就是跟俄罗斯一体化的进程。俄哈是欧亚经济一体化进程的火车头。哈萨克斯坦主要从经济角度来思考欧亚一体化进程问题。首先,哈积极参与关税同盟,有助于进一步取消多边经贸技术性壁垒,减少贸易成本,如降低交通运输税、建设统一通信网络平台、共同建设油气管道等。这都可为哈实现现代化创造有利条件。其次,中小企业是

---

① Mackinder J., Democratic Ideals and Reality, New York: Henry Holtand Company, 1942, p. 62.

② Встреча президентов России, Республики Беларусь и Казахстана, 18 ноября 2011 г. http://kremlin.ru/ news/13581

哈萨克斯坦税收的主要来源,加入关税同盟有助于哈国中小企业发展。2013 年哈萨克斯坦将加入 WTO,这对哈萨克斯坦大型跨国企业来说是个发展机遇,但对本国中小企业来讲,将会是一场残酷的竞争。关税同盟无疑是哈国中小企业的一把重要保护伞。

除了积极面,还应看到,欧亚联盟任重道远,前景具有不确定性。

首先,俄罗斯民族性格爱理论,喜思辨。虽然每个人按自己的希望去理解,但还是体现了俄恋恋不舍独联体的帝国情结。欧亚联盟有普京当时在总统大选中争取选票和支持的权宜之虑,但确能满足俄罗斯各阶层民众广泛的、不同的心态和利益诉求,得到了相当的支持和拥护。欧亚联盟的概念和内容均存在一定的模糊空间,即使是加入欧亚联盟的各国,对欧亚联盟的理解也不尽相同。部分独联体国家对俄保持警惕,担心丧失部分国家主权。

其次,俄罗斯、哈萨克斯坦、白俄罗斯的外交取向不尽相同,将可能导致欧亚联盟进展缓慢。俄罗斯强调政治与经济联合起来考虑。在俄看来,独联体是前苏联加盟共和国文明“离婚”的产物,是前苏联国家间对话的平台,但是缺乏有效凝聚力,这不符合新时期俄罗斯的对外战略需求,因此要谋求建立更紧密、更高效的一体化机制,来支撑俄罗斯的强国梦。此外,欧亚联盟也是俄罗斯未来对外战略再平衡的后盾。上世纪 90 年代,叶利钦和普里马科夫提议构建莫斯科—柏林—巴黎、莫斯科—新德里—北京轴心关系。普京当权后,在各个层次上都实行平衡外交。在全球范围内,欧亚、东西平衡;在西方国家中,欧盟与美国平衡;在东方国家中,中国、日本、印度平衡。在发展与美、德、法、英等西方大国关系的同时,平行发展与中国、日本、印度等东方大国的关系。在梅普组合时期,俄进一步发展平衡外交,呈现出“东倾西向”的特点,左右逢源,大搞实用主义。今天,美国战略东移,欧盟身陷金融危机,中国等新兴大国异军突起,世界政治经济重心向亚太转移,俄罗斯面临的国际形势正在发生深刻变化。因此,如何正确处理东西、欧亚、欧美、中美间的再平衡,是普京所面临的新课题。如果欧亚联盟能最终成功,它将巩固俄罗斯在欧亚大陆中心的地缘政治地位,给俄罗斯外交“再平衡”战略提供坚实的后盾。哈萨克斯坦与俄罗斯不同,它更多强调的是经济一体化。哈萨克斯坦奉行多元外交策略,与世界大国均保持平稳的关系。哈萨克斯坦并不希望因为过多参与欧亚一体化进程而缩小自己的外交和国际经贸合作空间,更不愿意看到自己的政治主权让渡。哈萨克斯坦的最终目的是实现本国经济利益最大化。欧亚主义在俄罗斯是一种哲学、思潮,而在哈萨克斯坦更是一种对外政治经济的思想、国际合作的取向。白俄罗斯多年来奉行靠向独联体、靠向俄罗斯的“一边倒”外交政策,但由于其本身经济实力有限,很难在未来欧亚一体化进程中发挥主导力量。

因此,哈萨克和白俄罗斯不肯走得太快。

最后,欧亚联盟国家实力和贸易结构极不平衡,俄罗斯在各个方面远高于其他国家。俄当代著名经济学家格林别尔格指出,欧亚经济一体化的先天条件远差于欧洲,要想实现一体化,俄罗斯在短期内应为一体化进程"埋单"。而从长期看,一体化将惠及所有国家,自然也包括俄罗斯。因此,欧亚联盟建立的过程是艰难的,前途尚不明朗,具有某种不确定性。

欧亚联盟也是独联体内众多的一体化组织之一,不针对谁,包括中美,但它排除中美。因此,三者之间客观上存在着竞合关系。俄国内外一些人(包括政界和知识界精英),并不看好欧亚联盟前景。中、美、欧政治精英也没有明确表态。其实,中国谨慎理解,西方表示警惕。如美国国务卿希拉里就认为,普京将前苏联国家整合为欧亚联盟和关税同盟的计划,是对该地区"再苏联化",美国将予以阻止。布热津斯基认为,欧亚地区在美国当今的外交战略中至关重要,他力主要加强俄罗斯的民主机制,继续把俄纳入西方体系。他建议俄罗斯应放弃欧亚联盟这种"奇怪的想法"。[1]

从一体化的程度而言,起步阶段的欧亚联盟当然不如欧洲联盟、北美自贸区水平高,路径上也可借鉴欧盟、北美。但与严重受挫的东亚一体化(中日韩)相比,欧亚联盟似乎又略胜一筹,因为它毕竟在一步一步地做,因此还有希望,甚至很有希望。与丝绸之路经济带相比,欧亚联盟毕竟还是一个国际组织,经济一体化的程度更高,追求经济合作的质量更高。

欧亚联盟客观上对上海合作组织的发展、中俄关系会产生影响。与中国相比,俄具有更多影响和控制中亚的手段,在军事安全、社会文化,甚至政治外交方面都占优,唯在经济领域处于劣势。上海组织也具有经济功能。俄罗斯与中亚国家一体化程度加深,在稳定的安全和经济环境的基础上,采取统一的对外经济政策,采取"5 + 1"方式处理对华关系,有利于规范法律、秩序和提高效率,降低手续成本,对中国也是有利的。但同时,欧亚联盟以多对一,也有可能在经济谈判中孤立中国、架空上合。不过,由于欧亚联盟的发展具有不确定性,是一个长期的艰难的过程,中国一方面当然应予以关注,并积极推动上海合作组织区域经济一体化,但另一方面由于欧亚联盟路还很长,前途未卜,目前大概也不值得过分解读。

---

[1] Brzezinski Z. , Balancing the East, Upgrading the West: U. S Grand Strategy in an Age of Upheaval // Foreign Affairs, Jan/Feb, 2012.

第十八章

普京欧亚联盟设想：背景、目标及其可能性

2011 年 10 月 3 日，俄罗斯《消息报》刊登了普京的文章《欧亚新的一体化计划：未来诞生于今天》，①文章提出在前苏联地区建立欧亚联盟、把欧洲与充满生机和活力的亚太地区联系起来的设想。欧亚联盟设想并非空中楼阁，此前，俄罗斯一直在力推欧亚经济一体化进程，如独联体自由贸易区，以及欧亚经济共同体框架内的俄、白、哈关税同盟和统一经济空间。正如普京所说："建设关税同盟和统一经济空间就是为欧亚经济联盟的形成开辟道路。"②欧亚联盟将被打造为世界经济多极中的一极，从而实现俄"欧亚强国"的梦想。

一、普京提出欧亚联盟设想的背景

普京提出欧亚联盟设想正逢世界处于剧烈变化之际。2008 年以来，全球经济经历了自 20 世纪 30 年代以来最严重的金融和经济危机，尚未完全走出衰退的欧美等主要发达经济体增长动力不足，仍深陷流动性紧缺和通货紧缩困境。欧洲尤其深陷主权债务危机，一体化发展面临倒退的危险。在这一过程中，美国霸权开始走下坡路，发达国家经济实力相对衰退、国际地位相对下降，其自由主义发展模式受到严重质疑，对广大发展中国家的吸引力逐渐减小。相反，以中国和俄罗斯为代表的新兴市场国家在这场危机中异军突起，重新崛起为国际经济格局中的重要力量和主要角色。美国为应对中国崛起对其全球地位构成的挑战，不得不将战略重心东移。俄美关系"重启"缓和了两国之间多年的紧张态势，美国甚至默许了俄罗斯在前苏联地区重振俄"威望"的活动。

在俄罗斯战略界，前苏联地区的战略意义和重要性进一步受到关注。苏联解体后的最初阶段，俄在对外关系上一心一意投入西方怀抱，前苏联加盟共和国被

---

① Путин В. , Новый интеграционный проект для Евразии будущее рождается сегодня // Известия , 3 октября 2011 года.

② Фаляхов Р. , Таможенный Союз станет евразийским // Газета, 12 июля 2011 года.

看作是沉重的"包袱"。后来俄逐渐认清了西方国家进一步挤压俄生存空间的真面目,于是开始重新重视俄传统势力范围。2000 年和 2008 年发布的《俄罗斯联邦对外政策构想》均明确提出:"俄罗斯对外政策的优先方向是发展与独联体国家的多边和双边合作。"①俄试图借独联体完成其欧亚强国使命。2010 年 2 月,俄现代发展研究所出台的《俄罗斯在独联体的经济利益和任务》报告要求进一步加深独联体一体化进程直到形成共同经济空间,并明确指出了俄在这一地区的主要关注:通过控制该地区的能源和原料提升俄国际地位和作用;加强国防、核能、航空、航天领域的合作;开拓市场;在加工业领域实施共同合作项目;有效利用独联体劳动力市场,吸引该地区的知识精英;充分挖掘独联体的地缘战略潜力;建立共同的经济空间;完成俄成为"欧亚强国"的使命。② 与此同时,俄也试图通过经济杠杆迫使中亚等其他前苏联国家进入其势力范围,其重新整合前苏联地区的意图充分显露。

与此同时,俄对其在独联体市场上面临的竞争形势有了更清醒地认识。进入 21 世纪以来,俄罗斯在独联体市场上与第三国的竞争呈加剧趋势。独联体国家(俄罗斯除外)尽管在世界经济中的份量微不足道,但拥有的能源等自然资源非常丰富,在全世界许多种战略矿产原料储量中,独联体占据 5%—10% 的比重,铀、锌、铅等的储量占比甚至超过 10%。独联体国家由于经济发展相对落后、经济结构雷同,它们之间的经济互补性越来越少,内部贸易严重落后于其与非独联体国家的贸易,俄罗斯深加工产品和制成品在独联体进口总额中的比例也在大幅缩减。俄现代发展研究所的报告强调,俄在独联体市场上的主要竞争对手是欧盟、中国和美国,此外印度、土耳其等国也加入了竞争。欧盟在苏联解体后一直试图将前苏联国家纳入自己的影响范围,2003—2004 年欧盟推出"欧洲邻国政策"和联合行动计划,2009 年又出台了"东方伙伴计划"。欧盟二十七国 2010 年对独联体(俄罗斯除外)的出口总额达到 651.8 亿美元,是 2000 年的 6.3 倍。美国基本控制了独联体重要能源出口国阿塞拜疆和哈萨克斯坦的石油天然气部门,其对阿塞拜疆的投资总额到 2010 年达到 470 亿美元,对哈萨克斯坦矿山开采行业直接投资累计占哈外国直接投资的比重到 2009 年达到 48%,证券投资比重达 78%。中国在独联体国家对外经济关系中的地位也在持续上升,在独联体特别是中亚国家

①　Концепция внешней политики Российской Федерации // Независимая газета, 11 июля 2000 года; Российская газета, 12 июля 2008 года.

②　Доклад Института современного развития: экономические интересы и задачи России в СНГ, Февраль 2010 г. http://www. insor – russia. ru/files/Intrest_Books_02. pdf.

市场上的份额不断增加。俄研究报告指出,从 2000 年到 2008 年中国对独联体(俄罗斯除外)出口的金额从 10 亿美元增加到 315 亿美元,"中国使欧亚经济共同体国家的贸易流向发生了很大改变,在与独联体亚洲成员国特别是土库曼斯坦和哈萨克斯坦的经贸合作方面,中国是俄主要的和强硬的竞争对手,俄很难抵制中国在中亚地位的加强"。①

俄经济近十年的总体走强促使其加快了整合前苏联地区的步伐。普京掌权的八年期间,俄居民实际收入增加了 1.5 倍,失业和贫困水平降低了一半,GDP 增长了 72%,商品进出口总额增加了 4 倍,外国投资增加了 6 倍,国家外债减至 GDP 总量的 3%(占比为全球最低),外汇储备截至 2008 年 7 月 1 日达 5683 亿美元,稳定基金达到了 1600 亿美元,GDP 在 2008 年按购买力平价计算为 28120 亿美元,在经合组织国家中经济规模仅次于美国、日本和德国。俄人均 GDP 近 2 万美元,迅速跃入高收入国家行列。② 在经济实力迅速提升的基础上,俄罗斯加快了推进前苏联地区政治、军事、经济、能源和文化的一体化进程:通过强化集体安全条约组织及快反部队的作用,实行安全和军事的一体化;选择俄、白、哈关税同盟作为经济一体化的"核心",加快推进独联体自由贸易区和欧亚经济共同体朝着欧亚经济联盟发展,包括建立统一经济空间,实行统一货币,建立共同能源市场,实现商品和服务、资本和劳动力的自由流动等。

二、三步走战略

俄整合前苏联地区的基本路线图是:自由贸易区—关税同盟—统一经济空间—欧亚经济联盟,在欧亚经济联盟基础上再谋求建立欧亚联盟。

从 20 世纪 90 年代中期起,俄罗斯开始意识到前苏联地区对自身国家安全的重要性,于是改变策略,着手推进小范围的一体化进程。1995 年 1 月,俄罗斯、白俄罗斯和哈萨克斯坦(后来吉尔吉斯斯坦加入)签署了《关税同盟协定》,目标是消除商品自由交换的障碍;为正当竞争制订统一的"游戏规则";协调成员国的经济政策,包括保护它们在国际市场的利益。1999 年 2 月,上述国家又签署了《关税

---

① 本段数据均来自俄罗斯现代发展研究所的报告:Доклад Института современного развития: экономические интересы и задачи России в СНГ, февраль 2010 г. http://www. insor – russia. ru /files/Intrest_Books_02. pdf.

② 本段数据均根据俄罗斯国家统计署出版物数据计算得出:Национальные счета России в 2003 – 2010гг. 2011: Стат. Сб. / Росстат. – М. , 2011; Россия в цифрах. 2011: Стат. Сб. / Росстат. – М. , 2011; Российский статистический ежегодник. 2010: Стат. Сб. / Росстат. – М. , 2010.

同盟和统一经济空间条约》,塔吉克斯坦加入。2000 年 10 月,俄、白、哈、吉、塔五国元首在阿斯塔纳签署了《关于建立欧亚经济共同体条约》(2001 年 5 月生效),其目标是全面实现自由贸易制度,保障资本自由流动,建立共同金融市场,制订统一商品和服务贸易规则和市场准入规则,形成共同运输服务市场和统一运输体系,建立共同能源市场、共同劳动市场、统一教育空间、法律空间等。欧亚经济共同体的成立标志着俄主导的前苏联地区经济一体化从自由贸易区、关税同盟迈向共同市场。乌克兰、摩尔多瓦和亚美尼亚分别于 2002 年和 2003 年取得了观察员国的资格。随着一体化的进展,欧亚经济共同体成员国的经济自进入 21 世纪以来有了长足发展,2003 年的主要宏观指标都呈正增长,并实现了本币对美元汇率的相对稳定,通货膨胀速度减缓,平均工资大幅增加。2006 年 1 月,俄罗斯与哈萨克斯坦签署了设立欧亚开发银行的协议,亚美尼亚(2009 年 4 月)、塔吉克斯坦(2009 年 6 月)、白俄罗斯(2010 年 6 月)、吉尔吉斯斯坦(2011 年 8 月)相继加入欧亚开发银行。2009 年,在欧亚经济共同体内成立了反危机基金,欧亚经济共同体法院也从 2012 年开始运转。

俄在推进欧亚经济共同体方面采取了四步走战略。第一步是加快俄、白、哈关税同盟建设。2007 年 10 月三国签署了新的《关税同盟条约》,两年后签署了《关税同盟海关法典》,2010 年 1 月正式实行统一关税税率、关税限额使用机制、优惠和特惠体系,以及统一的对第三国禁止或限制进出口的商品清单。2011 年 7 月,统一关税空间成立,这标志着关税同盟开始实际运行,一个拥有 1.7 亿人口、石油储量 900 亿桶、GDP 总量 2 万亿美元的次区域经济组织诞生。至此,俄主导的前苏联地区"统一经济空间"已具雏形,它对该地区日后建立共同市场和统一货币空间起到了有力的促进作用。随着吉尔吉斯斯坦和塔吉克斯坦加入关税同盟的谈判的积极展开,关税同盟即将扩大至整个欧亚经济共同体。

第二步是将关税同盟提升为统一经济空间。2010 年 12 月,俄、白、哈三国总统在莫斯科发表共同宣言称,从 2012 年 1 月 1 日起统一经济空间将全面开始运作,三国不仅要实现商品、资本和人员的自由流动,还要建立超国家的协调机构,以协调各成员国宏观和微观经济政策,建立统一中央银行,实行统一货币,建立共同能源市场。这将是前苏联地区第一个最务实的经济一体化组织,将从根本上改变三国商品、资本和劳动力的流通规则,从而加强"三驾马车"的地缘政治地位。

第三步是将统一经济空间进一步升级为欧亚经济联盟。2011 年 10 月,关税同盟政府首脑会议审议了《关于建立欧亚经济联盟的决议草案》,于 2013 年启动欧亚经济联盟程序,在关税同盟和统一经济空间基础上走向更紧密的经济和货币政策协调,创建真正意义上的经济联盟。2015 年,欧亚经济联盟正式启动。

与此同时,在另一层面上,俄罗斯从2008年开始加强对独联体经济一体化的推进工作。2009年3月,俄成立了自由贸易区协定草案谈判工作组,2010年俄作为独联体主席国起草了新的独联体自由贸易协议——独联体多边自由贸易区协定。独联体十一个成员国中的八个国家于2011年10月18日签署了这一协定,为独联体成立20周年献上了一份厚礼。这一协定将成为独联体国家发展经贸关系的基础性法律文件,内容包括:取消相互贸易关税和数量限制,明确商品原产地的确定原则,确定与第三国贸易的限制措施,以及过境自由、再出口、相互贸易中的特别保护措施、反倾销和补贴措施、贸易中的竞争和补贴问题、技术壁垒、卫生检验和检疫措施、海关监管、解决争议的原则,等等。自由贸易区内的对外贸易业务将实行统一规则,以便为商品和服务的自由流动、相互贸易的增加、互利合作关系的发展创造有利条件,并为建设独联体共同市场开辟广阔的前景。这一协定充分考虑到了独联体国家加入WTO的进程和关税同盟的建立,它的签署将为独联体地区贸易全面自由化奠定法律基础。自由贸易区是独联体经济一体化走向最终目标——建立经济联盟——的第一阶段。独联体成长过程中的另外一个重要标志性事件是分别于2007年和2008年通过了《独联体进一步发展构想》和《2020年独联体经济发展战略》。前者提出的长期发展目标是实现一体化的经济和政治国家联合体,后者确定了具体行动目标。

三、欧亚联盟建设的目标

普京的《欧亚新的一体化计划:未来诞生于今天》一文发表后,立即在国际上引起了强烈反响,其中有西方的指责,也有独联体国家的恐惧、批评和支持的矛盾心态。此时,欧亚联盟其他两个主体白俄罗斯和哈萨克斯坦总统的表态在一定程度上平息了人们的不安。2011年10月17日卢卡申科在俄《消息报》上发表《关于我们的一体化的命运》、[①]10月25日纳扎尔巴耶夫在该报上发表《欧亚联盟:从思想到未来的历史》,[②]从不同角度对普京的欧亚联盟设想表达了热情洋溢的支持和赞美。这三篇具有代表性的文章表明,普京提出欧亚联盟设想是要达到以下几方面目标。

首先,其终极目标不可能只局限于经济联盟。普京表示,2013年欧亚经济联盟启动后,将于2015年走向"更高的一体化水平:欧亚联盟",也就是说,欧亚联盟

---

① Лукашенко А. , О судьбах нашей интеграции // Известия, 17 октября 2011 года.
② Назарбаев Н. , Евразийский Союз: от идеи к истории будущего // Известия, 25 октября 2011 года.

除了经济联盟之外还要实现政治联盟、军事联盟等。就政治联盟而言，虽然普京表示不是以某种形式"恢复苏联"，纳扎尔巴耶夫也保证"不存在任何的苏联'复辟'或'灵魂转世'"，但普京同时提出要建立一种"强大的超国家联合体"，卢卡申科更是强调："在实现最大程度的经济一体化后，我们势必要打造牢固的社会政治上层建筑——形成统一的价值观、司法体系、生活标准和发展方向。在这方面不逐步建立某些超国家机制，包括政治机制是不行的。"例如关税同盟委员会拥有处理有关同盟运作一切事务的权力，其做出的决定具有超主权性质，委员会决议的效力大于成员国的国内法律。2011年10月的圣彼得堡政府首脑会议决定进一步扩大关税同盟委员会的权限。纳扎尔巴耶夫和卢卡申科还强调了欧亚联盟从经济领域向社会、文化、教育等领域扩展的必要性。卢卡申科指出，要"从经济逐渐扩大到社会，甚至部分政治问题的一体化"。①统一俄罗斯党总委员会主席团副书记舒瓦洛夫（Ю. Е. Шувалов）表示，该党将推动形成俄罗斯和欧亚经济共同体、关税同盟的统一的土地使用制度，并制订各国国内土地开发的政策措施。也就是说，建成关税同盟、统一经济空间和共同货币之后，理所当然地，下一步就是统一各国的土地使用规则。一旦走到这一步，卢卡申科所强调的"国家主权"也就难以成为欧亚联盟的"基石"。此外，军事联盟也在迅速推进过程中，集体安全条约组织及其快速反应部队也将被逐步纳入欧亚联盟框架当中。

其次，把欧亚联盟打造成当代多极世界中的一极，与欧盟、美国和中国共同主导全球的可持续发展。普京强调："这种力量的联合可以使我们并非简单地融入全球经济和贸易体系，进而现实地参与决策进程以及游戏规则和未来架构的设计。"纳扎尔巴耶夫主要强调了欧亚联盟在经济上的目标，即一体化首先从经济开始，"欧亚联盟的首要基础是统一经济空间"，并且从一开始就应该是"具有竞争力的全球经济联合体"，成为"新的全球金融货币体系的一部分，分阶段建立共同支付体系和实行统一货币"。

第三，使欧亚联盟成为连接欧洲和迅速发展的亚太地区的有效"纽带"和"坚实环节"。普京认为，欧亚联盟是"由自由、民主和市场规律联合起来的大欧洲不可分割的一部分"，他希望与欧盟建立自由贸易区，在从大西洋到太平洋的整个欧亚大陆范围内实现"和谐的"自由贸易和市场开放原则，建立从里斯本到符拉迪沃斯托克的和谐经济共同体，目的是"改变整个大陆的地缘政治和地缘经济局势"。纳扎尔巴耶夫提出，要让欧亚联盟成为联系"欧盟与东亚、东南亚和南亚迅速发展的经济体的桥梁"，连接西欧和中国西部的公路运输走廊，以及将来在泛欧亚高速

---

① Лукашенко А., О судьбах нашей интеграции // Известия, 17 октября 2011 года.

铁路建成后在沿线形成现代物流运输体系。卢卡申科更是明确提到："我们的一体化不能仅局限在西方,还要与东方国家建立经济联合体,与我们的战略伙伴中国的紧密一体化应当成为优先重要的任务。"

第四,欧亚联盟将逐渐扩大到整个前苏联地区。普京指出："欧亚联盟是开放性工程。我们欢迎其他伙伴国首先是独联体国家加入进来","将欧亚联盟与独联体对立起来是错误的"。当然,这是在尊重"一个国家根据自己长远的民族利益所做出的主权决策"原则下的渐进过程。① 目前,关于吉尔吉斯斯坦和塔吉克斯坦加入关税同盟的谈判正在紧锣密鼓地进行,届时,关税同盟和统一经济空间将扩大到整个欧亚经济共同体。

此外,为打消成员国对俄的担心,普京提出欧亚联盟建设要坚持平等、主权和自愿的原则。卢卡申科赞成普京的尊重主权和平等的原则,认为"只有平等才能奠定新联盟的基础",欧亚联盟的"基石是我们这些国家的主权"。纳扎尔巴耶夫更强调一体化必须坚持自愿原则,务必坚持自然演进的道路,任何人为加速和鞭打某些国家的做法都是不可接受的;欧亚联盟应该是在平等、不互相干涉内部事务、尊重主权和国界不可侵犯的原则基础上实现国家的联合;欧亚联盟超国家机构应当在"共识"的基础上顾及每个成员国的利益;必须在广泛的社会支持的基础上建立欧亚联盟。

四、实现欧亚联盟的可能性与制约因素

助俄推进欧亚联盟的有利因素不少。首先,前苏联地区有实现一体化的客观要求。普京表示,"我们有着共同的过去,继承了大量的苏联遗产,如运输、能源、通讯等共同的基础设施、现实的生产专业化、共同的语言、科技和文化空间","我们曾经拥有苏联统一国民经济综合体"。② 这一切都使得前苏联地区的一体化进程要比欧洲容易得多和迅速得多,其动力主要来自三个方面:(1)由于前苏联许多产品的市场竞争力较低,如果取消关税,许多加工部门如纺织、食品、木材加工等将很可能在廉价和高质量进口商品的冲击下全面破产,因此,所有独联体国家都希望能够建立起一种集体的经济保护体系,暂时挡住外国商品的进入。(2)前苏

① Путин В. , Новый интеграционный проект для Евразии: будущее рождается сегодня // Известия, 3 октября 2011 года.

② 普京在2011年10月20日独联体政府首脑委员会、欧亚经济共同体跨国委员会和关税同盟高级机构会议举行的记者招待会上的讲话,参见:关税同盟网站:http://www.tsouz.ru/news/Pages/21 - 10 - 2011.aspx; Путин В. , Новый интеграционный проект для Евразии: будущее рождается сегодня // Известия, 3 октября 2011 года.

联各加盟共和国在生产技术上的高度相互依赖需要它们借助一体化来恢复和保持苏联解体后中断的经济联系。据专家估计,如果没有相互协作,即使自给能力最强的俄罗斯也只能完成其产品生产的约65%,哈萨克斯坦只能完成10%,而吉尔吉斯斯坦和塔吉克斯坦的独自生产能力连5%都不到。用普京的话说,"没有这些联系,我们的生活是不可想象的"。①(3)独联体大部分普通百姓都愿意"回到苏联"。实际上,在1990年代初苏联解体时,愿意全面实现民族独立的苏联居民也绝不是多数,他们在国家独立后经历的深刻而持久的危机中更加确认"强大而富有的苏联被自私自利的政客们所瓦解"。所以,政治家任何与"复兴苏联"相关的措施,哪怕是口头声明都会得到更多的支持率。这也恰恰说明了为什么普京在确定参加总统大选后不久即发表关于欧亚联盟设想的文章。

其次,欧亚联盟是俄、白、哈三国领导人共同倡议的,不是俄唱的"独角戏"。2010年12月欧亚经济共同体莫斯科元首峰会就在统一经济空间基础上建立欧亚联盟达成了一致。2011年10月3日普京关于欧亚联盟的文章发表后不久,白俄罗斯总统和哈萨克斯坦总统就迅速做出了回应。卢卡申科表示,他历来认为苏联的解体是20世纪最深刻最惨痛的错误,建立一体化联盟是促使世界稳定的正确的一步,"对白俄罗斯来说,与最亲近的邻居实现深入和富有成果的一体化,以前是、现在是、将来也是唯一的发展道路",他将与俄、哈领导人密切合作,"将深入一体化的正确战略付诸实践"。纳扎尔巴耶夫早在1994年3月就提出要在独联体范围内建立全新的一体化联合体——"欧亚国家联盟","这是我们共同的战略目标"。他对"由于一些客观和主观原因,独联体没能成为后苏联空间一体化的决定性机制"表示遗憾,强调了建立欧亚联盟的必要性,以及必须坚持的原则和目标。

第三,前苏联地区经济迅速发展和共同抵御全球金融危机的客观要求为实现一体化提供了时机。2000年以来,前苏联地区经济有了长足发展,成为世界上发展最快的地区之一。到2008年,欧亚经济共同体经济规模比2000年增加了68%,年均增速近7%,投资更是以每年13.7%的速度递增。独联体国家对外贸易大幅增长,2005年突破5000亿美元,2010年达到9336.3亿美元,2011年有望超过1万亿美元。2008年突如其来的全球金融危机对独联体国家的打击很大,2009年全球GDP减幅最大的十个国家中有六个是独联体国家,②如何在发展经济的同

---

① Путин В. , Новый интеграционный проект для Евразии: будущее рождается сегодня // Известия, 3 октября 2011 года.

② 转引自 Доклад Института современного развития: экономические интересы и задачи России в СНГ, февраль 2010 г. 参见: 俄罗斯现代发展研究所网站:http://www. insor-russia. ru/files / Intrest_Books_02. pdf.

时抵御外部风险,这是前苏联国家近年特别关心的问题。在此背景下,关税同盟对前苏联地区非成员国构成了相当大的压力和吸引力。2011 年前八个月关税同盟国家对外贸易总额达到 5840 亿美元,同比增加 37.2%。2011 年上半年关税同盟国家相互贸易同比增加了 40.5%。2010 年 7 月—2011 年 6 月,关税同盟三国相互贸易达到 1083.2 亿美元,同比增加 32.5%。①

另一方面,近期中东北非国家的政治动荡和危机也引起了独联体国家对政权稳定的担心。美国从阿富汗撤军后,恐怖主义外溢的可能性也促使中亚国家不得不考虑自身的国家安全问题。一旦发生阿拉伯式"革命"或恐怖主义蔓延,这些国家政府只能依靠俄罗斯实现国内稳定。乌兹别克斯坦就是在 2005 年发生"安集延"武装骚乱后,于 2006 年启动了加入欧亚经济共同体(2008 年又中断)和重返集体安全条约组织的程序。2010 年吉尔吉斯斯坦骚乱后,"集安"组织加强了应对内部危机的职能。此外,全球经济危机严重削弱了西方国家的经济实力和地位,自由主义发展模式受到质疑,这使得前苏联地区曾经的"颜色革命"正在"褪色",多数国家对俄罗斯的向心力在加强。

第四,俄罗斯迄今仍保持着对前苏联地区经济的主导权。俄罗斯拥有前苏联地区 72% 的 GDP,76%—77% 的石油天然气开采量,以及 67%—68% 的商品和服务出口总额,其经济总量占欧亚经济共同体和关税同盟的 90%。由于危机的影响,国际市场工业原料和半成品价格急剧下跌,给该地区经济发展带来越来越大的风险,这使前苏联地区各国领导人更加深刻地认识到俄罗斯市场对保障地区经济均衡发展的关键作用。与此同时,俄罗斯也在根据形势变化调整其欧亚经济一体化的具体行动方式:一方面,俄把一体化工作重心逐渐地从宏观层面(国家)转向微观层面(企业),不再重复"天然气战"、"石油战",而是在企业层面展开扎实的工作,以改善俄罗斯在前苏联地区的声誉;另一方面,俄逐渐将独联体国家与域外主要竞争对手的双边对话提升到关税同盟和统一经济空间的层次,与外部竞争对手在前苏联地区开展多国联合大型项目合作,以降低独联体国家脱离俄罗斯的风险,缓和与区外竞争对手的竞争局势。此外,俄还试图通过软实力手段加强俄在该地区的文化和信息影响。

在承认俄罗斯在前苏联地区起着重要作用的同时,也要看到俄不再是该地区国家的唯一战略伙伴,俄并不具备将这些国家的经济利益"拴在自己身边"的诱惑力,也没有足够的资源。这是制约俄实现欧亚联盟的主要因素。比如,在某些商

---

① 关税同盟官方网站公布的统计资料,参见:http://www.tsouz.ru/db/stat / Pages / default.aspx.

品的国际市场方面,俄与其他独联体国家不是以伙伴而是以竞争对手的关系出现(出口结构相似),从而加剧了它们之间的矛盾;俄与某些前苏联地区国家间还存在着紧张的政治关系,这也会影响相互间的投资合作,加剧贸易壁垒。从俄对该地区经济政策的主要手段来看,在能源的地区价格接近或达到国际市场价格,以及能源供应多元化进程不断加强的趋势下,俄"能源"杠杆的作用将会直线下降;俄在前苏联地区的资金杠杆作用原本就弱于能源、贸易和移民杠杆,在危机后可能会进一步受到削弱——在危机期间,区外国际金融机构提供了大量资金援助,明显加强了它们在独联体的存在。由于成员国间的政治矛盾和利益分歧,俄单纯依靠政治手段来推动独联体国家建立共同经济空间是不可能的。

此外,目前在前苏联地区范围内推动一体化向更高程度发展的有利经济条件还没有形成。独联体国家没有高度发达的和多元化的加工工业,相应地也没有作为一体化进程基础的发达的区内合作关系。在俄罗斯和该地区国家出口商品结构上,燃料、原料商品占优势,严重依赖于国际市场行情,不可能形成各国经济的紧密联系。另一方面,前苏联地区国家在经济上存在着巨大差距,这些差距是由不同的经济潜力、社会经济发展水平的巨大落差、部门结构的差异、市场改革的不同程度、自然资源的保障程度、对外部联系和其他因素的依赖程度所决定的,它导致各国在政策协调和立法衔接上很难相互适应,而这些都是经济一体化所必需的。

尽管存在上述制约因素,但从普京要在 2020 年实现现代化目标(包括每年6%—7%的经济增长)和用 7000 亿美元彻底更新军队来复兴欧亚强国的坚定决心来看,再加上白俄罗斯和哈萨克斯坦领导人的共同支持,以及最近几年关税同盟快速推进的事实,欧亚联盟虽不一定会完全达到俄、白、哈三国领导人设想的目标,但人们有理由相信,在普京再次当选俄罗斯总统的任期内俄能够实现"2.0 版苏联"。从全球角度看,不排除在十年后出现如普京所设想的可能,即世界上出现一个包括政治、经济和军事同盟在内的欧亚联盟与中、美、欧四分天下的国际格局图景。一方面,中国与独联体国家在上海合作组织框架下的双边合作关系将变成中国与欧亚联盟的双边关系;另一方面,可以设想中国与欧亚联盟、欧亚联盟与欧盟分别结成自由贸易区,从而形成从大西洋到太平洋整个欧亚大陆的自由贸易和市场开放——这也是白俄罗斯和哈萨克斯坦所希望的。

第十九章

欧亚经济共同体与欧亚经济联盟比较分析

　　欧亚经济共同体与欧亚经济联盟都是后冷战时期俄罗斯主导下的欧亚中心地带一体化组织,所覆盖地区、成员国构成也高度相似。那么两者之间有何异同?相互之间是何种关系? 这是本文关注的核心问题。该问题的提出主要基于以下两点:

　　学界对欧亚经济共同体与欧亚经济联盟之间的关系认识模糊。其中主要存在两种观点:(1)完全承继说。支持该观点的学者认为,欧亚经济共同体与欧亚经济联盟之间的关系如同欧洲共同体与欧洲联盟那样,属于完全承继关系,欧亚经济联盟是欧亚经济共同体的更高层次经济一体化机制。(2)互为独立说。支持这一观点的学者认为,欧亚经济联盟起源于 2010 年启动的俄白哈关税同盟,与欧亚经济共同体互为独立,不存在承继关系。俄白哈三国领导人对两者关系的认识也是模糊的,既支持"互为独立说",[①]也间接认可"完全承继说"。[②] 笔者看来,以上两种观点都有一定的道理,但都有所偏颇。从关税同盟法律基础及部分组织机制建设来看,欧亚经济共同体与欧亚经济联盟确存在某种承继关系,但从国际法主体地位(尤其指关税同盟和统一经济空间时期)、扩员机制来看,两者却又互为独立。

---

① 俄白哈三国领导人称,"(关税同盟)是我们国家一体化进程中新的、具有突破性的阶段",是"这么多年来我们首次谈妥把部分国家主权让渡到超国家机构"的成果,是"独联体空间内第一个自愿组成的、平等的一体化平台"。参见:Совместное заявление президентов Республики Беларусь, Республики Казахстан и Российской Федерации, г. Алма – Ата, 19 декабря 2009 года. http://www. kremlin. ru/ref _ notes/434; Заявление для прессы по итогам заседания Межгоссовета на уровне глав государств (27 ноября 2009 года). http://www. eurasiancommission. org/docs/Download. aspx? IsDlg = 0&ID = 2676&print = 1; Назарбаев Н. А., Евразийский Союз: от идеи к истории будущего // Известия, 25 октября 2011 г.

② 2013 年普京在回应纳扎尔巴耶夫提出解散欧亚经济共同体时提出,欧亚经济共同体是关税同盟的法律基础,不宜随便解散。参见:Путин призвал не спешить с ликвидацией ЕврАзЭС. http://ria. ru/economy/20131024/972411384. html

学界尚缺乏对欧亚经济联盟的基础性研究。迄今为止,学界对欧亚经济联盟的研究大致从三个视角出发:(1)以"战略"为视角,着重分析欧亚经济联盟的形成背景、地区影响及未来前景;(2)以"关系"为切入点,试图厘清欧亚经济联盟与域内外国家、其余地区多边组织(上海合作组织、集体安全条约组织、欧盟、我国"新丝绸之路经济带"战略等)的关系,从竞合两方面阐述欧亚经济联盟的内外环境;(3)以"经济"为线索,重点研究关税同盟、统一经济空间及欧亚经济联盟的经济效应。

本章将以条约(Договор)、协议(Соглашение)、决定(Решение)等一手法律文件为基础,从概念、一体化路径、组织机制、决策机制、扩员机制、法律机制等六个方面来比较分析欧亚经济共同体与欧亚经济联盟之间的辩证关系。

一、组织名称:概念比较

在俄语中,"共同体"(Сообщество)和"联盟"(Союз)是近义词,区别在于"共同体"指的是有拥有共同目标的人组成的团体;[①]"联盟"指的是(1)为了某共同行动国家或组织间达成的友好协议或集团,如军事同盟、英法同盟等;(2)由若干个国家组成有共同领导的集团。[②] 在英语中,共同体(Community)是指:共同生活在一片区域的人们;拥有共同宗教、民族、工作等人民团体。[③] 联盟(Union)指的是:拥有共同中央政府或采取一致行动的国家集团。[④] 显然,"共同体"强调目标的一致性,更多带有社会性,而"联盟"则更具有政治性,强调超国家的中央权威。由此可见,欧亚经济联盟(Евразийский экономический союз)与欧亚经济共同体(Евразийское экономическое сообщество)的不同点在于,"联盟"比"共同体"更重视机制的权威性。

在区域一体化实践中,"共同体"往往是"联盟"的前身;"联盟"则是"共同体"的升级版,如欧洲共同体与欧洲联盟。在《欧洲经济共同体条约》开篇就指出:"(欧洲共同体)决心建立欧洲人民间的不断的日益紧密的联盟的基础";[⑤]《欧洲联盟条约》则开明宗义:"(欧洲联盟)决心把建立欧洲共同体为起点的欧洲统一

---

① Толковый словарь Ушакова. http://dic. academic. ru/dic. nsf/ushakov/1035302
② Толковый словарь Ушакова. http://dic. academic. ru/dic. nsf/ushakov/1037566
③ 《牛津高阶英汉双解词典》,商务印书馆,牛津大学出版社 2013 年版,第 404 页。
④ 《牛津高阶英汉双解词典》,商务印书馆,牛津大学出版社 2013 年版,第 2280 页。
⑤ 《欧洲经济共同体条约》,参见:《欧洲联盟法典(第一卷)》,国际文化出版公司 2005 年版,第 119 页。

进程推向一个崭新的阶段。"①

照此逻辑,欧亚经济联盟的目标应该远高于欧亚经济共同体。其实不然,欧亚经济联盟与欧亚经济共同体的目标却比较相似。欧亚经济共同体的目标在1999年俄、白、哈、吉、塔五国签订的《关税同盟与统一经济空间条约》以及2000年签订的《欧亚经济共同体成立条约》已经有明确表述。《关税同盟与统一经济空间条约》第3条指出:"建立统一经济空间的目的是:为了商品、服务、资本与劳动共同(内部)市场得以高效运行;为成员国经济结构转型创造稳定的发展环境,进而提高人民生活水平;为了协调成员国税务、信贷、金融货币、贸易、海关及税率政策;通过建立国家扶持体系,推动发展优先经济部门,促进生产与科技间协作。"②《欧亚经济共同体成立条约》第2条进一步说明,欧亚经济共同体成立的目的是为了推动建立关税同盟与统一经济空间,落实《关税同盟条约》、《关于深化经济与人文领域一体化条约》、《关税同盟与统一经济空间条约》及其他法律文件所规定的条款。③ 欧亚经济联盟的目标是:"(1)旨在提高成员国人民生活水平,为经济发展创造稳定的环境;(2)在联盟框架内建立商品、服务、资本及劳动力统一市场;(3)在全球经济背景下推动全面现代化,提高国民经济竞争力。"④可见,通过建立关税同盟,实现商品自由流通,最终实现商品、服务、资本与劳动力全面共同市场,推动本国经济转型与发展是欧亚经济共同体与欧亚经济联盟的共同目标。也就是说,欧亚经济共同体或欧亚经济联盟都是成员国推动经济发展的工具,不是为了一体化而一体化。⑤ 因此,欧亚经济联盟是欧亚经济共同体的制度升级版,而非目标升级版。

二、一体化路径比较

从欧亚经济共同体与欧亚经济联盟的历史发展脉络来看,两者都以建立关税同盟为起点。关税同盟作为欧亚经济共同体及欧亚经济联盟的起点自然有它的道理。我们认为,关税同盟具有以下三方面要素:

第一是经济要素。关税同盟是国家间经济合作的产物。20世纪初学界主要

---

① 《欧洲联盟条约》,参见:《欧洲联盟法典(第二卷)》,国际文化出版公司2005年版,第7页。

② Договор о Таможенном союзе и Едином экономическом пространстве

③ Договор об учреждении Евразийского экономического сообщества

④ Договор о Евразийском экономическом союзе

⑤ Винокуров Е. Ю. , Прагматическое евразийство // Россия в глобальной политике, 2013, №2.

研究关税同盟与自由贸易之间的关系。20世纪中叶以来,随着关税与贸易总协定(GATT)成员国不断扩大,区域经济一体化(如西欧一体化)逐渐兴起,欧美学界再次掀起了研究关税同盟的热潮。学者们不仅发现关税同盟与自由贸易之间有着直接联系,而且还发现了关税同盟对所在地区及其成员国的经济发展产生重要影响,通过对内实行自由贸易,对外实行贸易保护,可以产生如贸易创造、贸易转移、贸易扩张、收入转移等经济效应。[①]

第二是多边机制要素。关税同盟是政府间国际组织,属于多边机制范畴。世界海关组织(WCO)把关税同盟定义为"由国家构成或组合而成同盟……同盟有权制定对成员国有约束力的规章,并根据同盟内部程序的规定有权决定签署、批准或加入公约"。[②] 我国经济学家童蒙正也指出,"所谓关税同盟者,经济上政治上利害关系甚深之二国或以上之国家,共同缔结盟约,相互撤废关税,俾彼此贸易得以自由,同时对于诸外国成为经济上一单位,设同一之关税,以组织统一的关税区域之制度也"。[③]

第三是国际政治要素。经济上的一致往往会导致政治上的一致。[④] 经典案例是19世纪上半叶普鲁士主导德意志关税同盟(Zollverein),取消内部关税壁垒,建立统一内部市场,建立小德意志经济圈,为德国统一奠定了经济基础。[⑤] 另一个例子是1850年成立的奥地利—匈牙利关税同盟(简称"奥匈关税同盟")。在奥匈关税同盟框架内,奥地利与匈牙利发挥经济互补优势,互相开放市场,也为1867年

---

① 参见:Viner J. , The Customs Union Issue, Oxford: Oxford University Press, 2014; Meade J. , The Theory of Customs Unions, Amsterdam: North – Holland Publishing Company, 1955; Bhagwati J. , Krishna P. ,Panagariya A. , Trading Blocs, Massachusetts: The MIT Press, 1999.

② International Convention on the Simplification and Harmonization of Customs Procedures (《Kyoto Convention》), Chapter 1, Article 1. http://www.wcoomd.org/en/topics/facilitation/instrument – and – tools/conventions/pf_revised_kyoto_conv/kyoto_new.aspx

③ 童蒙正:《关税论》,商务印书馆1934年版,第82 – 83页。

④ Viner J. , The Customs Union Issue, Oxford: Oxford University Press, 2014, p.115.

⑤ 1834年普鲁士主导的德意志关税同盟正式形成,成员包括黑森公国、巴伐利亚、符腾堡、萨克森、图林根等。1836年巴登、拿骚、法兰克福加入;1842年布伦瑞克加入;1851年汉诺威、奥尔登堡加入;1868年石勒苏益格—荷尔斯泰因、梅克伦堡加入。一个由普鲁士领导的、排除奥地利的小德意志经济圈最终形成。关税同盟为德意志地区经济发展产生了积极影响:(1)大范围内取消关税壁垒,为商业注入活力;(2)度量衡和货币制度逐渐统一;(3)交通运输状况改善;(4)对工业产生刺激和保护作用;(5)逐渐形成民族经济。参见:徐建:《关税同盟与德国的民族统一》,载《世界历史》1998年第2期。

建立奥匈帝国奠定了经济基础。①

在决定建立关税同盟后,欧亚经济共同体与欧亚经济联盟采取两种不同的发展路径。前者走"平行式"一体化路径,试图同时推进关税同盟与统一经济空间建设;后者走"渐进式"一体化路径,先建成关税同盟,实现商品自由流通,逐步向服务、资本及劳动力共同市场过渡。

虽然《关税同盟与统一经济空间条约》《欧亚经济共同体成立条约》中明确指出,欧亚经济共同体的任务是先建立关税同盟,后在此基础上建立共同市场。但在实际操作上,欧亚经济共同体试图同时推进关税同盟与统一经济空间建设。欧亚经济共同体国家间委员会发布的《欧亚经济共同体发展优先方向:2003—2006年及以后》明确了十个优先方向:建立关税同盟、协调经济政策、加强经济部门间合作、建立与共同发展能源市场、建立交通运输联盟、协调农业政策、建立共同服务市场、建立共同金融市场、加强社会领域合作及扩大欧亚经济共同体权力。② 该文件并没有按轻重缓急区分关税同盟与共同市场,而是把两者均列为优先。更何况"建立关税同盟"部分的相关条款仍然是一些框架性原则,与1999年《关税同盟与统一经济空间条约》相比无明显差别,也没有提出更具体的发展方向,如税率制定、海关税收、针对第三国贸易政策等。此外,在没有建成关税同盟,制定统一关税之前,欧亚经济共同体成员国还通过了《欧亚经济共同体成员国能源政策基础》《欧亚经济共同体成员国农业政策构想》《欧亚经济共同体成员国货币领域合作构想》等一系列关于建立共同市场的文件。

欧亚经济共同体的"平行式"一体化路径并没有收到预期效果。成员国间经

---

① 1848年欧洲民族独立运动波及奥地利帝国,使帝国丧失了意大利北部地区和大德意志地区的主导权,连帝国内部的匈牙利也努力谋求独立。在此背景下,奥地利对内开始结构性改革,调整对匈牙利政策,在1850年与匈牙利组建关税同盟。与关税同盟在德意志统一进程中发挥着凝聚力的作用相似,关税同盟在奥匈帝国内是一个维系帝国权威与政治统一的纽带。匈牙利经济学家科姆勒斯(John Komlos)认为,虽然奥匈之间传统的经贸联系早就存在,然而直到1850年后两地区经济才实现完全互相开放。奥地利与匈牙利之间的经济联系具有互补性,奥地利从匈牙利获得原材料和工业产品市场,直到第一次世界大战爆发奥地利工业发展保持着稳定增长(年均2.5%);奥地利为匈牙利提供了广袤的农产品市场、资本来源和劳动力。科姆勒斯进一步指出,奥地利与匈牙利之间的经济相互依存为1867年建立奥匈帝国奠定经济基础。参见:Komlos J. , The Habsburg Monarch as a Customs Union: Economic Development in Austria – Hungary in the Nineteenth Century, Princeton: Princeton University Press, 1983, p. 214 – 219.

② Приоритетные направления развития ЕврАзЭС на 2003 – 2006 и последующие годы, от 9 февраля 2004 г.

贸合作仍以双边为基础,没有形成真正意义上的多边经济合作。[①] 商品共同市场尚未建立,其余领域的共同市场更是无从谈起。2001 年至 2005 年,绝大部分成员国对本地区贸易占本国的对外贸易比重呈下降趋势,如哈萨克斯坦、白俄罗斯、塔吉克斯坦,或者一直处于低迷状态,如俄罗斯(见表1 表2)。[②] 2014 年 10 月 10 日欧亚经济共同体停止运行。[③]

表1　欧亚经济共同体成员国向独联体地区出口占本国对外出口比重(%)

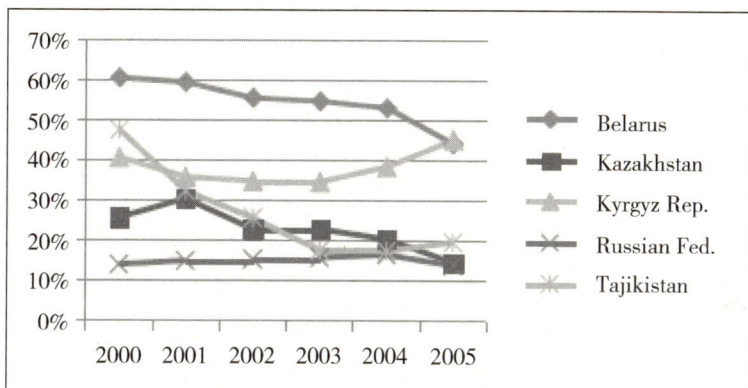

表2　欧亚经济共同体成员国从独联体地区进口占本国进口比重(%)

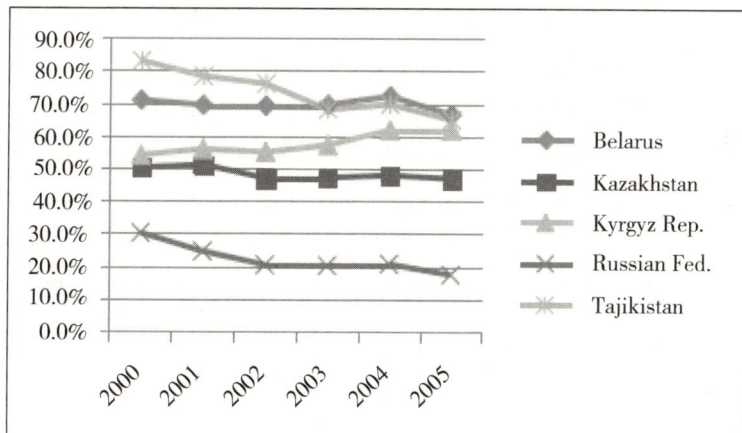

---

①　Чуфрин Г. , Очерки евразийской интеграции, М. , 2013, С. 15

②　表1 与表2 系作者根据世界贸易组织(WTO)《国际贸易统计》(2001—2006)数据整理而成。

③　Решение №652 Межгосударственного совета ЕврАзЭС 《 О прекращении деятельности Евразийского экономического сообщества 》, от 10 октября 2014 г. , г. Минск.

　　俄白哈吸取了欧亚经济共同体"平行式"一体化路径失败的教训,决定采取"渐进式"一体化路径,先建立关税同盟实现商品自由流通,然后向服务、资本和劳动力自由流通过渡,最终实现共同市场。从本质上讲,从 2010 年关税同盟正式启动,到 2025 年共同市场最终建成的十五年里可以分为两个阶段,即 2010 年至 2012 年的关税同盟时期,目标是实现商品自由流通,建立商品共同市场;2012 年至 2025 年的全面共同市场建设时期。2012 年至 2015 年的统一经济空间是关税同盟与欧亚经济联盟的过渡阶段,2015 年成立的欧亚经济联盟实际上是为最终建成全面共同市场提供更为强大的制度保障。

　　1. 商品共同市场建立时期(2006 年至 2012 年)

　　2006 年 8 月,俄白哈领导人共同决定在欧亚经济共同体框架内组建新的关税同盟。2007 年 10 月,三国领导人通过《建立统一关税区和关税同盟条约》《欧亚经济共同体框架内成立关税同盟行动计划》《构成关税同盟法律基础的国际条约大纲》等基础性文件。之后,三国总统和政府总理相继签订《关于建立统一关税区和关税同盟条约》(2007 年)、《统一关税协调条约》(2008 年)、《关于针对第三国采取统一非关税协调协议》(2008 年)等十二个主要法律文件,为关税同盟奠定法律基础。直到 2009 年 5 月,俄白哈已经就关税同盟中 88% 的法律文件达成一致。① 2010 年 1 月 1 日关税同盟启动,7 月 1 日《关税同盟海关法典》正式生效,同日俄白取消海关边界,2011 年 7 月 1 日俄哈取消海关边界及大部分商品的关税壁垒,俄白哈统一关税区形成。

　　关税同盟建设初具规模后,俄白哈开始构建统一经济空间的法律基础。2009 年 12 月 11 日,国家间委员会通过了《建立俄白哈三国统一经济空间行动计划》。除关税同盟框架内涉及商品自由流通的法律文件外,统一经济空间的法律基础由经济政策协调、服务自由流动、劳动力自由流动、资本自由流动、能源与交通共同市场、技术协调等六部分共十七个基础协议组成(表3)。2010 年成员国完成了十七个基础协议的签署,2011 年成员国议会通过了协议,完成了统一经济空间的法律基础建设工作。

---

① Таможенный союз заработает в первой половине 2010 г. - генсек ЕврАзЭС. http://evrazes. com/news/view/663

表3　统一经济空间法律基础

部分	法律文件	通过日期
经济政策协调	1.《协调宏观经济政策协议》	2010. 12. 09
	2.《协调自然垄断主体行为统一原则与规定协议》	2010. 12. 09
	3.《统一竞争原则与规定协议》	2010. 12. 09
	4.《工业补贴规定协议》	2010. 12. 09
	5.《国家支持农业规定协议》	2010. 12. 09
	6.《国家采购协议》	2010. 12. 09
	7.《知识产权保护规定协议》	2010. 12. 09
服务自由流动	8.《统一经济空间成员国服务贸易与投资协议》	2010. 12. 09
劳动力自由流动	9.《抵制第三国非法劳动移民合作协议》	2010. 11. 19
	10.《劳动移民及其家属法律地位协议》	2010. 11. 19
资本自由流动	11.《保障资本自由流动创造建立金融市场条件协议》	2010. 12. 09
	12.《货币政策协调原则协议》	2010. 12. 09
能源与交通共同市场	13.《白俄罗斯、哈萨克斯坦及俄罗斯组建、管理、运行与发展共同石油市场与石油产品协议》	2010. 12. 09
	14.《保障在电力领域获得自然垄断服务协议》	2010. 11. 19
	15.《在天然气运输领域获得自然垄断服务规定协议》	2010. 12. 09
	16.《获得铁路运输服务协调协议》	2010. 12. 09
技术协调	17.《白俄罗斯、哈萨克斯坦及俄罗斯统一技术协调原则与规定协议》	2010. 11. 18
商品自由流动	关税同盟框架内所有法律文件	

2010年12月9日,俄白哈领导人正式提出建立欧亚经济联盟。三国领导人宣称:"通过发展关税同盟和统一经济空间,我们逐步推动建立欧亚经济联盟,其目的是保障与其他国家、国际经济组织及欧盟的和谐、互补、互利合作,建立起共

同经济空间。"①但是当时俄白哈领导人对"欧亚经济联盟"认识是模糊的。② 直到2011年10月3日普京在第三次总统竞选期间在《消息报》上发表文章《欧亚新一体化方案：未来诞生于今天》，系统阐述成立欧亚联盟的原因、方向及目标，白俄罗斯总统卢卡申科和哈萨克斯坦总统纳扎尔巴耶夫也相继发文，力挺普京的"欧亚联盟"构想，欧亚经济联盟的战略构想最终出炉。

2. 全面共同市场建设时期(2012年至2025年)

2012年1月统一经济空间启动。2014年5月29日俄白哈三国在阿斯塔纳签订《欧亚经济联盟条约》。2015年1月1日欧亚经济联盟如期运行，亚美尼亚和吉尔吉斯斯坦分别于1月、5月加入联盟。

到目前为止，欧亚经济联盟框架内已经基本形成了商品和服务共同市场，取得了阶段性成果，但仍需进一步完善。如成员国准备建立"统一窗口"(единое окно)机制来协调成员国对外经济活动；③逐步对敏感商品(如航空工业产品)、矿产品(如铝、硅)、部分鱼类商品的税率问题达成一致；建立服务共同市场运行工作组；亚美尼亚和吉尔吉斯斯坦入盟过渡等。此外，在商品和服务共同市场中仍然存在非关税壁垒(нетарифный барьер)。所谓"非关税壁垒"主要可以分为两类：一类是自然形成的，具有贸易保护性质的；另一类是其他形式的人为非关税壁垒，如能影响市场竞争的价格控制、金融政策等。④ 俄罗斯和哈萨克斯坦对其他关税同盟和统一经济空间成员国的非关税壁垒要高于白俄罗斯。⑤ 降低，甚至取消非关税壁垒，尤其是人为造成的非关税壁垒是今后欧亚经济联盟的工作重点。

除了商品和服务共同市场，其余共同市场尚在组建之中。2016年1月1日将启动药品共同市场；2017年1月1日形成统一工业补贴政策，在联盟范围内推行产业政策；2019年7月1日前建成电力能源共同市场；2025年1月1日前建成金

---

① Декларация о формировании Единого экономического пространства Республики Беларусь, Республики Казахстан и Российской Федерации, 9 декабря 2010 года.

② 时任俄罗斯总统梅德韦杰夫表示，欧亚经济联盟是"经济一体化水平非常高的机制"，"为了清楚了解我们所追求的欧亚联盟，自然要借鉴其他已经存在的经济联盟"。参见：Пресс - конференция по итогам заседания Совета глав государств - участников СНГ, 10 декабря 2010 года. http://www. kremlin. ru/transcripts/9783

③ Решение №3 Евразийского экономического совета 《 О проекте решения Высшего Евразийского экономического совета 》 О плане мероприятий по реализации Основных направлений развития механизма 《 единого окна 》 в системе регулирования внешнеэкономической деятельности?, 04 февраля 2015 г. , г. Москва

④ Оценка экономических эффектов отмены нетарифных барьеров в ЕАЭС // Доклад ЕАБР №29, 2015 г.

⑤ Там же

融、天然气、石油及石油产品共同市场。成立货币联盟,推行统一货币虽然没在《欧亚经济联盟条约》中得到体现,①但也成了热议话题,并把未来欧亚经济联盟货币名称定为颇有哈萨克斯坦意味的"阿尔得"(Алтын),而非俄罗斯的卢布,联盟央行也将设在阿拉木图。

三、组织机制比较

参照欧共体模式,欧亚经济共同体的机构设置为:共同体国家间委员会相当于欧共体的欧洲理事会,是最高决策机构,负责决定一体化进程的大政方针;一体化委员会相当于欧共体委员会,属于常设超国家机构;欧亚经济共同体议会相当于欧共体议会,是监督与咨询机构;欧亚经济共同体法院相当于欧共体法院,是争议仲裁机构。

欧亚经济联盟的决策机构是:最高决策机构——最高欧亚经济委员会,由成员国总统组成;政府层面机构——欧亚政府间委员会,由成员国政府总理组成;常设超国家机构——欧亚经济委员会,由成员国派副总理级别官员组成,其中一名担任主席,负责联盟日常运作;争议仲裁机构——欧亚经济法院。通过比较,欧亚经济联盟与欧亚经济共同体的组织机制关系具有以下特点:

(一)继承改进:最高决策机构

从欧亚经济共同体到欧亚经济联盟,最高决策机构的演进经历了关税同盟的"同署办公"和统一经济空间的"分署办公"阶段,是一个继承,并不断改进的过程。

2007年10月6日俄罗斯、白俄罗斯、哈萨克斯坦、塔吉克斯坦、吉尔吉斯斯坦和乌兹别克斯坦等六国领导人一致对《欧亚经济共同体成立条约》第5条"国家间委员会"进行了补充修订,明确了国家间委员会也是关税同盟的最高决策机构,是关税同盟最高机构,②由成员国总统与总理组成,欧亚经济共同体与关税同盟的最高决策机构开始"同署办公"。"同署办公"并不意味着两机构的决议具有同等法律效力。具体而言,欧亚经济共同体的任何条约、协议、决定仍然对俄白哈三国有效,然而俄白哈关税同盟范畴内的法律文件对其他欧亚经济共同体成员国不具有

---

① 《欧亚经济联盟条约》第70条只提到"在联盟框架内建立金融共同市场,保障不受歧视进入其他成员国金融市场",并没涉及建立货币联盟的内容。

② Протокол о внесении изменений в Договор об учреждении Евразийского экономического сообщества от 10 октября 2010 года, Договор об учреждении Евразийского экономического сообщества.(с изменениями и дополнениями от 25 января 2006 года и от 6 октября 2007 года)

法律效力,如 2008 年 12 月 12 日签订的《欧亚经济共同体技术协调与卫生标准信息体系协议》与其他五十多项关税同盟文件一起被列入关税同盟法律基础。

2012 年 1 月 1 日,统一经济空间启动,俄白哈把关税同盟最高机构更名为"最高欧亚经济委员会",由总统与总理组成,开始"分署办公"。最高欧亚经济委员会与欧亚经济共同体国家间委员会一般同时举行峰会,但两机构讨论的议题却不尽相同,每次峰会也成为俄白哈向其他欧亚经济共同体国家推销一体化成果的平台。最高欧亚经济委员会的成立标志着俄白哈三国推动的区域经济一体化进程开始脱离欧亚经济共同体,向欧亚经济联盟进发。①

进入欧亚经济联盟,成员国再次改革最高欧亚经济委员会,把最高欧亚经济委员会中原来的总统与总理"二层合一"的布局改为仅由成员国总统参加的绝对最高决策机构,并扩大了其权限,拥有涉及战略决策、人事任命、财务预算、议案接收、争议仲裁、国际合作、组织扩员等二十三项权力。② 在总理层面上新成立欧亚跨政府委员会,成为行政机构,负责上传下达,降低了在欧亚经济联盟决策机制中的分量。

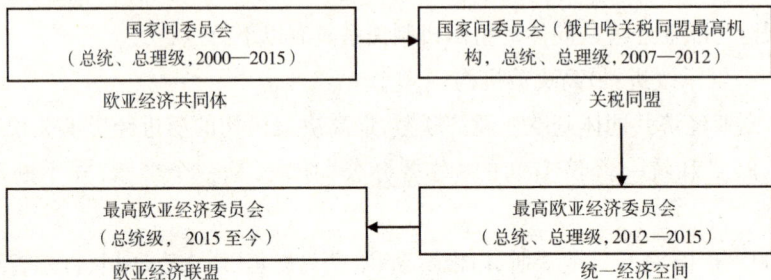

图1 欧亚经济联盟最高决策机构演进

(二)另起炉灶:常设超国家机构

欧亚经济共同体的常设超国家机构是一体化委员会,由成员国副总理员组成,下设秘书处。一体化委员会主要负责:为国家间委员会准备决议及其他文件草案、制定财政预算并监督财政支出、监督国家间委员会决议的实施等。在《欧亚经济共同体成立条约》中只对一体化委员会的任务、目标、人员构成、秘书处做了大体安排,而没有对决策、职能、权限等关键性问题的进行解释和明确。从这个角

---

① 从 2011 年 11 月 18 日正式成立起,到 2014 年 12 月 23 日欧亚经济联盟成立前,最高欧亚经济委员会共举行会议 10 次,共颁布各项决议 113 项。

② Договор о Евразийском экономическом союзе, статья 12.

度看，一体化委员会尚属于"半成品"。在实践中，一体化委员会也没有完全运作起来，它主要发挥了行政与会议组织职能，如文件存档、会议筹备、文案起草等。

关税同盟的常设超国家机构并没有继承一体化委员会，而是另起炉灶，成立关税同盟委员会（简称"关委会"），①同样由成员国副总理组成，下设秘书处。② 关委会的核心任务是保障关税同盟能顺利运作和发展，促进同盟内商品自由流通，接受成员国相关部门的权力让渡，保障成员国互惠利益，在整个关税同盟运作中发挥关键性作用。关委会最能体现关税同盟的发展与运行状态。尽管关税同盟是在欧亚经济共同体框架内建立起来，并不是一个独自的国际组织，但它却拥有国际法主体的所有要素：广泛的法律基础、制定了运行原则、参与国际合作、拥有国际公务员队伍等。③

关委会毕竟年轻，仍存在不足之处。最大缺陷是，关税同盟委员会存在"决定"与"建议"不分的情况。关委会的文件分"决定"和"建议"两种，前者对成员国具有强制性，后者不具备强制性。但在实际操作中，关委会文件都以"决定"颁布，而内容上却包含着"建议"，造成文件指向性模糊，影响机构运转效率。如关税同盟委员会第 35 号决定中的第一款和第三款："第一款，关税同盟委员会决定通过2009 年 6 月 9 日在欧亚经济共同体国家间委员会（关税同盟最高机构）政府总理会晤上要批准的文件草案；第三款，关税同盟委员会决定请求（просить）俄罗斯加快协调《统一关税区中针对第三国对外商品贸易所采取标准协议》和《对外商品贸

---

① 从 2007 年 10 月 6 日俄白哈领导人签署《关税同盟委员会条约》，到 2009 年 2 月关税同盟委员会召开第一次工作会议，到 11 月 27 日俄白哈国家间委员会最终确定关税同盟委员会组成成员，颁布《关税同盟委员会运行规则》，关委会建设历时两年。参见：Договор о Комиссии Таможенного союза（в ред. Протокола от 9 декабря 2010 года）；Правила процедуры Комиссии таможенного союза от 27 ноября 2009 года.

② 从 2008 年 12 月 12 日俄白哈三国政府首脑签署《关税同盟委员会秘书处条约》，到 2009 年 11 月 27 日通过的《关于关税同盟委员会秘书处运行问题的决议》，确定秘书处内部机构和工作人员数量，秘书处建设历时近一年。参见：Соглашение о Секретариате Комиссии Таможенного союза от 12 декабря 2008 года, Решение №20 Межгоссовета ЕврАзЭС（Высшего органа Таможенного союза）на уровне глав правительств от 27 ноября 2009 года 《 О вопросах деятельности Секретариата Комиссии таможенного союза 》.

③ Слюсарь Н. Б. , Институциональные основы Таможенного союза в рамках ЕврАзЭС // Таможенное дело, 2011, №1.

易许可证颁发规定协议》草案的国内程序。"①第35号决定中的第一款显然具有强制性,作为"决定"无可厚非。而在第三款中出现"请求"字样,这样的表述未能充分体现"决定"的强制性,而且在内容上也更贴近于"建议"。

2012年1月1日,统一经济空间启动,7月1日欧亚经济共同体取代关委会成为关税同盟和统一经济空间的常设跨国机构。同关委会相比,欧亚经济委员会具有以下特点:(1)欧亚经济委员会分理事会(Совет)和工作会议(Коллегия),理事会成员由成员国副总理担任,工作会议由三国各派三名代表组成,为正部级,设主席一职;(2)与关委会只涉及商品自由流通领域相比,欧亚经济委员会的业务面更广,涉及共同市场建立的方方面面;(3)欧亚经济委员会一改关税同盟委员会"决定"与"建议"不分的缺陷,分开颁布具有强制性的"决定"和非强制性的"建议";(4)以法律形式赋予欧亚经济委员会国际合作权。②2012年7月1日,欧亚经济共同体一体化委员会的主要职能转移至欧亚经济委员会;年底撤销了驻阿拉木图办事处,裁减一体化委员会秘书处工作人员,③这说明欧亚经济委员会已经承担起了职能过渡任务。

在欧亚经济联盟框架内,欧亚经济委员会基本沿用了统一经济空间时期的运行模式,只是在以下方面做了改进:(1)随着亚美尼亚和吉尔吉斯斯坦相继入盟,欧亚经济委员会理事和工作会议都将增设两国代表席位;(2)决议文件除了"决定"和"建议",增加"指令"。"指令"主要针对组织安排工作,如人事任命、文件草案制定等;(3)与统一经济空间时期不同的是,欧亚经济委员会工作会议主席丧失签署国际合作条约的权力,该权力上升至最高欧亚经济委员会。由此可见,从关委会,到欧亚经济委员会一改一体化委员会只有"模子",没有"里子"的尴尬境地,不得不说是欧亚经济联盟进步的一面。

---

① Решение №35 Комиссии Таможенного союза Евразийского экономического сообщества 《О проектах документов, вносимых на заседание Межгоссовета ЕврАзЭС (высшего органа таможенного союза) на уровне глав государств 9 июня 2009 года 》, 22 апреля 2009 г. , г. Москва.

② 《Договор о Евразийской экономической комиссии 》, статья 9.

③ Глазьев С. Ю. , Чушкин В. И. , Ткачук С. П. Европейский союз и Евразийское экономическое сообщество: сходство и различие процессов интеграционного строительства, М. , 2013, С. 148 – 149.

```
┌─────────────────────┐      ┌─────────────────────┐
│     一体化委员会      │ ───▶ │     关税委员会        │
│ (副总理级, 2000—2015) │      │ (副总理级, 2007—2012) │
└─────────────────────┘      └─────────────────────┘
       欧亚经济共同体                  关税同盟
                                         │
                                         ▼
┌─────────────────────┐      ┌─────────────────────┐
│    欧亚经济委员会      │ ◀─── │    欧亚经济委员会      │
│ (副总理级, 2015 至今)  │      │ (副总理级, 2012—2015) │
└─────────────────────┘      └─────────────────────┘
       欧亚经济联盟                  统一经济空间
```

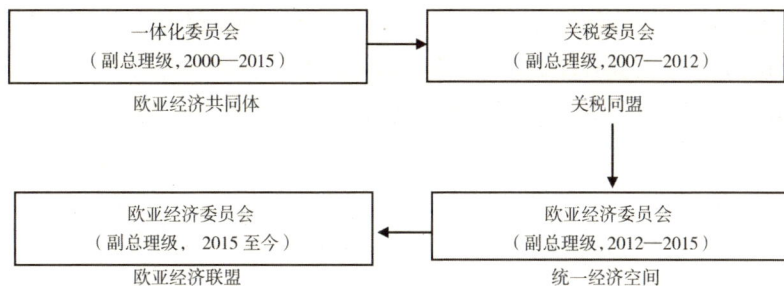

图 2　欧亚经济联盟超国家常设机构演进图

(三)激活:欧亚经济共同体(联盟)法院

欧亚经济共同体法院(简称"共同体法院")虽然是欧亚经济共同体的组成部分,但一直以来却没真正建立起来,其职能一直由独联体经济法院代为履行。[1] 可以说,关税同盟的建立激活了共同体法院。2007 年 10 月 6 日,欧亚经济共同体国家间委员会杜尚别峰会上赋予了共同体法院对关税同盟内部纠纷实施仲裁的职能,共同体法院的组建工作正式开始。2010 年 7 月和 12 月欧亚经济共同体国家间委员会分别通过了《欧亚经济共同体法院章程》[2]和《关于市场主体就关税同盟内争议以及诉讼程序争议向欧亚经济共同体法院提请仲裁条约》[3]奠定了共同体法院的法律基础。2011 年底,共同体法院正式完成组建工作。[4] 2012 年 1 月 1 日,欧亚经济共同体法院正式开始运作。在欧亚经济联盟框架内,欧亚经济共同体法院更名为"欧亚经济联盟法院",法官由各成员国派两名代表组成,任期为九年。

(四)取消:欧亚经济共同体议会

在欧亚经济共同体内,跨议会大会具有立法、咨询职能,是成员国议会合作的平台。事实上,欧亚经济共同体跨议会大会和独联体跨国议会大会同地办公,是

---

① Соглашение между Евразийским экономическим сообществом и Содружеством Независимых Государств о выполнении Экономическим Судом Содружества Независимых Государств функций Суда Евразийского экономического сообщества от 3 марта 2004 года

② Статут Суда Евразийского экономического сообщества от 5 июля 2010 года

③ Договор об обращении в Суд ЕврАзЭС хозяйствующих объектов по спорам в рамках Таможенного союза и особенностях судопроизводства по ним от 9 декабря 2010 года

④ Решение №75 Межгоссовета ЕврАзЭС (Высшего органа Таможенного союза) на уровне глав правительств от 15 марта 2011 года 《О формировании и организации деятельности Суда ЕврАзЭС》

后者的缩小版,实际作用十分有限,但欧亚经济共同体跨议会大会至少为成员国政治合作,尤其是议会合作提供了稳定的多边机制。

2012年,俄白哈三国就欧亚经济联盟将会是政治与经济相结合的综合性国际组织,还是纯经济组织问题展开了激烈争论。俄罗斯主张,欧亚经济联盟应该是集政治、经济、社会、人文等多个领域的综合性国家间联盟,未来将过渡到"欧亚联盟"。2012年,俄罗斯杜马主席纳雷什金(С. Нарышкин)倡议在未来欧亚经济联盟框架内成立超国家议会机构——欧亚议会,主要职能包括:欧亚经济联盟立法权并监督其执行;吸收社会力量,扩大欧亚经济联盟的社会基础;研究一体化进程中的重要问题,为最高欧亚经济委员会、欧亚经济委员会等超国家机构提供政策咨询与建议。① 他进一步指出,欧亚议会分两步建立,第一步建立欧亚跨议会大会,由成员国议会议员组成;第二步,待条件成熟时,将欧亚跨议会大会升级成欧亚议会。他还提出,建立欧亚议会并不意味着复辟苏联,这是各个成员国在自愿、主权、独立、负责等原则基础上建立的超国家机构。欧亚议会是开放的机构,欧亚经济联盟成员国以及有意入盟的国家都可以参与。② 纳雷什金的倡议在俄罗斯得到了广泛支持,主要原因是:俄罗斯决策层试图建立一套与关税同盟、统一经济空间等经济一体化机制平行的政治一体化机制。通过组建跨国议会与党派,能有效影响白哈两国国内政治及社会,掌握欧亚一体化进程中经济与政治"双保险",以确保能最终建成欧亚联盟。

白俄罗斯、哈萨克斯坦都不同程度反对俄罗斯的欧亚议会构想。白俄罗斯国民会议国际事务委员会主席萨莫谢依科(Н. Самосейко)认为,"在《欧亚经济联盟条约》中不涉及议会组织是正确的选择,欧亚议会在解决欧亚经济联盟重大问题中起不到显著作用"。③ 与白俄罗斯对比,哈萨克斯坦的反对更为坚决。哈方指出,欧亚经济联盟应该是纯经济组织,该组织只专注经济一体化建设,绝不涉及任

---

① Нарышкин С. , Парламентский вектор евразийской интеграции // Евразийская интеграция: экономика, право, политика, 2012, №11; Нарышкин С. , Евразийская интеграция: парламентский вектор // Известия, 4 октября 2012 г.

② Нарышкин С. , Евразийская интеграция: парламентский вектор // Известия, 4 октября 2012 г. http://izvestia. ru/news/536755

③ Сказки народов ЕАЭС: Евразийский парламент Казахстану не выгоден, заявляют местные эксперты, 1 декабря 2014 г. http://www. centrasia. ru/newsA. php? st = 1417416960

何形式的政治一体化,尤其反对建立超国家的政治机构,①欧亚议会只是个"多余的机构"。② 哈萨克斯坦执政党"祖国之光"党委秘书长卡林(E. Карин)更直截了当地说:"建立欧亚议会的构想是难以实现的,因为欧亚议会将损害哈萨克斯坦的国家主权,所以它在近期、中期甚至远期内是不可能被建成的。"③由于白俄罗斯、哈萨克斯坦的反对,欧亚议会构想最终没能真正实现,相关内容也没能纳入《欧亚经济联盟条约》之中。

(五)兼容:欧亚开发银行、欧亚稳定与发展基金

与欧亚经济共同体兼并中亚合作组织不同,④兼容其他地区组织是欧亚经济联盟的又一特色。欧亚经济联盟与欧亚开发银行建立了兼容关系。⑤ 欧亚经济联盟的投资、金融共同市场将主要依靠欧亚开发银行,及其管理下的欧亚稳定与发展基金来完成。2006 年成立的欧亚开发银行在共同市场建设过程中的作用不可小觑。首先,欧亚开发银行以俄哈为主导,主要投资交通、能源、通信、高附加值产业等领域。目前,欧亚开发银行拥有 31. 57 亿美元投资储备金,正在投资 88 个项目。这与欧亚经济联盟的发展战略不谋而合。其次,欧亚开发银行承担了大量涉及欧亚经济联盟问题的先期研究工作。欧亚稳定与发展基金的前身是 2009 年欧亚经济共同体为应对全球金融危机为成立的反危机基金会。基金拥有 85. 13 亿美元,由欧亚开发银行管理,主要任务是:为支持财政、支付平衡以及汇率稳定提供贷款;投资国家间大项目。⑥ 2015 年 7 月,基金决定向亚美尼亚《灌溉系统现代化》项目投资 4000 万美元;向吉尔吉斯斯坦《托克托古尔水电站升级 2 期》项目投资 1 亿美元。⑦ 可以说,欧亚开发银行和欧亚稳定与发展基金已经成为欧亚经济

---

① 2012 年 11 月,笔者受邀赴哈萨克斯坦阿拉木图参加由哈萨克斯坦战略研究所组织的国际学术会议"欧亚一体化与当代世界"。会上,哈萨克斯坦政府官员与学者都明确表示,哈萨克斯坦拒绝参与任何形式的政治一体化,尤其反对在未来欧亚经济联盟内建立超国家政治机构。

② Сказки народов ЕАЭС: Евразийский парламент Казахстану не выгоден, заявляют местные эксперты, 1 декабря 2014 г. http://www. centrasia. ru/newsA. php? st = 1417416960

③ В Казахстане скептически оценивают создание Евразийского парламента. http://www. rbc. ru/rbcfreenews/20120920095944. shtml

④ 2005 年中亚合作组织决定并入欧亚经济共同体。

⑤ Меморандум о сотрудничестве между Евразийской экономической комиссией и Евразийским банком развития, 12 ноября 2013 г.

⑥ Управление средствами Евразийского фонда стабилизации и развития. http: www. eabr. org/r/akf/

⑦ Совет Евразийского фонда стабилизации и развития принял решение о предоставлении инвестиционных кредитов Армении и Кыргызстану. http: acf. eabr. org/r/

联盟在建设投资、金融共同市场的"两驾马车"。

四、决策机制比较

决策机制分为动议、决议、监督等三个要素。在《欧亚经济共同体成立条约》中并没有对"动议"做出明确表述，从实际操作中，动议权归国家间委员会所有，一体化委员会在决策体系中属于执行机构。换言之，成员国元首和政府首脑才具有动议权。在"决议"方面，分国家间委员会和一体化委员会两个决策层面。在国家间委员会层面采取"一致通过"原则，在一体化委员会层面则采取"多数通过"原则，最低通过票数为三分之二，并按照向共同体投入的资金比例来划分成员国票数，其中俄罗斯占最大为 40%；哈萨克斯坦、白俄罗斯、乌兹别克斯坦（2008 年退出）①为第二梯队，各占 15%；吉尔吉斯斯坦和塔吉克斯坦为第三梯队，各占7.5%。也就是说，俄罗斯主导的提案至少需要获得两个第二梯队成员，或者获得第二、第三梯队各一个成员的支持。如在一体化委员会层面不能达成一致，提案将上升至国家间委员会由国家元首或政府总理依照"一致通过"原则进行决议。最后，"监督"主要由共同体跨国议会大会来承担。需要指出的是，与欧共体/欧盟中相对独立的议会不同，共同体跨国议会大会的运行仍受国家间委员会领导。此外，一体化委员会也承担部分监督职能。②

与欧亚经济共同体相对比，欧亚经济联盟除了在动议上与欧亚经济共同体相似，动议权由最高决策机构——最高欧亚经济委员会掌握，拥有涉及战略决策、人事任命、财务预算、议案受理、争议仲裁、国际合作、组织扩员等二十三项权力，几乎涵盖欧亚经济联盟运行的所有方面。也就是说，动议权仍旧由成员国总统掌握。与欧亚经济共同体不同的是，欧亚经济联盟从最高欧亚经济委员会又单列出欧亚政府间委员会，专门作为政府总理级别的对话机制，但在决策体系中的地位却有所下降。

此外，在决议和监督环节，欧亚经济联盟与欧亚经济共同体也有明显不同。

---

① 当欧亚经济共同体的工作重心逐步向关税同盟倾斜时，乌兹别克斯坦于 2008 年决定退出欧亚经济共同体，理由是：(1)怀疑欧亚经济共同体的运作效率；(2)对成立关税同盟表示不满，称俄白哈忽视了乌兹别克斯坦的利益；(3)欧美取消了因安集延事件而对乌兹别克斯坦采取的制裁。参见：Узбекистан вышел из ЕврАзЭС из - за сомнений в его эффективности. http://ria. ru/politics/20081113/154962672. html; Маятник Каримова: Узбекистан выходит из ЕврАзЭС. http://lenta. ru/articles/2008/11/13/uzbekistan/

② 《欧亚经济共同体成立条约》第 6 条中规定："(一体化委员会)需监督国家间委员会决议的实施。"参见：Договор об учреждении Евразийского экономического сообщества, статья 6.

在决策过程中，欧亚经济联盟采取以"一致通过"原则为主，"多数通过"原则为辅的决议方式。最高欧亚经济委员会、欧亚政府间委员会、欧亚经济委员会理事会中的所有问题都采取"一致通过"原则。在欧亚经济委员会工作会议中采取"多数通过"原则，最低通过票数为三分之二，而且每位委员均持有一票。在涉及敏感领域问题时，欧亚经济委员会工作会议可采取"一致通过"原则。这样的决策安排不以国家大小、人口数量、经济发展水平等其他因素为衡量标准，而以国家为单位，以主权平等为基线，拉平了所有成员国在决策中的地位。可以说，这种决策模式在一定程度上有利于其余成员国消除在与俄罗斯推进地区一体化进程中对主权丧失的担心，把与俄罗斯的一体化进程紧紧限定在经济领域，不涉及政治主权让渡和有损国家主权独立，进而提高其余成员国对地区一体化进程的参与度。但从另一方面看，这种决策安排也束缚了俄罗斯推进地区政治与经济全面一体化战略抱负。

在没有"欧亚议会"的情况下，欧亚经济联盟的监督功能主要由最高欧亚经济委员会承担。最高欧亚经济委员会对欧亚政府间委员会、欧亚经济委员会递交上来的未决提案有最终决定权。更确切地说，欧亚经济联盟内任何涉及一体化的问题都可以递交到最高欧亚经济委员会，由成员国元首协商决定。这充分说明了，欧亚经济联盟是以"三委"①为主干的纵向决策机制，是俄白哈三国"超级总统制"的国际延伸。

五、扩员机制比较

与欧亚经济共同体缺乏扩员机制，成员国进退自如相比，欧亚经济联盟创立了一整套扩员机制。《欧亚经济联盟条约》第108条对扩员步骤做了具体安排：递交入盟申请——经最高欧亚经济委员会决定，并定为候选国（государство－кандидат）——成员国与候选国派代表成立工作组，研究入盟准备情况、制定入盟行动纲领、起草入盟条约——依据工作组结论和最高经济委员会决定，签订入盟条约，正式成为成员国。② 尽管"联盟对任何国家开放"，但是联盟事实上只对独联体其他国家开放，尤其优先鼓励与俄罗斯存在政治、军事联盟关系的国家入盟，如亚美尼亚、吉尔吉斯斯坦、塔吉克斯坦等。

吉尔吉斯斯坦是最先提出加入关税同盟的国家。2012年6月15日，欧亚经

---

① "三委"指：最高欧亚经济委员会、欧亚政府间委员会、欧亚经济委员会。

② Договор о Евразийском экономическом союзе, статья 108.

济委员会理事会决定建立工作组,开始研究吉尔吉斯斯坦加入关税同盟事宜。① 同年 10 月 12 日成立工作组,专门研究吉尔吉斯斯坦加入关税同盟的"路线图"。② 2014 年 5 月 29 日,最高欧亚经济委员会通过吉尔吉斯斯坦加入关税同盟的"路线图"。"路线图"涉及海关、技术协调、卫生建议标准、交通与基础设施、关税与非关税协调、保护与反倾销、贸易政策、金融政策、信息统计、其余基础设施建设等十个方面。为了协助吉尔吉斯斯坦与关税同盟对接,俄罗斯出资 10 亿美元,用于与吉尔吉斯斯坦共建"俄吉发展基金",③同时再向吉尔吉斯斯坦提供 2 亿美元的援助,专门用于吉尔吉斯斯坦履行"路线图"。④ 2014 年 12 月 23 日,以俄白哈为一方,吉尔吉斯斯坦为另一方正式签订《吉尔吉斯斯坦加入欧亚经济联盟条约》。2015 年 5 月 14 日吉尔吉斯斯坦正式入盟。

除了吉尔吉斯斯坦,位于外高加索地区的亚美尼亚也是入盟"积极分子"。2013 年 4 月 10 日,欧亚经济委员会大会主席赫里斯坚科与亚美尼亚总理萨尔克西昂(Т. Саркисян)签订了《开展欧亚经济委员会与亚美尼亚政府合作备忘录》。9 月 3 日,亚美尼亚正式宣布欲加入关税同盟和统一经济空间,也将参与欧亚经济联盟的建设。10 月 24 日,最高欧亚经济委员会决定建立工作小组,专门处理亚美尼亚入盟事宜,⑤标志着亚美尼亚入盟正式起步。11 月 6 日,双方签订第二个备忘录——《欧亚经济委员会与亚美尼亚共和国深化合作备忘录》。根据备忘录中的相关条款,亚美尼亚有权列席最高欧亚经济委员会、欧亚经济委员会理事会等组织的公开会议;向欧亚经济委员会派驻代表;向欧亚经济委员会提出提议等。⑥

---

① Решение №40 Совета Евразийской экономической комиссии 《 О рабочей группе по вопросу участия Кыргызской Республики в Таможенном союзе Республики Беларусь, Республики Казахстан и Российской Федерации 》, 15 июня 2012 г., г. Санкт - Петербург.

② Решение №82 Совета Евразийской экономической комиссии 《 Об участии Кыргызской Республики в Таможенном союзе Республики Беларусь, Республики Казахстан и Российской Федерации 》, 12 октября 2012 г., г. Минск.

③ Киргизия начала реализацию 《 дорожной карты 》 вступления в ТС. http://ria. ru/economy/20140603/1010504108. html

④ Москва и Бишкек создадут фонд для интеграции Киргизии в ТС. http://ria. ru/economy/20140529/1009835917. html

⑤ Решение №49 Высшего Евразийского экономического совета 《 О присоединении Республики Армения к Таможенному союзу и Единому экономическому пространству Республики Беларусь, Республика Казахстан и Российской Федерации 》, 24 октября 2013 г., г. Минск

⑥ ЕЭК и Армения подписали меморандум об углублении взаимодействии. http://ria. ru/world/20131106/975071901. html

12月24日,最高欧亚经济委员会与亚美尼亚发表《关于亚美尼亚参与欧亚经济一体化的联合声明》,进一步明确了亚美尼亚的入盟意愿。此外,俄白哈三国还与亚美尼亚共同制定了入盟"路线图"。2014年10月10日亚美尼亚签订入盟条约。到2014年底,亚美尼亚已经履行了"路线图"规定的267项要求中的126项。① 与吉尔吉斯斯坦相比,亚美尼亚入盟虽然起步晚,但是进度快,收效大。2015年1月2日,亚美尼亚正式加入欧亚经济联盟,成为第四个成员国。

亚美尼亚与吉尔吉斯斯坦入盟后,欧亚经济联盟对成员国关税收入比例做了重新分配。俄罗斯降幅最大,从原先的88%降至85.32%,白俄罗斯从4.7%降至4.56%,哈萨克斯坦从7.3%降至7.11%,亚美尼亚获得1.11%,吉尔吉斯斯坦获得1.9%。② 需要指出的是,虽然亚、吉两国已经从机制上正式成为了欧亚经济联盟的成员国,参与联盟各项事务决定与实施,但是在具体领域方面,尤其在贸易领域两国仍处在过渡期,还不是完全意义上的成员国。亚美尼亚有七年过渡期,吉尔吉斯斯坦有五年过渡期。2019年前,亚美尼亚可就相关水果与坚果设定特别税率;2020年前,可对部分奶制品、蛋类、蜂蜜收受特别关税;2022年前,可对肉类产品收取单独关税。③ 也就是说,到2022年欧亚经济联盟内部商品共同市场才能完全建立起来。

另一个有可能加入欧亚经济联盟的是塔吉克斯坦。然而从目前的状况来看,塔吉克斯坦在近期并不急于谋求加入欧亚经济联盟,原因有:(1)2013年3月塔吉克斯坦加入世贸组织,与世贸组织对接是最近几年塔吉克斯坦政府工作的重点;(2)2014年俄罗斯与塔吉克斯坦签订了新的劳工移民协议,抵消了欧亚经济联盟劳动力共同市场对塔吉克斯坦可能造成的壁垒;(3)欧亚经济联盟本身经过两次扩员,需要一个吸收消化的过程。

六、法律机制比较

欧亚经济联盟吸纳了部分欧亚经济共同体框架内的法律文件,整合关税同盟、统一经济空间的法律基础,形成"欧亚经济联盟法"。在2013年10月,俄白哈三国领导人在研究建立欧亚经济联盟时就明确提出"关税同盟、统一经济空间、欧

---

① Армения присоединилась к Евразийскому экономическому союзу. http://www.eurasiancommission.org/ru/nae/news/Pages/02-01-2015-1.aspx

② Договор о присоединении Кыргызской Республики к Договору о Евразийском экономическом союзе от 29 мая 2014 г.

③ Договор о присоединении Республики Армения к Договору о Евразийском экономическом союзе от 29 мая 2014 г.

亚经济共同体框架内有益的,无法律冲突的文件可纳入欧亚经济联盟法律体系"。① 因此,欧亚经济共同体框架下的两个条约、七个协议及四个议定书共计十三个法律文件被纳入欧亚经济联盟法律体系。这十三个法律文件主要涉及关税同盟与欧亚经济共同体机制建设,及商品自由流通方面内容,为俄白哈关税同盟建设奠定了法律基础。也因为如此,2013 年普京反对纳扎尔巴耶夫提出要取消欧亚经济共同体的意见,认为欧亚经济共同体为关税同盟提供法律保障,要让欧亚经济共同体与欧亚经济联盟实现对接后才可取消。从这个角度看,有学者认为,欧亚经济共同体是关税同盟及统一经济空间的"母体"组织。② 与欧亚经济共同体的法律机制相比,欧亚经济联盟的最大功绩在于建立起了统一的法律机制,涵盖共同市场建设的各个方面,是独联体地区推行一体化以来最为成功的法律体系。③ "欧亚经济联盟法"由国际条约(《欧亚经济联盟条约》,联盟框架内国际条约,与第三方国际条约)与超国家机构的决定、指令(最高欧亚经济委员会、欧亚政府间委员会、欧亚经济委员会决定和指令)构成。

然而,我们注意到,欧亚经济联盟与欧亚经济共同体内超国家机构的"决定"的法律效力相似。国际条约是国家间意见达成一致的结果,主要协调成员国间关系,并对成员国具有强制性,具有国际法的所有要素。如果说国际条约是多边机制框架内较为静态的法律框架的话,那么超国家机构的决定最能体现多边机制的动态发展。与欧盟的超国家机构决定凌驾于成员国国内法之上不同,欧亚经济共同体和欧亚经济联盟超国家机构"决定"的法律效力则低于国内法。《欧亚经济共同体成立条约》第 14 条规定:"欧亚经济共同体相关部门决定由成员国依据本国法律制定法案来实施。"④《欧亚经济联盟条约》第 6 条明确指出:"最高欧亚经济委员会和欧亚政府间委员会的决定依照国内法规定来实施。"⑤"决定"的法律效力决定了它的运用范畴。就目前而言,欧亚经济联盟"三委"的相关决定主要是针对国际条约的起草、修订、生效等。换言之,在欧亚经济联盟内,"三委"的决定发

---

① Решение №47 Высшего Евразийского экономического совета 《 Об основных направлениях развития интеграции и ходе работы над проектом Договора о Евразийском экономическом союзе 》, 24 октября 2013 г. , г. Минск.

② Глазьев С. Ю. , Чушкин В. И. , Ткачук С. П. Европейский союз и Евразийское экономическое сообщество: сходство и различие процессов интеграционного строительства, М. , 2013, С. 148.

③ 2015 年 3 月 2 日欧亚经济委员会工作会议委员瓦洛娃娅(Т. Валовая)在美国哥伦比亚大学的演讲。

④ Договор об учреждении Евразийского экономического сообщества, статья 14.

⑤ Договор о Евразийском экономическом союзе, статья 6.

挥着完善国际条约的辅助作用,联盟内的各项事务仍旧依靠具有国际法性质的国际条约来规范。"三委"的决定并不能够直接对成员国国内司法构成强制力。

最后,欧亚经济联盟法纳入了与世贸组织法规对接的内容。这是欧亚经济共同体法律体系所不具备的。今非昔比,如今欧亚经济联盟成员国除白俄罗斯外,其余都是或即将是世贸组织成员国。[①] 欧亚经济联盟将依照《1994年关税与贸易总协定》(GATT 1994)与第三国建立最惠国及自贸机制。[②] 由此可见,欧亚经济联盟并不是故步自封,闭门造车,与世界经济体系绝缘的组织,而是顺应时代潮流,以合作、开放的姿态融入国际分工,与越南建立自贸区,与蒙古建立伙伴关系,与我国新丝绸之路战略对接,与欧盟商议建立自贸区等就是明证。

七、总结与思考

通过以上分析,我们可以得出结论,欧亚经济共同体与欧亚经济联盟职能、机构、成员国、工作人员存在交叉和过渡,两者不是一码事,不能相互混淆。把欧亚经济联盟与欧亚经济共同体之间的关系体简单定性为"完全承继",或"相互独立"也是与事实不相符的,不科学的。欧亚经济联盟与欧亚经济共同体之间存在渊源关系,不是无中生有。然而两者又不完全一致,欧亚经济联盟更是欧亚经济共同体的升级与改进,为的是区域一体化机制更能符合本地区特点,因地制宜。两者目标一致,体现出成员国通过建立共同市场,在经济全球化背景下抱团取暖,恢复因苏联解体而断裂的传统经济联系,完成再工业化和后工业化两大发展任务的共同夙愿;两者发展的历史路径不同,可以看出欧亚经济联盟框架下的"渐进式"一体化进程走得更为稳健,这无疑是一种成熟的表现;两者组织机制、决策机制也不尽相同,意味着欧亚经济联盟刻意去政治性,把一体化更多地限定在经济领域,此外还体现出国家领导人在欧亚经济联盟的显要地位,是成员国国内超级总统体制的国际延伸,反过来这样的决策机制又能进一步巩固成员国国内的超级总统制,从侧面反映了该地区政治生态特点,使得欧亚经济联盟更符合本地区的发展现状;欧亚经济联盟比欧亚经济共同体更胜一筹的是创立了扩员机制,扩员不再是随意之举,而是双向选择和深思熟虑的结果,优先邀请与俄罗斯有政治、军事联盟关系的独联体国家入盟;在法律机制方面,两者"决定"的法律效力相似,说明新独立中小国家不愿为一体化放弃过多国家主权,对区域一体化进程仍然存在

---

① 1998年吉尔吉斯斯坦加入世贸组织,2003亚美尼亚加入,2012年俄罗斯加入,2015年哈萨克斯坦有望加入。

② Договор о Евразийском экономическом союзе, статьи 34 – 35.

戒备心理,然而欧亚经济联盟又与时俱进地把与世贸组织法规对接纳入法律体系,这也是一种开放姿态的体现。

欧亚经济联盟何去何从是目前国内外学界关注的焦点。学界主要从内部和外部两方面因素来看待这个问题。内部因素有俄罗斯本身经济问题、成员国间政治经济利益博弈、区域内地缘政治(纳卡问题、乌克兰危机)及非传统(中亚水资源冲突)安全等问题;外部因素有欧美对俄罗斯的战略挤压、欧美对欧亚经济联盟内部的分化政策、中国丝绸之路经济带与欧亚经济联盟未来对接等问题。笔者认为,除了以上富有真知灼见的见解,还应该从欧亚经济联盟机制本身来思考这个问题。

第一,沙俄帝国、苏联遗留下来的落后、低效的行政传统会不会影响欧亚经济联盟的运行效率? 欧亚经济联盟成员国都曾是沙俄帝国、苏联的组成部分,长期接受莫斯科中央政府统治。长期以来,莫斯科中央政府统治具有:高度中央集权导致治理效率低下;各级官员独断专行,为个人私利趋之若鹜;在决策中领导人个人因素起决定性作用,缺乏制度规范等特点。[①] 欧亚经济联盟也存在类似决策权高度集中、部门及人员冗杂[②]等问题,如何建立精简、高效的运作机制将影响欧亚经济联盟未来的前途。

第二,如何建立一个代表联盟集体利益的国际公务员队伍? 尽管在欧亚经济联盟的相关法律里规定联盟各个部门的工作人员为国际公务员,需竞争上岗,代表联盟集体利益。实际上迄今为止在欧亚经济委员会工作会议并没有建立真正意义上的国际公务员制度(类似于联合国、欧盟、世界银行等),所谓工作人员都由成员国政府选派的公务员组成,只享有国际公务员的权利和豁免,在实际工作中首先是代表母国利益,其次才代表欧亚经济联盟集体利益,结果是许多决议或是争论不休,无果而终,或是递交至上级机构进行仲裁,影响欧亚经济联盟的运行效率。

第三,如何平衡"绝对平等"与"俄罗斯主导力"之间关系? 根据上文分析可知,欧亚经济联盟的决策机制中充分实现了国家间地位的绝对平等。通过这样的

---

① Kyavec K. W. , Russian Bureaucracy: Power and Pathology, New York: Rowan & Littlefild Publishers. Inc, 2005, p. 63 – 65.

② 2012 年预计,"欧亚经济委员会官僚队伍庞大,总人数将在 1000 人左右,俄罗斯籍官员占总人数的 57% ,其余由白哈两国平均分配。欧亚经济委员会下设 23 个部,分管不同领域的具体事务,其中工作人员最多的是礼宾与组织保障部,为 56 人"。亚美尼亚、吉尔吉斯斯坦加入后,为了体现公平,超国家机构的工作人员及部门数量只会进一步增加。参见:Новая бюрократия. http://www. vedomosti. ru/newspaper/articles/2012/02/06/novaya_byurokratiya

决策模式,一方面可以打消中小成员国对俄罗斯在实力上的一家独大,以及与生俱来的"帝国意识"而产生的畏惧心理,另一方面也限制了俄罗斯在欧亚经济一体化进程中的主导力。缺乏俄罗斯的主导力,欧亚经济联盟实难为继。因此,在"绝对平等"地位与"俄罗斯主导力"的现实之间寻求黄金分割线也是关系到欧亚经济联盟成败的关键之一。

总之,欧亚经济联盟作为新型的区域经济一体化组织已经客观存在,将对我国"近中亚国家"①的地区外交定位,以及西北周边外交、丝绸之路经济带战略的实施产生深远影响。欧亚经济联盟的成败得失、经验教训都值得我们积极跟进,深入研究。

---

① "近中亚国家"意为不是中亚国家,但也不是外部国家,而是与中亚地区有着紧密的地理、历史、文化、政治及经济联系的国家,是与中亚地区同呼吸、共命运的发展共同体和利益共同体。参见: Россия и Китай в Евразийской интеграции: Сотрудничество или соперничество? // Под ред. Ли Сина, Братерского М. В., Савкина А. Д., Ван Чэньсина, М., СПб., 2015, С. 206 – 219; Ли Син, Ван Чэньсин Китайская политология о смысле и перспективах Евразийского союза // Международные процессы, 2014, №3.

第二十章

现代俄罗斯人是谁？

——俄罗斯身份认同特写

本章旨在描绘现代俄罗斯人的特征和行为模式。

着手描绘现代俄罗斯人时，笔者意识到将自己置于两难境地。今天阅读六七年前有关这一问题的好文章时，你会发现这些文章已经过时了。毫不夸大地说，可以肯定俄罗斯和俄罗斯人在明天将会与今天有本质区别。看起来，更合理的方式不是记录下迅速发展的现实，而是进行预测性的研究。但这易使读者脱离现实进入幻想。根据我的个人经验，身处历史洪流之中而想指出历史转折点是极其困难的。事实上，今天的俄罗斯人自己也不很担心明天，他们更喜欢去解决那些迫在眉睫的问题。

一、社会学前提

此前几百年中，俄罗斯族占这个他们自认为属于自己的国家的绝大多数。而不久前他们首次感到自己是未来没有保证的弱势民族。

严谨敬业的社会学者和政治分析家早就指出了俄罗斯民族的这种心理趋势，至少从 2005 年就开始了。2011 年似乎发生了质变。其开端是 2010 年 12 月 11 日著名的驯马场广场事件，几万名莫斯科青年和莫斯科近郊居民游行穿过特维尔大街，并在克里姆林宫墙下举行大规模集会。抗议行动由数个球迷协会组织。首都青年要求国家政府撤销现行的对北高加索非俄罗斯族移民的双重法律标准。"驯马场事件"的直接原因是 12 月 6 日街道纠纷中高加索人打死莫斯科人叶戈尔·斯维里多夫一事。当时仅有时任莫斯科警局局长的弗拉基米尔·科洛科尔采夫敢于出面，在广场上与集会组织者对话。其中最有代表性的一幕发生了。组织者之一戴着面具，警察局长要求他："摘下面具，您在与将军对话。"回答是："不摘。咱们还谈吗？"科洛科尔采夫叹了口气。

政权没有冒险对集会者采用特警部队。事实上，和类似经验一致，在集会者中"出现的"既有"行纳粹礼"（译者注：原文为德语的俄语音译"зига"）的奸细，又有恰巧遭到毒打的"高加索少年们"。这些"事实"后来被用来指责抗议青年带有法西斯主义、纳粹主义、种族主义等等。新闻报道则见风使舵。但这些都是不可避免的微末小事。问题关键在于，在整个后苏联时代里，这是俄罗斯族首次察觉到自己的力量。

其实另外一个情况也起了作用，即被高加索人打死的是球迷协会的积极分子。这说明了为什么抗议者的行为显现出前所未有的协调。现时俄罗斯国内的俄罗斯族群里没有其他类似"机制"。车臣战争英雄尤里·布达诺夫被害和地质勘探局特种部队老战士弗拉基米尔·科瓦奇科夫被控进行恐怖活动这两个事件并没有引起"驯马场事件"。然而在法国，试图审判具有类似经历的鲍勃·德纳尔时，整个侨民区的人都穿着礼服、佩戴勋章，在法院门外列队请愿。

但必须强调，时代正在改变。而且其剧烈程度难以预测。也许正是因此2011—2012年联邦大选前德米特里·罗戈金重返政坛。2011年9月被选入国家杜马前不久，他在雅罗斯拉夫尔举办的政治论坛上就俄罗斯的民族问题做了长篇声明。下引其中与本文主题相关的重要段落：

"……如西方一样，俄罗斯正在经受史无前例的入境移民冲击。在平均入境移民规模上俄罗斯居于第二位，仅次于美国。遗憾的是，这些移民并没有经济保障，对社会政治极其危险。……某些移民族群显然享有特权。他们在商业上享有特惠，形成了支系较多、势力较大的民族网，进行违法的'劳动分工'活动，控制着许多整体贸易区和服务行业，有组织地对政权和司法部门施压。

但主要矛盾不是在传统俄罗斯公民和移民之间，而存在于俄罗斯社会内部：在北高加索族群和俄罗斯族群之间。如果您知道，根据已知社会调查，50%—75%的俄罗斯公民希望将北高加索整个地或部分地与俄罗斯其他部分隔离，那么紧张程度不言自明。这是非常危险的趋势，会导致国家分裂。同时这一破坏性观点的持有者是社会中最活跃的阶层：大学生，企业主，知识分子。

……其结果是——俄罗斯国内开始了俄罗斯族群的民族动员。俄罗斯族的地位，俄罗斯族的问题——这就是现代俄罗斯政治的核心……"①

2011年11月"社会舆论"基金（ФОМ，Фонд "Общественное мнение"）研究者指出，44%的俄罗斯人支持"俄罗斯族的俄罗斯"口号，而49%支持——"停止喂养高加索！"

2012年1月全俄社会舆论研究中心（ВЦИОМ，Всероссийский центр изучения общественного мнения）学者进行了调查，意在了解俄罗斯公民如何看

---

① Русские хотят не привилегий, а равноправия и справедливости // Аргументы недели. 15 сентября. 2011.

待普京在纲领性文件《俄罗斯:民族问题》①中的提案。支持率最高的提案是防止出现与其他民族隔离而孤立存在的民族内陆国——支持率为79%。排在第二位的是使移民法律严格化,对违犯法规和违犯登记制度的行为追究刑事责任(77%)。

2012年4月ФОМ指出,就"俄罗斯是多民族国家。您认为,俄罗斯有许多民族给国家带来的好处更多还是坏处更多?"这个问题,62%的莫斯科受访者认为坏处更多。63%承认莫斯科的异族移民和地方居民间存在着冲突矛盾。同时,63%坚持地区原住民族应比在该地居住的异族拥有更多权利。88%建议,应该限制某些民族向城市迁移。

2013年2月1日,在莫斯科检察部门2012年工作总结会议上,首都检察长谢尔盖·库捷涅耶夫证实:"由异族公民进行的敲诈、抢劫、欺诈行为显著增加。2012年六分之一普通案件,八分之一恶性案件,四分之一重大恶性案件,五分之一杀人案,二分之一强奸案,三分之一抢劫案由异族公民作案。"②圣彼得堡2012年由异族公民实施的恶性案件和重大恶性案件较2011年增长了25%。"在圣彼得堡辖区内他们实施了六分之一杀人案,六分之一严重危害他人生命安全案和三分之一强奸案"——2013年1月30日俄罗斯侦查委员会圣彼得堡市局局长安德烈·拉夫连科在进行2012年工作总结时说。他还说明,"三分之二以上的谋杀案和枪击案都由种族作案团伙引起"。③

若试图为俄罗斯现在的民族状况做一个简洁的描述,那么社会学家列昂季·贝佐夫的话最恰当不过:"在俄罗斯族居住地域上异族散居者已经开始排挤原住民俄罗斯族,并在病态且涣散的俄罗斯族群社会中占据新的位置。这不可能不引起社会和文化冲突,这些问题国家视而不见,没有意愿也没有计划去解决。"④

上述状况具有坚固的经济基础。2013年《福布斯》2月号上刊登了《30个俄罗斯大食利者》评级表,介绍了最大的三十个俄罗斯本土商业不动产集团,显然,其中只有三分之一是由俄罗斯族控制的。

① Независимая газета. 2012. 23 января.

② Горожан защитят от нелегалов. Московские прокуроры подвели итоги работы за год // Российская газета. 4 февраля. 2013.

③ Мигранты совершают каждое шестое убийство и каждое третье изнасилование в Санкт - Петербурге // ИТАР - ТАСС. 30 января. 2013.

④ Бызов Л., Современный русский национализм как социально - политический фактор // Русская платформа. 26 ноября. 2011.

二、"破灭的"同一性

要理解为什么俄罗斯族处于如此劣势,必须搞清他们为了跨越20世纪而不得不付出的代价。

20世纪90年代末苏联已经不是那个许多公民宁愿以生命去维护的国家了。维护苏联的那部分统治精英既不擅长运用既有的惩罚手段,也不擅长迫使公民保卫国家。(五十年前的统治阶层在两方面都很成功。)

在这种情况下,占人口绝对多数的俄罗斯族的立场变得十分重要,他们(理论上)能够,但并不愿意保卫苏联使之免遭当时执掌(几乎所有)加盟共和国的政治分裂派的毒手。导致地球上最大国家消失的国家变革毫无流血地完成了。

苏联时期俄罗斯族地位在研究文献中得到了详尽而形象的描述。非常有代表性的是,这一课题最优秀的著作是由哈佛大学(而不是莫斯科大学)教授特里·马丁写作的。他的著作《预防歧视的帝国:苏联的国民和民族,1923—1939》(英文名为:《The Affirmative Action Empire:Nations and Nationalism in the Soviet Union,1923—1939》)2001年面世。它详细回顾了苏联早期歧视俄罗斯族的历史。这本书讨论的的确是歧视,因为英语委婉语 affirmative action 的俄语通译是"положительная дискриминация"(对比法语 Discriminatio positive,德语 positive Diskriminierung),意为将社会优惠权给予在过去曾处于或很可能处于受压迫地位的某一特定阶层和族群。

2011年由俄罗斯政治百科全书出版社出版的该书俄译版[1]有不准确之处:书中出现频率极高,且出现在书名中的英文"预防歧视"被逐字逐句地译为"正面行动"(положительная деятельность)。秉持苏联思维的出版者没法将"歧视"和"苏联"摆在一起。结果是,书里一些地方读来非常可笑,比如标题:"那里的正面行动","这里的正面行动"……然后突然……第十章"俄罗斯族复权"。

苏联时期的俄罗斯族状况在亚历山大·弗多文和亚历山大·巴尔先科夫所著教科书《俄罗斯历史,1917—1999》中得到了详细的描述,这些描述主要在介绍共产党、苏联政府和后苏联政府的民族政策的章节中。这本书由观点出版社在2005、2008和2010年出了三版,很受大学生和大学教师的欢迎。但2010年6月一个莫斯科犹太族独立组织指责该书有排外倾向,宣传斯大林主义。其发起者下意识地感到自己在智力方面孤立无援,于是转向车臣寻求支持。正因如此,对两

---

[1] Мартин Т., Империя 《 положительной деятельности 》. Нации и национализм в СССР, 1923—1939. М.: Росспэн, 2011. С.855.

名莫大教授的迫害在 Pynet(译者注:一个俄罗斯网站)上遭到抵抗并慢慢消失了,没有得到所期待的"最高层"的赞赏。同时,弗多文和巴尔先科夫的书被策略性地从书店撤架,不允许高校继续使用。

苏联时期的俄罗斯族地位是莫斯科国际关系学院教授、俄罗斯民族理论家瓦列里·索洛维伊著作的核心课题之一,该课题的著作中有一本是他与自己的妹妹、莫斯科大学历史系教授塔季扬娜·索洛维伊合著的。①

上述研究中的大量事实和描述能够证明,苏联以俄罗斯族为手段,而不是目的。相应地,也就没有理由让俄罗斯族人认为它是自己的国家。

1990 年之前俄罗斯族"其状况无法形成承担全民族责任的主体,不能建成民族国家体制。在 20 世纪 90 年代变革浪潮中掌权的精英阶层将大部分俄联邦原住民视为异己的、反国家的力量。但这些原住民的'活力'的确也非常低,似乎被 20 世纪的狂飙突进耗尽了力量"。②

弄清 20 世纪"俄罗斯族的代价"对于理解现代俄罗斯正在进行的事态非常重要。作为历史时期的苏联已经过去,但在政治上它仍在继续。它首先存在于俄联邦国家制度的民族政策和民族现实关系里。1991 年之后列宁的民族政策并没有受到怀疑。

在"非物质"方面苏联价值观奇怪地与旧俄价值观联系在一起——例如,在国家象征方面,普京任总统后立刻恢复了苏联国歌旋律。苏联还存在于俄罗斯城市中的地名上。例如,尽管有一系列社会组织的积极行动,在莫斯科北部仍有一块纪念杀害沙皇家族组织者彼得·沃伊科夫的地段——地铁站"沃伊科夫站",沃伊科夫区和五条以沃伊科夫命名的小巷。

苏联价值观的复活自然而然、有其目的,它作用于社会心理。大部分没有物质保障的公民开始怀念苏联生活,且人数还在不断扩大。到 2000 年左右,俄罗斯族的民族意识与旧俄价值观已经失去了政治功能,成了"破灭的"价值观。而且从思维模式和价值观上看,普京时代的大部分高层官员都是苏联人。

这是毋庸置疑的显见事实:苏联俄罗斯族与"普通的"俄罗斯族的区别在于,前者可以将俄罗斯族视为资源,而后者不行。遗憾的是,将俄罗斯族视为资源正是普京的典型手段。比如,在上引他的文章《俄罗斯的民族问题》中将俄罗斯族描

---

① Соловей Т. , Соловей В. , Несостоявшаяся революция: Исторические смыслы русского национализма. М. : Астрель, 2011. С. 542; Соловей В. Д. , Кровь и почва русской истории. М. , 2008. С. 480.

② Бызов Л. , Заметки о российской нации // Русский журнал. 28 февраля. 2011.

述为没有主体性的胶水："俄罗斯族的伟大使命在于联合、稳定文明。要用语言、文化、费多尔·陀思妥耶夫斯基所说的'普世同情心'，联合起俄罗斯的亚美尼亚人、俄罗斯的阿塞拜疆人、俄罗斯的德国人、俄罗斯的鞑靼人……联合成一种国家——文明，其中没有"少数民族"，而"自我—他者"的分别则由统一文化和统一价值观来确定。

不明白是谁给俄罗斯族赋予了这样的使命。愿意完成它的俄罗斯族人越来越少了。他们的"自我—他者"模式显然是按照另外的标准建立的。

值得指出，2012 年 12 月通过的 2025 年前《俄联邦国家民族政策战略》中对俄罗斯族的实用功能表述得更委婉，只采用了过去时："俄罗斯国家自建立起就是多民族统一体，历史将俄罗斯族置于体系变化的核心。"很难说清《战略》作者究竟给俄罗斯的百科全书派德米特里·门捷列夫这个"体系核心"论点赋予了什么含义，但他们似乎怀疑在俄联邦里俄罗斯族是否还保持着这个位置。

具有代表性的是，"国际主义"这个词基本从俄罗斯的日常生活里消失了。在政治语汇中它被"共容性"取代。直接交流中若用这个词就要冒被误解的风险。这不仅是俄罗斯族的情况。波鲁赫·戈林——俄罗斯犹太族群的"金笔杆"宣称："我觉得，整整几代犹太人为了国际主义这个怪物而牺牲掉个人的民族自我意识，这是太大的错误了。"①

上引普京的文章中提议进行"我们的文化影响"调查并制定一百本书的书单，"每个俄罗斯的中学毕业生都应该读完这些书"。2013 年 1 月教育和科学部敲定了"俄联邦各民族历史、文化和文学 100 书，推荐给中小学生自主阅读"。著名历史学家谢尔盖·沃尔科夫分析了这份书单，其中共有七十名苏联作家的作品。"俄罗斯古代的全部遗产（包括壮士歌和往年纪事）只有十三本。所表现出的共容性（包括五名侨民作家）有限，因为包括同样数目的革命辩护者（当然，既包括《毁灭》也包括《钢铁是怎样炼成的》）。有趣的是，苏联文学风格带有鲜明的'欧亚主义'色彩。如果说古俄罗斯只由十三本书代表，那么'苏联各民族故事'则有十九本（从易卜拉欣别科夫和图凯到《阿尔帕美什》、《玛纳斯》、《乌拉尔—巴特尔》、《基奥尔—奥格雷》等等"。显然，书单没有包括苏联境外作家的作品。

这份书单的建立丝毫不能改变由生活在人们——学生和成年人——头脑中形成的民族印象。书单不过是个记号，标志着某些 2012 年在俄罗斯政权过道里有一席之地的意识形态。至于我们，空余对 20 世纪初"逐渐消灭宗教和民族基础"的悔恨，正是从那时"开始了统一国家的崩溃，它在革命和动荡中，在兄弟相残

---

① Горин Б. , Стыд и гордость // Лехаим. 2012. № 1.

的互斗和战争中被毁灭了"。①

三、重建同一性

唤醒俄罗斯族的自我意识并不意味着恢复最近一百年或更久远的价值体系和社会心理特征。指望已不存在的事情是幼稚的。以已不存在的地方为努力的目的地则是危险的。很久以前,所谓的俄罗斯性就已经成了反复出现的梦,深深刻印到了文化记忆中。正是因为这个梦的存在,使俄罗斯族人准确认出另一个俄罗斯族人的一套特征体系才有了深刻意义。20世纪的灾难已经改变或抹去了许多俄罗斯民族从前的品质。现代俄罗斯人性格里有许多与他们的既定原型——例如集体主义、无私、突出的宗教性——相矛盾的东西。曾将俄罗斯和欧洲其他国家对比研究过的社会学家指出,没有一个欧洲国家比现代俄罗斯更具个人主义。俄罗斯人极其功利,摆在第一位的永远是实际利益。至于那些似乎能够统一调动俄罗斯社会的超价值,现有的社会研究方法还无法确定。②

俄罗斯及世界其他国家共有多于1.3亿讲俄语(包括一些相近的方言)的俄罗斯族人,今天他们在很多方面都与一百年前不同了,变得越来越非苏联化。随着时间流逝,新一代人在社会上的作用越来越大,这一代人成长于(或者说幸存下来!)严酷的"新俄罗斯"条件下,经受了社会分化和资本犯罪。把什么"使命"绑在他们身上至少是没有远见的。"现代俄罗斯族人大多在人群中摆出个人主义姿态。那些想恢复帝国的人,就让他们去选择某个他们不爱的民族吧。俄罗斯族再也不想,主要是再也不能成为那样的民族了——役畜和帝国怪物的炮灰。"③

2011年由俄罗斯科学院社会研究所弗拉基米尔·别图霍夫和列昂季·贝佐夫进行的俄罗斯青年思想研究表明,反国家情绪正在大部分青年中发展,尤其是具有俄罗斯民族主义思想的青年。"越来越多的青年把自己定位为属于中产阶级的新一代城市人,认为自己属于最积极、最有前途的社会群体,紧紧把握着新的信息网。这个社会群体把对民族思想、民族共同体、民族同一性问题的敏锐意识与国民意识、现代自由主义思想、个人成功和舒适感紧密结合在一起。'新民族主义者'在许多方面与现存的、'现实的'俄罗斯国家相对立,他们认为这个国家是反民

---

① Встреча с участниками Архиерейского собора, 1 февраля 2013 года. http://kremlin. ru/news/17409.

② Бызов Л. , Русское самосознание и социальные трансформации // Агентство политических новостей. 5 декабря. 2006.

③ Соловей В. , Исторические смыслы русского национализма // Агентство политических новостей. 30 ноября. 2006. http://www. apn. ru/publications/article11044. htm.

族、反俄罗斯族的"。①

这一趋势的发展显示出,民众认为国家利益与俄罗斯族利益之间有明显的分歧。从自身本质考虑很容易就会认为俄罗斯族的命运比国家的命运更重要,直到目前这一想法还没变成政治口号。但看起来仅仅是因为没人大声地、清晰地把它表述出来。

但如果没有占据俄罗斯族传统居住地的"民族大迁徙"作为催化剂,在俄罗斯族人——包括许多青年和成功者——中反国家情绪和彻底的民族部族化的发展会慢得多。成倍扩大从北高加索"民族共和国"和中亚独立国家向俄罗斯族居住的大小城市的移民数量这一措施被称为"休克疗法",国家明确地通过这一过程向多数民族显示了"我们"是谁和"他们"是谁。上文已经不止一次引用过的列昂季·贝佐夫在这个问题上指出:"俄罗斯族正如一切人口众多、占地广泛的民族一样,其民族团结性还有许多重大问题,而且还没有发展到能加强和巩固国家的程度。不过根据对'小型'群体的研究,部族统一性正在发展。"②

应该说明,上述"休克疗法"是国家政策,得到了俄联邦移民署署长康斯坦丁·罗莫达诺夫斯基的承认。针对半官方报纸《俄罗斯报》的问题"移民署的性质更倾向于检察机构还是经济机构",他回答:"当然是经济性的。这已经反映在新移民政策思想中了,这项政策将推行一系列新措施以促进劳动力资源发展。"③俄罗斯绝大多数公民的利益被牺牲来迎合粗放型劳动力进口商的利益了。俄联邦安全局现役将军的这种态度很难找到冠冕堂皇的理由来解释。

相应政策同样成了俄罗斯族意识空前变化的催化剂。越来越多的俄罗斯族人不再把俄联邦的高加索区域看作俄罗斯的一部分。换句话说,那些俄罗斯族人无法居住的地方不是俄罗斯。正如俄罗斯白银时代女诗人季娜伊达·吉皮乌斯喜欢说的那样——如果需要解释,那就用不着解释了。

事实上,这样剧烈的转变也无法自动改变什么。民众反对移民的情绪也好,抵制高加索和高加索人也好,这些意见首先是属于俄罗斯社会中按精神层次远离任何革命的社会群体的——医生、教师、工程师。文化人很少同时又是意志坚定的人。这就是现行政治经济政策稳定实施的保证。

---

① Бызов Л. , Социокультурные и социально - политические аспекты формирования современной российской нации // Политические исследования. 2012. № 4.

② Бызов Л. , Станет ли Россия национальным государством? // Литературная газета. 6 ноября. 2008.

③ Константин Ромодановский: Ужесточения миграционной политики не будет. Повысится ответственность нарушителей законов // Российская газета. 2012. 20 июля.

但远不止如此。

如果不谈论一下东正教和职业取向,这份概述将是不完整的。现代俄罗斯族人对教会的狂热和东正教与种族独特性的联系是一个很难运用社会分析来研究的领域。当然,社会学家做调查,得到某些数据,但这些数据在我们这篇文章里意味着什么——只有天知道。

与此同时,从知识阶层的角度看来很古怪的大众意识形态却完全能被直接观察到。看起来,几乎全部俄罗斯民族主义者都住在莫斯科环形公路(МКАД)以外的地区——他们同时也是正教徒(其中也有部分新多神教)、苏维埃主义者和普京的支持者。典型现象是,俄罗斯族所居地区的地方防卫机构里绝大多数工作人员是俄罗斯族。根据不同的调查,在这些机构里"工作"着 67.8—76.2 万健康男性。

笔者认为以上已经为了解现代俄罗斯人提供了足够的材料了,至此停笔。

第二十一章

政治语境下俄罗斯的自我认同

　　有个笑话,讲的是一个乌克兰穆卡切沃人二十余年足不出户,却坐拥奥匈帝国、捷克斯洛伐克共和国、匈牙利王国以及苏联国民的身份。当然,今天的俄罗斯人早已不再如此频繁地更换护照了,然而国家观念和政治传统观的不断更新与急剧的变化,依然令许多俄罗斯人难以接受。于是对内构建和维护一个稳定良好的政治秩序,对外保持和发展俄罗斯与其他各国的伙伴关系面临重重困难。这些目前大众普遍关注的问题连同一些重大的历史性挑战使俄罗斯的政治自决性及其自我认同问题变得愈加重要与复杂。

　　几十年来俄罗斯经历了世界历史意义上的政治体制改革和社会革命,政治制度发生了根本性变化。然而值得注意的是,在不同历史时期改革的命运不尽相同。苏联试图成为一个独特的反西方制度的国家,但却由此引发了两个超级大国之间为谋求世界霸权而展开的一场登峰造极的生死较量。苏联解体并未导致横贯欧亚大陆的北方大国的消亡。新俄罗斯的政治秩序十分明显地反映出其对许多苏联以及俄罗斯帝国传统的延续与继承。如何判断和评价俄罗斯历次改革的成败与得失是构建俄罗斯未来发展战略蓝图的关键所在。因此,目前亟须构建一个强有力的、清晰的政治语境下俄罗斯的自我认同体系。俄罗斯及其邻国,以及引领世界发展的大国必须清醒地正视俄罗斯的历史、现状与未来。

　　导致俄罗斯在诸多领域发生剧变的根本原因在于,俄罗斯试图快速掌握西方现代化成果。早在罗曼诺夫王朝初期,俄罗斯就已经成为几乎第一个开始与欧洲对峙的非欧洲国家与文明。在俄罗斯长达三个多世纪的欧化和持续一个半世纪的形式多样的现代化变革具有极为重要的价值。在一系列官方发展模式中对现代化、欧洲以及西方的态度发生过多次变化,至于其他具有代表性的观点更是不胜枚举。

　　俄罗斯文明在世界历史上占有举足轻重的地位。它直接或经"缓冲地带"(东欧、外高加索、哈萨克斯坦和蒙古)与其他最重要的文明(欧洲文明、小亚细亚文明、伊朗文明、中亚文明、中国文明、日本文明及北美文明)以及近东和巴尔干文明体系毗邻而居。

俄罗斯同上述许多文明及文明体系之间有着种种错综复杂的联系。对于俄罗斯文明与文化的同一性问题存在着迥然不同的各种理解和阐释。俄罗斯处于旧大陆的超级大陆中部，特殊的地理位置使俄罗斯犹如一颗开放的"花蕊"，将从欧洲到远东不同文明的各种"花瓣"有机地连接在一起。俄罗斯既自视为"花朵"，同时又将自身与每一片"花瓣"等同。

尤为重要的是，俄罗斯经历了世界历史上最大的一次试验。其将马克思主义理论"私有化"，达到为己所用的目的。与此同时，马克思主义不仅成为共产主义与资本主义、东方与西方对决的根本所在，而且也是以美苏两个超级大国为代表的资本主义文明和社会主义文明体系的理论基础。因此在其他对内政策中产生于欧洲文明的一种主张激进的现代化改革的观点变为反资本主义或反西方的对外关系思想。①

类似的"外化"促使西方在一定程度上对外传播和输出在自己的土地上难以应对的某些现代主义的悖论。从萨伏那洛拉和明斯特再洗礼派的新耶路撒冷专政到意大利法西斯主义和德国纳粹主义，西方现代化进程所固有的极权主义倾向在全球共产主义化的历史大背景下有着异曲同工之处。这迎合了更易战胜极权主义诱惑的西方国家的战略利益。

然而以"现实社会主义"为代表的外部世界不仅得到了极权主义专政的支持，而且收获了有效地解决现代化进程中所出现的个别极端问题的宝贵经验。此外，俄罗斯民族饱经忧患，但遗憾的是，至今俄罗斯人尚未形成一种极为理性的认识，确切地说，其对于在全球范围内实现多元平衡发展仅是一种直觉感受。于是在"趋同演化"和"全球化"这一"新思维"的口号下俄罗斯开始走出反西方的乌托邦。

最终，俄罗斯成为前景渺茫的所谓"后共产主义转型"的中心。这场规模空前的变革不仅直接席卷"现实社会主义"国家和东西方激烈争夺的地区，而且间接地影响到整个人类。此外，特定历史时期和特定的环境使改革缺乏必要的准备，而且必须坚持改革，决不可有丝毫动摇和犹豫不决。同时，改革措施缺乏安全保障，没有先行先试探改革和允许改革出现失误的历史条件。主要原因在于，革命性转折、崩溃与重建这些最为单一的变革方式愈来愈令人无法接受。因为其不仅使居住在地球广阔空间中的成百上千万人陷入贫困，而且势必加剧全球性社会危机，

---

① Ильин М. В. ， Jedem das seine. - Кентаврперед сфинксом （германо - российские диалоги）, М. : 1995.

给世界带来灾难性后果。

因此,确保改革顺利进行,使其逐步转入稳健可控的发展状态不仅是转型后的俄罗斯及其他国家,而且也是现阶段整个世界面临的主要任务。实质上,正是在现代化的新阶段——全球化的条件下,保障世界的稳定和同步发展已经成为一个具有超国家和超意识形态特点的核心问题,其积极意义可与五个多世纪前欧洲文艺复兴运动在历史上产生的进步作用相提并论。

一、俄罗斯——全球发展的"稳定剂"?

不言而喻,对地缘政治语境下新俄罗斯的自我认同问题需要重新审视和考量。面对历史机遇与挑战必须探寻"反革命的"、①确切地说是"非革命的"、稳健的变革方式。对"后共产主义转型"所采取的类似态度具有极其重要的意义和价值。在取得正面结果的情况下,其必将成为在向稳定发展状态转变的一系列结构性变革中逐步解决现代化与全球化矛盾的典范示例。

如果俄罗斯尚未形成在政治语境下清晰的自我认同,俄罗斯及其邻国,以及引领世界发展的大国对俄罗斯的现状与未来缺乏正确的认识,则不可能解决上述一系列问题。为此,首先需要对看似无可争议的观念进行质疑。这里,海·麦金德提出的俄罗斯处于"心脏地带"(Heartland),同时它是"历史发展的轴心"(Pivot Area of History)这一观点极为重要。因为只有俄罗斯边疆地区融入世界发展之中,而其大部分内陆地带则并未受到外部影响。

这种地缘政治模式通常用"强力对抗"这一术语进行阐释,但也可从不同角度来审视这一模式。如"历史发展的轴心"如同"台风眼",即欧亚大陆周边组成的外新月形和内新月形地带(Outer and Inner Crescent)或尼·斯皮克曼理论中的"边缘地带"(Rimland)所引起的剧烈变化与急速发展中趋于平缓的中央部分。

"历史发展的轴心"这一概念隐喻具有很大的认知功能。"心脏地带"的使命在于,其作为世界发展不可或缺的"稳定剂",促进世界的和谐与安定。这种诠释将俄罗斯与全球发展的关键性问题紧密地联系在一起。

然而需要指出的是,为发挥全球发展的"稳定剂"的作用,俄罗斯应首先确保自身的稳定,保障俄罗斯以及整个欧亚大陆的政治与文化变革顺利进行。那么,俄罗斯能否保持自身的稳定,进而扮演世界发展的"稳定剂"的角色?这一问题极为复杂,涉及多个方面,其中包括俄罗斯及其邻国、深刻影响人类历史进程的世界

---

① Саква Р. , Конец эпохи революций: антиреволюционные революции 1989 – 1991 годов // Полис, 1998, № 5.

性大国以及整个国际社会的政治决策。尤其需要强调的是,社会群体具有创造力,个体学识渊博,正直善良,能够将根深蒂固的文化传统同全球化的"世界主义"意向相结合也是同样不容忽视的一个方面。

为了将稳定与发展有机地融合在一起、充分利用地缘政治资源、文明文化资源等各种广义的资源,必须同时协调解决两个关键问题。一是俄罗斯及其欧亚大陆邻国必须有效地运用政治权力,开发内部资源,充分认识并努力发挥世界"稳定剂"的作用。二是国际社会,首先是欧洲大西洋国家与环太平洋大国必须认同国际"劳动分工"的原则,保证全球的稳定发展,重建同俄罗斯及其邻国的伙伴关系。

所谓"缓冲过渡地带"的国家及其文化具有"次要的",但不容忽视的独特作用。其可以且应该成为推动世界发展、给世界秩序带来不稳定因素的"边缘地带"与暂且潜在地维护世界稳定(或许是地缘政治使然?)、促进共同发展的"心脏地带"之间组织与信息交流等方面合作的"协调器"。

关于俄罗斯民族之独特使命的类似观点不一而足。全面有效地利用俄罗斯千年历史文化积淀,正视俄罗斯的国际地位以及世界对于俄罗斯发展的意义和影响,关乎俄罗斯的前途和命运,同时在很大程度上也决定了世界发展的未来走向。

二、俄罗斯民族自决的起源

公元九世纪东斯拉夫人"邀请瓦良格人为王"的故事极富传奇色彩。在当时的特定历史条件下是否产生了古罗斯民族自决观念,这是一个值得深入探讨的问题。然而,一个毋庸置疑的事实是,依靠扈从队的武力维持统治的留里克王朝将部落、部落联盟和城镇逐一兼并,"统一"在一个国家之内。随之而来的"罗斯受洗"无疑是一场真正意义上的古罗斯民族自决运动。在这一带有强烈政治色彩的事件中古罗斯经历了文明形式的多重选择,即传说中"信仰的考验"。①

虽然拜占庭帝国悠久的历史、宗教和文化早已为罗斯人所仰慕,但在君主专制的可萨帝国、布加尔人的远古城邦帝国、日耳曼王国和拜占庭神权政治国家这四种国体中古罗斯并未接受其中任何一个。此后弗拉基米尔大公占领位于克里米亚的拜占庭城市赫尔松,赢得了神权政治的象征。这一历史事件堪称一场真正的古罗斯民族自决运动。由此可见,古罗斯人的信仰及政体模式绝非"接受"得来,而是采用了"掠夺"和"攫取"的方法。

关于古罗斯人信仰选择的传说表明,弗拉基米尔的政治改革旨在制造一个

---

① Ильин М. В. , Слова и смыслы. Опыт описанияключевых политических понятий, М. : 1997. С. 370 – 371.

"神权政治"的假象。伊拉里昂在其著作《论法与神恩》中更进一步深化了这一观点。弗拉基米尔改革的任务不仅在于掌握拜占庭神权政治国家的模式,而且还要对其加以彻底改造。弗拉基米尔的改革计划雄心勃勃,力图将罗斯打造为一个比拜占庭帝国更为强大的神权政治国家。

金帐汗国统治时期俄罗斯社会发生了新的变革,在罗斯大地上出现了四种不同的地缘政治产物,同时开始仿效和建构金帐汗国的政治模式。随着独立的莫斯科公国的形成,民族自决的问题重新产生。其具体表现为如何对待被视为君主个人财产的莫斯科公国之遗产这一问题。

为使金帐汗国的附属国、偏远闭塞的莫斯科公国的大公变为"全罗斯"的沙皇,需要证明其对于成吉思汗留下的庞大帝国享有完全的继承权。此时,在罗斯持续蔓延的封建割据使这一问题变得简单化。莫斯科大公们巧妙地运用向卡西莫王国的成吉思汗后裔赏赐土地的手段使其俯首称臣。然后莫斯科支系的留里克王朝通过结盟将巴列奥略王朝、格底敏后裔和蒙古大帝成吉思汗的后代奉为祖先。最终"寻觅到"同古罗马帝国奥古斯都大帝之间的亲缘关系。于是,1547年伊凡雷帝加冕亲政,成为俄国历史上第一位沙皇。16世纪中叶,伊凡雷帝攻陷喀山汗国和阿斯特拉罕汗国等,将它们并入俄国版图。

于是,俄罗斯帝国将古代基辅公国、神圣罗马帝国、拜占庭帝国和欧亚大陆蒙古帝国的行政模式兼容并蓄,呈现出杂糅并存的、鲜明的"棱柱型"(призматичность)特征。1565年伊凡雷帝下令将全国土地分为"沙皇特辖区"和由杜马管理的"普通区"两大部分。随着"一国双制"的实行,俄罗斯社会的"异质性"特点变得愈加突出。

三、俄罗斯民族自决性在君主专制问题中的体现

15世纪末莫斯科公国的兴起对于摆脱三百年来的外族压迫具有决定性意义。这一时期莫斯科大公伊凡三世与摩尔多瓦君主斯特凡大公的政治观念发生了重大的转变。他们宣布摆脱金帐汗国和奥斯曼帝国的统治而独立,自诩为"君主"("государь"或"господарь"),进而将其所辖区域称作"领地"或"财产",即"国家"和"公国"。

"君主"(государь)即古斯拉夫语中的"господъ"(господин)一词,源于印欧语词"hos(t)potis",意为"外族统治"。其词根由"host"和"pot"两部分构成。在印欧语中"hostis"一词意为"外乡人",而"potis"意为"男子"。在此,"potis"及其对应的阴性词"potnia"表示"始祖"。换言之,"君主"一词起到了从政治角度正确区分"自己人"与"外人"的重要功能。

在经历了一系列剧变后原始野蛮的统治方式在中世纪末为东西欧提供了在一定地域内实行中央集权政体的模式。因此，那种认为"国家"或"公国"是俄罗斯人或摩尔多瓦人之独特创意的观点是毫无根据的。尽管从修辞学角度或统治范围而言，"国家"和"公国"是两个截然不同的词语，但两者均指从莫斯科大公国到荷兰领地小城图尔奈的同一种政体类型。

伊凡三世集大权于一身，不仅自称为"全罗斯君主"，或"沙皇"，还自命为拥有至高无上的绝对权力的"大帝"。而其他俄罗斯城邦国家，如诺夫哥罗德公国的统治者则常被称为"大诺夫哥罗德君主"（господин），即现代俄语中"伟大的诺夫哥罗德君主"之意。无论如何，莫斯科和诺夫哥罗德的统治者对专制君主权力的觊觎意味着不论在王公掌握最高权力的君主制国家，还是在共和政体下，君主与臣民都被联合在"国家"这一共同体内。而这正是争取摆脱外族奴役，取得民族独立的根本保证。

俄语中的"君主专制"（самодержавие）一词常被译为"独裁"（автократия）。该词绝非源自希腊语的仿造词语。然而在希腊语中并无"独裁"一词。西罗马帝国皇帝被称为"αυτοκρατор"，而东罗马帝国则使用"базилевс"一词。因此"独裁"一词源自拉丁语。若将"самодержавие"和"автократия"的词根与希腊语比较，则第一部分"авто-"和"само-"的含义在某种程度上等同于"自我"（себя）一词，而第二部分两词则互不相同。两词均指"政权"，但其本质却完全不同。希腊语词"кратоσ"指"利用军事实力实行高压管控的强制性政权"。斯拉夫语词"держава"则意为"将民众合为一体统一掌控的政权"。因此，"独裁"指君主对臣民拥有无限的强制性权力，而"君主专制"则意为"统治者与被统治者合为一体组成的联合政权"。

在印欧语中"dher"的同根词，如斯拉夫语的"大国"（держава），拉丁语和西欧语的"形式"（форма）（forma）及印度语的"法"（дхарма）（dhárma），均表示"宇宙万物存在的根本原则"。对于斯拉夫人而言，"大国"意味着"使部族团结统一的基本原则"，如祖先的遗训。然而，与此同时"大国"更象征着留里克王朝的政权和全部遗产，而王公则被视为宗法制传统和上帝赐予的新的神圣政权的掌管者，因为他们是受过涂油圣礼的君王。

从这一角度看"君主专制"一词并不仅指狭义上的"独裁"，即"由单一君主直接统治全国"，该词还表示"拥有至高无上权力的、保证世界完整统一的根本基础"。在概念上"君主专制"指政权与民众合为一个统一的政体。实质上，这一概念模式显示出无比威力，它为苏联时期最流行的口号"党和人民团结一心"奠定了坚实的思想基础。事实上，俄罗斯历代政权均受到"与民众团结一心"这句遗训的深刻影响。目前国家杜马的核心力量、俄罗斯第一大党"统一俄罗斯党"（Единая Россия）的名称即由此得来，取"团结统一"之意。

形容词"君主专制的"（самодержавный）一词最重要的内涵是"拥有至高权力的、自主的、自由的、平等的"。直到 19 世纪之前"拥有至高权力的"一词在俄罗斯外交文书中始终用作官方术语，表示沙皇"拥有至高无上的权力"。[①] 此后，古词"君主专政的"（самодержавный）与音译词"拥有至高权力的"（суверенный）始终被作为同义词使用，直至苏联时期后者才不再被沿用。

在经历了"混乱时期"后国家体制的重建与巩固促使俄罗斯面临着新的民族自决问题。随着 17 世纪中叶威斯特伐利亚体系的形成和俄罗斯作为外部帝国圈中的强国并入该体系，欧洲因素在当时及随后历次俄罗斯民族自决行动中均起到了至关重要的作用。通过效法欧洲，汲取欧洲的政治文化发展成就，特别是军事行政管理经验，俄罗斯民族自决问题得到了回应。

巧合的是，正是 17 世纪中叶在罗曼诺夫家族统治下，俄罗斯从一个东欧小国莫斯科公国一跃成为一个横跨欧亚两洲的世界强国。这一重大的转变被准确地定义为"君主专制的伟大革命"。其实质在于彻底改革封建契约制，实行纳税服役形式的单一管辖体系，使初步形成的社会阶层结构停止发育成长，走向退化。等级代表政治机构，首先是"缙绅会议"的名存实亡迎合了这一趋势。

17 世纪中叶，俄罗斯政治体系的所有组成部分几乎全部绝对臣服于君主专制的权威，这为 17 世纪末彼得大帝时期政治体系的形成创造了条件。该体系几经嬗变，沿袭至今。这是一个由四种不同政治组织形式构成的"棱柱型行政模式"。

第一种是世袭形式。其在更大程度上再现了"家族统治模式"。第二种形式由从拜占庭帝国名义上快速移植而来的基督教神权政治体系发展而成。其以绝对"真理"的统治为基础。第三种形式以精简和完善原本拙劣的金帐汗国专制独裁制度为基础，通过直接调动一切资源，包括采用暴力和强制性手段解决某一关乎国家与民族前途命运的"生死攸关"的重大问题。第四种形式是全力推行现代化的军事官僚机构——"君主掌控的国家机器"。

上述四个部分源于不同的历史发展时期：基辅公国前氏族部落时期的古罗斯、高度发达的拜占庭神权政治国家、斯堪的纳维亚的野蛮部落和金帐汗国，以及

① Рощин Е. , История понятия суверенитет в России. – Копосов Н. // Кром М. , Потапова Н. , Историческиепонятия и политические идеи в России, СПб. : 2006; Рощин Е. , Суверенитет: особенностиформирования понятия в России // Ильин М. , Кудряшова И. Суверенитет. Трансформация понятий и практик, М. : 2008.

刚刚走上现代化之路的德国。因此,这四个部分之间具有本质上截然不同的区别,充满不可调和的激烈矛盾与尖锐冲突。与此同时,它们在不同程度上均凸显出"帝国"固有的特征。然而,这一共同点或许并不足以使这四个部分之间不但和谐共存,而且成功地完成了角色互换:信仰化成国家机器,家族关系变为高压统治工具等。

然而,上述目的必须依靠比每一部分更单一,同时又与每一部分相似的特殊"仲裁"机制来实现。"仲裁"机制由"核心"、"内壳"和"外壳"三个部分组成。"核心"指君主专制的象征人物沙皇、皇帝、总书记和"民选总统"。无论如何,"外壳"特指"民众"。"核心"和"内壳"可扩展为军事官僚和世袭"等级特权"阶层、东正教、共产主义或"民主化"的正统思想层面,以及接近或远离君主的政治势力。

彼得一世的改革绝不可能是一场真正的"现代化"变革。原因在于,即使当时欧洲最伟大的人物也未能意识到欧洲正处于一个特殊的时代,欧洲人正在面临前所未有的历史发展机遇。不但如此,曾与俄罗斯人打过交道的欧洲政客、军人、商人和航海家们也从未有过类似的看法。然而,彼得及其"党羽"们却敏锐地认识到了俄罗斯与欧洲的本质差别。显然,他们发现,俄罗斯的双重文明体系具有一种对立平衡和从外部对抗欧洲的独特作用。因此,积极吸取和借鉴欧洲文明成果,彻底摆脱欧洲周边国家的地位,便顺其自然地成为俄罗斯人的一个梦寐以求的夙愿。

俄罗斯的政治决策完全沿袭了古罗斯大公弗拉基米尔和伊凡雷帝的传统做法:通过征服的手段接受欧洲的思想、文化与生活方式,将俄罗斯划分为新旧两个部分,进而将整个俄罗斯据为己有等。在此俄罗斯运用了历史上帝国惯常采取的手段——创建新首都。于是,俄罗斯再次面临民族自决的关键时刻:沙皇专制统治的强力与威严演变为俄罗斯帝国的辉煌与荣耀。

四、民族自决性在俄罗斯解放运动中的体现

"卫国战争"这一名称本身突出强调了俄罗斯军民团结一心,同仇敌忾,自发地奋起抗击拿破仑军队入侵的坚定信念。在俄法战争中赢得胜利的亚历山大一世必须以基督教人道主义原则为基础在欧洲建立起一个后拿破仑时代的新秩序。他试图在俄罗斯实行君主立宪制,但其宪政改革在圣彼得堡宣告失败。此刻正值卫国战争一触即发之时,亚历山大一世不得不放弃宪政改革的计划。但在1814—1815年间的维也纳会议上俄罗斯夺取了波兰的大部分地区,亚历山大一世成为波兰的立宪君主和欧洲的新霸主。具有讽刺意味的是,尽管亚历山大的自由主义改革设想雄心勃勃,然而其在欧洲、波兰和俄罗斯本土无一例外地遭到了专制制度

拥护者的蔑视。于是,俄罗斯人对民族解放的渴望演变为君主专制政权的进一步巩固和加强。

然而,一切并非如此简单。俄罗斯国内政治发展形势以及通过西化改革使俄罗斯纳入欧洲政治制度一体化范围的尝试给俄罗斯带来了重大的变化。其标志是对于"俄罗斯人"的概念出现了全新的阐释:"俄罗斯人"不仅指一般意义上的"俄罗斯民众",他更象征着奋起抵抗外敌,维护祖国独立的一股巨大的潜在力量。正如普希金的历史剧《鲍里斯·戈都诺夫》中选举沙皇的象征性场景中所描述的一样——面对强权,民众总是缄口不语。但是在卫国战争这一革命性的关键时刻,俄罗斯人却毅然拿起武器奋起还击,自发地投身抵抗外国侵略的斗争。

建立和推行具有导向性的意识形态理论是俄罗斯政治变迁以及政治思想基础出现新变化的一个突出反映。显然,1833 年俄罗斯教育大臣谢尔盖·乌瓦罗夫提出的"东正教、专制制度、国民性"的思想与法国大革命时倡导的口号"自由、平等、博爱"如出一辙,因此前者成为"欧洲基本意识形态的俄罗斯版本"。[1] 这一思想重新界定了俄罗斯政治体系内部的权力结构。"东正教"确立了了君权神授论。"专制制度"存在的前提条件是君主专制国家的警察机关充分发挥职能作用,保障俄罗斯的主权和领土完整。"国民性"表明,事实上权力掌握在民众手中,民众是俄罗斯政治体制的核心。从本质上讲,这意味着除君主和独裁者外,国家的一切权力来自并属于俄罗斯民众。于是自下而上的现代政治组织原则得到普遍认同。显然,这为即将到来的现代化和民主化改革创造了最为重要的先决条件,然而在俄罗斯改革的前景依然十分渺茫。

五、俄苏时期的俄罗斯民族自决问题

1917 年俄罗斯革命解放运动的结果是重新建立起专制政权。全民族解放的伟大历史壮举再次演变为赤裸裸的专制统治。苏联政权处于一种严重的自相矛盾状态。一方面其处处依靠群众的积极参与,特别是苏维埃直接民主制更使苏联政权获得了民主性特征。另一方面正在形成的新兴制度只能由高度集中统一、纪律严明、发挥先锋模范作用的新型政党来监督和管理。

面对复杂和充满挑战的国家治理问题,民主集中制应运而生。起初,它是日益壮大的俄国社会民主党的布尔什维克派和列宁直接提出并实行的党的内部组织原则。

---

[1] Riasanovsky N. , Russian Identities：A Historical Survey, New York：Oxford University Press, 2005, p. 133.

当苏维埃俄国的国力日渐强大时,民主集中制上升为整个国家的组织管理原则。然而,作为国家政权的组织原则,直到1977年民主集中制才被正式写入苏联宪法。该宪法第三条规定:"苏维埃国家的组织和活动实行民主集中制原则:一切国家权力机关自下而上地选举产生,这些机关向人民报告工作,下级机关必须执行上级机关的决定。民主集中制把统一领导同地方上的主动性和创造积极性、同每一个国家机关和公职人员对本职工作的责任感结合起来。"

一般认为,1936年的苏联宪法因确立了民主原则而成为当时世界上最先进的法律文件之一,被苏联称之为"全世界最民主的宪法"。1936年宪法撤销了对选举的限制,加入了普选权和劳动权。该宪法还规定各级国家权力机关组成一个统一的系统,由人民直接投票选举产生。苏联时期的政治发展始终保持着政策的内在连续性。然而同一个体制或制度在战前战后两个不同阶段却存在着巨大差异。战前苏维埃的直接民主制蜕变为赤裸裸的极权主义专政,而战后极权主义瓦解,进而发展为更加多元复杂的专制独裁统治。

在战时共产主义政策下四种不同的政治组织和"仲裁人"构成的行政模式重新复现。"警察制度"被"民主集中制"所取代。"世袭模式"体现为全面掌控自己"领地"的人民委员拥有绝对权力,人民委员管辖范围内的所有人须无条件地对上级领导负责。"东正教思想体系"被代之以信仰缺失和丧失实现共产主义理想的革命斗志。最后,扈从队制度由非常委员会制度和"革命律法"所替代。

此时出现了某种类似"仲裁人"的角色。从在《共产主义运动中的"左派"幼稚病》(1920)一书中列宁对于"领袖、政党、阶级、群众"相互关系的论述便可见一斑。实质上这一学说旨在将"仲裁人"以政党的形式"具体化":"我们必须牢记,苏维埃共和国的宪法和一切法律法规均建立在党遵循一个原则改造、决定和创建一切的基础之上。"

现代化的挑战导致伪马克思主义意识形态、实质上是君主专制政权模式的再次出现,进而引起了明显倒退这一更为严重的后果:"无产阶级领袖与一切进步力量"这一俄罗斯新版绝对君主专制模式变为与20世纪加速现代化失败休戚相关的另一种独特的极权主义专政体制。

"现实的社会主义"是一种共产主义专制的政治组织形式。其中隐含着与现代化问题紧密相关的深刻矛盾。"现实的社会主义"旨在不惜一切代价最大限度地确定政治经济、社会和思想文化等的同一性,以加快推进现代化进程。然而,现代化的合理性恰恰在于不断地创新,即政治组织的异质性和多样性愈来愈得到加强。

在外力作用下的现代化进程中确立同一性对于遏制异质性不断增强的创新

趋势、避免其出现失控、导致整个体系崩溃起到一种独特的平衡作用,并能够为新制度的试行创造必要的环境。然而,极权主义统治在现代化加速发展和现代化进程中新的变异层出不穷的情况下呈现出截然不同的另一番景象。极端的同一化和极端现代化引发出巨大的矛盾:坚定不移地全面推进同一化使任何创新均无法实现,始终一贯地坚持创新与全面实现统一标准化等相互排斥、互不相容。

建立"创新特别区",将能够解决所有现代化问题的少数富有创造力的人才集聚于此是一个行之有效的途径。然而,随之而来的是如何将创新成果推广到民众中去的问题。被现代化唤醒的民众并不准备接受和认同创新成果。但是,"特别区"的精英们不能也不准备降低创新成果的质量。于是,必须动用意识形态国家机器,迫使民众理解和"接受"新制度。其结果是不断地复制和创造各种现代性假象。

与此同时,在"特别区"内必须简化创新范例,运用一般性的、人人可接受的中和原则。于是,现代性假象被反复制造。系统内部能耗愈来愈大,但收效甚微。实际上,苏联的发展已趋于停滞。

可以肯定的是,正是在全民下定决心,不惜一切代价抗击莫斯科、斯大林格勒(现名伏尔加格勒)和库尔斯克郊外的法西斯这一历史背景下,1941年苏联面临的危机迫使斯大林体制向一个新的制度转型。1941—1945年伟大的卫国战争重现了1812年打败拿破仑的卫国战争之情景。"卫国战争"这一名称充分证明了两次战争在本质上的相似性。这两次战争的成果甚至完全可以比肩而论。在爱国主义精神的感召和激励下苏联军民全力投入反法西斯民族解放斗争,坚决抗击外国侵略者的壮举不仅使苏联成为国际舞台上叱咤风云的超级大国,同时在苏联国内催生出一种新型专制制度。

尽管斯大林模式与执政风格存在巨大的惯性作用,但是战后的苏联后极权主义制度与战前有所不同,这一点在战争年代和苏共第十九次代表大会召开前夕已初见端倪,而在赫鲁晓夫的"解冻"时期和苏共第二十次代表大会期间则体现得尤为明显。

斯大林逝世后的几十年可被视为去斯大林化的一个渐进的过程,也是苏联体制发生一系列根本性变革的时期,其影响十分巨大。尽管在上世纪80年代一些激进的批评家对此持否认态度。事实上,苏联体制始终处于不断发展之中。赫鲁晓夫执政时期提出了"全民国家"的政治理念,宣布在党和国家的政治生活中恢复实行列宁确立的民主集中制原则。党致力于维护人民与政权的统一。"党和人民团结一心"成为当时广为流行的一个口号。

苏联现行宪法或政府的制度体系完全能够进行修改和调整。事实上,由于国内外职能和任务的大大增加,苏联体制得到了进一步扩展。虽然在传统上苏联体制倾向于统一,共产主义原则要求人人均等,但苏联体制却变得愈加复杂和多元化。此时,设定体制内部若干"例外"情形成为一种典型的制度性解决方案。于是,所谓"奶酪孔"逐渐地变得越来越大,越来越多,甚至已超过奶酪自身大小,而此时现行制度本身却似乎对此丝毫未予察觉。

上述过程导致苏联体制日趋衰弱。从某种意义上讲,其与体制自由化的进程极为相似,但两者具有本质的区别。前者所采取的政治方针和决策具有反应性特点。勃列日涅夫的政治方针即具有这种反应性特征,因而被视为"停滞"。其不适应深入系统和坚决彻底的改革,但它却为另一种与苏联体制不可分割的自发性变革大开"绿灯"。此外,尤为重要的是,苏联后期政治体制的反应性为施展个人才能和设想提供了大好时机。正是在这一背景下新一轮改革拉开了序幕。

一种普遍流行的观点认为,苏联体制似乎"从未发生变革"。与此相反,事实上苏联作为一个超级大国,几十年间不仅在政治、军事和经济等方面取得了一定成就,而且从斯大林极权主义体制,到战后另一种更为复杂的斯大林式极权主义政治,再经极权主义体制的自我调适——赫鲁晓夫的"去斯大林化"和获得空前发展的准极权主义政治统治,到"停滞"时期的新准极权主义,再到安德罗波夫时代的后极权主义热潮,苏联的政治体制也进行了一系列根本性变革。

在本质上,上述变革无一例外地演变为君主专制在不同时期的翻版,而每次变革过程都在不断地制造进入现代化的各种假象。总体而言,应该承认,通过在一定的地域内建立完全相同的政治制度,并确保其赢得国内外的普遍认可,苏联维护和捍卫了国家主权。但是,公民社会的形成和发展受到严重影响。虽然官方推行的制度极大地激发了苏联人的创造热情和主动精神,如大学生建筑队、公社化运动、青年住宅合作社等,然而却收效甚微,难以令人信服。因为这种"契约关系"本身并不十分完善。苏联时期在某种程度上成功地模仿了"国家建构"(nation-building)这一政治现代化的重要方式,最终形成了"新的历史共同体"——苏联人民。与此同时,所有苏联宪法都在反复制造着民主的假象,因而苏联宪法制度堪称"有名无实的苏式宪政制"。①

从权力划分到采用联邦制,在政治现代化的其他方面存在着与俄罗斯国情不相适应的各种状况。现代化的假象形形色色,林林总总,"奶酪孔"比奶酪本身更大。这一切为后共产主义创造了巨大的发展空间。

---

① Медушевский А. Н. , Демократия и авторитаризм: российский конституционализм в сравнительнойперспективе, М. : 1998. С. 482 – 563.

六、当代俄罗斯民族自决的两难选择

后共产主义在俄罗斯的兴起绝非始于苏共被禁止活动之刻，而是从苏共二十大或更早的时间开始。"党的主导性、方向性和指导性作用"通过勃列日涅夫宪法著名的第六条最终固定下来。虽然听起来有些匪夷所思，但无论如何这意味着，在苏联后共产主义"自决"的过程已经完成。实质上，在苏共的"政治体制核心"地位尚未动摇，其合法性未遭到质疑，而苏联政权的专制性质确凿不移的情况下，宪法第六条款的制定已毫无实际意义。对于现实世界里普遍认同的、不成文的专制"宪法"（这里暂且使用这一术语）人人了如指掌，并"依法"行事，而以书面形式正式颁布的成文宪法事实上形同虚设。可见，苏联宪法的存在不过是为政治制度装点门面而已。

勃列日涅夫宪法第六条决定了苏共开始丧失其"仲裁人"的全能作用，日益成为党内"垂直管理"模式的核心。因此，需要在形式上确定苏共在政治体制中"万能"的、普世教会的作用。实际上这意味着苏联开始实行与拜占庭式的交响乐、西欧双剑模式以及德川幕府与日本天皇两个政权并存等类似的体制。而此时社会横向协调机制居于次要地位。中央机关实际上变为有名无实的摆设，其主要功能是大力依靠各种集团和军事工业综合体、中央委员会下属的分支机构，跨部门委员会等正式的、合法的和非正式的、非法的机构和组织，如"洗浴"、"狩猎"等活动形成的稳固的、不断延展的无形社交圈层，对资源再分配进行"暗箱"审批和核准。

总之，改革前夕通过苏共的"仲裁人"作用，思想意识形态、君主专制、宗法制及警察制度下各种政治部门的实力得到进一步巩固和加强，进入到一个因国家体制的去中心化和老人政治模式"中心"管理风格的自由化而导致的去极权主义和反极权主义体制相冲突的发展地带。

上世纪80年代初苏联社会出现了要求改革传统体制的呼声。此时存在哪些切实可行的、具体的改革战略和方案？应该如何对其有效地付诸实施？这里我们不讨论此类问题。尤里·弗拉基米罗维奇·安德罗波夫（1914—1984）曾坦言，我们并不了解我们生活在其中的社会。安德罗波夫的话表明，苏联准备进行重大改革。事实上，此刻改革已经开始。1985年3月戈尔巴乔夫当选为苏共中央总书记后改革取得了实质性的进展。同19世纪60—70年代沙皇亚历山大二世改革时期一样，戈尔巴乔夫提出的"改革"与"公开性"的思想引发了公众的热烈讨论。1986年2月在戈尔巴乔夫组织召开的苏共第二十七次代表大会上正式提出了相关的改革方针。据推测，关于劳动者有权选举国有企业领导人的法律规定将成为实现"改革"与"公开性"两个新思维的主要手段。然而，将此举视为苏联社会民

主化的第一步未免有些天真。这一决策符合列宁的苏维埃民主思想和当时西方民主制度运作过程中普遍盛行的参与机制,以及企业民主管理的思想等。但这里忽视了经典民主理论中"民主的适用范围是有限的,企业内不能实现民主"的精辟论断。

曾流行一时的"民主越多,社会主义越好"、"回归列宁"的口号蕴含着重建苏联民主传统的改革思想。在苏共二十七大上,戈尔巴乔夫本人及其他与会者均提及社会各阶层和社会群体利益与意志的自由表达,以及社会自我管理和自我调节的问题。尽管关于上述问题的决定之实施计划宏伟远大,但并未包含任何体制改革设计的具体细节,模糊的民主化概念适用于一切情况之中。最终,民主化回归到真正的苏联原有体制上,以法律的形式确定下来。虽然改革标志着国家政治面貌的"根本性改变",但1988年11月最高苏维埃通过的宪法修改案并未废除苏联传统体制。根据计划,人民代表由选民直接投票选举产生,人民代表组成人民代表大会,苏联人民代表大会选举产生苏联最高苏维埃,实行两院制。苏联人民代表中三分之一不按地区选出,而由社会组织,包括苏联共产党、共青团和工会推荐产生。1989年3月苏联破天荒地实行人民代表大会差额选举。三十余名苏联党内高级官员在竞争中被击败。在政府和民众的真切期望下,可以说从真实度和竞争性角度而言,这次选举取得了极大成功。然而,此后选举结果的可信度和公正性日益降低,民众和政界的不满情绪有增无减。尽管如此,至今在俄罗斯民主选举仍然具有十分重大的意义。

总体而言,戈尔巴乔夫改革无论在深度还是广度上均可谓一场史无前例的革命性解放运动。然而对于这场运动无论如何定性都不为过,只是唯独不可将其称之为"革命"。当时有一则经典的笑话是:"我们的改革改变了什么?""停滞。"这段话极为真实地反映了改革并未从根本上触动旧有体制的根基。反应性政策依然保持不变,苏联体制继续走向衰弱,濒临崩溃的边缘。令戈尔巴乔夫感到自豪的是"改革已拉开帷幕"。与此前苏联已进行过的几次"改革"一样,戈尔巴乔夫改革依旧带有自发性质,而自发性变革正是苏联体制模式固有的一种特点。

戈尔巴乔夫改革使已经形成的发展趋势持续加剧,从这一意义上讲其与亚历山大二世的"大变革"时代极其相似。但有所不同的是,农奴的"解放者"亚历山大二世走的是一条深谋远虑的渐进式改革道路,专制政权中心对改革力度的准确把握和对于改革计划的全面掌控是其最为突出的特点。而戈尔巴乔夫改革强调下层民众的自发性和主动性,于是改革造成全国性的"权力真空"和社会混乱,苏联陷入空前危机之中。共产主义专制体系及其扮演"仲裁人"角色的领导"核心"全面瓦解,与其类似的政治产物随之又在原地自发地重现。

"君主掌控的国家机器"的重要组成部分警察机构及特种镇压机关打着"权力执行机关"的幌子,试图掌握无法有效运用和实施的充分权力,承担力所不及的责任和义务。因此,从下达"打击有组织犯罪"的命令,到发生莫斯科"白宫"枪击案和车臣战争的爆发,俄罗斯重大危机事件频频出现。

"世袭形式"通过所谓最有影响力的"区域精英"和各种"新的机构"试图有效地对政治发展进程施加影响。受政治运行机制惯性作用的影响和制约,资源重新分配、对世袭财产及其掌控权力的争夺愈演愈烈。

意识形态所构建的社会信仰体系受到严重冲击。"文明"的"民主"思想试图被用来填补共产主义破产后留下的意识形态真空,但却遭到失败。"文明"的"民主"思想极易与全体社会成员共同享有劳动成果的"科学共产主义"的习惯模式等同起来,只是后者运用了阶级斗争的手段,而前者则是采取私有化的方式。原本不成熟的历史唯物主义退化为一种更加粗劣的、指引人们"快速奔向幸福"的简单"模式"。在引进"市场"机制的条件下其注定瞬间崩溃。在宗教领域,复兴东正教思想的可能性看起来十分渺茫。无论对于克里姆林宫、新的执政者、共产党、自由民主党抑或极端"爱国主义者",成功地构建一个普遍认同的新的民族思想都绝非易事。

然而,一个极为重要的问题是,恢复"仲裁人"的功能成为一种不可能实现的妄想。"仲裁人"的"非物质化"形式与各种极端复杂的当代条件完全不相适应,然而这种形式已被普遍接受。"仲裁人"的物质化现象无疑是一个值得深入探讨的问题。在叶利钦宪法中提出总统及其"垂直管理"体系将警察机构("权力执行机关")和直接领导强力机关的专制机构联合起来,扮演专制君主的角色,以消除旧的"中心"——苏共瓦解后的权力真空。然而无论如何,这只是一种不切实际的企望。在主客观条件不具备的情况下,它大大超出了新的"中心"的能力范围。在这种情况下产生的俄罗斯政府的行政管理体制与苏共中央委员会的机构设置模式具有许多惊人的相似之处,而总统的"垂直管理"体系则与苏共中央政治局几乎完全相同。

于是,俄罗斯再次完成了政治语境下民族自决的过程。其具体表现为面向现代化的专制政体被冠冕堂皇地赋予准民主的外衣。这是在本世纪第三次出现类似的政体形态。然而,一切社会变迁和政治变革都是俄罗斯政治体制不断完善和发展、日益走向多样化的一个重要过程。相应地,在这一过程中俄罗斯民族的自我意识和自我认同日趋成熟,逐渐凸显出复杂化与多元化的特点。虽然目前许多俄罗斯人对于俄罗斯的现在和未来感到一片茫然,但是对于政治语境下俄罗斯的自我认同问题所进行的创造性探索具有极其重大的意义,在这一领域定将会取得日益丰硕的成果,我们拭目以待。

第二十二章

中国学界对欧亚联盟的研究及对策思考

　　2011年普京提出建立"欧亚联盟"构想,得到了哈白领导人的一致支持。2011年三国领导人联合发表《欧亚经济一体化宣言》,正式宣告欧亚一体化进程从关税同盟阶段进入统一经济空间阶段。2012年普京再次当选俄总统以来,把推动前苏联地区一体化,建立"欧亚联盟"视为自己在未来总统任期内的一项重大外交谋划,①实现俄"欧亚强国"梦的国家大战略。② 推进欧亚一体化进程已经是俄白哈三国的对外战略优先方向。仅2013年欧亚经济最高委员会分别在阿斯塔纳、明斯克和莫斯科举行三次会晤,三国领导人进一步推动欧亚一体化进程,为2015年正式启动欧亚经济联盟奠定基础。

　　中国是后苏联空间的近邻,而后苏联空间又涵盖中国的西北周边,其战略意义自然不言而喻。苏联解体后,中国积极与新独立国家建立外交关系,在双边及多边层面开展平等对话,在各个领域不断推进务实合作。后苏联空间一体化进程是中国学者研究欧亚问题的重点,中国学界高度重视新欧亚一体化的进程、特点及影响。笔者认为,能否应对好后苏联空间的新情况新力量将关系到未来中国战略机遇期的质量,关系到中国进一步深化改革开放之大局。本章试图分析中国学界对欧亚联盟及新欧亚一体化的研究成果及主要观点,进一步思考在欧亚地缘政治经济新环境下中国的欧亚战略将去何方。

一、中国学者眼中的欧亚联盟

　　普京提出建立"欧亚联盟"构想,在对外政策实践中主推欧亚一体化进程都离不开时代大背景。首先,全球金融危机影响尚存,西方国家经济复苏疲软,尤其欧盟仍身陷主权债务危机,世界经济发展前景仍然迷茫,这促使俄白哈三国联合"抱

---

①　冯绍雷:《普京倡建"欧亚联盟",地区一体化前景可期》,载《社会科学报》2011年10月20日。

②　李兴:《普京欧亚联盟评析》,载《俄罗斯研究》2012年第6期。

团取暖"，共渡难关。其次，如今欧亚大陆西端已经到达发达水平（欧盟），东端中国正在迅速崛起，硬实力与软实力不断提升，这与欧亚中心地带不稳定与不繁荣（中亚、高加索等）的状态形成鲜明对比。俄罗斯夹在两强之间，其南部周边安全环境不断受到挑战。在此条件下，俄罗斯不得不担负起联合欧亚中心地带的重任，发挥主导作用，带动本地区发展，建立起连接欧亚大陆两端的"纽带"。最后，俄罗斯正处于历史上不可多得的战略机遇期。从周边环境来看，笔者认为，2008年俄格战争是俄罗斯在后苏联空间态势转变的拐点，而2013年俄罗斯提出"以化武换和平"方案，在解决叙利亚危机中发挥积极作用，是俄罗斯在欧亚中心地带态势转变的拐点。经过这两次转变，美国为首的西方世界暂缓了干涉后苏联空间事务的步伐，认可了俄罗斯在前苏联地区及欧亚大陆的战略地位，更愿意与俄罗斯进行平等对话，共同解决危机，实现地区治理。从经济发展来看，俄罗斯经过21世纪头十年的积累，国力大增，步入新兴国家行列，在国际及地区经济合作上显得更为主动和自信（与土耳其、印度、越南、中国、韩国经贸关系均实现突破）。因此，在这样的时代大背景下，俄罗斯提出构建"欧亚联盟"构想，积极推动欧亚一体化是恰逢其时的。近年来，中国学者对欧亚联盟及新欧亚一体化研究急剧升温，学术成果不断涌现。这些成果的侧重点各有不同，归结起来主要涉及以下方面：

（一）俄罗斯提出建立"欧亚联盟"构想的战略目标

战略目标是战略的核心。阿莱·伯克认为，一种没有目标的战略不是真正的战略，充其量不过是一种牵制行动而已。[①] 然而战略目标又必须具有全局性、综合性。在中国学者周丕启看来，在大战略领域，把问题分开处理，只能是一种战术思想而不是战略思想。[②] 正如毛泽东所言，"懂得了全局性的东西，就更会使用局部性的东西，因为局部性的东西是隶属于全局性的东西的"。[③] 中国学者普遍认为，普京的"欧亚联盟"构想是综合性、整体性和全局性的国家大战略思想。

中国现代国际关系研究院研究员王郦久认为，俄罗斯"欧亚联盟"的战略内涵有：第一，欧亚联盟应当是一个恢复俄罗斯传统文化影响力的人文联盟；第二，欧亚联盟应当是一个保障欧亚地区传统和非传统安全的联盟；第三，欧亚联盟是俄提升国际地位的战略依托及应对大国和国家集团挑战的重要工具。[④]

国务院发展研究中心研究员陆柏春看来，"欧亚联盟"构想体现了俄罗斯以下

---

① 戴维·阿布夏尔等主编：《国家安全：今后十年的政治、军事和经济战略》，世界知识出版社1965年版，第1页。

② 周丕启：《大战略分析》，上海人民出版社2009年版，第19页。

③ 《毛泽东选集》第一卷，人民出版社1991年版，第175页。

④ 王郦久：《俄"欧亚联盟"战略及其对中俄关系的影响》，载《现代国际关系》2012年第4期。

战略考虑:第一,重新整合独联体,拓展并恢复传统势力范围;第二,以欧亚联盟为依托,加大对亚太事务的介入;第三,重振大国地位,为俄成为多极世界中强大的一极做准备。①

　　北京师范大学欧亚研究中心主任李兴教授以俄美两国地缘战略比较为视角认为,21 世纪第二个十年伊始,俄美两国围绕欧亚大陆开始了新一轮的谋篇布局:俄罗斯借助欧亚联盟谋"欧亚中心局";美国通过战略再平衡谋"欧亚周边局"。但有一点不同的是,TPP 是伴随和配合美国军事上"重返"亚太而来的,是直接为美国亚太"再平衡"战略服务的,欧亚联盟则不具备这些特点。② 华东师范大学俄罗斯研究中心主任冯绍雷进一步指出,普京所主张建立的"欧亚联盟",目前还是更侧重于加强经济合作,主张以市场经济和民主观念作为建立这一合作的价值基础。然而从长远看,显然包含着同欧盟和北美等地区既合作又竞争的色彩。③

　　上述研究表明,普京倡议的欧亚联盟决不会止于欧亚地区的经济一体化,它将朝着集政治、经济、文化、安全于一体的综合性国家联盟方向发展。以大战略视角看待俄罗斯"欧亚联盟"构想及新欧亚一体化进程是中国学界的重要研究方向。

　　(二)俄罗斯推进新欧亚一体化进程,建立"欧亚联盟"的动力与阻力

　　以俄白哈关税同盟、统一经济空间为平台,新欧亚一体化程度逐步深化,涉及领域不断拓展。自 2010 年以来,俄白哈三国经贸合作实现快速发展,如 2013 年上半年俄向哈直接投资额为 10 亿美元,比去年同期增长了 40%。目前,欧亚一体化进程在组织机制及法律基础建设与扩员工作上同步进行,实现"两条腿"走路,积极筹备在 2015 年正式启动"欧亚经济联盟"。许多中国学者认为,经济因素是欧亚一体化进程能在短时间内实现如此显著成效的主要动力,具体而言主要有以下方面:

　　李兴教授在研究中指出,④首先,欧亚经济共同体等实践为欧亚联盟积累了经验和基础。其次,独联体国家经济潜能尚未完全挖掘,发展空间很大。最后,新欧亚联盟与其他地区一体化机制不同的是,它并不直接建立在各成员国基础上,而是一环套一环的模式。它以俄白联盟加哈萨克斯坦构成,因此已经具有一定的机制规模。

---

①　陆柏春、宋余亮:《普京"欧亚联盟"战略成效和前景评估》,参见:李凤林主编:《欧亚发展研究(2013)》,中国发展出版社 2013 年版,第 62 – 64 页。

②　李兴:《普京欧亚联盟评析》,载《俄罗斯研究》2012 年第 6 期。

③　冯绍雷:《普京倡建"欧亚联盟",地区一体化前景可期》,载《社会科学报》2011 年 10 月 20 日。

④　李兴:《普京欧亚联盟评析》,载《俄罗斯研究》2012 年第 6 期。

　　上海国际问题研究院研究员李新认为，[①]第一，前苏联地区有实现一体化的客观要求是主要动因。具体而言，通过参与一体化进程，独联体国家一方面能建立起集体经济保护体系，另一方面能够恢复和保持苏联解体后中断的经济联系。第二，欧亚联盟是俄、白、哈三国领导人共同倡议的，不是俄唱的"独角戏"。第三，前苏联地区经济迅速发展和共同抵御全球金融危机的客观要求为实现一体化提供了时机。

　　中国社会科学院俄罗斯东欧中亚研究所王志远博士通过比较俄、白、哈三国对外经济发展目标得出，[②]虽然俄白哈三国有不同的目标模式却指向了同样的方向，那就是促进经济一体化进程，并向着更高层次的区域合作组织前进。金融危机爆发后，俄罗斯经济局势的恶化强化了其整合中亚国家的内在动力，这样既能够提高国际经济地位，又能为后危机时代的大国博弈做更加充分的准备。作为粮食出口和能源出口大国，哈萨克斯坦非常希望和俄罗斯联手，共同面对国际能源和粮食市场，提高国际话语权。白俄罗斯参加关税同盟，则希望削减关税，扩大与俄罗斯和中亚国家的经贸往来，促进本国经济发展。

　　此外，我们还应该看到俄、白、哈三国领导人之间高度的政治互信，共同的民主价值也是推动一体化进程的积极因素。在中国社会科学院俄罗斯东欧中亚研究所张弘博士看来，[③]尽管俄罗斯不承认自身在民主政治上与欧盟有差异，但其"主权民主"不断受到西方的指责。在西方眼里，普京第三度当选总统是对民主政治的挑战。白俄罗斯和哈萨克斯坦实行的无限制的超级总统制，两国政治制度中存在潜在系统风险。白俄罗斯和哈萨克斯坦从维护自身政治稳定出发，加入关税同盟与俄罗斯一同回应来自西方的政治压力和挑战。

　　除了有利条件，中国学者还注意到了阻碍欧亚一体化进程的不利因素：

　　俄罗斯本身的问题。俄罗斯是欧亚一体化进程的核心，其意志和能力是决定"欧亚联盟"能否最终建成并运作的关键因素。首先是经济能力。中国社会科学院俄罗斯东欧中亚研究所程亦军博士认为，俄罗斯经济增长乏力，自身财力难以支撑欧亚联盟。未来俄罗斯的经济发展存在很大的不确定性，在国际市场上还将面临前所未有的竞争，持续发展的动力明显不足。这是对实现后苏联空间一体化最根本的制约。[④] 山东大学俄罗斯问题专家黄登学教授认为，脆弱的能源资源型

---

① 李新：《普京欧亚联盟设想：背景、目标及其可能性》，载《现代国际关系》2011 年第 11 期。
② 王志远：《从欧亚联盟看中亚国家的区域整合》，参见：孙力、吴宏伟：《中亚国家发展报告(2013)》，社会科学文献出版社，第 148－158 页。
③ 张弘：《普京要建苏联 2.0 版》：http://www.doc88.com/p－805243541896.html
④ 程亦军：《后苏联空间一体化前景黯淡》，载《俄罗斯学刊》2013 年第 1 期。

经济发展模式难以支撑俄的"大国地位"和世界一极,因此,未来俄罗斯的"欧亚联盟"设想能否顺利实现将在很大程度上取决于俄罗斯能否由资源密集型、资源依赖型的经济发展模式转为技术密集型、人才密集型的创新发展模式。① 其次是俄罗斯的"帝国"情节。俄罗斯是具有"帝国"情节的国家,视独联体为自己的"特殊利益范围"。为此部分独联体国家仍对俄保持警惕,担心在与俄罗斯深化合作中丧失部分国家主权。

前苏联空间中存在的地区问题。从经济角度看,在独联体国家经济社会发展水平不平衡,贸易结构不合理。可以说,目前在前苏联地区推动更高层次一体化的有利经济基础尚未形成,这严重制约欧亚经济一体化的推进。② 从政治角度看,首先是前苏联国家内部存在诸多矛盾在短时间内难以解决。③ 如领土纠纷、中亚水资源争夺、跨界民族问题等。其次,独立二十多年来,前苏联国家对外政策日趋成熟,都有自己的国家利益考量,都奉行多元的外交路线,俄罗斯并不是其唯一的合作伙伴,中、欧、美等力量在其外交序列中的地位逐步攀升。如乌克兰把加入欧盟定为对外政策的优先方向;哈萨克斯坦和白俄罗斯在与俄罗斯积极推进经济一体化同时,都与中国建立起了战略伙伴关系,在诸多领域推进务实合作;美国则在中亚地区推出"新丝绸之路"计划,扩大在前苏联地区影响力。最后,从人文关系上看,俄语作为俄罗斯与前苏联国家维系传统历史文化联系的纽带面临断裂的危险。④ 在诸多独联体国家,俄语失去了官方语言地位,逐步沦为正式语言,民族间交流语言,甚至是外语。欧亚一体化进程三大火车头之一的哈萨克斯坦决定去西里尔字母,推行国语拉丁化运动,这就是明证。

中国学者都看到以美国为首的西方势力干涉是俄罗斯推进欧亚一体化进程的主要外部阻力。⑤ 美国等西方国家自然不会坐视俄罗斯在前苏联地区重建自己

---

① 黄登学:《俄罗斯构建"欧亚联盟"的制约因素》,载《当代世界社会主义问题》2012 年第 4 期。

② 李新:《普京欧亚联盟设想:背景、目标及其可能性》,载《现代国际关系》2011 年第 11 期;李兴:《普京欧亚联盟评析》,载《俄罗斯研究》2012 年第 6 期;王树春、万青松:《试论欧亚联盟的未来前景》,载《俄罗斯研究》2012 年第 2 期。

③ 陆柏春、宋余亮:《普京"欧亚联盟"战略成效和前景评估》,参见:李凤林主编:《欧亚发展研究(2013)》,中国发展出版社 2013 年版,第 62 - 64 页。

④ 黄登学:《俄罗斯构建"欧亚联盟"的制约因素》,载《当代世界社会主义问题》2012 年第 4 期。

⑤ 陆柏春、宋余亮:《普京"欧亚联盟"战略成效和前景评估》,参见:李凤林主编:《欧亚发展研究(2013)》,中国发展出版社 2013 年版,第 62 - 64 页;王树春、万青松:《试论欧亚联盟的未来前景》,载《俄罗斯研究》2012 年第 2 期;黄登学:《俄罗斯构建"欧亚联盟"的制约因素》,载《当代世界社会主义问题》2012 年第 4 期。

的势力范围。苏联解体以来，以美国为首的西方世界，通过北约、欧盟双东扩，从东欧，到高加索，再到中亚，不遗余力地蚕食前苏联遗留下的势力范围，挤压俄罗斯的战略空间，扩大对欧亚中心地带的实际影响。美国前国务卿希拉里就认为，普京将前苏联国家整合为欧亚联盟和关税同盟的计划，是对该地区"再苏联化"，美国将予以阻止。①

（三）新欧亚一体化与未来"欧亚联盟"对中俄关系、上海合作组织的影响

从地缘政治和经济的角度看，欧亚中心地带正在经历国际力量的重新组合，将对其周边产生深远影响。新欧亚一体化与未来"欧亚联盟"对中俄关系及上合组织的影响是中国学者关注的重点。中国学者普遍认为，俄罗斯推动建立欧亚联盟有利有弊。

有利的一面是：（1）如果俄罗斯"欧亚联盟"构想得以实现将有利于世界多极化的加速形成，这与中国的多极化外交思维不谋而合，同时欧亚联盟还可以增强抗衡美国的力量，减轻美国重返东亚对中国的压力。②（2）中俄战略协作伙伴关系为中国与欧亚联盟的合作奠定基础。中俄是全面战略协作伙伴而不是竞争对手，这一性质决定了中俄没有在独联体地区相互竞争的主观动机。如果出现分歧或问题，完全可在中俄两国对话机制中得到沟通与解决。因此，未来欧亚联盟对中俄关系基本没影响。③（3）欧亚经济联盟要实现的一体化与上合组织从落实贸易和投资便利化到将来走向一体化的目标是完全一致的，④并且与上合组织构成互补的平行关系。⑤ 只要两个组织本着共同担当保障本地区安全的责任和促进共同繁荣的义务，彼此间的合作潜力就会继续得到开发，合作前景也会越来越好。⑥

不利的一面集中体现在经济方面。首先，通过建立关税同盟，中国与成员国的贸易关系可能会发生波动。⑦ 具体而言，可能在以下领域对中国对欧亚地区经

---

① 《普京抨击希拉里"胡说八道"》，载《环球时报》第 2903 期，2012 年 12 月 12 日。
② 陆柏春、宋余亮：《普京"欧亚联盟"战略成效和前景评估》，参见：李凤林主编：《欧亚发展研究（2013）》，中国发展出版社 2013 年版，第 62 - 64 页；欧阳向英：《欧亚联盟——后苏联空间俄罗斯发展前景》，载《俄罗斯东欧中亚研究》2012 年第 4 期。
③ 王郦久：《俄"欧亚联盟"战略及其对中俄关系的影响》，载《现代国际关系》2012 年第 4 期。
④ 傅全章：《从地区经济一体化看上合组织与欧亚经济联盟发展前景》，参见：李凤林主编：《欧亚发展研究（2013）》，中国发展出版社 2013 年版，第 165 - 175 页。
⑤ 李兴：《普京欧亚联盟评析》，载《俄罗斯研究》2012 年第 6 期。
⑥ 王郦久：《俄"欧亚联盟"战略及其对中俄关系的影响》，载《现代国际关系》2012 年第 4 期。
⑦ 陆柏春、宋余亮：《普京"欧亚联盟"战略成效和前景评估》，参见：李凤林主编：《欧亚发展研究（2013）》，中国发展出版社 2013 年版，第 62 - 64 页；王志远：《从欧亚联盟看中亚国家的区域整合》，参见：孙力、吴宏伟：《中亚国家发展报告（2013）》，社会科学文献出版社 2013 年版，第 148 - 158 页。

贸合作产生直接或间接影响:(1)关税同盟内部形成统一市场,为成员国间相互投资提供了便利,但这增加了中国对该地区国家投资的难度和风险;(2)关税同盟以俄罗斯现行《海关法典》为蓝本,92%的贸易商品采用了俄罗斯现行商品的进口税率,这也增加哈萨克斯坦对华进口的进口税率,稀释了中国商品的价格优势;(3)关税同盟内部依然存在隐性投资壁垒和地方保护主义。① 如欧亚经济委员会贸易部长斯列普涅夫表示,欧亚经济委员会拟从2015年起实施关税配额。拟在欧亚经济联盟协议的框架内改造并扩大保护措施清单,列入关税配额。其次,部分学者认为,欧亚联盟与上合组织在地理范围和成员国上都有重合部分,俄罗斯、哈萨克斯坦均为上合组织和欧亚联盟的创始成员国,吉尔吉斯斯坦和塔吉克斯坦也有可能加入关税同盟,参与新欧亚一体化进程,这将弱化上合组织的经济功能。② 从某种程度上说,俄罗斯不是不积极推动欧亚地区经济一体化,而是不期望在上合框架内或主要在上合框架内推动经济一体化进程,因为在欧亚地区经济竞争中俄罗斯并不占优势。③

综上所述,中国学者对欧亚联盟评价总体是乐观的。中国与欧亚联盟的利益总体来说是不冲突的,中国视欧亚联盟是地区性国际组织,是一个未来可以互联互通、深化合作的组织。在对欧亚一体化问题研究逐步深入的同时,笔者认为,中国学者在研究中仍然存在两个缺失:第一,缺失多元化研究视角。从对目前的成果梳理来看,中国学者或从大国关系,或从地区间互动等宏观视角出发,对欧亚一体化进程进行整体把握。然而对"俄—白—乌","俄—哈"跨境区域合作、俄白哈三国在交通、通信、能源、移民等一体化核心问题的研究尚未深入涉足。第二是研究方法的缺失。研究方法是研究人员为实现研究目标所选取和使用的手段,不同研究方法的适用范围和解决具体问题的效力是不同的。④ 选取的研究方法的适当与否直接影响到最终结论的解释性和实用性。在研究欧亚一体化问题中,中国学者多选取实证主义研究方法,通过摆事实、讲道理的方式,顺推出相关结论,而结论往往比较单一,这不利于我们进一步挖掘欧亚一体化进程中更深层次、更微观的细节问题。在今后的研究中,中国学者应该更加重视研究法方法多样化,尝试

① 许云霞、李钦:《中国对俄白哈关税同盟直接投资的影响因素分析》,载《对外经贸实务》2013年第8期。

② 陆柏春、宋余亮:《普京"欧亚联盟"战略成效和前景评估》,参见:李凤林主编:《欧亚发展研究(2013)》,中国发展出版社2013年版,第62－64页;王志远:《从欧亚联盟看中亚国家的区域整合》,参见:孙力、吴宏伟:《中亚国家发展报告(2013)》,社会科学文献出版社2013年版,第148－158页。

③ 李兴:《普京欧亚联盟评析》,载《俄罗斯研究》2012年第6期。

④ 阎学通、孙学峰:《国际关系研究实用方法》,人民出版社2007年版,第20－21页。

用统计方法、案例分析、比较方法、跨学科方法等科学研究方法进行研究。

二、新欧亚一体化背景下的中国欧亚战略应对

从帝俄时期的兼并扩张,到苏联对欧亚大陆中心地带的统治,再到今天俄罗斯推行欧亚一体化进程,可以说,俄罗斯一直以来是欧亚中心地带命运的主导者,是名副其实的欧亚国家。与之相比较,除了在唐朝时期(公元7世纪)把中亚纳入国家版图,实行有效统治,同时与中亚西部与南部周边建立朝贡体系以外,[①]中国一直以来是欧亚中心地带的东方近邻,与之政治、经济、文化联系从未断过,是名副其实的亚欧国家。如今的欧亚一体化进程及未来的"欧亚联盟"是中国西部周边的新力量中心,并将对中国西部周边地缘政治经济环境产生深远影响。因此,能否处理好中国与欧亚一体化进程、未来"欧亚联盟"间的关系,在欧亚博弈的棋局上实现自己的欧亚大战略是学术及政策研究的重点,具有较强的理论性和现实性。笔者看来,中国应从以下方面着手:

确立在西部周边地区的国家定位,即"近中亚国家"定位。从地缘战略来看,中国属于陆海复合型国家。[②] 陆海复合国家是既有陆疆又有海岸线的一类国家,海陆兼有的地缘政治特点决定了它们不同程度地受制于战略上的两难和安全上的双重易受伤害性。[③] 中国属于这类国家典型的代表。从国际政治经济格局来看,中国的定位是比较复杂的,多元的,有时甚至是矛盾的。中国一只手伸入了第一世界,一只脚还留在了第三世界,可是身子还卡在第二世界。中国既像"第一世界中的第三世界",又像"第三世界中的第一世界"。我们要看到,改革开放三十余年来,中国与世界相互联系越来越紧密,尤其是与周边地区形成了较高的相互依存水平,经贸关系空前密切。党的十八大以来,中国以习近平为总书记的新领导班子高度重视周边外交,把周边外交定为未来对外战略的优先方向。习近平总书记在首次召开的中央"周边外交工作会议"上指出,"无论从地理方位、自然环境还是相互关系看,周边对我国都具有极为重要的战略意义。思考周边问题、开展周边外交要有立体、多元、跨越时空的视角。我国周边外交的战略目标,就是服从和服务于实现'两个一百年'奋斗目标、实现中华民族伟大复兴,全面发展同周边国家的关系,巩固睦邻友好,深化互利合作,维护和用好我国发展的重要战略机遇

---

① 王治来:《中亚史》,人民出版社2010年版,第60-79页。

② 邵永灵、时殷弘:《近代欧洲陆海复合国家与当代中国的选择》,载《世界经济与政治》2000年第10期。

③ 邵永灵、时殷弘:《近代欧洲陆海复合国家与当代中国的选择》,载《世界经济与政治》2000年第10期。

期,维护国家主权、安全、发展利益,努力使周边同我国政治关系更加友好、经济纽带更加牢固、安全合作更加深化、人文联系更加紧密"。因此,在地缘政治环境及国际格局中的宏观国家定位是我们制定国家发展大战略的基础认识,然而在具体周边外交的操作层面也需要确立周边的微观外交定位。制定并实施体现周边特色的具体周边战略,做到具体问题具体分析,使得中国周边外交政策更符合对象周边的历史背景、现状特点及发展趋势,有利于最大程度维护国家合法利益。在此背景下,我们把中国在西部周边定位为"近中亚国家"。

"近中亚国家"指的不是中亚国家,但也不是外部国家,而是与中亚地区有着紧密的历史文化及政治经济联系的国家,是与中亚地区同呼吸、共命运的发展共同体和利益共同体。"近中亚国家"的定位主要基于以下几点:

1. 地理上相邻。中国西部地区深入中亚,与俄罗斯、哈萨克斯坦、吉尔吉斯斯坦、塔吉克斯坦、阿富汗接壤,亚洲大陆中心也坐落在中国新疆地区。

2. 历史文化联系密切。自公元前 2 世纪中国外交家张骞出使西域以来,中国与中亚国家联系密切,是欧亚国家间关系发展的重要组成部分,如"唐—吐蕃—大食"三边关系、"清—哈萨克斯坦—俄罗斯"三边关系等。此外,伊斯兰文化是中国与中亚国家交流的人文纽带。根据统计,中国穆斯林人口集中分布在西部地区,如新疆、甘肃、青海、宁夏等,总数有 2000 多万。

3. 西部是未来中国地缘政治战略优先发展地区之一。2010 年中国人民解放军国防大学政治委员刘亚洲将军首次提出西进的战略取向。他指出:"中国西部是一个伟大的空间。向西,不仅是我们的战略取向,而且是我们的希望,甚至是我们这一代人的宿命。优异的地理位置(接近世界中心)给了我们强大的动力。我们应当把西部看作是我们前进的腹地而不是边疆。"①2012 年北京大学国际关系学院院长王缉思教授以中国周边环境的新变化为背景提出"西进"思想。他认为,当美国战略重点"东移",欧印俄等"东望"之际,地处亚太中心位置的中国,不应将眼光局限于沿海疆域、传统竞争对象与合作伙伴,而应有"西进"的战略谋划,实现地缘战略的再平衡。② 两位战略学家都指出了中国实行西部战略的动因:首先,中亚地区能源资源丰富,是中国最近的进口油气资源来源地,可不经过他国直接进入中国能源市场。其次,中亚地区"三股势力"依旧猖獗,中亚国家政局不稳定因素仍存,这对中国国家安全构成潜在威胁。最后,中亚是未来大国博弈的新平台,是中国参与地区治理,协调大国关系的新地区。

---

① 刘亚洲:《西部论》,载《凤凰周刊》2010 年 8 月 5 日。
② 王缉思:《"西进",中国地缘战略的再平衡》,载《环球时报》2012 年 10 月 17 日。

4. 西部是中国进一步推进开放政策,实现内陆开放、沿边开放的重点区域。中国开放发展走的是从东到西,从沿海到内陆的路子,在提升东部沿海地区开发水平同时(如在上海建立自由贸易区),扩大内陆开放、沿边开放、向西开放是新一届中国政府的深化改革开放,实现经济发展模式转型的内在要求。李克强总理强调,内陆开发开放是中国未来发展的最大回旋余地,中国将坚持以开放促改革、促发展,在全面提升沿海开放、向东开放水平的同时,扩大内陆开放,加快沿边开放,鼓励向西开放。以此为基础,与周边国家及地区深化合作、务实合作,加快实施自由贸易区战略,扩大贸易、投资合作空间,构建区域经济一体化新格局。

5. 西北周边地区一体化进程催生中国"近中亚国家"的外交定位。新欧亚一体化进程由俄主导,白哈为主力,将于2015年建成欧亚经济联盟。同时关税同盟扩员在即,亚美尼亚与吉尔吉斯斯坦加入一体化进程的路线图也将于年底敲定。笔者看来,当今欧亚一体化进程是由三个次地区一体化构成,即俄罗斯—东欧次地区一体化(白俄罗斯、乌克兰)、俄罗斯—外高加索次地区一体化(亚美尼亚)、俄罗斯—中亚次地区一体化(哈萨克斯坦、吉尔吉斯斯坦)。其中俄罗斯—中亚次地区一体化几乎涵盖中国的西北周边地区,对中国影响最为直接,机遇与挑战并存,然而机遇大于挑战。就机遇而言,俄白哈关税同盟、统一市场的建立为中国西部大开发提供了广袤的高度一体化的市场,中国商品及资本可以从西部出发,直接通过陆路,进入欧亚市场。自关税同盟成立以来,中国与关税同盟成员国贸易额逐年攀升,2012年中国与关税同盟成员国进出口贸易总值为1146亿美元,成为关税同盟最大贸易伙伴国。在东部,中国已与东盟建立了战略伙伴关系,实现了中国—东盟关系发展的"黄金十年"。在西部,中国也希望强化西部周边外交工作,与关税同盟开展深度合作,努力打造欧亚繁荣带、稳定带、和谐带。然而挑战的一面指的是,任何一体化进程都会对一体化外的国家造成客观的贸易壁垒,如2011年俄白哈关税同盟对中国彩涂钢板发起反倾销调查。可见,随着新欧亚一体化逐步推进,在中国西北周边将会出现一个新经济体,中国应及时调整外交策略,以"近中亚国家"姿态定位,更积极地与欧亚一体化成员国开展经济对话,与未来欧亚经济联盟建立有效的合作平台。

"近中亚国家"定位是中国理性认识自身宏观性国际定位前提下,为在西部周边地区开展周边外交战略而提出的具体性、微观性定位,是中国对地理、历史文化、宏观外交战略、国家内部发展需要及周边地区新形势等因素进行综合思考的结果。作为"近中亚国家"中国应在以下方面下功夫:1. 中国应秉持"亲、诚、惠、容"周边外交理念,勇于承担应有责任,在重要地区问题上实施建设性介入,推行"丝绸之路经济带",为地区稳定与繁荣做出贡献。2. 在能源与经贸合作不断前进的今天,中亚地区仍然面临"三股势力"、阿富汗问题等因素的挑战,中国应奉行灵活的外交政策,适合用多边途径解决的问题就用多边外交,适合在双边层面解决的问题就用双边外交。在推动上海合作组织进一步发展,与未来欧亚联盟建立合作平台的同时,中国必须要进一步深化与哈萨克斯坦的战略伙伴关系,落实与乌兹别克斯坦、吉尔吉斯斯坦、塔吉克斯坦、土库曼斯坦的战略伙伴关系。总之,中国要以"多边套双边,双边推多边"的模式在中亚地区建立具有高稳定性的多层次网络化外交格局。

中俄关系是中国处理欧亚一体化及未来"欧亚联盟"关系的要点。原因主要是两点:1. 中俄战略协作伙伴关系的性质。仅在2013年中俄两国元首在不同场合举行五次会晤,①如此频繁的会晤在当今大国关系中实属罕见,这充分说明中俄战略协作伙伴关系的紧密性、重要性及优先性。2013年3月在莫斯科,两国元首批准了《中俄睦邻友好条约实施纲要(2013—2016)》、《中华人民共和国和俄罗斯联邦关于合作共赢、深化全面战略协作伙伴关系的联合声明》等重要文件,翻开了中俄战略协作伙伴关系发展的新篇章。中俄两国将相互支持发展道路,在国际与地区问题上加强战略协作,在中国东北—俄罗斯远东地区、中国长江中下游—俄罗斯伏尔加河流域地区等区域层面扩大合作基础,进一步推动双边经贸合作多元化,推动人文联系蓬勃发展。总之,中俄战略协作伙伴关系在新的历史阶段将实现在各个纵向层次和横向领域的全面升级。可以说,中俄两国间的互动关系具有"准同盟关系"的性质,②各种新问题,甚至是挑战性因素都能在中俄战略协作伙伴关系的框架内得到磋商和解决。

2. 欧亚一体化进程的实质。今天欧亚一体化进程的结构由三个次地区一体化进程组成:俄罗斯—东欧次地区一体化(白俄罗斯、乌克兰)、俄罗斯—外高加索次地区一体化(亚美尼亚)、俄罗斯—中亚次地区一体化(哈萨克斯坦、吉尔吉斯斯坦)。俄罗斯是一体化进程的核心,也是纽带,商品流通、能源运输、移民去向、投资合作等或主要与俄罗斯发生关系,或过境俄罗斯与其他成员国实现互动。由此可见,欧亚一体化进程的实质是白俄罗斯和哈萨克斯坦以及未来的亚美尼亚、吉尔吉斯斯坦与俄罗斯进行一体化的过程。因此,发展好对俄关系是中国处理与欧亚一体化及未来"欧亚联盟"关系的关键点。

第三,未来"欧亚联盟"可以与上海合作组织一起支撑起中国西部周边发展与安全战略。自2001年成立以来,上合组织以维护地区安全、推动区域经济合作为

---

① 习近平访俄、金砖、G20、上合组织峰会、亚太经合组织非正式会晤。

② 李兴、孔瑞:《中美关系中的俄罗斯因素》,载《俄罗斯中亚东欧研究》2010年第5期。

主攻方向,取得了积极成果。然而上合组织可以作为中国区域安全与发展战略的支撑平台之一,但不能作为中国西北周边的独立支撑平台。① 首先,上合组织是新成立的国际组织,相关机制还不健全。其次,成员国的意愿都存在明显差异。中国是中亚的邻国,在地区合作中把中亚国家视为平等伙伴;俄罗斯是中亚地区的宗主国,把该地区视为自己的"特殊利益范围",在主观上具有排他性;中亚国家则夹在中俄之间,左右摇摆,实现自身利益最大化是其核心目标。最后,成员国对上合组织的依赖程度不同。中国对上合组织依赖度要比俄罗斯及中亚国家强。俄罗斯与中亚国家除了上合组织,还有在经济上的关税同盟、统一经济空间以及独联体自贸区,在安全上有独联体集体安全条约组织。② 因此对俄罗斯及中亚国家而言,上合组织是与中国开展合作的平台,也是实现其对外关系多元化的方向之一。因此,在现实形势面前,上合组织必须以开放姿态,与未来"欧亚联盟"开展对话,弥补自身缺失,在中亚地区治理中发挥更积极的作用。

此外,互补性是上合组织未来与欧亚联盟加深合作的主要动力。在经济方面,吸引外资,推动经济现代化是关税同盟、统一经济空间成员国经济发展的优先方向。然而,俄罗斯、哈萨克斯坦,未来的吉尔吉斯斯坦,都与世界第二大经济体中国同为上合组织创始成员国,又是关税同盟、统一经济空间成员国,身靠广阔的欧亚市场。在上合组织框架内开展多边经贸合作,尤其与中国发展双边经济互动,扩大外资吸引,通过欧亚一体化机制向统一经济空间地区扩展,符合它们的根本利益,也符合中国"向西开放、内陆开放、沿边开放"为核心内容的开放政策的内在要求。在安全方面,独联体集体安全条约组织与上合组织在反恐和保障中亚地区安全方面是两套平行机制,两者相互交流,又各有千秋,互为补充。集安组织有较为完备的军力配备和指挥系统,在应对局部突发事件时有较强的军事行动能力。上合组织更倾向于反恐信息情报合作,及成员国双边和多边军事互动,以增强武力威慑力。③ 我们相信,在未来上合组织与欧亚联盟在维护地区安全与稳定领域将会有一系列务实合作的内容。

我们知道,欧亚一体化进程及未来"欧亚联盟"的建立是中国西部周边的大事件。大事件伴随大机遇大挑战,为了处理好与之关系,中国需准确把自己定位为"近中亚国家",以中俄关系为关键,以多边互动为平台,走点面结合的路子,不断

---

① 李兴、牛义臣:《上合组织为何不足以支撑中国西北周边安全战略》,载《国际安全研究》2013 年第 4 期。

② 李兴、牛义臣:《上合组织为何不足以支撑中国西北周边安全战略》,载《国际安全研究》2013 年第 4 期。

③ 王郦久:《俄"欧亚联盟"战略及其对中俄关系的影响》,载《现代国际关系》2012 年第 4 期。

优化西部周边环境,提高战略机遇期的质量,维护好合法海外利益。

三、小结

中国学者总体而言对欧亚一体化进程,建立欧亚联盟持乐观态度,愿意看到一个强大的新经济体出现在中国西部,这有利于维护中国西部周边安全,实现中亚地区稳定与发展,进而为中国西部大开发创造良好的外部环境。为了准确把握欧亚一体化进程的特点及未来走势,要求中国学者做到研究视角及研究方法多元化,从宏观研究做到微观研究,逐步深入,步步为营,扎实推进科学研究,为中国实施西部周边外交战略提供雄厚的智力支撑。

作为"近中亚国家",发展与关税同盟及未来欧亚联盟的关系是中国西部周边外交战略的重中之重。中亚地区是俄罗斯的南部周边,是中国的西部周边,这个地区稳定与发展直接关系到中俄两国的周边安全环境。政治学理论认为,统治是为满足主体利益和需求而限制甚至牺牲客体利益和需求的事务、行为及其过程;管理是为满足主体与客体的共同利益和需求而限制主体和客体各自利益和需求的事务、行为及其过程。[①] 俄罗斯的"欧亚联盟"构想,及中国的"新丝绸之路"方案不应互为抵触,相互竞争,而应该互为补充,相互推动,给中亚国家提供更多的发展空间和选择,同时还要正确定位中亚国家,应视其为实现地区集体管理的主体,而非大国实现统治的客体,甚至争夺的对象。新欧亚一体化进程何去何从,或成或败,都值得我们进一步深入研究。

---

① 施雪华:《"服务型政府"的基本涵义、理论基础和建构条件》,载《社会科学》2010 年第 2 期。

第二十三章

欧美对欧亚经济联盟的认知、对策及其原因分析

不管是冷战年代,还是今天的后冷战时期,俄美欧关系一直是国际关系中一组重要的三边关系。在冷战时期,美苏争霸,欧洲相对式微。美欧组建的北约和苏联及东欧社会主义阵营的华约各掌欧洲大陆安全半边天。欧共体与经互会势均力敌,在欧洲大陆平行推进资本主义一体化和社会主义一体化进程。在苏联解体后的今天,则是欧美势强,不仅填补苏联在中东欧遗留下的权力真空,还极力向俄罗斯近周边渗透,俄罗斯采取以守为主,适当还击。那么,在此现实背景下,欧美是如何看待俄罗斯主导的欧亚经济联盟? 将会采取何种对策? 原因是什么? 这些问题是本章讨论的重点。

一、欧盟对欧亚经济联盟的认知、对策及其原因分析

1. 欧盟对欧亚经济联盟的基本认知

(一)欧亚经济联盟并不局限在经济领域,是俄罗斯主导的地缘政治经济项目,目的是为了保持在独联体地区的领导地位。

首先,进入 21 世纪以来,经济全球化不断加深,中亚、高加索及东欧地区国家依托自身地缘及资源优势逐渐成为国际经济分工体系中不可分割的一分子,与欧盟、中国、美国、土耳其、日本、韩国等域外经济体建立起了务实的合作关系,"俄罗斯在大部分前苏联国家(除白俄罗斯)对外经贸中的支配地位已经丧失"[1](见表1)。因此,通过欧亚经济联盟,"莫斯科决定用政治力量来弥补经济式微的态势",[2]"阻止自身影响力在后苏联空间逐步丧失"。[3] 波兰学者维斯涅斯卡(Iwona

---

[1]　Popescu N. , Eurasian Union: The Real, the Imaginary and the Likely // Chaillot Paper, September 2014, No. 132.

[2]　Popescu N. , Eurasian Union: The Real, the Imaginary and the Likely // Chaillot Paper, September 2014, No. 132.

[3]　Dragneva R. , Wolczuk K. , Russia, the Eurasian Customs Union and the EU: Cooperation, Stagnation or Rivalry? // Chatham House Briefing Paper, August 2012.

Wisniewska)直言,欧亚经济联盟将是未来十年俄罗斯外交的"旗舰"(flagship)。①

表1:2012年白、哈、亚、吉与俄罗斯贸易及与其他国家贸易比重

欧亚经济联盟成员国	2012年与俄罗斯贸易比重	2012年与其他国家贸易比重
白俄罗斯	47%	欧盟-29%、乌克兰-8.5%
哈萨克斯坦	19%	欧盟-32%、中国-23%
亚美尼亚	23%	欧盟-29%、中国-7.6%
吉尔吉斯斯坦	17%	中国-51%、哈萨克斯坦7%、欧盟-5.5%

资料来源:根据欧盟委员会数据统计,参见:Popescu N. , Eurasian Union: the Real, the Imaginary and the Likely // Chaillot Paper, September 2014, No. 132.

其次,俄罗斯主导建立欧亚经济联盟意在阻击欧盟"东部伙伴关系计划"东进。2009年欧盟在瑞典和波兰的倡议下推出"东部伙伴关系计划",将东欧及外高加索六国囊括其中。如果说俄罗斯尚能忍受新世纪以来欧盟的三轮东扩,②那么欧盟借助"东部伙伴关系计划",直接染指前苏联国家,促其"脱俄入欧"是俄罗斯所无法接受的。俄罗斯认为,欧盟的做法是对俄罗斯特殊利益地区的侵犯,威胁俄罗斯的国家安全。俄罗斯的反应是,加快推进欧亚一体化进程,成立欧亚经济联盟。对俄罗斯而言,欧亚经济联盟的政治意图多于经济内涵,③是对欧盟"东部伙伴关系计划"的阻击。④ 本质上讲,俄罗斯借助欧亚经济联盟是要打破欧盟在地区发展模式上的垄断地位,提出针对后苏联地区的新地区发展模式,与欧盟模式相抗衡。⑤

---

① Wisniewska I. , Eurasian Integration: Russia's Attempt at the Economic Unification of the Post – Soviet Area, Warsaw, OSW Studies: Centre of Eastern Studies, 2013.

② 李兴教授认为,在北约东扩和欧盟东扩之间,俄罗斯所采取的态度及策略均不相同。基于历史、文化及现实外交战略的考量,俄罗斯原则上支持欧盟东扩,反对北约东扩。参见:李兴:《北约欧盟双东扩:俄罗斯不同对策及其原因分析》,载《俄罗斯中亚东欧研究》2005年第2期;李兴:《亚欧中心地带:俄美欧博弈与中国战略研究》,北京师范大学出版社2013年版,第329–349页。

③ Dobbs J. , The Eurasian Economic Union: A Bridge to Nowhere? // European Leadership Network Policy Brief, March 2015.

④ Zahorka H. , Sargcyan O. , The Eurasian Customs Union: An Alternative to the EU's Association Agreements? // European View, 2014, No. 13

⑤ Dragneva R. , Wolczuk K. , Russia, the Eurasian Customs Union and the EU: Cooperation, Stagnation or Rivalry? // Chatham House Briefing Paper, August 2012.

最后，欧亚经济联盟还是普京的个人政治抱负的载体。普京一直把重新整合前苏联国家视为己任，如果不能全部整合，那么整合部分可以整合的国家也算是阶段性成果。普京的对外政治中很难找到经济逻辑，其主线往往是对外拓展地缘政治利益，对内带去国内政治利益。① 欧亚经济联盟就是在这样的背景提出来的。

因此，有学者对欧亚经济联盟的定性是，俄罗斯主导的集政治、经济、意识形态为一体的一体化项目，目的是制衡东西方外部力量对俄罗斯传统势力范围的渗透，在周边地区推广"俄式"价值观来应对西方价值观的挑战，彰显自己"全球性独立政治力量"的地位。②

（二）以欧盟一体化标准来衡量欧亚经济联盟，预判其发展前景。

欧洲大部分学者认为，欧亚经济联盟是以欧盟为模板的。在组织机制、法律机制建设上参考了欧盟经验。欧盟国家的学者通过比较欧盟与欧亚经济联盟，预判后者的发展前景。

首先，欧盟与欧亚经济联盟在一体化战略上存在明显不同。自欧共体以来，欧盟的扩大是吸引周边国家加入的过程，是在自愿基础的扩大。而欧亚经济联盟则相反，俄罗斯通常采用"强压"（coercion）手段，"诱导"（induce）周边国家加入，阻止它们加入"东部伙伴关系计划"。③ 从这个角度看，欧亚经济联盟其余成员国难以完全信服俄罗斯的领导地位。

其次，从一体化内涵来看，欧盟在"欧洲睦邻政策"框架下推行"东部伙伴关系计划"的目的是推广欧盟治理模式，推动参与国政治、经济、社会改革，在周边地区构建"类欧盟"地区。通过签署"联系协定"和建立"深入全面的自由贸易区"（DCFTA），欧盟可以与东部伙伴国家建立商品共同市场，改善投资环境。而欧亚经济联盟并没对一体化做出高标准，其一体化水平要比欧洲"东部伙伴关系计划"所要求的要低得多。在一体化推动方面，欧盟更多用制度、法律为推手，而俄罗斯更多地使用非正式手段，如政商关系、文化背景、寡头机制等等，结果就是欧亚经济联盟将会是内部等级森严、政商关系复杂、充满寡头势力的一体化环境，这不仅

---

① Popescu N. , Eurasian Union：The Real, the Imaginary and the Likely // Chaillot Paper, September 2014, No. 132.

② Zahorka H. , Sargcyan O. , The Eurasian Customs Union：An Alternative to the EU's Association Agreements? // European View, 2014, No. 13

③ Delcour L. , Kostanyan H. , Towards a Fragmented Neighbourhood：Policies of the EU and Russia and Their Consequences for the Area that Lies in between // CEPES Essay, 17 October 2014, No. 17.

不会推动成员国现代化发展,反而会导致经济持续衰退。[①]

最后,在机制建设方面,欧亚经济联盟机制中的"强个人,弱机制"现象严重。欧亚经济联盟的决策机制是以最高欧亚经济委员会、欧亚政府间委员会及欧亚经济委员会构成,"三委"纵向排列,最高欧亚经济委员会是决策机制的顶端,是核心。所以说,欧亚经济联盟的任何决策都是成员国国家元首直接倡议和制定的,甚至成员国国家元首可以直接修改欧亚经济联盟的决议,任何决议不需要通过公议或者是议会讨论。换言之,欧亚经济联盟是成员国元首的"一言堂",其余机构只负责执行,并没有像欧盟那样内部决策机制由多个单元组成,单元与单元之间还存在相互制衡关系。芬兰学者罗伯茨(Sean Roberts)、马琳(Anais Marin)等把欧亚经济联盟的组织机制称为"弱机制"。[②] 一方面,这样的决策机制有利于提高决策效率。另一方面,这样的决策机制虽然短期内能起到正面作用,但是随着一体化水平逐步加深,必定会产生问题。因为"弱机制"会导致超国家机制松动,给成员国各行其是提供了可能。[③]

2. 欧盟对欧亚经济联盟可能采取的应对之策

(一)乌克兰危机是阻碍欧盟改善对俄关系以及与欧亚经济联盟对接的绊脚石。

理性地看,俄欧双方都不希望把"共同周边"(common neignbourhood)恶化成"分裂周边"(divided neighbourhood),都有建立"共享周边"(shared neighbourhood)的主观诉求。[④] 乌克兰危机以来,在德法主导下欧盟一直在探寻与俄罗斯对话的切入点,[⑤]可是在危机冲击下,后冷战时期俄欧双方建立起来的一系列对话机制基本失效,不符合未来俄欧关系发展的趋势。[⑥] 在这样的尴尬背景下,欧盟内部一致

---

① Zahorka H., Sargcyan O., The Eurasian Customs Union: An Alternative to the EU's Association Agreements? // European View, 2014, No. 13

② Roberts S., Marin A., Moshes A., Pynnoniemi K., The Eurasian Economic Union: Breaking the Pattern of Post – Soviet Integration? // FIIA Analysis – 3, September 2014.

③ Roberts S., Marin A., Moshes A., Pynnoniemi K., The Eurasian Economic Union: Breaking the Pattern of Post – Soviet Integration? // FIIA Analysis – 3, September 2014.

④ Delcour L., Kostanyan H., Towards a Fragmented Neighbourhood: Policies of the EU and Russia and Their Consequences for the Area that Lies in between // CEPES Essay, 17 October 2014, No. 17.

⑤ Dragneva R., Wolczuk K., Trade and Geopolitics: Should the EU Engage with the Eurasian Economic Union // European Policy Centre Policy Brief, 2 April 2015.

⑥ Dobbs J., The Eurasian Economic Union: A Bridge to Nowhere? // European Leadership Network Policy Brief, March 2015.

认为,是时候与俄罗斯签订新的"契约",[1]来引导未来俄欧关系发展。欧盟承认,欧亚经济联盟或许可以成为欧洲的第二支柱,[2]实现欧盟与欧亚经济联盟对接可以超脱现有失效的俄欧沟通机制,进而建立新的对话平台。[3] 未来俄欧关系应该以"大欧洲"基本原则为基础,避免在"共同周边"地区的竞争。[4]

但是,欧盟认为,在当下乌克兰危机尚未得到合理解决前,欧盟与欧亚经济联盟是不可能实现对接的。欧盟主要有以下三方面考虑:[5]第一,欧亚经济联盟本身前途如何? 会不会像以往俄罗斯主导下的区域一体化机制那样半途而废? 在国际油价暴跌,西方经济制裁,俄罗斯本身经济结构畸形的情况下,俄罗斯经济大幅下滑,并波及其他成员国。俄罗斯经济的脆弱性直接影响到欧亚经济联盟的坚固性。欧盟对俄罗斯经济形势及欧亚经济联盟的前景认识悲观,因此与欧亚经济联盟对接不具备足够信心。

第二,在乌克兰危机及俄欧关系波动的背景下,欧盟不宜与欧亚经济联盟对接。如果对接,那么欧盟就间接认可了俄罗斯在后苏联地区的扩张,承认了俄罗斯在乌克兰的所作所为,并为"风雨飘摇"的俄罗斯经济及欧亚经济联盟输血,反而为欧亚经济联盟拓展了国际合作空间,助长了俄罗斯的自信心。这于欧盟不利。

第三,面对能源安全、地区冲突、制衡美国等现实问题,使欧盟认识到长期排斥欧亚经济联盟不是明智之举,但基于以上顾虑,欧盟又不可能在短时间内与欧亚经济联盟对接。因此,欧盟意图把乌克兰危机作为与俄罗斯及欧亚经济联盟谈判的筹码。表面上声称"要彻底结束共同周边国家在欧洲一体化和欧亚一体化之间抉择的困境",实际上欧盟试图绑架乌克兰,迫使俄罗斯做出更多让步,让俄罗

---

[1]　Dragneva R. , Wolczuk K. , Trade and Geopolitics：Should the EU Engage with the Eurasian Economic Union // European Policy Centre Policy Brief, 2 April 2015.

[2]　Popescu N. , Eurasian Union：The Real, the Imaginary and the Likely // Chaillot Paper, September 2014, No. 132. p. 36.

[3]　Dobbs J. , The Eurasian Economic Union：A Bridge to Nowhere? // European Leadership Network Policy Brief, March 2015；Krastev I. , Leonard M. , The New European Disorder // European Council of Foreign Relations Essay.

[4]　Kempe I. , The South Caucasus Between the EU and the Eurasian Union // Caucasus Analytical Digest, 17 June 2013, No. 51 – 52.

[5]　参见 Dobbs J. , The Eurasian Economic Union：A Bridge to Nowhere? // European Leadership Network Policy Brief, March 2015；Krastev I. , Leonard M. , The New European Disorder // European Council of Foreign Relations Essay；Dragneva R. , Wolczuk K. , Trade and Geopolitics：Should the EU Engage with the Eurasian Economic Union // European Policy Centre Policy Brief, 2 April 2015.

斯在乌克兰与欧亚经济联盟之间做出选择。

尽管俄欧之间阻碍重重,然而欧盟认为,俄欧始终是共同周边地区治理的两个支撑力量。解决乌克兰危机及实现欧盟与欧亚经济联盟对接的核心节点在于,俄欧双方要寻找到治理共同周边地区的新方案,重新建立互信基础,而不是简单地划分势力范围。欧盟从自身出发也在反思,其中原因之一就是,欧盟一味地在东欧及高加索地区推"欧盟化"制度与法律体系,推广欧盟式治理模式时,与俄罗斯的沟通不足。[①]

(二)在乌克兰危机和欧亚经济联盟双重影响下,欧盟将适当调整"东部伙伴关系计划"。

随着乌克兰危机持续发酵以及欧亚经济联盟的成立,欧盟"东部伙伴关系计划"的六个参与国分成了三类:第一类是乌克兰、摩尔多瓦、格鲁吉亚。这类国家已经与欧盟签署了《联系协定》,目标是加入欧盟;第二类是白俄罗斯、亚美尼亚。这两个国家已经加入了俄罗斯主导的欧亚经济联盟,不可能与欧盟签署《联系协定》;第三类国家是阿塞拜疆。阿塞拜疆拒绝与欧盟签署《联系协定》,同时也明确表示不谋求加入欧亚经济联盟。这引发了欧盟对东部伙伴关系政策的再思考,如何分别对待以上三类国家是未来"东部伙伴关系计划"的题中之意。

学者指出,"以不变应万变"(one - size - fits - all)的欧盟邻国政策已经不符合现实需要,[②]欧盟"东部伙伴关系计划"将来可采取"3 - 2 - 1"政策,针对不同的国家采取不同的政策。[③] 首先,针对乌克兰、摩尔多瓦、格鲁吉亚,在不许诺扩员的前提下,巩固现有成果。解决乌克兰危机是欧盟"东部伙伴关系计划"的首要关切。但是,当下欧盟内忧重重,债务危机(希腊)尚未平息,因此欧盟一时间拿不出足够的经济资源去援助乌克兰。对欧盟来说,希腊债务危机与欧元区的稳定比东部邻国所带来的挑战更为严峻。因此,欧盟采取以国际货币基金组织(IMF)为主,欧盟为辅的援助策略。为了稳定乌克兰的经济与金融体系,2014 年 3 月欧盟委员会决定向乌克兰提供 110 亿欧元的短中期援助。[④] 国际货币基金组织的援助

---

① Dragneva R. , Wolczuk K. , Russia, the Eurasian Customs Union and the EU: Cooperation, Stagnation or Rivalry? // Chatham House Briefing Paper, August 2012.

② Delcour L. , Kostanyan H. , Towards a Fragmented Neighbourhood: Policies of the EU and Russia and Their Consequences for the Area that Lies in between // CEPES Essay, 17 October 2014, No. 17.

③ Hug A. , Trouble in the Neighborhood? The Future of the EU's Eastern Partnership, European Commission - The Foreign Policy Centre, London, 2015, p. 8 - 20

④ European Commission's Support to Ukraine. Brussels, 5 March 2014: http://europa. eu/rapid/press - release_MEMO - 14 - 159_en. htm? locale = en

力度则比欧盟要大得多。2014 年 4 月国际货币基金组织决定向乌克兰提供为期两年的 170.1 亿美元的特别提款权。① 2015 年 2 月国际货币基金组织加大对乌克兰的支持力度，决定在今后四年向乌克兰提供 175 亿美元援助资金，帮助其推行经济改革。② 索罗斯（George Soros）看来，欧盟所提供的资金支持对解决乌克兰危机来说实在是杯水车薪。③ 对摩尔多瓦、格鲁吉亚，欧盟的政策重点是巩固现有成果，落实《联系协定》，积极推进"欧盟化"改造，避免因国内政治变化而影响摩、格两国的"欧洲化"取得的成果，同时防止外部力量，尤其是俄罗斯对两国内政及经济发展事务的干涉，改变两国的"欧洲化"发展道路。④

其次，针对白俄罗斯和亚美尼亚，欧盟继续保持接触。两国已经是欧亚经济联盟成员国，在对外政策、经济发展上完全脱离"东部伙伴关系计划"，相反，欧盟并没因此而停止与两国互动，而是继续推动高层对话，保持社会层面接触，寻求建立新型伙伴关系。在欧盟与亚美尼亚关系方面，2014 年 1 月双方签署的《简化签证与遣返协议》如期生效，最终目标是双方互免签证；2015 年 7 月欧盟理事会主席图斯克访问亚美尼亚，双方希望尽早启动新法律文件谈判，欧盟也将继续支持亚美尼亚在开放市场、民主改革、经济发展、区域一体化、改善投资环境、可持续发展等领域的发展。⑤ 由此看出，欧盟并没有因为亚美尼亚加入欧亚经济联盟而放弃之，而是采取盯紧、接触的策略，等待"亚美尼亚内部以寡头为主导的半威权政治体制发生变化，以及俄罗斯对亚美尼亚及地区政策的变化"，伺机而动。⑥ 与亚美尼亚相比，欧盟与白俄罗斯关系发展的限制因素更多，欧盟更是认为，卢卡申科是欧洲最后的"独裁者"，并对其加以制裁。尽管如此，欧盟还是希望在有限的条件

---

① IMF Executive Board Approves 2 – year US $ 17.01 Billion Stand – By Arrangement for U-kraine, US $ 3.19 Billion for Immediate Disbursement. Press Release No. 14/189. http://www.imf.org/external/np/sec/pr/2014/pr14189.htm

② 国际货币基金组织计划向乌克兰提供 175 亿美元资金援助，联合国新闻，2015 年 2 月 12 日。http://www.un.org/chinese/News/story.asp? NewsID = 23456

③ Soros G., A New Policy to Rescue Ukraine // New York Review of Books, February 5 2015 IS-SUE. http://www.nybooks.com/articles/archives/2015/feb/05/new – policy – rescue – u-kraine/

④ Hug A., Trouble in the Neighborhood? The Future of the EU's Eastern Partnership, European Commission – The Foreign Policy Centre, London, 2015, p. 8 – 20

⑤ Совместная пресс – конференция Президента РА и Председателя Европейского Совета, 20 июля 2015. http://www.president.am/ru/interviews – and – press – conferences/item/2015/07/20/President – Serzh – Sargsyan – answers – at – press – conference with – Donald – Tusk/

⑥ Hug A., Trouble in the Neighbourhood? The Future of the EU's Eastern Partnership, European Commission – The Foreign Policy Centre, London, 2015, p. 8 – 20

下与白俄罗斯保持接触,不采取直接介入的方式,而是逐步向社会渗透。在这方面波兰对白俄罗斯西部地区渗透一直没有停止。

最后是阿塞拜疆。与以上诸国都需要欧盟不同程度的援助不同,阿塞拜疆是"东部伙伴关系计划"中唯一一个能向欧盟提供油气资源的国家,从某种程度上阿塞拜疆比其他国家在与欧盟关系中有着更多的谈判筹码。2014年9月"南方天然气走廊"①正式动工,这意味着从阿塞拜疆,经格鲁吉亚和土耳其,到欧洲的天然气管道将最终打通,使欧盟油气进口来源进一步实现多元化。由此可见,阿塞拜疆在参与欧盟"东部伙伴关系计划"时有能力保持更多的自主性。为了不成为第二个乌克兰,阿塞拜疆并不打算完全按照欧盟所提出的标准来执行,拒绝签署《联系协定》。阿塞拜疆只打算通过参与"东部伙伴关系计划"来获取更多经济发展机会,而不想为此付出任何政治代价,反对欧盟对阿塞拜疆内政及人权事务的指责。与此同时,阿塞拜疆也不谋求加入欧亚经济联盟,不愿成为第二个白俄罗斯,完全置身于俄罗斯影响下,而是与俄罗斯保持一种良性的双边战略伙伴关系。② 应该说,以能源做战略支撑,在俄欧之间寻求平衡,不以政治牺牲为代价,尽可能获得最大经济利益是阿塞拜疆的意图所在。鉴于此背景,欧盟一方面加强与阿塞拜疆在能源领域的务实合作,进一步摆脱对俄罗斯油气资源的高度依赖;另一方面与亚美尼亚和白俄罗斯一样,对阿塞拜疆也采取不温不火地长期性渗透策略,把政治与能源、经济相脱钩,不因政治对抗(如人权、政治改革等)影响双方能源合作。③

(三)欧盟进一步加强与中亚国家的合作,升级对哈萨克斯坦关系。

2007年6月欧盟委员会通过了"欧盟与中亚新伙伴关系战略"。这是欧盟对中亚地区颁布的第一份系统性战略规划,标志着欧盟彻底摆脱了对中亚的"遗忘",④结束了没有"一个连贯、明确的政治文件"⑤做指导的时期。与"东方伙伴关系计划"在东部邻国推动"欧盟化"改造不同,安全对话和经济合作是欧盟对中亚地区战略的核心。在安全领域,2013年在布鲁塞尔举行首届"欧盟—中亚高层

---

① 南方天热气走廊包括:跨亚得里亚海天然气管道(TAP)、跨安纳托利亚管道(TANAP)、土耳其—希腊—意大利管道(ITGI)等。

② Kempe I., The South Caucasus Between the EU and the Eurasian Union // Caucasus Analytical Digest, 17 June 2013, No. 51 – 52.

③ Hug A., Trouble in the Neighbourhood? The Future of The EU's Eastern Partnership, European Commission – The Foreign Policy Centre, London, 2015, p. 8 – 20.

④ Delcour L., Shaping the Post – Soviet Space? EU Policies and Approaches to Region – Building, Surrey: Ashgate, 2011, p. 92 – 95.

⑤ 托马斯·伦克:《欧盟的中亚新战略》,载《俄罗斯研究》2009年第6期。

安全对话";2015 年在塔吉克斯坦首都杜尚别举行第二届高层安全对话。高层安全对话为欧盟与中亚国家讨论地区安全局势、阿富汗问题、恐怖主义、极端主义、毒品贸易及大规模杀伤性武器扩散等传统与非传统安全问题提供了平台。①

欧盟是许多中亚国家的贸易伙伴,是哈萨克斯坦的最大贸易伙伴。2009 年哈欧决定签署新的《伙伴关系与合作协议》,作为未来双方发展的新的法律基础。2014 年哈欧在布鲁塞尔正式签署《伙伴关系与合作扩大协议》。用纳扎尔巴耶夫的话说,"新《伙伴关系与合作协议》的签署为哈欧关系翻开了新篇章"。② 2015 年哈欧双方就简化签证手续达成共识。③ 在中亚五国中,哈萨克斯坦是第一个与欧盟签订新《伙伴关系与合作协议》的国家,这足以彰显出哈萨克斯坦在欧盟中亚战略中的支点地位。

3. 原因分析

综上所述,我们可以得出,在欧盟眼中,欧亚经济联盟既是对手,又是伙伴;既要制衡,又要对接。其原因主要有以下方面:

(·)建立"类欧盟"周边是欧盟周边战略的核心所在,是政治一体化的破题点,不会因为欧亚经济联盟的成立而发生变化。

与民族国家的"国家对国家"(Country to Country)为主线,通过双边关系构建多边机制的外交战略不同,欧盟的外交战略是以"地区对地区"(Region to Region)为核心,④通过制定地区政策,与其余地区或地区多边机制建立联系,目的是为欧洲一体化发展创造良好的外部环境,推广"欧盟模式"。可以说,"地区对地区"关系是欧盟对外政策和强化其国际行为体地位的基础,⑤原因在于跨地区关系可以有助于欧盟推广自由国际主义,构建全球行为体的身份认同以及增强自身实力。⑥2004 年欧盟完成历史上最大规模扩员,成员国从十五个增加到二十五个,2007 年

---

① EU – Central Asian High Level Security Dialogue Takes Place in Dushanbe // EEAS – Press Release, Dushanbe, 11 March 2015. http://eeas. europa. eu/statements – eeas/2015/150311_01 _en. htm

② Назарбаев Н. , Следующая глава в отношения между Казахстаном и ЕС, 8 октября 2014 г. http://www. inopressa. ru/article/08oct2014/wsj/kazakhstan. html

③ 哈萨克斯坦与欧盟或将简化签证手续,哈萨克国际通讯社,2015 年 5 月 25 日。http://inform. kz/chn/article/2779600

④ Delcour L. , Shaping the Post – Soviet Space? EU Policies and Approaches to Region – Building, Surrey: Ashgate, 2011.

⑤ Delcour L. , Shaping the Post – Soviet Space? EU Policies and Approaches to Region – Building, Surrey: Ashgate, 2011, p. 7.

⑥ Soderbaum F. , Langenhove L. , The EU as a Global Player: The Politics of Interregionalism, London and New York: Routledge, 2006, p. 120 – 129.

保加利亚、罗马尼亚加入,2013 年克罗地亚加入,今天欧盟共有二十八个成员国。在此背景下,欧盟开始注重与周边地区及其他地区建立新型合作关系,推行"欧盟化"改造,特别在周边地区"从传统意义上的隔离的分界线转变为交流和互动的中间带",①构建起类己的,而非异己的周边。2004 年欧盟推出的"欧洲睦邻政策"(ENP)就是这一转变的拐点。学者把"欧洲睦邻政策"定义为,"以欧盟条件性为前提,通过推广价值与规范来影响和塑造周边国家,实现从'扩大式欧洲化'到'睦邻式欧洲化'的中心转移"。②

　　欧洲政策研究中心(CEPS)研究员爱默生(Michael Emerson)把欧盟的周边地区分为三大板块:北美板块、大中东板块(地中海东部与南部、海湾地区、阿富汗、中亚地区)、俄罗斯及其余欧洲国家板块(见图 1)。北美板块与欧盟同属北大西洋政治、经济空间,有着共同的价值观、政治取向,因此欧盟与北美之间并无间隙。大中东板块被欧盟视为安全威胁的发源地,如恐怖主义、宗教极端主义、非法毒品交易等均来源于此。大中东板块又是欧盟油气资源的来源地。因此与美国、俄罗斯、中国等其余国际政治力量一起进行危机管控,推动社会经济发展,维护地区稳定的同时,积极开发该地区自然资源,实现能源进口多元化是欧盟的关切所在。最让欧盟纠结的是俄罗斯及其余欧洲国家板块。在欧盟意识里,欧盟和俄罗斯以及其余欧洲国家都属"大欧洲"地区。如果说北美是近亲和远邻,大中东是近邻与远邻,那么俄罗斯及其余欧洲国家则是欧盟的近亲与近邻,历史与现实关系非同一般。特别是俄罗斯,欧盟认为,俄罗斯与欧盟是"大欧洲"地区的两大支柱。从这个意义上说,欧盟对俄罗斯及其余欧洲国家板块的政策的实质是对地区内周边国家及地区的"欧盟化"改造,培育"类己化"地区,决不允许出现"异己化",最终造成地区分裂。

---

① 张学昆:《论欧盟邻国政策的形成》,载《国际政治研究》2009 年第 3 期。
② 宋黎磊:《欧盟"东部伙伴关系"计划:意图、推进与问题》,载《国际问题研究》2015 年第 2 期。

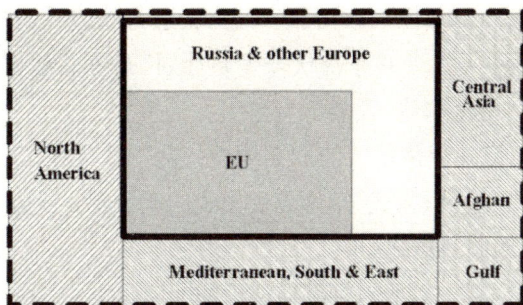

图 1 欧盟及其周边板块图

资料来源:Emerson M.，The Wider Europe Matrix，Brussels:Centre for European Policy Studies,2004,p. 16.

"欧洲睦邻政策"的两大支柱也是针对东部周边的"东部伙伴关系计划"和针对南部周边的"地中海联盟计划"。在不给入盟许诺的前提下,充分发挥自身优势,利用价值影响力和制度牵引力,严格规范和塑造周边国家,推动周边邻国进行"欧洲化"改造,由此构建"类欧盟"周边地区,实现对周边地区的"地区构建",是欧盟周边政策的核心所在。就拿东部周边来说,2008 年俄格冲突、2009 年俄乌斗气则进一步坚定了欧盟欲主动介入稳定东部周边的决心。2008 年波兰和瑞典要求在"欧洲睦邻政策"框架基础上加强与东部邻国的政治、经济对话,其中波兰最为积极。① 2009 年,欧盟与东部白俄罗斯、乌克兰、摩尔多瓦、格鲁吉亚、亚美尼亚、阿塞拜疆等六个邻国政府签署了"东部伙伴关系计划"。"东部伙伴关系计划"在经济层面,要求参与国与欧盟签订双边《联系协定》,通过建立深度自贸区,将东部邻国纳入欧盟经济空间;在政治上,按照欧盟标准,推动参与国政治改革;在社会层面,降低签证门槛,积极在参与国培育欧盟式的公民社会;在多边层面有东部伙伴关系峰会、年度部长会议、欧盟—东部邻国年度会议等。"东部伙伴关系

---

① 波兰和瑞典是"东部伙伴关系计划"倡议者,其中以波兰最为积极。波兰把自己定位为中东欧地区的领导力量,早在 2000 年初波兰就提出欧盟应该针对东部伙伴制定相应的政策。波兰和瑞典提出的"东部伙伴关系计划"遭到了来自德国的阻力。德国主张,在欧盟对东部邻国政策中应该充分考虑俄罗斯的作用。德国认为,应该适当制衡一下波兰在欧盟对东部邻国政策中的分量。参见:Natorski M.，National Concerns in the EU Neighbourhood:Spanish and Polish Policies on the Sourthen and Eastern Dimensions' // see. Delcour L.，Tulmets E.，Pioneer Europe? Testing European Foreign Policy in the Neighbourhood. Baden – Baden:Nomos, 2008, p. 57 – 76;Copsey N.，Pomorska K.，Poland's Power and Influence in the European Union:The Case of Its Eastern Policy // Comparative European Politics, 2010, No. 8(3).

计划"实质是欧盟对东部邻国的政治、经济、社会进行欧盟式的规范化改造,是欧盟"内部政策的外部扩展"。① "东部伙伴关系计划"是苏联解体以来欧盟第一个针对后苏联地区的"地区构建"计划。

从这个角度看,欧亚经济联盟的成立无疑打乱了欧盟在东部周边推行"欧盟化"改造的如意算盘,是"欧盟式"地区发展模式的竞争者。欧盟方面认为,有必要对欧亚经济联盟采取制衡措施。

(二)伙伴还是对手? 欧盟对俄罗斯认识的困境。

从实质上讲,俄欧关系是欧盟与欧亚经济联盟的核心环节,俄欧关系的走向直接决定欧盟与欧亚经济联盟关系的发展。

21世纪以来,俄欧之间存在两大困境:第一,经济趋热,达到相互依存,而政治趋冷,甚至分道扬镳。在经贸领域,从2004年到2008年世界金融危机前,俄欧间贸易额增长一倍多,从1310.43亿欧元增长到2854.16亿欧元,②俄罗斯也成为继美国、中国之后的欧盟第三大贸易伙伴。而在政治领域,俄欧双方则渐行渐远,欧盟主张西方式民主,俄罗斯却力推"主权民主";欧盟炮制科索沃独立,俄罗斯借助俄格冲突,支持南奥塞梯、阿布哈兹独立;欧盟在东欧及高加索地区推"东部伙伴关系计划",俄罗斯则主导欧亚一体化等。从2007年慕尼黑会议,到2008年俄格冲突,再到2014年以来的乌克兰危机,俄欧之间政治互信逐步消散殆尽,欧盟官员甚至称:"俄罗斯已经不再是欧盟的战略伙伴。"③

第二,欧盟内部对俄罗斯态度立场迥异。欧盟内部对俄罗斯的态度立场并非铁板一块,主要有两个集团:其一是德法意为核心传统欧洲大陆国家,它们较尊重俄罗斯的利益诉求,在形式上多主张对话;其二是新加入欧盟的中东欧国家,以及英国、瑞典,它们更多要求对俄采取强硬措施,挤压俄的战略生存空间,以达到自身的地缘政治目的。比如在俄格冲突中,在法国总统萨科齐积极调停的同时,波兰和波罗的海三国却公开为萨卡什维利助威。在这样的形势下,俄罗斯采取的对策是绕开新欧洲国家,积极与德法意开展双边外交关系,如俄罗斯拒不参加欧盟发起的《欧洲能源宪章》,而与德国直接点对点铺设"北流"天然气管道。从某种

---

① 宋黎磊:《欧盟"东部伙伴关系"计划:意图、推进与问题》,载《国际问题研究》2015年第2期。

② European Commission. Russia – Trade Statistics (2015), 10 April 2015. http://trade. ec. europa. eu/doclib/docs/2006/september/tradoc_113440. pdf

③ Mogherini: Russia is no longer the EU's Strategic Partner. Euractiv, 02 september 2014. http://www. euractiv. com/sections/global – europe/mogherini – russia – no – longer – eus – strategic – partner – 308152

程度上说,欧盟内部对俄罗斯政策立场的分化,以及俄罗斯"分而治之"的外交策略一定程度上阻碍了欧洲在某些领域的一体化进程,如能源领域。①

由此得出,俄欧之间关系的症结在于:经济上的伙伴,政治上的对手;双边易沟通,多边难推进;俄与德法为代表的老欧洲国家是对话,而与波兰、波罗的海三国为代表的新欧洲国家及瑞典、英国等传统地缘政治对手是对抗。围绕 2014 年乌克兰危机,俄欧双方相互制裁,政治对话停滞不前,人文与社会领域交流出现倒退。国际学界几乎一致认为,乌克兰危机把后冷战时期逐步建立起来的俄欧关系推向了全面恶化,是各种症结的集中病发,欧盟把俄罗斯看作是"破坏者",②俄罗斯则把欧盟比作"新型帝国组织"。③

二、美国对欧亚经济联盟的认知、对策及其原因分析

1. 美国对欧亚经济联盟的基本认知及应对之策

(一)欧亚经济联盟是俄罗斯主导的政治经济联盟。

2015 年 3 月,欧亚经济联盟欧亚经济委员会工作会议部长瓦洛娃娅(Т. Д. Валовая)在美国哥伦比亚大学举行演讲,目的是向美国学界及政界传递"欧亚经济联盟是纯粹的经济组织,而非政治集团"④的信号,希望美方能够多从经济发展角度看待欧亚经济联盟。显然,瓦洛娃娅的呼吁没能与美国学界形成共鸣。美国战略与国际研究中心研究员曼可夫(Jeffrey Mankoff)认为,除了经济内容以外,高度政治化和俄罗斯的主导作用是欧亚经济联盟的另外两大特性。不管欧亚经济联盟未来朝什么方向发展,还是俄罗斯极力拉拢周边国家加入的做法,都充分体现出俄罗斯的战略意图远不止取消贸易壁垒那么简单。⑤

在美方看来,俄罗斯主导的地区一体化进程从来都是政治与经济搭伴而行,如独联体经济联盟条约(1993 年)与独联体集体安全条约(1992 年)、欧亚经济共

---

① 俄欧能源合作现在进入了这么一个困境:俄罗斯越是强调自己在独联体能源市场的主导地位时,欧盟就越努力在其他地区寻求新的油气资源进口渠道。也就说,俄罗斯强化能源强国地位动作把欧盟推向了其他能源市场。

② Delcour L., Kostanyan H., Towards a Fragmented Neighbourhood: Policies of the EU and Russia and Their Consequences for the Area that Lies in between // CEPES Essay, 17 October 2014, No. 17.

③ Бусыгина И. М., Филиппов М. Г., Евросоюз: от частного к общему // Россия в глобальной политике, 2010, №1.

④ 欧亚经济委员会工作会议部长瓦洛娃娅于 2015 年 3 月 2 日在美国哥伦比亚大学的演讲。

⑤ Mankoff J., Eurasian Integration: The Next Stage // GWU – Elliot School of International Affairs, Central Asia Policy Brief, December 2013, No. 13.

同体(2000 年)与集体安全条约组织(2002 年)。今天的欧亚经济联盟也是如此，它与集体安全条约组织有着紧密联系。欧亚经济联盟与集体安全条约组织成员国大部分重叠，如俄罗斯、白俄罗斯、哈萨克斯坦、亚美尼亚、吉尔吉斯斯坦。在这两个组织里俄罗斯无疑是主导力量。可以说，欧亚经济联盟是俄罗斯的经济"软实力"，而集体安全条约组织则是政治军事"硬实力"，只有两者做到相辅相成，俄罗斯才能具备重建势力范围的能力。[1] 在很长一段时间，俄罗斯与周边国家政治军事合作多是以双边形式出现。而集体安全条约组织作为前苏联地区唯一运行中的政治军事组织在处理成员国及地区局势动荡时作用有限。随着组织内部改革逐步深化，建立和完善统一指挥体系，集体安全条约组织将成为欧亚联盟的武装力量，[2]为俄罗斯在其他成员国扩大军事存在提供可能。[3] 因此，保守主义学者科恩(Ariel Cohen)把欧亚经济联盟视为对美国利益的威胁。他认为，欧亚经济联盟与欧盟不同，前者在俄罗斯的主导下将威胁东欧、中亚国家的民主自由、地区稳定，以及损害俄罗斯周边国家的政治独立与国家主权，这不符合美国在欧亚地区的利益。[4]

(二)重构传统势力范围是俄罗斯主导建立欧亚经济联盟的战略意图。

美方学者几乎一致认为，欧亚经济联盟是俄罗斯重建和巩固在后苏联空间传统势力范围的战略支点，主要有内部和外部两方面因素。内部因素主要是俄罗斯与生俱来的"帝国主义"意识。具有军方背景的研究员布兰克(Stephen Blank)提出，欧亚经济联盟是俄罗斯新帝国主义的再现。他进一步指出，俄罗斯政治精英的"帝国"意识根深蒂固，"如果俄罗斯现在不是强国(如新帝国主义帝国)，那么

① Cohen A. , Russia's Eurasian Union Could Endanger the Neighborhood and U. S. Interests // The Heritage Foundation: Backgrounder, June 14, 2013, No. 2804.

② McDenmott R. , The Kremlin, General Shamanov and Transforming the CSTO // Eurasian Daily Monitor, 2012, Vol. 9, Issue 179. http://www. jamestown. org/programs/edm/single/? tx_tt-news%5Btt_news%5D = 39918&cHash = 11c5894c8c26c39101fe6a89ab698ba2 #. VQ4D_PnF83c

③ 如俄罗斯计划在 2016 年前扩大在亚美尼亚和吉尔吉斯斯坦的空军基地，在白俄罗斯东部地区新建歼击机基地。参见 Bodner M. , With Ukraine Revitalizing NATO, Russia Dusts Off Its Own Security Alliance. http://www. themoscowtimes. com/business/article/russia - s - csto - stumbles - on - regional - conflicts - in - drive - to - rival - nato/509986. html

④ Roberts J. , Cohen A. , Blaisdel J. , The Eurasian Union: Undermining Economic Freedom and Prosperity in the South Caucasus // The Heritage Foundation - Special Report, 2013, November 26, No. 148; Cohen A. , Russia's Eurasian Union Could Endanger the Neighborhood and U. S. Interests // The Heritage Foundation - Backgounder, June 14, 2013, No. 2804.

俄罗斯在未来也不会是强国，而是中世纪刚刚诞生的公国"。① 因此，"俄罗斯是不允许自己失去帝国地位的国家……如果在俄罗斯周围没有一个在自己领导下的新帝国集团，那么俄罗斯国家的延续性将面临威胁"。② 自苏联解体以来，叶利钦、普京一直试图通过多边一体化机制，重构自身在前苏联地区的领导地位。在布兰克看来，"俄罗斯主导的一体化进程不单是经济或军事一体化，而关键是俄罗斯试图把主权凌驾于其他独联体国家之上，是具有新帝国主义特征的势力范围划分政策……今天的一体化项目就是俄罗斯历史上帝国的化身"。③ 换句话说，增加周边国家对俄罗斯的依赖，并借此影响周边国家内政与外交是俄罗斯对外政策中的重要内容。④

外部因素来自域内及域外两个方向。针对域内问题，俄罗斯需要借助欧亚经济联盟机制来遏制伊斯兰原教旨主义的扩张，打击恐怖主义、非法武器及毒品交易，建立以俄罗斯为中心的地区交通体系以及实现对地区油气资源的控制。⑤ 此外，俄罗斯更需要欧亚经济联盟来制衡域外力量对东欧、高加索及中亚等"特殊利益地区"的渗透。近年来，欧盟通过"东部伙伴关系计划"积极向东欧及高加索六国渗透；中国在经济上也已经超过俄罗斯，成为大部分中亚国家的重要经济伙伴。从 2002 年到 2012 年的十年里，中国占中亚国家对外贸易总比重从 5.7% 上升至 20%，而俄罗斯的比重从 18.2% 降至 15.7%（见表 1）。中国反超俄罗斯的拐点出现在 2009 年全球金融危机时期，2011 年俄白哈启动关税同盟后，俄罗斯的比重才明显上升（见表 2）。因此，斯塔尔（Frederick Starr）和康奈尔（Svanta Cornell）指出，如果不尽快成立欧亚联盟，那么俄罗斯在西边的势力范围会让给欧洲，在东边的会让给中国。⑥

---

① Starr S. F. , Cornell S. E. , Putin's Grand Strategy: The Eurasian Union and Its Discontents, Washington D. C. , SAIS, 2014. p. 17

② Starr S. F. , Cornell S. E. , Putin's Grand Strategy: The Eurasian Union and Its Discontents, Washington D. C. , SAIS, 2014. p. 2, p.15.

③ Starr S. F. , Cornell S. E. , Putin's Grand Strategy: The Eurasian Union and Its Discontents, Washington D. C. , SAIS, 2014. p. 2, p. 28.

④ Mankoff J. , What a Eurasian Union Means for Washington: Putin's Attempts to Bolster Regional Ties Have Many in the West Concerned, The National Interests, April 19, 2012. http://nationalinterest. org/commentary/what – eurasian – union – means – washington – 6821

⑤ Cohen A. , Russia's Eurasian Union Could Endanger the Neighborhood and U. S. Interests // The Heritage Foundation – Backgounder, June 14, 2013, No. 2804

⑥ Starr S. F. , Cornell S. E. , Putin's Grand Strategy: The Eurasian Union and Its Discontents, Washington D. C. , SAIS, 2014. p. 80.

表1　2002年至2012年中俄在中亚国家对外贸易中的比重对比(%)①

国家	2002 年	2007 年	2012 年
中国	5.7%	10.2%	20.0%
俄罗斯	18.2%	19.3%	15.7%

表2　2001年至2013年中俄与中亚国家贸易额变化曲线图②

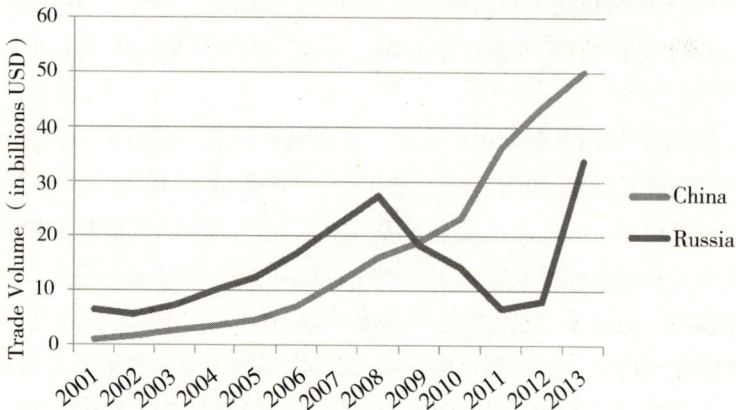

（三）对欧亚经济联盟前景的预判。

美方学者对欧亚经济联盟前景认识并不明朗,目前主要集中在以下观点:第一,欧亚经济联盟的成立意味着在欧亚地区将重新出现一个威权的反西方的国家集团,这是对美国治下的国际秩序的挑战。科恩提出,在这个地区或许会重新出现类似于"19世纪罗曼诺夫王朝与大英帝国间的博弈以及20世纪冷战"③的局面。

第二,地区内不确定因素对欧亚经济联盟产生消极影响。首当其冲的是乌克兰危机。在乌克兰危机,西方经济制裁以及国际石油价格跌宕的背景下,俄罗斯经济陷入困境,在短期内无法恢复元气。也就是说,包括乌克兰危机在内的诸多原因以及打掉了俄罗斯地区经济大国的地位,稀释了俄罗斯在欧亚地区的经济向

---

①　联合国商品贸易统计数据库和美国中央情报局世界概括报告,参见 Scobell A. , Ratner E. , Beckley M. , China's Strategy Toward South and Central Asia: An Empty Fortress // The Rand Corporation, 2014, p. 43

②　Cooley A. , Great Games, Local Rules, Oxford: Oxford University Press, 2012, p. 86

③　Cohen A. , Russia's Eurasian Union Could Endanger the Neighborhood and U. S. Interests // The Heritage Foundation – Backgounder, June 14, 2013, No. 2804

心力,对美国而言,俄罗斯仅仅是一个军事大国,不足以支撑起欧亚经济联盟。①其次是欧亚经济联盟内部不和谐声音依然存在。

第三,欧亚经济联盟不会是欧盟的翻版,或许可以往开放地区主义方向努力。从内部贸易结构上看,欧盟的成员国间内部贸易额要大大超过欧亚经济联盟,后者的主要贸易对象是域外经济体。更何况,俄罗斯堪弱的经济实力也难以长时间支撑起欧亚经济联盟,满足其他成员国的利益诉求。面对这一现实,约翰·霍普金斯大学的奥尼尔(Molly O'Neal)指出,欧亚经济联盟最好采取开放地区主义,实现成员国间贸易与对外贸易同时增长,"北美自由贸易区"模式对欧亚经济联盟或许是一种可行路径。② 曼可夫也提出,封闭式的一体化进程不能算是成功的一体化,"欧亚一体化应该借鉴东盟模式,奉行开放地区主义"。③

(四)美国对欧亚经济联盟可能采取的策略。

21世纪以来,美国对独联体地区的战略逻辑是:第一,推广西方式价值观,在独联体国家培养所谓民主国家,如2003年至2005年的"颜色革命"、支持亲西方的非政府组织活动等;第二,在独联体地区构建"排俄"的新地区安全结构,如支持建立"古阿姆"及力推北约"和平伙伴关系计划"等;第三,主导"南向"地区一体化进程,试图从经济上撕裂独联体国家与俄罗斯的传统经济联系,如提出"新丝绸之路计划",力图把中亚国家往南拉,参与中亚—南亚地区一体化;第四点最关键,那就是遏制俄罗斯"重新崛起",但是过弱的俄罗斯对美国不利。④ 应该把俄罗斯限定在弱而稳定的界限内,让俄罗斯变成美国实现对外政策的工具,而非竞争对手;第五,在国际安全及地区热点问题上还需与俄罗斯保持有限的伙伴关系,或称"冷合作"。如在阿富汗问题、伊朗核问题、防止大规模杀伤性武器扩散、中东地区事务、制衡中国崛起等,美国离不开与俄罗斯的合作。

照此逻辑,美方仍旧认为俄罗斯是地缘政治对手,⑤尽管不能过分地把欧亚经

---

① 英国国际战略研究所驻华盛顿分所研究员塞缪尔·查拉普(Samuel Charap)于2015年1月21日在美国哥伦比亚大学的报告。

② Central Asia and the Eurasian Economic Union: The Global Picture and Country Perspectives // GWU – Central Asia Policy Brief, February 2015, No. 21.

③ Mankoff J. , Eurasian Integration: The Next Stage // GWU – Elliot School of International Affairs, Central Asia Policy Brief, December 2013, No. 13.

④ Motyl A. , Ruble B. , Shevtsova L. , Russia's Engagement with the West: Transformation and Integration in the Twenty – First Century, New York: M. E. Sharpe, 2005, p. 260

⑤ 2015年7月9日在北京大学斯坦福中心与美国前驻俄罗斯大使迈克尔·麦克福尔(Michael McFaul)的座谈会。迈克尔·麦克福尔大使是美国对俄"重启"政策的制定者之一。

济联盟看作是"新苏联"的复辟,那也得保持警惕,①防止俄罗斯"重新崛起"及把欧亚经济联盟打造成反美政治集团。美国可能采取的措施有:②(1)继续介入欧亚事务,不能把这一地区拱手让给地缘政治经济竞争对手——俄罗斯和中国;(2)整合多部门力量,制定出系统的欧亚战略;(3)加强与中亚、高加索及东欧中小国在外交、政治、经济等领域的双边关系,保持与这些国家的良好沟通状态;(4)充分利用国际多边机制,推动欧亚地区政治经济自由化;(5)利用公共外交手段,推广美国"软实力";(6)一定程度上默许欧亚经济联盟框架内的经贸一体化,夯实市场经济基础,发展独联体国家经济,有利于强化地区局势稳定。这对美国有利。但是美国坚决反对欧亚经济联盟"政治化",最终成为反西方的政治、军事联盟。

2. 美国对欧亚经济联盟态度的原因分析

就目前而言,虽然美国对俄罗斯及欧亚经济联盟有一个宏观的考量与判断,但是缺乏具体的应对之策。然而,有一点是可以明确的,那就是俄美关系将决定美国对欧亚经济联盟的态度,俄美关系的变化是美国发展与欧亚经济联盟关系的基础。那么当下美国对俄态度如何? 俄美关系有什么特点? 俄美关系能否成为美国与欧亚经济联盟关系的基础? 我们将从以下方面逐一论述。

(一)美国国内缺乏对俄美关系的统一认识,没有制定出长期的对俄战略,总体态势是"美攻俄守"。

自俄罗斯独立以来,俄美关系共出现四次高潮期,三次低谷期。高潮期有:第一次是上世纪90年代初美国老布什和俄罗斯叶利钦执政时期。这一时期俄罗斯刚刚独立,美国在俄罗斯国内政治经济改革中发挥着重要作用。此外,在推动乌克兰、哈萨克斯坦等国去核化,维护独联体地区安全稳定上俄美两国立场高度一致。俄美两国也于1991年7月签署了《削减和限制进攻性战略武器条约》。90年代初也被称为俄美"蜜月期"。第二次是在上世纪90年代中期,为了防止俄共复辟,巩固苏联解体的"胜利果实",美国克林顿政府支持叶利钦总统大选。第三次

① Mankoff J. , What a Eurasian Union Means for Washington: Putin's Attempts to Bolster Regional Ties Have Many in the West Concerned, The National Interests, April 19, 2012. http://nationalinterest. org/commentary/what – eurasian – union – means – washington – 6821

② 参见:Cohen A. , Russia's Eurasian Union Could Endanger the Neighborhood and U. S. Interests // The Heritage Foundation: Backgrounder, June 14, 2013, № .2804; Братерский М. В. , Политика США в отношении постсоветской интеграции // США и Канада: экономика, политика, культура, 2013 г. , №6; Mankoff J. , What a Eurasian Union Means for Washington: Putin's Attempts to Bolster Regional Ties Have Many in the West Concerned, The National Interests, April 19, 2012. http://nationalinterest. org/commentary/what – eurasian – union – means – washington – 6821

高潮出现在美国遭"9.11"恐怖袭击事件之后。俄罗斯总统普京第一时间联系美国小布什总统,向美国开放中亚,支持阿富汗反恐战争,俄美结成"反恐同盟"。第四次高潮也就是美国奥巴马总统和俄罗斯梅德韦杰夫总统主导的"重启"。俄美关系"重启"的最大功绩在于签署新版《削减和限制进攻性战略武器条约》,在经贸与反恐领域的合作也有所突破。

低谷期有:第一次低谷期是在上世纪 90 年代中期一直到 2001 年"9·11"恐怖事件。这一时期美国加紧对东欧前社会主义国家渗透,填补苏联解体的权力"真空",在东欧地区加紧北约东扩,排斥俄罗斯在东欧的传统影响力。1999 年科索沃战争以美国为首的西方获得胜利,俄罗斯影响力退出巴尔干及整个东南欧地区。第二次低谷期是 2003 年至 2008 年底。这一时期美国为主导的西方势力继续东进,从东欧渗透到独联体地区,推进北约东扩,扶植反俄集团"古阿姆",导演"颜色革命",干预俄罗斯内政,指责普京打击国内寡头,试图在俄掀起"白桦树革命"(亦称"白色革命")。作为应对,俄罗斯提出"主权民主",加紧推进独联体地区政治、军事、经济一体化,2007 年慕尼黑讲话与西方正面唇枪舌战,2008 年爆发俄格冲突。第三次低谷期是从 2012 年至今。普京第三次当选后力推欧亚一体化,反制西方渗透。美国则进一步指责俄罗斯国内人权、民主等问题,制造"马格尼茨基事件"。最终俄美双方围绕乌克兰问题而"闹翻"。

通过以上梳理,我们可以得出两个基本结论:第一,在美国不介入俄罗斯传统势力范围,干预俄罗斯内政时,两国关系发展较为平稳,尤其在处理两国共同关切的国际事务上反而容易达成合作;第二,俄美关系在高潮与低谷之间呈"钟摆效应",双边关系中稳定机制缺失。有意思的是,俄美关系好坏转变往往出现在同一政府执政时期内,较为明显的是小布什政府和奥巴马政府。应当说,在当代大国关系之中,与中美、中俄、俄欧、欧美等相比,俄美关系相对脆弱。从美国方面看,其中一个重要原因是:美国国内政治精英在对俄关系上立场不一致,势均力敌,时常转换。目前,美国国会在对俄政策上主要分两派:一派认为美国应该与俄罗斯加强在共同关切领域合作,避免染指俄罗斯国内政治,让俄美关系与俄罗斯国内问题相脱钩;另一派则认为,美国应该把对俄关系与俄罗斯国内政治发展相结合,制止俄罗斯朝威权体制方向继续发展。[1] 当前者占主导的时候,美国对俄政策多倾向寻找共同利益点,推进务实合作;而当后者处上风的时候,美国时常指责俄罗斯内政,积极向俄罗斯特殊利益地区挺进,而遭来俄罗斯强烈反弹。对俄政策认

---

① Stent A. , The Limits of Partnership: U. S. - Russian Relations in the Twenty - First Century, Princeton: Princeton University Press, 2014, p. 257

识上的摇摆自然影响到了外交实践。在实践中,美国总是在干涉和不干涉俄罗斯内政发展之间,挤压俄罗斯地缘战略空间和与俄罗斯寻求合作之间徘徊。[①] 因此,美国缺乏对俄罗斯系统的宏观大战略,[②]但"美攻俄守"的总体态势是明朗的。

(二)俄美关系内容固化,"重"地缘政治、军事安全等"高级政治"领域的博弈,"轻"经贸联系等"低级政治"领域的合作。

俄美关系二十多年来,两国关系内容始终停留在削减核武器、防止大规模杀伤性武器扩散、地缘政治博弈(阿富汗问题、伊朗问题、叙利亚问题、欧洲安全问题等)、反恐合作等领域。"俄美关系至今还是政治军事型的……像过山车一样大起大落,实际上只是彼此徒劳无益地清点导弹数量。"[③]

相反,俄美经济合作一直处于低位状态。根据美国商务部统计,2013 年俄美贸易商品贸易总额为 382.307 亿美元,其中美国向俄罗斯出口额为 111.445 亿美元,从俄罗斯进口额为 270.857 亿美元。[④] 对俄贸易在美国总对外贸易额中比重极低,仅占 1%,在对外贸易伙伴中仅排第 24 位,[⑤]而且贸易结构也十分单一,主要集中在自然资源、机械设备、农产品等。我们可以与俄欧、中俄贸易做一个比较。2013 年欧盟与俄罗斯商品贸易总额为 3264 亿欧元,其中欧盟从俄罗斯进口额为2069 亿欧元,向俄罗斯出口额为 1195 亿欧元。[⑥] 2013 年中俄贸易额为 531.73 亿美元。[⑦] 欧盟在俄罗斯对外贸易比重中占 42.6%,为俄罗斯第一大贸易伙伴,中国占 16.9%,排第二,美国仅占 5.2%。[⑧]

---

① Motyl A., Ruble B., Shevtsova L., Russia's Engagement with the West: Transformation and Integration in the Twenty – First Century, New York: M. E. Sharpe, 2005, p. 261

② 2012 年 4 月 26 日美国国家安全委员会俄罗斯事务主任(2004 年至 2007 年)托马斯·格雷厄姆(Thomas Graham)在俄罗斯莫斯科国际关系学院的演讲。

③ Злобин Н., Военно – политическая дружба США и России // Ведомости, 26 марта 2012.

④ 美国商务部统计数据:U. S. Trade in Goods with Russia (2013). http://www.census.gov/foreign – trade/balance/c4621. html

⑤ 俄罗斯经济发展部网站,参见:Внешняя торговля России с США. http://www.ved. gov. ru/exportcountries/us/us_ru_relations/us_ru_trade/

⑥ European Commission:EU – Russia "Trade in Goods" Statistics. http://ec. europa. eu/trade/policy/countries – and – regions/countries/russia/

⑦ Российский статистический ежегодник (2014): Внешняя торговля Российской Федерации со странами дальнего зарубежья. http://www. gks. ru/bgd/regl/b14_13/IssW-WW. exe/Stg/d04/26 – 09. htm

⑧ Российский статистический ежегодник (2014): Удельный вес партнёров в экспорте и импорте Российской Федерации. http://www. gks. ru/bgd/regl/b14_13/IssWWW. exe/Stg/d04/26 – 08. htm

应该说,俄美关系改善空间有限,仅限在地缘政治、地区问题、传统安全等"高级政治"领域。此外,由于两国经济相互依存度低,因此两国关系发生动荡的经济成本较低。俄美战略界一致认为,俄美关系不能用好坏来评价,而只能用稳定与否来衡量。这里的"稳定"是消极稳定,指的是俄美两国在地缘政治、军事战略,甚至意识形态上的均势,维系这种均势是俄美两国冷战结束以来相互博弈的焦点。

(三)俄美在战略定位、综合国力、外交资源等方面存在结构性失衡。

俄美关系中存在战略定位、综合实力及外交资源等方面的结构性失衡,这也是影响美国对欧亚经济联盟态度的重要因素。

首先是战略定位。在美国对外战略定位中,俄罗斯是重点,但不是优先。苏联解体后的二十余年来,美国视俄罗斯是"被击败的对手"(a defeated rival),没把俄罗斯定为平等的合作伙伴,①在对俄关系中,美国往往是居高临下,对俄罗斯采取挤压、遏制的策略。尽管如此,美国决策层清楚地认识到,俄罗斯是维护中东地区稳定、解决伊朗核问题及阿富汗问题的伙伴,甚至是制衡中国崛起的有利杠杆。② 乔治城大学俄罗斯研究中心主任斯腾特(Angela Stent)总结道:"在美国外交战略中俄罗斯处于第二梯队,但俄罗斯却是美国外交第一梯队问题的重要伙伴,俄罗斯是美国实现对外政策目标的重要工具。"③在地区战略层面,独联体地区并不是美国外交战略的优先。2015 年美国最新发布的《国家安全战略》中,美国地区战略优先排序依次为:亚太、欧洲、中东与北非、非洲、美洲。④ 文件中没有涉及美国对独联体地区战略,更没提出对欧亚经济联盟的政策安排。美国学界普遍认为,美国大规模进入中亚与高加索地区很大程度上是为了阿富汗反恐战争的需要。随着美国与北约武装力量逐步撤出阿富汗,中亚—高加索地区在美国外交中的地位将进一步边缘化。亚太(应对中国崛起)、中东(对抗极端伊斯兰势力)与欧洲(与欧盟传统盟友关系)才是决定美国未来全球领导地位的战略前沿地区。除了俄罗斯与波罗的海三国,在美国国务院一般只由一名助理国务卿或副国务卿

---

① Stent A. , The Limits of Partnership: U. S. – Russian Relations in the Twenty – First Century, Princeton: Princeton University Press, 2014, p. 255 – 256

② Graham T. , American Needs a Real Russia Policy // The National Interest, July 25, 2014. http://nationalinterest. org/feature/america – needs – real – russia – policy – 10953

③ Stent A. , The Limits of Partnership: U. S. – Russian Relations in the Twenty – First Century, Princeton: Princeton University Press, 2014, p. 258

④ National Security Strategy, February 2015. https://www. whitehouse. gov/sites/default/files/docs/2015_national_security_strategy. pdf

来负责其余前苏联国家事务。①

在俄罗斯对外战略排序中,美国既是重点,也是优先。俄罗斯不认为自己是冷战的失败者,在俄美关系中强调平等、互利的互动模式。在2000年版、2008年版及2013年版的《俄罗斯联邦对外政策构想》中,俄罗斯都把俄美关系定位为维护国际安全及地区局势稳定的支点,急切希望双方能在经贸、人文等务实领域扩大合作,夯实双边关系物质基础。② 2008年的《俄罗斯联邦对外政策构想》提出建立统一的欧洲—大西洋地区,实现"从温哥华到符拉迪沃斯托克"的跨地区整合,把俄—美—欧关系定位为除独联体地区外的外交优先方向。③ 2013年的《俄罗斯联邦对外政策构想》重申了俄罗斯欲构建欧洲—大西洋地区的意愿,把加强俄美双边对话定为俄罗斯对外政策的长期优先。④ 尽管近年来俄罗斯对外政策有明显"东倾"趋势,加强了与中国、越南、韩国、印度等亚洲国家关系,然而,在俄罗斯外交战略排序中对欧美关系仍旧处于优先位置。

其次,俄美两国综合国力相差悬殊。在冷战年代,虽然苏联国力不及美国,但也是世界综合国力第二强国。苏联盘踞欧亚大陆,自然资源丰富,工业底子厚实,军事实力强大,是当时世界上唯一能与美国相抗衡的超级大国。苏联解体以后,无论是独立初期,还是处于复兴期的俄罗斯都不能与美国同日而语,多年来国内生产总值(GDP)仅占美国的10%左右,2014年俄罗斯的军费开支仅为美国的12%。在西方制裁、石油价格暴跌以及自身经济结构缺陷等"三座大山"下,在未来若干年内俄罗斯经济发展将处于低迷状态,俄美两国综合国力可能会更加悬殊。

表3　美国与俄罗斯国内生产总值(GDP)一览表(2010年至2014年,单位:亿美元)⑤

	2010年	2011	2012	2013	2014
美国	149643.72	155179.26	161631.58	167680.53	174190

---

①　Starr S. F. , Cornell S. E. , Putin's Grand Strategy: The Eurasian Union and Its Discontents, Washington D. C. : SAIS, 2014. p. 61.

②　参见:2000年版、2008年版及2013年版的《俄罗斯联邦对外政策构想》。

③　Концепция внешней политики Российской Федерации (2008).

④　Концепция внешней политики Российской Федерации (2013). http://archive. mid. ru/brp _4. nsf/0/6D84DDEDEDBF7DA644257B160051BF7F

⑤　根据世界银行数据整理:http://data. worldbank. org/indicator/NY. GDP. MKTP. CD

续表

	2010 年	2011	2012	2013	2014
俄罗斯	15249.17	19047.94	20161.12	20790.25	18605.98

最后,俄美两国所掌握的外交资源也不平衡。除了军事实力、综合国力、外交能力等"硬"外交资源外,美国还掌握能够影响俄罗斯社会及内政的"软"外交资源。对俄罗斯而言,美国因素既是外交,也是内政。长期以来,以美国为首的西方国家通过非政府组织(NGO),直接或间接支持俄国内反对派和亲西方的自由主义派,制造社会杂音,干涉俄罗斯内政。除此之外,美国的教育、语言、科技等"软实力"产品也备受俄罗斯年轻一代所青睐。与之相反的是,俄罗斯在美国国内政治中缺乏院外力量,难以把俄罗斯的意愿直接、准确地传递进美国国会,缺乏"软"外交资源。为了抵消"软"外交资源上的不对称,俄罗斯限制美国非政府组织在俄境内活动。2015 年 7 月,俄罗斯最高检察院禁止了美国国家民主基金会在俄境内的一切活动。

(四)美国的俄罗斯及欧亚问题研究力量开始出现断档,不利于美国客观研判欧亚经济联盟,并制定相应对策。

近年来,美国对俄罗斯与欧亚问题研究支持力度下降,科研队伍出现萎缩。二战后,美国掀起了研究苏联问题的热潮,哈佛大学戴维斯研究中心、哥伦比亚大学哈里曼研究所都是在这个背景下成立的。在冷战年代,苏联问题研究在美国各大高校和科研机构里是一门显学,俄语也是热门外语。苏联解体后,美国对俄罗斯及欧亚地区的研究热度大减,许多高校甚至取消了俄语专业。根据美国教育部数据统计,1971 年在美国各类高校中授予了 715 个俄语言文学专业文凭,1991 年为 593 个,2011 年仅为 340 个。① 与此同时,美国政府也削减了对俄罗斯与欧亚问题研究的资金支持。国会图书馆直属的开放世界领导项目的预算从 1999 年 1400万美元,削减到 2014 年的 800 万美元。② 在私募基金中,除了卡内基国际和平基金会保留对俄罗斯问题研究的全额资助,其余基金会或取消,或大幅削减。如福特基金会自 2009 年起取消了对俄罗斯问题方向的资助;麦克阿瑟基金会自 2011

① Yalowitz K., Rojansky M., The Slow Death of Russian and Eurasian Studies // The National Interest, May 23, 2014. http://nationalinterest.org/feature/the – slow – death – russian – eurasian – studies – 10516

② Yalowitz K., Rojansky M., The Slow Death of Russian and Eurasian Studies // The National Interest, May 23, 2014. http://nationalinterest.org/feature/the – slow – death – russian – eurasian – studies – 10516

年起对俄罗斯问题的研究资助减半,并停止对高校相关专业的资助。① 其后果是,美国的俄罗斯及欧亚问题研究队伍出现萎缩,语言人才匮乏,科研梯队出现断档,缺乏中生代力量。目前美国的俄罗斯问题专家大多是二三十年前培养出来的。专业建设的倒退和人才队伍的缩水都不利于美国外交决策部门准确掌握情况,制定出精准的政策规划,将对美国的欧亚战略产生消极影响。

另外,目前美国的俄罗斯及欧亚问题科研人员的知识结构单一,缺乏跨学科背景的专家,专家大多具有历史学和政治学背景,地缘政治、大国关系是他们的惯用视角。他们看到了俄罗斯重新整合前苏联地区的意图、手段及政治影响,却很少从经济、文化、社会等视角来看欧亚经济联盟成立的历史和现实必然性。正如一位美国学者告诉笔者:"地缘政治,地缘政治,还是地缘政治,华盛顿的俄罗斯问题专家只会用地缘政治思维来看俄罗斯。"通过笔者观察,在今天的美国智库里,"反俄主义"、"反普京主义"的保守主义立场占主流,就算是对俄罗斯的做法持"理解"态度的自由主义智库也警惕地看待俄罗斯主导的前苏联地区一体化。

三、小结

通过以上论述,我们不难发现,欧美对欧亚经济联盟的认知、对策是有共通性,也有差异性。共通性在于:(1)欧美都把欧亚经济联盟定性为俄罗斯主导的政治经济集团;(2)从欧亚经济联盟成立目的来看,欧美基本认为是地缘政治诉求多于地缘经济含义,俄罗斯依靠欧亚经济联盟力图维护自己传统势力范围;(3)欧美并不看好欧亚经济联盟的前景,不光从运作机制设计上,还是内外环境上,都存在不可控变数;(4)欧美都不同程度把欧亚经济联盟视作是对自己欧亚战略的挑战,不希望欧亚经济联盟成为政治军事集团;(5)欧美都把俄罗斯定为与欧亚经济联盟建立和发展关系的核心环节。

欧美之间的差异性也十分明显:(1)从认知上看,欧盟比美国更加理解和接受欧亚经济联盟。欧盟更加从多方面客观看待欧亚经济联盟,而美国却"一刀切"地认为欧亚经济联盟是美国全球利益的威胁;(2)欧美对欧亚经济联盟采取的对策不同,欧盟希望与欧亚经济联盟对接,建立稳定的东部周边,美国则要打压欧亚经济联盟,不希望看到高水平的,类似于欧盟的区域经济一体化机制。

---

① Yalowitz K., Rojansky M., The Slow Death of Russian and Eurasian Studies // The National Interest, May 23, 2014. http://nationalinterest. org/feature/the – slow – death – russian – eurasian – studies – 10516

04

第四篇

丝绸之路经济带：既往与开来

丝绸之路经济带是 2013 年中国国家主席习近平倡议，由中国往西，经中亚、俄罗斯、中东通往欧洲的经济合作大通道，横贯亚欧，实行共商、共建、共享的原则，中俄发展战略对接，中俄印金砖国家团结合作是关键。

第二十四章

丝绸之路经济带:支撑"中国梦"的战略,还是策略?

作为中国党和国家最高领导人,习近平上台伊始就先后提出了"中国梦"和"丝绸之路经济带"的设想。人们自然会问,"一梦一带"是何关系?"丝绸之路经济带"是支撑"中国梦"的战略还是策略?

一、"丝绸之路经济带"与"中国梦"是相互关联的

何谓"中国梦"?2012年12月习近平在参观"复兴之路"展览时就首次提出"中国梦",以后又就"中国梦"的内容、实质、奋斗目标等在国内外多个场合进行阐发。概而言之,中国梦即国家富强,民族复兴,人民幸福,社会和谐。

何为"丝绸之路经济带"?它是2013年9月习近平在哈萨克斯坦纳扎尔巴耶夫大学演讲时提出的战略构想。他指出,为了使欧亚各国经济联系更加紧密、相互合作更加深入、发展空间更加广阔,可以用创新的合作模式,共同建设"丝绸之路经济带",这是一项造福沿途各国人民的大事业。其后,这一构想成为中国的国家大战略,正在积极推进之中。

中国梦不是孤立的,而是与世界、与人类紧密相连的。"各国的梦想既有不同的方面,也有相同的因素,既要看到分歧,也看到共识","中国梦是和平发展之梦、合作共赢之梦。中国梦与各国人民实现自己的梦想互利共赢。中国梦造福中国,也造福世界"。[①] "中国梦"与"丝绸之路经济带"也不是相互孤立的,而是相互联结的。中国不仅是古丝绸之路的发端地和重镇,这条路也是以中国所产的著名产品丝绸命名。激活古丝绸之路,连接欧亚、东西,"丝绸之路经济带"是实现中国梦的国家战略和策略。

何谓战略和策略?两者是何关系?所谓国家大战略是一定时期内为实现国家最高利益而进行的总体规划和宏观布局。国家大战略具有长期性、全局性、稳定性、宏观性、方向性的特点,而策略则具有暂时性、局部性、变化性、灵活性、隐秘

---

①　陶文昭:《中国梦:寻求共识最大公约数》,载《光明日报》2014年5月19日。

性。战略统率策略,策略服从和服务于战略,为战略服务,并且以战略为核心。战略和策略有时又是互含互动,相互转化的。"中国梦"和"丝绸之路经济带"设想的提出,主要是由中国特定的发展阶段、大国崛起的背景和国际经济政治格局的变化等多方面决定的。

中国梦的实现,要依靠中国内部的发展,也要依靠中国外交的成功。而中国外交首要在于周边外交。丝绸之路经济带是中国周边外交中的创新内容和优先方向。

二、"丝绸之路经济带"是实现"中国梦"战略支撑

习近平是战略家。"中国梦"是中国的理想。"丝绸之路经济带"是实现"中国梦"的国家战略支撑。

关于欧亚大陆在国际政治中的重要作用,国际政治学家早已达成共识。英国的麦金德的主要观点是"谁统治东欧,谁就能主宰心脏地带;谁统治了心脏地带,谁就能主宰世界岛;谁统治了世界岛,谁就能征服全世界"。[1] 美国的斯皮克曼主张:"谁控制了欧亚大陆的边缘地带,谁就能控制欧亚大陆;谁控制了欧亚大陆,谁就能决定世界的命运。"[2]两者的侧重点虽然不同,但都看重欧亚大陆,强调了欧亚"心脏地带"的极端重要性。"丝绸之路经济带"与"欧亚心脏地带"是基本吻合的。提出"丝绸之路经济带"系战略考量,恰逢其时。

首先,从全球层面看。"跨太平洋伙伴关系协议"(TPP)、"跨大西洋贸易与投资伙伴协议"(TTIP)体现了亚欧区域陆地与海洋、陆权与海权、陆路与海路的竞争;全球化和地区一体化的大势和需求;国际金融危机助长了全球保护主义盛行;中国已然全球 GDP 第二,按 PPP 计算已经第一。丝绸之路经济带对于中国来说是全球大国外交和全球治理的平台。

其次,从地缘经济(地区层面)来看。丝绸之路经济带连接欧亚、东西,实现共同、和平、合作、包容性发展,服务于沿途人民和国家。丝绸之路经济带东连亚太经济圈,西接欧盟经济圈,穿越亚欧十八个国家,腹地贸易额占全球贸易总额的约四分之一,总人口近三十亿,被认为是世界上最长、最具有发展潜力的经济大走廊。亚欧大陆又是世界上国家最多、人口最众、发展机遇最多、潜力最大的大陆。丝绸之路经济带建设,促进亚欧合作、南南合作、南北合作。

---

① Mackinder J. , Democratic Ideals and Reality, New York: Henry Holtand Company, 1942, p. 62.

② Spykman N. J. , The Geography of the Peace, New York: Harcourt Brace Co. , 1944, p. 43.

第三，从中国周边层面来看。美国在中国东南沿海搞 TPP，俄罗斯在中国西北搞欧亚经济联盟，中国也必须有自己的欧亚大战略。首先，丝绸之路经济带能够整合上合，全面加深中俄战略协作；其次，中国、俄罗斯、印度三个亚欧金砖国家都处在丝绸之路经济带上，"丝带"建设有助于加强中俄印三个亚欧金砖国家的经济合作和战略协调，加强金砖体制，亚欧会议国际协同，改善中国的西部环境。再次，在亚欧中心地带，中美在投资、能源、反恐、防扩散、地区稳定等领域合作潜力较大，几乎不存在军事对抗的风险，故中国"西望"同时也有利于改善与美日关系，[①]以实现中国周边环境和平稳定和内部东西平衡发展，提高中国经济的总量和质量，培育新的经济增长极。

第四，世界上很多国家，包括美国、日本等与古丝绸之路没有什么关系的国家都提出了以"丝绸之路"命名的各种关于中亚—欧亚区域的构想。作为古丝绸之路的发端国和重镇，也作为以中国产品丝绸命名的品牌之路，为古丝绸之路发展做出过重要贡献的国家，以及现实中最重要的亚欧国家之一，中国应当仁不让，也应提出自己关于亚欧地区的国家大战略，并以"丝绸之路"相联系。同时，现代版的"丝绸之路经济带"不是古丝绸之路的简单"复活"或"翻版"，它有更宽的领域和更丰富的内涵，是面向未来的宏大战略构想。[②]

第五，以建设"丝绸之路经济带"思想为重要内容和指导的"习近平模式"正在发展的过程之中。历史上先是陆权优于海权，后随着新航路开辟、地理大发现，航海技术的进步，海权压倒了陆权。随着交通运输技术的进步，陆权距离、成本、时间大大缩小，运输数量和效益提高，陆权的优越性开始凸现，陆权的比重上升，海权的比重下降，陆权与海权平衡，并可能再次超过海权。如果中国的高速铁路继续向欧亚大陆内部深入，将连通亚欧，加速欧亚大陆的整合，为中国突破美日等国的海权封锁、建立陆权优势，建立大亚欧共同体，显现巨大的战略价值。

三、"丝绸之路经济带"是实现"中国梦"的策略保障

习近平也是战术家和策略家。"丝绸之路经济带"是实现"中国梦"的策略保障。

首先，"丝绸之路经济带"的建设有助于中国东西内部平衡、并重、兼顾，消除不平衡，及失重状态，实现国内协同、优化。如新疆、甘肃、青海、陕西、宁夏西北五

---

① 赵东波、李英武：《中俄及中亚各国"新丝绸之路"构建的战略研究》，载《东北亚论坛》2014年第1期。

② 吴思科：《"一带一路"，中国外交的新思路》，载《光明日报》2014年6月7日。

省,其中,新疆以其位置、面积、资源、潜力、影响等,成为"丝绸之路经济带"的破题和核心区。内外联通倒逼国内改革、发展,从而也为"东突"问题的解决创造条件。

其次,"丝绸之路经济带"建设有利于拉动外需,向西转移、输出、外溢过剩的一部分产能,以外促内,挖掘内需,从而实现内外联动、联通发展,解决资源、能源、市场,消除对西方严重依赖。经济发展的三驾马车是消费、投资和经贸。过去中国重视沿海、东边,重视经济发达的美日韩以及东盟,现在也要向西、内陆发展,重视西部发展中国家和转型国家,那里有巨大的市场,是大有可为的投资地和经贸对象。例如,新亚欧大陆桥东起江苏连云港市、西至荷兰鹿特丹港,是一条连接亚洲与欧洲的国际化铁路交通干线,在中国境内途经江苏、安徽、河南、陕西、甘肃、青海、新疆7省、区,430多个县、市,到中俄边界的阿拉山口出国境,缩短了原有路上的亚欧运输2000公里,比绕道印度洋水运缩短1万公里,并且避开了高寒地区,港口不封冻,吞吐能力大,可常年作业。

开发、发展中国西部,加强加大西部开放、改革,扩大内需,增强内生动力,创造新的经济发展增长点,发挥西部资源、能源、旅游和人文优势,减少东西差距,内外信息共享,争取国家经济社会的平衡、可持续发展。从西安一直到乌鲁木齐,是古丝绸之路的主要途经地区,沿途贫困地区并不少见并且连成一片,丝绸之路经济带将推动国家西北大开发战略从"开发"向"开放"转型。通过引进产业、聚集人才使西部地区更快发展,为我国中西部省区的特色农产品、特色食品、特色药品、机电产品等向西出口创造难得的机遇。

丝绸之路经济带沿途既通过经济比较落后的中亚、中东、高加索等地区发展中国家,也连接欧盟等发达经济体,亦不排斥其他发达和发展中经济体参与,使中国经济从过去的相对偏重美欧日等发达经济体向南北并重、南南合作的方向推进。这既符合中国发展中国家的定位,也反映了中国作为金砖国家新兴经济体崛起的态势和胸怀。丝绸之路经济带其实也是文化带,有利于各民族、各宗教、亚欧、东西的文化交流、交锋与交融,有助于削弱三股恶势力的基础。

丝绸之路经济带建设适应了社会经济、高铁技术发展、陆权上升的国际形势。古为今用,历史为现实服务。以经济换政治,以陆上空间换取海上时间,以陆上、陆权优势平衡海上、海权劣势。克服过去亚欧大陆各区域间存在的"隔而不通,通而不畅,畅而不大,包而不容,紧而不密"的现象。亚欧中心地带,当今唯一的超级大国美国历史上关联少,现实中影响相对薄弱。丝绸之路经济带,体现了中国的西向进取和务实策略。

四、"丝绸之路经济带"与相关国际组织和构想的关系分析

（一）"丝绸之路经济带"与欧亚经济联盟的关系

都以发展经济、提高民生内容为主；在中亚和俄罗斯重合；都有历史和现实基础；双边和多边并存；都受到了三股恶势力和交通基础设施的掣肘；也都受到了乌克兰危机的影响；美国都不支持；前景不容易。从资源和影响力方面来看，存在着一定的竞争关系。从经济一体化的程度来看，欧亚经济联盟高于经济带。欧亚经济联盟是国际组织，经济带是构想。从包容性来看，经济带高于欧亚经济联盟；从地域来看，经济带大于欧亚经济联盟，经济带包括俄罗斯，欧亚经济联盟不包括中国。欧亚经济联盟自北向南，经济带自西向东。欧盟反对欧亚经济联盟，但不反对经济带。欧亚经济联盟有经济政治内容，丝绸之路经济带主要是经济内容，不是"政治带"，也不是"安全带"。欧亚经济联盟以俄为主导，哈萨克斯坦、白俄罗斯为主力，其他与俄友好的独联体国家参与。经济带由中国提出，中国不谋求单一势力范围和领导地位。从历史基础来看，丝绸之路经济带主要是古代，欧亚经济联盟主要是现当代。欧亚经济联盟主要局限于独联体，也有欧亚大陆上的不多的联系国，但优先为独联体国家。经济带连接欧亚，包括独联体、中东、南亚、欧洲、北非。丝绸之路经济带可以说是范围更广大、程度并不高的亚欧一体化，其目标是建立自由贸易区。欧亚经济联盟侧重于组织建设，经济带侧重于规则建设。在手段方面，欧亚经济联盟倾向于多边到双边，经济带倾向于从双边到多边。两者目的不同，欧亚经济联盟是经济总量的扩大，是以欧洲联盟为标准；经济带是经济质量的提升，以 TPP 和 TTIP 为参照。从俄白联盟到关税同盟，再到欧亚经济联盟，期间有欧亚经济共同体的实验。而使投资贸易便利化，加强经济技术合作，建立自由贸易区，是丝绸之路经济带三部曲。丝绸之路经济带和欧亚经济联盟实现在经济方面的互补，欧亚经济联盟的组织建设将有利于丝绸之路经济带建设。欧亚经济联盟的统一经济空间，将对外采取统一的经济政策，有利于中国对它们整体发展经济关系。

（二）丝绸之路经济带与上海合作组织的关系

相同点：（1）在中亚地区，前者以后者为平台，重点在于发挥后者的作用。习近平在 2014 年上合杜尚别峰会上讲："目前，丝绸之路经济带建设正进入务实合作新阶段。中方制定的规则基本成形。欢迎上海合作组织成员国、观察员国、对话伙伴积极参与，共商大计、共建项目、共享收益，共同创新区域合作和南南合作

模式,促进上海合作组织地区互联互通和新型工业化进程。"①

(2)两者都是由中国倡导建立的,中国都将发挥关键的作用。

(3)前者是一种构想和战略,后者是实体化的国际机制。前者的实现需要借助后者的机制,后者提升经济功能和深化机制建设需要前者的推动。

(4)包含的地区和国家不一样。前者地理范围更广泛,包含的国家更多;后者主要局限在中亚地区,成员国有限。

(5)后者在中亚地区的经济合作实践为前者的推进提供经验。

上合由中俄共同主导,在丝路问题上中国发挥核心推动作用,但中国不谋求单一领导地位。俄罗斯的作用也很关键。西方、美欧共同疑虑上合,但对丝路并不强烈反对。

(三)"丝绸之路经济带"与美国"新丝绸之路"的关系

相同点:

(1)都以"丝绸之路"命名,部分国家和地区有重合;

(2)都以经济发展、民生建设为重要目的;

(3)强调发挥地区国家的积极性,重视基础设施建设和能源合作。

不同点:

(1)中国的"丝绸之路经济带"具有深厚的历史底蕴,根植于中国与欧亚地带传统的经济、历史、文化联系。而美国与"丝绸之路"在历史上毫无关联,其提出的"新丝路"与"丝绸之路经济带"相差甚远;

(2)涉及的地区不同。前者涉及欧亚全境,以亚欧中心地带为中心;后者限于中亚、南亚和西亚,以阿富汗为中心;

(3)前者以经济为主,多元、开放。后者以美国为主导,安全、政治色彩重;

(4)前者比后者更有包容性,不排他,连接亚洲和欧洲,包括俄罗斯,也不排斥美国的参与。而美国的"新丝绸之路"排斥中、俄,并且弱化中俄的地位和作用,在地理上以阿富汗为中心,连接中亚和南亚;

(5)前者是东西发展路径,后者是南北发展路径。两者的目的和规划、规模差异明显。

五、分析与思考

建设"丝绸之路经济带"需要发扬当代的"丝路精神"。何谓当代的"丝路精

---

① 徐剑梅、李斌:《高山见证 携手前行——记国家主席习近平出席上海合作组织杜尚别峰会》,载《光明日报》2014 年 9 月 15 日。

神"？笔者认为，当代的"丝路精神"，就是以经济为中心，互利共赢，共同、平衡、和谐、协调发展，求同存异，包容共鉴、内外联动，义利兼顾，不附加政治条件，不谈或少谈政治，信息共享，有福同享，有利同获，红利均沾，有难同当，不搞零和博弈。中国发挥主要作用，但不谋求地区事务的单一主导权，不经营势力范围，不针对任何第三方，不搞排他性制度设计，形成利益共同体和命运共同体。

"丝绸之路经济带"是实现"中国梦"的战略和策略，"丝路精神"是实现"中国梦"的国际精神保障。这条"丝带"，这种精神，就是从实和虚两个层面，让历史与现实结合，内政与外交联动。历史为现实服务，国内为国际服务，国外为国内服务，形成良性互联互动。其实质是东西兼顾，南北并重，海陆平衡，内外联通，"亲诚惠容"，建构中国周边外交的创新内容和优先方向。

"丝绸之路经济带"，是"带"而不是"路"，是"带"而不是"片"，是"经济带"而不是"安全带"，也不是"政治带"，体现了中华民族的文化特点和外交智慧。中国梦，是民族的，国家的，也是个人的；是历史的，现实的，也是未来的；是中国的，但与世界是密切相关的，和平、发展、合作共赢之梦，貌似局限于国内，实际上并不是孤立的，而是与世界、与人类密切相关的，是在充分考虑了中国与世界复杂的互动关系后做出的战略选择。中国越来越成为民主的国际关系体系的倡导者、构建者和维护者。

相信丝绸之路经济带会有美好的前景。丝绸之路经济带倚靠中国强大的经济实力，东引西鉴，将会使相关各方经济发展、民生改善。中国将不仅收获全面的区域开放和区域平衡，而且是实现真正意义"中国梦"的起点。亚欧中心地带也将实现经济发展，不再是"洼地"，成为东西、亚欧平衡的重要角色。亚欧中心地带不再是大国逐鹿的猎场，而是大国合作的试验田。丝绸之路经济带是中国在总结、吸收、整合国内外各种关于丝路的主张的基础上提出的，最具有包容性、可行性和发展的可持续性的国家大战略构想。软（政策）硬（道路）兼施，上（协议和制度）下（贸易和投资）齐手，渐行渐机制化。

（一）现实可能性

已经有一定的基础和多年努力的成果；中国的经济优势，资金、技术、人力优势；丝绸之路经济带沿线国家人民渴望发展；经济全球化和地区一体化的压力和挑战。由点到面，由线及片，连片成带，非区非盟，不贪大求全，不幻想一蹴而就，循序渐进，由易到难，构想合理，具有现实可能性。2013 年，中国与丝绸之路经济带沿线国家进出口贸易总额 6000 多亿美元，占中国对外贸易总额的 15% 左右。过去十年，中国与丝绸之路经济带沿线国家贸易额年均增长 21%，高于同期中国外贸总体增速 6 个百分点。欧盟是我国最大的贸易伙伴。我国也成为俄罗斯、中亚一些国家最大的贸易伙伴,最重要的投资来源国之一。

"丝带"既有历史基础,现实中上海合作组织、欧亚经济联盟的实践提供了发展基础,上合组织是美国及盟友势力范围之外最有影响力的国际组织。丝绸之路经济带的提出并非无源之水,无本之木,心血来潮,突如其来。

(二)中国因素

中国作为全球第二大经济体,PPP 计算 GDP 全球第一,全球第一大工业制造国,第一大外汇储备国,世界一百二十多个国家的最大贸易伙伴,中亚国家最主要的贸易伙伴之一,全球金融危机中发展速度最快的金砖国家,高铁技术世界领先。在丝绸之路经济带建设中,当仁不让,有所作为,以经济为核心和纽带,互利双赢,共同发展,不搞零和博弈,寻求最大公约数,协调合作,搁置争议,惠及周边,形成沿途利益共同体和命运共同体。中国这些举措有助于最大限度地排除政治阻力。同时,肯定、接纳其他国家在本地区内的存在,有助于充分发挥各方力量,强化地区的一体化趋势,充分体现了大国政治的胸襟。中国的经济活力、市场容量、资金储量、政策弹性等优势,已经向它们展示出对华合作的美好前景。

(三)国外因素

中亚(哈萨克斯坦、土库曼斯坦、乌兹别克斯坦等)、俄罗斯、欧盟(德)、白俄罗斯、土耳其国家领导层、阿拉伯国家、中东欧一些国家都曾公开表示支持。对各方而言,这一战略正是中国"向西开放",与中东、欧盟"向东看",中亚、俄罗斯全方位、东西平衡政策的有机结合。

由于俄罗斯处于丝绸之路经济带的咽喉位置,又对周边的中亚、中东甚至中东欧有重要的影响,因此,其地位和作用很关键。在乌克兰危机、西方对俄罗斯实施多次制裁后,俄罗斯加重了对中国的战略依赖。如果说"丝带"刚提出时俄方戒心很重,担心中国抢占俄传统势力范围,不愿多谈,那么后来逐渐接受,不认为是对俄的威胁,反而对俄利好。"丝带"构想与普京的欧亚经济联盟、经济外交、能源外交、俄罗斯欧亚大铁路和东部开发战略相契合。习近平执政以来,空前重视中国周边外交和金砖体制,中俄最高层互动频繁,"丝绸之路经济带"建设乘中俄战略协作伙伴关系之帆并行发展。

(四)障碍因素

(1)与中国国内建设的衔接,丝绸之路经济带短期回报率低;

(2)与俄罗斯欧亚联盟、美国"新丝绸之路"的关系;

(4)实现与欧洲联盟、东亚经济区的衔接,目前丝绸之路经济带的现实是两边高、中间低;

(5)沿途各国主权与利益的权衡,"硬件"(交通基础设施)的建设与"软件"

(规则、政策)的制定。基础设施差,人口少,产业发展滞后。我国与中亚、俄罗斯的铁轨轨距不统一；

(6)中国本身的实力、影响和国际经验还明显不足,"丝带"理论缺乏说明、解读,还不成熟,还令人难以信服,还需细化、实化、具体化。

我们应该寻找欧亚地区各种层次、不同领域、不同性质的一体化国际和机制的契合点,利益的最大公约数,作为对策。丝绸之路经济带能否建成,俄罗斯的态度和立场至关重要。中俄双方领导层意识到了这一点。就像中俄联合声明中写的"双方认为,欧亚一体化合作进程对保障地区经济发展、加强地区安全稳定、促进地区建立共同无分界线的经济和人文空间发挥着重要作用。双方相信,拟于2015年1月1日建立的欧亚经济联盟将促进地区稳定,进一步深化双边互利合作。双方强调,亚洲、欧亚空间和欧洲的一体化进程相互补充十分重要",①"俄方认为,中方提出的建设丝绸之路经济带倡议非常重要,高度评价中方愿在制定和实施过程中考虑俄方利益。双方将寻找丝绸之路经济带项目和将建立的欧亚经济联盟之间可行的契合点。为此,双方将继续深化两国主管部门的合作,包括在地区发展交通和基础设施方面实施共同项目"。② 做到政策沟通,道路相通,贸易畅通,货币流通,人心相通等"五通"。最具包容性,最少排他性。丝绸之路经济带是一个地跨欧亚的经济合作国际大平台。建立以中国和俄罗斯为核心的高铁国家基础设施发展联盟和以金砖国家为主导的"陆权"国家金融发展联盟,重新制定新的世界规则。

具体说来,一是要思想观念上重视,并加强宣传。诸如建立网上丝绸之路,丝路开发银行,丝路稳定基金,丝路商贸中心,丝路物流中心,丝路交易中心,丝路文化中心,等等,开展丝路经济论坛、丝路经济博览会、丝路市长论坛、丝路企业家论坛、丝路学者论坛、丝路文化展、丝路商品展等活动；二要突出重点(俄罗斯、哈萨克斯坦、乌兹别克斯坦、土耳其、乌克兰、意大利、德国等),分段包干,互相援手。互联互通是抓手。能源合作有基础。高铁合作、地方合作是新的增长点。2014年10月李克强总理访俄,签订协议建设北京至莫斯科的亚欧高速运输走廊,优先修建从莫斯科到喀山的高铁。12月在上合总理峰会上,李总理再次表示愿与上合成员国合作克服经济危机,对俄发生的卢布暴跌、金融困难表达了积极的帮助的态

---

① 《中华人民共和国与俄罗斯联邦关于全面战略协作伙伴关系新阶段的联合声明》,新华社上海2014年5月20日电。

② 《中华人民共和国与俄罗斯联邦关于全面战略协作伙伴关系新阶段的联合声明》,新华社上海2014年5月20日电。

度。项目要对症下药地谈,一个一个地落实。三是中国国家发展战略与地区发展战略对接,国内发展与国际发展对接,倒逼国内改革和发展。国内新疆是破题,维稳任务很艰巨。国外中亚是突破口,互联互通是关键,能源合作有基础。俄罗斯处在丝绸之路经济带的咽喉位置,印度位于陆上丝绸之路和海上丝绸之路的交汇点,它们又都与中国一样是金砖国家,因此,中俄印等亚欧金砖国家将在推动丝绸之路经济带建设中发挥关键、主导作用。由于涉及的国家多,人口数量大,主权问题协调难度大,所以同时要认识到长期性、复杂性、艰巨性。要做好丝带建设的合法性问题,包括国际法与各国国内法的研究。要做好思想上的说服工作,同时要进行利益的诱导,包括物质的,精神的,要做到接地气,做具体,做扎实,做到位,共建共享,共荣共赢,不搞烂尾楼,不搞大忽悠,也不搞令人期望值过高的"白富美"作秀。

2014年11月,加强互联互通伙伴关系对话会在北京举行。中国国家主席习近平主持会议并发表题为"联通引领发展　伙伴聚焦合作"的重要讲话。习近平提出了中国设立丝路基金和亚洲基础设施投资银行,推进"一带一路"的发展。就此提出五点建议。第一,以亚洲国家为重点方向,率先实现亚洲互联互通。"一带一路"源于亚洲、依托亚洲、造福亚洲。中国愿通过互联互通为亚洲邻国提供更多公共产品,欢迎大家搭乘中国发展的列车。第二,以经济走廊为依托,建立亚洲互联互通的基本框架。"一带一路"兼顾各国需求,统筹陆海两大方向,涵盖面宽,包容性强,辐射作用大。第三,以交通基础设施为突破,实现亚洲互联互通的早期收获,优先部署中国同邻国的铁路、公路项目。第四,以建设融资平台为抓手、打破亚洲互联互通的瓶颈。他宣布中国将出资400亿美元成立丝路基金。丝路基金是开放的,欢迎亚洲域内外的投资者积极参与。第五,以人文交流为纽带,夯实亚洲互联互通的社会根基。未来五年,中国将为周边国家提供两万个互联互通领域培训名额。在随后召开的中央外事工作会议上,习近平强调要切实抓好周边外交工作,打造周边命运共同体,秉持亲诚惠容的周边外交理念,坚持与邻为善、以邻为伴,坚持睦邻、安邻、富邻,深化同周边国家的互利合作和互联互通。逐步构筑起立足周边、辐射"一带一路"、面向全球的自由贸易区网络(和战略合作伙伴),积极同"一带一路"沿线国家和地区商建自由贸易区,使我国与沿线国家合作更加紧密、往来更加便利、利益更加融合。"一梦一带一路一网"有助于我国有效贯彻东稳西进、海陆兼顾、南北并重的原则,推动我国地缘和全球战略实现"再平衡",为我国的和平发展奠定良好外部环境,从而实现中华民族的和平发展和伟大复兴。其中的"一梦一带"自然也就成为我国最重要的中长期发展战略和策略之一。而"一带"又成了"一梦"的战略支撑和策略保障。

第二十五章

"丝绸之路经济带"也是文化带

——来自哈萨克斯坦的观点

2014 年 6 月,由中国、哈萨克斯坦、吉尔吉斯斯坦三国共同申报的丝绸之路成功入选世界文化遗产。同月,中国国家主席习近平接见哈萨克斯坦纳扎尔巴耶夫大学师生代表团。

丝绸之路是古代文明的汇聚地,形象地说就是文化交流的十字交叉口,它把古老的中国文化与印度文化、波斯文化、西亚文化乃至希腊罗马文化联系起来。受地理人文环境、自然社会条件的影响,丝绸之路形成了开放包容的、自强不息的、充满激情的文化精神,这是沿途古今各个民族共同赋予的。与此同时,丝路文化精神对沿途的各个民族也必然产生深远的影响。

活动在丝绸之路上的诸古代民族如羌、塞、匈奴、乌孙、月氏、铁勒、吐蕃、蒙古等等,其中也包括哈萨克族及其先民们,曾是丝绸之路的建造者、经营者,当然也一直是丝绸之路所带来的经济文化繁荣的受益者。丝绸之路的自然环境,运行机制,盛衰变迁,经济政治关系都对丝路沿途民族的发展变化、民族生存产生过直接的影响,而丝绸之路的文化精神对各丝绸之路民族的民族心理、审美情趣也不可能不产生直接或间接的影响。

经济与文化是相互关联的。丝绸之路不仅是商业通道,更重要的是丝绸之路体现的"丝路精神"。丝绸之路作为人文社会的交往平台,多民族、多种族、多宗教、多文化在此交汇融合,在长期交往过程中各个国家之间形成了"团结互信、平等互利、包容互鉴、合作共赢,不同种族、不同信仰、不同文化背景的国家可以共享和平,共同发展"的丝路精神。这也是现代国际社会交往的最基本原则之一,是塑造国际政治经济新秩序的必然要求。这个古老的合作原则,在今天不仅不能丢弃,更应发扬光大。

一、文化交流在共建"丝绸之路经济带"中有着重要的地位和作用

(1)古丝绸之路:东西文明交流宝贵遗产

学习过世界历史的人都知晓,古代,有一条联结亚欧大陆两端的古商道,它东

起两汉时代的长安(今西安)经河西走廊,西域(今新疆及以西地区),走向遥远的西方。它既是一条古商贸之路,更是一条联结三大文明中心和四大文明古国的文化交往之路,在世界历史上的东西文明交流发挥了巨大的作用和影响。19世纪德国学者李希霍芬以闻名遐迩的中国丝绸命名为丝绸之路,这种以丝绸的美丽、鲜艳、飘逸,赋予这条文明之路的浪漫美好,永恒的记忆和宝贵遗产。① 因此,"丝绸之路"的雅称至今,中外史学家都赞成此说并一直沿用不改。

"丝绸之路"并不仅仅是一个简简单单的丝绸贸易之道,更重要的是这个以丝绸冠名的道路在亚欧大陆上构架了一个广阔无垠的文化经济带,开启了一个自天子以至于庶民都十分关切并参与其中的兼容并蓄的发展时代。尽管在历史的长河中,这条道路如同我们人体的血管一样,有时可能会出现拥堵现象,但这条道路同样给予了人们顽强的生命力,东西交融,南北汇合,将无数大大小小的民族部落连接在一起,喜怒哀乐、七情六欲,交相辉映。

说起文化艺术的融合,人们可能会想到在伊朗、阿富汗、土耳其、哈萨克斯坦、乌兹别克斯坦以及塔吉克斯坦等地都可以看到著名的"波斯细密画"。这种充满伊斯兰教苏菲主义神秘色彩的绘画艺术作品,经常出现在书籍的插图和封面、徽章、饰盒、镜框、丝毯、地毯等物件上,这种作品的题材多为人物肖像、图案或风景,也有风俗故事,多采用矿物质颜料,甚至以珍珠、蓝宝石磨粉作颜料。然而,这个艺术却是中国工笔画与波斯、阿拉伯民族文化主题相融合的产物,其中最重要的技艺是中国工笔画的传承,在波斯萨法维王朝(中国明代)时期形成独具一格的艺术风格:波斯细密画。如今波斯细密画已经成为众多国家高层的重要馈赠礼品。②

(2)文化交流与共建"丝绸之路经济带"有着十分密切的联系

文化历来是经济,政治和社会活动的基础与媒介,其作用的发挥既无处不在,也无可替代。基于此,"文化是一个民族的重要特征,它和民族的历史、情感、心理、语言、宗教等紧密地联系在一起,是一个民族发展的内在动力和精神支柱。在多元文化背景下,每个民族的文化都应该被尊重,被认可,尤其是在共建"新丝绸之路经济带"的合作发展时期,各种思想和文化的交流、交融、交锋必然会愈加频繁。特别是各个文化族群的人们,能否顺利、充分地进行交往,并逐步增进相互理解,相互认同,即真正实现各民族都"力求摆脱本位中心主义,不要求别人,'从我之美',至少要承认多元并存,求同存异,相互理解,美人之美"的跨文化交流目标,

---

① 马廷魁:《丝绸之路跨文化传播中的媒介形态转向》,载《西北民族大学学报》2010年第6期。

② 荣松:《丝绸之路:文明多维交融的更生带》,载《金融博览》2014年06月04日。

是推进"丝绸之路经济带"共建所必须解决好的一个关键性的问题。

国家为了进一步巩固政权，维护社会和谐稳定，促进合作与发展，往往是通过文化交流的途径促进不同区域的民族之间相互学习、欣赏和借鉴，共同优化发展环境，为促进政治经济领域的合作奠定基础。但需要特别明确的是，文化交流是有前提条件的，即各文化主体之间必须有自己独特的文化，要有文化自主权，要有很强的文化生产力。同时，文化交流的实现，还取决于能否克服本民族文化的局限性，自觉地以自由、开放、平等、超越、包容的精神和相互欣赏的姿态与之进行沟通交流。不同文化间的交流，一般只会在各自尊重对方的前提条件下进行，否则，就是文化入侵。文化交流必须要有起始点和机会平等，顺从和勉强，强势文化压制弱势文化，都不是文化交流。这也是文化交流与文化入侵的区别。因此，在共建"丝绸之路经济带"的新形势下，推进文化交流，也应该把握好保障文化交流健康发展的基本原则，确保文化交流沿着正确的轨道发展，不断为共建"丝绸之路经济带"提供正能量。①

哈萨克斯坦参与共建"丝绸之路经济带"中也重视文化交流。在"丝绸之路经济带"建设的大格局中，无论是从地理区位，资源上来看，还是从历史脉络，文化渊源来看，哈萨克斯坦都有着独特而客观的优势，这确定了哈萨克斯坦在"丝绸之路经济带"建设中的重要节点，交通枢纽，核心区域的战略地位。因此，要充分发挥哈萨克斯坦一体多元的文化优势，以文化、教育、科技、医疗、旅游等为重点，开展与周边国家政府间的文化交流活动。

当今世界文化上的相互尊重是经济合作的基础。因此，构建"丝绸之路经济带"文化交流合作机制，继承"丝绸之路"不同文化相互尊重的精神，以文化交流合作为引领，唤起沿线国家的"丝绸之路"情结，宣传这些国家几千年来的传统友谊，为"丝绸之路经济带"沿线国家加强区域大合作创造有利的人文发展软环境，是"丝绸之路经济带"持续发展的核心基点。

二、文化带建设对于哈萨克斯坦共建"丝绸之路经济带"的重要性

（1）丝路文化精神对哈萨克民族文学的影响

中世纪大规模发展起来的阿拉伯、波斯、印度文化，以及伊斯兰教在中亚的传播，都是因为古代丝绸之路起到了桥梁作用。丝绸之路的畅通使中亚各国，同阿拉伯、波斯等东方国家的政治、经济、文化往来更加密切。中世纪这种密切交流曾使突厥语族诞生出一大批杰出的文化名人，如著名的学者，诗人法拉比，尤素甫·

---

① 顾华详：《论"丝绸之路经济带"视域下的文化交流》，载《克拉玛依学刊》2014 年第 2 期。

哈斯·哈吉甫、马赫穆德·喀什噶里、亚萨维等等。

在哈萨克丰富的民间叙事诗中,有一类被称之为"黑萨"的民间叙事诗。"黑萨"原为阿拉伯—波斯语,意为"传说",也有人把这类长诗叫作传奇长诗。这类长诗的题材大都来自阿拉伯、波斯、印度等东方民族的传说和故事,在哈萨克文学中占有特殊的地位。哈萨克的"黑萨"从内容到形式都具有明显的阿拉伯—波斯文学的特点,如著名的"巴合提亚尔的四十枝系"和"鹦鹉的四十章"等,其框架结构与巨著"一千零一夜"和印度故事"鹦鹉的故事"极为相似。灵活简便的串联结构方式将众多情节内容组织在一起,故事丰富而离奇,情节错综复杂而优美。

丝绸之路是一条贯穿中西的经济大动脉,巨大的经济利益使得丝绸之路的历史充满了征战与劫掠,在这样的地理环境和经济方式中,自然而然地形成了同恶劣环境抗争的毅力和意志,以及无比强大的征服力。这也奠定了哈萨克民族的文化特质,哈萨克族以及其他思路沿途民族文学中有着突出的英雄主义特色,崇尚力量,崇拜英雄。古代突厥人有死后在墓前立杀人石之俗,在古代突厥人的观念中,"杀敌—流血—英雄"是一个统一的观念。在哈萨克文学中,英雄史诗非常发达,绝非偶然。

哈萨克文学中对于英雄的描绘是围绕着力量展开的:带有浓厚神话色彩的史诗《乌古斯可汗的传说》中突出表现出哈萨克族的独特审美眼光:乌古斯的形象一生下来就不同凡响,四十天后就长大成人。她长相怪异:脸是青的,嘴是红的,眼睛也是红的,全身长满了茸毛,他有公牛一般的腿,狼一般的腰,熊一般的胸。长诗《阔布兰德》中的阔布兰德,六岁上就能持兵器上阵冲杀;《哈班拜》里描写的英雄哈班拜,十五岁穿戴起被仇敌打死的哥哥叶散拜的铠甲,拿起哥哥留下的武器,上阵杀敌报了仇恨。

与此相关,英雄哈萨克族文学中有两个突出的意象——狼与马,哈萨克族之崇拜狼与热爱马,正如汉族文人之爱松与恋菊,是一种民族心理,审美情感的自然流露。狼与马成为英雄主义的象征。①

哈萨克族热爱马,在科学技术还很不发达的时代,人们渴望战胜自然、战胜敌人的一切力量都在马的身上得到了体现:马有负重远徙的力量,有日行千里的速度,有临危救主的忠诚与智慧。哈萨克族游牧的生活方式,丝绸之路驿站式的运作方式都使人们对马产生了极大的依赖性。哈萨克人"不把勇士与他的马分开来看待,亦不把马与勇士分开来看待",阿勒帕米斯勇士有自己视作命根子的四岁花

---

① 范学新:《丝路文化精神对丝路少数民族文学的影响——以哈萨克文学为列》,载《江西社会科学》2007 年第 5 期。

马，阔布兰德有四小红沙马，塔尔根有沙点马，哈班拜有黄骠马，萨巴拉克有浅栗色马等等，其他的英雄们也都有心爱的骏马。因为人马一体，在史诗里，这些骏马与那些勇士一同被着力描绘，而重要战役前英雄与骏马之间的交流更是慷慨激昂，荡气回肠，如《哈班拜》中临战前，哈班拜对自己的马盟誓：

> 耳朵竖直像芦苇，
>
> 蹄印落地似炉膛，
>
> 跑得快算你失约！
>
> 在沙场上不杀敌，
>
> 算我失约！
>
> 冲不出敌群，
>
> 算你失约！
>
> 敌人来临，
>
> 我手中刀不见红，
>
> 就算我失约！

根据萨满教的观念，苍天在地上的使者是飞马，于是马不仅是力量与美的象征，而且成了宗族生命延续的化身和象征。所以马被用来比喻男人，并被看作是宗族使神，哈萨克人至今还保留着以马给男孩命名的习惯。[1]

文学是一个民族历史的生动记载，哈萨克民族独特的民族历史传统和生产生活方式给自己民族世代相传的文学赋予了特殊的表现内容。在丝绸之路上，富有民族特色和生活气息的习俗风情是展示其民族性的不可缺少的重要内容之一。

(2)文化交流对于共建"丝绸之路经济带"的重要性

文化交流是国际合作关系中极为重要的桥梁，也是促进经贸合作发展的不竭动力。文化交流在促进"丝绸之路经济带"共建中必将展现出独特的优势，发挥十分重要的作用。在外国投资者理事会第 25 次全体会议上，哈萨克斯坦总统纳扎尔巴耶夫宣布开始实施"新丝绸之路"项目，"哈萨克斯坦应恢复自己的历史地位和成为中亚地区最大的过境中心，欧洲和亚洲间独特的桥梁，这就是在哈萨克斯坦主要的运输走廊上建立起统一的具有世界水平的贸易物流，金融商务，工艺创新和旅游中心"。[2]

---

[1]　范学新：《丝路文化精神对丝路少数民族文学的影响——以哈萨克文学为列》，载《江西社会科学》2007 年第 5 期。

[2]　《纳扎尔巴耶夫建议外国投资者参与共同复兴"丝绸之路"》，哈萨克斯坦新闻社 2012 年 5 月 22 日电。

　　哈萨克斯坦是中亚地区幅员最辽阔的国家,丝绸之路横贯哈萨克斯坦全境,阿拉木图更是古代中国通往中亚的丝绸之路的必经之地,是东西方贸易的重要中继站。罗马大帝康斯坦丁在留给儿子的遗嘱中曾提及:"……在那外围有着哈萨克亚大草原,再过哈萨克亚就是阿兰。"古代哈萨克人泛指今中亚一代的古代游牧部落,如塞人、乌孙、月氏等等,他们正是现代哈萨克人的祖先。"哈萨克"一词在突厥语中的解释是"游牧战神",可以说从天山到里海的中亚草原就是这游牧战神的疆域,这一片疆域分布着九千多个考古遗址,无言地诉说着沧海桑田的变幻。①

　　文化交流在哈萨克斯坦参与"丝绸之路经济带"建设中具有相互借鉴,取长补短的作用,具有增信释疑,加强合作的作用,加速文化产业聚集发展,创新文化产业发展模式,增强产业辐射能力,搭建文化对外交流合作,招商引资的重要平台,不断增强哈萨克斯坦文化发展活力等重要作用。

　　文化对于深化哈萨克斯坦与"丝绸之路经济带"沿线各国人民间的"民心相通"具有重要作用。要充分发挥哈萨克斯坦一体多元的文化优势,以文化、教育、科技、医疗、旅游等为重点,开展与周边国家政府间的文化交流活动。因此,哈萨克斯坦每年都在阿拉木图中央国家博物馆举办"丝绸之路"中亚国家手工艺品博览会。今年 6 月 3 日"丝绸之路"中亚国家手工艺品博览会在哈萨克斯坦阿拉木图中央国家博物馆举行。本届展会邀请了来自哈萨克斯坦、乌兹别克斯坦、吉尔吉斯斯坦、土库曼斯坦等中亚国家的手工艺人展出手工绝活,展品包括工艺品、服装、鞋帽、陶制品、首饰、地毯等。

　　哈萨克斯坦文化和新闻部长库尔－穆罕默德说,自国家独立以来,哈萨克斯坦确定了鼓励民众表达精神生活诉求、保护哈萨克民族文化传统的文化发展目标。哈文化集中了多个民族长期积累的精神财富,吸收了世界文化的精华,在形式和风格上都呈现多样化的特点。当前,哈文化艺术领域正处于全新的发展时期,国家在物质、技术和法律上都予以全力支持。

　　纳扎尔巴耶夫总统 2004 年提出了"文化遗产"国家战略,去年这一战略进入到具体实施的第二阶段。哈文化部共组织了十二项应用科学研究和四十九项考古研究工作,还对二十六处历史文化遗迹展开修复工程。此外,哈萨克斯坦文化部门在阿拉木图州和东哈州分别设立了"伊塞克"和"别列尔"历史文化保护区,目前正在积极筹划修建民族文化中心和"阿里·法拉比"陵墓,并准备恢复古"丝绸之路"主路上的一些历史文化遗迹,同时为奥尔塔尔古城申报世界文化遗产。

　　在文化产业结构问题上哈萨克斯坦通过立法确定了国家在文化领域的责任,

---

　　① 杨雪:《丝绸之路的当代意义》,载《光明日报》2013 年 10 月 14 日。

并保证预算资金覆盖到与文化领域有关的社会各个层面。哈借鉴了一些发达国家的做法，在文化领域采取了多种经营方式。按照哈萨克斯坦法律规定，剧院、音乐厅、博物馆、图书馆及文化机构可全部免除增值税，这一优惠政策适用于所有文化产业。

在谈到中哈在文化及人文领域的合作问题时，可以说，近期中哈在文化领域交往频繁。2009 年 4 月，阿拉木图卡斯捷耶夫艺术博物馆举办了中国景德镇瓷器展，庆祝新中国成立 60 周年。2009 年 6 月，阿拉木图举办了中国工艺制品艺术展。2010 年 2 月，在阿斯塔纳举办了题为"丝绸之路——中国的丝绸艺术"展。

文化交流为哈萨克斯坦参与"丝绸之路经济带"建设提供人才和智力支撑等方面，都具有基础性，决定性和先导性的作用。最重要的是，具有复兴哈萨克文化，创造不同文明相互交流，共同发展的重要作用。

三、结语

丝绸之路，是古代一条以丝绸贸易为主，通往西域的商路，是古代东方与西方政治、经济、思想和文化技艺交流的重要通道，把华夏文明、印度文明、波斯文明、阿拉伯文明、希腊—罗马文明联系在一起。2014 年 6 月由中国与吉尔吉斯斯坦、哈萨克斯坦三国联合申报的丝绸之路"长安—天山廊道路网"成功申报世界文化遗产，成为首例跨国合作、成功申遗的项目。

曾经对世界经济产生过巨大影响的"丝绸之路"正在重新成为人们关注的热点。各国共建"丝绸之路经济带"，开展国际经贸合作是前提，文化交流是基础。经济与文化是相互关联的。经济是基础，是"硬实力"；文化是上层建筑，是"软实力"。离开文化交流的依托，任何经贸合作都会成为无源之水，无本之木。从欧亚国家的文化交往史中不难看出，那些有名的文化使者多为民间人士，多是自发地，自筹资金到对方国家学习或传播文化。随着共建"丝绸之路经济带"进程的深入推进，双边市场的开放会进一步加快，特别是民间接触会越来越多。

哈萨克斯坦参与共建"丝绸之路经济带"中也重视文化交流。在"丝绸之路经济带"建设的大格局中，无论是从地理区位、资源上来看，还是从历史脉络、文化渊源来看，哈萨克斯坦都有着独特而客观的优势，这确定了哈萨克斯坦在"丝绸之路经济带"建设中的重要节点，交通枢纽，核心区域的战略地位。主要突出现在四个方面：（一）是地缘优势，（二）是资源优势，（三）是人文优势，（四）是发展优势。因此，要充分发挥哈萨克斯坦一体多元的文化优势，以文化、教育、科技、医疗、旅游等为重点，开展与周边国家政府间的文化交流活动。因此，丝绸之路经济带也是文化带。

希望共建"丝绸之路经济带"的国家加大文化交流,建立起相互信任的关系,民心相通,文化唱戏,尽早搭建起经济、金融支持平台,通过金融创新扩大对外投资、对外融资,增加信贷规模,提高整个丝绸之路经济带沿线国家的支付能力,拉动一方经济增长,从而带动整个丝绸之路经济带沿线国家和地区的发展。

第二十六章

"古丝绸之路"与"丝绸之路经济带"比较研究

　　两千多年前,西汉张骞出使西域,畅通了横贯东西、连接亚欧的丝绸之路;两千年后中国与丝路沿途国家交流合作不断深入使这条古老的通道再现生机。2013 年 9 月习近平在哈萨克斯坦发表演讲提出共同建设丝绸之路经济带。2013 年 10 月,习近平在印度尼西亚国会发表演讲时强调中国愿同东盟国家共建 21 世纪海上丝绸之路。2013 年 11 月召开的十八届三中全会提出,加快同周边国家和区域基础设施互联互通建设,推进丝绸之路经济带、海上丝绸之路建设,形成全方位开放新格局。2015 年 3 月 28 日国家发改委、外交部、商务部联合发布了《推动共建丝绸之路经济带和 21 世纪海上丝绸之路的愿景与行动》,阐述了"一带一路"的主张与内涵,提出了共建"一带一路"的方向和任务。古老的丝绸之路呈现出全新的地缘、经济、政治内涵。本章通过比较研究,旨在阐明"丝绸之路经济带"战略既是对古丝绸之路的传承,又是在新时期、新的国际国内背景下对古丝绸之路的超越,进而在此基础上得出历史的启示。

一、历史的传承

　　当前国际社会上被冠以"丝绸之路"的倡议或构想很多,但目前来看,影响最大的还是中国以重现古代丝路精神为基础的"丝绸之路经济带"构想。古代丝路精神的核心是横贯东西、连接欧亚的地缘价值观和互利合作、包容互鉴的历史价值观。

　　(一)东西交往、贯通亚欧的地缘价值观

　　古丝绸之路起始于古都长安、洛阳,经河西走廊到达西域、波斯湾直至地中海沿岸,将中国西部、中亚、南亚、西亚、欧洲与北非连接起来,丝路沿途居民设立城镇、贸易市场和中转站点,带动了以亚欧大陆为载体的陆地文明的兴起和长期繁荣。丝绸之路沿线的霸权国家罗马、阿拉伯、拜占庭、蒙古、奥斯曼土耳其的兴衰为亚欧大陆长期作为国际政治的重心打下了基础。这种重心地位并没有随着海洋文明的兴起而发生根本的变化。现代西方政治学家充分论证了亚欧大陆地缘政治的重要性,其中最著名的当推英国麦金德(1861—1947)的"心脏地带"理论和美国斯皮克曼(1895—1943)的"边缘地带"学说。[①] 两个学说一个强调"心脏",一个看好"周边",似乎有些矛盾,但都肯定了欧亚大陆在国际政治中的重心地位。[②]

从地缘政治上讲,虽然中国是陆海复合型国家,但自古以来大陆文明长期主导中国的国家战略,历史上张骞出使西域、班超西征、玄奘西天取经、蒙古的西征等无不表明:在大部分历史时期中国是面向西部方向的亚欧大陆寻求扩展战略空间。这种面向西部、贯通亚欧的地缘政治战略对中原政权的稳定与强大起着至关重要的作用。冷战结束以后,尽管国际政治格局和国际关系体系发生了很大的变化,作为地球上面积最大的、唯一连接全球四大洋的亚欧大陆在国际政治中的重心地位不但没有下降,反而随着亚欧大陆地缘政治的变化更加凸显出来,在这里有民族宗教文明的冲突,有地缘政治的矛盾,还有经济能源利益的争夺。沙俄和苏联时期,陆上丝绸之路因中亚受俄罗斯人控制而受阻。苏联解体后,随着亚欧大陆桥(西起连云港东至鹿特丹)的贯通,以及中亚诸国与俄罗斯和中国共同成立了"上海合作组织",这条通道对中国再次开放。2011年,起始于中国重庆经新疆出阿拉山口至德国杜伊斯堡的渝新欧国际大通道全程开通,渝新欧线路的贯通反映了中国西北地缘政治环境有了向汉唐形势回归的趋势。[③] 纵然,当前中国面向东部有朝鲜半岛、日本"右倾化"等亟待解决的问题,但境内疆藏形势的严峻、境外中亚安全形势的复杂都证明包括中国新疆和中亚国家在内的古代西域地区依然是中国发展的托底和大后方。东急西重是当前中国安全环境的主要特点。中国要走向强大与繁荣固然应解决好东部问题进而走向太平洋,但发展壮大的基础必然是中西部的安全与稳定。在这一背景下,古代丝绸之路东西交往、贯通亚欧的地缘价值观必然在当代的"丝绸之路经济带"构想中得到延续。

(二)互利合作、包容互鉴的历史价值观

古代丝绸之路的东西两端分别是东西方文明的源头,它将中国、埃及、印度和希腊文明编织在一起。这四大文明以其经济和文化发展的最高水平,互相吸引着。这种吸引力是古丝绸之路虽经历多次阻隔而最终复通的重要力量。[④] 据记载

① Machinder J., Democratic Ideals and Reality, New York: Henry Holtand Company, 1942, p. 62; Spykman N. J., The Geography of the Peace, New York: Harcourt Brace Co., 1944, p. 43.

② 李兴:《亚欧中心地带:俄美欧博弈与中国战略研究》,北京师范大学出版社2013年版,第3页。

③ 张文木:《丝绸之路与中国西域安全》,载《世界经济与政治》2014年第3期。

④ 杨建新、卢苇:《历史上的欧亚大陆桥——丝绸之路》,甘肃人民出版社1992年版,第53页。

公元前一世纪,位于丝绸之路要冲的安息(今伊朗东北部和里海东南一带),正是从丝绸贸易中强大起来,在与罗马的战争中取得胜利。[①] 从公元一世纪时起,罗马帝国贵族也迷恋来自东方中国比黄金还珍贵的丝绸服饰。基于丝绸贸易,欧洲的黄金源源不断地沿着这条路流入中原汉地,汉朝也因此迎来了罕有企及的黄金时代。获取远程贸易带来的巨额利润,成为人员物资川流不息于丝路上多段不毛之地的重要动力。中原王朝历来秉承广施恩泽以树立王朝权威的精神,在东西交往中一贯坚持包容互利的原则,加之在地理大发现之前,东西方的社会经济水平并无太大差距,因而这种关系又是比较平等的。[②] 平等互利成为丝绸之路上的经贸文化交往延绵两千年而不衰的根源所在。而互利共赢与平等交往也正是今天"丝绸之路经济带"建设的动因和根本原则。"丝绸之路经济带"构想旨在将区域内国家的土地、资源、劳动力、技术等生产要素更好地卷入到贸易路线为主干的国际生产网络之中,从而在亚太和欧洲两大经济繁荣圈之外,形成新的全球性的经济增长极。[③] "一带一路"《愿景与行动》也提出"一带一路"的共建原则是开放合作、和谐包容、市场运作、互利共赢。[④]

历史表明丝绸之路也不仅仅是交通路线,更是一条"中西文化交流的大动脉",是历史时期一个独特人文区域的"文化系统"。[⑤] 在这个系统中,有既物质技术的交流也有民族的融合和宗教文化的传播。《后汉书》记载,丝绸之路上是一派兴旺景象,"驰命走驿,不绝于时月;商胡贩客,日款于塞下"。[⑥] 习近平也指出:"东西方使节、商队、游客、学者、工匠川流不息,沿途各国互通有无、互学互鉴,共同推动了人类文明进步。"[⑦]今天的"新丝绸之路经济带构想"也是建立在文明融合而非冲突的立场上的。习近平明确表示奉行尊重各国人民自主选择发展道路的政策,决不干涉内政、不针对任何第三方、不搞排他性制度设计、不谋求地区事务主导权、不经营势力范围,提倡不同发展水平、不同文化传统、不同社会制度国

---

① 杨建新、卢苇:《历史上的欧亚大陆桥——丝绸之路》,甘肃人民出版社 1992 年版,第 34 页。

② 潘光、余建华:《从丝绸之路到亚欧会议——亚欧关系两千年》,中共中央党校出版社 2004 年版,第 1 页。

③ 范玉刚:《"一带一路"下的新区域合作》,载《瞭望》2014 年第 34 期。

④ 《授权发布:推动共建丝绸之路经济带和 21 世纪海上丝绸之路的愿景与行动》:http://world.people.com.cn/n/2015/0328/c1002－26764633.html

⑤ 李明伟:《丝绸之路研究百年历史回顾》,载《西北民族研究》2005 年第 2 期。

⑥ 范晔:《后汉书・西域传》(四),中华书局 2012 年版,第 2357 页。

⑦ 习近平:《弘扬人民友谊　共创美好未来——在纳扎尔巴耶夫大学的演讲》,载《人民日报》2013 年 9 月 8 日。

家间开展平等合作,把地缘优势转化为务实合作的成果,打造利益共同体。① 这表明,"丝绸之路经济带"构想力图走出权力政治的窠臼和新老殖民主义的藩篱,将包容互鉴、互利合作的古老历史价值观延续于 21 世纪的欧亚大陆战略空间,形成共同互利和共享发展成果的新的合作模式。

二、历史的超越

"丝绸之路经济带"是当代中国结合西部开发与向西开放的战略构想,与古丝绸之路相比,在地理范围、建设基础、内涵功能、特征表现方面有根本的区别,是在新的时代条件下对古丝绸之路的创新和超越。

(一)地理范围:从线路到区域

从地理上讲,传统的丝绸之路从西安出发跨越陇山山脉,穿过河西走廊,通过玉门关和阳关,抵达新疆,沿绿洲和帕米尔高原通过中亚、西亚和北非,最终抵达非洲和欧洲。古丝绸之路通过三条线路连通欧亚。北线:出新疆经中亚、咸海、里海北侧到达黑海附近;中线:出新疆穿过中亚地区到达地中海沿岸国家最后通向罗马;南线:出新疆中亚地区南下至阿富汗、巴基斯坦、印度。囿于技术条件,古丝绸之路必须避开山地与沙漠,路线选择范围有限,经济、社会效益不高。

由于现代公路、铁路、航空网的连接,"丝绸之路经济带"能够大大逾越地理、自然条件的限制,"打通从太平洋到波罗的海的运输大通道",其覆盖的面积将更广,路线更密集,"使我们欧亚各国经济联系更加紧密、相互合作更加深入、发展空间更加广阔"。② 其地理范围大致在古丝绸之路的走向上,但不限于古丝绸之路沿线国家和地区,它不是人们通常所理解的只是带状合作区域,它应包括欧亚各国,只是合作发展的阶段性重点不同。有学者将整个经济带划分为三大区域:③一是核心区:中亚经济带。包括哈萨克斯坦、吉尔吉斯斯坦、塔吉克斯坦、乌孜别克斯坦、土库曼斯坦。这一区域是亚欧大陆的"经济凹陷带",该区与中国共有 3000 多公里的边境线,具有进行地区稳定、能源资源、经贸合作的天然需求和开发潜力。2001 年上海合作组织成立以来,中国目前已成为这一区域最主要的贸易投资伙伴。二是重要区:环中亚经济带。涵盖中亚、俄罗斯、西亚和南亚,包括俄罗斯、阿

---

① 习近平:《弘扬人民友谊　共创美好未来——在纳扎尔巴耶夫大学的演讲》,载《人民日报》2013 年 9 月 8 日。

② 习近平:《弘扬人民友谊　共创美好未来——在纳扎尔巴耶夫大学的演讲》,载《人民日报》2013 年 9 月 8 日。

③ 胡鞍钢、马伟、鄢一龙:《"丝绸之路经济带":战略内涵、定位和实现路径》,载《新疆师范大学学报(哲学社会科学版)》2014 年第 2 期。

富汗、印度、巴基斯坦、伊朗、阿塞拜疆、亚美尼亚、格鲁吉亚、土耳其、沙特、伊拉克等以及上述中亚地区。这一区域是亚欧大陆中心区域，富有石油、天然气资源，是目前中国能源进口的主要区域之一。因此，该地区是非常重要的能源安全战略地区和经贸往来潜力区。三是拓展区：亚欧经济带。涵盖环中亚地区、欧洲和北非，包括欧洲德国、法国、英国、意大利、乌克兰等地区，北非埃及、利比亚、阿尔及利亚等地区，以及上述环中亚地区。这一区域的欧洲段经济发展水平高，对外贸易活跃。其中欧洲与中国作为丝绸之路经济带上的两端，双方互为第二大贸易伙伴，但经贸往来主要依靠海路通道，亟须扩展陆路通道以扩大经济贸易、科技文教合作。经济带三大区域的划分表明，"丝绸之路经济带"构想要实现可持续的发展，其所涵盖的区域就不能仅限于古丝绸之路沿线，它必须是基于古代丝绸之路精神基础上的一个开放包容的区域大合作，以开放的心态接纳各方的积极参与，充分调动各种资源，最大限度扩大支持的基础。

（二）建设基础：从古代凿空到当代升级

虽然张骞出使西域前丝绸之路已经出现，但这条通道常常因沿途国家的战乱而中断，即使它有时相通，也因山川阻隔、道路遥远、缺乏食宿和没有安全保障而通行困难。因此，反映在我国古代文献中，对当时丝绸之路的行经地点和具体路线都是语焉不详。[1] 张骞出使西域，以其亲身经历考察了被匈奴中断和阻塞了的丝绸之路，使汉朝政府掌握了沿丝绸之路上各个民族和国家的真实情况，并和他们建立了友好关系，开创了丝绸之路繁荣和畅通局面。[2] 因此《史记》将张骞出使西域称为"凿空"。[3] 其后有东汉的班超、甘英、唐代的玄奘、东罗马帝国蔡马库斯、[4]蒙元的耶律楚材等人的筚路蓝缕之功，其中不乏军事统帅以武力开拓贸易通道之举。可以说古丝绸之路的开辟无论在地理上、商贸上还是在文化都是开拓性的，其跨境政治"协调"成本之高也是空前的。

与古丝绸之路的开辟、繁荣相比，今天构建"丝绸之路经济带"则具备了充分的基础和优越的条件。首先，国家间关系发生了重大的变化。与两千多年前不同，在全球化时代，国家间的沟通交往已经远离了以兵戈刀箭的模式，协调成本大幅下降。特别是苏联解体后，中亚国家纷纷走向了经济发展的快车道，在上海合

---

① 卢苇：《丝绸之路的出现和开通》，载《兰州大学丝绸之路研究论文集》，兰州大学出版社1992 年版，第 3、4 页。

② 杨建新、卢苇：《历史上的欧亚大陆桥——丝绸之路》，甘肃人民出版社 1992 年版，第 21 页。

③ 司马迁：《史记·大宛列传》，中华书局 2013 年版，第 7300 页。

④ Zemarchus，6 世纪时东罗马帝国派往西突厥的使节

作组织的框架下,中亚五国与中国逐渐建立了政治和安全互信,经济合作势头迅猛。① 其次,新的交通走廊初步形成。1991 年东起江苏连云港、西至荷兰鹿特丹的新亚欧大陆桥全线贯通;中国连接吉尔吉斯斯坦、乌兹别克斯坦的铁路正在规划中;中国连接中亚国家的主要干线公路均加入了亚洲公路网;中国已经开通至哈萨克斯坦阿拉木图、乌兹别克斯坦塔什干、塔吉克斯坦杜尚别等地的直达航线;中哈石油管线一期工程 2005 年 12 月竣工,二期工程已经开始规划,与俄和中亚国家的天然气管线项目已进入实质性探讨和经济技术论证阶段,连接主要成员国的亚欧光缆和中俄光缆已经建成;新疆目前对中亚国家一共开放了十二个国家一类口岸。可以说,以铁路为主体,包括公路、航空、管道、通讯和口岸设施在内连接中国—中亚的交通走廊硬件设施已经初步建成。第三,有充分的政策法律支持。WTO 有关自由贸易区的规定、上海合作组织有关区域一体化的文件、中国—中亚间的双边经贸协定及我国政府制定的《实施西部大开发的若干政策措施》,为"新丝绸之路经济带"的建设提供了政策法律依据。可见,建设"丝绸之路经济带",无论是国际环境、基础设施建设、政策准备等方面的条件均已成熟。我国提出这一构想,既是水到渠成的结果,更是继承古丝绸之路基础上的当代升级。

(三)内涵:从交通走廊到经济发展带

古代丝绸之路是以丝绸为代表的商品交流通道。通过丝绸之路,中国将自己的商品,特别是丝绸织品输送到中亚,然后再由中亚输送到南亚、西亚、欧洲和非洲,而西方的羊毛产品、皮制品以及其他手工产品、食品物种也得以由此进入中国,丝绸之路由此确定了其基本而牢固的内涵。在丝绸贸易的基础上,丝绸之路逐渐成为东西方物质文化交流、民族迁徙融合的交通走廊。但囿于技术条件、自然条件与政治因素的限制,它难以承载大规模商品转运的任务。随着航海技术的进步,丝绸之路被效率更高的海运所取代。

如今的"丝绸之路经济带"有着更加丰富的内涵。"经济带"属地理经济学范畴,经济带发展需依托一定的交通运行干线,并以其为发展轴,以轴上经济发达的一个和几个大城市作为核心,发挥经济集聚和辐射功能,联结带动周围不同等级规模城市的经济发展,由此形成点状密集、面状辐射、线状延伸的生产、贸易、流通

---

① 商务部数据显示,中国已经成为乌兹别克斯坦、塔吉克斯坦的第一大投资来源国,是哈萨克斯坦、土库曼斯坦的第一大贸易伙伴。1992 年中国与中亚五国的双方贸易额只有 4.6 亿美元,而 2012 年,这个数字达到了 460 亿美元,增长了将近 100 倍。参见:胡波:《构建"新丝绸之路经济带"的三大原则》,载《中国经济周刊》2013 年第 37 期。

一体化的带状经济区域。① 近年来,新丝绸之路中国—中亚段沿线交通基础设施不断改善,初步形成了连接中亚各国与其他国家的交通走廊,为运输便利化、贸易便利化创造了基本条件。但是单一的交通走廊对于经济的推动作用会十分有限,如果过度依赖它发展外向型经济,必然导致区域和产业的畸形发展。因此,交通走廊的初步建成,只是丝绸之路新要求。② 丝绸之路经济带若要获得更高层次的发展,就应被赋予更宽泛的内涵:从商贸路线、交通走廊变成人口、产业聚集的经济带,给沿线各国、各城市间经贸来往提供更为广阔的平台。因而我们可以把"丝绸之路经济带"理解为:以丝绸之路通道为展开空间,以沿线交通基础设施和中心城市为依托,以区域内贸易和生产要素自由流动优化配置为动力,以区域经济一体化安排为手段,以实现快速增长和关联带动作用为目的沿古丝绸之路的经济合作区。

(四)功能:从稳疆固边与经贸文化交往到沿边开发与推动区域一体化

古丝绸之路开辟的最初动机是西汉政府联合西域国家共同抵抗北方匈奴的袭扰。丝绸之路的畅通和繁荣促进了西域国家与中原内地的联系,加强了中原王朝抗击北方少数民族的袭扰的力量,发挥了稳疆固边的功能。丝绸之路开通后的两千年里客观上也发挥着东西方经贸文化交流的功能,对汉唐盛世的繁荣起着至关重要的作用。

如今的丝绸之路经济带是集西部开发与向西开放为一体的政策。当前,西部开发、向西开放,打通亚欧陆路大通道是实施区域平衡发展和保障国家战略安全的必由之路。中国经济重心南移的趋势始于两宋,在鸦片战争以后得到进一步强化。改革开放使中国经济发展快速集聚于东南沿海地区,中西部地区的发展相对落后。世纪之交,国家开始实施西部大开发战略。江泽民认为,"加快西部地区的发展""具有极其重大的意义"。胡锦涛指出,西部大开发进一步促进了区域协调发展,"形成合理的区域发展格局";从外部环境看,苏联解体后的一段时期内,基于种种原因中国没有足够重视经营中亚地区。但在此时,地区极端势力的抬头和坐大使中亚的安全局势不断恶化并影响到了中国新疆地区。加上能源问题日益突出。进入 21 世纪后,中国与中亚地区逐渐具有了越来越多的共同利益,合作不断深化。因此,强化区域平衡发展与对外开放,"形成横贯东中西,联结南北方对

---

① 李建民:《"丝路精神"下的区域合作创新模式——战略构想、国际比较和具体落实途径》,载《人民论坛·学术前沿》2013 年第 23 期。

② 朱显平、邹向阳:《中国—中亚新丝绸之路经济发展带构想》,载《东北亚论坛》2006 年第 5 期。

外经济走廊",就必须通过政治、经济、外交等多重手段"推进丝绸之路经济带、海上丝绸之路建设,形成全方位开放新格局"。① 这表明"丝绸之路经济带"超越了古丝绸之路稳疆固边与经贸文化交流的功能,它将西部开发与向西开放整合起来,是集沿边开发与区域经济一体化功能于一体的战略构想。

(五)特征:经济上从自发交往到主动安排,安全上从消极单一到主动多维

从经济上讲,虽然丝绸之路的通畅是源于西汉政府派遣张骞出使西域这样一个官方的主动行为,但在长达两千年的历史中,行走在丝绸之路上的多数是个体的商人、僧侣、官人等。在漫长的历史过程中,基于逐利的客观需求他们自发形成了商贸文化的交往。这其中即使存在的官方交往也并不成规模和机制,不设目标与政策安排,更谈不上政府间的合作与协调。受科技水平所限,古代丝绸之路的路线为避山川、高地、沙漠,而多沿河流、绿洲等延伸,具有曲折、多变、不稳定的特征。所以,古丝绸之路是自然形成的商旅之路。如今的"丝绸之路经济带"则是沿线各国主动创新区域合作模式的尝试。事实上二十余年来,中国与中亚各国的经济合作成就与政府间的政策协调和大力推动密不可分,诸如能源合作及口岸贸易这类需仰仗政治协商的经济合作模式才得以成功。当前构建"丝绸之路经济带"的政策安排重点主要体现在欧亚运输的联通和投资贸易便利化两方面。在第一方面,中国积极推动在上海合作组织框架内签署《国际道路运输便利化协定》,各成员国境内有关公路将对成员国开放,形成全体成员国的公路网。第二个方面,消除贸易壁垒,降低贸易和投资成本,提高区域经济循环速度和质量,实现互利共赢。② 中国与部分国家签署了共建"一带一路"合作备忘录,与一些毗邻国家签署了地区合作和边境合作的备忘录以及经贸合作中长期发展规划。中国加强与沿线有关国家的沟通磋商,推进了一批条件成熟的重点合作项目。虽然"经济带"致力于打破传统的区域安排,追求灵活务实,不设立高端目标。但从现有的合作安排看,推进贸易投资便利化、深化经济技术合作、建立自由贸易区,是新丝绸之路经济带建设的三部曲。

从安全上讲,历史上,西北少数民族匈奴、柔然、突厥等经常袭扰西域与中原地区,因此中原政府的西部政策都聚焦在安全防御,即使汉唐强盛时期,对西域的主动军事出击也以羁縻政策为主,主要目的仍然是以内地安全为核心的战略性防

---

① 《中国共产党第十八届中央委员会第三次全体会议公报》:http://news. xinhuanet. com/house/wuxi/2013 – 11 –13/c_118116111. htm

② 习近平:《弘扬人民友谊 共创美好未来——在纳扎尔巴耶夫大学的演讲》,载《人民日报》2013 年 9 月 8 日。

御。西汉设西域都护府、唐朝设安西四镇都是中原政府为管理西域地区、维护丝绸之路的军事防御机构。这是被动单一性的防御战略。冷战后,中国与中亚国家从解决边界问题到共同打击三股势力,如今中国政府大力提倡"丝路经济带构想",并以上海合作组织为重要推进平台,以经贸发展为主轴,促进金融、能源、通信、农业以及安全等全方位的交流合作,将经济合作导入安全合作的框架之中,旨在提振各国经济发展,为地区安全提供"内生动力",同时它也服务于国家安全总体战略避免过于依赖海洋通道、实现东西平衡、突围美国亚太战略的布局。从国家安全角度看,"丝绸之路经济带"是一种主动多维性的战略安排。

三、历史的启示

"丝绸之路经济带"能否再度承载起促进区域安全与繁荣、推动东西文明交融的历史重任,需要我们从古丝绸之路兴起、繁盛到走向没落的两千多年里寻求历史的启示。"两千多年的交往历史证明,只要坚持团结互信、平等互利、包容互鉴、合作共赢,不同种族、不同信仰、不同文化背景的国家完全可以共享和平,共同发展。这是古丝绸之路留给我们的宝贵启示。"①

(一)历史是不能割断的

古丝绸之路使中国与西部国家特别是中亚国家除具有地理上的紧密联系和现实上的合作需要之外,更有历史上的长期渊源。通过丝绸之路,中华文明自古就与中亚地区产生多层次、多方面的交流甚至融合。中国和中亚国家为解决商贸问题进行了长期的交流和协作,互相通婚的现象比较普遍,在思想观念、风俗礼仪、宗教信仰、行政管理上也相互吸收,双方还翻译了大量对方的文学、医学和史学著作,特别是中国古老灿烂的文化对中亚产生了积极而深远的影响,彼此在民族、宗教、文化方面有强烈的认同感。这些都是区域经济合作的重要推动力量。这些优势是以势力范畴争夺或贸易保护为目的的排他性地区经济合作所无法比拟的。

当前在众多被冠以"丝绸之路"的构想中,中国的"丝绸之路经济带"具有得天独厚的优势。2004年,日本提出了"丝绸之路外交"构想,将中亚五国及外高加索三国定为"丝绸之路地区",致力于用政治经济渗透来争取该地区资源开发及贸易的主导权,但进展并不理想。其原因除日本不具备地缘条件外,还与宗教文化差异以及日本鲜明的政治干涉有关,这侵蚀了日本与本地区各国互信的基础。

---

① 习近平:《弘扬人民友谊 共创美好未来——在纳扎尔巴耶夫大学的演讲》,载《人民日报》2013年9月8日。

2011 年美国也提出了官方的"新丝绸之路"计划,希望建立以阿富汗为中心,连接中亚、南亚的区域性地缘政治、经济结构。但在实践中美国对伊朗、俄罗斯的排挤和对阿富汗的干涉使其违背了促进地区一体化的战略目标,因而至今美国的"新丝绸之路计划"并没有大作为。俄罗斯也将正在建设中的、由中国经中亚和俄罗斯直抵德国杜伊斯堡,并连通欧洲铁路网和港口的"中欧运输走廊"称为"新丝绸之路",其基本目的是恢复和保持俄在中亚的传统存在和影响。基于历史的积淀,中国的"丝绸之路经济带"能够兼顾经济、政治、安全和文化利益的均衡发展,强调"政策沟通"、"道路联通"、"贸易畅通"、"货币流通",更突出"民心相通",使其具有突出的稳定性。自从中国提出这一构想以来,得到了中亚、西亚、中东欧、西欧各国不同程度的积极响应和配合。历史与现实表明,与相关国家共建"丝绸之路经济带"必然是一项系统工程。软件(政策沟通)建设与硬件(道路联通)建设相辅相成,经济交往与民心交流并行不悖,是古丝绸之路给予我们的重要启示。

(二)丝路的兴衰与民族国家的兴衰

纵观丝绸之路两千年历史,其兴衰通阻往往与中原王朝和丝路沿线国家的兴败紧密相关。历代王朝对丝绸之路的经营业绩,应该首推两汉,汉代是古丝绸之路的通畅期。此后,由于战乱不休,尤其西晋末年,少数部族入主中原,十六国此起彼伏,南北朝相互吞灭,使丝路"或绝或通",丝路上的设施也"时置时废"。进入隋唐两朝,长期分裂局面结束,对丝路的经营进入了一个高潮时期,古丝路进入发展的鼎盛期。唐代后期,特别是唐灭亡后,西北地区地方割据严重,民族地方政权互相对立,西域和河西长期动荡不安,海路交通逐渐成为中西交往的主要交通线路。元朝疆域贯通欧亚大陆,由于道路畅通,欧亚许多国家大量人口经西域进入中原,丝绸之路进入发展的黄金期。但随着元朝的崩溃,西域地区的蒙古政权分裂割据,各行其是,陆路在中西交通中的地位进一步降低。明清时期西方国家进入产业革命时期,航海事业有了新的发展,中原封建王朝则闭关锁国,丝绸之路逐渐没落。与中原王朝兴衰相对应的是丝绸沿线民族国家的兴衰,西汉时期的贵霜、安息、罗马帝国,东汉时期的波斯、拜占庭帝国,唐代的天竺、阿拉伯帝国,明代的帖木耳帝国,都处在其经济社会发展的高峰,各国社会经济的发展和需要,促使他们极力开展东西方之间的商业往来和各种交流,这就为丝绸之路的发展提供了一个良好的条件。直到 19 世纪沙俄控制中亚,丝绸之路中断。

从历史的角度看,我国目前正处在建设"丝绸之路经济带"的最佳历史机遇期。目前,中国、中亚各国经济进入快速增长时期,东西方之间存在通联的巨大战略需求,这为"丝绸之路经济带"的建设提供了一个宽松的宏观经济环境。古丝绸之路发展史告诉我们,经济、政治、军事、科学、文化艺术是沿着交通线发展的,先进文明也必将沿着交通走廊延伸扩散，"丝绸之路经济带"最终将成为亚欧大陆科技、文化发达地区，它带来的将是欧亚大陆的一体化和全面复兴。

（三）大国无法回避的责任

在国际社会中，大国往往成为促成国际合作的集体行动的倡导者。作为古丝绸之路的发起国和主导国，古代中国是亚洲东部最大的王权国家，特别是汉唐时期，国力强盛，威慑中西亚，不少游牧民族纷纷向中国称臣纳贡。中国的商品和文化是古丝绸之路上最重要的交流元素，可以说，没有中国的开创和主导就不会有两千年辉煌的丝路文明。今天，就目前和今后相当长的一段时期的世界经济局势来看，也只有中国具备条件来主导规划如此宏大的区域项目。在"丝绸之路经济带"建设中，中国依然扮演积极的倡导者角色。为了构建一个服务于"一带一路"计划的融资平台，2013 年 10 月习近平提出筹建亚洲基础设施投资银行倡议。2014 年 11 月习近平宣布中国将出资 400 亿美元成立丝路基金，重点在"一带一路"发展进程中寻找投资机会，并提供相应的投融资服务。2014 年 10 月亚洲基础设施投资银行成立，初步注册资金规模为 1000 亿美元，其中中国出资 500 亿美元。截至 2015 年 4 月 9 日统计，提出申请以意向创始成员国身份加入亚投行的国家（地区）总数已达 57 个，涵盖了除美日之外的主要西方国家，其中 37 个国家已成为正式的意向创始成员国。中国的行为既是利益所在、责任使然，也体现了大国外交的自信。这种自信，源于对历史经验的总结、对国际局势的判断、对自身实力与战略目标的认知，也源于驾驭各种复杂局面的勇气与能力。中国虽然坚持不谋求地区事务主导权、不经营势力范围，但也不应回避大国责任，这种责任不是权力政治中的大国主导，而是多元文明复兴的中枢者、不同利益诉求与机制秩序的协调者。作为多元文明的中枢者，中国应着眼于让"丝绸之路经济带"成为世界主要文化继承者对话与共同演化的平台，让古老文明在现代社会焕发新的活力；作为不同利益诉求与机制秩序的协调者，中国应充分对接现有的上海合作机制、谈判中的中国—海合会自贸区机制、亚洲基础设施投资银行、欧亚经济共同体机制，形成一个各种机制取长补短的协调平台，让经济带各区域主体更充分地享受到不同合作机制带来的便利，同时在经济带内致力于形成公平公正分享利益的运营规则与合作秩序。大国的责任既是历史的责任，更是时代的责任。

第二十七章

"丝绸之路经济带"与"新丝绸之路计划"的比较

中国提出的"丝绸之路经济带"(Silk Road Economic Belt)在国内外引起较多关注。"丝绸之路"本身是个古老的话题,冷战后围绕它所提出的其他国际合作计划为数不少,其中影响较大的是美国的"新丝绸之路计划"(New Silk Road Initiative)(以下简称"新丝路")。鉴于中美目前在中亚等地区的重要影响力,将两个计划进行比较具有一定的现实意义。

一、"丝绸之路经济带"与"新丝路"的提出

"丝绸之路经济带"是中国国家主席习近平于 2013 年 9 月在哈萨克斯坦演讲时提出的战略构想。他指出,为了使欧亚各国经济联系更加紧密、相互合作更加深入、发展空间更加广阔,可以用创新的合作模式,共同建设"丝绸之路经济带"。

"新丝绸之路计划"则是 2011 年 7 月,美国国务卿希拉里·克林顿在访问印度钦奈时提出的,其主要目标是利用阿富汗优越的地理位置,将阿打造为地区的交通贸易枢纽,通过推动南亚、中亚的经济一体化和跨地区贸易,实现阿富汗经济的可持续发展。

二、"丝绸之路经济带"与"新丝路"的差异

中国的"丝绸之路经济带"具有深厚的历史底蕴,根植于中国与欧亚地带历史、文化、宗教的传统联系。而美国与"丝绸之路"在历史上毫无关系,其提出的"新丝路"与"丝绸之路经济带"相差甚远。

(1)两者的目的和规划、规模差异明显。

"丝绸之路经济带"主要目的在于拉动中国中西部经济发展,减少对海上贸易通道的依赖,构筑稳定的西部战略空间。据此,"丝绸之路经济带"就是一条横跨欧亚大陆,沟通中西交通贸易的陆上大通道,东西而走,从中国经中亚、西亚直至欧洲。

"新丝路"则是美国为解决阿富汗困局所提出的。美国希望利用阿富汗优越

的地理位置,将其打造成地区交通贸易枢纽,推动南亚、中亚的经济一体化和跨地区贸易,以此来稳定阿富汗的内外局势,解决美国撤军后阿富汗的生存和发展问题。当然,增强中亚对美国的依赖而疏远俄罗斯与中国也是该计划想达到的重要目的。因此,"新丝路"总体为南北走向,由中亚国家经阿富汗通向巴基斯坦、印度,将中俄排斥在外。

两者相比,"丝绸之路经济带"显然在布局上更加宏大,也更加符合"丝绸之路"这个名字的本意。

(2)两者的产生动因和在本国战略体系中的位置不同。

中国推动"丝绸之路经济带"主要源于自身内部的需要。这种需要主要体现在经济、安全等层面。在经济层面,中国需要解决内部"东富西贫"的发展不平衡问题。如果将中国的西部与中亚、西亚乃至欧洲地区连接起来,则西部地区将处于欧亚路上贸易交通的中心地带,势必极大促进西部经济增长,有利于平衡东西部发展。在安全层面,中国需要在西部构建一个繁荣稳定的外部战略空间以保卫自身的安全。尤其是,新疆地区一直面临"三股势力"的威胁,而"三股势力"与中亚等境外地区的极端势力有着密切的来往。只有实现周边地区共同的稳定发展才有可能彻底祛除极端主义赖以滋生的土壤,才能从根本上解除新疆面临的安全威胁。

美国的"新丝路"主要出于外部需要,是为解决阿富汗问题而来,属于霸权争夺中的一种战略行动,具有一定的投机性。美国急于摆脱阿富汗战争的泥潭,但是又不愿放弃在阿富汗以及中亚地区的影响力,因此试图通过"新丝路"计划来实现这两个颇为矛盾的目标。但无论"新丝路"是否成功,美国都将按既定计划撤出阿富汗,因此这表明该计划只不过是美国力图实现自身利益最大化的一种尝试,并不具有真正的战略重要性,反而投机色彩严重。

因此,"丝绸之路经济带"与"新丝路"在中美两国战略体系中的位置不同,前者处于中国国家大战略的核心部分,后者则处于美国战略体系的边缘区域。由此,中国较之美国在推动"丝绸之路"计划时必然更为积极主动,更为持久连续,愿意为之付出更大的代价。

(3)两者对外开放度不同。

"丝绸之路经济带"是一个开放的、非排他性的经济合作计划。这主要体现在两个方面:首先,参加的成员是开放的,中国欢迎愿意参与合作的沿线各国积极加入其中,共同创造一个繁荣的经济带;其次,倡导多国共同协作,互利共赢。中国并不认为自身必须领导这一经济带,欢迎各国共同发挥作用。

"新丝路"相对封闭、排他。"新丝路"由美国一手主导,完全依据自身需求选择参与方。明确地将成员限定在中亚五国、阿富汗和印巴，坚决将中俄等地区重要大国排斥在外。

（4）两者对于俄罗斯的态度不同。

"丝绸之路经济带"与"新丝路"计划都着眼于欧亚中心地带，而俄罗斯是欧亚中心地带的前宗主国，现任欧亚一体化的主导国，是两者必须考略的因素。但目前看来，两者对俄的态度截然不同。

中俄是全面战略协作伙伴关系，正如习近平主席在出席索契冬奥会时对普京总统所说，"中俄是好邻居、好伙伴、好朋友"。① 中国充分认识到俄罗斯与中亚的历史联系和现实利益关切，尊重和承认俄在中亚所拥有的特殊利益和地位。中国欢迎俄罗斯加入其中，共同建设一条稳定的、繁荣的横跨欧亚大陆的经济带，这不仅可以带给两国可观的经济收益，更可以为两国共同营造一个稳定可靠的周边战略依托带，对中俄都是极为有利的。因此，坦率地说，中国的"丝绸之路经济带"从一开始就给俄罗斯留出了充足的空间。

而美国的"新丝路"最主要防范和排斥的对象就是俄罗斯。通过阿富汗将中亚的油气资源输向印度，相当大程度上是为了给中亚的能源出口打开一条不经过俄的新通道，降低中亚国家对俄的运输依赖。美国力图将中亚国家拉离俄罗斯，割裂两者之间的联系，这仍然没有脱离冷战时期对苏联防范遏制的范式。

三、"丝绸之路经济带"与"新丝路"的相似点

"丝绸之路经济带"与"新丝路"的差异是显著而明晰的，但也存在某些交汇处或相似点，主要体现在以下几个方面。

首先，两者所覆盖的地理范围有重合，即中亚。虽然两个计划一个南北走向，一个东西走向，但都将中亚作为计划内极为重要的组成区域。

其次，两者的战略目标都是通过经济和贸易发展来推动地区安全形势的改善。中国希望通过中亚等国经济的繁荣发展为中国新疆地区和西部安全创造一个良好的战略依托带。美国则希望通过中亚地区的经济发展来为阿富汗的安全、稳定与繁荣创造良好的地区条件。在这一点上两者的着眼点有着共通性。

最后，在具体的合作内容上，都十分重视基础设施建设和能源合作。中国和美国显然都意识到中亚地区基础设施的落后对于合作推进的制约，也都意识到中亚等地区所蕴藏的巨大能源储备的重要价值。因此无论是"丝绸之路经济带"和

---

① 《习近平会见俄罗斯总统普京》，新华网，http://politics. people. com. cn/n/2014/0206/c1024－24285729. html

"新丝路"计划都强调要大力加强包括铁路、公路和航空在内的地区基础设施建设，强调中亚等地区油气资源对外输出的重要性。

总体而言，尽管中国的"丝绸之路经济带"和美国的"新丝绸之路计划"都冠以"丝绸之路"之名，但两者几乎是截然不同的计划，虽然在某些点上具有相似性和交汇处。中国的"丝绸之路经济带"源于内部发展的需要，是国家核心战略，强调合作、共赢，而美国的"新丝绸之路计划"是源于其中亚地缘战略的需要，是全球霸权战略的一个次要组成部分，具有相当的排他性、封闭性。两者比较，应该说，"丝绸之路经济带"更为容易得到本国国内和周边国家的支持，前景比"新丝路"远为光明。

第二十八章

"丝路经济带"与欧亚联盟:比较分析与关系前景

"丝绸之路经济带"(简称"丝路经济带")与"欧亚经济联盟"(简称欧亚联盟)作为一种地区经济合作的倡议和地区经济一体化的组织,既有很多相似之处,又各有不同之点,并且都在实践和发展、变化过程当中。对其特点和机制进行比较研究,进而对其相互关系及其发展前景进行分析,其实目前条件并不是很成熟,得出的结论肯定有不完善之处。

一、丝路经济带与欧亚联盟:相似之处分析

相同或相似之处:从独立国家联合体到欧亚经济联盟,从上海合作组织到丝绸之路经济带,都是中俄两国最高领导人亲自提出来的国家大战略,是经过深思熟虑的,不是心血来潮,也可以说是两国周边外交的重要内容和优先方向。[①] 两者提出的时间几乎同时:都是冷战后,21世纪之初,并曾经历了一个演变的过程。对于俄罗斯来说,欧亚联盟是对独立国家联合体的扬弃,是对独联体地区一体化的重点集中和局部深化。对于中国来说,"一带一路"的提出是对"三个代表"重要思想、科学发展观的继承和发展,但更具体和务实。两者提出的背景有相似性:对俄而言,北约、欧盟东扩,"跨大西洋贸易与投资伙伴协议"(TTIP)出台;对华而言,美国重返亚太,挟"跨太平洋伙伴关系协议"(TPP)的提出和美日同盟加强。两者都是欧亚地区广义的经济一体化、地区一体化的方式之一,以发展经济、提高民生内容为主,具有地缘经济的因素。[②] 两者均有历史基础:对于中国来说,远的有丝绸之路,近的有上海合作组织;对于俄罗斯来说,有沙俄和苏联时期的统一国家的历史,有欧亚主义思潮的深远影响和独立国家联合体、欧亚经济共同体、集体安全条约组织的实践。从地域看,两者在亚欧中心地带——中亚和俄罗斯重合,

---

① 李兴:《欧亚联盟:普京对外新战略》,载《新视野》2013年第5期。

② Винокуров Е., Либман А., Евразийская континентальная интеграция, СПб., ЕАБР, 2012; Воскресенский А. Д., Мировое комплексное регионоведение, М., 2014.

其中，中国、俄罗斯、哈萨克斯坦、吉尔吉斯斯坦都是上海合作组织成员国。作为上合观察员国的蒙古、阿富汗、白俄罗斯、伊朗，还有一些与俄罗斯、欧亚经济联盟传统友好国家，如印度、越南、埃及、土耳其同时也是丝绸之路经济带沿线国家。从文明视角出发，两者均具有跨文明对话的性质。丝绸之路经济带囊括儒教、伊斯兰教、印度教、东正教、天主教，欧亚经济联盟内有东正教、伊斯兰教、天主教。

从国家间关系来看，两者都具有大国与中小国关系内容。如丝绸之路经济带中中国与中亚、中东国家关系；欧亚经济联盟内俄罗斯与哈萨克斯坦、白俄罗斯、及吉尔吉斯斯坦、亚美尼亚关系。两者中既有 WTO 成员国，也有非 WTO 成员国。两者表面看似乎都有些突如其来，其实并不偶然，而是都有历史和现实基础，具有大陆—陆权思维的影响；从战略角度看，两者均是新时期中俄两国的欧亚大战略，都是由最高领导人亲自提出来的，符合中俄国情和国力，即既不是全球性的，也不是国别性的，而是地区性的，政府间的，是未来十年两国对外战略的主攻方向，也是两国经济外交和周边外交的重要组成部分，并且都有内外联通、发展交通基础设施互通联互通的内容和特点。

两者的动力来源，国家和政府主推；双边和多边方式并存；经济与安全双轨；历史与现实结合。两者都需要争取成员国民心和内部因素支持；与上合、独联体、亚投行甚至金砖国家机制有关联；两者的建设有利于贸易便利化，促进南南合作与亚欧合作；都受到了交通基础设施、三股恶势力的掣肘；两者中俄罗斯、哈萨克斯坦、白俄罗斯、吉尔吉斯斯坦、乌克兰是重要环节，都受到了乌克兰危机的负面影响。乌克兰危机发生前，乌国内支持欧亚一体化与支持融入欧洲的人数基本相当，但 2014 年乌克兰危机以来，乌克兰将俄罗斯视为友好国家的人数从 54% 急降至 24%，与此同时对欧盟持友好态度的人数则从 2012 年的 28% 上升到 48%。两者原来的设想被迫进行调整，失去或绕过整个或大部乌克兰，尽管乌克兰的地理位置十分优越。从外部环境看，两者都面临来自外部因素的干扰与竞争。如美国的 TPP、TTIP、"新丝绸之路计划"、欧盟的"东方伙伴关系"、日本的"丝绸之路外交"、韩国的"欧亚计划"等。美国对两者既不支持，也不看好，因为两者都被视为是美国倡导的"新丝绸之路"的竞争对手；两者都与亚欧大陆桥、欧亚发展带相关联；它们相互借重，相互补充，相互对接合作；都有风险，包括经济的、安全的、政治的，前景不容易，摸着石头过河，任重而道远。①

---

① 参见：Александров Ю. Г.，Казахстан перед барьером модернизации，М.，2013；杨恕、王术森：《丝绸之路经济带：战略构想及其挑战》，载《兰州大学学报（社会科学版）》2014 年第 1 期；王义桅：《"一带一路"：机遇与挑战》，人民出版社 2015 年版。

二、丝路经济带与欧亚联盟：不同点比较

由于两者提出的背景、性质、目标、功能、推动者、参与者不同，其手段、范围、影响、受益者也不同。欧亚联盟是普京为第三次竞选总统，于 2011 年提出。丝路经济带是 2013 年 9 月习近平访问哈萨克斯坦时提出来的。如果说，普京提出欧亚联盟，多多少少有竞选总统的应时之需要，虽然也是深思熟虑，但也有选票之需，而习近平提出的丝路经济带，则是与"中国梦"挂钩的，是实现"中国梦"的战略和策略。① 丝路经济带的提出和形成需要两个条件：一为交通技术水平特别是陆地交通技术水平的提高，二为世界经济重心向亚太地区转移。因此，丝路经济带提出的背景要比欧亚联盟更深刻，格局要更大。如果说，欧亚联盟是建立在传统的地缘经济、政治基础上的，是以传统的方式来谋求地区中心和强国地位，丝路经济带则是以现代方式讲求共同发展、共同繁荣。

从机制来看，欧亚联盟是一体化机构，具有国际机制的特点，而丝路经济带实质上是"便利化"，没有机制保障，所以具有脆弱性、不确定性。两者机制基础不同。欧亚联盟是典型的国际组织，虽然是新兴的，其机制努力的方向是"硬机制"，包括法律机制、决策机制、组织机制，设有专门的、国际化的秘书处，队伍庞大、专业、正规。丝绸之路经济带不具备国际组织机制的"硬机制"，尽管中国设有"一带一路"办公室，协调国内各部委、中央和地方关系，规模小，具有中国国别性质，是具有一定灵活性的"软机制"，颇有自身的特点。② 因此，欧亚联盟工作的深度、难度比较大，丝路经济带工作的广度、容量比较大。

从历史来看，古代"丝绸之路"，以中国为重镇，经过中亚、中东、俄罗斯现今的国土和影响所及的范围，当时俄罗斯、美国作为民族国家尚不存在。丝绸之路衰落的原因是近代以后海路和铁路的兴起。从资源和影响力方面来看，丝绸之路经济带与欧亚经济联盟存在着一定的竞争关系。从经济一体化的程度来看，欧亚联盟高于丝路经济带。欧亚联盟是国际组织，丝路经济带是构想。从包容性来看，经济带高于欧亚联盟；从地域来看，经济带大于欧亚联盟，包括了欧亚联盟，丝路经济带包括俄罗斯、中亚，欧亚联盟则不包括中国。从发展方向来看，欧亚联盟自北向南，经济带自西向东。欧亚联盟是"块"、"区"，而丝路经济带是"带"和"片"。两者的地理范畴也不完全一样，欧亚联盟主要集中在亚欧中心地带，丝带则横贯

① 李兴：《丝绸之路经济带：实现中国梦的战略还是策略》，载《东北亚论坛》2015 年第 1 期。
② 李兴、张晗：《"丝绸之路经济带"框架与东盟"10 + 8"机制比较研究》，载《新视野》2015 年第 2 期。

亚欧大陆，包括欧亚东西两端，中心和周边。欧盟反对欧亚联盟，但不反对丝路经济带。盖因欧盟视前者为潜在的对手，视后者则为可以合作的对象。乌克兰危机在某种意义上也是欧亚联盟与欧洲联盟的竞争。欧亚经济联盟有经济政治内容，经济一体化到一定程度就可能形成政治联盟；丝绸之路经济带主要是经济内容，不突出"政治带"，也不提"安全带"，体现了经济上的自信和政治上的低调。

从推力来看，欧亚联盟可以说是俄白哈三国领导人（普京、纳扎尔巴耶夫、卢卡申科）共同提出，以俄罗斯为主导，哈萨克斯坦、白俄罗斯为主力，亚美尼亚、吉尔吉斯斯坦等参与。丝路经济带由中国提出，中国不谋求单一势力范围和领导地位。从历史时间来看，丝绸之路出现在古代，欧亚主义出现在近现代。欧亚联盟主要局限独联体，优先为独联体国家，并且都是转型国家，国家成员有限，俄罗斯为创始主导国，哈萨克斯坦、白俄罗斯为正式成员国。吉尔吉斯斯坦、亚美尼亚、塔吉克斯坦等为普通或候选成员国。蒙古、越南、印度、土耳其、叙利亚、埃及、安哥拉等可能成为外围联系国。欧亚联盟具有政治色彩，抱团取暖，取"防守"态势。丝绸之路经济带连接欧亚，包括中国、独联体、中东、南亚、欧洲、北非。其中大多为发展中经济体，也包括发达经济体，如欧盟，丝绸之路经济带可以说是范围更广大、程度并不高的亚欧一体化，其目标是建立自由贸易区。丝路经济带是宏大的经济构想，互利共赢，是"扩张"态势。丝路经济带以上合为平台，以中国特别是中国西部为发端，以中亚、俄罗斯地区为核心，以欧洲为远端。欧亚联盟以独联体为平台，以关税同盟为核心。欧亚联盟侧重于法律机制、组织机制建设，丝路经济带侧重于协调机制、规则机制建设。在手段方面，欧亚联盟以俄罗斯为主导和核心，经济与政治是联结的，倾向于多边到双边；丝路经济带倾向于经济与政治分离，中国愿意发挥支持、推动、引领作用，但不刻意追求、夺取主导地位，从双边到多边，倡导多元共生，共同推进，共建，共享，合作共赢，丝路经济带更开放，更大气，更长远，体现了作为推动者的中国对自身实力的自信。

丝路经济带与欧亚经济联盟两者目标不同。欧亚联盟是经济力量和政治力量整合和扩大，是以欧洲联盟为标准，以寻求世界经济政治重心一极作为目标，因而与欧洲联盟有竞争关系。丝路经济带是经济总量的扩大和质量的提升，以 TPP和 TTIP 为参照，是欧亚经济合作的平台，因而与 TPP 有竞争影响力的一面。从俄白联盟到关税同盟，再到欧亚经济联盟，期间有欧亚经济共同体的实验。关税同盟是其基础。而使投资贸易便利化，加强经济技术合作，建立自由贸易区，是丝绸之路经济带三部曲。也就是说，建立自由贸易区是欧亚联盟的基础，同时也是丝绸之路经济带的目标。互联互通是其基础。欧亚联盟体现了俄南向发展，发展的顺序是自北向南；丝绸之路则体现了中国的西向进取，发展的顺序是自东向西。

两者的交叉点出现在中亚和俄罗斯。

　　从内容来说,欧亚联盟是比较明确的,程序化的路线图,而丝路经济带则比较灵活、务实,包括六大经济走廊。从日程来看,欧亚联盟有明确的时间表,而丝路经济带则有始无"终",结束的时间并不明确,可长可短。

　　丝路经济带与欧亚经济联盟两者功能结构不同。国家间经济合作主要涉及两个层面,即以能源、军工、高新技术等为核心的战略经济层面,以商品贸易、商业投资为主的市场经济层面。丝路经济带的功能结构表现为战略经济层面合作推动市场经济层面合作,战略经济领域合作的质量是建设丝路经济带的关键。欧亚经济联盟则是以市场经济层面合作为基础,进而实现成员国在战略经济领域的一体化。相互全面开放海关,采取统一关税,比如吉尔吉斯斯坦的务工者在欧亚经济联盟成员国内将可以自由流动,不需要再受考试和配额等一系列限制。欧亚联盟的经济规则更具体、细致。能源合作是丝路经济带建设的突破口。欧亚经济联盟则相反。现阶段,欧亚经济联盟的主要工作方向是以市场经济和 WTO 规则为基础,尽最大可能建立统一经济空间,改变前苏联国家间贸易急剧下滑的局面,在本地区实现商品、服务、人员与资本自由流动。同时,欧亚经济联盟还积极寻找国际伙伴(越南、土耳其、印度等),建立自由贸易区,提高经济辐射力。欧亚联盟辐射从欧亚中心向南。而丝带辐射则是由中心向四方,放射型的,特别是向西。

　　欧亚经济联盟同时具有传统地区主义与新地区主义的特点。具体而言,欧亚经济联盟对内实行传统地区主义,建立关税同盟,取消内部市场壁垒,建立统一市场(这与欧共体时期类似);对外则具有新地区主义特点,广泛推销欧亚中心地区市场,与外界建立自贸区,最大限度扩大本地区商品的国际市场,反过来也为本地区发展寻找外力支持。然而在能源领域,欧亚一体化进展并不如意。从某种意义上讲,如果说乌克兰是俄罗斯文化的"小俄罗斯",那么哈萨克斯坦则是俄罗斯经济发展模式的"小俄罗斯"。俄哈都是能源指向型经济,油气出口是国家 GDP 的重要来源,能源企业在国家政治经济生活中的地位举足轻重。因此,相似的发展模式导致两国在国际能源市场上存在一定的竞争关系,这种天生的竞争关系又进一步影响两国的一体化战略。而在丝路经济带上,则明显并存三个世界上最丰富的产油区——中东、中亚、西伯利亚,以及世界第一大石油产油国、出口国,第一大天然气生产国、出口国,以及世界上主要能源消费和进口大国,如中国、欧盟、印度,等等。

　　欧亚联盟的动力,虽然是以俄罗斯为主导,但白俄罗斯、哈萨克斯坦也有强烈的动机。而丝路经济带主要是中国倡议,他国参与、共建。丝路经济带除了国家政府推动外,还包括企业、地方等非政府主体,而欧亚联盟比较单一,主要是国家政府推动。相比之下,看好丝路经济带的力量相对较多。丝路经济带提出时间稍晚,但颇有后来居上的气势。

欧亚联盟以主权国家为基本单位和行为体(如俄罗斯、哈萨克斯坦、白俄罗斯等),主要还是以整个亚欧中心为核心的一体化。"丝路经济带"是跨国别、跨地区的,是以地区为单位和行为体,一国内部不一定所有区域都参与,主要是以整个亚洲为核心的一体化。欧亚联盟涉及深度,工作难度大。"丝带"涉及面宽,工作量大。欧亚联盟有三到五个国家,三亿人,主要在亚欧中心地带。"丝带"涉及二十多国,三十亿人,横贯亚欧的中心和边缘,陆海兼备,其面积、幅员、规模、挑战和风险都超过了欧亚经济联盟。[①] 在民心工程、交通基础设施互联互通、理论建设和推广等方面,欧亚联盟有基础和优势,"丝带"基础较弱,工作量大,并且复杂多变。

欧亚联盟成员曾经是一个共同的国家(沙俄或苏联),有共同的语言(俄语),过去有共同的历史,交通基础设施,石油天然气管线,共同的货币(卢布),甚至自由贸易区。丝路经济带有历史基础,但现实联系要薄弱得多,包括多民族、多国家、多地区。丝路经济带当然包括新疆,甚至青藏,新疆为核心枢纽。欧亚联盟不包括新疆、青藏。新疆反恐安全形势能极大影响丝带建设,对欧亚联盟则影响不大。

丝路经济带不是紧密型一体化合作组织,不会打破现有的区域制度安排。其实现途径是以战略协调、政策汇通为主的高度灵活、富有弹性和开放性、包容性的方式。[②] "丝带"要避免"面条碗"效应,即各种相同功能的机构重合。

欧亚联盟中各成员国则相对紧密。2014 年 9 月,俄罗斯国家杜马以 441 票赞成、无人反对的"前所未有力度"批准了《欧亚经济联盟条约》,该条约是俄罗斯、哈萨克斯坦和白俄罗斯总统于 2014 年 5 月在阿斯塔纳举行的欧亚联盟理事会上签署的。根据该条约,三国的商品、服务、资金和劳动力将可以自由流动,并且三国将彼此协调经济政策。该条约经俄、哈、白三国议会批准后,已于 2015 年 1 月 1 日正式生效。

两者的配套措施不同:丝绸之路经济带与海上丝绸之路相辅相成,相互配套,陆"带"在前,海"路"在后,陆海平衡,海权服务和服从于陆权。"一带一路"以中国邻国、亚洲国家为优先。如果说欧亚经济联盟有配套的话,那就是独联体集体

---

① 参见:王志民:《西南周边地缘态势与"南方丝绸之路"新战略》,载《东北亚论坛》2014 年第 1 期;《建设南方"丝绸之路经济带"的地缘环境探析》,载《当代世界与社会主义》2015 年第 1 期;《"一带一路"背景下的西南对外开放路径思考》,载《人文杂志》2015 年第 5 期。

② 王海运等:《"丝绸之路经济带"构想的背景、潜在挑战和未来走势》,载《欧亚经济》2014 年第 4 期。

安全条约组织。丝路经济带以上海合作组织为基础,包括其正式成员国、观察员国,以及伙伴关系国。欧亚联盟则是以独联体自由贸易协议区、关税同盟、欧亚经济共同体、集安条约组织成员国为基础。

欧亚联盟是地缘经济与地缘政治的统一。丝路经济带是现代方式,谋求共同发展,合作共赢,不谋求单一势力范围和领导地位。作为冷战后新成立的国际组织,欧亚经济联盟对外还是传统方式,谋求经济与政治一体,势力范围,地区中心和强国地位。不过,欧亚经济联盟还是有贸易、投资、能源方面的刚性需求,因此是不会消失的。"一带一路"沿线各国的边界,不再成为安全隔绝带、政治隔离带,而成为投资、贸易、经济、金融接触带和合作带。传统的边界、海关安全和主权功能更多地让位于经济合作功能。

在融资方面,中国有丝路基金、亚洲基础设施投资银行、上合开发银行、金砖开发银行等,在资金方面显然中方比俄方充足。中方为"一带一路"设计了总共900多个项目,资金8900多亿美元。丝绸之路经济带与俄罗斯直接相关,倚重俄罗斯,因为"一带一路"拟建中的六大经济走廊,俄直接相关者两条(中俄蒙、新欧亚大陆桥),间接相关者一条(中国—中亚—西亚)。"一带一路"能否建成,与亚欧金砖国家即中俄印关系甚至大。中俄印金砖国家之间的相互关系是推动"丝路经济带"的关键力量,金砖合作机制的形成是建设"丝路经济带"的强大助力。[①]丝路经济带后来居上,社会舆论和国际影响方面似乎比欧亚联盟更大一些。丝路经济带也可以说是中国对外进一步开放、和平发展、合作共赢的一种尝试和途径。

三、"丝路经济带"与欧亚联盟:关系及其前景

对于丝路经济带和欧亚联盟两者的竞争和矛盾,出于各式各样的动机,国内外都有人担心或放大。我们的观点是,两者在资源、吸引力和影响力等方面确实存在一定的竞争关系,但两者不是零和博弈,而是正和博弈,其功能有重合、有交叉,更有互补。

欧亚联盟的组织建设将有利于丝绸之路经济带建设。欧亚联盟的统一经济空间,将对外采取统一的经济政策,有利于中国对它们整体发展经济关系。丝绸之路经济带是中国在总结、吸收、整合国内外各种关于丝路的主张的基础上提出的,最具有包容性、可行性和发展的可持续性的国家大战略构想。博弈是客观存

---

① 李兴、成志杰:《中俄印—亚欧金砖国家是推动"丝绸之路经济带"建设的关键力量》,载《人文杂志》2015 年第 1 期;李兴:《丝绸之路经济带:支撑"中国梦"的战略,还是策略?》,载《东北亚论坛》2015 年第 2 期。

在的，然而是多层次博弈，重复博弈，正和博弈。俄方从最初的不理解、怀疑、担心、疑虑，到逐渐理解、接受、支持，甚至主动要求加入，如共同开发远东地区和西伯利亚。"一带一路"亮点有可能最先出现在北线。（如高铁、能源、北极航道和扎鲁比诺港口等）。

中俄高层已经在丝绸之路经济带和欧亚经济联盟的相互关系上达成了共识。2014 年 5 月，在俄罗斯总统普京访问中国期间，两国发表了《关于全面战略协作伙伴关系新阶段的联合声明》。声明表示，中国支持欧亚经济联盟，认为欧亚一体化合作进程对保障地区经济发展、加强地区安全稳定、促进地区建立共同无分界线的经济和人文空间发挥着重要作用。俄罗斯也表示丝绸之路经济带倡议非常重要，高度评价中方愿在制定和实施过程中考虑俄方利益。两国将寻找丝绸之路经济带项目和将建立的欧亚经济联盟之间可行的契合点。这一共识为两大战略的和谐共处与合作奠定了政治基础。

2015 年 3 月俄副总理舒瓦洛夫在中国博鳌亚洲论坛上宣布俄罗斯加入亚投行，还表示愿意与中国在欧亚联盟的框架下同中国展开深入的合作。这表明俄罗斯还是没有放弃"欧亚联盟"，而是企图通过亚投行，为欧亚联盟的建设助力。无论如何，俄罗斯在亚投行申请截止日期前宣布加入，表明他目前认同亚投行的规则和中国的主导地位。目前在亚投行中，中国、印度、俄罗斯这三个亚欧金砖国家是前三大股东。俄方提出，欧亚经济联盟实行开放政策，中国既是俄罗斯，也是欧亚经济联盟的第一大贸易伙伴，将来也有极大的可能加入欧亚经济联盟。[①]

2015 年 4 月，俄罗斯总统普京在莫斯科克里姆林宫会见中国外交部长王毅。普京说，俄中关系达到了前所未有的高水平，俄方热切期待习近平主席不久来俄罗斯访问并出席反法西斯战争胜利 70 周年庆典。俄方坚定支持中方维护核心利益的努力，支持习近平主席提出的共建丝绸之路经济带设想。俄方愿与中方加强在务实领域的全面合作，密切在国际事务中的协调配合，共同应对两国发展和国际和平与安全面临的挑战。

王毅说，为应对国际地区形势的新变化，中俄双方应把丝绸之路经济带构想同跨欧亚大通道建设以及欧亚经济一体化进程相互对接，拓展新的合作领域，搭建新的合作平台。继续加强人文交流，夯实两国友好的民意和社会基础。双方还应以纪念二战胜利 70 周年为契机，加强在国际事务中的协调配合，坚定维护好双方的共同利益。

[①] 周延丽、王兵银：《丝绸之路经济带与欧亚经济联盟对接的必要性和可行性》，载《欧亚经济》2015 年第 3 期。

　　2015 年 5 月 8 日,国家主席习近平在莫斯科克里姆林宫同俄罗斯总统普京举行会谈。商定,将中方丝绸之路经济带建设同俄方欧亚经济联盟建设对接,从战略高度、以更广视野全面扩大和深化双方务实合作,扩大相互开放,深化利益交融,更好促进两国发展振兴,拓展欧亚共同经济空间,带动整个欧亚大陆发展和稳定。两国元首共同签署了《关于丝绸之路经济带建设与欧亚经济联盟建设对接合作的联合声明》,双方努力将丝绸之路经济带建设和欧亚经济联盟建设相对接,确保地区经济持续稳定增长,扩大欧亚经济空间,加强区域经济一体化,维护欧亚大陆的稳定与发展。《声明》中表示,要在条件成熟的领域建立贸易便利化机制,建立专家学者对话机制,通过丝路基金、亚洲基础设施投资银行、上海合作组织银联体等金融机构,加强金融合作,通过中俄总理定期会晤机制等监督落实进程等。①这就为中俄大规模的经济合作和"一带一路"建设扫除了政治障碍,提供了政治保障。当然,具体的合作事宜,以及如何贯彻落实,是各个职能部门和地方政府具体操作。是一个长期的、复杂的、细致的多轮博弈和重复博弈的过程,建立在市场和机制、双赢多赢和共同发展的基础上。双方在讨论成立俄中银行。包括交通互联互通、能源互联互通、网络信息互联互通,多元共存,合作互补,包容共鉴。俄可利用中国的资金,推进交通基础设施建设、开发远东、建设港口和北极航道,发展经济。②两者对接合作的目标,是要建立自由贸易区。

　　2015 年 7 月俄罗斯乌法双峰会(上合与金砖)明确提出,俄罗斯是丝路经济带建设的重要枢纽。上合是丝路经济带与欧亚经济联盟对接的重要平台。哈萨克斯坦总统纳扎尔巴耶夫强调,"互信、互利、平等、协商,尊重多样文明,谋求共同发展"的上海精神已成为新欧亚大陆的象征。他认为,上合组织与欧亚经济联盟已为建立横贯两大陆的合作机制打下了良好基础。上合组织与欧亚经济联盟的横向结合、与金砖国家的纵向结合,将为经贸发展提供巨大动力,并将为本地区未来进一步联合提供可能。2015 年 9 月 3 日习近平会见来华参加纪念中国抗日战争暨世界反法西斯战争胜利 70 周年阅兵活动的俄罗斯总统普京强调,中方发展中俄全面战略协作伙伴关系和扩大全方位务实合作的方针是坚定不移的。双方要扩大金融、投资、能源、地方合作,要制定好丝绸之路经济带建设和欧亚经济联盟建设对接合作的长期规划纲要,落实好合作项目。9 月 4 号,普京在俄罗斯海参

---

① 《关于丝绸之路经济带建设和欧亚经济联盟建设对接合作的联合声明》,载《光明日报》2015 年 5 月 8 日。

② [俄]A. 古辛:《欧亚经济联盟与丝绸之路经济带的对接与合作》,载《欧亚经济》2015 年第 3 期。

崴首届东方经济论坛全体会议上发表演讲时说，尽管当前亚太地区经济存在一些问题，但亚太地区依然是世界经济的火车头，是世界商品、服务贸易最重要的市场。加强同亚太地区相关国家的关系对俄具有战略意义，俄全球性资源基地的地位可以保障亚太地区国家经济更快增长。普京表示，2015 年 5 月份中俄两国决定推进欧亚经济联盟建设和丝绸之路经济带建设的对接合作，为推进欧亚一体化和亚太地区国家加强互利协作提供了新机遇。

两者确实存在着资源、吸引力、影响力等方面的竞争，但一些人过高地夸大了这种负面的东西，事在人为，其实两者同时可以并存不悖、包容互鉴、对接合作，相互借重、支撑，形成建设性的伙伴关系，有利于双方并行不悖，优势互补，相得益彰，实现双方的战略目标，合作可以大于竞争，机遇可以大于挑战。从宏观的国际战略目标，到具体的地区务实协作，是两者有望并能够成功合作的基础。对于学术界来说，它现在应考虑的是推动两大战略走向具体的合作，带来双赢的具体成果。笔者建议在欧亚经济联盟设立中国使团，负责丝绸之路经济带与欧亚联盟的沟通和对接（包括经济的和法律的）、政策协调问题，同时关注欧亚联盟成员国国内政治，加强民心工程、货币互换、"丝带"理论建设和宣传工作，可能的政治及安全风险，以及其他重点难点问题，等等。

目前国内同时存在着两种不正确的倾向。一种倾向是低估了欧亚联盟的经济实力和潜力，没有看到俄罗斯与中亚国家之间历史的、天然的经济、政治和文化的紧密联系，轻视了欧亚联盟；另一倾向是，高估了"丝路经济带"的一体化水平和国际影响，以至于附加了原本不应属于它的困难和风险，给自己造成了诸多心理负担。树未大而先招风，行未始而底气不足。问题还是在于要行动起来，虽然万事开头难。以后工作重点：交通互联互通；相互投资便利化，在市场和机制的基础上高度融合。以俄方资源和能源，中方劳动力和资金，双方技术相结合，取长补短，珠联璧合，前景有利、看好。

虽然近年中国与俄、中亚国家的贸易总量下降，中俄西线天然气管道"无限期搁置"，欧亚经济委员会建议对中国工程设备、石油管材征收反倾销税，等等，但笔者认为，这是全球经济整体不振，俄经济因西方制裁陷入萎缩，中国经济步入下行，"一带一路"政策尚不到位，有些地方还不明朗，实践比理论"滞后"等原因。经济发展战略对接并不意味着问题就没有了，或者自动就消灭了，对接只是从政治上奠定了经济合作的法理基础，大量的工作还需要时间和过程，利益的博弈在所难免。近来，俄罗斯卢布、哈萨克斯坦坚戈、中国人民币不同程度地贬值，从反面为欧亚经济、金融领域的协调与合作提供了必要性和增长点。具体来说，目前要加强 3"Д"工作：диалог（对话）、доверие（互信）、действие（行动）。当前的情况是,диалог(对话)完全没有问题,доверие(互信)不很充足,关键在于 действие(行动)。要充分认识到,丝路经济带,欧亚经济联盟,两者的发展具有极大的相关性,共同营造亚欧经济空间,为中俄战略协作增加新的增长点,为此,学习亚欧语言,研究亚欧国家,培养亚欧意识,加强亚欧合作,是我们未来一段时期的工作方向。

第二十九章

"丝绸之路经济带"框架与东盟"10＋8"机制比较研究

经济全球化与区域一体化是当今世界经济发展的两大潮流。作为中国分别在不同地区参与建设的合作制度，"丝绸之路经济带"与"10＋8"机制在很多方面有相似之处，但各自亦有鲜明的特点。

一、"丝绸之路经济带"战略构想的提出

2013 年 9 月，国家主席习近平出访中亚四国，在哈萨克斯坦纳扎尔巴耶夫大学演讲时，提出中国可以与欧亚各国用创新的合作模式，采取政策沟通、道路联通、贸易畅通、货币流通、民心相通方式，共同建设"丝绸之路经济带"。这一经济带是在古代丝绸之路的历史基础上形成的一个新的经济发展和合作区域，其覆盖范围包括东亚、中亚、南亚、西亚、高加索地区、俄罗斯以及更远的欧洲和北非，涵盖国家达三十多个，总人口近三十亿。目前，有关建设"丝绸之路经济带"的战略倡议仍处于构想阶段，其具体内容还有待充实、细化。

"丝绸之路经济带"的提出有着深刻的历史和现实背景。两千多年前，古代丝绸之路就将中国同中亚、南亚、西亚以及欧洲等地区国家联系起来，为东西方的商贸来往和文明交流做出巨大贡献。在区域一体化蓬勃发展的今天，通过建设"丝绸之路经济带"来促进这一商贸通道再次联动，对沿线各国均具有重大的战略意义。对于我国而言，首先，构建经济带将保障国内西部开发战略的有效实施，为中西部地区提供更多的发展机遇，从而缩小地区差异，推动东西部经济均衡发展。其次，加强与沿线国家的经贸联系，能使中国获得更加广阔的产品销售市场及原材料供应市场。大陆的贯通也将为中国的产品、企业"走出去"节省相当可观的成本。再次，进一步加强与丝绸之路沿线国家的经贸合作，将保障我国的能源安全。当前，中国 80％的原油进口都依赖马六甲海峡，而这一路线存在的种种问题（海盗问题及大国博弈等），使中国的能源进口存在很高的脆弱性。而"丝绸之路经济带"基本跨越了拥有丰富的石油、天然气等战略资源的地区，如中亚和西亚。因此，加强中国与这些国家的经济合作，有助于促进中国能源进口路线的多元化、保

障我国的能源安全。

此外,构建"丝绸之路经济带"有助于维护我国大周边地区的安全,为和平崛起创造良好的国际环境。作为经济带的核心地区,中亚的和平与稳定饱受恐怖主义、民族分裂主义和宗教极端主义势力的严重威胁。而中亚的稳定直接对中国新疆地区,甚至整个中国的发展起到至关重要的作用。因此,建设"丝绸之路经济带",加强和中亚国家广泛的经贸和国家安全领域合作,对构建中国和谐的周边环境,促进中国经济稳定持续发展起到重要作用。[1] 对各个沿线国家而言,建造经济带可以将欧亚地缘板块连接起来,对维护地区和平稳定、促进各国共同发展具有重大意义。首先,建设"丝绸之路经济带"可在原有的基础上进一步深化大中亚,乃至欧亚地区的经济一体化。这一倡议将推动沿线各国以更加宽广的视野拓展区域一体化合作,实现不同地区各个国家经济发展的战略对接,促进各国形成一个灵活的跨区域经济合作安排。这将推动世界经济版图的重构,为营造21世纪的新型世界经济秩序提供重要支撑。[2] 其次,建设"丝绸之路经济带"可促进发展中国家之间,以及发展中国家与发达国家之间的战略交流与合作。通过利用经济带这一框架,发展中国家、新兴国家可与发达国家进行有效的战略协作,更好地推动新型国际秩序的形成,改善国际战略格局。最后,"丝绸之路经济带"的建成将大大加强各国之间的文化交流,促进地区认同的形成。2020年,"丝绸之路"将会成为对旅游者最具吸引力的路线,它将接纳全世界三分之一的旅游者。[3]

目前,这一战略构想已经获得包括俄罗斯在内的许多沿线国家的支持。中亚国家中哈萨克斯坦的响应最为热烈。纳扎尔巴耶夫总统在与习近平进行会谈时强调,哈萨克斯坦不仅是"丝绸之路经济带"的参与方,更是中国的合作伙伴,哈将全力支持经济带建设。埃及表示"丝绸之路经济带"倡议的提出有助于打造中阿合作论坛的"升级版"。土耳其则提出了自己的丝路设想,并已开始推进爱迪尔内—卡尔斯铁路项目、安卡拉—伊斯坦布尔高铁项目。此外,阿塞拜疆、科威特、巴基斯坦及印度、意大利等沿线国家均对这一倡议表明了积极的态度。

二、"10 + 8"机制的启动及运作

自20世纪90年代以来,东亚经济快速发展,逐渐成为全世界经济发展最快

---

[1] 刘志中:《"新丝绸之路"背景下中国中亚自由贸易区建设研究》,载《东北亚论坛》2014年第1期。

[2] 王海运:《建设"丝绸之路经济带"促进地区各国共同发展》,载《俄罗斯学刊》2014年第1期。

[3] 周励:《复兴"丝绸之路"计划》,载《西部大开发》2008年第1期。

的中心地区。据统计,2009 年东亚地区的实际 GDP 增长率高于 7.3%,贸易量已基本恢复到危机前水平。① 而由亚洲开发银行统计的数据表明:2013 年东亚及东南亚地区的 GDP 增长分别达 6.7% 和 5.0%,远高于同年欧盟 0.1%、美国 2.2%的增长。② 随着东亚地区经济高速、持续的增长,复杂、多重的双边自由贸易安排、多边经济合作框架在该地区大量涌现,地区一体化蓬勃发展。其中,不论是在双边还是多边经贸合作下,东盟(ASEAN)在东亚地区合作的机制建设中扮演着极其重要的角色。自 1967 年正式成立以来,东盟不仅致力于内部发展,并已成为东亚地区合作的"驾驶员"。在东盟的主导下,东亚合作取得了很大进展,提倡并建立了多个轨道的双边、多边合作安排和机制,如东盟地区论坛(ARF)、东盟国防部长会议(ADMM +)、东盟 +1("10 +1")、东盟 +3("10 +3",APT)、东亚峰会(EAS)及最新的区域全面经济伙伴关系(RCEP)。2002 年第六次"10 +3"领导人会议通过《东亚研究小组最终报告》,这一报告建议推动"10 +3"领导人会议向东亚峰会机制过渡。在东盟主导下,首届东亚峰会于 2005 年 12 月在马来西亚吉隆坡举行,东亚峰会由此诞生。以往的东亚峰会成员除东盟十国这一主体外,还有中、日、韩、澳大利亚、新西兰和印度等六国,因此也被称为"东盟 +6"("10 +6")机制。③ 随后,2011 年 11 月,美国与俄罗斯首次一道参与第六届东亚峰会,这是东亚峰会发展进程中具有里程碑意义的重大事件,其标志着峰会正式扩大为"10 +8"机制。俄罗斯曾于 2005 年的第一届东亚峰会中以观察员国的身份参与会议。美国则在2012 年宣布实施"重返亚太"战略之后,进一步积极经营与东亚国家的关系,为美国在政治上回归亚洲确立了机制性安排。④ 而东盟历来推行"大国平衡外交"以使自身利益最大化,此前也同意区域外的国家(澳、新、印)加入东亚峰会。在东盟

---

① 杨丹志:《东亚峰会:美俄参与及其地区效应》,参见:李向阳主编:《亚太地区发展报告(2012):崛起中的印度与变动中的东亚》,社会科学文献出版社 2012 年版,第 77 页。

② 数据来源:亚洲开发银行(Asian Development Bank)《Asian Development Outlook 2014 Supplement: Stable Growth Outlook for Developing Asia》。其中,东亚包括中国、中国香港、中国台湾、韩国及蒙古;而东南亚则指东盟十国:http://www.adb.org/sites/default/files/pub/2014/ado - supplement - july - 2014.pdf.

　　欧盟与美国 2013 年 GDP 增长率的数据来源:欧盟统计局(EUROSTAT)关于实际 GDP增长率的统计:http://epp.eurostat.ec.europa.eu/tgm/table.do? tab = table&init = 1&language = en&pcode = tec00114&plugin = 1

③ 不同于"10 +3"同时拥有组织机制(东盟加中日韩峰会)和自贸区(东亚自贸区 EAFTA)的两重含义,"10 +6"的东盟峰会机制在 2011 年正式由"10 +8"机制取代。如今"10 +6"仅意味着日本版的"东亚全面经济伙伴关系"(CEPEA)或东盟版的 RCEP 框架。

④ 李向阳:《2011 -2012 年亚太形势回顾与展望》,参见:李向阳主编:《亚太地区发展报告(2012):崛起中的印度与变动中的东亚》,社会科学文献出版社 2012 年版,第 6 页。

看来，"10＋8"机制不仅能让美、俄、中等国元首利用东亚峰会定期会晤，共同协商涉及东亚安全的议题，亦可借此区域合作架构以维系自身的核心地位。

近年来，在"10＋8"机制的推动下，东亚地区合作得到了一定程度的发展。2011年，在扩容后的首次东亚峰会上，各国达成共识，东亚峰会要继续坚持以东盟为主导，维持其作为战略对话论坛的定位，为各国领导人就东亚地区感兴趣和关切的广泛战略、政治和经济议题提供交流和合作的平台。此次峰会将东盟一体化的首要议程直接作为东亚峰会的优先议程，突出了东盟在东亚合作中的中心地位。[①] 出席会议的成员国还分享了关于东亚经济一体化的立场，分别提出了对CEPEA及在东盟框架下建立地区经济伙伴关系的看法。各方均强调构建一个适应性强、有竞争力的东亚区域以抵御全球金融危机的影响，以及有必要加强在非传统安全问题上的合作。此外，与会各方重点讨论了金融、能源、教育、传染病和灾害管理五大重点领域的合作，并将东盟互联互通列为第六个优先合作领域。随后，在2012年第七届东亚峰会上，十八个成员领导人主要讨论了六大重点领域取得的进展，并推动与会各方交流发展经验，提倡通过互助与合作促发展，帮助东盟缩小地区发展差距，以实现其于2015年建成东盟共同体的目标。在此次峰会上，东盟十国还与中、日、韩及澳、新、印宣布正式启动RCEP谈判，共同推进东亚经济一体化进程。2013年召开的东亚峰会亦取得了积极、丰富的成果。

总的来说，扩容后的东亚峰会极大地提升了东盟的国际形象，为东盟加强与世界的交流与合作提供了良好的平台。无论从地缘经济意义还是地缘政治意义上看，"10＋8"机制都拥有不可低估的影响力。

三、"丝绸之路经济带"框架与"10＋8"机制的共同点

作为分别在中国西北与东南两个方向开展的制度安排，"丝绸之路经济带"与"10＋8"机制既有相似之处，亦各有不同特点。分析这两个框架的异同，有助于中国在地区一体化中制定更加完善的战略规划，在区域中扮演更加合适的角色，从而更好地维护自身的地区利益。

首先，就"丝绸之路经济带"和"10＋8"机制这两个制度安排本身而言，二者在以下几个方面有相似之处。(1)根本性质方面，"丝绸之路经济带"和"10＋8"机制既不是地区制度(如欧盟、"10＋3"机制)，也不是地区间制度(如亚欧会议)，而是跨地区的空间合作框架，其区域合作超越了地区局限。"丝绸之路经济带"是

---

① 魏玲：《东亚进程与中国外交：新格局、新均衡、新作为——从东亚峰会说开去》，载《外交评论》2011年第6期。

横跨亚欧非三大洲的、综合性的大型带状经济区。而"10+8"机制的成员构成跨越了东亚、南亚、大洋洲以及太平洋地区，因此它也是一种跨地区的制度安排。(2)组成成员及经济社会基础方面，这两个框架分别既集中了发达经济体，亦有发展中经济体，而且两个框架之间拥有中国、俄罗斯和印度这三个交叉成员。"丝绸之路经济带"涵盖了中、俄、印等新兴国家和欧盟这一发达经济体，而"10+8"机制则集中了美、俄、中、印这些大国。在经济社会基础方面，都是经济、政治、社会、文化差异很大的国家组成的机制或框架。无论是东盟"10+8"，还是丝绸之路经济带，国家众多，既没有共同的语言，也没有共同的货币。但东盟内部已然实现自由贸易区，而"丝带"内部还远远没有。(3)机制安排方面，二者都具有很大的灵活性。"丝绸之路经济带"并不是完全紧密的一体化组织，而是一种务实灵活的经济合作安排。建设经济带必须坚持务实灵活的合作方针，针对不同的情况采取不同的合作形式，从而实现以点带面、从线到片，以双边促多边、以多边带双边，形成区域大合作。此外，在经济带建设过程中，有必要遵循"平等协商"、"循序渐进"、"多元包容"的方式，加强沿线国家的战略协调和政策沟通，而不刻意追求一致和强制性的制度安排。而作为一种"软性机制"，"10+8"更是充分承袭了东盟内部合作的特性，即非正式性、协商一致性和渐进性。"10+8"机制旨在召集地区相关领导人在峰会上进行战略对话和沟通，这种灵活的制度设计和模式在形势复杂的东亚地区是非常行之有效的。(4)所涉区域合作方面，一体化动力都比较强烈，多种区域合作制度安排并存。"丝绸之路经济带"涵盖的地区存在多种区域一体化组织形式，如上合组织、欧亚联盟(EAU)、独立国家联合体(CIS)、海湾合作委员会(GCC)、亚欧会议(ASEM)及欧盟(EU)等，这些制度安排不仅涉及经济方面的合作，且非常重视安全方面的一体化。而东亚地区方面，除"10+8"机制外，还有"10+3"机制、主打安全合作的 ARF 以及主打经济合作的 APEC。此外，不同国家还针对地区经济合作机制的构建提出了自己的设想和倡议，如美国提倡推行高标准、高质量的"跨太平洋伙伴关系协定"(TPP)，日本倡导以"10+6"为基础建立经济合作协定，而中国主张建立以"10+3"为基础的经济合作，并推行中日韩自贸区的建立，东盟则宣布启动以东盟为主导的 RCEP 谈判。两者都是分散的、包容性的地区主义。

其次，以中国的发展战略视角出发，"丝绸之路经济带"和"10+8"机制都是对中国国家大战略的重要支撑，也可以说是中国周边外交的核心内容。一方面，"丝绸之路经济带"建设将贯通中亚、西亚、南亚、北非及欧洲地区，成为我国向西开放的重要平台和战略依托。另一方面，"10+8"机制也将在中国的"海上丝绸之路"建设中发挥重要作用。"海上丝绸之路"是当前中国除"丝绸之路经济带"之外,实现经济与外交战略的另一伟大构想。其旨在向南拓展,通过海上互联互通、港口城市合作以及海洋经济合作等途径,带动东盟,并链接南亚与欧洲。海上丝绸之路建设不仅有利于中国—东盟自由贸易区建设的升级和 RCEP 建设,还将造福中国与东盟及其他沿线国家。① 总的来说,这"一带一路"建设将进一步推动中国与沿线国家的经济合作,形成面向海洋、贯通大陆的全方位对外发展格局,从而保障中国的经济安全、维护周边地区稳定,并促进相关地区和国家的经济发展。"一带一路"是实现"中国梦"的重要战略支撑。欧亚大陆的贯通有赖于"丝绸之路经济带"建设,而在海洋方向,中国亦可以利用好"10+8"机制这一平台,与东南亚国家及南亚的印度进行战略协调,拓展我国进行海上丝绸之路建设的战略空间,提高东南亚、南亚国家的积极性,并减小一些大国的疑虑。因此,这两个制度安排都是我国维持经济持续稳定发展的战略支持,也是我国维护地缘政治利益的必要保证。就这层意义来说,构建"丝绸之路经济带"和维护"10+8"机制的发展也是我国内政外交一体化的体现。经济带建设将西部开发与向西开放相整合,以向西开放促进西部开发,以西部开发保证向西开放。而参与"10+8"机制则是我国保证沿海开放、向东开放战略实施的重要平台。尽管两者的发展还具有某种不确定性,但同时也具有不可逆性,都与中国和中国的发展紧密相关,都离不开中国。

四、"丝绸之路经济带"框架和"10+8"机制不同点

然而,"丝绸之路经济带"和"10+8"机制之间亦存在诸多不同,在不同方面分别呈现出鲜明的特点。

首先,就制度安排本身而言,二者有以下几点差异。(1)功能定位方面,"丝绸之路经济带"是一个旨在实现经济一体化的合作框架,而"10+8"机制在本质上是一个"战略、政治对话论坛",②不是正式的制度安排。着眼于一体化框架的"丝绸之路经济带"不同于传统的区域合作模式。传统的区域合作是通过建立互惠的贸易和投资安排,确立统一的关税政策,然后建立超国家的机构来实现深入的合作。但"丝绸之路经济带"所追求的是构建一种区域合作新模式,这种模式并非"紧密

---

① 刘赐贵:《发展海洋合作伙伴关系　推进 21 世纪海上丝绸之路建设的若干思考》,载《国际问题研究》2014 年第 4 期。

② 参见:第三届东亚峰会主席声明(Chairman's Statement of the 3rd EAS, Singapore, 2007):http://www. asean. org/news/item/chairman – s – statement – of – the – 3rd – east – asia – summit – singapore – 21 – november – 2007

型一体化合作组织",不会打破现有的区域制度安排,未来也不会设定关税同盟。①
而且,以目前的东亚经济合作趋向看,由于美国极力推行 TPP 与东盟提倡建立
RCEP,"10＋8"要建成自贸区的可能性微乎其微,因此在可见的将来,其战略对话
论坛的性质不会改变。基于这一性质,"10＋8"的机制设计采取的是共同审议、交
换看法、形成共识的做法,其主席声明作为非正式协议亦不具有约束性。② (2)空
间区域方面,二者所涵盖的地区不同,所体现的区域主义也不一样。如前所述,
"丝绸之路经济带"跨越了欧亚大陆,涵盖了中国的西北部、中亚、西亚、南亚以及
欧洲和北非地区。就其致力于推动亚洲与欧洲的经济合作而言,经济带所体现的
是一种"欧亚主义"。而"10＋8"机制代表一个横跨亚太与东亚区域的多边机制,
其所体现的区域主义相对复杂。东亚峰会自运行之初,其成员国参与范围就不断
扩大,不断突破"东亚"特性,拓展为一个以东亚地区为依托的亚太地区合作机
制。③ 而在未来,东帝汶、巴基斯坦、蒙古等国也在"10＋8"扩员的考虑范围之列。
因此,不像 APEC 所代表的包容的"亚太主义",也不是"10＋3"机制所体现的排他
性的"东亚主义","10＋8"机制被认为是试图弥合这两种地区主义局限的代表,
其所体现的是一种"开放的区域主义",即以特定区域为基础,并借助区域外影响
力和作用力来推动一体化进程的一种区域合作理念和政策主张。(3)运行模式方
面,"丝绸之路经济带"的构建目前更倾向于以中、俄等大国为引擎,而"10＋8"机
制则是以东盟这一小国集团为主导。"丝绸之路经济带"东西两端分别为相对发
达的东亚和欧洲,而处于中间地带的中亚及西亚则相对落后,因此整个区域存在
"两头高,中间低"的现象。对于经济带的建设,作为世界第二大经济体的中国、在
中亚地区享有广泛影响力的俄罗斯以及发达的欧洲国家,应在各领域合作中联合
发挥"领头雁"的作用,带动薄弱的中间地带,实现"两头带中间"。④ 其中,鉴于中
国在技术装备、基础设施建设、资金投入方面享有优势,而且在政治与安全的国际
合作等方面亦积累了不少经验,中国完全可以在很大程度上发挥主导和中枢作
用。⑤ 反观东亚,由于这一地区受到大国权力平衡的牵制,其出现了由东盟这一小
国集团主导地区合作的局面,"10＋8"机制也不例外。在"10＋8"框架下,峰会只

---

① 李建民:《"丝路精神"下的区域合作创新模式——战略构想、国际比较和具体落实途径》:
　　http://world. people. com. cn/n/2014/0321/c1002 - 24703225. html
② 田野:《东亚峰会扩容与地区合作机制的演化》,载《国际观察》2012 年第 2 期。
③ 乔静:《东亚峰会的运行机制及其面临的挑战》,载《理论界》2014 年第 1 期。
④ 杨恕、王术森:《丝绸之路经济带:战略构想及其挑战》,载《兰州大学学报》2014 年第 1 期。
⑤ 何茂春、张冀兵:《新丝绸之路经济带的国家战略分析——中国的历史机遇、潜在挑战与应
　　对策略》,载《人民论坛·学术前沿》2013 年第 23 期。

能由东盟主席国主办并担任主席,成员资格由东盟制定,成员构成及期间的扩员亦反映了东盟主要国家的偏好。(4)议程设置方面,毫无疑问,"丝绸之路经济带"将主打经济合作,而"10+8"机制则相对关注安全,尤其是非传统安全领域的合作,可谓前者注重"务实",后者主要"务虚"。建设"丝绸之路经济带",核心内容是经济发展,这也是提出创建经济带构想的根本目的。可以预测,未来经济带建设的相关议程将主要集中在商业贸易、交通建设、能源、制造业、农业、科技合作以及开发投资等方面。之后,随着经济领域的合作日益成熟,再逐渐增加对传统、非传统安全问题的设置。而"10+8"机制涉及的事务范围不仅涵盖传统的经贸合作,还非常关注国际和区域政治、安全议题,尤其重视诸如气候、能源、环境这样的"软安全"主题,且将战略、政治问题置于经济问题之前。① (5)经济合作水平方面,中国与"丝绸之路经济带"相关国家的贸易联系不如"10+8"机制成员的紧密。除欧洲国家外,中国与"丝绸之路经济带"沿线地区的贸易比重仍然相对较小,合作空间有待提高。相比之下,除新西兰及印度两国,其他成员即美国、东盟、日本、韩国、澳大利亚及俄罗斯均处于2013年中国(大陆地区)十大贸易伙伴之列。2014年,中国与"10+8"机制下的其他成员继续保持良好的合作势头。

其次,中国分别在"丝绸之路经济带"和"10+8"机制下拥有的战略资源也有巨大差异。经济合作方面,与经济带涵盖的中亚、外高加索、西亚及南亚大部分国家相比,中国在资金、技术、管理、投资等方面具有很大优势。中国与这些国家在经济结构、总量上存在很大差别,互补性明显。但中国与沿线各国的经贸合作中存在大量的非关税壁垒和贸易投资障碍,现有的经济合作也仅限于双边,缺少多边的合作框架,合作领域主要集中在能源、资源方面,贸易投资结构非常不平衡。而在"10+8"框架下,中国在市场、劳动力方面享有优势,与相关成员之间不存在严重的贸易壁垒或投资障碍,经济合作发展已相对成熟,与各国建立了多种双边或区域性的合作,但我国在技术、管理领域仍落后于美日韩等技术、研发高度发达的国家,因此在技术创新领域方面并不具备优势。政治安全方面,中国与东亚一些国家存在大量的历史遗留问题,并与部分东南亚国家、东北亚国家在边界领土和海洋权益问题上争端不断,这在很大程度上影响了中国在"10+8"机制下对自身利益的更好维护,限制了中国在这一地区的外交资源。而"丝绸之路经济带"沿线各国则素来没有反华的传统。其中,中国与俄罗斯、哈萨克斯坦、吉尔吉斯斯

---

① 第一届东亚峰会的《吉隆坡宣言》(Kuala Lumpur Declaration on the East Asia Summit, Kuala Lumpur, 14 December 2005):http://www. asean. org/news/item/kuala - lumpur - declaration - on - the - east - asia - summit - kuala - lumpur - 14 - december - 2005

坦、塔吉克斯坦的边界问题得以合理解决,政治互信空前增强。中国还与中亚地区开展了良好的多边安全合作,建立了比较成熟的合作机制。

第三,两者机制的可变数不完全相同。作为一个重大的地区多边外交场合,东亚峰会虽然尚未建立起正式的各领域和各层级支撑机制,但已确定了六大重点合作领域,并初步形成经贸、能源、环境、教育部长定期会晤机制。[1] 这在一定程度上有助于推动东亚地区合作的深化及实现地区的有效治理。然而,东亚峰会机制的扩大对东亚区域整合带来了更多的变数,东亚合作的前景变得愈来愈不明朗,其合作进程面临的博弈也愈发复杂。域外大国的加入导致东亚峰会这一地区合作机制拥有了更大的开放性和国际性,但峰会未来的合作方向、议题设置和实践内容都不可避免地被调整,甚至重新设计。比如在 2012 年 11 月,奥巴马总统在出席于柬埔寨首都金边举行的第七届东亚峰会时,倡议与其他亚太领导人利用峰会共同合作,挖掘应对区域紧迫挑战的途径。有关这一区域的挑战,他着重强调了海上安全、能源安全、核不扩散、人道主义援助及灾害应对等领域。由此可见,美国极力希望强化"10 + 8"在传统或非传统安全事务的功能与角色,这不仅使峰会面临重新定位的压力,东盟在其中的主导地位也面临挑战。[2] 此外,美俄的加入也使峰会本就不浓厚的"东亚"色彩变得更加模糊,正逐步与 APEC 趋同。美国、日本作为世界第一、第三大经济体,是"10 + 8"机制中的举足轻重的成员和力量,但不是丝绸之路经济带的主导力量。虽然,最近爆发的俄罗斯卢布贬值、金融动荡对亚欧形势的发展带来了某些不确定性,但中俄相互给力借力,战略协作与合作关系不会改变。丝绸之路经济带目前重点在于基础设施建设、道路的互联互通,经济合作和贸易便利化,建设自由贸易区,这个根本任务和职能短期内大概不至于有质的变化。

五、结语

"丝绸之路经济带"构想和"10 + 8"机制,都为加速地区一体化进程、帮助塑造地区贸易及安全体系做出了努力。"一带一路"是习近平作为党和国家最高领导人提出的重要思想,体现了中国周边外交一盘棋、内政外交一体化的宏伟构想,是实现"中国梦"的战略支撑和策略保障,也是中国大国外交的最优先方向。东盟

---

[1] 中华人民共和国外交部:东亚峰会(East Asia Summit):http://www.fmprc.gov.cn/mfa_chn/gjhdq_603914/gjhdqzz_609676/dyfheas_610206/

[2] 吴心伯:《美国奥巴马政府的亚太战略》,参见:李向阳主编:《亚太地区发展报告(2013)》,社会科学文献出版社 2013 年版,第 21 页。

"10＋8"模式是小国主导,大国参与;"丝带"模式是大国推动,大小国共同参与。在东盟地区本无经济合作的历史,"10＋8"模式的实践应当说是创造了历史。"丝带"则是激活历史,超越历史,而不是简单的"恢复"历史,或"复制"历史。两者的核心是经济合作,互联互通,互惠互利。两者分别代表了两个不同的发展路径:陆路、陆地、陆权与海洋、海权、海路。两个不同的发展方向:亚欧方向和亚太方向。不过,两者在成员和机制上也在融合,如作为陆海复合国家和新兴经济体(金砖国家)的中、俄、印。俄罗斯位于丝绸之路经济带的咽喉位置,而印度位于陆上和海上丝绸之路的交汇之地,因而它们的作用很关键。"丝绸之路经济带"思想还需要详细而科学的解释、实化和细化。

2014年11月,加强互联互通伙伴关系对话会在北京举行。中国国家主席习近平主持会议并发表题为《联通引领发展 伙伴聚焦合作》的重要讲话。习近平提出了中国设立丝路基金和亚洲基础设施投资银行,推进"一带一路"的发展,并就此提出五点建议,以亚洲国家为重点方向,以经济走廊为依托,以交通基础设施为突破,以建设融资平台为抓手,以人文交流为纽带。在随后召开的中央外事工作会议上,习近平强调要切实抓好周边外交工作,打造周边命运共同体,秉持亲诚惠容的周边外交理念,坚持与邻为善、以邻为伴,坚持睦邻、安邻、富邻,深化同周边国家的互利合作和互联互通。"一带一路"有助于我国有效贯彻东稳西进、海陆兼顾、南北并重的原则,推动我国地缘战略实现"再平衡",从而为我国的和平发展奠定良好环境和坚实基础,因而事实上已经成为我国最重要的中长期发展战略。

第三十章

论交通基础设施互联互通是实现亚欧发展共同体的关键

关于"一带一路"，目前国内外很热。但多为理论性的、宏观的建构，或谈战略与前景，强调有所作为，或谈风险与挑战，突出困难很大。至于具体的、细致的实证研究、提出建设性意义的对策还比较少。本章想从交通基础设施互联互通与"一带一路"亚欧发展共同体的关系这个视角作一个尝试。

"互联互通"，这个概念最早是由东盟提出来的，后来扩展到东盟合作机制、亚太合作机制这些问题上来，现在也发展成为"一带一路"建设的重要内容。[①] "一带一路"战略构想，内涵很丰富，其中之一就是打造现代版的互联互通。按照国家发展改革委员会的解释，互联互通，应该是基础设施、制度规章、人员交流三位一体。其中，基础设施是基础，也是目前制约沿线国家深化合作的薄弱环节，应作为"一带一路"的优先领域。[②] 按照习近平主席2013年9月在哈萨克斯坦纳扎尔巴耶夫大学的演讲，互联互通包括政策沟通、设施联通、贸易畅通、资金融通、民心相通，共五通，这是广义的互联互通。其中设施联通就包括交通基础设施的互联互通。

一、交通基础设施互联互通是"一带一路"建设的优先和核心领域

亚欧大陆面积广大，地形复杂，国家众多。不发达国家数量较大，交通落后，关卡林立，反过来又影响了经济的发展。中国近代以前长期以自我为中心，对外交通不受重视，也不发达。亚欧地区整体而言"隔而不通，通而不畅，畅而不大，包而不容，紧而不密"。俗话说，要想富，先修路，路近则心近。这就使得交通基础设施互联互通的压力非常大，形成了经济进一步发展的压力和瓶颈。到2020年，弥补亚洲基础设施的缺口达8万多亿美元。

---

① 张蕴岭：《如何认识"一带一路"的大战略设计》，参见：张洁主编：《中国周边安全形势评估"一带一路"与周边战略》，社会科学文献出版社2015年版，第7页。
② 《基础设施建设是"一带一路"优先领域》，载《北京日报》2015年3月23日。

"丝绸之路"顾名思义首先是"路"。千里之行,始于足下。路跟心是连着的,路通则心通,心通则路通。中方"一带一路"倡议的核心就是互联互通,提倡"在尊重相关国家主权和安全关切的基础上,沿线国家宜加强基础设施建设规划、技术标准体系的对接,共同推进国际骨干通道建设,逐步形成连接亚洲各次区域以及亚欧非之间的基础设施网络"。①

"一带一路"以古丝绸之路为基础,与古丝绸之路基本一致,有所确指,因而以亚洲为重点,以邻国为优先,也有所超越和新突破,比如苏伊士运河,北极航道,巽他海峡、望加锡海峡,讨论拟建中的克拉地峡,兴建瓜德尔港口等等。但总的来说是以亚欧大陆为主平台。"一带一路"分布在亚欧大陆中心和周边。

"一带一路"战略目标是要建立一个经济融合、政治互信、文化包容的利益共同体、命运共同体、责任共同体和发展共同体。也就是说,中国推动的是包括欧亚大陆在内的世界各国,构建一个互惠互利的利益、命运、责任、发展共同体,潜台词是大家好好合作、好好玩耍、好好过日子,破解"中等发达陷阱",推进可持续性发展。②

随着亚洲崛起,全球经济重心东移,欧洲逐渐从金融危机中复兴,亚欧之间的联系正在加强,中国的"一带一路"有效增强亚洲和欧洲的黏合度,以基础设施建设推动欧亚形成一个"自我循环"的经济圈。③

如果把"一带一路"比喻为亚欧经济腾飞的两只翅膀,则互联互通就好像是两只翅膀的血管经络,枢纽,关键环节。"一带一路"战略对于中国来说,就是亚欧一体,东西平衡,海陆兼顾,南北并重,内外联通,发达国家与发展中国家平衡,官民并举,多边与双边平行,经济与安全双轨,改变中国"东快西慢,海强陆弱,内外不通"的格局,有利于经济格局、结构调整、转型、升级,实现国家的大发展和"中国梦"。

从操作层面讲,经济发展和提高民生水平是"一带一路"沿线各国最大公约数,必须建立基础设施合作机制。其中,交通基础设施互联互通,对发展经济、提高民生有利而无害,比起主权、政治、安全内容来说,也最易为大家所接受,最具有可操作性,因而相对容易、靠谱、可期。④

---

① 国家发展改革委员会、外交部、商务部:《推动共建丝绸之路经济带和21世纪海上丝绸之路的愿景与行动》,载《北京日报》2015年3月29日。
② 郑永年:谈"一带一路",2015年3月24日在北京师范大学京师讲堂演讲。
③ 孙兴杰:《丝绸之路的地缘政治学》,载《经济学家》2014年第112期。
④ 王海运等:《"丝绸之路经济带"构想的背景、潜在挑战和未来走势》,载《欧亚经济》2014年第4期。

二、交通基础设施互联互通是实现"三网"的条件和前提

"三网"即"三个网络"，即互联互通网络、自由贸易网络、伙伴关系网络。只有互联互通，才能互动互利，互谅互让。互联互通既包括铁路、公路、航路、水路的"硬联通"，也包括规划、制度、政策、网络等方面的"软联通"，还包括人脉、人员、人流、人心等方面的"人流通"，再到互联网的"网通"。① "一带一路"不是虚幻的、抽象的东西，而是非常实在，接地气，满足沿途各国利益和需要。路相通则心相通。有利于简化签证手续，说走就走，运输、来往便利化。

"丝绸之路经济带"要建成，至少必须包括两个前提条件。其一是陆上交通技术，特别是高铁技术的巨大起步。二为世界经济的重心向亚洲—太平洋—印度洋地区的转移。交通基础设施互联互通，正以第一个条件为基础，是第二个条件的助推，尽管实践中有时会出现波折和反复。

国家发展改革委员会等发布《推动共建丝绸之路经济带和 21 世纪海上丝绸之路的愿景与行动》（以下简称《愿景与行动》）中，明确指出"一带一路"合作方向。丝绸之路经济带重点是三条：畅通中国经中亚、俄罗斯至欧洲（波罗的海）；中国经中亚、西亚至波斯湾、地中海；中国至东南亚、南亚、印度洋。陆上依托国际大通道，共同打造新亚欧大陆桥、中蒙俄、中国—中亚—西亚、中国—中南半岛等国际经济合作走廊。21 世纪海上丝绸之路的重点方向是二条：从中国沿海港口过南海到印度洋，延伸至欧洲；从中国沿海港口过南海到南太平洋。② 虽然"一带一路"断定谁为主，谁为辅，是没有意义的，应是陆海平衡，但从"带"在前，"陆"在后，"带"有三条横贯亚欧，而"路"只有两条，围绕亚欧大陆的东边和南边周边来看，丝绸之路经济带以陆权为主，海权为辅，大概还是可以成立的。③

作为亚欧经济的血脉经络的交通互联互通，可与哈萨克斯坦"光明大道"、蒙古"草原之路"、俄罗斯"跨欧亚大铁路"，以及第二条亚欧大陆桥对接、联通。具体来说，大致可划分为以下几个方向：1. 从中国、中亚连接欧洲的丝绸之路经济带；2. 从喀什到阿拉伯海瓜达尔港的中巴经济走廊，包括公路、铁路和能源管线；3. 南方丝绸之路，包括公路、铁路、海路，如孟中印缅经济走廊；4. 从中国经老挝、

---

① 俞正樑：《积极进取 引领亚洲 全球再平衡——2014 年中国外交》，载《国际观察》2015 年第 1 期。

② 国家发展改革委员会、外交部、商务部：《推动共建丝绸之路经济带和 21 世纪海上丝绸之路的愿景与行动》，载《北京日报》2015 年 3 月 29 日。

③ 李兴、张晗：《"丝绸之路经济带"框架与东盟"10＋8"机制比较研究》，载《新视野》2015 年第 2 期。

泰国、马来西亚到新加坡的泛亚高铁线路;5. 中俄蒙经济走廊,把丝带与俄欧亚大铁路、蒙古草原之路、哈萨克斯坦"光明道路"进行对接;6. 从波斯湾国家经巴基斯坦瓜达尔港、斯里兰卡汉班托特港、孟加拉吉大港、缅甸的新海上丝绸之路。① 后来被概括成中国周边的六大经济走廊。

2014 年 11 月 APEC 峰会前,中国领导人会见了周边七个国家的领导人和两个国际、地区组织负责人,会后发表了《加强互联互通伙伴关系对话会》,指出"21 世纪亚洲互联互通是'三位一体'的联通",包括交通基础设施的硬件联通,规章制度、标准、政策的软件联通,以及增进民间友好互信和文化交流的人文流通,再次强调"基础设施建设是互联互通的基础和优先",② 进而形成亚欧经济共同体,亚欧利益共同体,亚欧发展共同体,亚欧责任共同体,最后形成亚欧命运共同体。

三、互联互通是发展过程中的"习近平模式"的基础和依据

习近平是当前中国党和国家最高领导人。"丝绸之路经济带"和"二十一世纪海上丝绸之路"简称"一带一路"的构想,是他根据对国内外经济政治形势和发展趋势的分析,高瞻远瞩,深谋远虑,适时地亲自提出来的,并立即在国内外引起了巨大的影响和响应。习近平不仅在很短的时间内确立了他在中国党和国家中的领导地位,而且提出了治国理政的一套比较完整、日渐成熟的理论和方法,学界有人称之为"习近平模式"。

什么是"习近平模式"呢? 其主要内容是什么? 其提出的理论基础和依据是什么? 与"一带一路"是什么关系? 能否经得起实践的检验?

应该说,"习近平模式"内容是很丰富的,包括很多方面,并处在实践、发展的过程当中,接受实践的检验。总的来说,"习近平模式",就是以习近平为首的中共中央领导中华民族复兴和崛起的思想。以习近平、李克强为首的本届党和政府领导,秉持实干兴邦、奋发有为、迎难而上的思想理念,认为世界上没有任何一件伟大事业是轻而易举、一蹴而就的,能不费吹灰之力完成的事业是不可能伟大的。"习近平模式"重要思想之一是,以习近平主席建设"一带一路"思想为指导,在全球建立以高速铁路、重载高铁和磁悬浮列车为基础的新的世界交通运输网络和大规模基础设施建设,使陆上地理、空间距离大大缩短,运输成本降低,运输时间大

---

① 俞正樑:《积极进取 引领亚洲 全球再平衡——2014 年中国外交》,载《国际观察》2015 年第 1 期。

② 《加强互联互通伙伴关系对话会联合新闻公报》:http://www.fmprc.gov.cn/mfa_chn/zyxw_602251/t1208704.shtml

大缩小,运输数量大大增加,亚欧发展中国家群体性崛起,大陆国家"陆权"重新回归。西方岛屿和海洋国家"海权"比重下降,大陆国家重新建设和控制"陆"上贸易通道。从而使陆权与海权平衡,甚至超过海权,建立新的世界贸易规则,从而改变国际经济、金融、发展的格局和版图。

其中,像中国、俄罗斯这样的陆权金砖国家将起到举足轻重的作用。印度的地位也会大幅上升。像哈萨克斯坦这样的内陆转型国家也会得到很大的发展。

因此,也可以说,"习近平模式"也是发展中国家群体性崛起模式和大陆国家联合崛起模式。其依据一是人类交通技术,特别是陆上交通技术的巨大进步,带来了交通基础设施互联互通,四通八达;二为世界经济、金融、政治的重心在从大西洋—欧美区域向亚洲—太平洋—印度洋方向转移。

需要指出的是,"习近平模式"可以说还在发展的过程中,学界对此的讨论还未达成共识。关于海权与陆权的关系,从历史和现实来看,也存在着不少的争议,是相对的,动态的,对于具体的地方和部门来说,也不是整齐划一的。①

当然,从历史的视角看,由于技术原因,人类历史上最初只有陆权,没有海权,海权战胜陆权也只是近五六百年以来的事。今天,海洋仍然具有成本低,不占地、海洋国家不相邻、关系易协调等优势,但也有距离远,路窄,险多,货运量已近饱和等弱点。例如从宁波经新疆、中亚、俄罗斯到鹿特丹,走陆上"丝带"需要七天时间,如果走海路,则需要三十五天,相差二十多天。美日等作为强大的海权国家,可以参与"一带一路"建设,不受排斥,但不可能起主导作用。严格说来,从国务院授权发布的《愿景与行动》等权威文件的构想来看,"一带一路"特别是丝绸之路经济带更多具有陆权思想,同时也不排斥海权。

"一带一路"战略的成功反过来有利于金砖国家合作机制的形成。中俄印——亚欧金砖三国应该发挥各自的优势,为"一带一路"特别是丝绸之路经济带建设提供保证。这些优势包括以资本为先导、以能源为保障、以科技为支撑。中国是制造业大国和经济火车头,可以提供商品和资金保障;俄罗斯是军事大国和能源大国,可以提供安全和能源保障;印度是服务业特别是软件大国,可以提供人才保障。

---

① 李兴:《丝绸之路经济带:实现"中国梦"的战略,还是策略?》,载《东北亚论坛》2015 年第 2 期;Россия и Китай в Евразийской интеграции: Сотрудничество или соперничество? // Под ред. Ли Сина, Братерского М. В., Савкина А. Д., Ван Чэньсина, М., СПб., 2015.

四、交通基础设施互联互通是"一带一路"实现亚欧共同发展的目的、手段,也是保障

亚欧大陆中心及边缘一体化组织和机制很多,其性质、程度、水平、地域各异。互联互通是亚欧一体化的第一步,突破口。要想富,先修路。所谓"丝绸之路",首先是路。路,可以拉近地理距离,也就是接近心理距离,唇齿相依,形成亚欧历史和文化认同,即所谓的亚欧意识。中国有句谚语,"条条大路通北京","车到山前必有路"。欧洲有句古语"条条大路通罗马","罗马不是一天修的"。大路朝天,道达四海,关通天下"一带一路"最有包容性。交通基础设施互联互通,既是"一带一路"要实现的目的,也是进一步发展的手段和保障。

交通基础设施是大范围、宽领域、高效率合作的基础,包括铁路、公路、水路、航空、油气管道、跨海通道、海运港口等。"一带一路"主要覆盖亚欧非三大洲,连接亚欧两大经济圈,域内相当一部分是基础设施发展的薄弱地带,构成进一步合作与发展的瓶颈。据测算,交通基础设施方面的缺口达八万多亿美元,因此,交通基础设施建设是这些发展和转型中的中小国家、穷国、弱国的直接目的,也是其进一步发展经济的手段和保障,自然成为"一带一路"战略优先领域。

"一带一路"沿线国大多处在工业化起步阶段,发展中国家经济实力有限,投资环境欠佳,市场容量不大,融资困难,世界银行和亚洲开发银行能力有限,私人投资机构投资愿望不强,基础设施落后,严重制约经济的发展,形成了恶性循环。还有不少国家是内陆国家,没有出海口,例如哈萨克斯坦、吉尔吉斯斯坦、塔吉克斯坦、蒙古、土库曼斯坦、乌兹别克斯坦、亚美尼亚、白俄罗斯,等等。有些国家虽然有出海口,但出海口小,或离自己的经济中心路长,或距国土主体偏远,满足不了经济、投资、贸易发展的需要,如伊拉克、格鲁吉亚,甚至俄罗斯都如此。"一带一路"和亚洲基础设施投资银行(简称亚投行)的出现恰逢其时,适销对路,对这些国家和地区提供融资支持,解决资金短缺问题,有利于推动"亚欧大陆桥"、"孟中印缅经济走廊"、"中巴经济走廊"等示范项目的建设,并帮助中亚、蒙古等内陆国家通过中国向东打通出海口,从而实现陆海联通。[①]

"一带一路"沿线各国的边界,不再成为安全隔绝带、政治隔离带,而成为投资、贸易、经济、金融接触带和合作带。传统的边界、海关安全和主权功能更多地让位于经济合作、金融对接功能。

"一带一路"以亚洲为重点,以邻国为优先,陆路与海路交汇形成经济合作圈,

---

① 朴珠华、刘潇萌、藤卓攸:《中国对"一带一路"直接投资环境政治风险分析》,参见:《中国周边安全形势评估——"一带一路"与周边战略》,社科文献出版社 2015 年版,第 185 页。

将来的自由贸易圈，包括亚欧中心和边缘地带。随着全球气候变暖，冰川融化，"北极航线"迟早有可能率先取得突破，成为"一带一路"建设的亮点之一，从而大大地缩短亚洲与欧洲、我国东部与欧洲西部之间的航程，降低运输成本甚至风险，提高经济效益，加强经济联通。这样，"一带一路"将与 TPP、TTIP 鼎足而立，实现亚欧区域的共同发展。

五、亚欧金砖大国是实现"一带一路"的关键，其抓手就是交通基础设施互联互通

亚欧大陆幅员辽阔，国家、民族、人口众多，社会制度、发展水平、宗教、文化千差万别，能源丰富，资源不一，相互关系复杂微妙。[①] 亚欧大陆作为唯一连接全球四大洋（太平洋、印度洋、大西洋、北冰洋）的中心大陆，国际政治地位显要，大国博弈激烈，其经济发展空间、潜力和机遇可以说是最大的。

亚欧地区三个金砖国家——中国、俄罗斯和印度，位置正处在丝绸之路经济带节点上。"丝路经济带"的宗旨和精神，与金砖国家集团是一致的，即发展南南合作和南北对话，反对西方在国际经济、金融、国际关系领域中的垄断、独霸，提高新兴经济体和发展中国家的发言权和代表性，推动世界多极化和国际关系民主化发展。金砖合作机制，特别是经济、金融、能源领域合作机制的建立是推动"一带一路"发展的助力。

作为金砖国家，俄罗斯和印度还分别是中国北方和南方最重要的邻国。中国与这两个陆上最大邻国之间经济的互补互利是客观存在的，但交通互联互通并不通畅。中俄黑龙江、乌苏里江界河上还没有跨界大桥，中印之间尚无铁路直接相通，更谈不上高铁。交通互联互通极不发达，严重地不能满足形势发展的需要。显然，俄罗斯和印度是中国"一带一路"建设工作的重点和关键。

最近几年形势的发展说明中俄印亚欧金砖国家在走近。在乌克兰问题上，中国和印度都没有追随西方反对、制裁俄罗斯，反而加强了与俄的合作。在莫斯科纪念卫国战争胜利 70 周年的问题上，与西方的集体抵制不同，中国和印度支持了俄罗斯，中印两国军队出现在红场的阅兵式上。在中国主导的亚投行问题上，与美国、日本不参加的态度明显不同，印度和俄罗斯都支持了中国，与中国一起成为创始成员国。在是否接纳为上合正式成员国的问题上，以及印度作为发展中大国在国际事务包括联合国框架中发挥更大作用的问题上，中俄都表示支持印度。

---

① 李兴等：《亚欧中心地带：俄美欧博弈与中国战略研究》，北京师范大学出版社 2013 年版，第 2 页。

2015 年 5 月 8 日,国家主席习近平在莫斯科克里姆林宫同俄罗斯总统普京举行会谈。商定,将中方丝绸之路经济带建设同俄方欧亚经济联盟建设对接,从战略高度、以更广视野全面扩大和深化双方务实合作,扩大相互开放,深化利益交融,更好促进两国发展振兴,拓展欧亚共同经济空间,带动整个欧亚大陆发展和稳定。两国元首共同签署了《关于丝绸之路经济带建设与欧亚经济联盟建设对接合作的联合声明》。《声明》表示,要在条件成熟的领域建立贸易便利化机制,建立专家学者对话机制,通过丝路基金、亚洲基础设施投资银行、上海合作组织银联体等金融机构,加强金融合作,通过中俄总理定期会晤机制等监督落实进程等。印度对丝绸之路经济带特别是互联互通持支持立场。2015 年 5 月印度总理莫迪访问了中国。虽然印度对"海上丝绸之路"还有疑虑。

中俄印作为亚欧大国和金砖国家,海陆相连,是金砖、亚投行、G20 的正式成员国。中俄是上合主要成员国,并支持印度加入,中印分属亚投行第一第二大股东,三国都处在"一带一路"的关键位置上。中俄印三国由于其面积、人口、资源、经济、综合国力和国际影响力,分别能够带动一大片,合起来能够影响整个亚欧大陆的中心和边缘地带。推动"一带一路"建设,既符合中俄印三国各自的利益,也是中俄印三国的共同利益。其抓手就是交通基础设施互联互通。

六、中国经济实力和金融工具为交通基础设施和"一带一路"建设提供了强大推力

中国已经是全球 GDP 第二位,未来若干年后有可能成为世界第一,是亚欧多个国家的第一大贸易伙伴,并以较快的速度继续发展。与此同时,中国在国内大力反腐。中国经济实力和成功为实施交通基础设施和"一带一路"建设提供了强大推力。

2014 年 11 月,中国国家主席习近平在北京提出了几点建议,特别强调亚欧地区交通互联互通建设的重要性。其主要内容包括:以亚洲国家为重点方向,率先实现亚洲互联互通。以经济走廊为依托,建立亚洲互联互通的基本框架。以交通基础设施为突破,实现亚洲互联互通的早期收获。以建设融资平台为抓手、打破亚洲互联互通的瓶颈。以人文交流为纽带,夯实亚洲互联互通的社会根基。这不仅说明,"一带一路"已经成为中国中长期发展战略,而且还说明,交通互联互通成为"一带一路"建设的抓手,其中,中国在亚洲的邻国为优先和重点。

亚洲基础设施投资银行是为了为解决亚洲基础设施建设问题,为亚洲的发展中国家和新兴市场国家提供提铁路、公路、发电站等建设贷款,致力于互联互通建设,为"一带一路"保驾护航。亚投行和丝路基金都是为"一带一路"服务,破解

"中国威胁论"，推进人民币的国际化，以及国际经济、金融体系的改革，与亚洲开发银行、世界银行形成建设性的互补关系。中国是亚投行的发起者和最大出资国。亚投行的总部设在北京。亚投行将向所有人开放投标，而不仅限于成员国。中国国家开发银行透露，已经建立涉及 60 个国家、900 多个项目的项目储备库，涉及投资资金超过 8900 亿美元。

中国搞上合开发银行，金砖开发银行，丝路基金（400 亿美元），特别是筹建亚投行，亚欧等五十七个国家意愿成为创始成员国，特别是英国、德国、法国、意大利等七国集团成员国，韩国、澳大利亚等美国的盟国也参加进来。参加者多为"一带一路"沿线国家，遍及亚欧非美各大洲。美国开始反对，没有成功，不得不表示愿意同亚投行合作。美日想孤立中国，结果非常成功地孤立了自己。说明各国已经认识到亚洲基础设施市场、潜力很大，前景很好，亚洲俨然成为世界经济、金融中心，基础设施的建成必将使亚洲经济迎来更大的发展，蛋糕做得更大，赢利机会更多，奇货可居，有利可图，既是绩优股，更是潜力股，机不可失，失不再来，晚来一步"机会之窗"就可能关闭。目前世界经济、金融中心在从欧美向亚太转移，从大西洋—东太平洋向西太平洋—印度洋转移。利益优先、经济优先，金融优先，是各国的理性选择。

"一带一路"既不是"马歇尔计划"，也不是"污染带"，不是国家投资银行。"一带一路"比马歇尔计划既古老，也年轻。"丝绸之路"历史悠久，"一带一路"不是为了冷战，没有政治、附加条件，也没有逼迫，也不是一家所为，而是中国倡议，共同设计，共同参与，共同发展。中国不是演独奏曲，唱独角戏，而是大家共同演奏交响乐、和乐。马歇尔计划是出于冷战政治考量，以西欧为主，排斥苏联、东欧。"一带一路"地缘上以亚欧大陆为主，以邻国为先，包容开放，不以政治和意识形态划线。气魄更大，内容更丰富，包容性更强。丝路经济带与欧亚经济联盟并存不悖，合作共赢，形成建设性的互补关系。

目前国内外有种种说法，如中亚（阿富汗）、东欧（乌克兰）、中东（伊拉克）动荡不安，甚至战火不断，互联互通无法开展，有可能血本无归，是无底洞，填不满，难以持久和胜任，等等。我们认为，互联互通，设施联通、贸易畅通、资金融通、民心相通，其实都是"低级政治"范畴，是与政治、安全、战略、外交这些"高级政治"范畴不同的，相区别的，虽然相关联，但也是可以适度分离的，并不必然、一定要相一致。互联互通，互利共赢，是各国各方都能接受的最大公约数。只有互联互通，经济发展，民生改善，才能有利于最终解决安全、政治、宗教、民族等问题，铲除极端主义产生的土壤。这是大方向。这个过程不是容易的，是个伟大的事业，不能短视，急于功利，迟早会有回报。不能因为困难、不易就失去信心，放弃努力，而要知难而进,开拓进取,有所作为。只有耕耘才有收获,"永不走路,永不摔倒","我为人人,人人为我","梅花香自苦寒来"。世界上没有任何一件伟大事业是不费吹灰之力、一蹴而就的,相反可能要付出不只一代人甚至可能数代的努力。至于说投资无底洞,"一带一路",互联互通,亚欧各国共同出资,利益共享,责任共担,成为发展共同体,利益共同体,命运共同体,因而也是责任共同体。中国不是一家独奏,唱独角戏,当所谓的冤大头和"国家开发银行"。在"一带一路"问题上,中国承担相应的大国责任,努力推动,但并不追求势力范围和霸权地位。

七、结论:交通基础设施互联互通是关键

交通基础设施互联互通是"一带一路"的优先、核心领域,是实现"三个网络"(互联互通网络、自由贸易网络、伙伴关系网络)的前提、条件,也是处于发展过程中的"习近平模式"的基础和依据,尽管学界对此还远未达成共识。交通基础设施互联互通还是"一带一路"实现亚欧共同发展的目的、手段,也是保障。亚欧金砖大国的互联互通是亚欧共同发展的中心环节和突破口。中国经济实力和金融工具为交通基础设施和"一带一路"建设提供了强大推力。交通基础设施互联互通是"一带一路"建设的抓手,是以共商为原则建立亚欧"利益共同体",以共建为原则构筑亚欧"责任共同体",以共享为原则迈向亚欧"命运共同体",以共赢为原则实现亚欧"发展共同体"的关键。

我们认为,交通基础设施投资重点地区和国家应该是:1. 距离近的中国周边邻国,优先部署中国同邻国的铁路、公路项目;2. 与中国关系比较友好的国家;3. 局势比较稳定、安全的国家和地区;4. 地理上或经济上的节点、重点;4. 基础设施过于差的国家和地区,以至于如果不改善交通状况就会影响整体事业的发展。

近年来,中国主要领导人习近平、李克强等多次出访"一带一路"沿线国家特别是其中的中国的邻国,如北线的俄罗斯、哈萨克斯坦、蒙古、白俄罗斯等,南线的印度、印度尼西亚、巴基斯坦等国,为"一带一路"互联互通打基铺路,牵线搭桥。2015 年 5 月,亚欧互联互通产业对话会在中国西部唯一的直辖市重庆举行。中国主管"一带一路"建设工作的政治局常委张高丽副总理表示,中国正与"一带一路"沿线国家一起努力,规划中蒙俄、新亚欧大陆桥、中国—中亚—西亚、中国—中南半岛、中巴、孟中印缅六大经济走廊建设。他认为,"一带一路"和互联互通相融相近、相辅相成。同月,中国交通运输部通过了《落实"一带一路"战略规划实施方案》。

像中国这样崛起中的大国,如果不做事,有人会说你不负责任,没有担当,甚至自私自利;如果雄心太大,有人会说你野心勃勃、咄咄逼人,甚至民族主义,还有

人会说脱离实际、超越阶段,力不从心。笔者认为,"一带一路",既不是一个国内性质的事务,也不是一个全球性质的事务,而是一个地区性的国际事务,这与中国目前的国力和地位是相称的。"一带一路"所要追求的性质和宗旨,不是成为"硬机制"的全球和地区国际组织,而是成为"软机制"的亚欧经济合作平台。因此,既不能低估其风险,以至于造成了不必要的损失,也不能高估了其困难,以致贻误了大有可为的大好时机。

我们认为,国家之间,特别是大国之间有利益或认识分歧、矛盾、问题是正常的,也是不可避免的,不可能幻想国家之间利益和认识完全一致。要看大局,主要矛盾,战略层面。俄罗斯在最后关键时刻加入亚投行,是对中国实力和影响力的承认和接受,尽管不无犹豫。印度对海上丝绸之路也有看法。但几朵云彩终究挡不住彩虹。金砖合作机制是"一带一路"建设的助力。莫斯科—喀山高铁项目中俄合作开局不错,将来还可能修建莫斯科—北京的全程高铁,前景看好。以中俄印—亚欧金砖国家为核心,以巴西、南非等其他金砖国家为外围支撑,推动"一带一路"和金砖国家合作机制协同创新发展,符合亚欧实际和世界潮流,因此,可以说,中国、俄罗斯、印度三个亚欧金砖国家是推动"一带一路"建设的关键力量,多种力量的合奏加协奏,推动"一带一路"建设。而交通基础设施互联互通是其抓手和关键环节。

当然,实践的发展还迫切需要我们加强对"一带一路"沿线国家,特别是中俄印三国国内政治的关注,加强民心工程建设,以及"一带一路"的理论建设和宣传工作,力避政治和安全风险。

第三十一章

"丝绸之路经济带"战略视角下的陕西省与中亚国家贸易关系分析①

1999 年,中共中央做出西部大开发的决定,而向西开放成为推进西部大开发的一项战略抉择。由于地缘、历史、经济结构、民族等多方面因素,进一步向中亚开放成为西北五省区提高开放水平、加快发展步伐的重要内容,拓展与中亚国家的贸易关系也成为陕西对外贸易不可或缺的内容。

如果说西部大开发战略的实施为陕西省的经济发展、对外开放提供了强大的动力,而"丝绸之路经济带"战略的实施将为陕西省的大发展再次提供不可多得的历史性机遇。这两大战略的实施都为陕西省向西开放、进一步密切与中亚国家的经贸关系创造更加有利的条件。

一、陕西省发展与中亚国家贸易关系的基础条件

(1)历史文化条件

历史文化是陕西发展对外关系包括经贸关系的显著优势,陕西与中亚地区的关系也是源远流长。

西汉时张骞出使西域开辟的"丝绸之路"把长安与中亚、西亚,乃至地中海各国从陆上沟通起来,便利了沿线地区的经济文化交流,中国与中亚地区的商贸活动也因此活跃一时。

1862 年,中国陕、甘、宁等地的回民联合当地各族人民掀起大规模反清起义。起义失败后,三万多起义回民一路向西,在翻越了天山山脉之后,仅剩下 3314 人来到中亚。现在,这群移民后裔的居住地分属哈萨克斯坦、吉尔吉斯斯坦和乌兹别克斯坦三国,总人口已有 12 万人。② 如今,他们中一些人仍然使用陕西方言,保

---

① 本章为国家社会科学基金项目《"丝绸之路经济带"与欧亚联盟关系研究》(项目号:14BGJ039)的阶段性成果;获得"中央高校基本科研业务费专项资金资助"(Supported by "the Fundamental Research Funds for the Central Universities")。

② 周龙:《哈萨克斯坦有个"陕西村"》,载《光明日报》2014 年 8 月 7 日。

持着陕西地区特有的民族习惯。这些人在陕西省与当地之间牵线搭桥,推动着双方的经贸和技术合作。

(2)产业条件

陕西省是全国航空航天、机械、电子和农业等领域重要的科研和生产基地,关中高新技术产业开发带已经形成并且蓬勃发展;西安高新区和杨凌示范区均跻身国家重点支持的五大高新区之列,陕北、陕南也分别被打造为科技含量高、极富潜力的能源化工基地和绿色产业基地。2012 年陕西的汽车制造业实现销售收入800 亿元;航空航天制造业实现销售收入 800 亿元;机床工具制造业实现销售收入120 亿元;输配电设备制造业实现销售收入 500 亿元。这些产业在促进陕西经济发展的同时,由于技术水平的提高,规模的扩大,寻找外部市场成为产业扩张发展的必然选择。处于丝绸之路经济带上的中亚各国,经济建设处于起步阶段,工业发展、民生改善离不开装备制造业的支撑,由于中亚各国改善民生、服务经济的制造业发展缓慢,供需的自然形成使陕西能源化工、装备制造、有色金属加工等优势产业拓展中亚市场有了突破口。① 陕西对中亚各国的出口货物中,汽车组件、输变电设备、飞机零部件、制砖机、浓缩苹果汁、轻工产品、建材等占了绝大部分比重,这在一定程度上发挥了陕西的产业优势。

(3)区位条件

陕西省是中国大西北的门户,是中国东中部地区通往西北和西南的交通枢纽,区位优势十分明显。从陕西省通往中亚五国,路线上有以下几种选择。公路方面,从西安可以走312 国道经兰州直达乌鲁木齐,再经阿拉山口口岸等到达中亚各国;也可以走 312 国道到兰州,然后转 109 国道到西宁,再转 315 国道,经若羌、和田,到达喀什,然后再从喀什走 314 国道就可以到达乌兹别里山口,这里可以直接通往塔吉克斯坦;还可以走连霍(连云港—霍尔果斯)高速公路,直接到霍尔果斯口岸,通往中亚各国。铁路方面,可以直接通过亚欧大陆桥,从西安至兰州,然后到乌鲁木齐,转至中亚各国。

东起中国连云港,西至荷兰鹿特丹的新亚欧大陆桥横贯陕西省中部,省会西安市是西部地区重要的金融、商贸中心和交通、信息枢纽,同时也是亚欧大陆桥中国沿线区域("陇海兰新经济带")的五大中心城市中最大的一个,是陆路通向中亚和西欧的第一通道。另外,西安国际港务区以西安铁路集装箱中心站、西安综合保税区、西安公路港"三大核心平台"为支撑,依托西安区位优势、交通优势、产

---

① 史亚洲:《陕西参与丝绸之路经济带建设的比较优势》,载《西安航空学院学报》2014 年第 6 期。

业基础和物流市场需求,形成以保税物流中心为核心、以国际物流区为支撑、以国内综合物流区和物流产业集群区为两翼的物流体系格局。

(4)科技教育条件

陕西省科教实力雄厚,综合实力位居中国西部第一,全国前列;陕西拥有80所普通高校、102万在校大学生、1000余所科研院所、22万科技人员,是国家科技创新的重要支撑点和密集区。省会西安市是仅次于北京市和上海市的全国第三大科技、教育中心,具有丰富的人力资源和科技优势。这些优势为陕西省与中亚国家开展科技交流和教育合作创造了非常有利的条件,可以进而转化为陕西省与中亚五国发展经贸关系的动力。

二、陕西省与中亚国家贸易关系发展态势

就总体而言,近十年是陕西省与中亚国家贸易大发展的十年,但其中有喜有忧、喜忧参半。

(1)陕西省与中亚国家贸易关系发展快、起伏大

2005年以前陕西与中亚国家贸易关系总体上一直处于较低的水平。自2005年以来,陕西省与中亚五国的贸易都有较快发展,双方的贸易额增长也很快。2005—2008年,陕西省与中亚五国的进出口总额由1617.7万美元猛增至1.81859亿美元,增长10倍以上。除了2006年贸易情况有所下降外,2007年和2008年分别增长203.6%和358.4%。然而,2009年以来陕西省与中亚国家贸易关系发展快、起伏大(见表1)。2009年陕西省与中亚国家贸易大幅下滑,2010年小幅回升,至2013年尚未恢复到2008年的水平。2011年陕西省与中亚国家贸易再次小幅下跌,2012年则强劲回升,增幅达52.06%,2013年增幅为13.23%。陕西与中亚各国的贸易规模都不大,双方贸易关系如此起伏,既与经济形势有关,也与个别国家的政治形势有一定的关联,但双边贸易中大宗商品的需求变化可能是更为重要的原因。

表1　2009—2013年陕西省与中亚国家进出口情况

	进出口总额(千美元)	进出口增减(%)
2009	57848	—
2010	66584	15.10
2011	64704	−2.82

	进出口总额(千美元)	进出口增减(%)
2012	98391	52.06
2013	111404	13.23

资料来源:《陕西省统计年鉴(2009、2010、2011、2012、2013)》,陕西省统计局主编,中国统计出版社出版2010、2011、2012、2013、2014版。

陕西省对外贸易近年来一直保持快速增长态势(见表2),其中2012年增幅为1.2%,其他年份增幅都在20%以上,2010年增幅达43.76%。2013年陕西省外贸进出口总额突破200亿美元,达到201.3亿美元,位居全国第23位,较2012年提高1位,比2012年增长36%,增速居全国第2位。同期陕西与中亚国家的贸易关系变动态势与陕西对外贸易发展态势很不一致,而且增减幅度差距明显。尤其应该指出的是,2013年陕西进口99亿美元,同比增长61.1%,高出全国增速53.8个百分点,进口增速位居全国各省份首位,而同期陕西对中亚国家的进口额微不足道。

表2 2009—2013年陕西省进出口情况

	进出口总额(亿美元)	进出口增减(%)
2009	84.05	—
2010	120.83	43.76
2011	146.23	21.02
2012	147.99	1.20
2013	201.29	36.02

资料来源:《陕西省统计年鉴(2009、2010、2011、2012、2013)》,陕西省统计局主编,中国统计出版社出版2010、2011、2012、2013、2014版。

陕西省与中亚各国贸易关系发展呈现较为复杂的态势(见表3)。陕西与哈萨克斯坦的贸易额总体上持续增长,2009年进出口总额增幅较小为0.51%,2011年高达139.44%。陕西与吉尔吉斯斯坦、塔吉克斯坦和土库曼斯坦的贸易关系波动剧烈,其中2009年陕西与吉尔吉斯斯坦进出口总额年跌幅为78.38%,2010年增幅为342.76%,2012年增幅为830.42%;陕西与塔吉克斯坦进出口总额2010年跌幅89.10%,而2011年增幅为1548.06%;陕西与土库曼斯坦进出口2009年增幅为369.32%,2011年跌幅为98.92%。陕西与乌兹别克斯坦贸易关系保持良好的增长态势,除2011年进出口总额跌幅为43.65%,2010年增幅为260.45%,其他年份也是超过20%的增速。乌兹别克斯坦是中亚人口最多的国家,也是中亚工业化水平最高的国家,陕西与乌兹别克斯坦贸易仍有巨大的发展空间。

表3　2009—2013年陕西省与中亚各国进出口情况

增减(%)　年份	陕西与哈萨克斯坦进出口增减(%)	陕西与吉尔吉斯斯坦进出口增减(%)	陕西与塔吉克斯坦进出口增减(%)	陕西与土库曼斯坦进出口增减(%)	陕西与乌兹别克斯坦进出口增减(%)
2009	0.51	−78.38	34.59	369.32	20.44
2010	38.42	342.76	−89.10	−36.72	260.45
2011	139.44	−40.42	1548.06	−98.92	−43.65
2012	−26.94	830.42	328.97	250.86	151.58
2013	12.49	−26.05	−73.19	55.04	77.16

资料来源:《陕西省统计年鉴(2009、2010、2011、2012、2013)》,陕西省统计局主编,中国统计出版社出版2010、2011、2012、2013、2014版。

(2)陕西省对中亚国家贸易顺差问题严重

陕西统计年鉴表明:近年来陕西与中亚国家贸易关系中顺差问题极为严重,2009年4947.8万美元,2010年6023万美元,2011年6470.4万美元,2012年9797.1万美元,2013年11140.4万美元,其中2009年、2010年和2012年陕西自哈萨克斯坦进口额分别为418.5万美元、297.7万美元和21万美元,2010陕西自土库曼斯坦进口20万美元,其余年份陕西自中亚各国进口额为0。

中亚国家独立以来,中国对中亚国家贸易顺差问题在双边贸易关系中曾是较为突出的问题,一度成为制约中国与中亚国家贸易关系持续发展的主要障碍之一。在中国和中亚国家政府的重视下,经相关各方共同努力,自2011年以来这一状况已经明显改变。2011年、2012年和2013年中国对中亚国家贸易逆差额分别为207422万美元、333249万美元和378522万美元。

贸易逆差问题是中亚国家对外贸易中非常敏感的问题,直接影响到这些国家与相关国家和地区发展经贸关系的动力。陕西省对中亚国家贸易顺差问题空前突出,若不能及时加以缓解,势必将影响到陕西与中亚国家贸易关系的持续拓展。

(3)陕西省与中亚各国贸易关系发展很不均衡且波动剧烈

近年来陕西省与中亚各国贸易关系发展很不均衡且波动剧烈(见表4)。
2009年至2013年陕西省与中亚五国进出口总额中,陕西与土库曼斯坦进出口总
额占比2009年为58.92%,2010年为32.39%,2011年为0.36%,2012年为
0.83%,2013年为1.13%;陕西与哈萨克斯坦进出口总额占比2009年为22.75%,
2010年为27.36%,2011年为67.4%,2012年为32.39%,2013年为32.18%;陕西
与乌兹别克斯坦进出口总额占比2009年为12.36%,2010年为38.69%,2011年
为22.44%,2012年为37.12%,2013年为58.09%。显然,乌兹别克斯坦、哈萨克
斯坦是陕西在中亚的主要贸易伙伴。

表4　陕西省与中亚各国贸易额占陕西省与中亚五国贸易总额的比重(%)

年份 国别	2009	2010	2011	2012	2013
哈萨克斯坦	22.75	27.36	67.4	32.39	32.18
吉尔吉斯斯坦	0.26	1.01	0.62	3.79	2.48
塔吉克斯坦	5.71	0.54	9.17	25.87	6.13
土库曼斯坦	58.92	32.39	0.36	0.83	1.13
乌兹别克斯坦	12.36	38.69	22.44	37.12	58.09

资料来源:《陕西省统计年鉴(2009、2010、2011、2012、2013)》,陕西省统计局主编,中国
统计出版社出版2010、2011、2012、2013、2014版。

(4)陕西省与中亚国家贸易关系地位亟待提升

2009年至2013年陕西省与中亚五国的进出口总额占本省进出口总额的比重
不足1%(见表5),在中国与中亚国家的进出口总额中所占比重不足0.3%(见表
6)。显而易见,中亚在陕西外贸格局中依然处于次要地位。长期以来,欧盟、美
国、日本一直为陕西省的主要贸易伙伴,近年来东盟异军突起,已跃升为陕西的第
四大贸易伙伴,这一外贸格局短期内恐难打破。但是,综合陕西与中亚双方经贸
条件,双方的贸易潜力巨大是不争的事实。

表5　陕西省与中亚五国的进出口总额占本省进出口总额的比重

比重 年份	占比(%)
2009	0.69
2010	0.55
2011	0.44
2012	0.66
2013	0.55

资料来源:《陕西省统计年鉴(2009、2010、2011、2012、2013)》,陕西省统计局主编,中国统计出版社出版2010、2011、2012、2013、2014版。

表6　陕西省与中亚五国的进出口总额占中国与中亚国家的进出口总额的比重

比重 年份	占比(%)
2009	0.25
2010	0.22
2011	0.16
2012	0.21
2013	0.22

资料来源:《陕西省统计年鉴(2009、2010、2011、2012、2013)》,陕西省统计局主编,中国统计出版社出版2010、2011、2012、2013、2014版;中华人民共和国商务部网站欧洲司相关统计表数据(http://ozs. mofcom. gov. cn/date/date. html)

值得注意的是,近年来新疆与中亚国家进出口总额占中国与中亚国家的进出口总额的比重呈持续下降趋势(见表7)。其他西北省区,除陕西外,甘肃、宁夏、青海与中亚国家贸易几乎停滞不前。这与这些省区在资源、产业方面与新疆缺乏比较优势直接相关,加之区位等方面因素的影响,使得这些省区很难拓展与中亚国家的贸易关系。陕西能否趁势而起,确实值得期待。

表7 2009—2013年新疆与中亚国家进出口总额占中国与中亚国家的进出口总额的比重

比重 年份	占比(%)
2009	47.55
2010	45.66
2011	42.97
2012	38.27
2013	33.97

资料来源:《新疆统计年鉴(2009、2010、2011、2012、2013)》,新疆维吾尔自治区统计局主编,中国统计出版社出版2010、2011、2012、2013、2014版;中华人民共和国商务部网站欧洲司相关统计表数据(http://ozs.mofcom.gov.cn/date/date.html)

三、中亚——陕西省打造"丝绸之路经济带"新起点的优先方向

自习近平总书记于2013年9月提出"丝绸之路经济带"战略以来,陕西省各级政府、相关企业及众多科教机构可谓"闻风而动",围绕把陕西省打造成"丝绸之路经济带"新起点,显著加强了对陕西与中亚经贸关系的重视、研究与投入,必将为陕西拓展与中亚国家经贸关系注入新的活力、创造更加有利的条件。

(1)政府高度重视

在陕西省打造成"丝绸之路经济带"新起点的战略部署中,与中亚国家拓展经贸关系已成为其优先方向之一。

陕西省政府已明确与中亚国家经贸合作的主攻方向:一是合作勘探开发中亚地区油气资源,与哈萨克斯坦共建水电、光伏和风电等项目,争取上合组织能源俱乐部落户西安。二是依托陕西省骨干企业,在智能制造、航空、汽车等领域与中亚国家共建产业园区。三是在杨凌农业高新技术产业示范区建设面向中亚的旱作农业国际合作中心,积极开展节水农业、良种繁育、生物工程和标准化生产等方面的合作。四是建立与中亚合作的内陆离岸金融市场与合作发展基金,争取上合组织开发银行、欧亚银行落户西安,建设区域性金融中心。

陕西在西安成为欧亚经济论坛永久性会址的基础上,争取国家批准每年举办一次欧亚经济论坛,扩大丝绸之路经济带沿线城市市长圆桌会议规模,推动亚欧各国在陕设立领事机构,在深化与土库曼斯坦、乌兹别克斯坦友好省州关系的同时与其他国家发展友好关系。

2014年10月22日至24日,在哈萨克斯坦阿拉木图市阿达肯特展览中心陕

西省人民政府主办,省贸促会、省商务厅联合承办了"陕西特色产品名优食品展览会",展会达成出口贸易意向246.7万美元,签订合作协议6个,达成合作意向63个,达成产品代理54个。

2015年5月23日,由陕西省人民政府、吉尔吉斯斯坦经济部主办的第十九届西洽会暨丝博会吉尔吉斯斯坦—中国(陕西)投资贸易及旅游推介会举行,陕西省外经贸集团和陕西建工集团总公司与吉方有关部门签订了合作备忘录。

西安组织召开丝绸之路沿线二十个城市市长圆桌会议,西安与土库曼斯坦的马雷、乌兹别克斯坦的撒马尔罕等城市建立友好关系并开展交流与合作。

(2)加快交通物流建设

交通物流条件是影响陕西与中亚国家贸易发展的重要因素之一。"长安号"国际货运班列于2013年11月28日正式开通,这是陕西、西安落实共建"丝绸之路经济带"战略构想,打造"丝绸之路经济带"新起点的重要抓手。首趟"长安号"货运班列从西安出发,经宝鸡、乌鲁木齐、阿拉山口,抵达哈萨克斯坦阿拉木图。"长安号"货运班列将采取转关直转的通关模式,所有出口货物全部就地在西安海关办理通关手续,西安海关对货物进行查验后加施关封,当班列从新疆阿拉山口出境时,当地海关对货物进行核放即可,大大降低了企业的通关成本。第二趟"长安号"停靠国家增至哈萨克斯坦、乌兹别克斯坦、吉尔吉斯斯坦和土库曼斯坦四个。截至2015年6月,已开行93班4600车,其中2015年开行47班。出口总值约1.85亿美元,目的地覆盖哈萨克斯坦等中亚五国的44个城市。"长安号"国际货运班列将以物流带动信息流、资金流,促进产业优化布局,使西安成为欧洲和中亚进入中国市场的出入口和集散地,使西安成为国家向西开放的重要商贸物流集散中心和综合物流枢纽平台。未来,陕西还将建设西安国际航空港,开通更多西安到中亚、西亚、欧洲旅游航线及货运班机,打造丝绸之路空中走廊;同时,进一步完善高速公路网络体系,推动中国西部—中亚国家高速公路对接;尽快建立新欧亚大陆桥快速交通干道,开通西安至中亚旅游列车。

2014年4月14日,西安国际港务区与哈萨克斯坦国家铁路公司在哈萨克斯坦阿斯塔纳达成合作协议,这意味着西安将成为中国至中亚国际货运集散地。按照此次双方的协议内容,哈萨克斯坦将以新成立的哈铁快运公司作为项目运营主体,负责在哈境内创建多式联运新模式,组织协调从中国到哈萨克斯坦及过境货物运输相关业务,包括从西安国际港务区发出的货物。每月将有两列集装箱班列从西安国际港务区发往哈萨克斯坦,在哈境内进行货物分拨至中亚其他国家。同时,哈铁快运公司把西安作为货物集散地,开展发往哈萨克斯坦及过境哈萨克斯坦的国际物流业务。

2015 年 6 月 24 日,西安国际陆港投资发展集团有限公司、西安陆港大陆桥国际物流有限公司与哈萨克斯坦哈铁快运股份公司签署三方合作框架意向协议书。双方将以共建国际联运过境通道及货物配送基地为目标,在铁路运输、中转、仓储、整合及配送货物、组织货源、海关通关等领域深入合作,持续推动中哈之间的经贸往来。

2014 年 10 月 13 日,国家四部委批复西咸空港保税物流中心,这是继西安综合保税区、西安出口加工 A 区和 B 区、西安高新综合保税区之后,陕西省获批的第五个海关特殊监管区,也是唯一一个以服务国际航空物流枢纽为主的海关特殊监管区。陕西还将建设"中国—中亚经济合作园区"、特色出口商品基地等重点物流园区,并与哈萨克斯坦等国共同创建多式联运物流新模式。

(3)积极申报自由贸易园区

陕西省正在积极申报西安丝绸之路经济带自由贸易园区,该自由贸易园区设定的目标是：以服务贸易、转口贸易为主,构建符合国际惯例的投资便利化和贸易自由化制度体系,构建开放型经济新体制,大力推动丝绸之路沿线国家在政策沟通、道路连通、贸易畅通、货币流通、文化教育科技交流等方面合作机制与合作平台的形成,建成具有国际水准的投资贸易便利、跨境交易结算顺畅、监管高效便捷、法制环境公开规范的自由贸易园区;并为该区设定了丝绸之路经济带开放合作引领区、丝绸之路经济带投资贸易促进先导区、丝绸之路经济带商贸物流核心功能区、丝绸之路经济带服务业开放合作示范区、丝绸之路经济带文化交流先行区等六大功能区。[①] 这一自由贸易园区若能获批并顺利建成将有力地推动陕西与中亚国家贸易关系的发展。

(4)加强人文交流

加强人文交流可以增进陕西省与中亚各国人民之间的了解,从而为双方开展商贸活动创造有利条件。

陕西将通过建设中亚教育培训基地、共建上合组织大学西安校区、组建与中亚各国大学合作联盟、建立西北大学与撒马尔罕大学校际合作关系等多种形式,促进经济带教育交流深入开展。

2014 年 1 月 10 日上午,西北大学中亚学院、丝绸之路研究院和西安外国语大学中亚学院揭牌成立。中亚学院面向丝绸之路经济带沿线国家培养本科生和研究生,是陕西与中亚国家合作培养人才的重要平台。2008 年以来,西北大学每年

---

① 胡桑:《陕西启动丝绸之路经济带自由贸易园区申报工作》,载《现代物流报》2014 年 2 月 25 日。

来自中亚各国的留学生平均在 300 人左右,占到留学生总人数的 60% 以上,为中国和中亚各国的政治经济文化交流发挥着重要的桥梁作用;西安外国语大学 2007年在哈萨克斯坦欧亚大学成立的孔子学院,被高度评价为"中哈两国人文交流合作的典范"。多年来,西安外国语大学为中亚各国培养了一大批优秀的外交家、教育和经济领域的优秀人才。现有中亚国家 1200 多名学生在西安各大学就读和培训。

陕西还将利用西安现有中亚人才培训教育基地的条件,积极拓展与中亚各国大学的合作。

2014 年先后与文化部设立并举办了国家级首届丝绸之路国际艺术节,与国家新闻出版广电总局联合创办了首届丝绸之路国际电影节,与中国友协、中国美协等联合举办了丝绸之路万里行活动并取得圆满成功,首届中国西安丝绸之路国际旅游博览会、世界和平纪念日暨丝绸之路和平发展论坛等成功落幕。陕西省与哈萨克斯坦江布尔州、吉尔吉斯斯坦楚河州、乌兹别克斯坦撒马尔罕州、土库曼斯坦阿哈尔州建立了友好省州关系,西安市与乌兹别克斯坦撒马尔罕市、土库曼斯坦马雷市等市建立了友城关系。

(5)强化与新疆的合作

在中国与中亚国家的贸易关系中,新疆具有得天独厚的优势。尽管近年来在中国与中亚国家关系中新疆与中亚国家的贸易额比重在持续下降,但其"老大"地位在相当长的时期内不会改变。陕西拓展与中亚国家的贸易关系,强化与新疆的合作势在必行。2013 年 11 月 5 日,西安国际港务区与新疆霍尔果斯口岸、阿拉山口口岸完善并签署《港区共建互赢合作协议》;新疆出入境检验检疫局与陕西出入境检验检疫局共同签署《关于新陕两地进出口货物实施直通放行合作备忘录》以及《关于确保陕西出口果蔬质量安全促进扩大出口的合作备忘录》。西安海关与乌鲁木齐海关也已协商签署《关于建立紧密合作机制备忘录》。陕西加强与新疆的经济合作符合"借船出海"的思路,这将有助于陕西在中亚市场上扬帆前行。

四、结语

2014 年,陕西省与中亚五国进出口额达 1.97 亿美元,同比增长 95.5%,高于全省外贸整体增幅 64 个百分点。① 尽管目前与中亚国家的贸易关系在陕西外贸

---

① 《2014 陕西商务领域十大亮点》:http://shaanxi.mofcom.gov.cn/article/sjzhongyaozt/201503/20150300926730.shtml

中的地位仍然算不上显要,但伴随"西部大开发"战略和"丝绸之路经济带"战略的实施,陕西与中亚国家拓展经贸关系的条件将越来越便利,潜力也将不断被挖掘,中亚在陕西外贸格局中的地位必将日渐凸显,从而助推陕西早日成为贸易强省。

第五篇 **05**

思考与展望

第三十二章

"丝绸之路经济带"的内涵及其面临的挑战

自2013年9月习近平主席访问中亚并在哈萨克斯坦纳扎尔巴耶夫大学提出"丝绸之路经济带"的概念以来,国内和国际政界、商界与学界都对此给予了高度关注,出现了不同版本的解读,其中既有希望中国在促进地区经济合作中发挥更大作用的希冀与期待,也有对这一概念的不解与担忧。因此,正确地理解"丝绸之路经济带"就成为推进其顺利实施,避免引发其他国家不解甚至对立的首要前提。

首先,我们需要看到,"丝绸之路经济带"更多的不是外向性的地缘政治战略,而是促进中国西部地区发展和扩大向欧亚内陆甚至欧洲地区开放的宏大经济愿景。中共十八届三中全会通过的《中共中央关于全面深化改革若干重大问题的决定》明确提出,要"加快沿边开放步伐,加快同周边国家和区域基础设施互联互通建设,推进丝绸之路经济带、海上丝绸之路建设,形成全方位开放新格局"。可以说,"丝绸之路经济带"是在中国进入深入改革、扩大开发之际的一个重要举措,是在中国沿海地区通过前三十年的改革开放获得长足发展之后,中西部地区通过扩大向西开放而加强与中亚、南亚、西亚乃至欧洲地区贸易往来和经济、技术、金融合作,从而形成中国全方位对外开放格局、实现东西部均衡协调发展的重要一环。正是由于这个原因,中国中西部省份表现出了高度热情。自去年9月以来,在西安、连云港、兰州、乌鲁木齐等城市已举办过多场以"丝绸之路经济带"为主题的经贸或城市合作论坛,表达了借"丝绸之路经济带"促进地区发展的强烈愿望。国家发改委和外交部联合召开推进丝绸之路经济带和海上丝绸之路建设座谈会,陕西、甘肃、青海、宁夏、新疆、重庆、四川、云南、江苏等省都表达了参与"一路一带"建设的热情。

但要特别注意的是,"丝绸之路经济带"建设涉及国内国外两个大局,触及沿线国家多方利益,牵扯政治、经济、安全、人文多领域问题,切切不可好大喜功、一哄而上。

其次,"丝绸之路经济带"不是类似欧盟和关税同盟那样的区域经济合作组织或机构,而是在世界经济全球化和区域合作进程进入新阶段之际提出的加强欧亚大陆区域经济合作倡议。当下，世界经济正经历"后金融危机时期"的历史性转折。美国在金融危机中虽遭受一定程度冲击，实力有所削弱，但目前正力图引领世界新能源革命、新工业革命大潮，并借TPP和TTIP重塑国际贸易和投资秩序主导权。俄罗斯经济发展遭遇结构性困难，面临内生动力不足、外部环境恶化等诸多挑战，因此欲加速欧亚经济一体化建设以拓展市场，借此维护经济利益并在国际事务中发挥"独立一极"的作用。

"丝绸之路经济带"东连亚太经济圈，西系欧洲经济圈，涵盖整个欧亚大陆，区域内能源、矿产、旅游、文化和农业资源丰厚，市场规模和潜力独一无二。"丝绸之路经济带"是一个综合性的跨区域经济合作倡议，是一种全新经济合作思路和合作模式，其地缘范围包括东亚、中亚、南亚、西亚、高加索、俄罗斯和整个欧洲；其合作范围包括交通、能源、贸易、金融、工业、人文等多重领域；其实现途径是以战略协调、政策沟通为主的高度灵活、富有弹性的方式，而不刻意追求一致和强制性的制度安排，不要求成员国让渡主权，不设具体的"路线图"和"时间表"，其根本目的是为了使欧亚各国经济联系更加紧密、相互合作更加深入、发展空间更加广阔。推进"丝绸之路经济带"的手段就是习主席所说的"五通"：加强政策沟通，各国可以就经济发展战略和对策进行充分交流，协商制定推进区域合作的规划和措施，在政策和法律上为区域经济融合"开绿灯"；加强道路联通，逐步形成连接东亚、西亚、南亚的交通运输网络，打通从太平洋到波罗的海的运输大通道，为各国经济发展和人员往来提供便利；加强贸易畅通，各方应该就贸易和投资便利化问题进行探讨并做出适当安排，消除贸易壁垒，降低贸易和投资成本，提高区域经济循环速度和质量，实现互利共赢；加强货币流通，促进各国在经常项目下和资本项目下实现本币兑换和结算，降低流通成本，增强抵御金融风险能力；加强民心相通，加强人民友好往来，增进相互了解和传统友谊，为开展区域合作奠定坚实民意基础和社会基础。

第三，"丝绸之路经济带"不是人为强行推动的一体化方案，不是计划经济的结果，而是自然形成的进程。习近平主席提出的"丝绸之路经济带"既是对欧亚未来经济合作的远景展望，更是对二十年来中国与欧亚国家经济合作的深刻总结。通过二十年来的共同努力，中国已成为俄罗斯、哈萨克斯坦、土库曼斯坦三国的最大贸易伙伴国，乌兹别克斯坦、吉尔吉斯斯坦的第二大贸易伙伴，塔吉克斯坦的第三大贸易伙伴。2012年中国与中亚五国双边贸易额为460亿美元，是建交之初的100倍。截至2012年底，中国对中亚五国直接投资存量为78.2亿美元，哈萨克斯坦已成为中国第三大投资目的国，中国已成为乌兹别克斯坦第一大投资来源国。近年来，中哈原油管道、中国—中亚天然气管道、中俄原油管道相继开通，通过哈萨克斯坦和俄罗斯的"渝新欧铁路"、"中国西部—欧洲西部交通运输走廊"相继开通或加紧建设。此外,中俄正就中国参与俄罗斯跨西伯利亚铁路现代化改造、加强利用北极"东北航道"等问题加紧磋商。可以说,二十年取得的成果已经使中国、俄罗斯、中亚国家更紧密地融入了世界经济一体化进程,特别是使中亚国家在很大程度上摆脱"内陆国"、甚至"双内陆国"的困扰,为其经济的发展提供了极大的地缘空间。二十年的既有成果不仅成为"丝绸之路经济带"的坚实基础,也雄辩地证明,"丝绸之路经济带"符合欧亚国家谋求经济发展、扩大经济合作的利益需求。在这里,没有盟主,有的是平等协商协作;没有强制性的时间表,有的是循序渐进、瓜熟蒂落;没有封闭保守,有的是相互尊重、多元包容。

当前,欧亚国家正加速推进经济发展并谋求进一步融入世界经济一体化。哈萨克斯坦积极推进"2050 年战略"的实施,并根据"2020 年前交通基础设施发展规划"准备投入 600 多亿美元发展交通和物流系统。未来,哈将维修 2.139 万公里国道、改建包括"欧洲西部—中国西部"公路在内的六条国际走廊公路、新建约 2300 公里铁路并对现有铁路进行电气化改造,哈还将扩大阿克套港口规模并实现港口货物装卸自动化,到 2020 年港口吞吐能力达 2300 万吨,把经哈过境运输量提高两倍。去年 5 月,哈土(库曼斯坦)伊(朗)铁路的哈土段通车,纳扎尔巴耶夫总统称,这将为哈更便利地向中东、南亚、东南亚出口商品提供可能。乌兹别克斯坦 2013 年新建和改建 318 公里公路、182 公里铁路。乌还帮助阿富汗修建了长 106 公里的铁路,并计划继续参与至喀布尔及伊朗的铁路建设。6 月,乌铁路公司与中国铁路隧道集团签署协议,中国将投资 4.55 亿美元帮助乌修建安格连—帕普铁路。塔吉克斯坦 2013—2014 年计划投资 16 亿美元改善交通困境。2013 年 5 月,塔吉签署修建俄哈吉塔铁路协议,6 月塔阿(富汗)土(库曼斯坦)铁路土境内段正式开工,预计 2018 年全线竣工。可以看到,中亚地区的铁路网建设正全方位展开,中国的参与将为地区国家提供更多的机会。

在能源方面,随着"页岩气革命"带来的国际天然气市场变化,欧亚地区的能源合作正呈现出重大变化。俄罗斯在努力维系传统欧洲市场的同时,也加速开拓亚太能源市场,"东西伯利亚—太平洋石油管道"已经开通,中俄天然气管道加紧谈判,俄朝韩天然气管道提上日程;2013 年 6 月,阿塞拜疆与土耳其政府签署合作修建"跨安纳托利亚天然气管道"协议,该管道是"南部天然气走廊"的一部分,计划今年动工,2018 年完工,它的建成将使欧洲能源供应来源更加多样化,而天然气的大量出口可在未来几十年惠及阿塞拜疆的经济发展。可以预见,随着国际天然气市场格局的变化,一个联通欧亚大陆的天然气管道运输系统正渐趋形成。尽管它不可能一蹴而就,但未来必然会改变欧亚天然气市场相互割裂的局面,促进更加平衡的欧亚天然气市场,而"丝绸之路经济带"将在这一过程中发挥重要作用。

第四,"丝绸之路经济带"不是由中国一家主导的地缘经济计划,而是多元、开放的进程,与俄罗斯推动的欧亚一体化进程和美国推行的"新丝绸之路计划"不存在直接的冲突,它需要欧亚大陆国家的共同参与。有俄罗斯专家认为,"中国抓住俄美欧在中亚留下地缘战略真空的机会建设'丝绸之路经济带',这不仅是为保证能源供应安全,更重要的是有助于中国'西进'对抗美国重返亚洲战略,以攻为守,打乱美国以跨太平洋战略经济伙伴关系(TPP)和跨大西洋贸易与投资伙伴关系(TTIP)孤立中国的意图"。这种看法存在内在矛盾:首先,俄美欧在中亚都有重大的利益,并仍然在推进各自的战略,这里并不存在所谓的"战略真空";其次,美国的"亚太再平衡"战略固然给中国带来了新的挑战,但中国不可能放弃在东亚的战略利益,也不可能借"西进"以攻为守;第三,TPP 和 TTIP 与"丝绸之路经济带"完全是不同性质的构想,中国自然会采取相应的措施来应对 TPP 和 TTIP,不会置身事外,"丝绸之路经济带"与前两者并无关联。其实,"丝绸之路经济带"的根本定位还是如习近平主席在纳扎尔巴耶夫大学的讲话中所提到的,借助上海合作组织和欧亚经济共同体成员国、观察员国地跨欧亚、南亚、西亚的地缘经济优势,通过加强上海合作组织同欧亚经济共同体合作,使这一倡议的参与者可以获得更大的发展空间。

当前,阿富汗局势面临新的变数,中亚和中东地区也将迎来新的变局,促进经济增长、保障民生、深化相互合作,防止极端主义和恐怖主义的蔓延是地区国家的共同利益。而大中亚和大中东地区存在多种区域经济合作方案:俄罗斯主导的欧亚经济一体化、美国倡导的"新丝绸之路计划"、欧盟的"新中亚战略"、土耳其倡导的"突厥语国家联盟"、海湾国家合作理事会、南盟等等,这些经济合作方案各有其合理成分,各自取得了相应进展。"丝绸之路经济带"不是上述地区合作方案的竞争者和替代物,只要符合促进地区经济合作、维护地区安全的目标,它都可以与上述地区合作方案寻找共同点、扩大合作面,平等协作、互利共赢。

同时,"丝路带"建设也面临一些重大战略风险,必须给予高度关注。

首先是美国正逐渐摆脱金融危机的影响,力图重塑自己在国际上的霸主地位。奥巴马在西点军校的讲话,表明了美要保持全球领导地位的强大决心和信心。目前,美国正引领世界上最重要的"新能源革命"、"新工业革命"和"新军事革命"并已走在了世界的前沿。另一方面,乌克兰危机并没有延缓美国推进"亚太再平衡"战略的步伐,奥巴马明确表示,"俄罗斯只是一个地区强国",不会对美构成全球性挑战,而真正能对其构成挑战的正是中国。当前,美国着力推进"硬实力"、"软实力"和"巧实力"的综合运用。近来,日、菲、越出现联动趋势,这表明美国在东亚不仅要强化自己的双边军事同盟,而且力图将这种同盟网络化。这是"一路一带"建设所要面对的重要安全因素。

在经济层面,美国看到了中国经济快速发展得益于经济全球化的进程,因此开始考虑怎么样在下一轮全球化进程中为自己赢得先机。美国倡导的 TPP 和 TTIP 就是试图重塑全球贸易和投资新规则,抬高门槛,一旦做成,中国将面临"第二次入世"的巨大风险。可以说,现在全球化正在美国主导下进入"2.0 版",我们应该怎么应对? 是另开辟一个战场,还是更积极地参与到规则的制定中,这是一个重大战略问题。

其次,俄罗斯试图通过借"欧亚一体化"维系其在"后苏联空间"的主导地位,非常担心中国对中亚国家日益加深的影响力。近日,欧亚经济联盟协议签订,这表明俄要通过规则制定来掌握欧亚地区经济合作主导权。尽管中俄目前已经签署了丝路带建设与欧亚经济联盟建设对接的声明,但如何对接还远没有解决。截至目前,"丝路带"建设的主要思路还是"项目推动型",即以单对单的项目模式来搞经济带建设,这和美俄主导的全球和地区贸易、投资规则制订和机制建设相比,处于十分不利的地位。

三是欧亚地区地缘政治非常复杂,已经形成从巴尔干,经高加索到中亚、南亚和东南亚的不稳定弧形,冲突非常激烈。近来,伊拉克安全局势急转直下,而随着美军撤出阿富汗,阿富汗是否会重蹈伊拉克覆辙尚未可知。不久前,奥巴马顶着国内巨大政治压力,用五个塔利班战士换取一名美国被俘士兵,预示着美国对塔利班的态度酝酿重大变化,美是否正准备从阿富汗泥潭抽身而将恐怖主义和极端主义"祸水"引向中国,值得密切关注。目前,欧亚腹地的"高加索酋长国"、"伊拉克和黎凡特伊斯兰国"、"乌伊运"、"东突"以及叙利亚的恐怖组织不仅在意识形态上合流,甚至组织和人员上也开始合流。这种趋势若得不到遏制,将给"丝路带"建设带来不可估量的巨大风险。

在这种情况下,如何推进丝路带建设就成为我们必须深入思考的问题。笔者认为,以下几点值得考虑:

一是加强规则的制定和对接,不能以单个项目的方式与美俄主导的国际或地区体系对抗。我们要通过上合组织等既有平台来加速推进丝路带建设,为新的区域经济合作规则制定打下基础。要加强与欧亚经济联盟、欧盟、海合会等组织在制度上的对接。与此同时,要改变对 TPP 的观望态度,尽早参与到未来国际贸易和投资新规则的制订过程当中,施加影响、维护利益。只有把握规则和标准,才会有立足之地。

二是在推进"丝路带"建设的同时,要充分利用好上合组织和金砖国家机制。

目前看,扩大上合组织、金砖机制的时机已经成熟。上合组织乌法峰会已经启动印度和巴基斯坦的加入进程。我可借机把印度、巴基斯坦和蒙古吸收到上合组织中来,同时也要认真考虑进一步扩大伊朗等观察员参与上合组织经济合作的可能性。目前,伊朗核问题达成历史性协议,这为逐步解决国际社会对伊朗的制裁打开了机会之窗,也为通过上合组织进一步拉住伊朗提供了契机。阿塞拜疆也对新丝路表示出迫切的愿望,这都是我们可能利用的资源。可考虑把土耳其和哈萨克斯坦吸收进入金砖国家机制,前者可使"丝路带"建设获取横跨欧亚两洲的地缘优势,后者可以使我们获取与欧亚国家开展更广泛合作的路径。

三是充分利用好资金和金融工具。要加速上合开发银行、亚洲基础设施投资银行的建设,可考虑以适当方式参与俄主导的欧亚银行建设。

四是充分挖掘"丝路带"沿线国家的经济互补性。目前,欧亚腹地基础设施建设加速推进:哈萨克斯坦—土库曼斯坦—伊朗铁路、塔吉克斯坦—阿富汗—土库曼斯坦—伊朗铁路等加快建设;中国—中亚天然气管道、中哈石油管道、中俄油气管道、巴库—杰伊汉石油管道、跨阿纳托利亚天然气管道等正将更多的俄罗斯、中亚、里海能源输往欧洲和亚太能源市场,一个跨欧亚大陆的能源管网体系正悄然成型,我们应该考虑如何正好地利用这一相对统一的能源市场。此外,中国应充分发挥上合组织的潜力,把中亚水资源利用和能源体系建设紧密结合起来,利用中国—中亚天然气管道线路,通过提供公共产品,提高中国在中亚地区的战略影响力。

五是随着中国的经济利益走出去,安全保障也要走出去。跨境基础设施安全一定要保障,可考虑以某种安保公司的形式来维护战略性基础设施安全,进一步加大与上合组织成员的联合执法力度,切实有效应对恐怖主义的挑战。

第三十三章

强国的世界战略与金砖国家联合的逻辑

为什么当今世界各个国家和国家共同体在国际关系体系中的不均衡作用日益加深？当代世界发展理论指出了四个重要的结构性原因：全球化、现代化、一体化、区域化。世界政治经济空间的非同质性决定了主要强国的战略，这就使得在不同地区、具有不同内部组织形式的每一个国家或国家共同体在这些进程中有各自不同的发展速度和发展方式，相应地，在确立统一的国际体系框架内国际关系的区域子系统的独特性的同时，也会对地区结构产生不同的影响。一个国家（尤其是大国）是否有利用区域一体化优势并适应全球化进程的能力最终决定了该国选择什么样的发展模式或者其战略是否能够取得成功，是促进还是阻碍该国的繁荣或衰落，最后，影响国际关系整个体系的性质、各个部分之间的协调及其发展方向。

近几十年，世界发展进程中区域发展速度加快的原因主要缘于强国的"分化"，即许多强国"分量变轻"，这意味着它们参与外部战争冲突的能力和意图受到了实质性的限制，而且在世界某些地区强国的"责任转移"给区域强国也是原因之一。考虑到在各个层次起不同作用的国家（超级大国、主导国家、强国、领先国家、区域强国、第一梯队和第二梯队……国家）以及它们之间相互关系的机制，一些研究者（如：巴·布赞和奥·乌叶维尔、别·汉娜等）把全球和区域层次的发展进程进行分解，并且通过对区域综合体的框架下安全问题的区域性动态分析来进行。

强国（用另外的术语来表述就是领先国家，或者大国，这两个术语更强调该范畴内内容的变化）与超级大国或者主导国家不同，不一定在所有国际活动领域拥有绝对的实力，但是，它们的特点是，其经济、军事和政治实力足以在中、短期内构筑或者重构世界秩序，并且（或者）以一定的形式建构区域子系统，这些区域子系统或者建立在统一的地理空间之上，或者建立在统一的地理空间和网络协作基础之上。①

这样一来,在多极世界中传统的"强国"这一概念便不复存在。大国(领先国家)和区域大国,单独或者一起积极地参与到构建全球安全的进程中来,并且能够在世界一些地区发挥作用,与此同时,它们作为区域领袖,至少能在一个地区发挥作用,也就是说,它们积极地参与大区域的构建和全球性事务的协商。术语的不同与各国学者对这一范畴的不同理解有关(在中国用"大国",在中文里"大国"也即俄语中的 Большие страны,区别于术语"强国",按字面意思即强大的国家,相当于俄语中的 мощная страна, мощное государство),俄罗斯的一些研究者喜欢使用后者,与英语术语"大的强国"(the great powers)相似,美国和英国的学者更愿意使用这个术语,因为它能够区别"老"的大国(the great powers)也即西方大国(美国、法国、德国、日本、英国)和新兴大国(aspiring powers),即正在崛起的、渴求改变在国际格局中的地位、为自己的利益谋求调整国际秩序的大国:中国、俄罗斯、印度、巴西和南非。

"大国"(有时也使用"区域强国"、新兴强国"或者"超大国家"、"新兴的超大国家"这样的术语)的崛起战略之所以能够成功是因为老牌强国的衰落使某些国家在政治和经济方面提高了自己在国际格局中的地位。跨地区的和网络式的合作是各种"规格"的国家采取的提高自身在国际格局中地位的另一种战略,这些国家有:美国、欧洲各国(在各个历史发展时期的欧洲国家)、以色列、日本、韩国,最后是积极实施这种战略的中国和俄罗斯。

区域强国具有在本区域内发挥作用的能力,它们能决定区域的总的发展速度和水平,但是,通常说来,不能进入全球层次,一般也很少参与,而只是在联盟内或者在一体化的联合体内参与构建或者重构世界秩序,并且也很少在一些地区发挥有效的作用,尽管有时它们有这样的愿望。

在欧洲,继而在欧盟内部,经济和政治持续向前发展了两百年,现代化和一体化过去是,现在仍然是其内在发展的重要因素和动力。世界上没有任何一个大陆其一体化进程有这样的速度,达到了这样的范围和深度。甚至连世界金融危机都

---

① 参阅 Воскресенский А. Д. 《 Большая Восточная Азия 》: мировая политикая и энергетическая безопасность. М.: Ленанд, 2006, c. 20;《 Большая Восточная Азия 》: мировая политика и региональные трансформаци. Под ред. А. Д. Воскресенского. Москва: МГИМО — Университет, 2010, c. 17; См. Также А. И. Агеев, Б. В. Куроедов. Особенности применения методологии стратегической матрицы при прогнозировании развития государств. М.: Институт экономических стратегий, 2008; Т. Шаклеина. Великие державы и региональные подсистемы. // Международные процессы. Т. 9, Номер 2(26), май – август 2011, c. 29–39.

无法阻止这种进程,而只能促使欧洲"核心国家"在统一的预算政策和将其货币联盟转变为统一的国家联盟的基础上,在今后加快建立更加"灵活的"和"不同发展速度的"一体化模式,包含或者排除由于经济实力和政治合理性造成的这些进程中的不稳定因素。毫无疑问,这些进程会影响到北美的发展。美国首先从这些领先国家中脱颖而出,成为世界经济不容置疑的领袖,在很长时间内是由它来制定解决经济和政治问题的标准。后来,欧盟的成立促成了北美自由贸易区这种更具竞争力的一体化模式的出现,之后是以美国为中心的环太平洋合作。对一系列国家来说,可能比有着五十年过渡期的 WTO 框架下提供了更透明的合作条件,尽管五十年过渡期使它们能在这一时期内即使不对该组织的其他成员国在平等的条件下开放自己的经济,也能得到在 WTO 框架下的合作带来的所有优势。基于区域化的战略,尤其是由某个强国或几个强国所推行的战略,首先会降低区域的不平衡,使区域发展的速度和水平更加接近,为加快一体化进程创造条件,部分地通过跨境的"三角式增长"的发展和跨境合作的途径,同时给予民族国家为代表的国家共同体额外的发展动力,这种发展既是建立在国家基础上的,也是建立在地区和跨地区基础上的。

20 世纪末,有一种很有争议的观点在政治学中颇有市场,该观点认为,对发生在西方世界的进程及其对全球变化的影响进行分析是政治学和世界政治的主要研究课题。21 世纪初,政治研究的重点发生了变化,今后几十年世界政治发展的核心问题将是:非西方世界的国家能否建立属于自己的、达到社会政治开放的民主体系,哪些非西方大国、地区强国或者世界强国不会再控制转向民主体系的这条道路,这条路在 20 世纪早些时候曾经被西方国家牢牢控制;哪些国家能够提出本民族通往这条道路的方案;而哪些国家最终又注定在动态稳定、军事对立、周期性系统性的政治危机的怪圈中循环并呈现一种圆圈式的发展轨迹,致使它们无法在社会政治和技术层面与其他国家进行竞争,但是却必然会保卫自己的"城堡"免受"内外之敌"的侵袭,目的仅仅是为了向自己的人民解释,为什么他们比别的民族生活得更糟糕。

20 世纪末 21 世纪初政治和社会经济的变化导致当代世界进入了一个崭新的发展时代,这个时代不像 19 世纪和 20 世纪那样,绝不只有西方国家才能确定这种发展的指标以及对发展进行思考的科学依据。当今已经没有人怀疑这样一个事实:如果不对非西方国家的特点进行分析研究,那么对当代国际政治和经济进程的任何一种阐释都是不完整的。因为国际格局的大部分参与者——民族国家,也即国际共同体的成员都属于非西方国家。从比较政治前景的观点看,在相当长的一段时间内对亚洲和非洲国家特点的理论思考大大落后于对西方世界类似特点的考察,而东方的作用实际上是没被考虑到的,被认为是第二位的,这首先是从对世界政治影响的观点出发的,而这种政治是那些大殖民国家之后又成为核大国的国家所秉持的观点。20世纪后半叶中期在核大国中在东方只有人口众多的中国具有这样的影响力,但是,90年代之前因其经济落后对世界格局产生的影响也不大。类似的情况部分地导致了基于西方经济现状的理论方法被两极世界对立的逻辑和之后的"冷战的胜利者"的单极逻辑自动地认为是完全适用于地球上所有地区的,无须任何改变,或者只有很小很小的一点点变化。这样的政治最终导致各种类型的民族主义的上升,有结构性的,也有解构性和挑衅性的。在非西方世界,也导致西方在理解非西方世界的政治进程时产生极大的曲解,把它们看成"落后的"和注定永远紧追在强国或者说领先国家之后的国家,使得这些国家产生相应的心理上以及物质上(即军事现代化方案)的对抗。

当今世界关于经济和政治现代化之间的关系及其进程对世界发展和强国战略影响的讨论基本围绕着两个核心的假设进行。第一个假设是:经济增长到一定的时候,必然会出现稳定的现代化政治体系,而统一的现代化政治体系又能保证各国经济在扩大相互影响和相互依存的基础上得以增长。民族主权观念发生了变化,要求控制更多有意义的指标,而非所有绝对意义上的经济、政治和社会实践。民族国家变得更加开放,世界变得更加开放,世界不断发展的基础就是更大程度的开放。第二个假设来自于现实生活,先由政治家们自发地响应,之后的各个时期政治家、经济学家和政治学家们也对此表示响应,第二个假设与第一个相比存在着反向的因果联系:对一系列变化的社会共同体来说"政治可能先于经济"。首先需要有针对性地加快政治制度的现代化,不管是否会出现民族主权的加速变化,随后必然会有经济的加速发展。根据这个推测,有了对世界政治发展进程的特点和方向的理解这个基础,政治的一致性会得到加强,也必将导致经济的繁荣。加强的政治一致性会降低民族间的竞争,最后这也会使变化了的民族主权更加和谐。①

相应地,是否能建立理想的同时也最具竞争力的经济和政治体制模式以及如何让现有体制向这个模式靠近的问题,区域或者国家能否到达关键指标成为世界战略中的核心问题。这些理论方面的争论和国家内部的实际变化("推动"VS"稳定")与它们对国际关系、世界政治、外交实践和对外政治战略的制定产生的影响的直接联系是显而易见的。

① Зиглер Ч . Различия в восприятии суверенитета США , Китаем и Россией . Сравнительная политика . No1 , 2012. (3 – 14)

21 世纪初,世界局势发生了根本改变:世界的全球化进程开始收缩,在稳定向前发展的过程中,自然与人、国家共同体、民族以及国家之间更加紧密的相互依存的新问题凸显出来,这些问题如果得不到解决,那么人类的存在本身就会成为问题。因此,西方的研究者和政治家也指出世界政治中出现的新趋势,即东方国家所起作用不断提高这一特点,但同时又企图给这个特点一整套新的解释。在最具开放性,并具有推动力的相互联系的西方和东方政界和知识界之间展开了一场关于新趋势的世界性讨论(爱德华·萨义德、安德烈·弗兰克、弗朗西斯·福山、萨缪尔·亨廷顿、皮特·麦克尼尔、戴维·兰迪斯、叶戈尔·盖达尔、拉吉·卡普尔、马哈蒂尔·穆罕默德、纪梭·马布巴尼、穆罕默德·哈塔米、尼尔·弗格森、理查德·尼斯比特、闫学东等等),讨论围绕着区域因素在世界政治经济发展中的作用进行,尽管在初始阶段并没有使用"区域因素"这个术语本身。然后,新世纪的现实(9·11 事件和世界财政金融危机)迫使我们重新审视到目前为止似乎不可动摇的实用社会科学的那些观念,并关注那些客观的对世界政治和经济发展进程的非西方中心主义的解释。[①] 根据道格拉斯·诺斯、约翰·瓦利斯、巴里·温格斯特三位学者对这个新趋势的研究,[②]存在着三种社会秩序的模式:原始型、自然型(另一种术语为权力有限型)和开放型(权力开放型)。原始型社会秩序在当今已经完全没有竞争力,它的范围也在缩小,在世界上处于越来越狭小,越来越萧条和落后的区域内。自然型(权力有限型)社会秩序也经历了一定的历史时期。这两种模式符合民族共同体发展演变的各个历史时期并拥有足够的特点,并对这些共同体的内部和外部生活领域的调整方法和方式产生了实质性影响。除其他条件外,民族国家所处的社会秩序发展的阶段及其特点,从根本上影响着超级大国所实施战略的特点。但是,道格拉斯·诺斯、约翰·瓦利斯、巴里·温格斯特在他们的著作中并没有提出社会政治秩序体系中的民族特点和它们的历史发展问题。

今天,几乎有一半的国家都属于自然的社会秩序,是一种权力有限的社会和政治秩序。除此之外,还存在着权利开放的社会秩序,有二十五个国家建立了这样一种秩序,并将这种秩序予以保持和发展。拥有这种开放秩序的国家不断增加,其数量到今天为止已经接近一百个。具有这种开放秩序的国家数量大幅度增加是在苏联解体之后发生的。自然型和开放型社会秩序的国家在国际舞台上积

---

① Pomeranz K., The Great Divergence. China, Europe and the Making of the Modern World Economy, Princeton & Oxford: Princeton University Press, 2000, среди других работ этого направления.

② Ли Син. Усиление роли G - 20: трансформация мирового порядка и внешняя политика Китая. Сравнительная политика. No1. 2012.

极竞争,大约有四十至五十个国家决定着这种竞争的形式和方法:其中二十五至三十个国家属于开放型社会秩序,十五至二十个国家属于自然型社会秩序并具有自身保护的特点。随着人类社会的发展,随着毁灭生命或延长生命的科学技术的不断发展,这种竞争远离了战争,远离了带来无以计数的牺牲生命和灾难性的经济损失的形式,走向非战争的形式,走向具有更多智力资源的形式,这是制定协调一致的、进化式的和竞争式发展战略的要求。其他的国家或者引进相应的制度,在一定程度上建立开放的社会制度,或者因为某些因素无法建立起这种制度,其中首先是内在因素。而大多数国家则属于自然型社会秩序(或者叫作权力有限型社会秩序),但是,开放的社会秩序创造了高水平的生活,并用最有力的以高度一体化经济为基础的军事政治集团来捍卫它,并且能够对无法预见的政治经济形势做出快速反应并积极地进行扩张。这种社会秩序总体上来说是最具竞争力和最符合法制的,因为它建立在民主管理的基础之上,意味着人民能够直接参与管理,其政治和经济管理者是通过公开透明的程序选举出来的,并且也会按照严格约定的期限和过程进行周期性轮换。

以前认为,随着经济发展和福利的提高,民族共同体会自动从自然型社会秩序向开放型秩序过渡,最重要的只是需要理解并意识到这种历史的规律性("民主转移"和"民主漏斗"理论),曾经出现过同样的情况,世界上所有国家都会不可避免地从资本主义过渡到社会主义然后全世界都将进入共产主义,这一历史规律曾经被广为认识并论证过。现在,一部分美国和欧洲的研究者和政治家开始认为,建立开放型社会秩序体系是社会进化的某种先天性异常,而相应的,因智力和社会政治上准备并不充分,要在所有国家复制这一体系是不可能的。与此相关的另一种看法认为,事实上部分国家过渡到开放型体系有自己严苛的逻辑:建立比民族国家的领土面积更广的市场空间是经济发展的基础,而经济发展的绝对要求使民族主权必须以这样的方式发生改变,即能够保证仅仅对核心指标进行监控,因为没有这样的监控既不能实现引进外来投资以及资金流和贸易流,也无法让本国经济进入国外市场。经济发展的必要性要求改变和发展民族安全和国际安全理论,同时制定建立开放型社会秩序的国家战略,这些战略在许多国家都曾获得成功。

考虑到人类发展的趋势和自然资源的有限性,我们有理由推断,在向前发展的过程中,在有核武器存在的情况下,在日益复杂的国际和国内环境下,制定国家下一步的对外和对内政策首先需要的不是把用武器作为消灭人类这一生物物种的实力,而是能够与别国协商的能力,也就是说,在建立更加完全的社会协商制度的同时还必须与外部世界进行协调。相反,系统性危机,军事对立和血腥的战争将不可避免,而我们只能得出这样的结论:在历史发展的过程中人类什么也没学会,什么历史经验也没有汲取。这样一来,民族共同体在社会秩序改变的过程中,起关键作用的不仅是自然存在的(某个具体社会经济、政治、社会和法制的发展水平)因素,还有业已形成的和正在形成的因素和在它们的基础上制定的某种战略,这种战略能使国家达到新的创新型经济水平,能理解发展的周期性模式,能使政治精英和社会有意识的协商达成一致,这种协商涉及社会秩序和法制保障体系的现代化和演变的必要性,既能保证社会的变化和发展、稳定、安全和持续向前,也不会导致系统性危机的产生。

当今世界有一点是显而易见的,作为世界发展的一大趋势,国家间在区域层面和大区域层面上的相互影响不断增长,经济和政治现代化,开放的区域主义、区域化以及大区域及跨区域合作(跨区域主义)这些特别现象的出现(与这些新的全球化趋势和与之相适应的对外政策的战略相联系的是,东方国家就像西方国家在其另一个发展时期一样,在世界发展进程中的作用实实在在地提高了)不仅决定着经济的,也决定着政治、社会文化和文明的因素,因为在每一个片区存在着独特的有着不同类型社会秩序的民族国家。有鉴于此,在某个具体的发展阶段,世界体系转向现实的多中心结构的确是可能的,这个结构是一种建立在全球范围内政治经济一体化得以加强的基础上的复杂形态,东西之间、南北之间相互影响,这个结构还伴随着矛盾的出现,这些矛盾与各个国家必须在空间相邻的区域里与各种不同类型的社会秩序竞争和合作相关,同时也与发展跨区域合作的必要性相关,这种跨区域合作能形成超民族、具有真正全球性质但深度不同的政治空间,这是新的条件下全球化的特殊形式;在此基础上形成具有不同竞争力水平的世界中心,同时,这些中心之间的文化、经济、政治和其他矛盾也将出现。在解决这些矛盾的过程中,在实施具有全球管理能力的战略的情况下,世界体系才有可能在统一的相互联系的全球空间中,在世界秩序演变的框架下进一步发展,直至世界体系获得新的超民族和跨民族的性质。这个问题的提出意味着对世界领袖问题的再思考,对其性质的发展和(或者)改变的再思考,即从军事经济向结构政治的转向,包括跨区域的领导集团和全球性的协商(如 G20),[1]类似于 19 世纪的"强国协奏曲",但形式和内容都已经完全不同,因为这种再思考的基础首先是超民族和跨民族合作这种新趋势的加强,这种新的合作是在正在形成的全球相互联系、相互影响的时间和空间内进行的,而并不是像维也纳会议时期那样,在各个国家和民

---

① Ли Син. Усиление роли G – 20 : трансформация мирового порядка и внешняя политика Китая. Сравнительная политика. Nol. 2012. (23 – 26)

族共同体的军事平衡中,在"力量中心"的非正式磋商中进行的。

当代国际关系中的一些正式联盟承认合作的必要性,因为这些联盟意识到世界发展进程目前基本上只是在经过重新认识的现实主义和新现实主义的框架下进行的,但是还没有把合作型的世界发展进程与经济和政治现代化进程中国家内部和外部的问题结合起来,而这种合作型的世界发展进程需要研究一整套能够捍卫本民族和国家利益的新方法。在世界财政金融危机爆发后就已经非常清楚,对世界发展进程进行政治经济方面的补充更加复杂和多维,而合作和发展的渴望,甚至是在渴求加强和捍卫主权免受外来危险之时,也转化为 21 世纪初的主要趋势,发生在世界各地的恐怖行动不仅仅没有遏制住,反而强化了这趋势。

与此相联系的可能是,那些处于不同发展阶段的国家,其保护守旧的趋势和发展的必要性可能成为一对矛盾,因为国家安全方面的错误,很容易看出哪些是虚构的,哪些是真实的,然后给予惩罚,而错过的发展机会最终可能会导致国家安全方面真正的失败,还应当对其后果承担责任。这一切可能仅仅十年之后就会发生,只要有足够数量的高水平专家,然而很多时候再认识的过程只能由下一代来完成,当他们能够无畏地指出历史错误之时,但是要进行修正已经为时太晚,因为时间已经不可挽回地逝去,而落后的状态已经不可更改。

多极化的出现以及区域化的加强在具体的历史时期可能会阻止全球化的趋势,但是这并不像现实主义理论的代表所认为的那样,一定意味着世界体系内部孕育战争和世界大灾难的矛盾会激化,相反,可能更能证明在大区域综合体之内民族国家之间的相互依存度和均化进程的加快,在这一进程之后,在已经形成的具有不同竞争力水平和适应世界现实的不同能力的大区域联盟和跨区域联盟的基础上,将出现跨区域合作和完善全球管理系统的新周期,只要不特别将世界推向战争。大国的特别之处在于它们具有掌控改变世界客观发展进程的能力,也就是说,它们有能力加快或阻止其进程。如果不能理解这些世界发展趋势,民族共同体与其精英们将会被挤出世界发展的洪流,将会被边缘化,根据格拉姆什的文化霸权主义理念,就会让本民族的存在臣服于外来的更完善、更包罗万象的世界发展理念,或者不得不花费越来越多的(但仍然是有限的,而非无限的)国家资源去"赶上历史的进程",实现"追赶式的现代化",抵御"外来影响"或者"外部和内部的敌人",而不至"滚落到世界历史进程的路边",使国家和人民的力量被消耗殆尽,导致危机和(或者)民族大灾难。

应当说,正在发生的世界秩序的改变,其结构和类型较之 19 世纪和 20 世纪曾有过的威斯特伐利亚模式、维也纳模式、凡尔赛模式和早期的雅尔塔—波茨坦模式更加现代化,这些模式诞生了 20 世纪的两次世界大战,导致华沙公约组织和苏联的解体,而现在正在发生的这种改变是有弹性的。尽管发生了一系列军事政治和财政金融危机和动荡,但是世界秩序的最新改变仍然发生了,与此同时,世界秩序以渐进的方式继续着自己的改变,其中一部分是通过国家的政治经济现代化、不同向量和不同速度的大区域和跨区域一体化这些途径改变的,其中包括"柔性一体化"和超民族政治空间的形成、区域化和开放的区域主义、大区域之间的影响再分配、跨区域合作和寻找新的政治经济发展模式等新形式,其目的是让发展不是建立在军事实力之上,而是建立在对政治经济规律和社会文化特点的理解之上,克服世界经济的不均衡,避免最终导致世界财政经济危机。在正确理解世界发展规律的情况下,这样的战略能最大限度地利用相互关系的优势,也即融入世界的方式,最大限度地汲取对自己的国家有益的东西,以非对抗性的方式在形成全世界协商一致和大国间协商一致的基础上影响并重新规划世界格局,同时,加速本国的发展。这种模式最具代表性的例子就是中国,该国在近四十年的发展中,根据邓小平的方针和以"和平与发展的时代"作为现阶段的特点进行国家改革,在政治发展水平较低的情况下,在某些经济领域尤其是在高科技和创新领域逐渐打开社会政治通道,这种政策给中国带来了最大的利润,暂时还没有论据可以证明,用暴力破坏现存的世界秩序,①而不是以渐进式的改变作为战略,能使世界更加公平和完善,能减少社会经济的分化,能在当今世界复杂多变的历史背景下给中国、俄罗斯、印度、巴西、南非、伊朗和其他"新兴大国纵队"带来更多的自主性和利益,而非发展中可能出现的贫困、复杂性、军事冲突和国家倒退。

在这种语境下,如下问题显得非常迫切:现阶段什么样的政治经济原则(合作和形成共同的安全和发展空间或敌视和抵抗全世界的"封闭国家")能决定单独的非西方(东方)强国和作为整体的东方和西方大区域的具体战略? 这些国家对全球政治进程做何反应? 最终,哪些因素将决定亚洲和非洲国家的经济和政治现代化的趋势? 也就是说,问题涉及全世界区域形成的过程、强国战略的影响力,最终涉及时间和空间因素对全世界区域的影响和对国际关系体系的影响。

世界的领袖不仅取决于当今经济、技术和政治的发展水平,还取决于各种类型的社会创新能力,这种创新能力既有国际性的,也有区域的和国家的。在通往新的更完善的技术水平和社会制度的道路上的竞争要求社会、经济和政治创新的能力,既能保证技术创新又能保证社会创新的国家将会确立自己的地位并成为新的世界领袖。

---

① Глазьев . С. Ю . Стратегия опережающего развития России в условиях глобального кризиса . М . : Экономика , 2010.

　　问题在于,按照韦伯的假设,具有开放型秩序的国家垄断着合法使用暴力的控制权,这一权利是通过让军事力量服从政治体系的控制来实现的,这种政治体系能保证在滥用这种控制权的时候实现政权的更替。这种能力建立在国家内部甚至是更广泛领域内由非个性关系支撑的基础之上。[1] 为保护本国人民,拥有开放型秩序、经济最发达的国家建立了世界上最强大的军事政治联盟——北约。该联盟的"军事力量"加强了对扩大非个性关系的体系在更大范围内的普及,同时,保证了从外部保卫开放型社会体系。整体上说,合作发展中非个性关系和非个性特点的国际制度得以普及,促使首先是具有开放型秩序的国家之间减少冲突的危险,但同时,其中也包括具有不同社会秩序的国家,但是这需要一系列条件保障,要知道,这些国家并不会裁军,而是继续加强本国的军事力量。[2] 这个问题的提出能促使国家建立起外交关系和外交活动理论的非个性理念,并从世界政治的意识形态因素中最大限度地抽象化。[3] 但是,要想在具有开放型社会秩序和自然型社会秩序的国家之间达成协议和相互理解,显然要复杂得多,需要付出巨大的努力,而且这种关系并不那么牢固,因此,在具有不同社会秩序的国家之间构建相互联系的安全和发展空间,这样的战略要得以实现会更加复杂,还需要构筑相互关系的新模式。

　　很显然,在 21 世纪初,在具有开放型社会体系的强国首都遭遇恐怖袭击以及他们在阿富汗、伊拉克和利比亚做出的军事反击之后世界局势发展的现阶段,在苏联解体之后的过渡时期,具有不同社会秩序国家之间的体系曾经维持着平衡,但平衡现在已经不复存在。这种平衡体系一开始是由欧洲以外的国际体系的两极中心(苏联和美国)的核平衡和军事平衡保证的,它的逻辑是让一切其他的利益服从于这一平衡,因为如果不这样就有可能爆发核战争。在两极体系崩塌之后,雅尔塔—波兹坦体系开始逐渐转变并具有了新的特征,因为出现了对新的改变世界协调的体系和在控制关键指标的基础上保持世界稳定的需要,这些指标能保持稳定,但同时又不阻碍发展。总的来说,这个变化过程已经走得很远,由于世界政治中出现了新的非国家性质的参与者,民族主权范畴的观念也发生了变化,这一

① Норт Д. Д. Уоллис и Б. Вайнгаст. Насилие и социальные порядки и. Концептуальные рамки для интерпретации письменной истории человечества. М. : Издательствоъ института Гайдара , 2011. (71 - 72)

② Россня в полицентричном мире. Под ред. А. А. Дынкина и Н. И. Ивановой. М. : Издательство 《 Весьмир 》 , 2011 , Раздел 1. 2. Военно - политические аспекты. Главы 5 , 7 , 8 , 9.

③ Кондратов А. И. Модель внешнеполитической деятельности государства. М. : Издательство РАГС , 2010 .

过程变得更加明显,对于民族主权观念变化的接受在全世界所有地区都是异常痛苦的(在欧盟有希腊、意大利、葡萄牙和法国的财政赤字,在俄罗斯和中国则害怕这一变化的外部"推手",在伊朗和朝鲜存在伊拉克、利比亚和叙利亚事件的风险和单一宗教信仰或者意识形态的严格封闭的制度),然而,这一变化过程离完善还差得很远。同时,对世界秩序进行演化式改变,而非对它进行强力破坏,而是根据旨在让世界秩序进行渐进式改变的战略,以达到扩大相互关系和相互依存的空间的目的,世界秩序的这种渐进式改变实际上能让所有基本能对现实做出正确判断的世界秩序的参与者满意,因为他们不会拿本国人民的生命冒险,而是要保持现有的经济发展水平,实现发展战略的竞争,也就是说,利用民族、区域、超民族和跨民族因素的配合,以便在国际体系中找到最令人满意和最符合本民族利益的位置,而在占据了更为有利的位置之后,以世界共同体成员的身份、以对本民族最有利的方式参与世界体系的改变,把主要力量投入到世界体系构建规则的重新制定和修正中,而不是把大量的精力耗费在用军事力量解决问题的方法上,因为无论从国内经济发展和人口潜力的角度来看,还是从完成长期任务的角度来看,军事解决的方式都不太有效。大国及其战略在这个进程中扮演着关键角色,在事态发展良好的情况下,在大国用负责任的态度对待这个进程的情况下,大国之间能协调一致的情况下,大国将能够保证世界管理体系的稳定和世界体系的改变。金砖国家的联盟成为世界外交向这一方向迈进的新步伐。

经济危机重新审视了世界,但是世界体系证明了自己的弹性,危机并没有造成新的全球性军事冲突的威胁,而是给加强国际合作、克服危机注入了动力,世界秩序得以保存,并将以渐进的方式继续发生变化。但是,20世纪末到21世纪初政治和社会经济的变化导致当今世界跨入了一个非西方中心的发展新阶段,这个全球发展的新阶段有如下要求:

1. 并非只有西方国家才能决定不仅仅是社会政治发展本身的指标,还有对它进行考察的科学范围。与此同时,在相当长的时间内对非西方地区(亚洲和非洲地区)特点的理论考察从综合比较政治分析的角度来说明显落后于对西方世界在类似进程上的研究。这样的状况常常会导致建立在西方现实基础上的理论方法自动地被认为适用于地球上的其他地区,最终会对世界上其他地区的政治和经济进程的理解产生根本曲解。

2. 现在基本的理解聚焦在从整个世界体系(包括亚洲子系统)的视角出发对世界经济和政治的结构和动态的理解,而不仅仅是对西方部分(美国和欧洲)的理解。相应地,更有分量的是另外一些声音,他们坚持把"非西方问题"纳入对国际关系的政治分析和政治经济分析之中。但是,这个问题要求更加关注对全球经济和政治进程的管理并加深对全球经济和政治进程的理解,部分地也可以通过形成新的相互协作的区域网络来实现,其中一个例子就是金砖国家联盟。

3. 我们知道,存在不同的社会类型,那么我们还应该了解非西方社会区别于西方社会的特征,承认政治文化的多元论这一事实,相应地,也应当承认对政治体系和政治的看法也是多元的,存在着各种形式,各种模式的民主(不仅仅只有欧洲或者美国的民主),我们认为,非西方的,其中包括亚洲的,以及其他类型的民主,很显然有可能完全不同于欧洲和美国的模式,因为在这些国家具有完全不同的社会政治结构和政治文化特征,所以其保证开放的社会政治制度的具体条件也不同,但是,它仍然是民主的,可能更有利于解决与西方完全不同、具有本民族特点的国家的政治问题。而且由于国情不同,由于某个具体社会历史发展的时期不同,这样的理解要求把从自然型社会政治秩序转向开放型秩序的过程看成一个相当复杂的过程,它既要求在向开放型社会秩序转型的道路上竞争,也要求在建立具有各种不同国家特点的开放型社会秩序的方式上进行竞争。向开放型社会政治制度的转型开始被全面接受,它被看成全球社会政治进程向前发展的组成部分,该进程同时具有本民族独有的特点,而那些拒绝按这条道路发展的国家将变成社会政治上的失败者。相应地,这个进程在文化教育合作框架内的协调配合,以及那些处于过渡期、正在寻找本民族发展的成功模式的国家之间的相互帮助和相互交流,这将是世界向更稳定、更公平的世界秩序发展的新形式,当然,成功的发展模式的基础是要让全球规律适应本地区和本民族的特点(金砖国家)。

4. 在方法论上经过修正的比较政治经济分析证明,在被划分的世界空间中存在着竞争力相对较强和竞争力相对较弱的社会政治体系。哪怕这些国家的人民受到统治精英的周期性强制和"督促",竞争力相对较弱的社会政治体系在历史发展的未来注定会落后;在不同的体系中,不同的制度可能具有相似的功能;在不同的体系中相似的制度也有可能(将)会具有完全不同的功能。如果以这些方法论上经过修正的观点为出发点,可能会找到对构建所谓民主过境理论和当代各国政治生活复杂性的有趣解释,并能得出更有前景、产生更具实际政治影响的有趣结论,这些影响取决于不同国家不同领域的政治精英能否理解这些规律。

5. 这样一个方法论上的问题,要求(或者至少不排除)建立自由、民主、高效和经济繁荣的社会可以走对于本国的社会政治体系来说独特的道路,这条道路是建立在理解总的变化模式,考虑到该具体体系的结构特点为基础的,其中一部分是本民族的文化、历史和宗教信仰的总体特点。这条道路获得了这样一个形象的名称"国家梦"和"国家奇迹"(日本梦和日本奇迹,新加坡梦和新加坡奇迹,中国也正在构筑自己的"中国梦",实现这一梦想就意味着会出现一个被所有人承认的

"中国奇迹")。但是,在每一种具体情况下,政治生活方面表现出的民族特色要求向所有国家,尤其是那些已经建立了被普遍认可的民主管理体系的国家解释和证明,这样的政治体系符合普遍认可的科学认知及其在实践中的呈现,因为在这个问题上,仅有一部分国家的政治精英承认这个事实是远远不够的。建立在开放和平等的社会政治制度上的民主管理在未来将更具竞争力,更包罗万象,因为它的基础建立在所有社会政治阶层、人种和宗教派别的代表用开放和平等的方式进行管理这一体制之上,从这个意义上来说它是一种普遍规律,而非局部(地区)体现。这样一来,完善具有民族特点的国家体制可能被阐释为寻找普遍规律和民族特点的相互关系的必要性,这种民族特点让我们不但不会失去民主管理,而且能发展民主管理,因为这种民主管理是在特有的文化历史形式下、内容上又符合普遍规律的管理方式,与此同时,也不会在经济上和政治上削弱国家的实力。相反,就会出现国家的停滞或倒退,首先可能是政治上的,然后是经济上的停滞或倒退。

由于在现有的世界发展理论的基础上,已经有一部分国家展开了这种经济和政治的实践,使它们能够集结成经济高速发展和精神自由的全球性区域,实实在在地、卓有成效地发展,提高本国人民的福利水平,追求精神自由,其他国家如果没有这样的能力就只能证明某些领域的政治精英在这方面不在行或者患上了利己主义的毛病,他们用各种口号掩盖这些毛病。新崛起的强国在这方面相互协调联合一致组成金砖国家,它们的联合具有进步的性质,使得这些国家不仅能够解决自身发展中的问题,也能提高自己在全球管理中的作用,这是当代世界政治的又一新趋势。这一新趋势包含了对金砖国家内部政治现实的更加深入的理解,也是对既符合本国又符合国际发展趋势的普遍方法的研究。

第三十四章

普京欧亚联盟思想评析

一、欧亚联盟的提出及主要内容

2011 年 10 月 3 日,俄罗斯《消息报》刊登了俄罗斯总统候选人普京的文章:《欧亚新的一体化计划:未来诞生于今天》。[①] 文章提出了在前苏联地区建立欧亚联盟,把欧洲与充满生机和活力的亚太地区联系起来的设想。根据此文,新欧亚联盟不是要恢复苏联,也不是要搞欧亚帝国主义,而是要更深程度、更高层次地实现独联体地区的经济一体化。普京认为,欧亚联盟与独联体并不矛盾,而是相互补充。欧亚联盟是开放的,欢迎其他伙伴参与,优先欢迎独联体内的国家参加。目前欧亚联盟的核心是俄罗斯、白俄罗斯、哈萨克斯坦,另外吉尔吉斯斯坦、塔吉克斯坦也考虑参加。欧亚联盟成员国在宏观经济、竞争规则、农业、交通、关税、签证、移民政策,以及取消边境检查等方面将采取统一的政策。在普京欧亚联盟原先的设想中,还包括乌克兰,而且乌克兰占有很重的分量。这是由乌克兰的面积、人口、经济规模、技术水平、总体实力和战略地位所决定的。普京认为,欧亚联盟与某些成员国的"欧洲倾向"并不矛盾,因为欧亚联盟极具包容性,是不可分割的"大欧洲"的组成部分。欧亚联盟可与欧洲联盟、北美自由贸易区、中国、APEC、东盟等鼎足而立。2015 年欧亚经济联盟如期成立。

普京理解中的"欧亚联盟"将更有效益地使用各成员国总体的自然、经济和人力资源,是更深程度、更高层次的一体化,是拥有超国家机构的主权国家的联盟。它将被打造为世界经济和政治中强大的、独立的一极力量,从而摆脱欧亚中心地区在世界经济政治中的边缘地位,实现俄"欧亚强国"的梦想。这可以说既是普京的总统竞选纲领,也是普京当选总统后的国家大战略。

哈萨克斯坦总统纳扎尔巴耶夫和白俄罗斯总统卢卡申科,也是欧亚联盟思想

---

① Путин В. В. , Новый интеграционный проект для Евразии—будущее, которое рождается сегодня // Известия. 3 октября 2011 г.

的大力倡导者和支持者。2011 年 10 月普京在《消息报》上发表文章《欧亚新的一体化计划：未来诞生于今天》后，纳扎尔巴耶夫和卢卡申科分别在《消息报》发表了《欧亚联盟：从思想到未来的历史》和《关于我们的一体化的命运》的署名文章。两位总统分别从不同角度对普京的"欧亚联盟"设想表达了热情洋溢的支持和赞美。

　　纳扎尔巴耶夫早在 1994 年就倡议建立"欧亚国家联盟"。① 1997 年他出版著作《欧亚联盟：观念、实践和前景（1994—1997）》，②进一步阐述了自己的欧亚联盟思想。这次他又与普京的文章相呼应，在发表的署名文章中，表达了对欧亚联盟的乐观和力挺的态度。在文章中，纳扎尔巴耶夫提出了建设新欧亚联盟的四项原则：（1）推行欧亚一体化进程应以实现成员国经济利益为首要；（2）参加欧亚一体化进程应以国家及社会自愿为原则；（3）新欧亚联盟作为国家联合体应以平等、互不干涉内政、尊重主权、互不侵犯领土等为原则；（4）需成立欧亚联盟框架内的超国家机构，以相互协商妥协为决策方式，不主张国家政治主权让渡。关于新欧亚联盟的发展前景，他提出了五点建议：（1）新欧亚联盟首先应在世界经济中成为富有竞争力的经济体；（2）新欧亚联盟应成为连接欧洲—大西洋及亚洲两大地区之间的纽带；（3）新欧亚联盟应成为有影响的地区金融体，成为未来全球货币金融体系中的重要组成部分；（4）欧亚地区一体化进程需走循序渐进的发展道路，反对一切人为加速；（5）未来欧亚联盟需建立在广泛的社会基础之上，是开放的组织，是以追求成员国共同发展为目的的组织，绝非苏联的修复或复辟。

　　卢卡申科在其文章中高度评价了俄白联盟在欧亚一体化进程中的作用。他认为，俄白联盟为俄白哈关税同盟和统一经济空间的建设提供了基础和操作经验。他表示，白俄罗斯将积极参与新欧亚联盟的建设。卢卡申科认为，当经济一体化达到较高水平时，三国需要构建稳固的政治社会上层建筑——共同价值观、统一司法体系、生活标准和发展方向等，甚至有必要发行新的统一货币。卢卡申科指出，不逐步建立某些超国家机制，包括政治机制，是不行的。新欧亚联盟也需重视与欧洲及亚太国家的关系，实行"东西并重"的外交战略。在卢卡申科的思想里，新欧亚联盟应成为欧亚地区的一个成熟的政治经济体。向西发展，新欧亚联盟是大欧洲一体化进程的重要组成部分，是欧盟可靠的伙伴；向东发展，新欧亚联

───────────────

①　Назарбаев Н. Б. , О формировании Евразийского союза государств. 参见：Н. А. Назарбаев и Евразийство：сборник избранных статей и выступлений Главы государства // Под ред. Сыдыкова Е. Б. , Астана, 2012. С. 222.

②　Назарбаев Н. Б. , Евразийский союз：идеи, практика, перспектива （1994 – 1997）. М. , 1997.

盟需加强与亚太国家尤其是中国的联系。

外界将这三篇文章视为三个独联体国家率先在"欧亚联盟"框架内紧密合作的开始,同时也称之为是"欧亚联盟"大发展的起点。在普京的蓝图中,以现有的关税同盟、欧亚经济共同体为基础,在2015年启动欧亚经济联盟后,进一步推进一体化进程,最终建成"欧亚联盟"。俄罗斯主流政治家和学者表示,欧亚联盟除了经济联盟之外,还要实现政治联盟、军事联盟等,也就是要建立一种强大的超国家联合体。[①]

二、背景、动机和基础

(1)欧亚经济共同体等实践为欧亚联盟积累了经验和基础

欧亚联盟的设想并非空中楼阁。此前,俄罗斯一直在力推欧亚经济一体化进程。如独联体自由贸易区,以及欧亚经济共同体框架内的俄、白、哈关税同盟和统一经济空间。正如普京所说,建设关税同盟和统一经济空间,就是为欧亚经济联盟的形成开辟道路。

欧亚经济共同体成立于2000年10月,前身是关税同盟,其发展历程大致经历了两个阶段。第一阶段(1995年—2000年),关税同盟时期,即欧亚经济共同体的前身。1995年1月,俄罗斯、白俄罗斯和哈萨克斯坦成立关税同盟,1996年吉尔吉斯斯坦加入,1998年塔吉克斯坦也正式加入。第二阶段(2000年—2005年),是欧亚经济共同体作为一个国际经济组织成立和初步运作的时期。2000年10月,俄罗斯、白俄罗斯、哈萨克斯坦、吉尔吉斯斯坦和塔吉克斯坦,五国总统签署《成立欧亚经济共同体条约》,宣告欧亚经济共同体正式成立。2002年5月,乌克兰和摩尔多瓦获得观察员地位。2003年5月亚美尼亚获得观察员地位。2006年,伴随着中亚合作组织与欧亚经济共同体的合并,乌兹别克斯坦也正式加入欧亚经济共同体(2008年10月又申请终止在该组织的成员国资格)。

欧亚经济共同体主要由四个机构组成:跨国委员会、一体化委员会、跨国议会大会和共同体法院。跨国委员会是欧亚经济共同体的最高机构,由各缔约方国家元首和政府首脑组成,负责确定一体化发展战略、方向和前景。一体化委员会是欧亚经济共同体的常设机构,由各缔约方的政府副总理组成,负责保证共同体各机构间的相互协作。

---

① Евгений Примаков назвал условия для успеха Евазийского союза // Известия. 24 ноября 2011 г.；Нарышкин С. , Евразийская интеграция: парламентский вектор// Известия. 4 октября 2012 г.

　　由于欧亚经济共同体成员国尚未达成共同对外关税,并不涉及主权让渡,因此欧亚经济共同体只是发挥着政府间合作性质的协调机构的作用,不能像欧盟委员会、欧洲议会那样的超国家机构一样独立决策,并硬性地贯彻其决策。

　　欧亚经济共同体作为独联体经济一体化的"领头兵",对独联体各成员国之间的经济发展起到了重要的推动作用。欧亚经济共同体各成员国在对外经济政策和关税政策等方面,进行了有效的协调,在贸易、生产、投资、交通、能源和金融等领域,推进了更深层次的一体化合作。在2012年12月19日举行的欧亚经济共同体峰会上,普京指出,欧亚经济共同体已经完成了自己的任务:从成立关税同盟,到推动统一经济空间,再到建立欧亚经济委员会。为了深化一体化进程,是时候把欧亚经济共同体部分工作转移至欧亚经济委员会——这是一个自然的过程。[①]在同日举行的欧亚经济委员会最高会议上,俄白哈三国领导人致力于在2015年前建立欧亚经济联盟,为此制定了2013年欧亚经济委员会财政预算及做出了撤销关税同盟委员会的决定。[②]

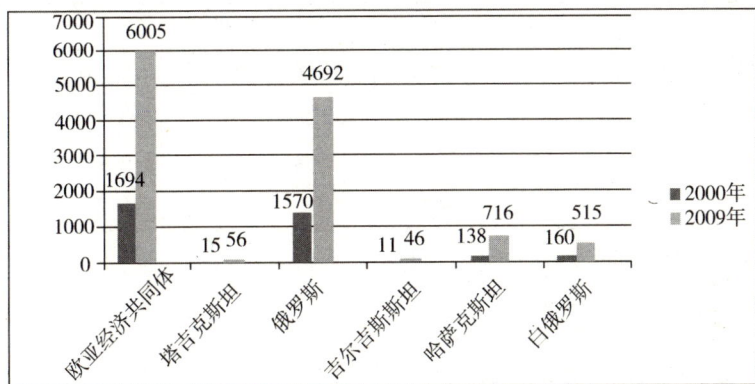

图1　2000、2009年欧亚经济共同体成员国对外贸易总额(亿美元)[③]

资料来源:ЕврАзЭС сегодня – 2011, http://www.evrazes.com/i/other/evrazes – segodnya – web.pdf

① Саммит ЕврАзЭС, 19 декабря 2012. http://kremlin.ru/news/17166

② Заседание Высшего Евразийского Экономического Совета, 19 декабря 2012. http://kremlin.ru/news/17167

③ ЕврАзЭС сегодня – 2011. http://www.evrazes.com/i/other/evrazes – segodnya – web.pdf

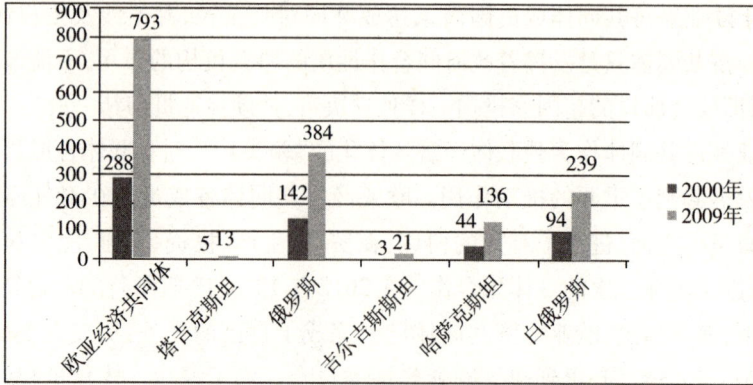

图2 2000、2009 年欧亚经济共同体内部贸易额(亿美元)

资料来源：ЕврАзЭС сегодня – 2011，http://www. evrazes. com/i/other/evrazes – segodnya – web. pdf

表1 俄罗斯向其他欧亚经济共同体成员国出口额统计(单位:亿美元)

	2000 年	2005 年	2007 年	2008 年	2009 年	2010 年	2011 年
白俄罗斯	55. 68	101. 18	172. 05	235. 07	167. 26	180. 81	248. 23
哈萨克斯坦	22. 47	65. 24	119. 20	132. 99	91. 47	106. 90	129. 07
吉尔吉斯斯坦	1. 03	3. 98	8. 79	13. 08	9. 16	9. 91	11. 60
塔吉克斯坦	0. 559	2. 40	6. 07	7. 94	5. 73	6. 73	7. 20

资料来源：根据俄罗斯国家统计局公布数据整理，http://www. gks. ru/bgd/regl/b12_11/IssWWW. exe/Stg/d2/26 – 06. htm

表2 俄罗斯从其他欧亚经济共同体成员国进口额统计(单位:亿美元)

	2000 年	2005 年	2007 年	2008 年	2009 年	2010 年	2011 年
白俄罗斯	37. 10	57. 16	88. 79	105. 52	67. 19	99. 54	136. 85
哈萨克斯坦	22. 00	32. 25	46. 23	63. 80	36. 97	44. 49	68. 59
吉尔吉斯斯坦	0. 886	1. 46	2. 91	4. 91	3. 67	3. 93	2. 93
塔吉克斯坦	2. 37	0. 95	1. 62	2. 13	2. 13	2. 14	0. 90

资料来源：根据俄罗斯国家统计局公布数据整理，http://www. gks. ru/bgd/regl/b12_11/IssWWW. exe/Stg/d2/26 – 06. htm

(2)冷战后俄罗斯外交战略经历了从大西洋主义到新欧亚主义的演变,目前正从新欧亚主义向新欧亚联盟演进。

作为当今国际政治中的一个大国,俄罗斯的外交活动是引人注目的。独立以来,俄罗斯外交战略经历了从大西洋主义到新欧亚主义的转变。其外交方针实现了从"一边倒"亲西方向东西方并重的"双头鹰"方针的转变,呈现出全方位、多层次的特点。

立国之初,西方派在俄外交思潮中占主导地位。他们认为"从历史的倾向、文化优势、价值取向体系和文明形态上来看,俄罗斯民族是欧洲民族",是传统的欧洲国家。"在最近几个世纪活跃在历史舞台上的各种文明中,欧洲文明是最成功的"。所有社会主义国家和广大的第三世界都属于"东方","西方是西方,东方是东方,他们永远不会相遇"。[①] 俄罗斯与西方的战略利益不会有根本的矛盾,不存在对俄罗斯战略利益构成威胁的实力,如果说有什么威胁的话,那就是俄罗斯本身。这一思潮对外交决策的影响是,俄罗斯最优先的方面不是同前苏联各共和国重新联合,而是尽快加入西方"文明国家大家庭",使俄罗斯同西方结成"伙伴"和"盟友",成为世界最发达国家俱乐部中的一员。另外,当时的俄领导人坚决表示,要与苏联时期的外交政策划清界限。因此,这一阶段俄奉行"一边倒"的亲西方外交,其发展方向是西方和大西洋,而不是独联体地区,更不是东方和太平洋。

苏联解体初期,俄罗斯唯西方马首是瞻,奉行亲西方的对外政策,在众多国际问题上做出让步,却带来了俄国家利益屡受损害、国际威望和国际地位急剧下降的后果。在国内方面,随着经济"休克疗法"的失败,西方对俄罗斯的援助大多口惠而实不至,雷声大雨点小。俄罗斯经济社会形势每况愈下,身陷重重危机,对西方的浪漫幻想破灭了。俄认识到,自己与美国、西方的战略矛盾是不可调和的,不能做美国、西方的"跟班",必须找回自我,重振大国雄风。鉴于此,在上世纪90年代中期,新欧亚主义思潮呼之而出,并成为影响俄罗斯外交战略的主流思潮之一。新欧亚主义不赞成大西洋主义,反对俄罗斯全盘西化和照搬西方文明。强调俄罗斯的欧亚文化的独特性,把俄罗斯定位为"多民族的欧亚国家"。在地缘战略上,新欧亚主义主张,建立一个反联盟,形成某种欧亚反美联盟,以抵消美国在欧亚大陆的优势地位。在外交上,认为俄应东西方并重,既面向大西洋,又面向太平洋;既面向欧洲,又面向亚洲,实行双头鹰外交;主张在原苏联的领土上建立以俄罗斯为核心的共同体,强调独联体的团结和统一,并以此为依托,恢复自己的大国地位。

叶利钦时期,俄罗斯对独联体实行的是"甩包袱"政策。普京—普梅时期的特点则是,争夺独联体,视独联体为"特殊利益地区"。在外交战略排序中,将独联体

---

① Гайдар Е. , Государство и эволюция, М. , 1995 г.

列为优先中的优先。对独联体政策体现为："外交中的内政，内政中的外交。"普京第三次入主克里姆林宫后，俄罗斯加强"整合"独联体，从"手动挡"到"自动挡"，从"硬着陆"到"软着陆"，从"被动应对"到"主动承担"。普京外交的理论基础是新欧亚主义。俄不再强求独联体所有成员国的一致化和一体化，而是区别对待，加强与独联体内友好国家的关系，打消友好国家的离心和疑心倾向，大力推进更深层次和更高水平的地区一体化。以普京为代表的俄领导人具有远大的抱负。当前世界形成了多个并存的经济、政治中心，俄罗斯欲成为强大而独立的一极，与欧盟、中国、美国等世界主要力量中心鼎足而立，建立欧亚联盟就成了其外交战略的必然选择。

(3)普京提出欧亚联盟设想的背景恰逢世界处于剧烈变化之际

普京提出欧亚联盟构想恰逢其时。21世纪头十几年是俄罗斯本身及外部环境发生深刻变化的时期。该时期可分为三个阶段：第一阶段，普京第一个总统任期(2000—2004年)。普京在政治上着重整顿内务，建立垂直权力体系，加强中央集权；在经济上掀起国有化浪潮，实现国家对战略经济部门的有力控制。在外交上，俄罗斯面临西方的进攻态势，无奈地坐看北约欧盟双东扩，战略空间急剧压缩，外部环境日趋恶化。虽然当时普京已经重视与独联体国家发展关系，如2000年改组成立欧亚经济共同体，2002年成立独联体集体安全条约组织，但由于该阶段俄罗斯政治经济百废待兴，实力不济，以及这些新成立的机构尚处于幼年时期，所以缺乏建立新欧亚联盟的物质条件和机制平台。

第二阶段，普京第二个总统任期(2004—2008年)。该阶段俄罗斯在普京治下，国内政局稳定，经济发展势头良好，综合国力显著提升，步入新兴国家行列。但西方试图使俄罗斯"边缘化"、"无能化"的目标没有变，对独联体地区的和平演变也没有停止过。2003年格鲁吉亚的"玫瑰革命"，2004年乌克兰的"橙色革命"，2005年吉尔吉斯斯坦的"郁金香革命"，都导致了这些国家的政权更替，"去俄罗斯化"运动盛行。俄罗斯在独联体地区的政治、经济、文化影响力受到严重打击。在此形势下，普京积极应对，与西方展开了争夺独联体的"拉锯战"，如2006年俄乌"斗气"事件。这一阶段俄罗斯国内形势虽有起色，但外部环境仍然严峻，这时提出建立新欧亚联盟的条件显然也不成熟。

第三个阶段，梅普—普梅组合时期(2008年至今)。这一阶段，外部世界的发展呈现以下特点：首先，世界经济政治格局正在发生深刻变化。2008年以来，全球经济经历了自20世纪30年代以来最严重的金融和经济危机，欧美等主要发达经济体增长动力不足，深陷流动性紧缺和通货紧缩困境。欧洲深陷主权债务危机，一体化发展面临倒退的危险。相反，作金砖国家之一的俄罗斯，虽然在金融危机开始时遭受重创,但总体发展稳定。此外,以中俄印为代表的新兴国家迅速崛起,客观上推动了世界格局多极化和国际关系民主化进程,甚至有人预测,美国一家独大的霸权将于 2030 年终结。① 其次,俄罗斯周边环境短暂改善,又生新变。2008 年俄格战争是俄罗斯在前苏联地区态势转变的分水岭,是俄罗斯在独联体从"被动应对"转为"主动承担"的拐点。俄格战争后,北约暂停了东扩步伐,放缓在东欧部署反导系统,俄美关系得到"重启"。美国奥巴马政府上台后提出"重返东亚",美国战略重心东移,从东欧—高加索—中亚地区向亚太地区转移,从欧亚大陆中心向边缘地带转移,从挤压俄罗斯向制衡中国转移。2012 年,奥巴马再次当选总统后,提出亚太"再平衡"战略。从客观上说,美国的战略转移缓解了对俄罗斯在欧亚地缘政治格局中的压力。2014 年乌克兰危机以来,俄美围绕原苏联地区又剑拔弩张,针锋相对。

鉴于此,俄罗斯做出了"强化西方、进军东方、稳定南方、坐定北方"②的外交战略部署。其中,南线外交被认为是维护俄罗斯国家稳定与安全的重中之重。俄罗斯在前苏联地区反被动为主动,加强与独联体国家的联系,努力拉拢一些友好国家重塑"向心力",重新整合。因此,俄罗斯提出建立新欧亚联盟的构想正恰逢其时。2011 年 11 月,俄罗斯、白俄罗斯、哈萨克斯坦三国总统在克里姆林宫共同签署了《欧亚经济委员会条约》。在普京的主持下,独联体八个国家还于 2011 年 10 月在圣彼得堡签署了《独联体自由贸易区协定》。2012 年 9 月 20 日,乌克兰议会继俄罗斯、白俄罗斯之后批准了该协定。亚美尼亚则于 9 月 11 日批准了该协定。2012 年俄罗斯又成为 WTO 正式成员。这些都为欧亚联盟思想的提出奠定了一定的前期基础。

三、欧亚联盟实施及其关键环节

(一)普京等已经制定了欧亚联盟路线图,并成立了相应的组织机构。

在俄白联盟、俄白哈关税同盟的基础上,特别是在欧亚经济共同体的基础上,同时汲取独联体、上海合作组织、独联体集体安全组织甚至"古阿姆"一体化方面的经验教训,形成了推动新欧亚联盟的"三驾马车"——俄罗斯、白俄罗斯和哈萨克斯坦。其中,由于面积、人口、经济、技术、资源、人力、综合实力和国际影响力的明显优势,各国普遍承认俄罗斯是欧亚一体化的领袖角色。大体上,根据经济一

---

① The National Intelligence Council（NIC），"USA：Global Trends 2030：Alternative Worlds"．http：//www. dni. gov/files/documents/GlobalTrends_2030. pdf

② 西方指欧美发达国家,东方指亚太地区,南方指中亚—高加索地区,北方指北极地区。

体化程度的不同阶段,普京的路线图为:欧亚经济共同体(2000 年成立)——关税同盟(2010 年元旦启动)——统一经济空间(2012 年元旦启动)——欧亚经济联盟(2015 年启动)——欧亚联盟(远景规划)。

其基本思路是:欧亚经济联盟以俄罗斯为主导,以独联体为平台,以关税同盟为开端,以欧亚经济共同体为基础,以经济一体化为纽带,以经济、政治、人文为手段,以俄大国地位为依托,以俄罗斯为核心,以俄罗斯、哈萨克斯坦、白俄罗斯为主力,以吉尔吉斯斯坦、亚美尼亚为辅助,推动实行更深层次和更高水平的经济一体化,构建以俄罗斯为中心的独立而强大的世界一极和力量中心。

2011 年 11 月,俄白哈三国总统签署了《欧亚经济共同体一体化宣言》、《欧亚经济委员会条约》、《欧亚经济委员会章程》等一系列文件。欧亚经济委员会是一个超国家常设管理机构。内设"委员会理事会"和"委员会全体会议"。理事会由成员国各派一名副总理及两名官员组成,按"协商一致"原则,负责关税同盟和统一经济空间内的一体化进程。委员会全体会议则为执行机构。"欧亚经济委员会最高委员会"是统一经济空间的最高机构,由各成员国国家元首和政府首脑组成。欧亚经济委员会执行最高委员会的决定。

(二)俄与拟议中的欧亚联盟国家高层来往密切,互动频繁,努力推进建立联盟的进程,各国学界和政界开始讨论和推动欧亚联盟建立。

普京、梅德韦杰夫等俄罗斯领导人多次谈到俄罗斯是"欧亚国家"、"欧亚大国"。2011 年 11 月,时任俄罗斯总统的梅德韦杰夫称,希望独联体其他国家加入俄白哈建立的新经济机构——欧亚经济委员会。[1] 2012 年 5 月 7 日,普京签署了其再次担任总统后的第一批命令,其中就包括《关于俄罗斯联邦对外方针的实施措施》。该文件明确写道:"把发展独联体空间的多边合作和一体化进程,作为俄罗斯对外政策的关键方向,在俄罗斯、白俄罗斯和哈萨克斯坦关税联盟和统一经济空间范围内,加深欧亚一体化,并在 2015 年建立欧亚经济联盟。"

在 2012 年 5 月 15 日举行的独联体国家领导人非正式会见期间,俄罗斯新任总统普京收到了哈萨克斯坦总统纳扎尔巴耶夫和白俄罗斯总统卢卡申科的访问邀请。普京上任后,拒绝去美国参加 G8 峰会,却把首次出访的国家定为独联体内的白俄罗斯。5 月 31 日至 6 月 1 日,两国总统在明斯克着重讨论了两国经济关系。俄罗斯决定向白俄罗斯提供第三批欧亚经济共同体反危机基金贷款,并启动关于提供第四批贷款的谈判。向白俄罗斯贷款的数额为 30 亿美元,其中大部分由俄罗斯提供。白俄罗斯获得贷款的条件是:在三年内拿出 75 亿美元来推动经

---

① 俄总统:欧亚联盟的建立将决定俄白哈三国的未来//俄罗斯之声,2011 年 11 月 18 日。

济改革和大规模私有化。① 最近,普京因锻炼身体而背部受伤的消息就是由白俄罗斯总统卢卡申科透露出来的,说明他们是私交甚笃,往来频繁。

2012 年俄大选结束,政权平稳过渡后,俄高层随即对中亚国家展开了密集访问。5 月 28 日梅德韦杰夫以新总理身份首访哈萨克斯坦,强调俄哈战略伙伴关系的重要性。6 月初新总统普京在参加上海合作组织北京峰会前访问了乌兹别克斯坦。峰会结束后,普京在回国途中访问哈萨克斯坦。

普京于 2012 年 9 月 19—20 日又分别访问了哈萨克斯坦、吉尔吉斯斯坦两国。访问内容包括:(1)与哈萨克斯坦总统会晤,为纪念俄哈签订《友好合作互助条约》20 周年、加深两国地区间经贸联系等问题,定下基调。(2)与哈国总统共同参加主题为"创新合作"的"俄罗斯—哈萨克斯坦:跨地区合作论坛"。在论坛中,双方总结了近年来双边经贸合作的成就,对未来发展绿色经济、创新产业、科技合作作出了积极展望。(3)与吉尔吉斯斯坦总统阿坦巴耶夫会晤。在此次访问中,普京与吉方主要谈双边军事合作(驻军问题、玛纳斯基地等),也涉及经贸合作问题。

同年 10 月 4—5 日普京访问塔吉克斯坦。访问过程中,普京与拉赫蒙总统就军事、经贸和人文合作等问题深入交换了意见。俄塔达成协议:俄驻塔第 201 基地租期延长三十年。访问期间,普京和拉赫蒙总统还慰问了俄驻塔吉克斯坦第 201 部队。另外,俄准备向吉尔吉斯斯坦和塔吉克斯坦提供 15 亿美元的军费开支,以此来增强本国在中亚地区与美国抗衡的能力。②

原定于 2012 年 11 月 2 日在阿什哈巴德举行的独联体峰会将推迟举行。峰会是应独联体执委会请求推迟的。执委会认为,此次会议需要进行更仔细的准备,其中包括起草将在峰会中讨论的文件。此次峰会将讨论约二十个旨在深化独联体国家在经济、人文和安全领域合作的文件。

尽管有不同声音和不同意见,有关各国的政界和学界都在开始讨论和推动建立欧亚联盟。哈萨克斯坦总统纳扎尔巴耶夫在哈议会两院联席会议上发表的年度国情咨文中,明确指出:"我们主张继续推进欧亚一体化进程,共同应对 21 世纪的全球性挑战。我国已与俄罗斯、白俄罗斯成立统一经济空间,并积极筹建欧亚经济同盟。这些举措有助于维护地区稳定,提高本地区各国的竞争力。我们支持

---

① Борищполец К., Чернявский С., Российско - Белорусские отношения: Угрозы реальные и мнимые // Вестник аналитики. 2012. No. 3. C. 63.

② Киргизию и Таджикистан вооружат российскими деньгами // Коммерсантъ. 06. 11. 2012.

其他独联体国家加入欧亚一体化进程的意愿。"①白俄罗斯总统卢卡申科也说："统一经济空间——这是极大向前推进的联合。我们在这里不是竞争者,也不发生冲突,我们的经济是互补的。"②欧亚经济共同体国家议会联盟出版了一本杂志《欧亚一体化:经济、法律、政治》,欧亚发展银行也建立了一体化研究中心并出版杂志,专门研究和探讨欧亚区域一体化问题。2012 年 11 月,哈萨克斯坦战略研究所召开主题为"欧亚空间一体化进程与当今世界"的国际学术会议。学术专著《欧亚联合体》一书的作者写道:"欧亚联盟能够帮助复活包容的欧亚传统——正在形成中的欧亚理念(精神),主张文明地解决民族间以及国家间的问题与矛盾。"③

(3)欧亚联盟中对乌克兰的设计和俄争取乌克兰的努力。

在普京关于欧亚联盟的设想中,乌克兰具有十分重要的意义。基辅罗斯是东斯拉夫民族的摇篮。在俄罗斯的心目中,如果说莫斯科是心,圣彼得堡是头,基辅就是腿。没有乌克兰,俄罗斯将不再是一个强盛的欧亚大国。无论从经济实力还是综合实力,乌克兰都是独联体中的老二。乌克兰的面积在欧洲也仅次于俄罗斯居第二位。俄罗斯有识之士一致认为,俄罗斯与乌克兰的经济合作,在苏联解体后形成的社会经济空间里具有头等的地位——两国合作得天独厚的优势就是相互理解,没有任何语言障碍。

2003 年 9 月,在独联体雅尔塔首脑会议期间,俄罗斯、白俄罗斯、哈萨克斯坦、乌克兰四国元首签署了成立统一经济空间协定,规定:四国将在一定的前提条件下,实行统一的对外贸易政策,最终实现区域内商品、服务、资本和劳动力的自由流动。普京可以说具有乌克兰情结,多次访问乌克兰,并派曾任俄罗斯总理的重量级人物切尔诺梅尔金担任俄罗斯驻乌克兰大使。2011 年 4 月再次访问乌克兰期间,普京再次呼吁乌克兰加入关税同盟。普京列举了加入关税同盟将给乌克兰带来的好处:国内生产总值每年将增长 1.5%—2%,各经济部门将从中获得 65—90 亿美元的收益,仅降低天然气价格一项每年就可节省 80 亿美元。

---

① Послание Президента Республики Казахстана Н. А. Назарбаева народу Казахстана. 27 января 2012 г.

② Мансуров Т. А. , На пути к Европейскому экономическому союзу // Россия и Современный Мир. 2012. No. 2.

③ Назарбаев Н. А. , Стратегия трансформации общества и возрождение евразийской цивилизации. М. : , 2000. C. 328.

但是,乌克兰很纠结,犹豫不决。① 乌是 WTO 成员,若加入关税同盟,乌需要将进口关税提高一倍以上,并需要与独联体自由贸易区、统一经济空间的成员,尤其是其中已经加入 WTO 的成员国进行谈判,协调贸易补偿等问题。关税同盟平均进口关税为 10.25%,而当时乌克兰平均进口关税为 4.5%,二者差别很大。乌克兰"橙色革命"的领导人之一季莫申科是关税同盟的坚定反对者。她认为,关税同盟的市场容量只有 1 万亿欧元,而欧盟市场的容量有 16 万亿欧元。只有选择与欧盟建立自由贸易区,乌克兰才能恢复经济。乌克兰一些知识精英也坚决反对乌克兰成为"欧亚国家",因为这与乌克兰发展的欧洲方向是不相容的。② 但近几年乌克兰与欧盟的贸易情况不容乐观。2004—2010 年,欧盟在乌克兰外贸总额中所占的比重约为 25%,不及俄罗斯等独联体国家的 35%。欧盟委员会领导人会见亚努科维奇总统时要求,乌克兰必须在关税同盟和欧盟自由贸易区之间做出选择。再三权衡后,乌克兰表示,与欧洲的一体化是乌克兰外交的优先方向,乌不打算加入关税同盟,而将以 1+3 的方式与关税同盟成员国进行合作。③ 对于乌克兰的表态,俄罗斯反应强烈。时任俄总统的梅德韦杰夫称"我们真的希望乌克兰这个与我们有着兄弟般友好关系的欧洲大国加入关税同盟",不能接受乌克兰提出的"1+3"方式。他表示,如果乌克兰不是关税同盟正式成员国,在某些情况下俄罗斯必须对乌克兰实行关税制度。如果乌克兰改变态度,俄愿意给出口到乌克兰的天然气打"一体化"折扣。有些乌克兰人对此表示不满,认为这是在威胁乌克兰。④ 但冷静下来,还是理性占了上风,考虑到乌克兰加入欧洲的决心、乌民众的感受,乌克兰在军事上既不加入北约也不加入独联体集体安全条约组织的中立立场,俄还是于 2011 年 9 月最终放弃了坚持要求乌克兰加入关税同盟的立场。

乌克兰准备加入欧盟而不加入欧亚联盟,普京很不高兴,在其文章中进行了"不点名批评"。他说,俄罗斯一些邻国不愿进行融合,理由是他们害怕伤害与欧盟的关系,但这种想法是错误的。普京认为,无论是当前的关税同盟还是将来的"欧亚联盟",都将成为欧盟的合作伙伴,是广义的"大欧洲"的组成部分,并将在

---

① 2012 年 12 月 18 日,乌克兰总统亚努科维奇单方面宣布推迟访问俄罗斯。按计划俄乌两国将讨论双边能源和经贸领域的合作,并制定乌克兰与俄白哈关税同盟的协调机制。参见:Встреча Президента Украины с Президентом Российской Федерации перенесена // Пресс – служба президента Украины Виктора Януковича, 18 декабря. http://www.president.gov.ua/ru/news/26414.html

② Винокуров Е., Либман А., Евразийская континентальная интеграция. СПб.: Центра интеграционных исследований ЕАБР. 2012. С. 17.

③ 《乌克兰拒绝加入俄白哈关税同盟》,载《参考消息》2011 年 4 月 26 日。

④ 《俄总统逼乌克兰加入关税同盟》,载《参考消息》2011 年 8 月 27 日。

未来成立欧洲统一经济体时发出更有影响力的声音。"除了带来直接的经济利益以外,欧亚联盟还将帮助成员国更快地融入欧洲一体化进程,并能更好地维护成员国立场。"普京表示,只有通过"区域一体化"才能解决全球经济危机,比如亚太经合组织、北美自由贸易区、东南亚国家联盟,等等。

乌克兰外交部于2012年3月宣布,乌克兰与欧盟在布鲁塞尔草签准成员国协定。这则新闻似乎并未引起国际社会的高度重视,但俄罗斯政治家们是不满意的。普京等人清楚,这是欧盟在打压俄罗斯关于欧亚联盟的远大理想。今后,不排除俄罗斯领导人在有利条件下还会对乌克兰进行争取的可能性。

吸收乌克兰加入俄白哈一体化进程进而组建欧亚联盟,是普京的热切期待。乌克兰一直被俄罗斯精英视为俄再次崛起不可或缺的重要因素。美欧对此显然心知肚明。欧盟原本不会很快与乌克兰签署相关协议,从某种意义上讲,正是普京的欧亚联盟设想,促进和加快了乌克兰与欧盟接近的进程。

四、欧亚联盟:分析及评论

新欧亚主义既有历史的、理论的基础,也有社会、文化的底蕴。与此相关的新欧亚联盟,也反映了当前国际新的力量格局和形势,是普京新任期的国家大战略。从新欧亚主义到新欧亚联盟,说明俄不再不知所措地"东张西望",而是特立独行地"东倾西向"。

其实欧亚联盟的提法早已有之,不是普京的发明。但普京新近提出欧亚联盟,并在新的时代条件和背景下赋予了新的内容和含义,因此我们有时也称之为普京的新欧亚联盟。普京欧亚联盟思想中的"欧亚"概念是不明晰的,"欧亚"界线也是模糊的、不清楚的,具有某种伸缩性、包容性和灵活性。当然,太具体、太清晰,既做不到,也没有必要。一般来说,"欧亚"概念有三个含义:第一,广义地说,是指欧洲和亚洲;第二,指"后苏联空间";第三,是指"欧亚思想的基础"。很显然,普京的欧亚联盟至少目前是排除西欧和东亚的,不可能是第一种含义。其真正含义是第二种和第三种的结合,即以欧亚区域中心独特的地理、自然、文化、历史等为基础,发展欧亚独特的经济、政治道路,既不同于欧洲(大西洋主义),也不同于东方(如泛斯拉夫主义)。在这里,欧亚不是纯粹的地理概念,而是地缘政治概念。即使不是反西方的,也是独立于西方的。[①] 其实,俄罗斯、白俄罗斯、哈萨克斯坦,都在很多场合定位自己为"欧亚国家"。只有乌克兰比较矛盾,左右为难,其

---

① Винокуров Е. , Либман А. , Евразийская континентальная интеграция. СПб. : Центра интеграционных исследований ЕАБР. 2012. C. 12 – 23.

身份定位在"欧洲国家"和"欧亚国家"之间徘徊。

普京的"欧亚"其实是指欧亚区域(包括欧亚大陆中心和周边)的中心地带。主要包括独联体内的俄罗斯、中亚、东欧等地。也大体相当于麦金德所说的"世界岛"。麦金德的基本观点是:谁控制了世界岛,谁就控制了欧亚大陆;谁控制了欧亚大陆,谁就掌握了世界的命运。[①] 普京的雄心由此可见一斑。

新欧亚联盟首先的目标,是实现经济联盟,将来可能发展为政治联盟。实现欧亚联盟的思想有历史传统、现实基础、实践需要。俄罗斯的努力已经取得了一定的成绩,并得到了哈萨克斯坦、白俄罗斯等一些独联体国家,以及蒙古、越南等一些非独联体国家的支持和认同。这是经济全球化的反映、地区一体化的表现,也是独联体地区经济政治符合逻辑的发展。正如普京在反驳希拉里对欧亚联盟的批评时所说的,"这是自然过程"。

新欧亚联盟的出台不是没有道理的,其实现也不是没有可能的。首先,独联体国家经济潜能尚未完全挖掘,发展空间很大。独联体国家的自然资源丰富,其拥有量在世界总储量中的比重为:石油占20%,煤25%,天然气40%,水资源11%,森林25%,耕地13%;独联体国家的面积是世界的16.4%,人口为世界的4%。独联体内部有2.8亿人,但内部需求严重不足,内部市场未得到充分开发。以2009年为例,欧洲内需与外需之比为2.77,亚洲为1.03,北美为0.92,南美和拉丁美洲为0.35,而独联体只有0.23,只比贫穷落后的非洲(0.02)和战乱的近东(0.18)高一点,[②]发展的空间还很大。此外,很显然,只有抱团实行经济一体化,才能提高内外需之比例关系。欧盟是目前世界上一体化水平最高的地区,但也是上个世纪下半叶从法德煤钢联营这个"低级阶段"开始的。期间挫折不断,最终有所成,但至今仍处在欧债危机的煎熬之中。纳扎尔巴耶夫就说:"俄白哈是五年前决定成立关税同盟的,而欧盟的这一进程则持续了四十年。关税同盟运作一年多来,成员国之间的贸易额增长了40%,哈与俄贸易额增长了57%,这是以前从未有过的。"如今,俄罗斯已经成为WTO的正式成员,以俄罗斯为核心,把欧亚联盟成员的发展结合起来并加以整合、互补,是可能的,也是可行的。

其次,新欧亚联盟与其他地区一体化机制不同的是,它并不直接建立在各成员国基础上,而是一环套一环的模式。它以俄白联盟加哈萨克斯坦构成,因此已

---

① Mackinder J., Democratic Ideals and Reality, New York: Henry Holtand Company, 1942, p. 62.

② Зевин Л. З., Особенности консолидационных и интеграционных процессов в Евразии // Россия и Современный Мир. 2012. No. 2.

经具有一定的机制规模。我们看出,在没有乌克兰参与的情况下,哈萨克斯坦的地位和态度就显得至关重要了,它的欧亚一体化进程很大程度上就是跟俄罗斯一体化的进程。正如纳扎尔巴耶夫所说:"俄哈是欧亚经济一体化进程的火车头。"①哈萨克斯坦主要从经济角度来思考欧亚一体化进程问题。哈萨克斯坦战略研究所外交与国际安全研究室主任阿乌尔巴耶夫认为:"首先,哈积极参与关税同盟,有助于进一步取消多边经贸技术性壁垒,减少贸易成本,如降低交通运输税、建设统一通信网络平台、共同建设油气管道等。这都可为哈萨克斯坦实现现代化创造有利条件。其次,中小企业是哈萨克斯坦税收的主要来源,加入关税同盟有助于哈国中小企业发展。2013 年哈萨克斯坦将加入 WTO,这对哈萨克斯坦大型跨国企业来说是个发展机遇,但对本国中小企业来讲,将会是一场残酷的竞争。国家应该注重对中小企业的扶持。关税同盟无疑是哈国中小企业的一把重要保护伞。"②

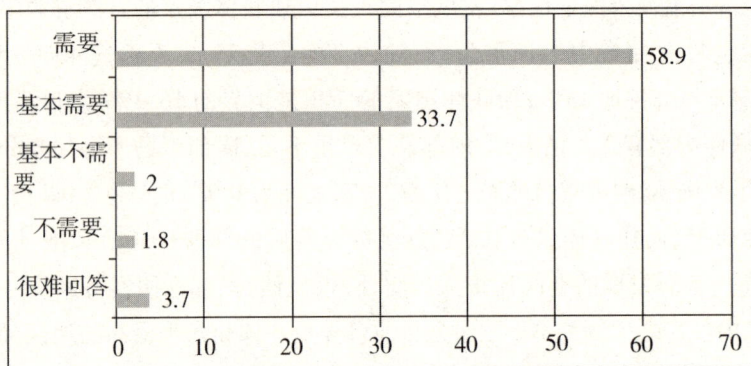

图3 哈萨克斯坦是否应该参与一体化进程?（％）

资料来源:Черных И. А. , Ценностные ориентации и идеологические предпочтения казахстанского населения в контексте политической модернизации страны и реализации различных интеграционных проектов в евразийском пространстве. КИСИ, г. Алматы, 2012. С. 4.

---

① Назарбаев Н. Б. , Евразийский Союз: от идеи к истории будущего // Известия. 25 октября 2011.

② 2012 年 11 月 14 日参加哈萨克斯坦战略研究所举办的"欧亚空间一体化进程与当今世界"国际学术会议。

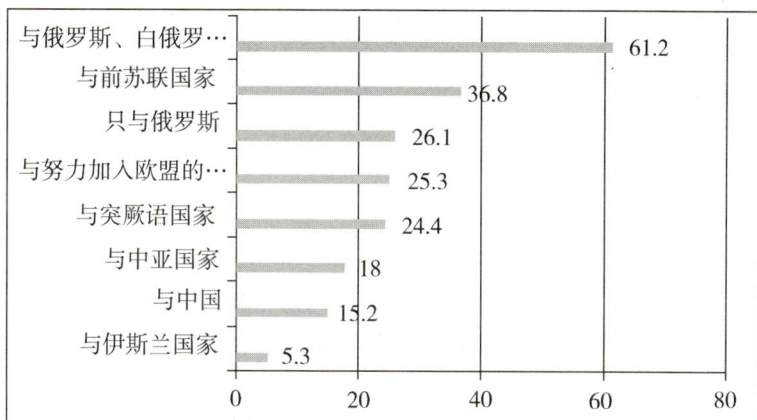

图4　哈萨克斯坦可以和哪些国家结盟?（%）

资料来源: Черных И. А., Ценностные ориентации и идеологические предпочтения казахстанского населения в контексте политической модернизации страны и реализации различных интеграционных проектов в евразийском пространстве. С. 8.

　　除了积极面,我们还应看到,新欧亚联盟任重道远,前景具有不确定性。

　　首先,俄罗斯民族性格爱理论,喜思辨。虽然每个人按自己的希望去理解,但还是体现了俄恋恋不舍独联体的帝国情结。新欧亚联盟有普京当时在总统大选中争取选票和支持的权宜之虑,但确能满足俄罗斯各阶层民众广泛的、不同的心态和利益诉求,得到了相当的支持和拥护。新欧亚联盟的概念和内容均存在一定的模糊空间,即使是加入欧亚联盟的各国,对欧亚联盟的理解也不尽相同。部分独联体国家对俄保持警惕,担心丧失部分国家主权。

　　其次,俄罗斯、哈萨克斯坦、白俄罗斯的外交取向不尽相同,将可能导致新欧亚联盟进展缓慢。俄罗斯强调政治与经济联合起来考虑。在俄看来,独联体是前苏联国家文明离婚的产物,是前苏联国家间对话的平台,但是缺乏有效凝聚力,这不符合新时期俄罗斯的对外战略需求,因此要谋求建立更紧密、更高效的一体化机制,来支撑俄罗斯的强国梦。此外,新欧亚联盟也是俄罗斯未来对外战略再平衡的后盾。上世纪90年代,叶利钦和普里马科夫提议构建莫斯科—柏林—巴黎、莫斯科—新德里—北京轴心关系。普京当权后,在各个层次上都实行平衡外交。在全球范围内,欧亚、东西平衡;在西方国家中,欧盟与美国平衡;在东方国家中,中国、日本、印度平衡。在发展与美、德、法、英等西方大国关系的同时,平行发展与中国、日本、印度等东方大国的关系。在梅普组合时期,俄进一步发展平衡外交,呈现出"东倾西向"的特点,左右逢源,大搞实用主义。① 今天,美国战略东移,欧盟身陷金融危机,中国等新兴大国异军突起,世界政治经济重心向亚太转移,俄罗斯面临的国际形势正在发生深刻变化。因此,如何正确处理东西、欧亚、欧美、中美间的再平衡,是普京所面临的新课题。如果新欧亚联盟能最终形成,它将巩固俄罗斯在欧亚大陆中心的地缘政治地位,给俄罗斯外交"再平衡"战略提供坚实的后盾。哈萨克斯坦与俄罗斯不同,它更多强调的是经济一体化。哈萨克斯坦奉行多元外交策略,与世界大国均保持平稳的关系。哈萨克斯坦并不希望因为过多参与欧亚一体化进程而缩小自己的外交和国际经贸合作空间,更不愿意看到自己的政治主权让渡。哈萨克斯坦的最终目的是实现本国经济利益最大化。维诺库罗夫认为,欧亚主义在俄罗斯是一种哲学、思潮,而在哈萨克斯坦更是一种对外政治经济的思想、国际合作的取向。② 白俄罗斯多年来奉行靠向独联体、靠向俄罗斯的"一边倒"外交政策,但由于其本身经济实力有限,很难在未来欧亚一体化进程中发挥主导力量。因此,哈萨克和白俄罗斯不肯走得太快。

最后,新欧亚联盟国家实力和贸易结构极不平衡,俄罗斯在各个方面远高于其他国家。俄当代著名经济学家格林别尔格指出,欧亚经济一体化的先天条件远差于欧洲,要想实现一体化,俄罗斯在短期内应为一体化进程"埋单"。而从长期看,一体化将惠及所有国家,自然也包括俄罗斯。③ 因此,新欧亚联盟建立的过程是艰难的,前途尚不明朗。

新欧亚联盟也是独联体内众多的一体化组织之一,不针对谁,包括中美,但它排除中美。因此,三者之间客观上存在着竞合关系。俄国内外一些人(包括政界和知识界精英),并不看好欧亚联盟前景。中、美、欧政治精英也没有明确表态。④ 其实,中国谨慎理解,西方表示警惕。如美国国务卿希拉里就认为,普京将前苏联国家整合为欧亚联盟和关税同盟的计划,是对该地区"再苏联化",美国将予以阻止。⑤ 布热津斯基认为,欧亚地区在美国当今的外交战略中至关重要,他力主加强俄罗斯的民主机制,继续把俄纳入西方体系。他建议俄罗斯应放弃欧亚联盟这种

① 李兴:《俄罗斯梅普组合的"东倾西向"外交》,载《新视野》2011 年第 3 期。

② Винокуров Е. , Либман А. , Евразийская континентальная интеграция. СПб. : Центра интеграционных исследований ЕАБР. 2012. С. 18.

③ Гринберг Р. , Не вижу никакой альтернативы щедрости России при создании Евразийского союза // Известия. 24 ноября. 2011.

④ Васильева Н. А. , Глобальный евразийский регион: опыт теоретического осмысления социально - политической интеграции. СПб. 2012. С. 219.

⑤ 《普京抨击希拉里"胡说八道"》,载《环球时报》2012 年 12 月 12 日。

"奇怪的想法"。①

从一体化的程度而言,起步阶段的欧亚联盟当然不如欧盟水平高,路径上也可借鉴欧盟。但与严重受挫的东亚一体化(中日韩)相比,欧亚联盟似乎又略胜一筹,因为它毕竟在一步一步地做,因此还有希望,甚至很有希望。

笔者认为,普京提出的欧亚联盟与奥巴马提出的 TPP 有异曲同工之妙:都有经济一体化的内容;都在中国的周边;都是排斥中国的,至少目前阶段是如此,甚至有与中国竞争的一面;都处于起步阶段,道路很长,前程未卜;都是国家大战略的排局布阵。如果说,TPP 体现了美国在亚洲太平洋地区的战略布局,欧亚联盟则体现了俄在独联体地区的战略布局,体现了普京新任期的欧亚外交大战略。但有一点不同的是,TPP 是伴随和配合美国军事上"重返"东亚而来的,是直接为美国亚太"再平衡"战略服务的,欧亚联盟则不具备这些特点。

欧亚联盟客观上对中俄关系会产生影响。与中国相比,俄具有更多影响和控制中亚的手段,在军事安全、社会文化,甚至政治外交方面都占优,唯在经济领域处于劣势。欧亚联盟在某种程度上是对中国经济优势的抵消。俄罗斯与中亚国家一体化程度加深,在稳定的安全和经济环境的基础上,采取统一的对外经济政策,有利于规范法律、秩序和提高效率,降低手续成本,对中国也是有利的。但同时,欧亚联盟以多对一,也有可能在经济谈判中孤立中国、架空上合。不过,由于欧亚联盟的发展具有不确定性,是一个长期的艰难的过程,中国一方面当然应予关注,但另一方面目前大概也不值得过分解读。

---

① Brzezinski Z. , "Balancing the East, Upgrading the West: U. S Grand Strategy in an Age of Upheaval" // Foreign Affairs, Jan/Feb, 2012.

第三十五章

大国博弈与乌克兰危机：原因、影响和启示

2013 年 11 月乌克兰亚努科维奇政府"暂停"签署与欧盟的联系国协定，引起乌克兰反对派抗议。至 2014 年 2 月，亚努科维奇被迫与反对派签订和平协议：改组政府，恢复 2004 年议会制宪法。反对派在欧美支持下，步步紧逼。著名反对派人物季莫申科被释放。亚努科维奇步步退让，最后出走，逃往俄罗斯，并要求俄干预。反对派夺取首都的政权，宣布重新实行欧洲一体化方针，取消俄语的国家语言地位。与此同时，乌克兰东部地区出现亲俄集会，克里米亚要求俄总统给予帮助。普京最初沉默。发生在基辅的政变引发了乌克兰其他地区的动乱，在东部俄罗斯族人聚居的地区爆发了反对新政权的抗议活动，尤其是在克里米亚自治共和国。2014 年 3 月 2 日，在得到俄议会对乌克兰动武的授权之下，普京出兵克里米亚。3 月 16 日，克里米亚自治共和国举行全民公投决定其归属。公决的内容包括两个问题："您是否赞成克里米亚在拥有俄罗斯联邦主体权利的基础之上重新与俄罗斯合并？"和"您是否赞成恢复克里米亚共和国 1992 年宪法并赞成克里米亚是乌克兰的一部分？"塞瓦斯托波尔市也参与了公投。投票结果显示，克里米亚共和国 96.77% 和塞瓦斯托波尔 95.6% 的投票者赞成脱乌入俄。这一结果得到了克里米亚自治共和国和塞瓦斯托波尔议会的认可。2014 年 3 月 18 日，普京与克里米亚、塞瓦斯托波尔领导人签署了克里米亚、塞瓦斯托波尔加入俄罗斯的条约。3 月 21 日，普京签署了俄罗斯联邦议会批准的与克里米亚和塞瓦斯托波尔入俄条约相关的法案，自此完成了克里米亚与塞瓦斯托波尔入俄的法律程序。联合国大会就克里米亚公投结果进行表决，结果有一百个国家拒绝承认公投结果，弃权或不表态的有八十多个国家，十一个国家表示承认。

之后，在乌克兰东部与俄罗斯接壤的三个亲俄地区顿涅茨克、卢甘斯克和哈尔科夫爆发了亲俄与反俄势力之间的冲突。7 月 17 日马来西亚航空 MH17 班机在飞经乌克兰靠近俄罗斯边界空域时被击落。这一事件不仅反映了乌东部地区冲突的严重程度，同时也增加了乌克兰局势的紧张程度。除此之外，俄罗斯和北约均加强了在乌克兰周围的军事力量，包括兵力部署和军事演习。乌克兰、俄罗

斯、欧安组织和乌东部武装代表于9月5日在白俄罗斯首都明斯克达成了停火协议,于9月19日签署了备忘录,试图结束长达五个月的冲突,但仍未改变乌克兰东部的动乱局势。截止到12月15日,乌克兰东部的武装冲突造成至少4707人遇难,1万多人受伤。俄罗斯与美欧在乌东部地区的博弈影响着这一地区的局势演变。

乌克兰危机成为世人关注的焦点,在于这个乱局有如下几个特点:一是出人意料,从索契冬奥会的辉煌到乌克兰"一夜剧变",有些突如其来;其二是戏剧性,反对派撕毁了刚签订的协议,夺取了政权,从在野党变成了掌权派,总统逃走并遭到了通缉,执政党变成了在野党。"诺贝尔和平奖候选人"普京与"诺贝尔和平奖获得者"奥巴马巅峰对决。对比十五年前(1999年)科索沃危机的主张,西方和俄罗斯对乌克兰危机的立场来了一个惊天大逆转。西方从"人权高于主权"转变成"主权高于人权",俄罗斯从"主权高于人权"转变成"人权高于主权"。其三是对抗性。在乌克兰临时政府是否合法、克里米亚公投是否有效、俄美行动是否符合国际法等问题上,俄罗斯与美欧针锋相对,互不相让。四是形势变化快。西方毫不掩饰地支持反对派。反对派当权后不假思索地践行"反俄亲西"。俄罗斯毫不犹豫地出兵克里米亚。克里米亚毫不迟怀疑地加入俄罗斯联邦。西方威胁制裁、孤立俄罗斯,俄罗斯态度强硬,毫无惧色。

事必有因,因必有果。乌克兰局势发展到今天这一步,看起来好像突然,其实并不偶然,而是有其明显的内外因素和深刻的主客观原因。

一、乌克兰危机的原因

首先在于乌克兰重要的战略位置和复杂的内部结构。乌克兰位于欧盟与俄罗斯之间,欧洲和亚洲、东方和西方之间,系欧亚中心地带的"欧亚国家"。坐落在世界三大宗教(东正教、天主教、伊斯兰教)夹缝和文明的断裂带上。面积60万,人口4500万。对于俄欧来说非常重要。基辅罗斯是俄历史、文化、民族的起源。

乌克兰内部民族、政治、经济、宗教、语言、文化结构复杂,且大体均衡。东部、南部以俄罗斯人为主,说俄语,信东正教,经济发达,历史上和现实中与俄关系密切,亲俄。西部以乌克兰人为主,信天主教,操乌克兰语,经济落后,靠近欧洲,亲欧反俄。两者历史发展道路不同。在二战中的表现也不同,西部与德国有较多合作,东部坚持抗德卫国。乌克兰作为独立的民族国家的历史不长,国家认同不深。人们对于民族的认同超过了对乌克兰国家的认同,对宗教的信奉超过了对斯拉夫文化的认可。截然对立而又势均力敌的政治分野使乌克兰政局动荡,多年难以平稳。十年(2004年)前就发生过著名的"橙色革命"。两股力量势均力敌。乌克兰在外交上左右为难,首鼠两端。它既是俄罗斯主导的独联体的成员国,签订了独联体自由贸易协议,又是北约和平伙伴关系国,是西方支持的反俄罗斯"古阿姆"集团的创始成员和首领。

其次,是大国博弈。包括俄、欧(德、法、英)以及美国。从民族、文化来看,俄罗斯与乌克兰是亲兄弟。如果说俄罗斯是东斯拉夫人中的老大,那么乌克兰就是老二,白俄罗斯是老三。俄乌之间有非常紧密的地缘、血缘、文化、经济和政治联系,有三百多年统一国家的历史,基辅是俄罗斯文明的发祥地。中西方学者几乎达成的一个共识就是:没有乌克兰,俄罗斯就不是一个欧亚帝国;有了乌克兰,俄罗斯就自动成为欧亚帝国。以俄为一方,希望乌克兰亲俄,成为缓冲地带。乌克兰以其重要的经济实力、科技基础、自然条件,普京力图把它拉入欧亚经济联盟。

以欧美为一方,希望乌克兰亲西方。欧美一直没有放弃对乌克兰进行和平演变和颜色革命。乌是中小国家,西方影响很大,国民以接受西方影响为荣。西方力图把乌克兰拉入以美国为首的北约,以德法等为首的欧洲联盟。

2004年橙色革命,亲俄派被翻盘,亲西方派尤先科上台为总统、季莫申科为总理。但很快分道扬镳,腐败频发,经济恶化。2010年总统大选,亲俄派亚努科维奇当选总统。腐败仍然,经济无起色。以2013年拒签欧盟联系国协定为发端,东窗事发。

美国和欧盟在乌克兰问题上既有相同也有不同。在对付俄罗斯,拉乌克兰入西方,北约欧盟势力东扩等方面是共同的,但北约、欧盟性质和主导力量不同,所追求的目标不同,对待俄罗斯态度不同,所采取的手段不同。美国更喜欢"硬",欧盟倾向于"软"。

国家利益是分层次的。第一个层次是生存(安全)利益,第二层次是发展(经济)利益,第三个层次即影响(国家声望)利益。第一层次的利益是最核心、最根本的。对于美欧来说,乌克兰并非核心利益,而对于俄罗斯来讲,乌克兰确是根本利益。

从地缘上讲,乌克兰是俄罗斯的腿,克里米亚是乌克兰的腿。西方利用乌克兰挤压俄罗斯,俄罗斯不惧威胁叫板欧美,乌克兰叫板俄罗斯,克里米亚叫板乌克兰。欧美想砍掉俄罗斯的腿,俄先卸掉乌克兰的腿,从而使欧美的如意算盘落空。普京的底气来自"三高":克里米亚入俄公投高拥护率,俄议会上院高通过率,普京本人在国内的高支持率。

第三,乌克兰缺乏高瞻远瞩、深谋远虑、得到全体人民拥护的、有超凡能力的国家领导人。在这种国内国际格局下,需要政治家的大智慧,以国家和人民根本利益为原则,走好钢丝,保持平衡,左右逢源,八面玲珑,不走极端,游刃有余,理性平衡,有效整合乌克兰国内各党各派力量。但乌克兰只有政客,目光短浅,自私自利,掌控大局的能力差,总是把自身党派利益看成是全体人民的利益,把自身地区的利益当作是全国的利益,摆不平,搞不定。从尤先科、季莫申科到亚努科维奇历任领导人,争权夺利,贪腐自私,在外交上极端非理性,巴结一方,顾此失彼,东倒西歪,张皇失措,无所适从。新上台的波罗申科—亚采纽克政府至少在开始时期没有很好吸取这个教训,甚至有过之而无不及。这就为乌克兰危机的难以解决埋下了伏笔。

二、乌克兰危机的影响

乌克兰危机影响巨大,后续影响还在继续发酵,没有结束。

首先,危机把当今世界主要政治力量,包括俄罗斯、美国、欧盟、日本,甚至中国都卷入进来,分成明显和不明显的两个阵营,一个是明显的、公开的、以美国为首包括欧盟和日本的西方阵营,对俄罗斯进行谴责、制裁、打压;另一个是以俄为代表的,包括没有公开追随美国,没反对、不批评俄,同情、配合和支持俄,不明显的、不公开的国际力量。如欧亚经济联盟成员、中国、印度等金砖国家。

其次,美国一开始就公开声明不准备对俄用兵,在俄强硬面前表现出怯色。有人批评奥巴马总统软弱,笔者认为其实符合美国利益。在战略上美国是最大的得利方:成功地分化、挑拨了俄欧关系,打断了正在缓解的俄日关系进程,在没有付出多少代价的情况下,就迫使欧、日选边站队,加重了对自己的安全、战略依赖,激活了北约。由于俄与西方的关系的恶化,西方加重了对俄制裁,使俄卢布、金融遭受了重创。

第二,俄欧各有得失。俄态度坚决,不声张,断然出兵,坚决捍卫自己的切身利益,这是俄性格和利益决定的。俄的行动有章法,并非乱来。此次乌克兰危机说明,西方支持反对派主动挑事,已经碰触到俄的战略"底线"。俄断然出兵克里米亚是出于无奈,因为这要付出代价,但也避免了满盘皆输。俄无法、无力全面控制乌全局。反对派武力夺权是事实,但也部分反映了民意。西方不会出兵,没有法律依据,国内民众也未必答应。西方支持的反对派目前基本上掌握了国家政权,乌克兰西去似乎是大势所趋。但毕竟失去了克里米亚和顿巴斯,在短期内也无法把乌克兰拉入欧盟和北约。俄加重了对中国的战略依赖,两国签订了能源大单,加强了各领域的战略合作。乌克兰成为最大输家,国家分裂,人民遭殃。

第三,乌克兰危机或可缓和,但乌克兰问题将久拖不决,长期无解。因为前者可以通过谈判协调,毕竟战争对双方均不利。而后者则取决于决定性的两对矛盾:国内东部与西部的矛盾,国际上俄与欧美的矛盾,乌克兰领导人没有打算,也没有能力解决。虽然目前西方支持的反对派目前基本上掌握了乌克兰国家政权，占了上风。但如果处理不好，矛盾长期得不到解决，不排除乌有进一步内战和分裂的危险。

第四，中国与俄罗斯是战略协作伙伴，与乌克兰关系也比较友好，双方签订了《中乌友好合作条约》，中国同时与欧美保持合作的新型大国关系。中国国家主席习近平提出的"丝绸之路经济带"得到了俄乌双方的支持。"丝带"原来的设想经过乌克兰。由于乌克兰危机和内战的爆发，在短时期内也无望解决，无论是北约、欧盟，还是欧亚经济联盟，丝绸之路经济带，其"东扩"战略或"西进"构想，在乌克兰都没有实现，暂时遭遇挫败。

第五，乌克兰危机不会导致美国放弃"重返亚太"围堵中国的战略。

（1）乌克兰问题只是美俄关系中的一部分，并且不是最重要的一部分，也不是美国核心利益。美对俄只是政治孤立、经济制裁、外交声讨，并未兵戈相见，深度结仇。俄对美反制裁并未下狠手，击中要害。双方都留有余地；

（2）在乌克兰问题上，美俄基本上平分秋色。西方势力占有大部分乌克兰，虽未全胜，但也没输。美国也未付出太大的代价，还达到了孤立、挤压俄罗斯的目的，并使德法主导的欧洲联盟、俄罗斯主导的欧亚经济联盟，中国倡导的"丝绸之路经济带"都遭到了一定的挫败，可以说战略收获不菲；

在叙利亚、伊朗、阿富汗、国际反恐（打击伊斯兰国）、销毁大规模杀伤性武器、全球战略稳定等诸多问题上，美国还需要俄罗斯的合作与配合；

美俄同属基督教文明大家庭，有相同、相似的宗教信仰和文化基因；

从历史来看，美俄作为世界大国，尽管发生过冷战，但从来没有发生过以国家形式出现的正面的、直接的战争。相反，两国在一战、二战中都是盟国。

而美对中国的考量则不然：

（1）中国对于西方包括美国来说，是另外一种政治制度和文明形态；

（2）中国的崛起是全方位的，从经济到军事。而俄罗斯虽然也在复兴，但相对中美的发展，总的来说是走了下坡路；

（3）中国的 GDP 已经全球第二，并在不远的将来有超越美国之势。中美之间的经济联系异常密切。美国是商业立国，十分重视和敏感经济，中国已经成为美国最主要的经济竞争对手，从而对美国的霸权地位形成严重的挑战；

（4）中国模式对西方的影响是革命性，包括对西方的文化自信、理论自信、道路自信，甚至民族自信和优越感构成颠覆性的打击；

（5）从美国在中国东南沿海最近的表现来看，美携经济复苏之势，动作频频，步步紧逼。在东南沿海的争端中，在事关中国的核心利益问题上美国从来不站在中国一边。部分解禁对越南的武器禁运,与菲签订部队互访协定,在钓鱼岛问题上为日本站台,分化大陆与台湾,不承认九段线,挑动"港闹",等等。我国 GDP 是俄数倍,但难以使俄让美敬畏。

三、乌克兰危机思考和启示

1. 国际法重要,国家利益、实力和胆魄也重要。俄的行为符不符合国际法,各有其表,难下定论,但有合理性。"尊重主权和领土完整"和"尊重民族自决权"在国际法中往往同时并存,国际法往往由强者来解释,并且往往只是在力量相对平衡的情况下才发挥作用。俄的活动在国际上虽遭到西方反对,但也得到了一些国家的支持和默认。俄的活动事出有因,包括是应民选总统之邀,保护俄语民众和军事基地。反对派政变夺权不合法,西方的双重标准是事实。克里米亚属于自愿加入俄罗斯,并且是和平归并俄罗斯,不费一刀一枪,当然,是以武力为后盾。

2. 俄在经济总量并不强的情况下,果断出兵,令西方有怯色,令人深思。俄抗压性强的民族性格和金砖之一的经济体能使西方经济制裁难以撼动普京地位。俄美大战几无可能。欧盟制裁非本所愿,日本不过在"打酱油"。

3. 欧美处于强势、优势、攻势,俄处于弱势、守势和劣势,局部处于优势。乌克兰危机本质上是西方颜色革命的继续。叙利亚问题也与乌克兰危机具有一定的相关性。

4. 乌克兰的教训是:走自己独立自主的道路,不能依附于任何国家或国家集团,更不能趋炎附势。政治家不能以本党利益为全体人民利益,不能以本地区利益为全国利益。乌克兰应充当欧亚沟通的平台,而不是大国争斗的舞台。

5. 俄有能力克服困难,但也有教训:能源经济终究不可靠,俄没有掌握国际油气定价权,技术创新是国家现代化的关键,要有金融安全、经济安全意识,开放有度,对接可控。在国际关系中,武力手段虽是被迫,有无奈苦衷,但代价很大并且是不可免的。

6. 西方的教训:手伸得太长,不管不顾,所谓民主的理想主义碰撞到了俄罗斯现实主义,北约、欧盟扩张受挫;如果说俄罗斯得到了克里米亚,失去了乌克兰,那么可以说,西方得到了乌克兰,但失去了俄罗斯!

7. 中国外交比较成功。俄罗斯和乌克兰都是中国的友好国家。在乌克兰危机中,中国的外交客观、公正、平衡、独到,既不明显选边,也不公开追随西方,认为乌克兰事件历史经纬和现实状况都非常复杂,敏感,"事出有因",主张以外交手段政治解决,表现出了成熟的外交艺术和高度的政治智慧,以及中国日益上升的国际影响力和负责任的世界胸怀。中国没反对、不批评俄罗斯,不参加对俄制裁,认为制裁无助于问题的解决,相反,中国加强了与俄在能源、军工、人文等各领域全方位的合作,实际上配合、暗助和支持了俄罗斯,虽然不是公开的。据调查,中国的民意挺俄的较多,普京在中国粉丝不少。普京总统感谢了中国政府和中国人民,说明中俄战略协作伙伴关系在继续推进。同时,中国也大力发展同美国、欧盟的新型大国关系。

8. 对俄合作要讲艺术

在卢布贬值、油价大跌的情况下,俄罗斯需不需要帮助? 当然需要! 它会不会"求助"? 一般不会。为什么? 自尊加自信是也。

俄有独特的民族性格和大国情结,视面子甚于里子,重政治甚于经济,重安全甚于发展,重国家甚于民生,重文化认可甚于物质享受。用一般的逻辑是无法理解俄罗斯的。这就是西方制裁愈厉害,普京支持率愈高的原因。俄驻华大使杰里索夫高调说俄不需要中国的"援助",而是中国的支持。

作为最大邻国和战略协作伙伴,中国应不应该出手相助? 答案其实非常清楚。发展中俄关系不应以国际形势和其他因素所左右。我国政府已经明确地表达了愿在力所能及范围协助俄罗斯克服危机的态度。关键是,如何帮助? 而这些帮助又是俄罗斯所需要的,愿意接受的,并且中俄双方互利双赢,皆大欢喜? 笔者认为,俄不会饥不择食。中俄合作,是要讲艺术的。

通过对俄提供帮助,中国不仅能得到自己应该得到的政治、安全、经济等红利,而且更重要的是中国将在国际上树立负责任、能担当的、高瞻远瞩的大国形象。对于展示自己作为上合和金砖体制创始国和领导者的"硬实力"和"软实力"而言,是加分的,正能量的。笔者认为是中国大显身手、展示外交艺术和风格的时候到了!

第三十六章

金砖与上合:新兴大国机制化建设的实践

——一种对国际机制化建设理论的探讨

作为不同于西方大国的新兴大国,它们的设想和诉求与西方大国存在很多的不同,在国际秩序层面主要致力于推动国际关系民主化和国际政治多极化。因此,新兴大国主导下的金砖和上合的机制化(institutionalization)建设将可能会不同于西方。通过对比分析,金砖和上合在主导性力量中心、机制合法性和实效性等方面具有相似之处。目前两者都处于机制化建设的过程中,可以互相对比、参照进行机制化建设。而且,冷战后国际机制建设的热潮主要集中在发展中国家,对具有典型性的金砖和上合机制化进行研究对于促进国际机制化建设具有重要意义。

本章将主要从主导性力量中心、核心功能和机制化程度三个重要方面对金砖与上合机制化建设进行比较,在此基础上构建国际机制的机制化建设理论,为新时期的国际机制化建设提供参考。

一、金砖与上合的机制化建设

(1)金砖与上合的机制化建设比较

2001 年 11 月,高盛集团最早提出了"金砖四国"(BRICs)的概念。2006 年 9 月,四国外长首次会晤并形成惯例,这标志着金砖机制化的发端。2009 年 6 月,四国领导人首次会晤,从主权国家的最高层面认可这一机制,并自此推动金砖机制化进入快速发展的轨道。2010 年 12 月,金砖四国正式吸收南非加入,成为"金砖国家"(BRICS)。这一举动提高了机制的代表性,预示着金砖的全球影响力。2014 年 7 月,五国领导人第六次会晤正式确定成立金砖国家新开发银行,标志着金砖组织化的开始。目前金砖已经形成了包括领导人会晤、安全事务高级代表会议、外长会晤、专业部长会晤、协调人会议、常驻多边机构使节不定期沟通以及各领域务实合作在内的多层次合作机制。

在"金砖四国"作为一个概念提出的同时,上合正式成立。它的前身是成立于1996 年 4 月的"上海五国"机制,是为加强边境地区军事信任和睦邻友好而设立的机制。"三股势力"的威胁又促使该机制向国际组织的形式发展。[①] 2003 年 5 月,上合第三次元首理事会批准设立秘书处和地区反恐怖机构两个常设机构。2004 年 6 月,上合第四次元首理事会批准了《上海合作组织观察员条例》,蒙古、巴基斯坦、伊朗、印度、阿富汗五国相继获得观察员国地位。2014 年 9 月,上合第十四次元首理事会一致通过了《给予上海合作组织成员国地位程序》和《关于申请国加入上海合作组织义务的备忘录范本》修订案,为组织扩员打开了大门。2015 年 7 月,上合第十五次元首理事会正式启动接收印度、巴基斯坦加入上合组织程序。上合目前在各个领域都有进行约束的相关文件和制度,而且已经形成了包括元首理事会、政府首脑理事会、议长、安全会议秘书、外长、各专业部长及司法、国家协调员等定期会晤机制,设立了秘书处和地区反恐怖机构两个常设机构。2010 年,中国曾经提出建立上合开发银行。

通过对比可以发现,金砖与上合的机制化程度存在差异。上合机制化程度较高,金砖却相对滞后,制度化、组织化程度低。从形式上来说,上合可以归类为正式机制,是一个具有严格意义的国际组织;而金砖可以归类为非正式机制,是一个论坛形式的对话机制。从目前金砖与上合的机制化建设实践来看,它们彼此之间也可以互相参照,如上合完善的机制架构、法律文件和常设机构是金砖机制化方向的参照,金砖的新开发银行是建立上合金融机构的参照。

(2)金砖与上合机制化建设的主要方面

通过比较,我们可以发现,金砖与上合的机制化建设主要体现在以下三个方面:

第一,两个机制中都有共同的主要成员国——中俄

中俄是金砖和上合的主要成员国。进入 21 世纪后,俄罗斯加强了在地区和国际层面的外交作为,推动独联体(Commonwealth of Independent States,CIS)范围内的安全和经济整合,跻身八国集团参与全球治理,并联合新兴大国促进世界多极化进程。其中,在 2001 年,中俄联合推动"上海五国"机制发展为上海合作组织,俄罗斯是其中的主导者之一和积极推动者;[②]2006 年,在俄罗斯倡议下,巴西、俄罗斯、印度、中国四国外长首次会晤,由此开启了金砖国家的历程。可以说,俄罗斯是推动金砖由投资概念到联合的主要倡导者,也是其最成功的国际倡议

---

① 许涛:《论上海合作组织的机制化》,载《现代国际关系》2003 年第 6 期。

② 参见:林珉璟、刘江永:《上海合作组织的形成及其动因》,载《国际政治科学》2009 年第 1 期;李兴、王晨星:《上海合作组织:发展与前景》,载《领导文萃》2012 年第 11 期。

之一。①

　　与此同时,中国继续坚持以经济建设为中心的战略,外交服务于经济建设;并伴随着实力的增长和实际需要,加强多边外交维护自身安全和推动国际体系变革。2001 年,中国倡导建立上海合作组织,成为维护中国西北周边安全的支撑平台之一。② 在"金砖之父"吉姆·奥尼尔(Jim O'Neill)看来,中国是目前唯一与称谓相匹配的"金砖国家"。③ 借助中国的资本实力,金砖国家共同发起成立金砖国家新开发银行和应急储备安排,成为推动国际金融体系变革的重要工具,也是中国谋求推动国际政治经济秩序朝着更加公正合理的方向发展的重要体现。

　　实质上,中俄是两个机制发展的主导性力量。"上合组织是否有前途,是否有生命力,从根本上来说取决于中俄两国战略构想是否一致或大体吻合。"④虽然金砖的未来取决于中国,⑤但是俄罗斯的作用同样不可忽视。俄罗斯外交传统悠久,纵横捭阖,具有创新意识。无论是金砖的成立,还是其发展,其中都有俄罗斯的推动和创新。新时期,发挥中国的经济实力和俄罗斯的政治实力,以中俄为主导推动金砖的发展是切合实际的选择。

　　第二,两个机制的核心功能都得到了坚持和深化

　　机制功能是维系成员国团结和机制发展的关键因素,其中的核心功能作为基础决定着组织的长期存在。⑥ 经过多年的发展,金砖与上合的核心功能都得到了深化。1996 年,"上海五国"刚刚成立时主要致力于维护边境地区的和平与稳定,增强军事互信;1998 年,五国领导人阿拉木图会晤强调打击"三股势力"和加强经济合作;2001 年,上合成立以后,重点突出的是其安全和经济合作特征。⑦ 但是,在实际的运行中,上合更加突出的是其安全功能,重点打击"三股势力"和维护地

①　Roberts C. , Russia's BRICs Diplomacy: Rising Outsider with Dreams of an Insider // Polity, 2010, No. 1.

②　李兴、牛义臣:《上合组织为何不足以支撑中国西北周边安全战略》,载《国际安全研究》2013 年第 4 期。

③　Magalhaes L. , China Only BRIC Country Currently Worthy of the Title – O'Neill // The Wall Street Journal, August 23, 2013.

④　李兴:《论上海合作组织的发展前途——基于中俄战略构想比较分析的视角》,载《东北亚论坛》2009 年第 1 期。

⑤　Roberts C. , Russia's BRICs Diplomacy: Rising Outsider with Dreams of an Insider // Polity, 2010, No. 1.

⑥　王志远、石岚:《上海合作组织经济合作的主要障碍与对策分析》,载《新疆师范大学学报(哲学社会科学版)》2013 年第 6 期。

⑦　张德广:《总结经验　深化合作　推动上海合作组织迈向新的辉煌》,载《求是》2006 年第 12 期。

区安全。2002年,上合开始在框架内进行"和平使命"联合反恐军事演习,到2014年已经成功举办了十次;2004年,设立了地区反恐怖机构作为常设机构;2014年防长会议,中方倡议建立上合反恐中心,得到俄罗斯的积极响应。与此相对,上合的经济功能却进展缓慢,中方倡议的上合开发银行和自贸区没有得到落实;而且在俄罗斯主导的欧亚经济联盟成立后,上合框架内的经济合作一定程度上面临着更大的挑战。①

与上合不同,金砖的经济核心功能不断得到强化。2009年,金砖领导人会晤声明开篇就强调了G20领导人金融峰会对国际经济的作用,并承诺推动国际金融机构改革;2013年,领导人会晤支持建立一个新的开发银行和应急储备安排;2014年,领导人会晤正式签署成立金砖国家新开发银行和应急储备安排协议;2015年,金砖银行举行首次理事会会议,确定了银行的董事会和执行层成员,并争取2015年底或2016年初启动运营;同时,领导人会晤通过了《金砖国家经济伙伴战略》,有利于加强成员国间的经济合作。在金砖的发展过程中,它的政治功能有所提升,强调经济与政治两条腿走路,有意成为全球经济与政治领域重大问题进行协调的全方位机制。2014年和2015年领导人会晤宣言中都有将近三分之一的内容涉及国际政治热点问题,超过往届宣言对这些问题的阐述。但是,关于国际政治问题的阐述大多放在经济问题之后。

第三,两个机制的机制化程度不断提高

国际机制的机制化是指要求成员国行为受制于被普遍接受的准则、规则和惯例,②其主要表现是制度化程度及其在制度化基础上运作的组织化程度。上合成立后,其机制化程度不断提升。目前,上合已经形成了包括成员国元首理事会、政府首脑理事会等决策机构以及议长、安全会议秘书、外交、国防等部门和专业领域的十九个定期会晤机制,国家协调员理事会负责组织协调工作;组织的宪章、条例等上百份具有法律效力的文件规范了组织运作;设立秘书处和地区反恐怖机构作为组织日常运作和打击"三股势力"等安全合作的常设机构;银行联合体、实业家委员会、工商论坛、上合论坛、上合大学等民间机制发挥重要的支撑作用。整体上,上合规章制度健全,管理架构完善,制度化程度和组织化程度高,充分保证了组织的有序运行。

从形式上来说,金砖是一个非正式机制,整体松而不散:领导人会晤机制是其

① 王志远、石岚:《上海合作组织经济合作的主要障碍与对策分析》,载《新疆师范大学学报(哲学社会科学版)》2013年第6期。
② 倪世雄等:《当代西方国际关系理论》,复旦大学出版社2001年版,第362页。

核心,安全事务高级代表、外长、专业部长、协调人、常驻多边机构使节不定期沟通,各个高官会、工作组以及工商理事会、智库理事会等发挥支撑作用;具有法律约束力的文件主要是《新开发银行协议》和《金砖国家应急储备安排成立协议》等;新开发银行成为金砖第一个具有实质意义的日常运作机构,"自我管理"性质[①]的应急储备安排并没有实体机构作为支撑,俄罗斯倡议设立金砖"虚拟秘书处",但目前没有实质性进展。

二、金砖与上合机制化建设的三个主要方面分析

中俄作用的发挥,核心功能的深化和机制化程度的提高,成为金砖和上合机制建设的三个主要方面。在实践中,它们对机制建设起到了重要的作用,成为机制化的主要推动者,机制化合法性和实效性的主要来源。

(1)主导性力量中心:机制化的主要推动者

中俄是金砖与上合机制发展的主要推动者。甚至可以说,中俄是金砖与上合的主导性力量中心。中俄都是安理会常任理事国,具有重要的政治、经济和军事影响力,是世界公认的具有全球影响力的地区性大国。它们的合作对金砖和上合发展产生了重要的影响力。金砖机制最大的优势是各成员国的发展潜力,但是从目前的情况来看,金砖的经济发展动能大多来自于中国。[②] 而金砖机制的发起、成立与机制发展都与俄罗斯有着密切的关系。俄罗斯是金砖机制成立的倡议者和发展的推动者,金砖外交体现了俄罗斯的外交智慧。[③] 因此,中俄合作成为金砖机制发展的主要动能,共同构成金砖机制的主导性力量中心。与在金砖机制内扮演的角色有所不同,中国是上合机制的倡议发起国,并为推动机制发展和功能完善做出了贡献。俄罗斯虽然也是上合的主导者之一,但是也是在中亚地区存在的其他多边机制的主导者,这些多边机制与上合存在竞争关系,影响了上合的机制发展和发挥作用。[④] 但这并不能否认俄罗斯是上合主要推动者的角色。

中俄在金砖和上合内的地位体现了大国在国际机制内的作用,因为国际机制多由霸权国主导建立或主要大国协调建立。[⑤] 在现实主义看来,霸权国通过建立

① 朱杰进:《金砖国家合作机制的转型》,载《国际观察》2014 年第 3 期。
② Magalhaes L., China Only BRIC Country Currently Worthy of the Title – O'Neill // The Wall Street Journal, August 23, 2013.
③ 有学者认为,金砖国家在某种程度上是俄罗斯外交努力和智慧的"成果"。参见:肖辉忠:《试析俄罗斯金砖国家外交中的几个问题》,载《俄罗斯研究》2012 年第 4 期。
④ 孙壮志:《上海合作组织机制建设的思考与建议》,参见:冯绍雷主编:《上海合作组织发展报告(2013)》,上海人民出版社 2013 年版,第 114 页。
⑤ 王杰主编:《国际机制论》,新华出版社 2002 年版,第 220 页。

国际机制来维持现状和获得更多利益。[①] 因此可以说,霸权国是许多国际机制的主导创造者和维持者。但自由主义却认为,"国家为促进互益性合作而建立国际机制",[②]同时强调国际机制在很大程度上是由体系中追求自身利益的最有力的成员所设计。[③] 与现实主义不同,自由主义重点强调的是基于共同利益或互补利益的合作对建立国际机制的基础性作用,其中大国(并不必然是霸权国)是建立国际机制的设计者和推动者,甚至是主导者。也就是说,在没有霸权的情况下,通过合作成就机制,合作成为国际机制的基础,而且通过机制促进合作,其中起主要作用的是大国或大国集团。

基欧汉(Robert Keohane)认为,合作是通过谈判的过程使行为体的行动趋于一致,也就是通过政策协调达成一致。[④] 这为国际机制内的大国合作提供了一种新的模式,即大国协调。不同于美国霸权下关系等级性和不平等性[⑤]的结盟外交,以中国为代表的新兴大国倡导基于平等和不结盟的伙伴外交,实质就是新兴大国协调,典型是金砖国家机制。中俄合作不仅促成了金砖和上合的诞生,而且促进了它们的发展。中俄是金砖的主要推手,[⑥]是上合的心脏。[⑦] 国际机制都需要作为主导的领导力量,[⑧]中俄无疑是金砖和上合机制化的主要推动者,是两个机制的主导性力量中心。

(2)核心功能:机制化的合法性所在

金砖与上合的合法性因核心功能的深化而得到普遍认可。金砖的核心功能在于经济,促进成员国经济发展和国际经济秩序变革,具体说就是"内谋发展、外促改革"。[⑨] 金砖最初是指巴西、俄罗斯、印度和中国四个具有巨大发展潜力的新兴市场经济体,无论是其作为概念提出还是成立后的中心议题,无不围绕经济展开,重点推动国际金融机构改革。从2009年的第一次会晤到2015年的第七次会晤,金砖领导人一直强调推动国际金融机构改革。成立金砖银行和应急储备安排

---

① 倪世雄等:《当代西方国际关系理论》,复旦大学出版社2001年版,第296页。

② [美]罗伯特·基欧汉:《霸权之后:世界政治经济中的合作与纷争》,上海世纪出版集团2012年版,第XXIII页。

③ 同上,第62页。

④ 同上,第51页。

⑤ 邝云峰:《美国的朝贡体系》,载《国际政治科学》2013年第4期。

⑥ [俄]Г. 托洛拉亚:《金砖国家长期方略:俄方观点》,载《俄罗斯文艺》2014年第1期。

⑦ Kuchins A., Russia and China: The Ambivalent Embrace // Current History, 2007, No. 702.

⑧ 有学者认为,国际组织需要作为主导的领导力量。笔者认为,国际机制同样需要作为主导的领导力量。参见:林珉璟、刘江永:《上海合作组织的形成及其动因》,载《国际政治科学》2009年第1期。

⑨ 朱杰进:《金砖国家合作机制的转型》,载《国际观察》2014年第3期。

是对改革无法落实的回应,是"积极参与完善国际金融架构,以一种补充的方式增加发展资源的多样性和可及性,维护全球经济稳定"的重要举措。而且第六次会晤宣言提出,"将金砖国家之间经济合作提升至高质量的新水平","确立金砖国家经济合作路线图",建议制定"金砖国家更紧密经济伙伴关系框架"和"金砖国家经济合作战略"。① 2015 年第七次领导人会晤最大的成果之一,就是通过了以贸易投资为核心内容的《金砖国家经济伙伴战略》。

上合的核心功能在于安全,致力于维护地区稳定和共同打击"三股势力"。也就是说,安全合作是上合的根基。② 2001 年,它"成为一个具有明确纲领和宗旨、健全的组织机构、严格运作规则的现代国际组织"。③ 随着形势的发展,打击"三股势力"成为安全合作的主要内容。④ 2004 年设立了常设机构——地区反恐怖机构,促进成员国在打击"三股势力"中的协调与合作。"通过联合反恐演习、大型国际活动安保、情报交流会议、打击网络恐怖主义联合工作小组等合作机制的建立,本组织成员国打击'三股势力'的务实合作得到了不断推进和深化。"⑤在 2014 年杜尚别峰会上,习近平主席提出继续完善执法安全合作体系,尽快赋予地区反恐怖机构禁毒职能,并在此基础上建立应对安全挑战和威胁中心,建议商签反极端主义公约,研究建立打击网络恐怖主义行动机制,定期举行贴近实战的联合反恐演习等。2015 年乌法峰会确定,以《上合组织至 2025 年发展战略》为基础,共同努力打击地区和全球性安全威胁是成员国的优先任务之一。⑥ 这些将进一步深化上合的安全功能。

国际机制的功能主要是为了满足行为体需要或达到一定的目标。⑦ 而"国际

① 《金砖国家领导人第六次会晤福塔莱萨宣言》:http://news. xinhuanet. com/world/2014 - 07/17/c_126762039. htm
② 习近平:《凝心聚力 精诚协作 推动上海合作组织再上新台阶——在上海合作组织成员国元首理事会第十四次会议上的讲话》:http://politics. people. com. cn/n/2014/0913/c1024 - 25653631. html
③ 王金存:《具有历史意义的跨越——从"上海五国"到"上海合作组织"》,载《世界经济与政治》2001 年第 9 期。
④ 张德广:《总结经验 深化合作 推动上海合作组织迈向新的辉煌》,载《求是》2006 年第 12 期。
⑤ 《专访:上合组织地区反恐怖机构将发挥更重要作用》:http://news. xinhuanet. com/politics/2014 - 09/10/c_1112423677. htm
⑥ 《上海合作组织成员国元首乌法宣言》:http://news. xinhuanet. com/world/2015 - 07/11/c_1115889128. htm
⑦ Herbert A. S. , Rationality as Process and as Product of Thought // The American Economic Review, 1978, No. 2; [美]罗伯特·基欧汉:《霸权之后:世界政治经济中的合作与纷争》,上海世纪出版集团 2012 年版,第 98 页。

机制的建设性功能是其得以建立、保持的最根本原因",一旦机制的功能得到实现和深化,就会在参与者中产生正面预期,从而巩固其存在。① 国际机制的功能需要集中在一些议题领域。它们是一些需要通过共同协商或者紧密协调的手段进行处理的议题。② 在国际机制发展的过程中,这些议题领域具有相对的集中性,保证了机制的延续和手段的传承。金砖的经济功能特别是推动国际金融机构改革的努力使金砖机制得以延续,成立金砖银行和应急储备安排成为实质性举措;从成立以后的长期实践来看,上合维护地区稳定的安全功能是相对较为容易达成共识的领域,③从而促进了机制的发展。

(3)机制化程度:机制化的实效性所在

金砖与上合的制度建设和组织建设提高了两个机制的机制化程度。金砖的制度建设和组织建设主要体现在《新开发银行协议》和金砖银行的成立。在此之前,金砖的机制建设主要围绕各层面、各领域的对话机制展开,没有实质性的机制建设举措。《新开发银行协议》对银行的功能目标、成员资格、投票权分配、资本结构、股权分配、总部所在地、管理架构和运作执行等做了详细的规定,是对金砖成员国进行约束的有力文件;金砖银行作为一个国际金融机构,是类似世界银行一样的国际组织,是金砖在国际金融领域发挥作用的有效载体。上合的制度建设和组织建设相对成熟完善,目前已经签署了上百份具有法律效力的文件,涉及合作领域、组织架构、对外关系、成员扩大等许多方面,而且还成立了秘书处、地区反恐怖机构、银联体、实业家委员会等具体机构。上合本身作为一个区域性国际组织,在地区稳定方面发挥了重要作用。

国际机制的实效性主要是指机制的执行落实情况。④ 国际机制的执行首先需要认可和遵守,也就是承认其合法性。但是协议越深入,越需要惩罚来作为支撑。⑤ 也就是需要相关组织或机构来落实和执行。协议的深入和机构的执行,意味着国际机制化程度的提高。确切地说,协议的深入是对行为体制度约束力的增强,机构的执行是对机制组织执行力的提升。因此,国际机制的机制化程度主要

---

①　王杰主编:《国际机制论》,新华出版社 2002 年版,第 84 页。

②　[美]罗伯特·基欧汉:《霸权之后:世界政治经济中的合作与纷争》,上海世纪出版集团 2012 年版,第 60 页。

③　赵华胜:《上海合作组织的发展路径》,载《新疆师范大学学报(哲学社会科学版)》2012 年第 2 期。

④　卢静:《金砖国家对西方意味着什么——变革与猜测中不可回避的"他者"》,载《人民论坛·学术前沿》2014 年第 18 期。

⑤　Downs G. W. ,Rocke D. M. and Barsoom P. N. Is the Good News about Compliance Good News about Cooperation? // International Organization, 1996. No. 3.

体现在制度约束和组织执行两个方面,即"机制化的成果通常需要达成协议或成立相关机构来落实和执行"。① 机制化程度提高有利于机制的执行落实,制度约束和组织执行也就相应成为国际机制化的实效性所在。而在机制化程度方面,金砖与上合存在差别,因此,它们的执行落实也存在差别。

与上合相比较,金砖的机制建设处于起步阶段,无论是制度约束还是组织执行都在探索实践。对于金砖来说,其机制建设最大的标志是成立统一的秘书处。② 无论是各成员国国内发展政策的交流,还是对国际问题处理和国际秩序改革的关注,都需要一个具体的执行机构来协调,这样才能使金砖机制发挥更大的作用。而且"着眼于长远发展,设立秘书处等常设机构是金砖国家机制提高行动能力的必然举措"。③ 总之,设立金砖秘书处具有一定的必要性。同时,在金融领域实现机制突破的基础上,探索在能源、贸易等领域进行机制建设。

三、对国际机制化建设理论的探讨

金砖和上合作为主要由新兴大国推动成立的国际机制,其逻辑与西方大国的国际机制有所不同。但是,作为发端于西方的国际机制理念和实践,它们有其内在的逻辑。因此,新兴大国的机制化建设实践更多表现为外在逻辑的创新。而且,机制化的模式也是亦步亦趋,并没有实现完全的超越。作为机制化建设的主要内容,对它们认识的深化是新时期国际机制化建设的一种重要参考,可以初步构建一种理论的框架。

(1)新兴大国机制化建设的努力

冷战结束以后特别是进入21世纪后,国际机制的发展呈现活跃的趋势,主要表现是新兴大国引领下的机制化建设热潮,主要特征是彰显与西方主导的国际机制不同的外在逻辑,即成员新——主要由发展中国家组成并由新兴大国主导,理念新——包容性发展和合作安全,形式新——大小国一律平等,目标新——追求国际政治经济新秩序等。这些实践为国际机制化建设提供了新的参照,与美国主导的、已经成形的、存在等级和不平等的国际体系不同,它们多由新兴大国主导、处于初创阶段、践行主权平等。新兴大国机制化建设的努力虽有所创新,但往往是国际机制外在逻辑与内在逻辑的结合。

---

① 曹玮、王俊峰:《G20机制化建设与中国的对策》,载《亚非纵横》2011年第4期。
② 蒲俜:《金砖国家机制在中国多边外交中的定位》,载《教学与研究》2014年第10期。
③ [美]罗伯特·基欧汉:《霸权之后:世界政治经济中的合作与纷争》,上海世纪出版集团2012年版,第106页。

　　西方(美欧)长期垄断着国际关系的主导权和国际机制的制定权,迄今为止的国际机制在建构中仍然难以超越这些机制规则所奠定的思维框架。[①] 如金砖建立的金砖银行和应急储备安排是对世界银行和IMF的模仿。实质是,国际机制的建立和发展有其内在的逻辑。在特定时期,新兴大国及发展中国家都无法实现对这些内在逻辑的超越。这些内在逻辑主要包括:主导性力量中心、功能定位和机制建设。国际机制具有主体间特质,需要行为体行为的透明和达成一致期望。主导性力量中心虽然作为主要推动者推动了机制的形成,但是如何获得认可和遵守以至执行是机制维持和发展的关键。认可、遵守和执行都要尊重行为体的主体间性,充分尊重他国的利益和诉求。机制的功能定位发端于成员国共同的诉求,如上合对安全的需要和金砖对国际金融体系变革的要求。随着机制的发展,功能虽有所变化,但是原有的培育出来的相互信任感将继续促进机制的演化。[②] 机制建设主要体现为制度建设和组织建设,它们是保证机制运作的两个主要方面。而机制的成功运作,取决于行为体要按照机制所规定的内容而实施的管制、程序和项目措施来改变自己的行为。[③] 无论是制度,还是组织,它们可以汇聚行为体的行为预期,改变行为体的利益偏好,协调和调整行为体的政策和行动,[④]减少主体间行为的不确定性。因此,内在逻辑的主要内容始终以尊重主体间行为作为根本,保证了国家对别的国家行为"相互预期"的可靠,实现了国际机制的建立和发展。

　　在实际运作过程中,美国主导的国际机制和新兴大国主导的国际机制产生了明显的外在逻辑不同,主要是主体间地位的差异。美国主导的国际机制存在等级和不平等,新兴大国主导的国际机制大小国一律平等。后者在原有思维框架的基础上,表现出蓬勃的生命力,典型是中国倡导成立的亚投行(Asian Infrastructure Investment Bank, AIIB),意向创始成员国囊括了全球五大洲在内的五十七个国家。合作是国际机制的基础,两者之间的差异也体现了合作内涵的差异。美国主导的国际机制是霸权领导下的不对称合作,具有强权的特征,以结盟为主要取向;新兴大国主导的国际机制是基于主权平等的对称性合作,具有自主自愿的特征,以结伴为主要取向。而且,美国得了一种因霸权而产生的怪病:不愿调整以适应

① Crawford M. R. , Regime Theory in the Post – Cold War World: Rethinking Neoliberal Approaches to International Relations, Dartmouth: Dartmouth Publishing Company, 1996, p. 4 – 6.

② [美]罗伯特·基欧汉:《霸权之后:世界政治经济中的合作与纷争》,上海世纪出版集团2012年版,第79页。

③ [美]奥兰·扬:《世界事务中的治理》,上海世纪出版集团2007年版,第68页。

④ [美]罗伯特·基欧汉:《霸权之后:世界政治经济中的合作与纷争》,上海世纪出版集团2012年版,第VII页。

变化。^① 这样就可以理解，为什么 IMF 和世界银行因为美国的原因而没有进行有效的改革。

（2）对国际机制化建设理论的探讨

在斯坦利·霍夫曼（Stanley Hoffmann）看来，除了国际机制形成的共同利益，国际机制的发展还需要具备一些特定的条件，主要包括：必须有一个在国际社会占支配地位的大国，存在一个共同的目标——安全和发展，成员国认同谈判和协商的手段是最好的途径。^② 这实质上是对国际机制发展主要推动者、功能定位和机制建设内涵的强调，也就是对金砖与上合机制化发展过程中的三个主要方面的强调，即主导性力量中心、合法性和实效性。这些正是国际机制建设的内在逻辑。

金砖和上合是由中俄推动建立的国际机制，目前正处于机制化建设的过程中，还没有发展成为类似联合国、IMF、世界银行性质的成熟国际机制。虽然已经取得一定的成果，但是有待深入发展：金砖缺乏执行落实的有效实施平台，上合的经济合作滞后。这说明了机制建设的高成本，从金砖和上合的实际来说分别就是构造机制和达成一致的成本。而在基欧汉看来，机制建设的高成本有助于机制的延续。^③ 同时，发展中国家实现国际政治经济秩序变革需要时间。虽然发展中国家特别是新兴大国希望实现对西方的超越，但是在较长的时间范围内，所谓的新型国际机制建设仍将遵循原有的内在逻辑。

这些内在逻辑正是促进机制建设的主要方面，并可以构建一种国际机制化建设的理论。首先，机制建设需要一个主导性力量中心。在奥兰·扬看来，研究机制形成的学者钟情于"霸权"（hegemony）或"主导权"（dominance）。这恰恰说明了主导性力量中心对于机制建设的重要性，作为发动机推动机制的形成和发展。这就如同中俄在金砖和上合内承担的角色。其次，机制建设获得了成员的认可和遵守，即具有合法性。机制建设的初期一般缺少实质性的制度和组织约束，通常的做法是培养成员之间的信任感。金砖合作突出表现在经济领域，成员国谋求建设更紧密经济伙伴关系，成立金砖银行和应急储备安排，增强各国经济实力，这是金砖合作的核心动力。^④ "上海五国"边界谈判形成的信任关系为上合打下了基

---

① ［美］罗伯特·基欧汉：《霸权之后：世界政治经济中的合作与纷争》，上海世纪出版集团2012年版，第173页。

② 倪世雄等：《当代西方国际关系理论》，复旦大学出版社2001年版，第363－364页。

③ ［美］罗伯特·基欧汉：《霸权之后：世界政治经济中的合作与纷争》，上海世纪出版集团2012年版，第103页。

④ 《专家解读习近平在金砖国家领导人会晤上的讲话》：http://news. xinhuanet. com/world/2014－07/16/c_126761996. htm

础,而安全利益的扩大是上合由机制成为组织的核心动因。① 同时,安全问题的存在使上合的机制化不断深化。第三,机制建设的成果保证了机制的执行落实,即具有实效性。机制建设成果主要体现为制度约束和组织执行。金砖银行协议和组织建设成为金砖机制建设的典型成果;上合的各个会晤机制、法律文件及常设机构充分证明了其机制建设的成就。这些都将有利于机制的执行落实,保障了机制的发展。有学者认为,合法性和实效性是机制有效性(effectiveness)的来源,有利于机制的维持。② 但对于仍处于机制建设过程中的金砖和上合来说,机制发展要比维持更重要。这也符合新兴大国的集体身份特征,与西方主导的国际机制相比较,机制建设处于探索实践的过程中。

以上三者是机制化建设的主要方面,缺一不可。主导性力量中心是核心,功能定位是基础,机制建设是保障。三者是新兴大国机制化建设实践的提炼,共同构成机制化建设的理论元素,构建一种机制化建设的理论框架。

四、结语

金砖和上合作为主要由新兴大国推动建立和建设的国际机制,随着国际形势的发展和新兴大国能力的增强,出现了功能定位深化和机制化程度提高的趋势。通过分析,我们发现它们的机制化建设主要受三个方面的影响:主导性力量中心、功能定位和机制建设,其中主导性力量中心是机制化的主要推动者,功能定位的深化增强了成员国的认同感,机制建设有利于机制的执行落实。以上三者的结合构建了一种国际机制化建设的理论。对于处于机制化建设过程中的国际机制来说,这个理论具有一定的适用性。

以上三个方面同样可以看作是金砖与上合的相似点。金砖和上合都是由中俄联合主导,各自的核心功能得到深化和发展,制度建设和组织建设逐步深入。从机制化领域来说,金砖和上合可以互相借鉴。金砖学习上合的法律制度和常设机构建设经验,上合借鉴金砖的金融机构建设经验,推动两个机制的发展完善;从机制化程度来说,金砖的机制化建设可以借鉴上合,因为它们在主导性力量、理念诉求等方面都存在相似之处。

---

① 林珉璟、刘江永:《上海合作组织的形成及其动因》,载《国际政治科学》2009 年第 1 期。
② 卢静:《金砖国家对西方意味着什么——变革与猜测中不可回避的"他者"》,载《人民论坛·学术前沿》2014 年第 18 期。

第三十七章

中美之间的俄罗斯:世界秩序、金砖国家、亚太一体化

近些年,美中俄之间的相互依存关系有明显增长,这种关系体现在,三方当中的任何一国都会对双边或三边之间的关系发展做出敏锐的反应。宏观经济与金融联系、多领域紧密相连与中美发展模式的相互制约并存;另外一方面,中俄在很多空间利益上的相似性,决定着他们在对外政策上的高度协调性。

美俄之间相互吸引的因素越来越少。美国在面对一个异己的、充满政治问题却又拥有核武器的莫斯科时,患有"恐惧综合征"。同时还在一定情况下抱有借俄罗斯之力共同解决热点问题和应对核门槛国家的愿望。美俄关系的正向利益结构发展还不成熟。当前的目标而言,包括核安全保障、维护国内地位的合法性和在后苏联空间的秩序维持方面,俄罗斯的精英需要美国。俄罗斯 2011—2012 总统大选之后,美俄关系已经出现消极的势头。缺少这种合法性,双边问题就凸显了。

与此同时,在世界秩序遭到破坏,政治军事力量扩散,中亚和大中东局势日趋不稳定,资源和粮食短缺不断加重,以及地球生态等一系列问题面前,美俄之间具有积极意义新议程产生的必要性早已成熟。正是新的议程,而不是对陈旧议程的重提,才能为两国关系增加活力和前景。

尽管中美之间"巨大的双赢"理念存在虚幻性,但仍具有多重意义。它不仅是奥巴马外交计划的创建性成果,同时也是白宫对于中俄"兄弟"关系扩大化"嫉妒"的一个明显表现。这种"嫉妒"甚至在一些细节当中也体现出来了。奥巴马的中国之行存在明显的意图,即在中国平台上与俄罗斯展开软实力的较量。在奥巴马的作用下,中美关系的很多倡导具有了类似于中俄关系(2006 中国俄罗斯年、2009 中国俄语年等)的特征。在 2009 年奥巴马第一次对中国进行国事访问中,即宣布了科学、文化、商业贸易的远景规划。2012 年大选中,奥巴马与罗姆尼就中国问题辩论时存在明显不同,他强调与中国的关系具有包括强烈意识形态层面的多层次和全面性。

从另一方面看,中美之间经济协作的成功,两国将近五千亿美元的贸易额,在

心理上给俄罗斯造成压力。莫斯科比中国更加关心中俄贸易额的下滑,和俄过时的贸易结构。与此同时,莫斯科官僚依据事实得出的这些结论,暂时与俄罗斯的深层利益关系不大。十年之内中俄贸易额达到二千亿美元的计划,从2011年开始在中俄公报当中经常被提及。如果达到的话,最快的方式也是依靠俄罗斯对华出口石油和中国的轻工业等贸易产品的对俄出口,而这并不能改善俄罗斯经济现有的不平衡状况。专家们有理由指出,在中俄经济发展不同速的情况下,人为"增加"贸易额,首先依靠的是中国这个"世界工厂"。

中国对俄罗斯战略"嫉妒"的动机同样存在。中国谨慎观察俄罗斯与北约之间的对话,尽管到目前为止俄罗斯同北约和美国一道倡导的反导防御系统收效甚微,但仍使中国感到紧张。即使莫斯科将俄罗斯、美国和北约在阿富汗的后勤、运输以及缉毒战中的相互协作解释为有限的、地区的行动,中国仍然密切关注。在中国的精英层中存在这样、那样的疑问:是否会真的走向过去的"单极模式",或者美国仅仅走入了暂时的衰弱吗;西方世界的金融危机到底有多深;俄罗斯不再与中国有密切协作,而转向西方了吗;为了平衡同美国的立场,中国应当加强与俄罗斯和欧盟的密切伙伴关系吗;运用马克思主义的方法分析现代国际实际仍然有效吗?

三方的嫉妒和猜疑——这是实际外交中庸俗的事实。中俄作为世界经济体系中的重要国家,更重要的是根据经济类型、增长动机和节奏、领域构成、工业化水平和创新能力、管理方法、参与全球贸易和金融建设的程度、资源能源保障的差异等方面,考虑现存的矛盾。当前(或未来)在承认美国是世界秩序的一个重要因素的基础上,这些矛盾已经能够从中俄处理世界新秩序的关键问题中显现出来。

在世界经济危机的背景下,全球治理的机制、结构和原则问题变得迫切起来。预言所谓"历史的终结"并没有成为现实。美国的精英们在重新思考美国机遇的界限和它在世界上的角色,不是从"单极"和强权外交出发,而是开始发展合作,开发"软实力",重新解释其他国家在国际关系中的作用。与此同时,美国从没采取任何偏离主导地位的举措,某些方面仍然是国际体系的垄断调节者。美国不打算放弃这个角色,这与美国现存的巨大机遇是相悖的。

中俄属于对自己在世界事务中的影响力和参与程度不满意的国家,它们是单极体系的强烈批判者。它们都不满意中小国家利益集团结构(北约或以美国为中心的亚洲联盟),世界经济和金融建设的缺陷,"传统"工业国家逐渐增强的利益,和以欧洲为中心的社会体制、发展以及精神文明所占的优势。

G7(2014年因乌克兰危机俄罗斯退出G8,而成为G7)被"金砖国家"和G20取代之后,尽管这些国家集团的可持续性、它们调节世界秩序所采用机制的有效性,都还是具有争议的,但莫斯科和北京在这些国家集团中已经表现出了持久的联系。

中国是一个快速发展的国家,正在完成本国的工业化。由于自身人口因素和人口上涨所带来的服务增加,中国正酝酿着一个经济增长的加速期。在当今社会经济特征以及混合制经济效率的水平上,总经济增速不超过7%—8%是不利于维持其稳定的。中国出口占国内生产总值高达40%,这种高速的增长是以出口导向型发展模式为基础得以实现的。中国实际需要与国外的贸易交换为其国内生产创造有利条件,需要增加原材料交换应对能源经济总量高的现实。中国近些年提出了依靠内需向新型增长模式转变的目标。首先,这是一项长期的任务;其次,实现这一目标需要更多的能源;第三,不可能在排除大量出口的情况下"纯粹"的实现这一目标。

价格制定的条件是在过去的政治战略结构中形成的,中国目前还不具备,也不能从根本上控制世界主要的原材料产区。这使得中国既是一个全球现状的破坏者,又是一个世界体系富有活力的改革者。在西方危机和逐渐衰退的浪潮中,中国更加积极地倡导"和谐世界"和"负责任"的大国理念。类似积极的表现可以在中国所有的对外战略上切实地反映出来,例如,美国、欧盟及日本市场和金融交易所越来越频繁地出现,中美货币战争,争取与东盟的优先伙伴关系,在世界其他地区(中亚、非洲、拉丁美洲和近东)的能源经济外交,雄心勃勃的太空计划,中国人文在世界上影响力的扩大,以及边界领土争端等。

介于俄罗斯地缘经济特征(广阔的疆土,丰富的能源资源,横跨欧亚的地理位置,工业发展和以"苏联遗产"为主的经济结构水平)和国内精英亲欧洲的心态,俄罗斯部分地分解了中国在世界秩序上改革性的创举,当然这里也有俄自身的动机。

由于不存在严峻的人口状况、加速增长和出口导向型生产等需求,俄罗斯并不十分依赖世界出口市场,也并不十分关注全球商品交换条件,货币金融的测算,由此导致的中美汇率战对俄罗斯来说并不迫切。俄罗斯作为能源出口国参与世界经济,由于能源价格取决于全球的生产和需求,因此更具稳定性。

考虑到后苏联时代工业生产上的滞后和损失,俄罗斯制定了非工业,混合型、介于工业和后工业之间的现代化任务,俄罗斯需要长期保持和维护同美国、欧盟和日本的结构性关系。这些国家可以在更好的平台上,以它们的物质和智力资源,帮助俄罗斯实现现代化。以有形资产来看,中国暂时不具备充分的创新资源。中国最好能够对俄罗斯现代化进行投资,而到目前为止,这点做得非常适当。

介于这些情况,对于俄罗斯来说,在世界秩序的变革中,陷入激进的、反西方文明的情绪(这种情绪在一部分中国精英层身上也有所体现)是有其战略上弊端的。在世界秩序的基本问题(管理制度、全球商品交换条件、价格制定、货币调整原则、联合国常任理事国的角色、地位和组成、与中美两国共同全力协调参与地区一体化构成)上,俄罗斯应当采取非激进的、但具有革新意义的、对自己有利的议程。

俄罗斯参与"金砖国家"这种多边形式,对实现自身基本利益是必要的,并且别无它选。在"金砖国家"的平台上可以寻找到国家利益,尤其是不符合美国那一部分利益的反映和支撑,例如,适当发展俄罗斯军事力量;开展与独联体国家富有成效的关系;俄罗斯在世界关键地区的合法利益;对莫斯科公正的、经济交换的条件;发挥国际货币基金组织等国际性机构的调节角色。与此同时,在俄罗斯利益之外,中国或其他参与国家将利用这一平台对抗美国,或将美国"排除"在地区和功能性组织之外。

俄罗斯在意识到与金砖国家具有许多共同关切(多极化,全球管理的民主化,重建经济秩序,走出全球性"垄断",全球金融机构改革)的同时,也应当对自身和其他成员同之间利益旳矛盾有所准备。比如对中国,这些矛盾源于不同的地缘经济特征,不同的经济类型(行业构成、工业化水平、管理方式),不同的参与世界贸易和金融建设的方式,不同的能源原材料供应,以及不同的文明。作为"金砖国家"北方唯一的传统工业国家,在快速发展自足的南方诸国当中,莫斯科可能会被孤立,而中国,作为最强大的经济体,拥有着成功的发展模式,在"金砖国家"中获得了首屈一指的地位。这些矛盾可能造成的后果是,中国可以依靠"金砖"其他国家,积极地劝说南方传统上存在的、与俄罗斯利益相悖的理念,比如,"全球公平"使用包括西伯利亚、远东和北冰洋地区的原材料和生物资源;美俄军事大国率先裁军;全球民粹主义和"反全球化"的其他理念。在"反全球化"的情况下瓦解"金砖国家",俄罗斯没有美国的支持,将陷于困难孤立的环境之中。

在将美国从地区组织和功能性组织当中"排除"的问题上,俄罗斯应当特别关注对自身利益具有关键意义的方面。这是东西伯利亚及远东地区工业和后工业的发展问题,也是将这些地区纳入亚太快速发展区的问题。在此地区问题上,俄罗斯从现实出发,可能必须从两个一体化形式中做出选择。一个是以中国为基础的"东盟—中国"和"东盟 10 + 3",另一个是美国近阶段积极推进的泛太平洋战略经济伙伴关系协议。① 亚太地区一体化平台的这种"双核心"前景,在根本上不符

---

① 泛太平洋战略经济伙伴关系协议是由美国、澳大利亚、马来西亚、智利、新西兰、新加坡、文莱、越南和秘鲁共同建立的。加拿大、墨西哥和日本也在考虑加入。

合俄罗斯的利益。其利益关键是,多边参与东西伯利亚和远东发展的投资,这种参与模式不会受任何区域集团的限制。这是2012年9月海参崴亚太经合组织峰会上俄罗斯阐明的基本核心立场。

俄罗斯快速实现西伯利亚和远东地区工业化的设想恐难实现。东西伯利亚和远东地区的衰落具有系统性特征,未必能在一两代之内得到解决。

专家们认为,需要用突破性、非传统的策略来取得西伯利亚和远东地缘经济的成果。例如,为该地区提供经济、行政上高度的独立性,直至其获得类似于"一国两制"的"特殊身份"。

但是,从另一方面看,依照现阶段国家稳定,以及政治和商业精英稳定的程度,按照上述方式发展远东所付出的代价可能是超出承受范围的。它可能使俄罗斯在欧亚边境上的独立自主和自给自足受到质疑。只有社会政治和谐的强国可以采取类似的方式。俄罗斯目前相比于中国没有(类似于中国共产党)可以维持政治平衡的制度因素,没有同源的社会政治精英,没有与政治利益相吻合、维护国家发展的中产阶级结构。因此俄罗斯应当尽快在最近二十年确定的优先框架内,采取革新的措施解决远东的发展问题。所谓的优先框架是指:(1)尽快实现工业化,完善地区基础设施建设;(2)利用外部投资发展资源原材料基地;(3)克服地区内社会衰弱人口减少的困难;(4)寻找环境,使远东地区能够加入亚太新经济体中。

俄罗斯的远东问题,在上述逐渐加剧的情况下,或多或少,进入了该地区所有大国的议事日程。首先,远东问题对中国、美国和日本是有意义的。这三个国家各自对该问题有所反应。他们各自得出结论,俄罗斯在本国所有区域经济问题上,是东亚政治版图中一个强大的、有发展前景的、有特色的(跨欧亚大陆、资源丰富)竞争者。所有这些国家——毫无疑问,在一定程度和一定条件下——都打算根据自身实际利益从政治上和经济上参与到这一问题当中。它们的相关利益在于(由于俄罗斯对这一问题高度重视),作为重要的潜力伙伴,在俄罗斯问题上,不向任何区域竞争者做出让步,并且最大程度使自身包括(俄罗斯自身)"参与"到亚太一体化构成和世界力量的分配当中。这一竞争的因素——实际上无须高估或忽略——毫无疑问对俄罗斯是有利的。

中国是与俄罗斯最近、发展也最快的国家。两国相连有广袤的沙漠,俄罗斯的资源前景区域作为经济空间与中国的核心利益紧密相连。至少目前阶段,中国希望自己成为俄罗斯这一地区主要的经济参与者,主要的出口国和享有特权的投资者,并以优惠价格获得此地区的可再生资源。中国至多希望这一地区与中国方面建立稳固的地缘经济联系,首要的是资源原材料方面的联系,在缺少竞争生产,远东相对于俄罗斯欧洲中心部分具有一定程度的经济和行政独立权。

美国在远东问题上与中国展开竞争,并且试图控制(遏制)日本。美国不像中国那样认为俄罗斯的远东区域如此重要,美国出于自身地缘经济考虑,也不会对此地区的发展坐视不管,并且准备在"俄罗斯问题上"投入一部分经济资源。美国的地缘经济和战略利益在于,遏制亚太人民币区无限制的扩大,尤其是在历史上没有中国人的区域,这样的地区竞争条件是平等的。

美国充分考虑了必要损失之后,准备在俄罗斯远东地缘经济发展中建立区域"共同利益",最大限度的遏制、减慢或阻止中国不符合美总体战略利益的举措。与中国不同,美国准备多方面的参与(远东建设),选择最具前景的项目,不仅参与原料部分、原料初加工,而且参与交通和能源基础建设——现代化的、与中国制造相竞争的——化学、汽车制造、微生物和电子工业等。美国商业现在已经对交通和基础设施项目表现出兴趣,比如,扩大俄罗斯太平洋港口吞吐量,促进俄罗斯铁路建设(横跨西伯利亚,"横跨极地干线"、"白令桥")。在白令海、阿拉斯加和楚科奇半岛之间建立贸易圈都使美国感兴趣。

日本,由于同俄罗斯的领土争端和政治矛盾,早已重新制定了区域经济方针。首先,它的原材料另谋别路(东南亚、近东、非洲、拉丁美洲)。尽管在福岛地震之后,远东地区的优先性明显提高了,但日本商业对于俄罗斯远东地区投资并不十分感兴趣。日本内需下降,经济正经历困难时期。尽管在很多商品和出口领域,尤其是科技密集型产品,日本生产商的能力非常强,但日本经济在亚洲和全球出口市场上仍然受到来自中国商品的压力。

在这种动机和利益驱使下,日本不可能成为俄罗斯远东地区可靠的伙伴,但是从整体看,在符合"共同利益"的情况下,日本可以加入远东经济发展的具体项目中。日本可以凭借商业强大的力量与中国资本展开竞争,参与符合其利益的项目。日本拥有当今高科技基础,实现本地化生产的便利条件,地区劳动力支撑,发达的分销网络——这些条件都不是中国一直以来具备的。与中国不同的是,在俄罗斯国内和亚太市场上,日本可以建立与中国制造商相抗衡的生产规模,当这些亚太地区主要竞争者中国、美国、日本没有任何一个国家试图在俄罗斯区域性平台上占据主导的时候,俄罗斯就有机会利用这些矛盾谋求自身利益。这些国家对远东项目的兴趣远不是刚刚产生。由于没有任何一个外部力量能够在远东发展上占据主导地位,所以这些国家在俄罗斯项目上产生了"共同经济利益"的想法,这一想法还需由俄罗斯高层详细的制定。俄罗斯应当根据自身利益资源和自发展的开放性机遇,在未来世界秩序的多极之间,坚持清晰、理性、严谨的方向。

第三十八章

介入欧亚后花园——俄罗斯、中国及区域一体化进程和秩序

中亚地区历来都是俄罗斯和中国的关键战略区域。乌克兰危机爆发以来,西方和俄罗斯分析家指出,俄罗斯与中国可以缔结成具有潜力的战略伙伴关系,甚至发展为亲密盟友。这段关系旨在将双方区域利益制度化,来改变西方主导的自由主义国际秩序。

表面上看,俄罗斯和中国营造出了双方深度信任的氛围,并且分工明确:俄罗斯是中亚地区无可替代的外部力量,维持地区秩序,保证区域安全;而中国的重点主要在投资、发展和区域基础设施建设上,此举也是维护中国新疆及其接壤地区稳定的关键。尽管如此,欧亚大陆上的中俄关系仍然存在"貌合神离"的现象。本章将深度剖析中俄两国在中亚地区心照不宣的政策、竞争和战略互动。

总的说来,俄罗斯和中国在中亚地区的互动合作直接体现了其国际优先权范围和外交政策定位。世界范围看来,多极世界逐渐形成,西方大国日渐式微,俄罗斯作为一个超级大国,意欲通过各种手段,设定自己的游戏规则,抵制西方对后苏联空间侵蚀。用国际关系术语来讲,俄罗斯的动机称作典型的修正主义或"反霸权主义",是对现存西方主导的秩序及制度体系有效性和合法性的挑战。从这个角度来说,参与上海合作组织(简称"上合组织",SCO)、领导集体安全条约组织(简称"集安组织",CSTO)和欧亚经济联盟(EEU),俄罗斯介入的这些区域一体化项目,其目的都是为了制度化其在欧亚大陆绝对优势地位,并巩固其超级大国地位。

相对来说,中国并没有像俄罗斯一样的反霸权主义,而是在自由主义国际秩序下创造经济机会。中国的确是在寻求海外合作关系,为新区域找寻经济发展先机,例如上合组织或亚洲基础设施投资银行(简称"亚投行",AIIB),不仅加强区域联系,并且与利益相关周边国家缔结关系,发展政治共同体。尽管中国的投资规模看似是对西方势力范围和影响的挑战,但这些做法都是与自由主义国际秩序同步发展。

众所周知,美国从阿富汗地区撤军,在中亚地区的势力日渐式微,乌克兰危机

则加速了俄罗斯和中国的区域合作态势。俄罗斯大力推进与中国合作,以应对西方经济制裁及替代地缘政治伙伴,但已经可以明显看出能力和影响的不平衡状态,中俄"战略伙伴关系"更像是中国主导的合作关系。

一、中俄两国对欧亚一体化的区域目标和政策偏向

(一)俄罗斯的策略:新区域组织中列席首位

中俄两国如何看待欧亚一体化进程的目标,弄清这一点极为重要。对俄罗斯而言,经济和安全领域是深化欧亚一体化的主要外交政策目的。保护其"特殊利益",正如俄总统梅德韦杰夫在2008年格鲁吉亚战争后声称的那样,抵制西方侵蚀已经是主要目标。维护欧亚大陆中的首要位置也为俄罗斯超级大国地位寻求佐证,以此合法化其自身形象,成为在国际组织如联合国安理会中不可或缺的一员。

在安全领域,俄罗斯寻求主导地位的方式是建立集安组织,在经济和法律领域是主导欧亚经济联盟。集安组织成员国包括俄罗斯、亚美尼亚、白俄罗斯、哈萨克斯坦、吉尔吉斯斯坦和塔吉克斯坦。乌兹别克斯坦于2006年加入集安组织,后来在2012年退出,转而加入以美国为首的安全合作阵营。在2002年集安组织成立之初,普京总统介绍该组织的任务是抗击恐怖主义和跨国性安全威胁。但随着2003年期间与美国关系恶化,集安组织转为与北约组织相抗衡的组织。从其机构设置和功能上看,集安组织具备统一指挥体系,并且设有轮值主席国。俄罗斯在集安组织帮助下,调集设在亚美尼亚和吉尔吉斯斯坦的海外军事基地,并建立集体防空体系,同时集安组织成员国可以以俄罗斯军队的相同价格购买军事装备。俄罗斯还创建了集安组织的集体快速反应部队,这也是对北约快速反应部队的明显效仿。除此之外,为应对类似于阿拉伯之春的动乱,集安组织还加强了其反间谍活动和网络安全活动,以应对社交媒体上的出现的风潮。

为了在经济领域巩固主导地位,俄罗斯组建了欧亚经济联盟。欧亚经济联盟的基本协议在2014年5月签订,该组织的前身是俄白哈关税同盟(成立于2010年)和欧亚经济共同体(EurAsEC)。与集安组织类似,欧亚经济联盟被塑造成与欧盟分庭抗礼的组织。该组织内有一体化的国内市场和统一关税区,由超国家机构进行监管,例如关税共享形式和总部在莫斯科的欧亚经济委员会。三个欧亚经济联盟创始成员国——俄罗斯、白俄罗斯和哈萨克斯坦(后来亚美尼亚和吉尔吉斯斯坦加入)——没有传统意义的互补经济。对欧亚经济联盟的初步研究可以看出,该组织增强了核心成员国的经济一体化,以抵制对后苏联地区"分散化"的趋势。但是对成员国来说,区域项目带有更多政治目的,与其前身相比,该组织是否能真正带来经济利益,引起了越来越多国内反对和争议的声音。

俄罗斯主导的区域组织有两个特点。第一,西方评论普遍认为这些组织意在重建苏联,但与其相反,这些组织都是以类似的西方阵营为模型,效仿其组织形式,例如北约和欧盟。实际上,独联体(CIS)是前苏联国家的首次合作尝试,集安组织和欧亚经济联盟可以与之对比。独联体一直以来都没有真正创立一个新机构形式来管理俄罗斯和新独立国家之间的关系,但其不失为一个保留合作实践、相互依存和相互关联的尝试。但是独联体在90年代表现得乏善可陈,后来再有俄罗斯主导的一体化尝试,众多学者与评论员均持怀疑态度,认为是注定失败的努力。第二,乌克兰危机加剧了俄罗斯与西方紧张关系。这种紧张关系更加清楚表明,这些地缘政治区域组织的主要目的是巩固俄罗斯的影响力,或者通过其成员抵制与西方和北约合作。

(二)中国的策略:多线发展区域合作

对中国来说,推进区域一体化,积极参与欧亚事务,尤其是参与中亚地区事务,不仅是外交政策上的需要,更是其处理新疆问题的国内政策延伸。中国在安全和经济领域的合作是创立上合组织,总部设在北京。上合组织成立于2001年6月,成员国包括中国、俄罗斯、哈萨克斯坦、吉尔吉斯斯坦和乌兹别克斯坦。其前身是"上海五国",主要负责处理90年代后期苏联时代遗留的边界问题。上合组织的"上海精神",意指与西方国际组织干涉其成员国经济政治现状不同,该组织遵循不干涉他国内政的原则。

在安全方面,上合组织做出了显著的成绩,包括创立一个标准的组织机构,以处理跨国安全威胁,以及在新的区域法律框架内提出全新的内部安全合作机制。最初,上合组织采取的组织机构形式类似于中国的外交部,目的是合作打击"恐怖主义、分裂主义和极端主义"等"三股势力"。2004年,成员国的内务部成立了设在塔什干的地区反恐机制(RATS),目的是促进区域跨国威胁合作和信息共享。从成立之初,该组织就设置了一个全面的个人和地区恐怖组织的黑名单,每个国家将自己最大的跨国威胁列入名单,以便与其他国家互通有无。

《2009上合组织反恐条约》深化了合作内容,将跨境打击恐怖主义落实到条约中,例如要求在三十天之内将嫌疑犯移交给另一成员国,并允许安全部队在他国境内开展行动。成员国之间还定期开展常规联合军事演习,通常由中俄两国军队主导,代号"和平使命"。

除了安全合作之外,中国还试图让该组织在加强区域经济一体化、提升公共利益方面起到领导作用。在不同时期,中国的区域决策者大力推进该组织,创立了自由贸易区、商务理事会、区域发展银行的法律体系,甚至在经济下行时期成立了反危机基金。但当中国大力发展上合组织的时候,俄罗斯和中亚国家却表示出公开的反对和拖延。中亚国家政府担心中国区域经济力量正式化,而对涉及承认中国区域经济主导权一事上,例如成立相关论坛或机构,俄罗斯更是消极参与。因此,北京方面采取了耐人寻味的姿态,开展了一系列的双边经济互动,但在之后都将其称之为"上合组织项目",这一称法在国际媒体甚至区域问题学者中引起了不少混淆。

中国力图将上合组织作为其经济发展的重要途径,从其成立区域发展基金和银行的速度中可见一斑。2013年,中国成立了新丝路基金,由人民银行管理,专为中亚项目提供资金支持。2014年成立了金砖国家新开发银行,2015年成立了亚投行,其中哈萨克斯坦、塔吉克斯坦和乌兹别克斯坦都是成员国。

值得注意的是,中国在能源领域的投资没有纳入上合组织框架,中国在中亚能源领域和油气管线上都有投资,一条是横穿哈萨克斯坦的输油管道,另一条是中国—中亚天然气管道,两条管线在一系列双边协议或合资公司的管理下运作。上合组织在该地区开展的活动兼收并蓄,青年组织活动、选举观察任务、文化展览和教育学校交流都是其投资行为。

尽管中俄两国组织官员对外公开表示,要协同计划两国的组织和行动,但实际上,其协商机制并没有落到实处,两国各自的区域组织也是相对独立,各司其职。

二、区域一体化行动:21世纪初的多方决定和多方行动

在21世纪初期,中俄领导的欧亚一体化项目进入发展和共存阶段。两国在此期间互相磨合,各自主导的组织也发挥不同功能——例如上合组织主要着眼国内安全部队合作,集安组织着力于军事计划和一体化。同时,这些作用也反映了中俄两国在安全领域的不同重点。然而,欧亚国家则希望有多方外部力量支援。多方外交政策博弈中有两个外部条件:一、"9.11"事件后美国成为中亚地区安全事务主要参与者;二、中国高速的经济腾飞。

(一)鹰已着陆:"9.11"事件及美国参与区域事务后的影响

美国在"9.11"恐怖袭击事件后参与中亚事务。对莫斯科而言,"9.11"事件和阿富汗反恐战争最初被视为与西方合作的政治契机,俄罗斯可以从中斡旋与中亚国家的安全关系。需要指出的是,普京总统是"9.11"恐怖袭击后与小布什总统对话的第一位大国领导人,提出要帮助美国击败"文明公敌"。莫斯科答应美国于2011年秋季在乌兹别克斯坦和吉尔吉斯斯坦部署军队,并且正式准许美国于2002年派遣特种部队和教练机至格鲁吉亚,以便清理分布在北高加索地区潘吉斯

峡谷的激进分子。

俄罗斯对美国在欧亚地区驻军的支持持续了短暂的十八个月。2003年夏季，克里姆林宫对美国单方面行动日益不满，认为其利益受到华盛顿方面的忽视。小布什政府抛开平等伙伴关系，单方面撤出反弹道导弹条约，将波罗的海国家纳入北约组织，以扩张其势力，同时又绕开联合国入兵伊拉克。就中亚地区而言，美国军队直接绕开俄罗斯行动，不仅将中亚国家视作了其后方要地，而且也为其军队和安全部队提供了双边军事援助。实际上，美国是利用中亚地区这一新基地扩大在该地区的影响，并鼓动这些国家倒戈，达到挖俄罗斯墙角的目的。

需要指出的是，美国在中亚的军事行动是如何突然推进了上合组织对机构建设的深化？上合组织是在"9.11"事件发生前三个月成立的。北京方面担心美国驻军会常态化，从此西方对中国就形成了包围态势，成为监视中国的前哨，甚至威胁中国新疆地区的稳定。为了不被俄美挤出中亚地区，中国官方大力举行了一系列的上合组织会议，都以安全问题为主题，如阿富汗问题、边界争端和反恐行动。2002年6月，圣彼得堡峰会中，中国在成员国中争取支持，建立了上合组织的区域反恐框架，采纳了一系列组织行动，设立了工作委员会。

不过，对中俄一体化进程影响最大的西方事件应该要数2003—2005年间的"颜色革命"，有2003年格鲁吉亚的"玫瑰革命"，2004年乌克兰的"橙色革命"和2005年吉尔吉斯斯坦的"郁金香革命"，其目的都是将政权更迭为西方模式。莫斯科对乌克兰"橙色革命"的担忧已经正式写入文件，北京方面对吉尔吉斯斯坦（与中国新疆接壤的国家）"郁金香革命"的态度显示出了同样的担忧。两国均对暴乱表示谴责，并揭露这种旨在推翻政权的暴乱是由外国势力干涉引起。在集安组织和上合组织内，领导人支持开展应对外部势力影响的举措。

2005年5月，乌兹别克斯坦镇压了在安集延北部的数百名抗议者。尽管乌兹别克斯坦政府的做法被西方国家严重谴责，要求对镇压介入国际调查，并对乌方官员进行制裁，但莫斯科和北京对乌总统卡里莫夫却表示强烈支持。两个月后，乌兹别克斯坦开始照会美国军队撤离汉纳巴德空军基地（K2），并重新加入集安组织。上合组织和集安组织现在欲将未来可能的颜色革命威胁作为参考，强调安全行动。这些事件在一段时期内使中俄两国在该区域的利益紧密相连，但是原因却略有不同：莫斯科方面担心西方决意要在其他地区颠覆亲俄政权，而北京方面担心暴乱会影响新疆地区的稳定。2008年的俄格战争就可被视作俄罗斯与西方在原苏联地区对抗的一个代表性事件。

除了对西方干涉的担忧，西方主导的区域一体化项目也对中俄两国造成困扰。2006年，美国国务院正式将中亚国家管理事务从欧亚事务局移交到新成立的南亚暨中亚事务局。中俄两国猜疑不定,认为此举意味是从地缘上重划区域势力范围。如今看来,美国在此目标上没有大下功夫,尽管前国务卿希拉里曾公开提出建立一条"新丝绸之路"。

(二)中亚地区上崛起的中国经济:成为公共产品提供者

美国染指欧亚大陆事务刺激了集安组织和上合组织在安全问题上加强协作。中国在 21 世纪初迎来经济腾飞,占据了中亚地区经济领域的支配地位。金融危机将中国急速推到至"公共产品提供者"的角色,提供紧急贷款,开展融资和新区域基础设施建设工程。同时,中国正努力争取俄罗斯的正式承认,力求在区域组织内坐实其经济地位。

首先看事实数据。根据国际货币基金组织数据显示,中亚国家与中俄两国的贸易水平在 21 世纪初急速增长,但中国的增长速度明显更快。2000 年,中国在该区的官方贸易额在 10 亿美元上下,然而在 21 世纪前十年末,贸易额增长了至少30 倍,如果算上中亚国家因未上报导致的贸易数据偏差,实际的数额可能会更高。俄罗斯在该区域的贸易额到从 2000 年的 40 亿美元迅速增长至 2010 年的近 220亿美元。关键拐点就在 2008 年金融危机,之后中国的区域贸易额反超俄罗斯。

金融危机还刺激了中国的投资增长,尤其是在区域能源方面,最主要的就是三大能源交易贷款。2009 年中国与三国缔结协议,向俄罗斯(250 亿美元)、哈萨克斯坦(100 亿美元)和土库曼斯坦三国融资,以换取长期的能源储备供应。管道建设方面,中国完成建设了两条重要管线:一条输油管道,起点为里海,横穿哈萨克斯坦;另一条是中亚—中国天然气管道。后者是在后苏联时代建造的第一条高容量天然气管道,具有里程碑意义,起点为土库曼斯坦,横跨乌兹别克斯坦和哈萨克斯坦,最后到达中国境内。

除了量的增长,中国的经济参与角色也迎来了一个质的改变。到 21 世纪前十年末,中国不仅变成一个大型投资方和贸易伙伴,更成为该区域实际上的经济公共产品提供者。就像在国际政治经济领域取得支配地位角色一样,中国为中亚提供了"亏本出售的产品",通过喀什和乌鲁木齐两个新兴的贸易枢纽,为在吉尔吉斯斯坦和塔吉克斯坦的基础设施和建设工程提供信贷,向能源开发方进行协商,为其提供交易贷款。例如,2013 年底,一份报告估计中国进出口银行持有塔吉克斯坦百分之七十的外债。同样,金融危机时期向土库曼斯坦借出的 80 亿美元外债,以横穿土国的中亚—中国天然气管道为交换,为阿什喀巴得提供了资金支援,使土方政府避免向私人贷方借款。

在能源方面,中亚—中国天然气管道由三个独立的合作方形成协议(中土、中乌和中哈),每份协议中国均为唯一合作方,这样的法律构架保证了中国是该管道工作的首席调停人,包括定价、产量、环境或维修问题。在中国石油天然气公司的推进下,中哈天然气管线推动了哈国城市的天然气化。中国—中亚天然气 D 线管道决定穿过塔吉克斯坦和吉尔吉斯斯坦,以实现真正的天然气管道区域网,以便中国在区域内出口和经销。

(三)除了多方区域一体化行动外,中亚经济一体化进程缓慢

最后需要强调一点,中亚地区经济合作的区域一体化项目的实际影响其实微乎其微。尽管中俄两国在中亚地区有频繁的经济活动,但中亚地区内部总体的贸易壁垒仍然过高。直接来说,中亚地区只是对丝绸之路的拙劣模仿——目前中亚仍是世界上贸易最不友好地区。2006 至 2011 年间,根据世界银行提供的跨境贸易数据,中亚地区平均进出口比分别为 85/79 和 79/74,是中东与北非,或拉美与比加勒比地区的三倍。事实上,其他地区的进出口比显示了比中亚地区更多的进展。

总而言之,21 世纪见证了中俄区域一体化项目的发展和整合,并标志着区域内多方对外政策时代达到高峰,多个外部力量在区域一体化中实施自己的计划。美国和欧盟因为阿富汗而参与中亚地区事务,俄罗斯仍继续扩大其军事影响,中国也在提升其经济地位,中亚国家能够同时与多方外国伙伴开展合作联系。然而隐藏在表面之下,除了战略调整,在区域经济参与制度化方面,中国的经济增长催生了该区域的紧张态势。

三、案例研究:上合组织的发展和内部斗争

上合组织在 21 世纪开展的行动和失利,揭示了充满分歧的区域一体化议程,以及世界对中俄两国的不同看法在实际中的作用。中俄两国除了在安全问题上具有分歧之外,上合组织成员国对中国不断增长的经济区域势力心存担忧,认为中国大力发展经济具有隐藏动机。尽管莫斯科公开支持中国发展区域经济,但私下里持续阻碍其经济活动,包括中国设立区域发展银行、商务理事会和自由贸易区。

因此,尽管所有的公开谈论中都表示上合组织是一个新型组织,包含了不同的形式和实践,但相关学者都清楚,阻碍区域一体化进程的主要原因是:对合作后潜在相对增益的担心,尤其是俄罗斯对中国经济支配地位制度化的忧虑。

(一)谁的安全问题,谁的原则问题? 俄格战争和分裂主义的裂隙

上合组织打击"三股势力"的口号使得莫斯科从一开始就赢得北京方面的支持,以便于其打击车臣,在高加索地区开展行动。而本文前一部分论述了颜色革命是如何推动北京和莫斯科方面抵制西方对欧亚地区的影响,尤其是西方针对人

权和民主的"价值观"议题。

除了这些共同的担忧,上合组织内部斗争显示了中俄两国在组织目的及任务上的分歧。北京顺应了这股明显的反西方基调,包括 2005 阿斯塔纳宣言中反对美国军队基地,被许多西方国家解读为中俄安全合作下的反霸权主义行为。然而,自从该宣言后,或者说因为该宣言,中国官方开始着重强调,作为一个安全组织,上合组织既不会与北约组织分庭抗礼,也不会将其变成反对西方的反霸权主义平台。

上合组织对俄罗斯在 2008 年俄格战争中的军事行动含糊其辞,到后来 2014 年乌克兰危机中暧昧不清的态度,与中国 2009 年镇压新疆乌鲁木齐事件相对比。在 2008 年和 2014 年中,俄罗斯官方试图通过上合组织发表强烈声明,表明俄罗斯的地位,认可其领土边界变化——2008 年将阿布哈兹和南奥塞梯地区分离,2014 年克里米亚并入俄罗斯联邦。俄罗斯在 2008 年杜尚别举办的上合组织峰会上没有得到支持,当时俄总统梅德韦杰夫要求认可兼并格鲁吉亚地区,遭到了中方的断然拒绝,胡锦涛主席发表声明称"中方注意到了最近区域内的发展变化,中方期待各方都能通过对话协商妥善处理争议"。根据俄《生意人报》称,梅德韦杰夫当时赴杜尚别参加峰会,自信能取得哈萨克斯坦和吉尔吉斯斯坦两国支持,但是中亚国家却联合一致,反对分离阿布哈兹和南奥塞梯地区,并反对对该地区进行正式法律认可。同样在 2014 年,尽管有西方支持颠覆区域政府行动的可能,上合组织虽有此担忧,但仍未批准俄罗斯的行动。正如在 2008 年北京声明表示理解俄方立场的那样,中国仍在 2014 年兼并克里米亚的联合国表决会议上投了弃权票。

与之相对,2009 年乌鲁木齐暴乱造成上百人伤亡,中国军队出兵平息了抗议者,中国外交部几乎同时草拟了一项强烈声明,以支持北京处理"国内事务"。之后的 24 小时之内,上合组织内所有其他成员国对此表示支持,这项声明由上合组织秘书处几天后发布。在 2008 年俄罗斯遭到中国拒绝后,俄方公开表示,西方参与区域安全问题(如阿富汗)的首要安全合作伙伴应该是集安组织,而不是上合组织。而集安组织的成员国,以白俄罗斯为首,依然反对兼并格鲁吉亚地区。

在北约 2014 年撤出阿富汗之后,中国一度积极参与该地区的事务,主要表现为提供国内政治对话平台、技术支持和为阿富汗警察部队提供训练。卡尔扎伊对上合组织表示了热忱的态度,并接受以观察员身份参与组织。但除此之外,中亚国家对参与阿富汗事务显得举棋不定,尤其是俄罗斯对集安组织的重视,决定了上合组织在该地区发挥的作用十分有限。实际上,中国自身定位也发生了转换,从支持提倡上合组织,到强调太平洋五国协议中阿富汗地区的未来区域伙伴关系。

的确,上合组织经常附和莫斯科方面反霸权主义的主张,包括发布声明反对干预叙利亚地区、美国部署导弹防御系统,以及反对阿拉伯之春反政府运动。但是实质上,除了在内部安全合作方面,上合组织难以在其他主要行动上有所建树。

(二)不认可中国实际上的经济主导地位

俄罗斯从根本上不认可上合组织经济角色。在组织成立初期,许多经济计划行动看起来都水到渠成,例如成立银行间组织、商业理事会和自由贸易区,但是这些计划没有一项得以真正实现。实质上,正如俄罗斯上合组织官员承认那样,俄罗斯担心这些计划最后会实际成立一套管理机制,因此俄反对这些计划,是要限制中国在区域内的经济能力和主导权。

中俄间的分歧在金融危机中被放大了。随着金融危机的程度加剧,中国找到俄罗斯和其他上合组织成员国,提议建立一个应急的"危机基金",类似于刺激国内经济的项目,为区域基础设置工程提供反周期借贷。据上合组织会议与会者称,莫斯科在2008年秋季和2009年冬季都拒绝了这些提议。2009年6月,北京再次提出该项议题,提出每个区域国家各出五十万美元作为基金资金,并共同选择区域开发项目。莫斯科再次拒绝了该提议,并且这次援引了俄罗斯的法律限制规定,称不可以不经过国家杜马的同意就出资多边借贷机构。至此,该提议搁浅了两年,最后中国及其他国家单方面继续筹措资金,但仍将其称作"上合组织项目"基金。

此外,2012年上合组织峰会在北京召开之际,成立上合组织区域发展银行的提议再次纳入讨论,该区域融资项目由中国提出,中亚成员国附议。但是由于俄罗斯代表表示需要时间考虑该项目,这项公告和计划被迫中止并搁置。2014年的杜尚别峰会也遭遇了同样的情景。据俄媒体报道,俄罗斯代表提议,将现有的欧亚开发银行作为区域发展项目的融资者,而不是建立一个新的融资机构,正好与中国的提议背道而驰。

总而言之,北京方面不愿意将上合组织安全任务纳入反霸权主义议程,莫斯科方面则拒绝让中国正式担任起区域经济公共产品提供者。不过,这些分歧和内部政治斗争未必使上合组织成了"纸老虎"。它成功将自己定位成没有西方参与的区域组织,保证了政权稳定,主权完整。上合组织还提倡成员国家抵制西方评论和标准化议程,鼓励中亚政府转移外部批评的视线,要求改善如欧安组织内的政治和人权现状。从这个方面来说,上合组织与西方抗衡的作用,比其真正的组织作用和政策成就更重要。但是组织内的斗争依然无法避免,继续持续。

四、2014 年:再次遭遇战略不确定性

2014 年是欧亚国际关系的分水岭。以美军从阿富汗撤军开始,美国的势力从该区域日渐式微,使得中俄两国加深了在中亚的地区参与。乌克兰危机打破了地区政治经济稳定性,同时,区域组织如上合组织和欧亚经济联盟似乎缺乏能力和手段处理这些战略不确定性。21 世纪初,欧亚地区与外部的关系达到了"多极平衡"状态(即中、俄、西方之间的平衡),但这些战略不稳定性造就了中俄两国的区域优势地位,而俄罗斯不得不承认中国的优势略胜一筹。

(一)中国的"西进运动"和一带一路?

2013 年 9 月,中国主席习近平在阿斯塔纳的纳扎尔巴耶夫大学发表演讲,声明打算在欧亚邻国间开展"丝绸之路经济带"计划。接下来的几个月间,中国决策者和分析家提出通过注资大型基建和发展项目,勾画出提高区域合作、经济一体化的宏伟计划。这条经济带包含一系列陆路和高速铁路,经欧亚大陆连接东亚与欧洲、南亚和中东,并以港口和物流集散枢纽为支撑,囊括沿途的海上带。这两条线路被称为一带一路(B&R)。据《南华早报》报道,一带一路是"中国提出的最重要、影响最深远的项目"。①

中国学者王缉思阐述了一带一路的愿景与主题,包括中国"西进"和参与中亚及中东事务的需要,以填补因美国(他特别没有提及俄罗斯)撤出留下的权力真空,避免东亚地区的军备竞赛。② 王缉思称,参与中亚事务为中国提供了机会,可以在地区事务上与美国合作,如果中美关系恶化,还可作为谈判的筹码。

一带一路计划是利用基础设施建设和高速铁路网,在连接欧洲与东亚的战略需求上促成的。一带一路的推行者考虑到了中国的持续需要,例如新疆地区的稳定,并且将其作为区域关系新核心,以建立一个新的政治共同体,涵盖了与中国利益息息相关的邻国,并且为那些国内经济发展缓慢,投资产能过剩的国家提供了新的对外市场机会。近期新成立的区域组织和融资机构(如亚投行)显示了中国不是只靠上合组织在扩大其区域影响。

(二)乌克兰危机和莫斯科的新区域活动

乌克兰危机在欧亚国家中引起了巨大的震动。俄罗斯兼并克里米亚,造成乌

---

①　"One Belt, One Road" will Define China's Role as World Leader // South China Morning Post, April 2, 2015.

②　Wang Jisi, Marching Westward: the Rebalancing of China's Geostrategy // International and Strategic Studies Report (PKU), 2012, No. 73.

克兰动荡,给所有的中亚国家敲响了警钟。许多中亚国家内驻扎有俄罗斯军事基地,同时哈萨克斯坦和吉尔吉斯斯坦等国家也使用了俄罗斯卫星电视和地方电台。同样,西方导演下的社会暴乱对地区其他国家政府也提出了警示。

早在2012年,莫斯科已经对中亚国家虎视眈眈。美国撤出中亚地区,俄罗斯为此调整与吉尔吉斯斯坦、塔吉克斯坦和亚美尼亚的长期海外军事基地协议。这些国家也得到承诺,会得到俄罗斯的重要军事援助和战略投资。乌兹别克斯坦退出集安组织后,集安组织显得更加统一。阿富汗战争的影响成了公众的担忧,却恰好为俄罗斯增加海外驻军提供了一个切实的条件。同时,阿富汗与中亚地区边境地区的不稳定态势,正好为俄和中亚边境军队开展安全合作提供了理由,这些安全合作均是在集安组织内部或与土库曼斯坦和乌兹别克斯坦在双边层面上开展。

从经济角度看,俄罗斯与西方关系的危机刺激了俄推进欧亚经济联盟的进程,以便将其安排为区域经济框架,并深化与中国的关系。然而,两项措施均有代价。就欧亚经济联盟来说,在2014年组建之时,俄方对白俄罗斯、哈萨克斯坦、亚美尼亚和吉尔吉斯斯坦做出让步,容许这些国家保留政治动力。例如,白俄罗斯可以保留其能源再出口贸易,亚美尼亚可以对上百项政治社会相关消费品免除上百种区域关税,而哈萨克斯坦则免于参与任何形式的政治合作如联盟议会。

对中国而言,俄方变得更加愿意深化合作,但是这种合作似乎多向中方让步。

俄方做出的让步,包括2014年天然气协议中为保证西伯利亚权益做出的价格和补偿支付。考虑到可能会增加过多预算,俄财政部最初拒绝加入亚投行,后俄总统普京否决该决议,才得以在2015年正式成为亚投行成员。欧亚经济联盟和中国(包括一带一路)的合作机制的讨论一直持续,但合作的具体形式一直未有定论。然而,莫斯科方面逐渐接受欧亚经济联盟和中国的公共合作协议,以替代一带一路相关的共同计划。一带一路计划包含多个路线和项目,俄罗斯只是中国部署该计划的其中一环。看到地缘政治重心逐渐向东偏移,俄决策者急切地发出讯息,称莫斯科"被设计了",不能公开回应、反对甚至表达对这些中国行动的担忧。

(三)2014年后的西方政策:左右为难

经济和政治旋风刮过中亚,情况变得复杂起来,使得西方决策者左右为难。2014年之前,美国的外交政策和国防建设表现出了相当的"中亚疲劳症"。2013年10月后,在莫斯科的压力下,美军没有在2014年3月后继续留驻吉尔吉斯斯坦马纳斯空军基地,2014年6月后从阿富汗撤军。这些行动显示,美国要迅速将势力撤出该区域。紧接着,美国开始兜售"新丝绸之路计划",打算支持如TAPI天然气管道或CASA-1000高压输变电项目,以连接中亚、阿富汗和南亚。但是与中国的计划不同,美国的这些发展行动缺乏资金支持,并且受到诸多怀疑。同时,美国和中国对阿富汗的立场日趋一致,尤其是强调区域经济发展和积极参与重建工作。美方甚至希望将上合组织纳入其区域计划,但是该组织本身的弱点和阿富汗问题上的分歧让该计划困难重重,更不可能作为观察员的身份进行参与了。

不过,2014 年给西方决策者还带来了余波。对俄采取"新遏制政策"的呼声已经深入国会,为中亚国家,尤其是哈萨克斯坦和乌兹别克斯坦提供无条件支持已是题中之意。美国决策者对欧亚地区仍充满怀疑,并对欧亚经济联盟和集安组织充满敌意,但美国对中亚地区的兴趣依然不减。同时,美国逐渐对中国提出的区域经济议程表示支持,将其视作与俄罗斯抗衡的重要手段,以巩固中亚国家的"主权和独立"。另外,对韩国、日本和印度的支持,也是美国寻求区域参与代理人的方式之一。

五、结论

21 世纪的中亚具备地区多极化特点,即中亚国家与俄罗斯、中国和西方保持多极关系。在这样的政治环境下,只要不破坏领土完整或限制政府行为,中亚国家还是乐于加入一些区域性组织的。因此,这十年被一位学者恰当地称为"虚拟地区主义",意思是中亚国家参与了一系列地区论坛和一体化行动,但是并无实际结果。这段时间内,尽管中俄两国在该地区做了明确的分工,但中国在该地区的作用变得越来越大。

2014 年扰乱了相对的平静。美国的撤军和地缘政治势力的式微为中亚国家政府留出了一个关键政治空缺。尽管美国还在阿富汗留有势力,中亚地区也不再是其物流和支持的优先考虑对象。总的来说,美国的撤军也意味着对中俄区域关系动态的审视。尽管中俄双方出于利益考虑,均未公开承认在该地区的暗中较量,但俄罗斯目前对非西方地缘政策伙伴的需求,说明其仍然会接受中国在合作中的主导地位。

中国从俄罗斯的孤立态度中受益不少,但中方也试图利用与俄罗斯的战略伙伴关系,以反对或制衡美国在中亚的中心地位。比如,美国曾试图阻止其同盟如韩国和澳大利亚加入亚投行,但都没有如愿。这不仅坐实了亚投行这个新生地区机构的地缘政治目的,而且对一带一路及中国区域新动向的态度,美方与欧亚大陆和东亚呈现出截然不同的看法。现在看来,中方要在两个地区内发展中美关系,也不过是时间问题。要求美国在东亚舞台上的妥协让步,可能是中方开展在中亚和阿富汗地区合作的首要条件。而对美国来说,尽管现在对中国在欧亚和东亚地区的角色和影响持有不同的策略,但也可能会被迫调整,摆出与现在截然不同的政策姿态。

第三十九章

试析当今中俄美三角关系的若干特点

一、理解中美俄三边关系

何谓三角关系？不是任何三个国家之间都能构成三角关系，而是三国构成的三边关系中，如果其中一边关系发生变化，会对另两边关系产生重大的影响，即一边关系的变化会影响到另两边关系发生相应的变化，这才构成三角关系。也就是说，这三个两边关系是深刻互动、相互作用的。如果三边关系相互并无关联，或关系不大，就不构成三角关系。按照这个理论，作为联合国的常任理事国和核大国，综合国力以及面积、人口、资源等要素均在世界上名列前茅的中美俄三国，作为单一民族国家构成的国际舞台上的重量级行为体，构成的三角关系不仅存在于20世纪70年代至90年代，而且至今仍然是存在的，只不过时代环境和条件、各国力量对比关系、影响范围和程度等发生了变化而已。

当前的中俄美三角关系，不如冷战时期影响大，不具有全球性和战略性，仅局限于某些地区和某些领域。目前三角关系主要体现在东北亚、中亚、中东等地区。在东北亚地区，日本与中国、韩国、俄罗斯之间有领土问题，中国和朝鲜半岛的统一问题没有解决，美国与朝鲜之间、俄罗斯与日本之间没有签订和平条约，因此可以说冷战虽然结束了，但冷战的遗产仍然存在于东北亚。在朝韩危机问题上，隐隐约约可以看到两个意见和利益相对接近的国家群体，即美日韩为一方，以中朝俄为另一方，虽然没有朝鲜战争时期那么公开、明显，对抗。

一个国家，政府虽然可以更迭，国内政治可以变化，但国家利益具有某种历史的继承性。因此，国家的对外政策也具有某种"惊人的相似性"。三边关系的相关性和互动性也不如冷战时期。中俄在发展相互关系的同时，争相发展与美国的关系。俄总理梅德韦杰夫不顾日本的反对登南千岛群岛（日本称北方四岛），客观上是对中国钓鱼岛立场的配合。俄飞机飞临史上美日最大军事演习的上空，也是对美日同盟的警告。在中亚，存在上海合作组织，中国选择了俄罗斯，而不是美国作为自己的战略合作伙伴。上海合作组织以中俄为主导，排斥美国的参加。尽管将来可能有变数,但总的说来,俄罗斯对中亚的传统影响不容忽视,在中亚的博弈中占了上风。美国取代不了俄罗斯,但俄罗斯也很难赶走美国。

国际关系中政治关系与经济关系并不总是正相关。经济关系密切并不必然意味着或带来政治关系的友好和互信。政治互信也未必一定要经贸、投资额大作为基础。在中俄美三角关系中,中俄高级政治关系(军事、安全、政治、外交关系等)好,低级政治关系(经济、文化、社会等)一般。而中国与美国的低级政治关系好,高级政治关系一般。中俄高层互信(包括战略、政治和安全的)优于中美,但中美的经济联系超过俄美,而俄美的军事安全关系胜于中美。

无论是中美关系,还是中俄关系,其实在我国都存在着"政经相悖",甚至"上下错位"的情况。尽管有些人不理解,甚至不愿意,普通民众多心存疑虑,但中俄友好是大势所趋,明智选择,这是由地缘政治和国际格局所决定的。在中亚、叙利亚、斯诺登等事件上中俄合作得不错,甚至在东北亚岛屿争端问题上也有过成功的配合,今后还存在着很大的合作的空间。中俄共同语言要多一些。尽管我们有着良好的愿望,希望搞好与美国的关系,与美方相向而行,但由于中美之间结构性矛盾,美国占据实力优势,掌握着中美关系的主动权,常常挑起事端,制造麻烦。尽管不同于改革开放初时的中国有求于美国的多,美国有求于中国的少,新世纪以来中美关系发生了美国有求于中国向越来越多、中国有求于美国向越来越少的方向发展,但中国学英语的人,大大多于美国学汉语的人,中国了解美国的程度大大高于美国了解中国的程度。中国正在崛起,美国重返亚太。中美关系并不对等,主动权更多地在对方手中。在中国,从普通老百姓,到国家领导人,主观上都想搞好同美国的关系。作为世界上两个最大的经济体,中方是美国最大的债权国,中美之间确实有太多的理由要搞好关系。中国希望辽阔的太平洋能同时容纳中美两国的利益和关切。但由于中美之间存在着结构性的矛盾(包括政治、经济、宗教—文化、国际秩序各方面的),中美关系顺时不多,一波三折,常有变数。中美能不能友好,关键不在中方。但绝不意味着中方只能听天由命,无所作为,也不意味着中方可以不负责任。

中美关系和中俄关系,对于中国来说是最重要的两组大国关系。中美关系是新型大国关系的关键,中俄关系是新型大国关系的榜样。习近平作为中国国家主席首访俄而非美,体现了国家大战略和高瞻远瞩,是新一代领导人的外交大手笔。

二、中美俄三边关系结构特点

在冷战结束之初,美国力量达到极盛,认为即使中俄力量加起来也不如美,因此,美国当初对上合并不感兴趣,也不看好其发展前途。[①] 金融危机美国是始作俑者,其软硬实力有所下降,中俄相对实力上升,如 2008 年北京奥运会,可以说是以"软"的方式标志着中国的崛起。而同期的俄罗斯与格鲁吉亚的战争则以"硬"方式标志着俄罗斯的重振雄风。但中美俄之间力量对比只是发生了量变,并未发生质的变化。国际格局从一超多强向多强一超转化。[②] 美国唯一超级大国的地位并未动摇。中俄争相发展与美国的关系,并且经常超过相互关系,却不会形成反美联盟。美国处于主动、优势、有利地位。在中美博弈中"全球的创新成果及大多企业家出自美国;美国幸运地拥有一大批年轻人,这和中国不同;聪明的中国人仍然喜欢到美国大学接受教育,而且美国梦仍然是吸引冒险家的磁石,他们在寻找机会以向上攀登;美国军队仍然是世界上最强大的军事力量;而且美国有幸拥有丰富的自然资源"而中国是"处于青春期的大国","正在抛弃克制",有些"过于自信",仍需"韬光养晦"。

国际金融危机对中俄美都有严重影响。冷战结束以来,俄的发展经历 W 型曲折,美国是 U 型缓转,中国是 V 型翻转。中美、俄美关系相对波折,中俄关系相对稳定。中俄美三角关系具有不对抗、不结盟的性质。

图示如下:

中国　（M）

美国　（L）　　　　　　苏联　（R）

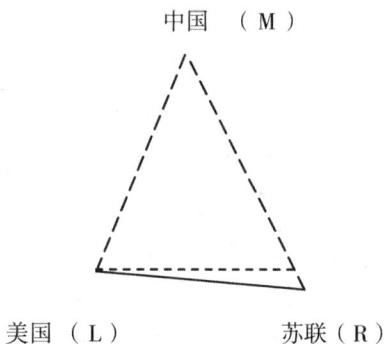

图1　1972—1989 年中美苏大三角示意图

---

① ［美］约翰·伊肯伯里主编:《美国无敌:均势的未来》,北京大学出版社 2006 年版,第 101 页。

② 李兴:《国际秩序新变局与中国对策的思考》,载《现代国际关系》2009 年第 11 期。

美国（U）

俄罗斯（W）　　　　　　　中国（V）

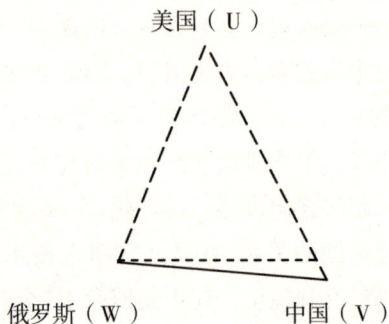

图2　冷战后中俄美三角关系示意图

美国是发达国家的代表,中国是发展中国家的代表,而俄罗斯是转型国家的代表。美国是"第一世界中的第一世界"。中俄均为"第一世界中的第三世界"、"第三世界中的第一世界"。三国的民族性格、文化和历史传统迥然不同。

很显然,作为比较单一的民族国家的中俄美,是当今大国重量级选手,而且也是世界"奇迹"。俄罗斯是国际政治中的一个"奇迹",和平解体,没有流血,裂而不崩,衰而不亡,很快东山再起,卷土重来。中国是国际金融危机中的一个"奇迹",一枝独秀,依然高速。美国是国际体系和国际关系中的一个"奇迹"。当今世界有强大创新力、吸引力、擅长克服和转嫁危机的超级大国。在苏联解体后的国际格局中,俄罗斯是一个失势者,但并非失败,更不是战败者。俄既没有彻底输光,也没有认输。美国以冷战胜利者自居,是得势者,但冷战的红利已经越来越少。中国可谓是"搭便车"的既得利益者,但以后得交费,而且费用会越来越昂贵。

中俄美各有其软硬实力,尺短寸长,各有千秋。负面的如美国的霸权主义、俄罗斯的帝国情结、"中国威胁论",正面的有美国的"自由"、"民主",中国的"和平发展"、"和谐世界",十八大又提出了"美丽中国"。俄罗斯民族性格的打抱不平、主持公道,人文精神等等。美俄的军事"硬实力"仍然独占鳌头,经济"硬实力"是俄罗斯的软肋,中国经济"硬实力"有较大的提高,而文化软实力没有充分发扬光大。国际金融危机后,中俄的实力和国际影响力相对上升,美国实力和国际影响力相对下降,世界格局从一超多强向多强一超转化。但美国"巧实力"老谋深算,比如东南亚国家"邀请"美国回来"主持公道",平衡中国的势力和影响。美国所谓的"聪明外交"、"智慧外交"弥补了其实力下降的缺陷。其转嫁危机、变劣势为优势、创新的能力是首屈一指的。

美国是大国博弈和地缘战略的行家里手。中美俄三角关系,相当程度上与美国的中俄政策相关。作为唯一的超级大国,美国对中俄经常软硬兼施,文武相济,或双拳出击,左右开弓;或挑拨离间,分化瓦解。不管具体策略如何,其战略目标只有一个,就是维护美国全球霸主地位。美国随机应变,灵活务实,纵横捭阖,施展"美国大战略"。

表1 奥巴马执政以前美国的中俄政策比较图表

美国"硬"对俄罗斯	美国"软"对中国
北约东扩至东欧	台湾问题基本维持现状
在东欧建立反导系统	钓鱼岛问题维持现状
取消《反导条约》	在南海问题上保持中立
在俄欧洲边境经常军事演习	同意以六方会谈框架解决朝核问题
空袭南斯拉夫联盟,置俄罗斯反对和斡旋于不顾,挤压俄传统势力范围	和平解决中美南海撞机事件,向中国道歉、赔偿
与独联体一些国家建立和平伙伴关系	支持中国加入WTO,大力发展同中国的经贸往来
在独联体鼓动"颜色革命",批评俄对格鲁吉亚战争,公开支持格鲁吉亚	大力发展与中国的文化教育合作
认为"俄罗斯特色的资本主义其实是社会主义"	认为"中国特色的社会主义其实是资本主义"
唱衰俄罗斯(说你不行,你就不行,行也不行)	抬举中国(说你行,你就行,不行也行)
敌国不能成为强国	强国不能成为敌国

表2 美国中俄政策比较图

美国"软"对俄罗斯	美国"硬"对中国
北约东扩暂停,"重启"俄美关系	加强美日同盟、美韩同盟, 美国加强环中国军事存在,驻军澳大利亚,在冲绳部署先进战机。
取消东欧反导,美俄达成新裁军条约	美日、美韩多次在东海联合军事演习
美不在独联体事务上过分介入	中美"战略再保证"。美提出"空海一体化",新军事战略应对中国等的军事崛起和"不透明"

美俄在中亚军事基地问题上达成默契	美舰机在中国专属经济区内高频度的抵近侦察，航空母舰开往中国近海，多次军演
美俄在伊朗问题上合作，美国支持俄加入 WTO	中美两国军事交流一度中断
北约与俄就反导问题表示合作，宣称互相不视为敌人，美俄恢复两国在民用核能领域的合作	扬言在东亚建立反导系统
挑拨梅普关系，扬梅抑普（京）	支持与中国有领土争议的国家与中国叫板
2011 年美国国家军事战略"交好"俄罗斯	在朝鲜半岛问题上持高压立场
美批准美俄新裁军条约	不同意中国重开六方会谈团长会议紧急磋商朝鲜半岛局势的提议
利比亚战火，美国有限介入，俄宣称卡扎菲政权已经失去合法性，要求卡扎菲"走人"	售台湾军火，质量、数量都超过以前。美参议院通过"南海决议"，与菲律宾、越南等进行联合海上军事演习，半公开支持
2011 年北约与俄罗斯建立阿富汗俄式战机，维修基金 800 万美元	加强美国在大陆与台湾两岸之间的作用
俄美在北极问题上抱团，应对包括中国在内的非环北极国家对北极的要求	2011 年以国家安全为由否决中国华为兼并美企业
在气候问题上美俄属于"伞形集团"	中国属于发展中国家的"基础四国"集团。在国际气候大会上美国剑指中国
奥巴马对梅德韦杰夫"耳语"：这是他的最后一次选举；表示会在反导系统上对俄采取"灵活"的政策，希望在寻求连任期间得到俄方的谅解	在人民币汇率问题上美对中国施加压力，多次对中国进行反倾销、反补贴调查
美国书面保障反导系统不针对俄罗斯	2012 年 11 月美国参议院通过决议，美日安保条约适用于钓鱼岛。美国总统和高官也多次做出类似明确的表示。
2012 年初新军事战略放弃"打赢两场战争"，变为"打赢一场战争"，牵制"另一场战争"	2011 年美国国家军事战略暗指中国。美国飞机逼近中国领空
美邀请俄参加 2012—环太平洋军演，该军演以前一直以苏联海军为对手	美排斥中国参加 2012—环太平洋军演。邀请中方参加 2014 年军演仅限于非核心项目

续表

俄美两国石油巨头合作,俄为美开通军事转运基地(乌拉尔)	2011年不惜断绝与中国的军事关系,也要向台湾出售武器
俄美互开"黑名单",拒绝"不受欢迎"官员入境	美扬言武力对付网络攻击,其中主要针对中国
2012年11月美国从俄罗斯撤出自由世界电台	指责中国"偷窃"军事情报
美国国会2012年12月通过《马格尼茨基法案》,批评俄人权,禁止俄相关人员入境	美国两党总统候选人都拿中国说事,争相"逞强",批评、指责中国,美要求中国就航母"解释"和"透明"
2013年4月美国宣布民用核能国际合作成功,将捷克境内的68公斤高纯度浓缩铀运往俄罗斯	支持与中国有领土争议的国家与中国叫板。新美日同盟报告直接呼吁日本加强军力,在冲绳部署先进"鱼鹰"战机和雷达系统,对钓鱼岛实施监控
伦敦2013年6月G8峰会叙利亚问题上俄美激烈交锋,商讨未果	明确宣布不会停止对中国的空中侦察,反对土耳其进口中国防空系统。
2013年9月俄美就叙利亚化学武器危机达成和平解决的框架协议	否决中国收购美国石油公司。指责、批评中国在南海设立三沙市,建立三沙警备区,警告中国勿在南海"各个击破"

当然,2014年乌克兰危机以来,和2015年俄空袭叙利亚IS以后,俄美在安全和地缘政治领域激烈博弈,美国在东欧频繁军演,高层拒不参加莫斯科举行的二战胜利70周年大庆阅兵。俄美关系陷入了冷战后的一个低谷。与此同时,美国对中国的"一带一路"、亚投行、抗日战争暨第二次世界大战胜利70周年胜利阅兵也持一种冷淡的态度。美国的对俄对华政策出现新的变化。谁才是美国最主要的竞争对手?中国还是俄罗斯?美国看似陷入了迷茫和纠结,时而好象清晰,时而似乎失去了方寸。

三、思考与分析

2012年中美俄三国均发生了总统大选或权力交接,其发展战略都在东移,对三角关系必然产生影响。中国召开了十八大,实现了权力的顺利交接,中国外交政策保持连续性,同时更加强了周边外交。俄罗斯"梅普组合"变成"普梅组合",对外政策不会发生根本变化,故中俄关系相对稳定,虽然也会暴露出一些深层次问题。随着美国战略重心东移亚太区域,经济取代反恐成为第一要务,美国逐渐锁定中国取代俄罗斯成为自己主要的竞争对手,中美的合作在进一步加深的同时,矛盾和冲突将增多和加剧,出现严重的波折。由于美国对世界安全领域及独联体政策的调整,俄加入 WTO 后与世界经济联系的加深,尽管普京会与美国拉开距离,俄美关系从过去的"重启"到新的"暂停",但由于传统的"钟摆效应",以及从宗教—文化的视角看俄美是远亲关系,俄美关系终究还是有可能缓和。中俄都会实行双向联盟战略,即经济、金融上与美国合作,在安全、政治上彼此合作。俄对中美的需求都会增加。美国作为唯一超级大国,仍然处于主动、有利地位。关键在于其综合实力、对外政策会不会变化。三角关系的主要推动力来自美国。

2011 年底以来美国重返东亚,在东南海搞所谓的"巨头阵"、"海空一体化",在欧洲搞反导系统,不顾俄罗斯反对,态度强硬。美国的这种态度,类似于冷战结束之初左右开弓,双拳出击。美国的强势重返亚太,特别是军事重返给中俄带来了压力,同时也给中俄之间的安全合作提供了新的契机。习近平首访俄罗斯,把俄罗斯定位为中国最主要、最重要的战略协作伙伴,表示优先、全面发展中俄战略协作伙伴关系。在俄新版对外政策构想中,中国是最重要的方向。普京说,俄罗斯需要一个繁荣和稳定的中国,中国需要一个强大和成功的俄罗斯。

冷战结束之初美国的单边强硬是建立在其超常的实力之上,包括其硬实力、软实力、综合实力,单极独霸,咄咄逼人。而当前中俄相对实力上升,美国深受金融危机和多场战争之困,相对实力下降,主要依靠所谓的巧实力、软实力和军事硬实力支撑其超强地位。中俄的战略协作是有成功之处的,美国的单极独霸是非理性的、不明智的,也难以长久的。与时俱进,奥巴马政府的外交理念和外交战略转变得很快,甚至也可以说不无成功之处。奥巴马提出的 TPP,普京提出来的"欧亚联盟",有异曲同工之妙,都是在为 2012 年大选后布局,只不过前者是在亚太地区,后者是在独联体地区,掌控经济、政治主导权。

中俄美政治制度的不同,意识形态上的竞争,并不排除经济、技术、文化领域的沟通与合作。"经济是全球的,而政治往往是本土的。"因此,应提倡多渠道交流,良性互动,善意竞争,和而不同,和谐发展,互利互信,共存共赢。

中国已经俨然世界老二,已经失去了冷战时期在中美苏大三角中左右逢源、八面玲珑的地位和条件。"鸵鸟政策"难以为继,"和平发展"、"和谐世界"的理念和道路时有不顺,一时遇到了困难和障碍,尤其在东南沿海,其背后的因素离不开美国。中国既没有争当世界第一的实力,也绝没有此主观愿望,不当头、不争霸、不称霸,是中国基本国策和战略选择。说中国要取代美国、称霸世界完全是一个神话。世界老二的地位取决于客观实力,不取决于主观认识和政治宣传,最容易成为各种国际矛盾的焦点。一味回避矛盾不但无济于事,可能反而事与愿违。所以,中国不仅要重视"硬实力",还要重视"软实力",特别要重视"巧实力",对自己的优劣短长,力量和弱点,要心中有数,有的放矢,对症下药。中国也要有自己的外交大战略,继续韬光养晦,积极有所作为。

俄罗斯因素在中美关系中的作用在变化,但仍然起作用。由于中美存在结构性的矛盾,而俄罗斯并不构成对中国的现实威胁,因此,俄罗斯成为中国最主要、最重要的战略伙伴。在特定条件下,俄可能向美国打"中国牌",对中国打"美国牌"。美国的分化政策可能有时会起到一定的作用。在外交战略中,由于中国的利益是多元的,而非单一的,不同部门、不同地区、不同利益集团、不同社会阶层,在不同时期不同领域的不同侧重和不同需求,中国对俄美实行"双向合作"战略,即在军事上、政治上、部分能源上与俄合作,在经济上、金融上、部分文化上与美国合作,均非全面合作,而是局部的,使其相互制衡,从而借势谋利,纵横捭阖,追求国家利益最大化。① 处理起来有难度,需要大智慧。

习近平主席为何首访俄而非美？这看起来突然,其实并不偶然,绝不是心血来潮,意气用事,更不是没有章法,心无城府。这里面有地缘战略,国际格局、共同反霸、互利共赢四个战略性的原因。作为一个海陆复合国家,中国的安全威胁其实只能来自两个方向:东南沿海方向和西北陆地方向。东南沿海方向由美国决定,西北陆地方向俄罗斯举足轻重。而腹背受敌,两线作战,不仅是兵家之大忌,也是我现有国力所难以承担的。既然我们对美国不自信,那稳住俄罗斯、发展与俄友好关系就是有百利而无一害的战略选择。从国际格局来看,一个是国际社会的"另类",一个是基督教世界的"异类";一个反对北约东扩,一个反对美日同盟,自然,抱团取暖成为最佳选择。作为联合国的常任理事国和核大国,中俄对维护世界和平和安全承担着重要的责任和义务,反对单极独霸,维护联合国的权威,尊重国际法,主张国际关系民主化。中俄互为最大邻国,边境漫长,山水相连,自然环境相近,合作开发,共同发展,互利共赢,顺应国际经济政治重心转移亚太的大形势,提升各自综合国力和影响。

中国从过去重视西方、美国,到重视周边、金砖体制,从过去重视东向发展到东西兼顾、东西平衡,从过去单纯重视经济向重经济、政治和安全的综合。俄既是中国最大邻国,又是金砖主要国家,因此自然便成为中国外交的重中之重。其实,胡锦涛作为国家主席的首访也是俄罗斯,只不过没有习近平主席明显和高调而已。习近平主席的决定是经过深思熟虑之举,是战略性的大手笔。自第二次世界

---

① 李兴、孔瑞:《中美关系中的俄罗斯因素》,载《俄罗斯中亚东欧研究》2010 年第 5 期。

大战以来(包括二战),中国与美国、苏联(俄罗斯)正式结盟或准结盟。二战中与美苏正式结盟。冷战后先与苏联正式结盟,后与美国准结盟。冷战结束后又与俄罗斯准结盟。足见美俄两国对中国现代发展的影响巨大。

美国在哪些方面对中俄采取共同政策?在地缘政治、人权、信息安全(如斯诺登事件)、地区问题(如叙利亚危机)军售等方面进行打压。在地缘政治方面,反对中俄太走近,以防止成为自己的竞争对手,挑战自己的全球霸主地位。在人权方面,指责中俄人权,频繁施加压力(包括车臣和东突问题)。指责中俄"人口贩卖",2013年度《国际贩运人口问题报告》,将中俄列为"打击人口走私最不力的第三类国家"。在网络(信息)安全方面,宣称中俄是"最大黑客",情报偷窃者,间谍行为实施者。扬言要武力对付网络攻击;美国提倡所谓的"网络言论自由",也遭中俄的共同抵制和反对(如"棱镜门"主角斯诺登事件)。在叙利亚危机问题上,由于中俄联手多次否决西方提案,美国指责中俄"无耻""妨碍"国际社会推翻巴沙尔独裁政权,解决叙利亚问题。在太空军事化问题,美国不顾中俄反对,意欲利用技术优势,将外太空军事化。在反导系统问题上,美国筹划在日、韩、台等地部署亚洲反导系统,加强美日同盟,并有推动亚洲北约化的倾向,中俄是共同反对的。美国反对北约盟国土耳其从中俄进口防空系统,反对欧盟解除对华武器禁运。美国反对中俄共同对付日本会使自己陷入战略被动。

在旧的三角关系中,美苏两霸都是超级大国,势均力敌,中国的力量最弱,而处境最为有利,游刃有余。在冷战后的三角关系中,中国的地位上升,但也没有上升能到取代苏联的地位,与美国棋逢对手。俄罗斯的地位下降,但也没有下降到像当年中国那样一穷二白、实力弱小的地步。美国仍然高高在上,综合国力无与伦比。中国全球GDP第二,俄罗斯全球军力第二。中国人口世界第一,俄罗斯幅员举世无双。因此,三角中,过去美苏旗鼓相当,现在中俄地位相似。俄美安全战略关系,中美经济依赖关系,对于美国来说权重基本相当。

中俄美三角关系是当今世界最复杂、最微妙、最重要的三边关系之一。在中俄美三角关系中,中俄安全、政治关系好于经济关系,中美经济、金融关系好于政治关系。中俄政治互信强于中美。中美经济联系优于俄美。俄美安全关系胜于中美。从宗教—文化的视角来看,美俄是远亲,中美是路人。中俄关系是战略"准同盟"关系,是大国关系的典范。中美关系是"非敌人"的关系,是大国关系的关键。中国要实行双向、双线同盟战略,即在全面提升与俄国的战略协作伙伴关系的同时,发展与美国的经济安全战略稳定关系。即在高级政治方面,与俄发展战略协作关系,在低级政治方面,发展与美的共存共赢关系。

美国在中国得到很多人的喜欢、欣赏和羡慕,这是无可否认的一个事实,但从国家的战略高度来看,美国是我国最大的交往对象,也是最大的竞争对手,但不是天生的敌人。无论对俄罗斯怎么看,全面发展与俄罗斯的战略协作伙伴关系对中国有百利而无害,低估俄罗斯,或想"忽悠"、利用俄罗斯的想法都是错误的。作为我国最主要、最重要的战略协作伙伴,中俄之间其实是"准同盟"关系。虽然与美日、北约正式的、制度化的军事同盟关系相比,中俄战略协作关系是非正式的"准同盟"关系,不是同盟,但接近于同盟,类似于同盟,在一定的情况和条件下或许相当于同盟。打一个也许不太恰当但比较形象的比喻,美日同盟象夫妻关系,中俄协作是兄弟关系;美日同盟是主仆关系,中俄协作是伙伴关系。因此,美国可能挑拨中俄关系,有时可能得逞,反过来,中俄如果想分化美日关系,则是非常困难的。当然,中俄关系也不是没有问题。一些问题还是深层次的,甚至很尖锐的。问题不在于有没有问题,大国之间存在问题是正常的,不奇怪的,也没有什么了不起,问题在于怎么去解决问题。好在两国最高领导层已经清楚地意识到了这个问题,正在采取措施和办法去解决问题。[①] 在新的形势和条件下,唯一的超级大国—美国视谁为头号竞争对手,中俄美三角关系将何去何从,人们将拭目以待。

---

① 李兴、牛义臣:《上合组织为何不足以支撑中国西北周边安全战略》,载《国际安全研究》2013 年第 4 期。

参考文献

中文文献:

《马克思恩格斯选集(第2卷)》,人民出版社1995年版。

《毛泽东选集(第一卷)》,人民出版社1991年版。

奥兰·扬:《世界事务中的治理》,上海世纪出版集团2007年版。

毕洪业:《后危机时代的国际体系转型:俄罗斯的主张与应对》,载《国际论坛》2014年第2期。

波波·罗:《俄罗斯、中国和美国——从战略三角到后现代三角》,载《俄罗斯研究》2014年第1期。

蔡东杰:《当代中国外交政策》,五南图书出版公司2011年版。

曹玮、王俊峰:《G20机制化建设与中国的对策》,载《亚非纵横》2011年第4期。

陈向阳:《国际格局:"新一超多强"阶段来临》,载《时事报告》2014年第1期。

陈晓进:《八国集团30周年发展回顾》,载《世界经济与政治》2005年第12期。

陈志敏:《多极世界的治理模式》,载《世界经济与政治》2013年第10期。

陈志敏:《伙伴战略:世纪之交中国的现实理想主义外交战略》,载《太平洋学报》1999年第3期。

成志杰、王宛:《金砖国家治理型国际机制:内涵及中国的作为》,载《国际关系研究》2014年第4期。

程国平:《上海合作组织事业永无止境》,载《人民日报》2012年6月6日。

程亦军:《后苏联空间一体化前景黯淡》,载《俄罗斯学刊》2013年第1期。

戴秉国:《坚持走和平发展道路》,载《新华文摘》2011年第7期。

戴维·阿布夏尔等主编:《国家安全:今后十年的政治、军事和经济战略》,世界知识出版社1965年版。

丁佩华:《俄罗斯与亚欧经贸合作:现状和前景》,载《俄罗斯研究》2001年第1期。

俄外交与国防政策委员会著,万成才译:《未来十年俄罗斯的周围世界——梅普组合的全球战略》,新华出版社2008年版。

范学新:《丝路文化精神对丝路少数民族文学的影响——以哈萨克文学为列》,载《江西社会科学》2007年第5期。

范晔:《后汉书·西域传》,中华书局2012年版。

范玉刚:《"一带一路"下的新区域合作》,载《瞭望》2014年第34期。

冯绍雷:《从乌克兰危机看俄罗斯与金砖国家相互关系的前景》,载《国际观察》2014年第3期。

冯绍雷:《面向亚太地区未来的中俄关系》,载《俄罗斯研究》2013年第2期。

冯绍雷:《普京倡建"欧亚联盟",地区一体化前景可期》,载《社会科学报》2011年10月20日。

冯绍雷主编:《上海合作组织发展报告(2013)》,上海人民出版社2013年版。

高飞:《中亚博弈:冷战后的中美俄关系》,载《外交评论》2010年第2期。

宫力:《中国不结盟、全方位和平外交的确立与实施》,载《新远见》2012年第9期。

古辛:《欧亚经济联盟与丝绸之路经济带的对接与合作》,载《欧亚经济》2015年第3期。

顾华详:《论"丝绸之路经济带"视域下的文化交流》,载《克拉玛依学刊》2014年第2期。

关海庭、刘莹:《中俄传统政治文化与社会转型比较研究》,载《北京大学学报(哲学社会科学版)》2013年第2期。

关雪凌、张猛:《成立金砖国家开发银行正当其时》,载《中国金融》2012年第18期。

国家发展改革委员会、外交部、商务部:《推动共建丝绸之路经济带和21世纪海上丝绸之愿景与行动》,载《北京日报》2015年3月29日。

郝少英:《论国际河流后开发国家的权利与义务》,载《河北法学》2012年第7期。

何茂春、张冀兵:《新丝绸之路经济带的国家战略分析——中国的历史机遇、潜在挑战与应对策略》,载《人民论坛·学术前沿》2013年第23期。

胡鞍钢、马伟、鄢一龙:《"丝绸之路经济带":战略内涵、定位和实现路径》,载《新疆师范大学学报(哲学社会科学版)》2014年第2期。

胡波:《中俄印共同摸索非西方道路》,载《环球时报》2013年11月11日。

胡桑:《陕西启动丝绸之路经济带自由贸易园区申报工作》,载《现代物流报》2014年2月25日。

黄登学:《俄罗斯构建"欧亚联盟"的制约因素》,载《当代世界社会主义问题》2012年第4期。

黄登学:《新版〈俄罗斯联邦对外政策构想〉述评——兼论普京新任期俄罗斯外交走势》,载《俄罗斯研究》2014年第1期。

蒋志刚:《"一带一路"建设中的金融支持主导作用》,载《国际经济合作》2014年第9期。

焦一强、刘一凡:《中亚水资源问题:症结、影响与前景》,载《新疆社会科学》2013年第1期。

杰克·斯奈德著,于铁军等译:《帝国的迷思:国内政治与对外扩张》,北京大学出版社2007年版。

金正昆:《伙伴战略:中国外交的理性选择》,载《教学与研究》2000年第7期。

久保庭真彰:《俄罗斯经济的转折点与"俄罗斯病"》,载《俄罗斯研究》2012年第1期。

克柳切夫斯基:《俄国史教程(第1卷)》,商务印书馆1992年版。

邝云峰:《美国的朝贡体系》,载《国际政治科学》2013年第4期。

李葆珍:《江泽民"和而不同"外交思想探析》,载《郑州大学学报(哲学社会科学版)》2008年第1期。

李凤林主编:《欧亚发展研究(2013)》,中国发展出版社2013年版。

李建民:《"丝绸之路经济带"合作模式研究》,载《中国党政干部论坛》2014年第5期。

李建民:《"丝路精神"下的区域合作创新模式——战略构想、国际比较和具体落实途径》,载《人民论坛·学术前沿》2013年第23期。

李进峰、吴宏伟、李伟主编:《上海合作组织发展报告(2013)》,社会科学文献出版社2013年9月第1版。

李莉:《中印关系走向成熟及其原因探析》,载《现代国际关系》2013年第3期。

李明伟:《丝绸之路研究百年历史回顾》,载《西北民族研究》2005年第2期。

李向阳主编:《亚太地区发展报告(2012):崛起中的印度与变动中的东亚》,社会科学文献出版社2012年版。

李向阳主编:《亚太地区发展报告(2013)》,社会科学文献出版社2013年版。

李新:《普京欧亚联盟设想:背景、目标及其可能性》,载《现代国际关系》2011年第11期。

李兴、孔瑞:《中美关系中的俄罗斯因素》,载《俄罗斯中亚东欧研究》2010年第5期。

李兴、牛义臣:《上合组织为何不足以支撑中国西北周边安全战略》,载《国际安全研究》2013年第4期。

李兴、成志杰:《中俄印——亚欧金砖国家是推动"丝绸之路经济带"建设的关键力量》,载《人文杂志》2015年第1期。

李兴、耿捷:《乌克兰危机:原因、影响和启示》,载《唯实》2015年第2期。

李兴、刘军等:《俄美博弈的国内政治分析》,时事出版社2011年版。

李兴、王晨星:《上海合作组织:发展与前景》,载《领导文萃》2012年第11期。

李兴、张晗:《"丝绸之路经济带"框架与东盟"10+8"机制比较研究》,载《新视野》2015年第2期。

李兴:《俄罗斯梅普组合的"东倾西向"外交》,载《新视野》2011年第3期。

李兴:《北约欧盟双东扩:俄罗斯不同对策及其原因分析》,载《俄罗斯中亚东欧研究》2005年第2期。

李兴:《国际秩序新变局与中国对策的思考》,载《现代国际关系》2009年第11期。

李兴:《加强中俄印金砖国家团结是推动"一带一路"建设的重中之重》,载《中共贵州省委党校学报》2015年第3期。

李兴:《论冷战后美俄关系中的欧亚地缘因素》,载《国际政治研究》2005年第3期。

李兴:《论全球治理与中国外交新思维》,载《毛泽东邓小平理论研究》2006年第1期。

李兴:《论上海合作组织的发展前途——基于中俄战略构想比较分析的视角》,载《东北亚论坛》2009 年第 1 期。

李兴:《欧亚联盟:普京对外新战略》,载《新视野》2013 年第 5 期。

李兴:《普京欧亚联盟评析》,载《俄罗斯研究》,2012 年第 6 期。

李兴:《丝绸之路经济带:实现"中国梦"的战略,还是策略?》,载《东北亚论坛》2015 年第 2 期。

李兴:《中俄上合组织战略构想比较分析》,载《新视野》2009 年第 1 期。

李兴等:《亚欧中心地带:俄美欧博弈与中国战略研究》,北京师范大学出版社 2013 年版。

李志斐:《跨国界河流问题与中国周边关系》,载《学术探索》2011 第 1 期。

林珉璟、刘江永:《上海合作组织的形成及其动因》,载《国际政治科学》2009 年第 1 期。

刘赐贵:《发展海洋合作伙伴关系 推进 21 世纪海上丝绸之路建设的若干思考》,载《国际问题研究》2014 年第 4 期。

刘乾:《中俄竞争:拖累上合多边能源合作》,载《能源》2013 年第 10 期。

刘亚洲:《西部论》,载《凤凰周刊》2010 年 8 月 5 日。

刘志中:《"新丝绸之路"背景下中国中亚自由贸易区建设研究》,载《东北亚论坛》2014 年第 1 期。

卢静:《金砖国家对西方意味着什么——变革与猜测中不可回避的"他者"》,载《人民论坛·学术前沿》2014 年第 18 期。

卢苇:《丝绸之路的出现和开通》,载《兰州大学丝绸之路研究论文集》,兰州大学出版社 1992 年版。

陆俊元:《中国地缘安全》,时事出版社 2011 年版。

罗伯特·基欧汉:《霸权之后:世界政治经济中的合作与纷争》,上海世纪出版集团 2012 年版。

罗峰:《结盟:同舟共济抑或同床异梦》,载《世界知识》2012 年第 21 期。

马莉莉:《金砖国家合作机制发展基础与选择》,载《国际问题研究》2012 年第 6 期。

马廷魁:《丝绸之路跨文化传播中的媒介形态转向》,载《西北民族大学学报》2010 年第 6 期。

玛莎·布瑞尔·奥卡特著,李维建译:《中亚的第二次机会》,时事出版社 2007 年版。

梅新育:《金融合作:金砖国家走向"实心化"的开端》,载《时事报告》2013 年第 5 期。

梅兆荣:《欧债危机的复杂性与欧盟前景》,载《德国研究》2012 年第 1 期。

门洪华、刘笑阳:《中国伙伴关系战略评估与展望》,载《世界经济与政治》2015 年第 2 期。

倪世雄:《发展长期健康稳定的新型大国关系》,载《当代世界与社会主义》2013 年第 3 期。

倪世雄等:《当代西方国际关系理论》,复旦大学出版社 2001 年版。

欧阳向英:《欧亚联盟——后苏联空间俄罗斯发展前景》,载《俄罗斯中亚东欧研究》2012年第4期。

欧阳峣、张亚斌、易先忠:《中国与金砖国家外贸的"共享式"增长》,载《中国社会科学》2012年第10期。

潘光、余建华:《从丝绸之路到亚欧会议——亚欧关系两千年》,中共中央党校出版社2004年版。

彭坤:《上海合作组织框架下水资源利用合作法律机制研究》,新疆大学博士学位论文,2012年。

蒲俜:《金砖国家机制在中国多边外交中的定位》,载《教学与研究》2014年第10期。

乔静:《东亚峰会的运行机制及其面临的挑战》,载《理论界》2014年第1期。

邱震海:《"网状外交"重组大国关系》,载《国际先驱导报》2007年1月8日。

曲浩然:《咸海的临终遗书——和世界第四大湖说再见》,载《环球人文地理》2014年第23期。

荣松:《丝绸之路:文明多维交融的更生带》,载《金融博览》2014年06月04日。

邵永灵、时殷弘:《近代欧洲陆海复合国家与当代中国的选择》,载《世界经济与政治》2000年第10期。

沈铭辉:《金砖国家合作机制探索——基于贸易便利化的合作前景》,载《太平洋学报》2011年第10期。

施雪华:《"服务型政府"的基本涵义、理论基础和建构条件》,载《社会科学》2010年第2期。

史亚洲:《陕西参与丝绸之路经济带建设的比较优势》,载《西安航空学院学报》2014年第6期。

司马迁:《史记·大宛列传》,中华书局2013年版,第7300页。

宋黎磊:《欧盟"东部伙伴关系"计划:意图、推进与问题》,载《国际问题研究》2015年第2期。

孙力、吴宏伟:《中亚国家发展报告(2013)》,社会科学文献出版社2013年版。

孙凌云:《国际视野中的"上海合作组织"》,载《国际观察》2006年第2期。

孙茹:《构建伙伴关系网:中国不结盟政策的升级版》,载《世界知识》2015年第6期。

孙兴杰:《丝绸之路的地缘政治学》,载《经济学家》2014年第112期。

孙壮志:《俄罗斯外交真要转向吗》,载《世界知识》2014年第10期。

孙壮志:《上合组织将有更强动力》,载《人民日报海外版》2012年6月7日。

唐朱昌:《"利益碰撞"是中俄竞争与合作的常态》,载《社会观察》2012年第9期。

陶文昭:《中国梦:寻求共识最大公约数》,载《光明日报》2014年5月19日。

田野:《东亚峰会扩容与地区合作机制的演化》,载《国际观察》2012年第2期。

童蒙正:《关税论》,商务印书馆1934年版。

托洛茨基:《托洛茨基自传——我的生平》,国际文化出版公司1996年版。

汪巍：《金砖国家多边经济合作的新趋势》，载《亚太经济》2012年第2期。

王海运：《建设"丝绸之路经济带" 促进地区各国共同发展》，载《俄罗斯学刊》2014年第1期。

王海运等：《"丝绸之路经济带"构想的背景、潜在挑战和未来走势》，载《欧亚经济》2014年第4期。

王红茹：《金砖银行总部落户上海，首任行长出自印度》，载《中国经济周刊》2015年第20期。

王缉思：《"西进"，中国地缘战略的再平衡》，载《环球时报》2012年10月17日。

王杰主编：《国际机制论》，新华出版社2002年版。

王金存：《具有历史意义的跨越——从"上海五国"到"上海合作组织"》，载《世界经济与政治》2001年第9期。

王磊：《大国协调与集体安全的差异及其当代融合——来自欧洲协调与国际联盟的历史经验》，载《太平洋学报》2012年第9期。

王郦久：《俄"欧亚联盟"战略及其对中俄关系的影响》，载《现代国际关系》2012年第4期。

王明进：《中国对多边外交的认识及参与》，载《教学与研究》2004年第5期。

王鸣野：《美国的欧亚战略与中间地带》，载《新疆社会科学》2003年第4期。

王树春、万青松：《试论欧亚联盟的未来前景》，载《俄罗斯研究》2012年第2期。

王义桅：《"一带一路"：机遇与挑战》，人民出版社2015年版。

王毅：《盘点2014：中国外交丰收之年》，载《国际问题研究》2015年第1期。

王玉华、赵平：《"金砖国家"合作机制的特点、问题及我国的对策》，载《当代经济管理》2011年第11期。

王志民：《"一带一路"背景下的西南对外开放路径思考》，载《人文杂志》2015年第5期。

王志民：《建设南方"丝绸之路经济带"的地缘环境探析》，载《当代世界与社会主义》2015年第1期。

王志民：《西南周边地缘态势与"南方丝绸之路"新战略》，载《东北亚论坛》2014年第1期。

王志远、石岚：《上海合作组织经济合作的主要障碍与对策分析》，载《新疆师范大学学报（哲学社会科学版）》2013年第6期。

王治来：《中亚史》，人民出版社2010年版。

魏玲：《东亚进程与中国外交：新格局、新均衡、新作为——从东亚峰会说开去》，载《外交评论》2011年第6期。

吴大辉：《防范中的合作——俄罗斯关于中国和平崛起的心理图解》，载《俄罗斯中亚东欧研究》2005年第5期。

吴恩远：《上海合作组织发展报告（2011）》，社会文献出版社2011年版。

吴思科：《"一带一路"，中国外交的新思路》，载《光明日报》2014年6月7日。

武敬云:《"金砖国家"的贸易互补性和竞争性分析》,载《国际商务——对外经济贸易大学学报》2012年第2期。

习近平:《弘扬人民友谊　共创美好未来——在纳扎尔巴耶夫大学的演讲》,载《人民日报》2013年9月8日。

习近平:《联通引领发展　伙伴聚焦合作——在"加强互联互通伙伴关系"东道主伙伴对话会上的讲话》,载《人民日报》2014年11月9日。

习近平:《新起点　新愿景　新动力——在金砖国家领导人第六次会晤上的讲话》,载《人民日报》2014年7月17日。

肖辉忠:《试析俄罗斯金砖国家外交中的几个问题》,载《俄罗斯研究》2012年第4期。

邢广程:《俄罗斯亚太战略和政策的新变化》,载《国际问题研究》2012年第5期。

徐海燕:《咸海治理:丝绸之路经济带建设的契入点?》,载《国际问题研究》2014年第4期。

徐建:《关税同盟与德国的民族统一》,载《世界历史》1998年第2期。

徐剑梅、李斌:《高山见证　携手前行——记国家主席习近平出席上海合作组织杜尚别峰会》,载《光明日报》2014年9月15日。

许涛:《论上海合作组织的机制化》,载《现代国际关系》2003年第6期。

许云霞、李钦:《中国对俄白哈关税同盟直接投资的影响因素分析》,载《对外经贸实务》2013年第8期。

阎学通、孙学峰:《国际关系研究实用方法》,人民出版社2007年版。

杨建新、卢苇:《历史上的欧亚大陆桥——丝绸之路》,甘肃人民出版社1992年版。

杨洁、李传勋:《俄罗斯民族性格基质及其表征》,载《俄罗斯东欧中亚研究》2014年第5期。

杨洁勉:《新型大国关系:理论、战略和政策构建》,载《国际问题研究》2013年第3期。

杨恕、王术森:《丝绸之路经济带:战略构想及其挑战》,载《兰州大学学报》2014年第1期。

杨雪:《丝绸之路的当代意义》,载《光明日报》2013年10月14日。

余建华:《上海合作组织非传统安全研究》,上海社会科学院出版社2009年版。

余潇枫、潘一禾、王江丽、王逸舟:《非传统安全概论》,浙江人民出版社2006年版。

俞正樑:《积极进取　引领亚洲　全球再平衡——2014年中国外交》,载《国际观察》2015年第1期。

约翰·伊肯伯里主编:《美国无敌:均势的未来》,北京大学出版社2006年版。

张春宇:《建立金砖国家能源合作机制大势所趋》,载《中国石油报》2013年4月2日。

张德广:《总结经验　深化合作　推动上海合作组织迈向新的辉煌》,载《求是》2006年第12期。

张建华等:《红色风暴之谜:破解从俄国到苏联的历史神话》,中国城市出版社2002年版。

张洁主编:《中国周边安全形势评估——"一带一路"与周边战略》,社科文献出版社2015年版。

张文木:《丝绸之路与中国西域安全》,载《世界经济与政治》2014年第3期。

张学昆:《论欧盟邻国政策的形成》,载《国际政治研究》2009年第3期。

张渝:《中亚地区水资源问题》,载《中亚信息》2005年第10期。

张蕴岭:《如何认识"一带一路"的大战略设计》,载《世界知识》2015年第2期。

赵东波、李英武:《中俄及中亚各国"新丝绸之路"构建的战略研究》,载《东北亚论坛》2014年第1期。

赵华胜:《美国与上海合作组织:从布什到奥巴马》,载《国际问题研究》2010年第2期。

赵华胜:《上海合作组织:评析和展望》,时事出版社2012年版。

赵华胜:《上海合作组织的发展路径》,载《新疆师范大学学报(哲学社会科学版)》2012年第2期。

赵华胜:《上海合作组织与阿富汗问题》,载《国际问题研究》2009年第4期。

郑秉文:《"中等收入陷阱"与中国发展道路——基于国际经验教训的视角》,载《中国人口科学》2011年第1期。

郑羽:《中俄美在中亚:合作与竞争(1991—2007)》,社会科学文献出版社2007年版。

周力:《俄罗斯文化的基本精神与外交》,载《俄罗斯研究》2010年第4期。

周励:《复兴"丝绸之路"计划》,载《西部大开发》2008年第1期。

周龙:《哈萨克斯坦有个"陕西村"》,载《光明日报》2014年8月7日。

周丕启:《大战略分析》,上海人民出版社2009年版,第19页。

周晓玲:《联合国助哈保护伊犁河——巴尔喀什湖流域》,载《科技与经济》2004年第3期。

周延丽、王兵银:《丝绸之路经济带与欧亚经济联盟对接的必要性和可行性》,载《欧亚经济》2015年第3期。

朱成虎主编:《中美关系的发展变化及其趋势》,江苏人民出版社1998年版,第323页。

朱杰进:《金砖国家合作机制的转型》,载《国际观察》2014年第3期。

朱杰进:《金砖银行制度设计的智慧》,载《上海证券报》2014年7月24日第A01版。

朱显平、邹向阳:《中国—中亚新丝绸之路经济发展带构想》,载《东北亚论坛》2006年第5期。

俄文文献

Договор о Евразийской экономической комиссии

Договор о Евразийском экономическом союзе

Договор о присоединении Кыргызской Республики к Договору о Евразийском экономическом союзе

Договор о присоединении Республики Армения к Договору о Евразийском экономическом союзе

Договор об учреждении Евразийского экономического сообщества

Доклад Института современного развития: экономические интересы и задачи России в СНГ

Меморандум о сотрудничестве между Евразийской экономической комиссией и Евразийским банком развития

Приоритетные направления развития ЕврАзЭС на 2003 – 2006 и последующие годы

Соглашение между Евразийским экономическим сообществом и Содружеством Независимых Государств о выполнении Экономическим Судом Содружества Независимых Государств функций Суда Евразийского экономического сообщества

Статут Суда Евразийского экономического сообщества

Алексеев Н. Н. , Русский народ и государство. М. , 2000.

Боришполец К. , Чернявский С. , Российско – Белорусские отношения: Угрозы реальные и мнимые // Вестник аналитики. 2012. No. 3.

Бызов Л. , Русское самосознание и социальные трансформации // Агентство политических новостей. 5 декабря. 2006.

Бызов Л. , Современный русский национализм как социально – политический фактор // Русская платформа. 26 ноября. 2011.

Бызов Л. , Социокультурные и социально – политические аспекты формирования современной российской нации // Политические исследования. 2012. No 4.

Бызов Л. , Станет ли Россия национальным государством? // Литературная газета. 6 ноября. 2008.

Васильева Н. А. , Глобальный евразийский регион: опыт теоретического осмысления социально – политической интеграции. СПб. 2012.

Винокуров Е. , Либман А. , Евразийская континентальная интеграция, СПб. , ЕАБР, 2012.

Винокуров Е. Ю. , Прагматическое евразийство // Россия в глобальной политике. 2013. No2

Воскресенский А. Д. , Мировое комплексное регионоведение, М. , 2014.

Гайдар Е. , Государство и эволюция, М. , 1995 г.

Глазьев С. Ю. , Чушкин В. И. , Ткачук С. П. Европейский союз и Евразийское экономическое сообщество: сходство и различие процессов интеграционного строительства, М. , 2013.

Горин Б. , Стыд и гордость // Лехаим. 2012. No 1.

Горожан защитят от нелегалов. Московские прокуроры подвели итоги работы за год // Российская газета. 4 февраля. 2013.

Гринберг Р., Не вижу никакой альтернативы щедрости России при создании Евразийского союза // Известия. 24 ноября. 2011.

Гумилев Л., Заметки последнего евразийца // Наше наследие. М.,1991(3)

Гумилев Л., Меня называют евразийцем // Наш современик. М.,1991(1)

Гумилев Л., Ритмы Евразии :Эпохи и цивилизации. М., 1993.

Декларация о формировании Единого экономического пространства Республики Беларусь, Республики Казахстан и Российской Федерации, 9 декабря 2010 года.

Договор о Таможенном союзе и Едином экономическом пространстве

Договор об обращении в Суд ЕврАзЭС хозяйствующих объектов по спорам в рамках Таможенного союза и особенностях судопроизводства по ним от 9 декабря 2010 года

Евгений Примаков назвал условия для успеха Евазийского союза // Известия. 24 ноября 2011.

Зевин Л. З., Особенности консолидационных и интеграционных процессов в Евразии // Россия и современный мир. 2012. №. 2.

Ильин М. В., Jedem das seine. – Кентаврперед сфинксом (германо – российские диалоги), М. : 1995.

Ильин М. В., Слова и смыслы. Опыт описанияключевых политических понятий, М. : 1997.

Киргизию и Таджикистан вооружат российскими деньгами // Коммерсантъ. 06 ноября 2012.

Ромодановский К., Ужесточения миграционной политики не будет. Повысится ответственность нарушителей законов // Российская газета. 20 июля 2012.

Концепция внешней политики Российской Федерации(2008).

Концепция внешней политики Российской Федерации(2013).

Лаумулин М., Толипов Ф., Узбекистан и Казахстан. Борьба за лидерство? // Индекс Безопасности. №1, Весна 2010.

Ли Син, G20: Трансформация мирового порядка и внешняя политика Китая // Сравнительная политика. 2012. №1.

Ли Син, Братерский М. В., Савкин Д. А., Ван Чэньсин, Россия и Китай в Евразийской интеграции: Сотрудничество или соперничество? М., СПб., 2015.

Ли Син, Ван Чэньсин, Китайская политология о смысле и перспективах Евразийского союза // Международные процессы. 2014, №3.

Лукашенко А., О судьбах нашей интеграции // Известия. 17 октября 2011.

Малышева Д., Центральная Азия в фокусе региональной политики // Мировая экономика и международные отношения. 2007, №12.

Мансуров Т. А., На пути к Европейскому экономическому союзу // Россия и современный мир. 2012 г. , No. 2.

Мартин Т. , Империя《положительной деятельности》. Нации и национализм в СССР, 1923 – 1939. М. : Росспэн, 2011.

Мартынов Б. , БРИКС – заря новой эры или business as usual? // Индекс безопасности. 2011. №3 (98).

Мигранты совершают каждое шестое убийство и каждое третье изнасилование в Санкт – Петербурге // ИТАР – ТАСС, 30 января 2013.

Министр иностранных дел России Сергей Лавров. "Сетевая дипломатия" сейчас востребована как никогда" // Известия. 28 декабря 2006.

Мохан Р. , Индия и политическое равновесие // Россия в глобальной политике. 2006, №46

Назарбаев Н. , Десять лет будущего // Российская газета. 03 июля 2011.

Назарбаев Н. , Евразийский Союз: от идеи к истории будущего // Известия. 25 октября 2011.

Назарбаев Н. А. , Стратегия трансформации общества и возрождение евразийской цивилизации. М. :, 2000.

Назарбаев Н. Б. , Евразийский союз: идеи, практика, перспектива (1994 – 1997). М. , 1997.

Назарбаев Н. Б. , Евразийский Союз: от идеи к истории будущего // Известия. 25 октября 2011.

Нарышкин С. , Евразийская интеграция: парламентский вектор // Известия. 4 октября 2012.

Нарышкин С. , Парламентский вектор евразийской интеграции // Евразийская интеграция: экономика, право, политика. 2012, №11.

Новикова Л. И. , Сиземская И. Н. , Россия между Европой и Азией Евразийский соблазн. Антология. М. , 1993.

Новикова Л. И. , Славянофильство и современость. СПб. , 1994.

Оценка экономических эффектов отмены нетарифных барьеров в ЕАЭС // Доклад ЕАБР №29, 2015.

Послание Президента Республики Казахстана Н. А. Назарбаева народу Казахстана. 27 января 2012 г.

Путин В. , Новый интеграционный проект для Евразии будущее рождается сегодня // Известия. 3 октября 2011 года.

Решение №3 Евразийского экономического совета《О проекте решения Высшего Евразийского экономического совета》О плане мероприятий по реализации Основных направлений развития механизма《единого окна》в системе регулирования внешнеэкономической деятельности？, 04 февраля 2015 г. , г. Москва

Решение №35 Комиссии Таможенного союза Евразийского экономического сообщества 《 О проектах документов, вносимых на заседание Межгоссовета ЕврАзЭС （ высшего органа таможенного союза ） на уровне глав государств 9 июня 2009 года 》, 22 апреля 2009 г. , г. Москва.

Решение №40 Совета Евразийской экономической комиссии 《 О рабочей группе по вопросу участия Кыргызской Республики в Таможенном союзе Республики Беларусь, Республики Казахстан и Российской Федерации 》, 15 июня 2012 г. , г. Санкт－Петербург.

Решение №47 Высшего Евразийского экономического совета 《 Об основных направлениях развития интеграции и ходе работы над проектом Договора о Евразийском экономическом союзе 》, 24 октября 2013 г. , г. Минск

Решение №49 Высшего Евразийского экономического совета 《 О присоединении Республики Армения к Таможенному союзу и Единому экономическому пространству Республики Беларусь, Республика Казахстан и Российской Федерации 》, 24 октября 2013 г. , г. Минск

Решение №652 Межгосударственного совета ЕврАзЭС 《 О прекращении деятельности Евразийского экономического сообщества 》, 10 октября 2014.

Решение №75 Межгоссовета ЕврАзЭС （ Высшего органа Таможенного союза ） на уровне глав правительств от 15 марта 2011 года 《 О формировании и организации деятельности Суда ЕврАзЭС 》

Решение №82 Совета Евразийской экономической комиссии 《 Об участии Кыргызской Республики в Таможенном союзе Республики Беларусь, Республики Казахстан и Российской Федерации 》, 12 октября 2012 г. , г. Минск.

Русские хотят не привилегий, а равноправия и справедливости // Аргументы недели. 15 сентября. 2011.

Савицкий П. Н. , Континент Евразия. М. , 1997.

Саква Р. , Конец эпохи революций：антиреволюционные революции 1989 – 1991 годов // Полис. 1998, № 5.

Слюсарь Н. Б. , Институциональные основы Таможенного союза в рамках ЕврАзЭС // Таможенное дело. 2011, №1.

Соколов В. Н. , Сетевая дипломатия, политика памяти и научно－техническое сотрудничество：новые тренды регионостроительства Восточной Азии // Известия Восточного института. 2011. №. 2.

Соловей В. Д. , Кровь и почва русской истории. М. , 2008.

Соловей Т. , Соловей В. , Несостоявшаяся революция：Исторические смыслы русского национализма. М. : Астрель, 2011.

Сыроежкина К. Л. , Центральная Азия Сегодня: Вызовы и Угрозы, Алматы: КИСИ при Президенте РК, 2011.

Тимошенко А. Г. , Политика Европейского Союза в Центральной Азии: от 《 открытия региона 》 к стратегии нового партнерства（1992 – 2008гг. ）, Томск: Томский государственный университет, 2009.

Фаляхов Р. , Таможенный Союз станет евразийским // Газета. 12 июля 2011.

Федулова Н. , Влияние России в странах СНГ // Мировая экономика и международные отношения. 2007. №5.

Чарльз Э. З. , Стратегия США в Центральной Азии и Шанхайская Организация Сотрудничества // Мировая экономика и международные отношения. 2005. №4.

Челышев А. Г. , Шаховский Г. Д. , Культурное наследство Русской эмиграции 1917 – 1940. М. , 1994. Т. 1.

Чуфрин Г. , Очерки евразийской интеграции, М. , 2013.

Шаумян Т. Л. , Индия и Шанхайская организация сотрудничества // Шанхайская организация сотрудничества: взаимодействие во имя развития. М. , 2006.

Юсупов Р. , Страны БРИК защитят конкуренцию сообща // Казанские ведомости. 2007. №19.

英文文献

Aiyar V. Sh. , Saran R. , Chinese Goods // India Today, 11. 12. 2000.

Bernauer T. , Siegfried T. , Climate Change and International Water Conflict in Central Asia // Journal of Peace Research, 2012, No. 1.

Bhagwati J. , Krishna P. , Panagariya A. , Trading Blocs, Massachusetts: The MIT Press, 1999.

Bhaumik T. K. , Facing the Chinese Competition // Economic Times, 01. 11. 2000.

Brzezinski Z. , Balancing the East, Upgrading the West: U. S Grand Strategy in an Age of Upheaval // Foreign Affairs, Jan/Feb, 2012.

Burakov D. , The Strategic Triangle in the 21st Century: Implications for Sino – Russian Relations // Journal of China and International Relations, Vol. 1, No. 1, 2013.

Chenoy K. M. , Chenoy A. M. , India's Foreign Policy Shifts and the Calculus of Power // Economic and Political Weekly, 01. 09. 2007.

Cherian J. , The China Factor // Frontline. Vol. 23, № 4, Feb. 24 – Mar. 10. 2006.

Cherian J. , Worldwide Condemnation // Frontline. Vol. 15, № . 11, May 23 – Jun 05. 1998.

Cohen A. , Russia's Eurasian Union Could Endanger the Neighborhood and U. S. Interests // The Heritage Foundation – Backgounder, June 14, 2013, No. 2804.

Colin P. , A Strategy of Partnerships // Foreign Affairs, Vol. 83, No. 1, Jan. –

Feb. , 2004.

Cooley A. , Great Games, Local Rules, Oxford: Oxford University Press, 2012.

Crawford M. R. , Regime Theory in the Post – Cold War World: Rethinking Neoliberal Approaches to International Relations, Dartmouth: Dartmouth Publishing Company.

Delcour L. , Kostanyan H. , Towards a Fragmented Neighbourhood: Policies of the EU and Russia and Their Consequences for the Area that Lies in between // CEPES Essay, 17 October 2014, No. 17.

Desai R. , Vreeland J. , What the New Bank of BRICS is All About // The Washington Post, 07. 17. 2014.

Dikshit Sandeep D. , India not Keen on Political, Military Ties with SCO // The Hindu, 11. 08. 2007.

Dobbs J. , The Eurasian Economic Union: A Bridge to Nowhere? // European Leadership Network Policy Brief, March 2015.

Dragneva R. , Wolczuk K. , Russia, the Eurasian Customs Union and the EU: Cooperation, Stagnation or Rivalry? // Chatham House Briefing Paper, August 2012.

Gilsen J. , Asia Meets Europe: Interregionalism and the Asia – Europe Meeting, London, Cheltenham: Edward Elgar, 2002.

Glosny M. , China and the BRICs: A Real (but Limited) Partnership in a Unipolar World // Polity, Vol. 42, No. 1, Jan. 2010, p. 102.

Gstohl S. , Diplomacy in the 21st Century is Network Diplomacy // Crossroads Foreign Policy Journal, April 1, 2012.

Hagt E. , Debating China's Future(cont.) // China Security, Vol. 4, No. 3, Summer 2008.

Herbert A. S. , Rationality as Process and as Product of Thought // The American Economic Review, 1978, No. 2.

Downs G. W. ,Rocke D. M. ,Barsoom P. N. , Is the Good News about Compliance Good News about Cooperation? // International Organization, 1996. No. 3.

Horta L. ,The Shanghai Cooperation Organization (SCO): An Asian NATO? // Asia Pacific Perspectives, Volume VIII, No. 1, June 2008.

How Solid are the BRICs? // Goldman Sachs Economic Research. Global Economic Paper, Issue 134, 2005.

Hrkal Z. , Gadalia A. , Rigaudiere P. , Will the River Irtysh Survive the Year 2030? Impact of Long – term Unsuitable Land Use and Water Management of the Upper Stretch of the River Catchment (North Kazakhstan) // Enviromental Geology, July 2006, Vol. 50, Issue 5.

Hug A. , Trouble in the Neighborhood? The Future of The EU's Eastern Partnership, European Commission – The Foreign Policy Centre, London, 2015.

O'Neill J. , Building Better Global Economic BRICs // Global Economics, Paper No. 66, 30th

November 2001.

Joshi M. , The Big Chill // India Today, 24. 08. 1998.

Karl W. , Russian Bureaucracy: Power and Pathology, New York: Rowan & Littlefild Publishers Inc, 2005.

Kempe I. , The South Caucasus Between the EU and the Eurasian Union // Caucasus Analytical Digest, 17 June 2013, No. 51 – 52.

Komlos J. , The Habsburg Monarch as a Customs Union: Economic Development in Austria – Hungary in the Nineteenth Century, Princeton: Princeton University Press, 1983.

Kotkin S. , The Unbalanced Triangle: What Chinese – Russian Relations Mean for the United States // Foreign Affairs, Vol. 88, No. 5, 2009.

Kuchins A. , Russia and China: The Ambivalent Embrace // Current History, Vol. 106, No. 702, Oct. 2007.

Lo B. , Russia, China and the United States: From Strategic Triangularism to the Postmodern Triangle // Proliferation Papers, No. 32, Winter 2010.

MacFarlane S. , The 'R' in BRICs: is Russia an Emerging Power? // International Affairs, Vol. 82, No. 1, Jan. 2006.

Mackinder J. , Democratic Ideals and Reality, New York: Henry Holtand Company, 1942.

Magalhaes L. , China Only BRIC Country Currently Worthy of the Title – O'Neill // The Wall Street Journal, August 23, 2013.

Malik A. , Trade Against Terror // India Today, 09. 10. 2000.

Mankoff J. , Eurasian Integration: The Next Stage // GWU – Elliot School of International Affairs, Central Asia Policy Brief, No. 13, December 2013.

Meade J. , The Theory of Customs Unions, Amsterdam: North – Holland Publishing Company, 1955.

Metzl J. , Network Diplomacy // Georgetown Journal of International Affairs, Vol. 2, No. 1, 2001.

Mitra P. , LeFevre F. India & China: Rivals or Partners? // South Asia Monitor, Centre of Strategic and International Studies, No. 80, 05. 03. 2005.

Nadeem N. , Moving Towards Multipolariti in World Affairs // People's Democracy, No. 3, 09. 2007.

Norling N. , Swanstrom N. , The Shanghai Cooperation Organization, Trade, and the Roles of Iran, India, and Pakistan // Central Asian Survey , September 2007.

Pant H. , Feasibility of the Russia – China – India 'Strategic Triangle': Assessment of Theoretical and Empirical Issues // International Studies, Vol. 46, No. 1, 2006.

Pomeranz K. , The Great Divergence. China, Europe and the Making of the Modern World Economy, Princeton & Oxford: Primeton Vniversity Press, 2000.

Popescu N. , Eurasian Union: The Real, the Imaginary and the Likely // Chaillot Paper, September 2014, No. 132.

President Bush Trip to India // Press Briefing. Centre of Strategic and International Studies, 24. 02. 2006.

Radyuhin V. , Setting up SCO as a Counter to NATO // The Hindu, 21. 08. 2007.

Reeves J. , US Cooperation with the Shanghai Cooperation Organization: Challenges and Opportunities // Small Wars Journal, January 16, 2011. Vol. 7(1).

Reiterer M. , Asia – Europe Meeting (ASEM): Fostering the Multipolar World Order through Inter – regional Cooperation // Asia Europe Journal, 2009, No. 7.

Roberts C. , Building the New World Order BRIC by BRIC // The European Financial Review, February – March 2011.

Roberts C. , Russia's BRICs Diplomacy: Rising Outsider with Dreams of an Insider // Polity, 2010, No. 1.

Roberts J. , Cohen A. , Blaisdel J. , The Eurasian Union: Undermining Economic Freedom and Prosperity in the South Caucasus // The Heritage Foundation – Special Report, No. 148, November 26, 2013.

Roberts S. , Marin A. , Moshes A. , Pynnoniemi K. , The Eurasian Economic Union: Breaking the Pattern of Post – Soviet Integration? // FIIA Analysis – 3, September 2014.

Sadik K. , Suleyman K. , Bridging Civilizations from Asia to Europe: The Silk Road // Chinese Business Review, Vol. 13, No. 12, December 2014.

SCO and BRIC both Crucial, Says India // The Hindu, 13. 06. 2009.

Scobell A. , Ratner E. , Beckley M. , China's Strategy Toward South and Central Asia An Empty Fortress // The Rand Corporation, 2014.

Soderbaum F. , Langenhove L. , The EU as a Global Player: The Politics of Interregionalism. London and New York: Routledge, 2006.

Spykman N. J. , The Geography of the Peace, New York: Harcourt Brace Co. , 1944.

Starr F. , A Partnership for Central Asia // Foreign Affairs, July – August, 2005.

Starr S. F. , Cornell S. E. , Putin's Grand Strategy: The Eurasian Union and Its Discontents, Washington D. C. , SAIS, 2014.

Stent A. , The Limits of Partnership: U. S. – Russian Relations in the Twenty – First Century, Princeton: Princeton University Press, 2014.

Varadarajan S. , India 'Takes Anti – U. S. Edge' off Trilateral with Russia, China // The Hindll, 16. 11. 2010.

Viner J. , The Customs Union Issue, Oxford: Oxford University Press, 2014.

Voskressenski A. , The Three Structural Stages of Russo – Chinese Cooperation after the Collapse of the USSR and Prospects for the Emergence of a Fourth Stage // Eurasian Review, Vol. 5,

November, 2012.

Wang Jisi, Marching Westward: the Rebalancing of China's Geostrategy // International and Strategic Studies Report (PKU), 2012, No. 73.

Watson A., The Evolution of International Society, London & New York, Routledge, 1992.

Wisniewska I., Eurasian Integration: Russia's Attempt at the Economic Unification of the Post -Soviet Area, Warsaw, OSW Studies: Centre of Eastern Studies, 2013.

Wright R., Kessler G., Bush Aims for "Greater Middle East" Plan: Democracy Initiative To Be Aired at G-8 Talks // Washington Post, February 9, 2004.

Yeung C., Bjelakovic N., The Sino-Russian Strategic Partnership: Views from Beijing and Moscow // Journal of Slavic Military Studies, Vol. 23, No. 2, 2010.

Zahorka H., Sargcyan O., The Eurasian Customs Union: An Alternative to the EU's Association Agreements? // European View, 2014, No. 13

Zhao Huasheng, The Shanghai Cooperation Organization and the Afghanistan Issue // China International Studies, September/October 2009, No. 5.

网络资源:

http://www. gov. cn/(中国政府网)

http://euroasia. cass. cn/(中国俄罗斯东欧中亚研究网)

http://www. cicir. ac. cn/chinese/(中国现代国际问题研究院)

http://www. ciis. org. cn/(中国国际问题研究院)

http://www. xinhuanet. com/(新华网)

http://www. people. com. cn/(人民网)

http://www. ifeng. com/(凤凰网)

http://www. kremlin. ru/(俄罗斯总统网)

http://russiancouncil. ru/(俄罗斯国际事务委员会)

http://mgimo. ru/(莫斯科国际关系学院)

http://carnegie. ru/(莫斯科卡耐基中心)

http://globalaffairs. ru/(全球政治中的俄罗斯)

https://interaffairs. ru/(国际生活)

http://www. rg. ru/(俄罗斯报)

http://www. ng. ru/(独立报)

http://www. kommersant. ru/(生意人报)

http://izvestia. ru/(消息报)

http://www. state. gov/(美国国务院)

http://www. brookings. edu/(布鲁金斯学会)

http://nationalinterest. org/(国家利益)

http://www. heritage. org/（美国传统基金会）

http://csis. org/（美国战略与国际研究所）

http://www. cfr. org/（美国对外关系委员会）

https://www. newamerica. org/（新美国基金会）

http://globalinterests. org/（全球利益研究中心）

http://www. fiia. fi/en/（芬兰国际问题研究所）

http://www. isdp. eu/（瑞典安全与发展政策研究所）

https://www. ceps. eu/（欧洲政策研究中心）

后　记

　　本书是中俄美三方学者通力合作的成果,也是迄今为止全面系统分析亚欧中心跨区域发展体制机制的国际性学术著作。

　　本书是我国教育部国别与区域研究培育基地——北京师范大学俄罗斯研究中心学术委员会主任、北京师范大学政府管理学院亚欧研究中心主任李兴教授与俄罗斯莫斯科国际关系学院政治学系(School of Political Affairs, MGIMO University)系主任、《比较政治学》杂志主编阿·沃斯克列先斯基教授共同牵头组织撰写。各章撰写分工如下:

　　李兴(Li Xing):前言、第二章、第十二章、第十四章、第十五章、第十七章、第十九章、第二十四章、第二十八章、第二十九章、第三十章、第三十四章、第三十五章、第三十九章;

　　阿·沃斯克列先斯基(Alexei D. Voskressenski):前言、第八章、第三十三章;

　　冯玉军(Feng Yujun,中国现代国际关系研究院俄罗斯研究所所长):第三十二章;

　　李新(Li Xin,上海国际问题研究院俄罗斯中亚研究中心主任):第十八章;

　　张建华(Zhang Jianhua,北京师范大学世界近现代史研究中心主任):第十六章;

　　格·托洛拉亚(George Toloraya,俄罗斯国家金砖国家研究院执行院长,莫斯科国际关系学院教授):第十章;

　　米·伊利因(Mikhail Ilyin,俄罗斯政治学会会长):第二十一章;

　　亚·切切维什尼科夫(Alexander Chechevishnikov,莫斯科国际关系学院国际问题研究所副所长):第二十章;

　　安·维诺格拉多夫(Andrei Vinogradov,俄罗斯科学院远东问题研究所政治分析与预测研究中心主任):第九章;

　　塔·沙乌缅因(Tatiana Shaumyan,俄罗斯科学院东方研究所印度研究中心主任）：第四章；

谢·特鲁什（Sergey Troosh，俄罗斯科学院美国与加拿大研究所研究员）：第三十七章；

叶·科尔杜诺娃（Ekaterina Koldunova，莫斯科国际关系学院政治学系副系主任）：第十一章；

谢·卢涅夫（Sergey Lunev，莫斯科国际关系学院国际关系学系教授）：第十三章；

亚·库利（Alexander Cooley，美国哥伦比亚大学哈里曼研究所所长）：第三十八章；

马勇（Ma Yong，北京师范大学国际关系研究所副教授）：第三十一章；

姜磊（Jiang Lei，国防大学战略研究所博士后，武警指挥学院副教授）：第二十七章；

牛义臣（Niu Yichen，中国社会科学院俄罗斯东欧中亚研究所助理研究员）：第二章、第六章；

陈旭（Chen Xu，山东大学威海分校马克思主义教学部副教授）：第二十六章；

韩雪晴（Han Xueqing，上海师范大学法政学院讲师、博士）：第三章；

成志杰（Cheng Zhijie，北京师范大学政府管理学院博士生）：第七章、第十四章、第十五章、第三十六章；

王晨星（Wang Chenxing，北京师范大学与莫斯科国际关系学院联合培养博士生）：第一章、第十九章、第二十二章、第二十三章；

王宛（Wang Wan，北京师范大学政府管理学院博士生、俄罗斯圣彼得堡大学进修生）第五章；

张晗（Zhang Han，北京师范大学国际关系研究所硕士生）：第二十九章（合写）；

耿捷（Geng Jie，北京师范大学国际关系研究所硕士生）：第五章、第三十五章（合写）；

古丽（Bakytgul Abylkassymova，北京师范大学国际关系研究所硕士生，哈萨克斯坦籍）：第二十五章；

赵芳昀（Zhao Fangyun，北京师范大学国际关系研究所硕士生）：第三十一章（合写）。

全书由李兴、阿·沃斯克列先斯基拟定大纲，组织，统稿。